2017

中国农垦统计年鉴

CHINA STATE FARMS STATISTICAL YEARBOOK

中华人民共和国农业农村部农垦局
中国农垦经济发展中心 编

中国农业出版社
北京

《2017 中国农垦统计年鉴》编辑委员会

2017 ZHONGGUO NONGKEN TONGJI NIANJIAN BIANJI WEIYUANHUI

《2017中国农垦统计年鉴》编辑人员

2017 ZHONGGUO NONGKEN TONGJI NIANJIAN BIANJI RENYUAN

主　　编：路亚洲

副 主 编：武新宇　赵　蕾　王　生　刘琢琬　陈炫汐　程维歧

编辑人员(按垦区顺序排列)：

吴家雄　李少川　王　伟　高保萍　吕　红　刘淑惠　李美祎

张　彬　沈铁敏　端　静　李　露　闫崔峰　黄榕彬　万燕燕

秦　昊　贾永平　黄　坤　罗超意　刘鸿飞　古夏宇　韦汉东

梁园园　周　莹　徐　东　王　犁　周　力　于智勇　杨　程

白永录　普秀红　陈　宁　赵海涛　闫香国　欧春莹　谭　华

姜丹丹　王晓宇　赵喜君　李　静　陆雅丽　于　鹏　李晨萌

数据处理：程维歧　于　鹏

审　　核：刘琢琬　陈炫汐

奋力打造实施乡村振兴战略的农垦样本

江西农垦

乡村振兴，产业兴旺是重点。江西农垦系统以推进农业供给侧结构性改革为主线，坚持质量兴农、绿色兴农，加快推进垦区现代农业由增产导向转为提质导向，使“农垦产品”成为农产品领域高质量的代名词。加快构建一二三产业融合发展体系，不断拓展农业功能，延长产业链、提升价值链、完善利益链，加快形成小农户与国有农垦企业有机衔接的命运共同体，把农垦建设成为带动小农户增收致富的“新引擎”。

乡村振兴战略在江西农垦全面实施，重点做好“五个方面”工作：

一是创新强垦增动力。通过“三变三化三合”（资源变资产、资产变资本、资本变股本，农场企业化、垦区集团化、股权多元化，整合、联合、融合），推动农垦改革升级。

二是协调惠垦补短板。各部门之间加强沟通协调，合力共筑兴垦富民的美丽蓝图。

三是绿色兴垦定方向。习近平总书记视察江西时强调，绿色生态是江西最大财富、最大优势、最大品牌，一定要保护好，做好治山理水、显山露水的文章，走出一条经济发展和生态文明水平提高相辅相成、相得益彰的路子，打造美丽中国“江西样板”。全省农垦系统要牢牢把握绿色生态这一基准方向，锲而不舍地推进“六大绿色生态”（绿色生态农业、绿色生态产业、绿色生态产品、绿色生态品牌、绿色生态家园、绿色生态制度），打造“美丽中国的江西农垦样本”。

四是开放助垦拓空间。充分发挥农垦组织、人才和技术优势，充分利用国际国内两个市场、两种资源，创建大宗农产品境外生产基地、加工企业和产品营销中心，实现经济效益、社会效益双丰收。

五是共享富垦谋福祉。当前是共享经济时代，要牢固树立共享理念，全面增强农垦内生动力、发展活力和整体实力。

广丰农垦集团现代农业示范园

高泉垦殖场村容村貌

饶河之洲，丰沃之地——鄱阳县东北部饶丰垦殖场（镇）

首农 SUNLON | 华都食品 HUADU FOODSTUFF

北京首农股份有限公司

北京首农股份有限公司（以下简称“首农股份”）隶属于北京首农食品集团有限公司，是集肉鸡、蛋鸡、北京油鸡、鸭和动物保健五大产业于一体的国家级农业产业化重点龙头企业，拥有全国唯一的国家级北京鸭品种资源保护场、全国较大的北京油鸡生产基地、国内较具实力的蛋鸡育繁推一体化体系、白羽肉鸡全产业链加工基地、世界上受欢迎的樱桃谷种鸭生产基地和首农电商平台。首农股份长期坚持全产业链一贯化管理模式，积极践行企业社会责任，在消费者心中树立了优良的形象。在2008年北京奥运会上被指定为唯一的鸡肉供应商。截至2017年年底，首农股份资产总额48.63亿元，年销售收入31.1亿元，员工人数7 433人。

首农股份拥有“华都”“华都食品”“峪口禽业”“百年栗园”“三元金星”“樱桃谷”等国内外知名品牌，通过合资合作被授权使用“AA”“CEVA”“KFC”“Cherry Valley”等国际知名品牌。

SM3型种鸭

首农食品集团旗下樱桃谷农场每年为世界上80多个国家提供质量优良的种鸭和技术。现行的SM3型种鸭是樱桃谷农场长期对质量、品质、服务不断追求和研发的结果，是具有较佳种鸭性能、饲料转化率、胴体质量和较佳生产效率的种鸭。

华都

海拉尔农垦

党委书记、董事长、局长　李洪斌

领导视察工作

领导踏查水利设施建设

秋收现场

2017年，紧紧围绕“稳农、强牧、兴旅、搞活流通”的方针，积极推进“乳、肉、草、粮、薯、游、药、糖”八大产业的发展，实现总收入55.6亿元；实现国内生产总值23.7亿元；完成基本建设性投资5.48亿元。

加快现代农业建设，农业综合生产能力稳步提升。

体现在调结构、突特色；兴科技、上品质，科技应用水平进一步提升；强基础、兴水利，农业发展基础进一步夯实；创品牌、抓安全，绿色有机农业进一步发展。

加快畜牧业转型升级，逐步实现企稳回升。

体现在积极推进由乳转肉、提高良种繁育水平、积极发展生态草牧业、促进特色养殖业发展、加强防检疫工作。

切实加强和改善民生，推动垦区社会和谐稳定。

体现在一是扎实做好精准扶贫，为2 449户、5 759名低收入群体建立了扶贫档案，通过产业、技能、就业等途径进行了重点帮扶，910户困难家庭实现了脱贫。二是加强医疗卫生，强化总医院人才培养，提升服务能力，加快学科建设，拓宽发展渠道，医疗硬软件进一步提升。三是推动大众创业、万众创新，积极鼓励支持有经验、有学识、有能力的职工家属发展民营经济，促进旅游、畜牧业与互联网+等新兴市场的融合发展。

加强项目建设和管理。

全年实施项目64个，总投资3.04亿元，建成一批公益、扶贫、农牧业基础设施等项目，严格执行项目建设程序和各项规定，开展“雁过拔毛”式腐败专项整治。

成熟的油菜

大麦长势

丰收的水飞蓟

航 化

水利灌溉设备作业

2018年主要工作思路

认真贯彻落实党的十九大、各级农业、农垦工作会议精神，以习近平新时代中国特色社会主义思想为指导，全面贯彻落实新发展理念、以供给侧结构性改革为主线，积极推进“乳、肉、草、粮、薯、游、药、糖”八大产业的发展，统筹推进经济、政治、社会、文化和生态文明及党的建设。坚持以改革为动力，认清形势、解放思想、转变作风、创新发展，努力开创垦区各项事业发展进入新阶段。

加快推进农业优化升级，做强做精主导产业。

一是要努力将种植结构调优；二是要坚定不移地强基础、兴水利；三是要科技兴农、质量兴农；四是着力建设农产品质量安全体系，实现绿色兴农；五是要努力找市场、抓订单，解决卖难的问题；六是推进现代农业管理区和科技园区建设；七是严格落实集团公司部署，加强对农业生产的管理。

加快推进畜牧业转型升级，促进职工群众增收致富。

一是稳步推进标准化规模养殖；二是突出抓好良种繁殖体系建设；三是抓好国家生态草牧业示范区建设；四是加快发展饲草料产业；五是抓好人才队伍培养和防病防控工作。

加快推进旅游业，促进非农业经济实现突破。

一是充分认识发展旅游业的重要性；二是切实推动垦区旅游实现破题发展。统筹发展，规划先行，量力而行；引大靠强，借力而行。

切实加强和改善民生，加快全面建成小康社会步伐。

一要积极建设生态宜居的新垦区；二要扎实做好扶贫工作，摸清底数、因户施策，精准扶贫、加强对扶贫工作的组织领导。

长势喜人的甜菜

已投入使用蓄水池

小 麦

宁夏农垦—

宁夏农垦优质农产品旗舰店

国家5A级景区——沙湖

西夏王玉泉国际葡萄酒庄

马铃薯脱毒种薯基地

外向型设施农业基地

六十多年风雨兼程，六十多年岁月如歌。

1950年，一批征尘未洗、伤残未愈的荣誉军人，积极响应党中央和毛主席的号召，点燃了宁夏农垦事业的第一把火，拉开了塞北荒原开发建设的第一犁。六十多年来，几代农垦人在亘古荒原、戈壁荒滩上披荆斩棘、艰苦创业，凝练出了“艰苦奋斗，勇于开拓”的农垦精神，建成了一个拥有238.4万亩土地，30个全资（控股）子公司（含14个农林牧场）、8个参股公司、1个事业单位，贸工农一体化、产加销一条龙，经济社会全面发展的新垦区和大型现代农业集团。

六十多年来，宁夏农垦始终贯彻执行中央及自治区决策部署，讲政治、做贡献，顾大局、保稳定，在保障农副产品供给、引领示范现代农业、安排城乡就业、发展民族地区经济、维护社会稳定等方面发挥了重要作用，为自治区经济社会发展做出了重要贡献。最先建成了奶牛养殖场，产出了宁夏的第一桶牛奶；建成了西夏啤酒厂，为宁夏人民送上了第一杯啤酒；引进酿酒葡萄种植和葡萄酒加工，荣誉出品了宁夏的第一杯葡萄酒；抢先发展旅游业和湿地经济，打造了宁夏的第一个国家5A级旅游胜地；领先发展设施农业，创出了“连湖模式”，为香港市民献上了宁夏的第一箱优质菜等。一次又一次创新成果，一次又一次高歌猛进，一次又一次的工作突破，使宁夏农垦与全区人民紧密相连、携手共

优质粮食生产基地

—引领健康生活

进。如今的宁夏农垦已成为宁夏重要的农副产品生产供应基地、全国现代农业示范区。

时代在前进，市场在变化，企业在发展。宁夏农垦把握改革发展大势，紧紧围绕集团化、企业化、市场化改革发展方向，明确了打造一流大型现代农业企业集团目标，确立了“宁夏农垦，引领健康生活”企业使命，聚焦主业，做优做强，不断推进体制机制创新和经营管理创新，加快向现代企业转型，力促集团公司高质量可持续发展。2017年年底，宁夏农垦集团公司资产总额163亿元，全年实现营业收入33.55亿元，实现利润1.21亿元，职均收入达到3.93万元。

我们常怀感激之心，正是因为有了社会各界朋友的支持和关爱，我们才有今天的成就和自信，前行的步履才因此越走越坚实、越走越有力。在此，宁夏农垦集团全体干部职工，向给予农垦事业热忱支持和友好合作的社会各界新老朋友表示诚挚的谢意！并真诚期待着各界朋友给予农垦集团一如既往的关心与支持。

我们渴望合作与共赢。当今社会竞争与合作互动，机遇与挑战并存，我们不仅参与竞争，我们更将追求合作，与合作伙伴风雨同舟，共谋发展。

请相信，宁夏农垦不仅是各位朋友首选的合作伙伴，更是您永远可信赖的朋友！

南梁优质富硒枸杞

现代化挤奶车间

茂盛草业优质苜蓿

农场职工新居

贺兰山下葡萄园

湖 南 农 垦

湖南省农业农村厅领导视察邵阳园艺场危房改造情况

湖南农垦创建于20世纪50年代初期，目前共有农场（管理区、区、镇）73个；农垦总人口70万人，职工26万人；土地面积300万亩，耕地100万亩，水面18万亩。

垦区主要以农业为主，每年粮食种植面积达130万亩，出栏生猪126.27万头，水产品79 615吨。近年来，湖南农垦加快推进现代农业发展，农业规模化、机械化和标准化程度不断提升，垦区农业规模化率达63%，机械化率达84%。培育出了兴农生猪、口口香米、回峰柑橘、东山秀峰茶叶、大通湖大闸蟹等一批具有湖南农垦特色的优质无公害农产品。打造了“种子–育秧–种植–加工–销售”粮食产业链、“饲料–养殖–加工–销售”生猪产业链、“栽培–研发–加工–销售”茶叶产业链、“养殖–加工–销售”水产品产业链和“种植–加工–储藏–销售”蔬菜产业链等5条产业链。屈原、回龙圩2个管理区被列入全国农垦现代农业示范区，大通湖、屈原、西湖及西洞庭4个管理区被列入国家现代农业示范区。

2017年，湖南农垦完成地区生产总值126.3亿元，同比增长14.1%。第一产业、第二产业、第三产业增加值分别达到40.1亿元、57.8亿元、28.4亿元。

一是垦区经济继续保持高速增长。2017年湖南垦区完成固定资产投资235.04亿元。粮食种植面积达97千公顷，同比增长1.8%，总产59.84万吨；油菜24.5千公顷，比上年增加0.48千公顷，总产量5.152万吨；棉花种植面积25.4千公顷，比上年增加0.47千公顷；出栏生猪204.9万头，比上年增长4%；出笼家禽1 515万羽，比上年增长2%；水产品总产量8.08万吨，同比增长3%。茶叶、柑橘和新型热作产业都实现了稳中有升，特色农业发展较快。

二是产业经济结构得到调整优化。垦区经济实现了由以农业为主向一、二、三产协同发展转变，三产比更趋合理，二、三产占比进一步加重，分别达到45.7%和22.3%。农业内部结构实现由以种植业为主向种、养、加立体发展转变，全省农垦新增年出栏生猪10万头的规模养殖场1个、农产品加工企业9个。

三是民生工程建设取得新的成就。通过实施农垦危房改造，新建和改造了52 322户房屋，打造了一批新农村建设样板区。通过实施农场道路建设和农垦扶贫项目，对垦区基础设施建设投资1 900多万元，新建水泥路30公里，水利工程12处。通过争取各级政府投入达24.63亿元，新修公路110多公里、水利工程近万处，垦区水利和道路条件得到进一步改善。

四是垦区社会事务管理明显加强。深入推进农场办社会职能改革，与湖南省财政厅一起制定了《湖南省国有农场办社会职能改革实施方案》。争取国有农场办社会职能改革中央补助资金7 000多万元。加大惠农政策的落实力度，种粮直补、农机购置补贴、油菜良种补贴等惠垦政策全面落实，生猪大县补贴、标准化猪场建设项目补贴等政策逐步覆盖农垦。

五是职工人平收入实现稳定增长。2017年，湖南省农垦职工实现人均可支配收入9 620元、增长12%。社会保障水平进一步提高，农垦职工养老保险、城镇居民医疗保险、农村合作医疗主要险种参保率保持在90%以上。

永顺县国有羊峰山农垦场

郴州茶树良种场茶叶长势喜人

陕西农垦

弘扬农垦精神　打造现代农业国家队
——省直农垦着力投入现代农业建设

陕西农垦是新中国农垦事业的发祥地。新时期，围绕贯彻省农垦关于改革发展的意见精神，以深化垦区集团化、农场企业化改革为主线，以“现代农垦、美丽农场、幸福农工”为愿景，以乡村振兴战略为依托，省农垦着力建设现代农业大基地、大产业，力争为陕西追赶超越发展做出应有贡献。

依托资源基础优势，坚持开放办垦理念，秉持产业立垦思想，省农垦集团全面投入现代农业建设阶段。在做强现代特色种业、做优现代奶产业的基础上，全力打造万亩特色果蔬设施基地，助推彰显农垦特色的休闲农业旅游产业发展。

目前，垦区四大主导初具雏形。以中垦乳业为龙头，以农场饲草为基地，建成集万头奶牛养殖场、万亩饲草基地、乳品加工、粪污处理的乳业循环全产业链；以各农场为种业基地，大华种业形成了拥有完善的种子研发体系、配套生产繁育设施，及市场销售为一体的育繁推产业体系；以设施果蔬业为方向，四个农场在加快调整产业结构的基础上，形成了大樱桃、冬枣、葡萄、甜柿产业为主，初具规模的果蔬产业业态；以垦区基础资源为依托，融入大华山旅游经济圈和沿黄公路生态农业领域，垦区发展休闲农业旅游资源优势凸显。

内蒙古农垦

内蒙古农垦现有104个国有农牧场，分布在10个盟市、46个旗县区（市）。现有土地面积约6 000万亩，其中耕地990万亩，草原3 600万亩，林地370万亩。垦区总人口49.5万人，在岗职工近10.7万人，企业离退休人员6.1万人。2017年实现生产总值120.8亿元，人均纯收入14 447元。种植业发展平稳。通过结构调整，发展设施农业，开展科技培训，推广保护性耕作和节水灌溉技术，扩大了测土配方施肥等增产新技术应用面积，农作物总播种面积达到696 277公顷，产量198万吨，油料产量21.2万吨，分别居全国农垦前列。同时加大了机械化作业面，耕种收综合机械化率达到93%。

畜牧业生产方式得到转变。分散饲养逐步转变为规模化、标准化养殖，形成规模养殖基地；特色养殖发展较快，通过实行“科研单位+龙头企业+养殖户”的合作模式，垦区肉羊、肉牛产业链条得以延伸，增强了农牧民的抗风险能力。牧业年度牲畜存栏为435万头（只），肉类总产量9万吨，牛奶产量13万吨。肉类总产和牛奶总产量居全国农垦前列。

湖北省国营沙市农场

2017年11月22日，农业部农垦局局长邓庆海（左四）调研我场企业化改革情况，湖北省农垦局局长朱汉桥（左五）、荆州市委常委、开发区党工委书记蒋鸿（左三）等陪同。

沙市农场位于荆州市中心城区东南部，国土面积35平方公里，总人口约2.3万人，下辖9个农业分场、3个社区和湖北楚为集团有限公司。

2017年，农场党委深入贯彻学习党的十九大精神，坚持从严治党，凝心聚力，砥砺前行，各项工作有序开展，各项指标稳步提高。沙市农场片区完成规模以上工业总产值46亿元，工业增加值同比增长13.5%；完成固定资产投资70亿元，同比增长18.5%；实现人平纯收入22 000元，同比增长12.7%。

新建成的沙市农场渔龙桥还迁小区

沙市农场职工迎新长跑

湖北省直机关工会、省农垦局工会慰问沙市农场

一是经济发展取得新成就，2017年楚为集团实现利润5 000万元，控股公司新禾能被省农垦管理局纳入粮食全产业链建设重点项目库，农业分场集体经济创收1 500万元。

二是城镇化建设取得新进展，结合农垦危房改造政策，完成异地集中还迁安置1 132户。

三是企业化改革开创新局面，沙市农场积极推进企业化改革试点工作，稳步推进办社会职能改革，改革经验获得农业农村部农垦局高度认可，并被刊发向全国推广。

四是民生保障和各项社会事业迈上新台阶，全场医疗、养老、最低生活保障、大病救助全覆盖；大力开展文明城市创建活动，全场生态环境逐步好转，城乡面貌明显改善，居民文明程度显著提升。

五是党的建设迈出新步伐，围绕党的十九大，深入推进主题党日活动，切实加强党员思想教育建设；实施两新组织“百日攻坚”行动；推动基层党员群众服务中心提档升级；全面落实党风廉政建设责任，持之以恒纠“四风”，营造风清气正的政治生态。

沙市农场下辖的湖北楚为置业集团有限公司

江苏省大华种业集团有限公司

江苏省大华种业集团有限公司成立于1993年，是农业产业化国家重点龙头企业、AAA级信用企业、国家育繁推一体化企业和中国种业信用明星企业，现为中国种子协会副会长和小麦分会会长单位。注册资本5亿元，下辖23家分(子)公司，净资产7.6亿元，员工600多人，是上市公司苏垦农发(601952)主要全资子公司。

公司育种研究院，下设3个研究所、1个分子育种中心、2个南繁基地和15个生态试验站，研发人员60多人，自主培育审定品种50多个，获省部级科研成果奖4项；建有标准化种子生产基地60多万亩；有强大的现代化烘干、加工和检测设施，种子生产实现“不落地”；大华牌水稻种、小麦种和大麦种为江苏省名牌产品；近几年种子销量稳定在30多万吨，为农民增收、农业增效和国家粮食安全做出了重大贡献。

汤阴县畜牧场

汤阴县畜牧场有两个分场，分别位于汤阴县城南宜沟镇索下扣村东和宜沟镇将城村东，是河南省一家农垦企业，主要以农业为主。全场总人口182人，有在职职工35人，退休职工65人，固定资产400万元，在建工程150万元，总耕地面积1 360余亩，主要由家庭农场承包年生产种子量150万千克。汤阴县畜牧场自2014年成为安阳市农业局农业技术推广站的试验、示范基地，试验田20亩，公关田80亩。先后进行了50余个小麦、玉米新品种试验示范展示和小麦播量示范，还安装了一套苗情数字化远程监控终端设备。2016年调整产业结构，种植了优质品种葡萄100多亩，长势良好，深受广大农工好评。

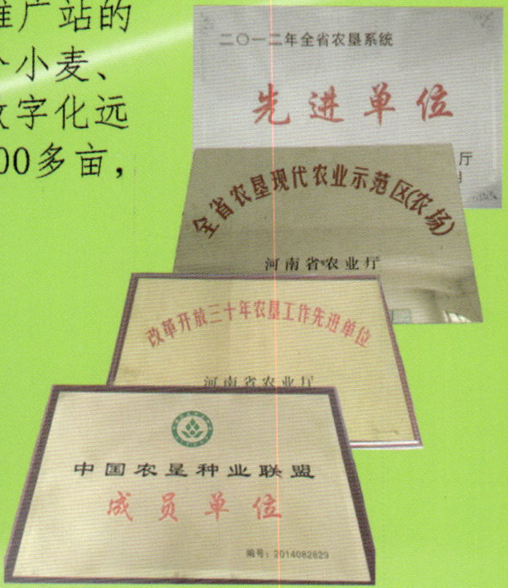

白山林村中药开发有限公司

白山林村中药开发有限公司成立于2011年12月，位于吉林省白山市靖宇县经济开发区内，注册资金3 000万元，公司现有员工100人，其中本科学历以上18人，大专28人；高级职称4人，中级职称14人。厂区总占地面积66 700平方米，建筑面积23 400平方米，是一个集中药材种植、科研，产品回收、加工、销售于一体的重点农业产业化企业，是白山市农业生产结构调整重点扶持的民营企业。

公司下设燕平、景山、板石、镇郊、通北（黑龙江）五个人参种植基地，总经营面积218.3万平方米。兴隆（抚松）五味子种植基地，经营面积352亩。此外，公司在长白县、靖宇县等地建立大黄、当归、紫苏子中药材种植基地，种植面积187.2亩。公司于2013年开工建设的人参、中药材加工厂已竣工投产，该厂建有前处理车间、全自动温控干燥车间、全自动清洗车间、分选车间、包装车间等，全部按照药品生产质量管理规范（GMP）要求建设，设计能力年加工中药材2 000吨，其中人参500吨，可生产红参、生晒参、大力参等所有人参产品品种。

安徽雁湖面粉有限公司

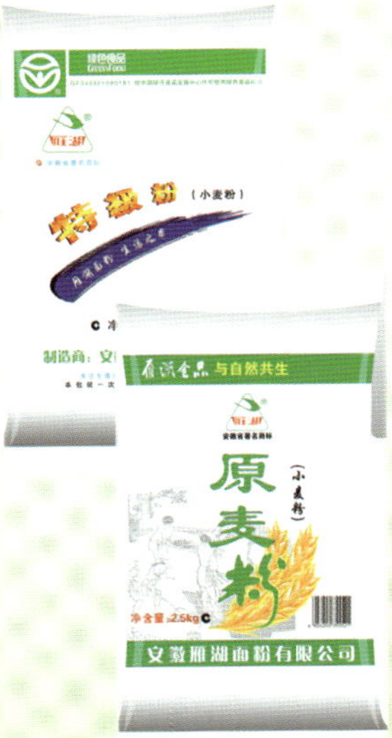

安徽雁湖面粉有限公司始建于1986年，位于全国农村改革试验区——安徽省龙亢农场，是以加工面粉、挂面为主，兼营粮食收储、贸易的企业。公司主要由雁湖龙亢面粉公司、雁湖蒙城面粉公司、雁湖全椒同心面粉公司、雁湖龙亢农场挂面厂等组成，日处理小麦800吨，日产挂面80吨。

公司的主导产品“雁湖”牌系列面粉、“雪雁”牌系列挂面通过中国绿色食品发展中心认证，并荣获“中国国际农业博览会名牌产品”称号，“雁湖”牌面粉获得国家级“放心面”和“免检产品”、安徽省名牌产品称号；“雁湖”和“雪雁”商标被安徽省工商局评为“安徽省著名商标”。

雁湖面粉、雪雁挂面，其原料来自于国家级试验区“一场三镇”30万亩优质小麦基地，生产全程采用质量追溯系统，严格管控，不添加任何添加剂，小麦粉色泽自然、麦香浓郁。

公司先后被授予“国家财政农业综合开发产业化项目重点扶持企业”“全国农产品加工业示范企业”“国家守合同重信用企业”“全国放心粮油示范企业”“全国推进新农村建设百强示范企业”“省农业产业化先进龙头企业”“安徽省认定企业技术中心”“安徽省诚信企业”“安徽省专精特新中小企业”“农业产业化532提升行动省级龙头企业”“安徽省农发行黄金客户”。先后通过ISO9001：2008质量管理体系认证、环境管理体系认证、HACCP认证、ISO 22000食品安全管理体系认证等。

中国热带农业科学院分析测试中心

中心大楼

中国热带农业科学院分析测试中心成立于1984年，现位于海南省海口市，是集农产品质量安全科技创新和检验检测服务为一体的农业事业单位。中心以热带农产品质量安全为研究对象，主要开展热带农产品及热带农业环境质量安全控制技术和检测技术研究、热带农业标准制修订、热带农产品质量安全风险评估等研究，着重解决热带农产品质量、安全、标准和检测技术中的重大科技问题。下设检测技术研究室、安全评价研究室、风险评估和政策法规研究室、热带农业标准研究室、质量安全控制技术研究室等5个研究室。

经过多年的发展，单位的科技创新能力显著提升，检测服务和科技服务能力不断增强。科技创新方面：近五年来，先后承担了国家重点研发计划、国家科技支撑计划、国家自然科学基金、国家外国专家局引智、“948”、公益性农业（行业）科研专项等项目（课题）100余项，成果产出显著增强。检测服务和科技服务方面：多年来，忠心保质保量完成农业农村部下达的、海南省委托的各项将测任务，同时区各行业提供了大量的检测服务，为保障热带农产品质量安全提供了有力的科技支撑服务，影响力日益提升，社会效益十分显著。

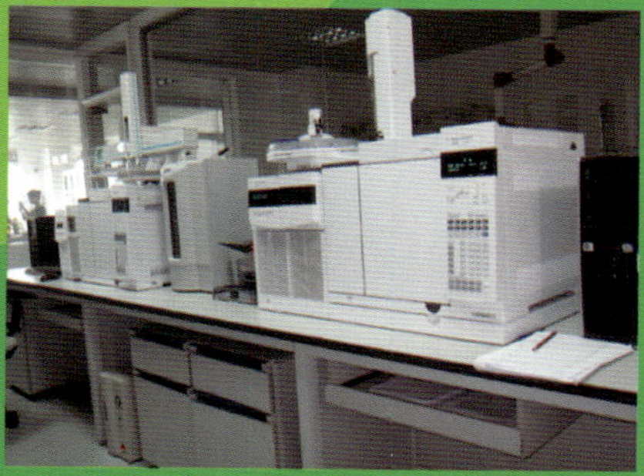

贵州省农科院亚热带作物研究所

简　介

贵州省农科院亚热带作物研究所位于贵州省兴义市，地处滇黔桂三省交界，是贵州省唯一从事热区作物研究的省级公益性科研机构，隶属于贵州省农业科学院。始建于1956年，2009年加挂贵州省生物质能源研究所。

我所坚持“团结、拼搏、创新、发展”的理念，针对农业发展面临的全局性、关键性科技问题，以贵州热区特色经济作物和药用植物为研究对象，开展种质资源收集与评价利用、良种引进与示范、新品种选育和配套高效栽培技术研究、产品研发等方面的基础和应用研究。加强新技术、新成果及新良种的示范推广，促进贵州热区农业的可持续发展。以贵州热区“三农”工作为主战场，以市场为导向，热作产业需求为突破口，着力打造科技创新人才队伍，重点开展甘蔗、薏苡、芒果、澳洲坚果、木薯、油梨和香蕉等作物的科学研究、成果转化、技术和咨询服务工作，为贵州热区农业、农村经济和社会可持续发展提供科技支撑。

现有在职职工82人，其中科技人员47人(高级17人，中级16人，初级14人；国贴专家1人，省贴专家1人，省千层次创新型人才2人；博士6人，硕士15人)。外聘“百人领军人才”和“千人创新创业”人才各1名。所办公科研大楼总面积4 405平方米，科研基地38.6公顷；拥有南亚热带作物贵州兴义综合试验站、贵州芒果研究中心、贵州澳洲坚果研究中心和贵州望谟科技示范园；已建成全国木薯种质资源圃贵州备份基地以及西南地区最大的澳洲坚果、芭蕉芋和薏苡种质资源圃。

建所以来，共承担国家、省、地厅级项目300余项；培育作物新品种(系)60余个，收集保存种质资源1 200多份，审定作物新品种9个、获科技成果69项、获授权专利26项、发布地方标准7项、出版专著8部，发表科研论文600余篇，其中核心期刊300余篇，SCI文章2篇。

薏苡种质资源圃

澳洲坚果

木薯杂交育种

新疆农垦科学院 机械装备研究所

新疆农垦科学院机械装备研究所（新疆农垦科学院农机推广服务中心），其前身是新疆维吾尔自治区农业机械研究所新疆生产建设兵团分所，成立于1960年2月，2009年4月由新疆农垦科学院农机研究所更改为现名。

研究所是以承担国家部委、兵团（自治区）重大科技攻关项目、研究开发先进适用的新型农用技术装备、推广示范和技术服务为主的科研单位。现有在职专业技术人员32人，其中中国工程院院士1人（陈学庚），正高职称8人、副高职称14人、中级职称10人，高级职称人员占总人数的70.4%；具有硕士学位及以上人员22人（含博士2人），占总人数的70.4%。现有享受国务院政府特殊津贴专家4人，国家百千万人才1人，农业农村部有突出贡献的中青年专家2人、农业农村部现代农业产业体系岗位科学家2人、自治区有突出贡献优秀专家3人、兵团学术（技术）带头人1人，博士研究生导师1人，硕士研究生导师9人。

建所50多年来，立足兵团大农业，着力解决棉花等主要作物全程机械化发展中的关键技术问题。共取得科研成果80余项，其中1项达到国际领先水平，32项达到国内领先水平；50余项成果荣获国家和兵团（省）部级科技进步奖，其中获国家科技进步一等奖1项、二等奖2项，农业农村部、科技部神农中华农业科技一等奖1项，获兵团科技进步一等奖3项、二等奖14项、三等奖28项。共获国家专利授权280余项，撰写论文400余篇；主持和参与编写专著30部，制定并颁布实施的农业农村部行业标准2项。

新疆农垦科学院 分析测试中心

新疆农垦科学院分析测试中心有2 500平方米实验场所，有三重四极液相色谱–串联质谱仪4台、Agilent公司7000B型气–质联用仪2台、5973N型气–质联谱仪1台、6890型气相色谱仪2台、7890型气相色谱仪4台、高效液相色谱仪6台、超高效液相色谱仪1台和相应的前处理设施设备共计250多台（套），设备资产原值3 500万元左右。

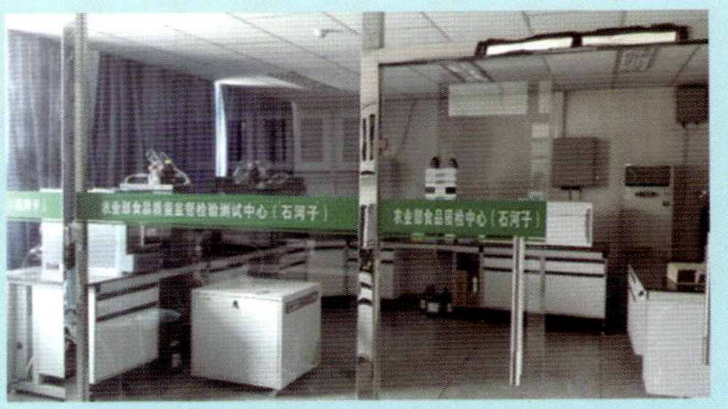

受自治区农业厅的委托对新疆开展了农产品质量安全例行监测工作；受兵团食药局的委托对兵团8个师开展了餐饮行业的风险监测和例行监测工作；承担了农业农村部组织的特色农产品和储藏保鲜环节的农产品的风险监测和评估项目；在全国开展牛奶中三聚氰胺监测中，对兵团范围内的乳及乳制品开展了三聚氰胺的抽查，同时接受企业的委托检验，并首批通过国家三聚氰胺能力验证。长期从事新疆和兵团区域的"三品一标"种植区域的环境评价工作。近三年完成300多次企业的咨询和产品检验工作，完成新疆各地县和企业的人员培训800多人次，为兵团粮食系统、经贸系统、农业系统检验人员2 000人次，完成职业技能鉴定约500人次。

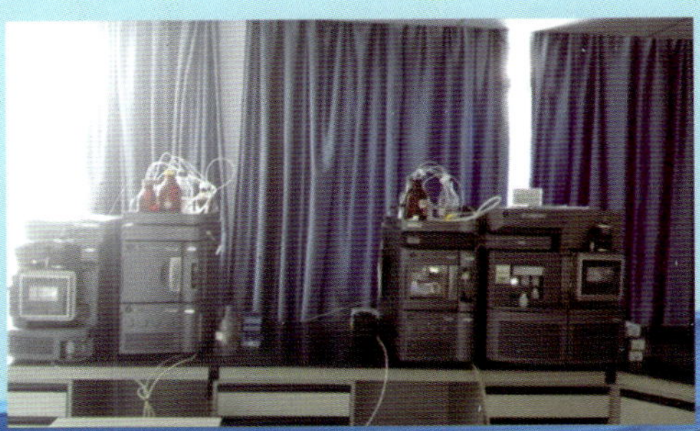

多年来中心完成各类课题30多项，其中国家科技支撑计划1项，国家自然基金项目2项，兵团博士基金1项，兵团科技攻关项目1项，兵团科技支疆项目1项，主持制定国家农业行业标准11项，新疆地方标准4项；协助企业制定企业标准多项；累积接受社会各界委托检验样品20万个，提供检测参数近150万个；编撰出版《饮料分析与检验》一书；获得两项兵团科技进步三等奖。

杭州市种猪试验场

杭州市种猪试验场是自收自支的全民事业单位，成立于1958年，是一个从事种猪试验生产、素质教育、果树研究、蛋鸡试验生产等多种经营的综合性农场。农场现以种猪生产为主导，下辖杭州大观山种猪育种有限公司与江苏沭阳悦兴养殖有限公司两个子公司。现建有1个国家生猪核心育种场、2个种猪扩繁场、1个种猪测定中心、1个标准化种公猪站，存栏核心群（GGP）母猪1 500头、扩繁群（GP）母猪2 500头、优质种公猪300多头，年可供优质种猪4万头以上。农场主要生产新丹系长白、大约克、杜洛克原种种猪以及长大二元母猪。其培育的长白猪已有50余年历史，被誉为“中国长白猪的摇篮”。经过长期的精心选育，种猪产品具有生长性能好、适应性强、肢体强健、瘦肉率高，母猪发情好、产仔数高、泌乳力强等特点。已累计向全国推广长白等种猪50余万头。

农场先后获得农业农村部确定的首批国家级重点种畜禽场，农业农村部农垦现代化养殖示范场，浙江省种猪原种基地，国家生猪核心育种场等称号，“大观山”商标为浙江省著名商标。农场将一如既往地致力于科技创新，重视生态环境建设，科学管理，标准化生产，求真务实、开拓创新，力争为我国养猪业的品种改良做出更大贡献。

长白母猪

东港市五四农场

东港市五四农场成立于1963年，是以水稻种植、稻米加工和水产养殖为主导产业的中型边境国有农场。农场下辖4个农业分场，1个米业加工厂，1个电子商务中心，1个绿化保洁公司。现有辖区人口5 835人，全场总面积43.16平方千米，其中水田面积2万亩、港湾养殖面积1.2万亩、滩涂面积1.5万亩、浅海面积1.2万亩。

2017年，全场水稻平均单产650千克/亩，总产量11 860吨；设施农业总面积105亩，共有暖棚71个，蔬菜总产量430吨。建立了“全国水稻绿色高产高效创建东港市五四农场核心示范区”，共1 000亩，亩产700千克，亩均节约成本50元，增收110元，示范带动面积1.8万亩，充分发挥了国有农场的示范作用。

2017年，全场完成水产品总产量12 889吨，渔业产值23 300万元。港湾养殖仍以海蜇、缢蛏两大主养品种为主，搭配对虾、斑节对虾、牙鲆、河豚苗等品种，混养模式有：鱼虾贝蜇、虾贝蜇等。虽然前期受到气温偏低、干旱等因素的影响，但是海蜇产量同2016年相比有所增加，价格比2016年略高，亩平均产值在2 500元左右；缢蛏养殖生产大大好于2016年，产量比2016年增长30%左右。

五四农场作为农垦改革试点单位，积极推进农场企业化改革。已注册成立了五四农场电子商务有限公司和五四农场绿化保洁有限公司；计划筹建五四农场米业有限公司。

许雷，辽宁盘锦北方农业技术开发有限公司董事长、研究员，主要从事水稻育种及栽培研究。辽宁省优秀专家、辽宁省劳动模范，新中国成立六十周年百名优秀发明家、全国农业科技推广先进个人、全国农垦系统科研先进个人，中国农业科技创新十大领军人物、中国科技创新先进个人，民盟全国先进个人。

“七五”至“十三五”期间，他主持国家水稻重点项目17项，省、部级水、旱稻重点项目22项。经过多年辛勤努力，总结并创造出具有高价值的快速育种法——“人工选择理论”“性状相关选择法”“性状跟踪鉴定法”和“耐盐选择法”。应用此快速育种法，先后主持选育出生产应用的水稻、旱稻、特种稻新品种（系）95个，其中23个水、旱稻新品种通过省级审定，8个国家审定。成果中：有1项获国际最高金奖；2项获优质米水稻品种国际名牌产品奖；1项获国家优质米水稻品种金奖、3项获银奖；2项获国家重大科技发明奖；6项获省、部级科技二等奖；6项获省政府科技进步三等奖，2项获省政府重大科技成果转化奖；15项获市（厅、局）级科技进步一等奖。他是中国农业领域，作为第一完成人，选育北方粳稻品种多、获奖多、推广面积大、取得社会经济效益高的专家。他选育的辽盐系列水稻品种被国家列为“九五”重中之重推广项目。他主持选育的“辽盐、雨田、田丰、锦丰、辽旱、锦稻、盘粳”等系列水、旱稻新品种，已在中国北方适宜稻区累计推广1.9亿多亩，增产稻谷110多亿千克，增收280多亿元。

开拓进取的
盘锦北方农业技术开发有限公司

盘锦北方农业技术开发有限公司隶属于辽宁省农垦局，成立于1995年，是一家融高产、优质水稻新品种选育、繁育、生产、加工、经营、推广和“雷”牌盘锦大米种植、加工、销售于一体的农业科技型企业，是国家高新技术企业、辽宁省农业产业化重点龙头企业，也是国家北方粳稻育种研究创新基地、国家优质水稻良种繁育基地。

到目前为止，优质、高产、多抗三大主要农艺性状的完美结合仍是摆在国内外育种家面前的国际难题。公司在解决这一重大课题方面已初步闯出一条新路，设计了优质、高产、多抗新品种的全新育种程序，制定了早代米质检测方法和抗病鉴定技术，较好地解决了优质、高产、多抗三大农艺性状的有机结合问题，取得了良好的育种效果。在省级审定的23个水稻品种和国家审定的8个水稻品种中，90%以上的品种为优质米品种，一般亩产在650～850千克，最高亩产在新疆1 185千克，在辽宁1 095千克，比当地同熟期品种增产8%～15%，育种技术居国际领先地位。

公司培育的水、旱稻新品种，米质优、产量高、抗性强、适种区域广，深受华北及西北稻区广大用户欢迎。公司育成的目前主要推广品种有：特优米高产水稻品种锦稻201、锦稻105、锦稻106、锦稻107、锦稻108等；超高产优质水稻品种锦丰1号、田丰202、锦稻104等；超高产优质水旱两用粳稻新品种辽旱109等；超高产优质糯稻品种辽盐糯、锦糯6号等；高产优质香稻新品种锦稻香103、锦稻香104等；高产优质黑稻新品种锦稻黑1号等。

公司育成的锦稻201、锦丰1号、田丰202、锦稻香103、锦稻104、锦稻105、锦稻106等品种被省内外米业公司作为原料加工成的优质大米，不仅在辽宁、河北、北京、天津、河南、山东、山西、宁夏、新疆等省（自治区、直辖市）十分畅销，而且远销中国香港、韩国、日本、加拿大和美国等国家和地区。

“雷”牌商标为“辽宁省著名商标”；“雷”牌水稻种子为“辽宁省名牌产品”；公司为中国种子行业信用AAA级企业、国家高技术产业化示范工程先进单位、中国水稻种业十大影响力企业、第十一届中国最具社会责任感企业、中国科技创新示范单位。

著名水稻育种专家、全国政协委员许雷

地　址：辽宁省盘锦市大洼县大洼镇兴盛路483号　　邮　编：124200
电　话：0427-6960988　　传　真：0427-6962874
E-mail：zhongguoshuidao@126.com、8660870@163.com

三元
用至诚之心，
缔造至臻好奶！
三元双宝3000头奶牛养殖基地，服务港城人民！
老双宝 新三元
哺育港城2代人
高钙酸奶
High Calcium 高钙牛奶
DHA 儿童牛奶
全脂巴氏杀菌调制乳
净含量:195毫升
Fresh Milk 鲜牛奶
低脂酸奶
扫码了解商城
三元食品 SANYUAN
订奶热线 400 828 9858
地址：江苏连云港东辛农场西首 网址：www.jssysbry.com

广西农垦国有西江农场

西江农场场部风貌

广西农垦国有西江农场于1953年建场，隶属广西壮族自治区农垦局，属国有大型二档企业。地处西南地区最大的内陆港口贵港市，位居“黄金水道”核心地带，区位优势明显。现有土地10.17万亩，下辖13个农业分场，6个公司及8个改制工业单位。截至2017年底，全场辖区内现有人口30 260人，其中在职职工1 176人，退休职工2 483人。

农场以甘蔗产业为主业，种植甘蔗面积3.5万亩，年产料蔗25万吨以上。近年来，农场积极进行产业结构调整，大力发展物流业、现代特色农业等新兴产业，为企业转型注入活力。先后开发建设了陶然花园、瑞安花园、凯旋国际、中央花园、西江绿城•香榭里花园等房地产项目；建设有钢材市场、木材市场、西站旧货市场和七里桥仓储、西江综合商贸城、家和居建材市场、悦邦家居市场、新华农贸市场等一批专业市场。规划建设有5 000亩的现代休闲、观光农业基地和国家级蔬菜标准园。

西江农场文化广场湖心亭

农场先后荣获全国创先争优先进基层党组织、全国农林水利系统模范职工之家、自治区先进基层党组织、自治区文明单位、自治区和谐企业、贵港市文明单位、贵港市纳税大户、自治区农垦文明单位、广西农垦经济效益突出贡献奖、广西农垦企业管理优秀单位等多项荣誉称号。

西江农场合唱团代表广西壮族自治区农垦工委参加自治区“迎十九大 感恩祖国”主题歌咏汇演

（蔗 海）

首届“西江农场”杯山地自行车赛

编者说明 BIANZHE SHUOMING

一、《2017中国农垦统计年鉴》是一部全面反映国民经济和社会发展情况的综合性资料刊。全书内容分为专载和十个部分，即：综合情况，农场组织，人口、从业人员和劳动报酬，固定资产投资，农业，工业，建筑业、交通运输业、批发零售贸易、餐饮业，商品量、出口、物资，科研、教育、卫生，附录，并附有主要统计指标解释。反映了2017年全国农垦经济和社会发展情况，非国有经济资料的主要统计数据、内蒙古大兴安岭、内蒙古海拉尔、西藏国有农场情况及部分企业的经济指标资料。

二、《年鉴》中使用的度量衡单位均采用国际统一标准计量单位。亩、斤为非法定计量单位，1亩=1/15公顷，1斤=0.5千克。

三、《年鉴》中符号含义的说明：

“…”表示数据不足本指标最小单位数；

“空格”表示无指标数据；

“#”表示其中的主要项；

“–”表示数据不可比。

四、垦区经济与社会发展情况的排列以国家行政区划排序为准；农场按生产总值排序中取消农管局类型的农场。

五、《年鉴》资料来源于全国农垦2017年统计年报资料，是全国农垦广大统计工作者辛勤劳动的成果。农垦局的有关处室和各垦区统计部门及基层综合统计人员为此书的出版做了大量的工作，并提供了宝贵资料，在此表示诚挚的谢意。

六、限于编辑水平，该书在编纂中难免出现疏漏之处，敬请农垦系统的同志和统计界的各位同仁提出宝贵意见，以便今后不断改进。

编　者

2018年8月

目　　录

一、领导讲话

二、垦区经济与社会发展情况

附录

一

领导讲话

韩长赋部长在全国农业工作会议上的讲话（节选）

（2017 年 12 月 29 日）

坚持改革创新，加快培育农业农村发展新动能

新时代实施乡村振兴战略，要依靠改革和创新两大动力。一方面，要坚持不懈推进农村改革。五年来，党中央对农村改革做出了长远性战略性制度安排，下一步关键是抓落实、抓深化，尽快释放改革红利。另一方面，要大力推进农业科技创新，围绕实现农业高质量发展的瓶颈制约，加快构建适应新阶段农业发展要求的技术体系。重点要抓好以下几个方面。

一是扎实抓好农村改革各项任务落实。当前农村改革的重中之重，是土地制度、集体产权制度和农垦改革三项改革。我在会议总结时还要专门讲，这里主要点点大的要求。深化农村土地制度改革，明年是农村改革 40 年，重点是抓紧研究制定土地承包期再延长 30 年的政策，配合加快修订农村土地承包法，完善承包地“三权”分置制度，基本完成承包地确权登记颁证工作，确保政策衔接、平稳过渡。深化农村集体产权制度改革，明年要全面开展清产核资工作，继续扩大股份合作制改革试点，多途径发展集体经济。深化农垦改革，坚持垦区集团化、农场企业化改革方向，重点是抓好农场分离办社会职能改革和农垦土地确权“两个 3 年”任务，抓紧培育一批现代经营管理人才，发挥农垦在质量兴农、绿色兴农、品牌建设上的示范引领作用。同时，加强农村改革试验区的试验探索，及时总结成熟、普适的试验成果，推动成果向政策转化。深入推进农业放管服改革，加强农业法治建设。

屈冬玉副部长在深化农垦改革任务对接会上的讲话

（2017 年 12 月 30 日）

刚才，韩长赋部长在全国农业工作会议闭幕会暨深化农村改革情况交流会上，对农垦改革做了专题部署。接着召开这个农垦改革任务对接会，主要目的是进一步学习贯彻中央领导同志关于农垦改革重要指示批示精神，对接明年农垦改革重点工作，明确和落实工作责任，确保中央农垦改革决策部署落实到位。

中央领导同志高度关注和重视农垦改革。2016 年 5 月，习近平总书记在黑龙江省考察时对农垦工作做出重要指示，充分肯定了农垦的重要贡献，指出农垦是国家关键时期抓得住、用得上的重要力量，强调要深化国有农垦体制改革，以垦区集团化、农场企业化为主线，推动资源资产整合、产业优化升级，建设现代农业大基地、大企业、大产业，努力形成农业领域的航母。总书记的重要指示进一步指明了农垦改革发展的方向，是新时代深入推进农垦改革的根本遵循。汪洋副总理多次对农垦改革工作做出指示批示，强调贯彻好中央决策也是政治要求，要站在讲政治的高度推进农垦改革，该约谈的约谈、该通报的通报。王沪宁主任最近连续两次就农垦改革工作做出长篇批示。中央领导同志的指示批示，把为什么改、改什么、怎么改都讲得很清楚，重点、原则、方法都十分有针对性。我们如果还不丢掉幻想，后果很严重！大家一定要从讲政治的高度，从增强“四个意识”的高度，从维护以习近平同志为核心的党中央权威的高度，准确把握其中的思想精髓和政治要求，坚定不移贯彻落实中央农垦改革决策部署。

两年来，各地各垦区贯彻中央文件、推进农垦改革做了大量工作，取得了明显成效。但工作进展很不平衡，特别是“两个 3 年”任务进展较慢，离中央要求还有明显差距。必须进一步加大工作力度、加快工作进度。2018 是农垦改革攻坚克难的关键之年，也是落实“两个 3 年”任务的收官之年。刚才，韩长赋部长对 2018 年深化农垦改革几项重点工作作了部署、提出了要求，各垦区也制定了深化农垦改革重点任务责任书和工作计划书。在这里，我从抓落实的角度再强调几点。

关于办社会职能改革。要围绕 2018 年基本完成社会管理和公共服务纳入地方政府统一管理的改革任务，重点抓好三件事。一是尽快制定切实可行的工作方案。7 个还没有出台方案的省份，原则上 2018 年春节前要出台；个别确有困难的，不能晚于 3 月底。已出台工作方案的省份，要落实时间表、路线图特别是施工图，抓紧组织实施并加快施工进度。农垦部门主管领导要亲自调研，与市县政府有关领导加强沟通，寻找解决问题的方法和路径。二是落实地方经费保障。中央财政补助已有初步方案，原则是“先改后补、先改先得”，并设置了窗口期，过期不补。25 个尚未落实补助资金的省份，要尽快拿出真金白银，落实以省为主的经费保障机制。三是妥善处置人员、资产债务问题。按照人员、资产债务与职能、职权相匹配的原则，努力使符合条件的人员随职能同步移交，切实维护干部职工的合法权益；在移交资产时同步移交债权债务，严防国有资产流失。农垦改革中有的问题虽然很小，但对老百姓来说都是天大的事，我们一定要抓住改革机遇，切实增强垦区百姓的幸福感、获得感。

关于土地确权发证。要围绕确保 2018 年年底发证率达到 90%以上的目标，着力抓好三件事。一是抓紧落实工作经费。中央财政资金已经全部到位，21 个尚未落实地方财政补助资金的省份要尽快落实。财政资金不够的，垦区和农场要兜底。二是加快权籍调查。农垦要主动作为，抓紧开展土地权属、用途、界址、面积等调查，争取2018年上半年基本完成权籍调查工作。已确权的要尽快提出申请，确保尽早发证。农垦部门要强化忧患意识、抢抓机遇，不能再有“等”的思想。三是加强纠纷调处。主动协调和配合地方政府依法依规调处权属争议，做到解决一宗、发证一宗。还有8个垦区的发证率低于40%，特别是新疆、内蒙古垦区未确权面积大、在全国占比高，绝不能拖全国的后腿。要在确权发证的基础上，进一步强化土地信息化管理，积极稳妥推进土地资源资产化、资本化。

关于农垦改革专项试点工作。根据试点工作安排，试点期限到2018年9月，各垦区和有关试点单位要全面加快试点工作。少数尚未启动或还在起步阶段的试点项目，要抓紧启动并加快实施；已处于实施阶段的试点项目，要加快推进步伐，并及时研究解决试点中出现的新情况新问题；对接近尾声或已基本完成试点项目，要做好收尾工作，进行全面系统总结。希望大家把改革中的好经验好做法进行深度挖掘和升华提炼，形成可复制可推广的样板。

关于农垦职工养老保险问题。主要是几个农场属地管理垦区部分职工未参保或中途断保问题。要重点做好两方面工作。一是千方百计强化国有农场经营能力和缴费能力，切实承担缴费义务。二是积极推动地方政府落实主体责任，特别是对于缴费能力弱、压力大的农场，要积极协调地方落实符合农业生产特点的参保缴费办法。

黑龙江、广东两个中央直属垦区经济体量大，在全国农垦具有很强的标杆效应。中央领导同志对中央直属垦区改革发展高度重视、充满期待，社会各方面也很关注。两垦区要坚持垦区集团化、农场企业化改革主线不偏离，高标准、严要求，坚定不移深化改革。在推进改革过程中，要把全面从严治党突出出来，切实加强党的建设和干部队伍建设，抓党建促改革。

各垦区都要把全面从严治党突出出来，高举反腐大旗，完善内控制度，开展清产核资和离任审计，加强党风廉政建设和反腐败斗争，着力解决广大农垦职工反映强烈的问题，不断增强党组织的创造力、凝聚力、号召力和战斗力，自觉把企业党组织内嵌到公司治理结构，充分发挥党组织在农垦企业中的领导核心和政治核心作用。

农垦改革是一项重大政治任务。大家回去后要迅速向省委省政府主要领导和分管领导汇报中央领导同志重要指示批示精神和这次会议要求，努力形成推进农垦改革发展的强大合力。农垦改革归根结底要靠农垦人自己、特别是在座各位同志的态度和工作力度。各级农垦领导干部尤其是“一把手”，要切实增强责任意识、担当意识、奉献意识，率先垂范，把改革责任勇敢地扛起来，把农垦改革发展文章做好，对人民负责、对历史负责、对党负责。要做到学有标兵，在农垦改革上全国学海南，集团化垦区学广东，农场属地化管理垦区学湖北，西部垦区学甘肃。甘肃垦区能做到的，其他垦区没有理由做不到，一定要发挥好苦干实干加巧干的“三干”精神。

今天，各垦区都提交了改革责任书，立下了“军令状”。希望大家各有所获，确保向党中央交上一份合格的答卷。

二

垦区经济与社会发展情况

2017 年全国农垦经济和社会发展统计公报

农业农村部农垦局

2018 年 6 月 19 日

2017 年，全国农垦深入贯彻落实中央 1 号文件、中央农村工作会议及全国农业工作会议精神，以全力抓好农垦改革发展文件的贯彻落实为主线，以努力打造现代农业的大企业、大基地、大产业为目标，不断深化改革，切实加快发展，着力改善民生，农垦经济和社会发展保持了稳中向好、稳中有新的态势。

一、综合

全年农垦经济实现生产总值 7 913.62 亿元，比上年增长 7.1%（图 1）。其中，第一产业增加值 1 907.51 亿元，增长 5.5%；第二产业增加值 3 570.30亿元，增长 6.6%；第三产业增加值2 435.81 亿元，增长 9.0%。第一、第二、第三产业增加值占农垦生产总值的比重分别为 24.0%、45.2%和 30.8%。人均生产总值 56 208 元，同比增长 6.8%；人均纯收入持续增长，达到 17 470 元，扣除物价上涨因素，比上年实际增长 10.0%（图 2）。

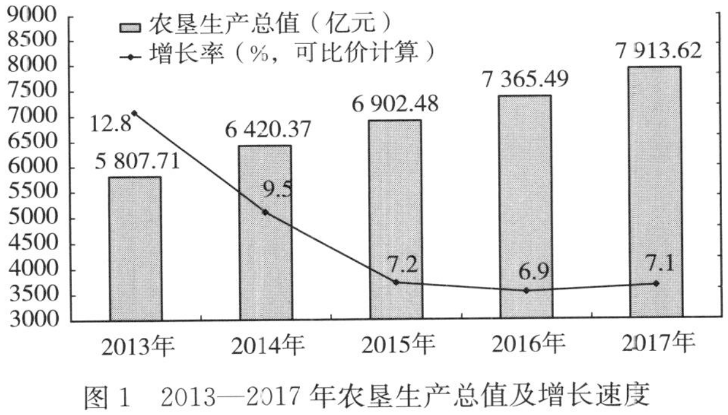

图 1 2013—2017 年农垦生产总值及增长速度

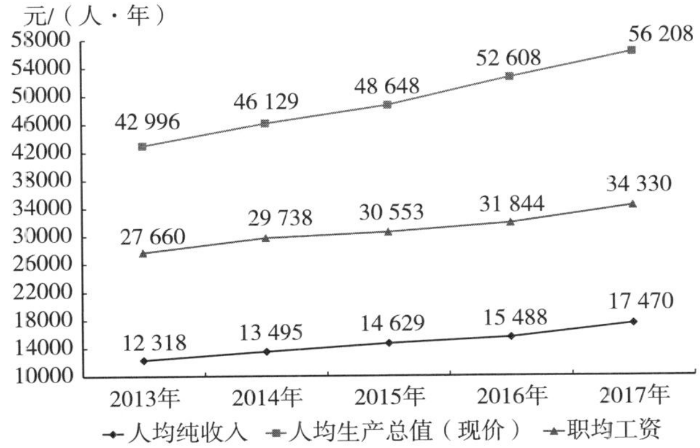

图 2 2013—2017 年农垦人均指标情况

二、农业

全年实现农业总产值 3 837.18 亿元，比上年增长 11.0%。其中：种植业产值 2 418.94 亿元，林业产值 114.69 亿元，牧业产值 852.96 亿元，渔业产值 232.87 亿元。

全年农作物播种面积为 6 872.71 千公顷，比上年减少 57.41 千公顷，下降 0.8%。其中：粮食播种面积 4 894.11 千公顷，减少 102.22 千公顷，下降 2.0%，占农作物播种面积的 71.2%；棉花面积 796.35 千公顷，增加 64.28 千公顷，增长 8.8%；油料面积 337.21 千公顷，减少 24.01 千公顷，下降 6.6%；糖料面积 90.35 千公顷，增加 4.47 千公顷，增长 5.2%。

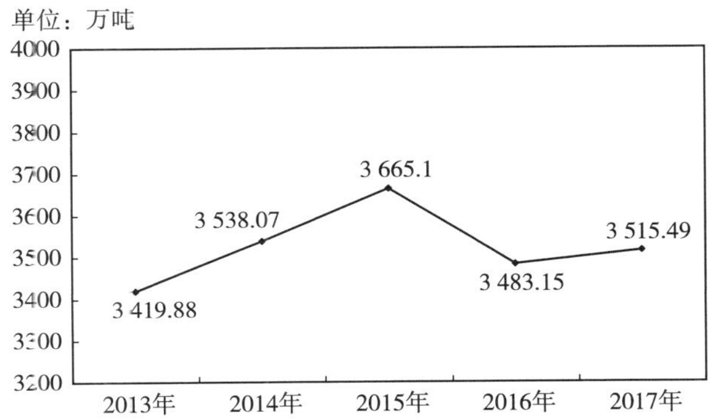

图 3 2013—2017 年农垦粮食总产量

粮食总产量达到 3 515.49 万吨，比上年增加 32.34 万吨，增长 0.9%（图 3）；可供商品粮 3 213.86万吨，比上年减少 18.64 万吨，商品率为 91.4%。

主要农产品产量见表 1。

表 1　2017 年主要农产品产量

产品名称	产量（万吨）	比上年增长（%）
粮　食	3 515.49	0.9
棉　花	208.58	11.1
油　料	76.57	−6.3
糖　料	774.78	5.5
水　果	737.53	8.9
茶　叶	5.17	1.6

畜牧业生产总体平稳。畜牧业占农业总产值比重为 22.2%，比上年下降 1.4 个百分点；牲畜年末存栏总数及主要畜产品产量见表 2。

表 2　2017 年牲畜年末存栏总数及主要畜产品产量

产品名称	单位	产量与年末数	比上年增长（%）
大牲畜总头数	万头	300.51	2.9
其中：奶牛	万头	143.73	4.5
猪存栏	万头	1 263.67	2.0
羊存栏	万只	1 369.81	−4.7
肉类总产量	万吨	258.20	2.9
牛奶	万吨	385.15	1.6
禽蛋	万吨	54.36	7.7

全年水产品产量 160.94 万吨，比上年增长 8.5%。其中：淡水产品产量 119.11 万吨，下降 1.5%；海水产品产量 41.84 万吨，增长 52.5%。对虾产量 6.19 万吨，增长 4.0%。

全年植树造林面积 135.61 千公顷，退耕还林 1.53 千公顷，退耕还草 3.92 千公顷。

年末农业机械总动力 3 025.93 万千瓦，比上年增长 2.0%；大中型农用拖拉机 22.15 万台，增长 2.5%；农用小型及手扶拖拉机 30.11 万台，增长 12.4%；联合收获机 6.38 万台，比上年下降 32.2%。

三、工业和建筑业

工业发展保持稳定，结构调整成效明显。全年完成工业增加值 2 805.70 亿元，比上年下降 3.6%。实现工业总产值 10 168.16 亿元，增长 5.8%。其中：国有工业总产值 1 915.45 亿元，占工业总产值的 18.8%；非国有工业总产值 8 252.71亿元，占工业总产值的 81.2%。其中：轻工业产值 6 209.42 亿元，占工业总产值的 61.1%。产值 100 亿元以上的农垦工业主要产业创产值 9 781.15 亿元，占工业总产值的 96.2%。其中产值前十位的行业是农副食品加工业 2 045.20 亿元、食品制造业 918.02 亿元、石油加工炼焦和核燃料加工业 606.68 亿元、非金属矿物制品业 561.07 亿元、化学原料和化学制品制造业 522.50 亿元、有色金属冶炼和压延加工业 474.32 亿元、电力热力生产和供应业 371.07 亿元、纺织业 366.67 亿元、纺织服装服饰业 342.23 亿元、橡胶和塑料制品业 302.61 亿元。

主要工业产品产量见表 3。

表 3　2017 年主要工业产品产量

产品名称	单位	产量	比上年增长（%）
混配合饲料	万吨	1 077.84	4.4
食用植物油	万吨	439.73	7.0
成品糖	万吨	272.27	7.9
乳制品	万吨	403.14	−0.2
#液体乳	万吨	367.08	−1.1
饮料酒	万千升	126.09	−0.2
水泥	万吨	1 958.32	−2.9
砖	亿块	127.15	−22.6
发电量	亿千瓦时	873.47	10.0

年末建筑企业 4 010 个，从业人员 43.28 万人，全年实现增加值 764.76 亿元；年末固定资产原值 232.22 亿元；全年施工房屋建筑面积达 17 369.89万米^2。

四、运输业、批发零售贸易业、服务业及出口商品

全年共完成货运量 21.87 亿吨，客运量 4.73 亿人，实现营业收入 626.69 亿元。

年末批发零售贸易业、住宿餐饮业、服务业营业单位总数 16.32 万个，拥有固定资产原值 1 044.15亿元，营业用房总面积 3 377.81 万米^2，从业人员 110.18 万人，全年完成商品销售额或营

业收入 8 894.46 亿元。

全年出口供货商品总金额 694.58 亿元（图 4），比上年增加 29.15 亿元，增长 4.4%。出口商品供货总额超过 10 亿元的垦区分别是：新疆生产建设兵团 448.52 亿元、广东 79.17 亿元、湖北 48.32 亿元、江西 37.93 亿元、河北 19.50 亿元、浙江 13.03 亿元，上述 6 个垦区出口金额合计达 646.47 亿元，占全国农垦出口商品总金额的 93.1%。

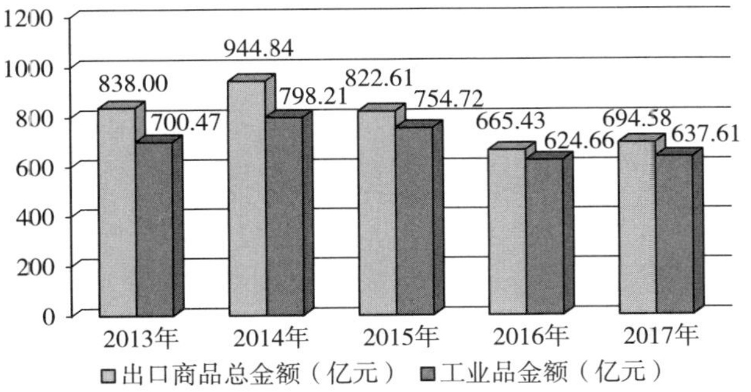

图 4　2013—2017 年农垦出口情况

五、科技、教育、卫生

年末全系统拥有科研单位 291 个，职工 1.36 万人，其中，科技人员 0.70 万人。全年科研经费 36.22 亿元，同比下降 1.7%；其中，国家拨款 7.23 亿元，占科研经费 20.0%；企业自筹 24.72 亿元，占科研经费 68.3%。

各类学校 1 216 所，教职工 8.80 万人，在校学生 96.48 万人，当年毕业生 24.69 万人。其中：普通中学 540 所，在校学生 32.40 万人，当年毕业生 10.33 万人；小学 604 所，在校学生 40.74 万人，当年毕业生 6.97 万人。

医疗单位 4 527 个，其中：医院 980 所，疗养院 10 所；医务人员 6.38 万人，其中：医生 2.57 万人，病床 6.72 万张。

六、固定资产投资

全年固定资产投资总额 5 231.08 亿元（图 5），比上年增加 410.28 亿元，增长 8.5%；当年新增固定资产 3 278.77 亿元。其中：第一产业投资额 516.47 亿元，占投资总额的 9.9%；第二产业投资额 2 571.55 亿元，占投资总额的 49.1%；第三产业投资额 2 143.06 亿元，占投资总额的 41.0%。全年国有固定资产投资总额 2 151.49 亿元，占投资总额的 41.1%。

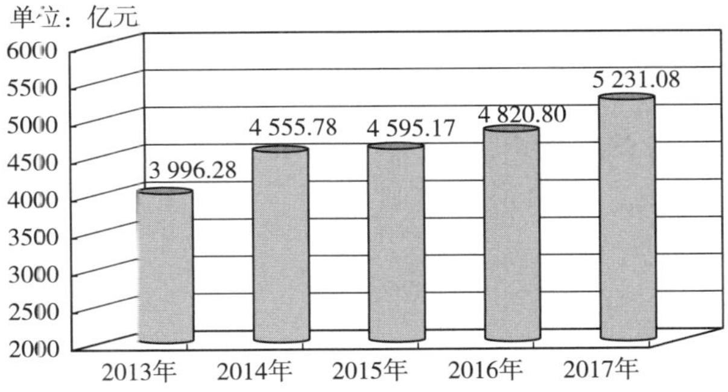

图 5　2013—2017 年农垦固定资产投资情况

新增固定资产主要是：大中型拖拉机 8 139 台，小型及手扶拖拉机 6 066 台，联合收割机 4 509台，农用运输车 1 162 辆，水库 3 座，仓库 1 357座，输电线路 1 394 千米，学校用房 11.58 万米^2，住房 862.19 万米^2。

七、人口、就业和劳动工资

年末农垦系统总人口 1 455.21 万人，比上年增加 12.50 万人，增长 0.9%；全年人口出生率为 9.2‰，人口死亡率为 6.0‰，人口自然增长率为 3.2‰。

年末社会从业人员 693.88 万人。其中：第一产业 327.75 万人，第二产业 160.22 万人，第三产业 205.91 万人，分别占社会劳动者总数的 47.2%、23.1%和 29.7%。

年末职工 271.39 万人，其中：在岗职工 257.38 万人。全年职工工资总额 932.23 亿元，职工年平均工资 34 330 元，增长 7.8%。

八、无公害农产品、绿色食品、有机食品生产

年末全系统种植业无公害农产品、绿色食品、有机农产品认证数达到 1 172 个，带动种植农户数达到 38.70 万户，其中：绿色 A 级农作物种植面积 1 608.71 千公顷，产量 903.48 万吨。无公害、绿色、有机茶叶认证数 72 个，从事种植农户数达到 4.82 万户，其中：绿色 A 级面积 5.96 千公顷，产量 2 744 吨。无公害、绿色、有机水果认证数达到 211 个，从事种植农户数达到 5.79 万户，其中：绿色 A 级面积 2.25 千公顷，产量 28.50 万吨。

九、资源消费

主要资源消费量中：钢材 381.29 万吨，比上

年下降 11.3%；木材 249.36 万$米^3$，下降 3.1%；水泥 1 730.78 万吨，增长 1.3%；煤炭 6 709.94 万吨，下降 1.1%；成品油 333.59 万吨，增长 3.6%；电 1 075.54 亿千瓦时，增长 4.5%。万元生产总值消费钢材 0.048 吨，比上年下降 16.8%；万元生产总值消费木材 0.032 $米^3$，比上年下降 9.9%；万元生产总值消费水泥 0.219 吨，比上年下降 5.6%；万元生产总值消费煤炭 0.849 吨，比上年下降 7.9%；万元生产总值消费电力 1 361 千瓦时，比上年下降 2.6%；万元生产总值消费成品油 0.042 吨，比上年下降 4.1%。

注：

1. 农垦生产总值、各产业增加值、工农业总产值等价值指标均按现价计算，增长速度按可比价计算。
2. 公报数据如有出入，以《中国农垦统计年鉴》为准。
3. 新疆生产建设兵团数据为快报数。

北京农垦2017年经济和社会发展统计公报

北京首都农业集团有限公司

北京农垦成立于1949年，历经67年改革、改制、发展、壮大，现已成为在畜禽良种繁育、养殖、食品加工、生物制药、物产物流等方面具有领先或明显行业优势的大型农业企业。

北京农垦下辖9个农场（二级企业，含5个三级农场），25个国有及国有控股二级公司，2017年末总人口60 008人。

2017年，北京农垦资产总额693.9亿元，负债总额484.5亿元，所有者权益209.3亿元。实现营业收入437.0亿元，实现利润总额18.2亿元。

一、综合情况

2017年北京农垦在推动转型升级中保持经济稳中有进，在抓好重点项目中增强发展后劲，在创新发展方式中激发经济活力，在防范经营风险中提升管控水平。全年经济运营形势平稳，经济总量稳步增长，综合实力进一步增强，经济效益、职工收入不断提高。

（1）2017年北京农垦生产总值69.72亿元，比上年的70.91亿元减少1.19亿元，营业盈余12.40亿元。

第一产业增加值14.07亿元，比上年的14.68亿元下降4.16%。

第二产业增加值19.43亿元，比上年的23.51亿元下降17.35%。

第三产业增加值36.23亿元，比上年的32.73亿元增长10.69%。

（2）2017年末国有企业从业人员45 496人，其中在岗职工42 356人；从业人员人均劳动报酬58 714元，其中在岗职工人均劳动报酬59 500元。

（3）北京农垦土地总面积6 643公顷，其中耕地面积1 395.6公顷。

二、产业布局

（一）第一产业

1. 农牧渔业总产值

北京农垦拥有14个农场，其中5个降为三级企业。2017年实现农牧渔业总产值47.77亿元，比上年的47.85亿元减少0.08亿元，下降0.17%。其中农业产值7 058万元、林业产值2 167万元、牧业产值46.85亿元。

2. 农牧业生产情况

（1）2017年末奶牛牛群存栏9万头，比上年8万头增加1万头；牛奶总产量411 119吨，比上年的403 453吨增加7 666吨，增长1.90%。

（2）2017年末生猪存栏5万头，比上年6万头减少1万头；猪肉产量4 206吨，比上年的5 173吨减少967吨，下降18.69%。肉猪出栏头数减少是由于有部分猪场清场和搬迁。

（3）2017年末家禽存栏290万只，比上年的357万只减少67万只；禽蛋产量35 752吨，比上年的40 468吨减少4 716吨；禽肉产量92 438吨，比上年的81 380吨增加11 058吨。

（4）2017年度粮食作物播种面积245公顷，比上年的411公顷减少166公顷；粮食总产量1 340吨，比上年的2 343吨减少1 003吨。

（5）2017年度蔬菜播种面积54公顷，比上年的56公顷减少2公顷；产量692吨，比上年的713吨减少21吨。

（6）2017年末果园实有面积152公顷，比上年的155公顷减少3公顷；果品产量706吨，比上年的739.9吨减少33.9吨。

（二）第二产业

（1）工业企业38个，运营企业相对稳定。工业总产值全年完成87.21亿元，比上年的78.39亿元增加8.82亿元，增长11.25%。其中：食品制造业总产值75.69亿元，占工业总产值的86.79%。

（2）建筑企业 3 个，年末从业人员 61 人，劳动报酬 663.69 万元，本年竣工项目 1 个，房屋建筑竣工面积 3 万米^2。

（三）第三产业

（1）运输业 2016 年业绩较平稳，全年实现营业收入 2.20 亿元，与上年持平。

（2）批发零售业全年实现营业收入 68.70 亿元，比上年的 53.06 亿元增加 15.64 亿元，增长 29.48%。

（3）住宿餐饮业全年实现营业收入 37.94 亿元，与上年的 32.69 亿元增加 5.25 亿元，增长 16.06%。

（4）服务业全年实现营业收入 48.54 亿元，比上年的 72.28 亿元减少 23.74 亿元，下降 32.84%。

（5）全年外贸出口供货商品金额 3.56 亿元，比上年的 3.36 亿元增加 0.2 亿元，增长 5.95%。

三、固定资产投资

2017 年全年固定资产投资总额 19.81 亿元，比上年的 23.15 亿元减少 3.31 亿元，下降 14.30%。其中：国有固定资产投资总额 18.19 亿元，占投资总额的 91.82%。

投资总额中用于第一产业的投资为 5.05 亿元，比上年的 4.59 亿元增加 0.47 亿元。用于第二产业的投资为 3.75 亿元，比上年的 5.27 亿元减少 1.52 亿元。用于第三产业的投资为 11.01 亿元，比上年的 13.29 亿元减少 2.28 亿元。

2017 年当年新增固定资产 13.79 亿元。

四、非国有经济

2017 年非国有经济生产总值完成 20.86 亿元，比上年的 19.03 亿元增加 1.83 亿元，增长 9.62%；非国有经济全年共实现利润总额 6.60 亿元，比上年的 4.79 亿元增加 1.81 亿元，增长 37.79%。非国有经济从业人员 18 256 人。

五、2017 年统计培训工作

北京农垦是中华人民共和国成立初期成立的老国有企业，长期以来，从业人员素质和管理水平相对较低，统计工作普遍不被重视。绝大部分企业不设统计专职岗位，统计工作由其他岗位的人员代管，对于统计工作的持证上岗也形同虚设，致使统计岗位人员流动频繁、更迭不休，统计工作没有正规的交接手续和交接清单，统计数据和资料得不到完整、连续的保存和存档，严重影响统计工作的质量。

面对上述问题，我们有针对性地多次组织基层统计人员，认真学习农业部农垦局、北京市统计局有关统计数据的上报要求、编制方法和填报注意事项，为及时、准确地完成各类统计报表的上报工作做好充分的准备。

根据统计工作填报中经常出错的相关问题，分业务板块举办统计专题培训班，请农业部农垦局的统计专家和北京市统计局的专职人员到北京农垦现场进行报表填报指标讲解和系统操作指导，加深、强化和巩固了统计人员对各项统计报表指标的理解及填报要求，为顺利完成统计年报工作打下良好的基础。

天津农垦2017年经济和社会发展统计公报

天津食品集团有限公司

天津食品集团有限公司为贯彻落实习近平新时代中国特色社会主义思想，切实做到“八个明确”“十四个坚持”，以实现中华民族伟大复兴作为行动指南，立足振兴企业，干好事业，保障民生，聚焦天津食品产业优势资源，以民需为本，以市场为导向，重点以现代农牧业、食品加工业、商贸物流及房地产业为发展方向，承担全市及周边地区“菜篮子”、肉禽蛋奶、粮油等食品供应，从源头保障食品品质，全力打造“从田间地头到餐桌”，纵贯一二三产业的食品全产业链和农工商科一体化的发展新模式，为大众提供健康、优质、安全、放心食品，成为政府信赖、百姓放心、保障有力的民心工程企业。

集团全力打造一批核心骨干企业，现代农牧业以嘉立荷牧业集团、渤海农业集团等为基地，大力发展奶牛、肉牛、肉驴、生猪、蛋鸡和观赏鱼养殖，加快生鲜绿色有机果蔬种植和观光休闲农业建设；食品加工业以海河乳业、肉联厂、利民调料、利达粮油、立达食品等企业为龙头，做优做强海河牛奶、迎宾放心肉、副食调料、利达粮油、山海关豆制品等主副食品，满足市场需求，扩大市场占有率；商贸物流及房地产业以商贸公司、壳牌石油、农垦房地产、龙呈嘉益、中储物流等商贸物流企业为核心，拓展农产品贸易，发展冷链物流和连锁零售终端建设，进一步做大石油零售业务规模和效益，发挥土地资源优势，做强房地产业。

2017年集团共有159个经营单位，其中农林牧渔业36个，工业26个，建筑业1个，商业26个，社会服务业及其他行业70个，分布在天津市郊区县和市内各区。2017年农垦总人口3.4万人，其中职工1万人，土地7 330公顷，其中耕地2 782公顷。2017年全体干部职工认真按照集团公司的工作思路和具体部署，认真履行岗位职责，在集团广大干部职工的齐心努力下完成了预期经济指标。

一、2017年度全系统主要经济指标完成情况

1. 经济总量情况

2017年天津食品集团资产总额366亿元。集团实现生产总值34.3亿元，第一产业3.4亿元，第二产业6.1亿元，第三产业24.8亿元。集团比上年生产总值的29.9亿元，增长14.7%，其中第一产业与上年的3.4亿元持平、第二产业比上年的6.2亿元降低1.61%、第三产业比上年的20.3亿元增长22.2%。集团营业收入283亿元，比上年的233亿元增加50亿元，同比增长21.5%；集团全年实现利润总额9.1亿元，比上年的8.6亿元增加0.5亿元，同比增长5.8%；固定资产投资完成额9.34亿元，比上年的8.45亿元增长0.89亿元，集团年人均纯收入6.7万元，比上年的6万元增加了7 000元，比上年增长11.7%。

2. 农牧业生产情况

进一步推进农牧业结构优化调整。农垦年末耕地面积2 782公顷，由于调整种植结构，改善农田水利设施，采用优良品种和先进科学技术，加大农业设施建设投入，使种植业生产得以稳步发展。农作物总播种面积2 501公顷，比上年的2 450公顷增加51公顷，其中粮食播种面积1 876公顷，比上年的2 069公顷减少193公顷；棉花播种面积47公顷，比上年的13公顷增加34公顷；粮食总产13 041吨，比上年的14 845吨减少1 804吨；棉花产量147吨，比上年40吨增加107吨。草坪种植面积26.7公顷，提供商品草皮30万米^2。果园面积305公顷，比上年的313公顷减少8公顷；水果总产量3 862吨，比上年的3 665吨增加197吨，同比增长5.38%。

天津食品集团奶牛饲养业自组建嘉立荷牧业有限公司以来，各国有农场下属的奶牛场归嘉立荷牧业有限公司统一管理，由各农场分散管理到专业化

奶牛场统一集中管理，由奶牛平均单产只有 6 000 千克，通过科学管理之后，现在平均单产 1 万千克。天津食品集团的奶牛饲养业在改革发展中不断壮大，奶牛年末存栏达到 3.2 万头，与上年的 3.2 万头持平；成母牛 1.6 万头，比上年的 1.5 万头增加 1 000 头；全年牛奶总产量 16.6 万吨，比上年的 14.9 万吨增加 1.7 万吨，比上年增长 11.41%。

水面养殖面积 909 公顷，比上年的 917 公顷减少 8 公顷；水产品总产量 16 747 吨，比上年的 10 607吨增加 6 140 吨。

3. 工业企业情况

集团实现工业总产值 30.9 亿元，比上年的 32.5 亿元，减少 1.6 亿元。全年工业外贸出口额 20 875 万元，比上年的 14 013 万元增加 6 862 万元，增长 49%。葡萄酒产量 1.2 万吨，其中出口葡萄酒 12 吨，中法合营王朝葡萄酿酒有限公司生产的葡萄酒仍为全国品质最高的全汁高档葡萄酒之一。为保持葡萄酒生产优势，他们将继续增加投入，为更高、更大的跨越奠定坚实基础。集团乳品加工业在保障产品质量和开发新产品上下工夫，生产的乳制品在市场上深受消费者的欢迎，扩大了市场占有率。全年生产乳制品 5.7 万吨，比上年的 6.1 万吨减少 0.4 万吨，下降 6.6%，包装业全年完成纸箱 14 616 吨、塑料包装 862 吨。

4. 第三产业情况

集团第三产业实现生产总值 24.8 亿元，比上年的 20.3 亿元增长 4.5 亿元，同比增长 22.2%。壳牌华北石油集团在继续扩大规模的基础上，全年营业额为 59.6 亿元，实现利润 4.8 亿元。天津市第二商业学校和天津市经济贸易学校在扩大招生的同时，不断加强学生思想和品质教育，使学员在德智体等方面得到良好的教育，为社会提供素质高技能强的中等技术人才。食品集团旗下仓储库作为国家粮、肉、糖等物资的储备库，为国家和社会的物资供给提供了保障。

5. 固定资产投资完成情况

2017 年集团完成固定资产投资 93 419 万元，比上年的 84 460 万元增加了 8 959 万元。其中第一产业渤海农业集团大钟庄农场农业综合开发项目投资 1 450 万元、高标准农田建设模式创新试点项目——黑水虻养殖基地项目投资 1 600 万元、晶宝温泉农庄接待设施建设项目投资 494 万元、天津嘉立荷畜牧有限公司草牧业一体化发展关键设施设备提升建设项目投资 765 万元、天津嘉立荷畜牧有限公司第一奶牛场新建干奶牛卧床棚项目投资 252 万元、天津嘉立荷畜牧有限公司第七奶牛场购置挤奶机设备项目投资 170 万元、天津嘉立荷畜牧有限公司第七奶牛场新建沼气利用工程及改建粪污管道等项目投资 356 万元、天津市广源畜禽养殖有限公司液蛋生产线项目投资 1 116 万元、天津市农工商津港公司原种猪养殖基地项目投资 3 462 万元、渤海农业集团百万蛋鸡扩建项目投资 12 920 万元，第二产业天津海河乳业有限公司机器设备投资 127 万元、食品三厂冷库和变电室改造升级项目投资 160 万元、宝德公司药包车间改造投资 894 万元、第三产业天津农垦宏达有限公司天津燊辉电力科技股份有限公司新建厂房项目投资 1 726 万元、壳牌华北石油集团油站建设投资 43 842 万元、天津利达粮油有限公司生产基地项目投资 22 800 万元、天津静海国家粮食储备库低温库改造项目投资 187 万元、天津西营门国家粮食储备库锅炉房煤改燃工程项目投资 414 万元、天津西营门国家粮食储备库东丽分库提升改造项目投资 684 万元。

6. 职工收入情况

2017 年年末集团从业人员 10 481 人，在岗职工 8 946 人，不在岗职工 1 229 人。年末从业人员比上年的 11 603 人减少 1 122 人，下降 9.7%。全年从业人员人均年收入 8.7 万元，在岗职工人员人均年收入 8.9 万元，不在岗职工人均年收入 1.9 万元。集团系统离、退休、退职人员 2.2 万人，发放离、退休、退职人员生活费总额 8.3 亿元。目前，在确保下岗职工基本生活费的基础上，继续做好企业富余职工的分流安置和再就业工作。

二、2017 年统计工作思路

1. 认真贯彻执行《中华人民共和国统计法》和《中华人民共和国统计法实施条例》

《中华人民共和国统计法》规定："统计的基本任务是对国民经济和社会发展情况进行统计调查、统计分析、提供统计资料和统计咨询意见，实行统计监督。"因此有必要组织全系统统计人员认真学习《中华人民共和国统计法》与《中华人民共和国统计法实施条例》，要让每个统计人员树立良好的统计职业道德，坚持实事求是的精神，与弄虚作假的现象做坚决斗争，使统计工作规范化、科学化、制度化。

2. 抓好业务培训，提高统计人员业务素质

2017 年集团组织系统内企事业单位综合统计人员进行了统计从业人员培训。主要学习统计基础知识和讲解新统计专业知识，搞好国有和非国有经济的统计工作，提高和完善各种统计工作和任务，从而提高全系统统计人员整体业务水平。

河北农垦 2017 年经济和社会发展统计公报

河北省农垦局

2017 年，河北垦区在省委、省政府和农业部的正确领导下，以习近平新时代中国特色社会主义思想为指导，认真贯彻落实全国农垦专业会议精神，积极发展现代农业，加快培育新的发展动能，改造提升传统比较优势，按照率先实现农业现代化，率先全面建成小康社会的要求，深化农垦改革，积极探索与推进市场企业化、垦区集团化，创新行业指导管理体制、企业市场化经营机制和农场经营管理体制，促进垦区经济持续稳定健康发展。

一、综合

农垦经济平稳增长，经济总量又上新台阶。全年实现农垦生产总值达到 488.91 亿元，比上年增长 0.43%。其中，第一产业增加值 51.83 亿元，下降 0.65%；第二产业增加值 258.55 亿元，增长 4.02%；第三产业增加值 178.53 亿元，下降 4.06%。2017 年人均国内生产总值（GDP）净增加 10 663 元，达到 115 891 元，比上年增长 10.07%。人均纯收入 17 415 元，比上年增长 19.93%。

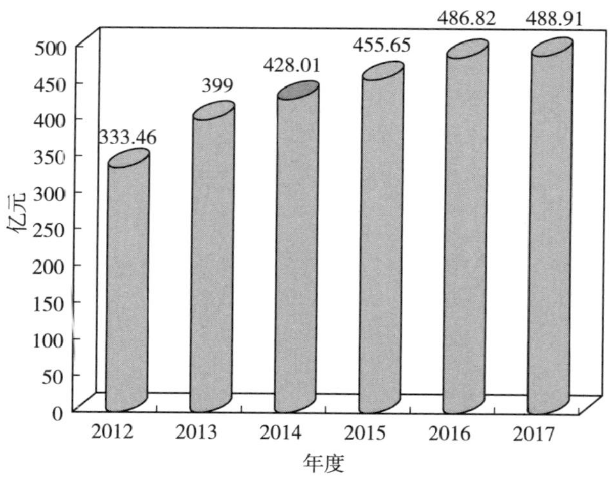

图 1　农垦生产总值

2017 年各农场发挥自身优势，积极调整产业结构，特色主导产业对经济发展起到了龙头拉动作用。一、二、三产业增加值在农垦生产总值中的比重分别为 10.60%、52.88%、36.52%，第一产业比重比上年下降 2.1 个百分点，第二产业比重比上年下降 3.37 个百分点，第三产业比重比上年上升 5.47 个百分点。

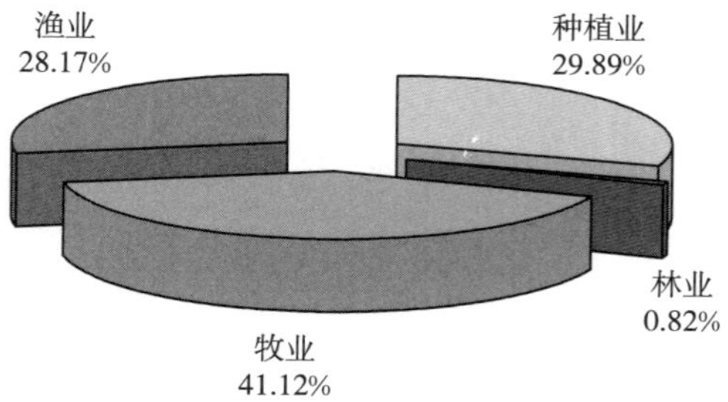

图 2　农林牧渔业产值比例结构

二、农业

2017 年，垦区切实贯彻落实惠农强农政策，加快农业科技推广，加强现代农业建设，农业综合生产能力平稳增强。全年实现农林牧渔业总产值 91.57 亿元，比上年下降 4.01%。其中：农业产值 27.37 亿元，与上年持平；林业产值 0.75 亿元，下降 7.41%；牧业产值 37.65 亿元，下降 0.86%；渔业产值 25.80 亿元，下降 14.76%。服务业产值 9.53 亿元，增长 5.07%。

全年农作物总播种面积为 85.05 千公顷，比上年减少 12.22 千公顷，下降 12.56%。其中：粮食作物播种面积 65.77 千公顷，比上年减少 10.67 千公顷，下降 13.96%，占农作物总播种面积的 77.33%；棉花面积 3.84 千公顷，减少 1.55 千公顷，下降 28.76%；油料面积 1.41 千公顷，减少 0.06 千公顷，下降 4.08%；蔬菜、瓜类面积 7.13 千公顷，增加 0.28 千公顷，增长 4.26%。其他作物 6.51 千公顷，减少 0.51 千公顷，下降 7.26%。

垦区全年农作物总用种量 17 040 吨，其中，杂交水稻 5 106 吨，杂交玉米 2 474 吨，棉花 309 吨。种子基地种子播种面积 3 496 公顷，生产量合计 16 028 吨；加工厂 7 个，加工生产能力 15 375 吨；种子公司 8 个；年末从业人员 330 人，其中技术人员 56 人；种子质量检验室 7 个，种子检验人员 20 人。

2017 年粮食总产量 65.31 万吨，比上年增加 3.06 万吨，增长 4.92%。为国家提供商品粮 56.49 万吨，比上年增加 11.61 万吨，增长 25.86%，商品率为 86.51%，比上年增长 20%（图 3、表 1）。

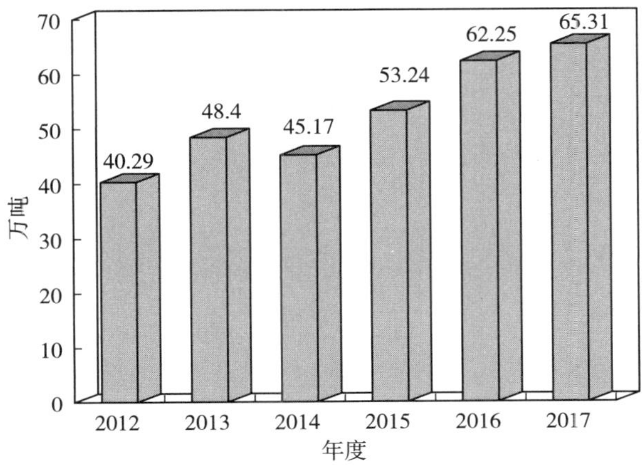

图 3　粮食产量

表 1　主要农产品产量

农作物名称	2017 年产量（吨）	比上年增长（%）
一、粮食	653 090	4.92
其中：稻谷	262 041	13.05
小麦	44 516	−42.16
玉米	112 080	−13.78
二、油料	1 614	−14.96
其中：花生	583	−9.05
油菜籽	468	−39.22
三、棉花	5 076	−25.69
四、糖料	16 394	3.18
五、蔬菜、瓜类	352 319	4.28
六、其他作物	228 003	−12.31
其中：青饲料	228 003	−12.31

畜牧业保持健康发展。2017 年年末大牲畜存栏 19.56 万头。奶牛数量达到 17.44 万头，增长 0.25 万头，比上年增长 1.45%；牛奶总产量 51.50 万吨，减少 4.42 万吨，比上年下降 7.90%。察北、沽源两个农场牛奶产量分别达到 26.02 万吨和 18.53 万吨，占全垦区牛奶总产量的 86.50%（表 2、图 4）。

表 2　牲畜年末存栏及畜产品产量

牲畜种类	2017 年产量	比上年增长（%）
大牲畜总头数（万头）	19.56	3.06
其中：奶牛（万头）	17.44	1.45
猪存栏（万头）	37.65	13.88
羊存栏（万只）	10.60	−7.59
其中：绵羊（万只）	10.21	−8.27
家禽（万只）	297.92	−20.25
肉类总产量（万吨）	7.66	13.65
其中：猪肉（万吨）	4.74	16.46
禽肉（万吨）	2.24	0.90
牛奶（万吨）	51.50	−7.90
禽蛋（万吨）	2.03	6.28

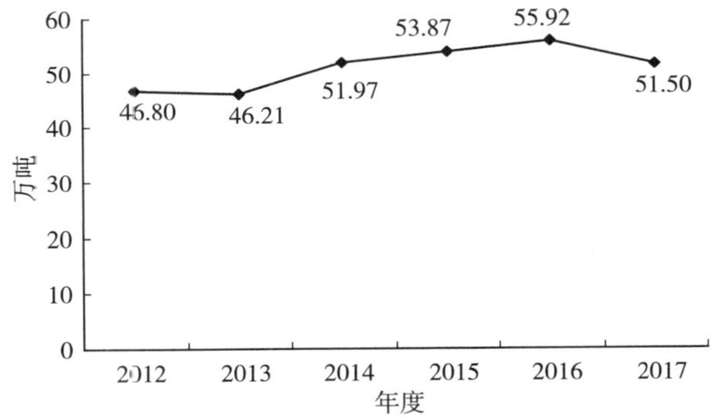

图 4　农垦牛奶产量

水产养殖业保持平稳发展。2017 年年末水产品养殖面积 15 530 公顷，比上年下降 22.07%。养殖面积中淡水 8 018 公顷，海水 7 512 公顷。全年水产品总产量 113 425 吨，比上年减少 36 912 吨，下降 24.55%。其中：淡水产品产量 79 588 吨，下降 30.27%；海水产品产量 33 837 吨，下降 6.53%。对虾产量 26 058 吨，比上年下降 3.96%。

全年植树造林面积 6.06 千公顷，其中用材林 0.06 千公顷，经济林 0.33 千公顷，防护林 4.42 千公顷。年末林地面积 73.97 千公顷。

农业基础设施建设得到加强，农业生产机械化水平进一步提高。年末农业机械总动力 104.99 万千瓦，比上年下降 9.70%。农用排灌动力机械 11 516台（套），动力 14.84 万千瓦，大中型农用拖拉机 14 791 台，小型拖拉机 16 924 台，播种机 3 075 台，联合收获机 764 台，机动割晒机 625 台，机动脱粒机 3 369 台，农用运输车辆 5 598 辆。水稻工厂化育秧设备 105 套，温室 560 万米^2，大棚 437 万米^2。实际机耕面积 61.34 千公顷，占年末耕地面积的比重达 66.13%，当年机播面积 60.30 千公顷，占农作物总播种面积的比重达 70.89%；机械收获面积 48.79 千公顷，占农作物总播种面积的 57.37%。

三、工业和建筑业

2017 年第二产业实现增加值 258.55 亿元，比上年增长 4.02%，增加值占农垦生产总值的 52.88%，其中工业增加值 231.26 亿元，比上年增长 5.92%（图 5）；建筑业增加值 27.29 亿元，比上年下降 9.69%。

工业保持平稳发展。2017 年工业企业总数为 1 169个，其中国有工业企业及规模以上的非国有工业企业 207 个，销售产值 813.56 亿元，增长 4.71%。乳制品产量 46.46 万吨，比上年下降 33%；液体乳产量 39.30 万吨，比上年下降 37.52%（表 3）。

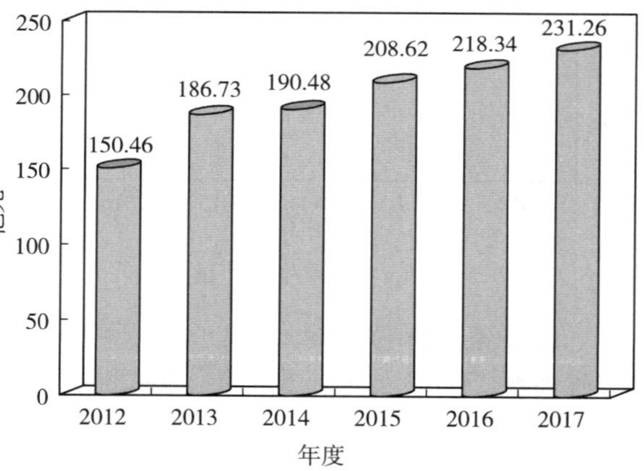

图 5 工业增加值

2017 年实现工业总产值 861.64 亿元，比上年增长 2.62%。国有工业总产值 132.88 亿元，比上年下降 18.67%；轻工业总产值 456.98 亿元，下降 7.90%；规模以上工业企业总产值 736.77 亿元，下降 6.64%。主要工业产品总产值为：农副食品加工业 39.02 亿元，比上年下降 14.71%；食品制造业 65.48 亿元（主要为乳制品制造业），下降 15.65%；纺织业 4.35 亿元，增长 3.33%；纺织服装、服饰业 4.08 亿元，增长 10.57%；家具制造业 33.64 亿元，增长 17.79%；化学原料及化学制品制造业 36.80 亿元，增长 56.46%；造纸及纸制品业 9.71 亿元，增长 9.22%；黑色金属冶炼及压延加工业 114.36 亿元，增长 31.42%；金属制品业 22.18 亿元，增长 5.67%；交通运输设备制造业 99.43 亿元，增长 20.04%；石油加工及炼焦业 266.97 亿元，下降 22.22%。

表 3 2017 年主要工业产品产量

产品名称	绝对数（吨）	比上年增长（%）
原盐	32 000	6.67
大米	893	−98.74
小麦粉		
混、配合饲料	477 275	−6.67
乳制品	464 635	−33.00
#液体乳	392 980	−36.71
饮料酒（千升）	5 948	0.80
#白酒	5 948	0.80
柴油	258 072	−8.29
燃料油	328 811	68.42
水泥	243 274	−21.44
机制纸及纸板	26 334	−17.44
钢材	1 392 225	−12.93

建筑业稳步发展。建筑企业 67 个，年末从业人员 5 267 人。全年实现增加值 27.29 亿元，比上年下降 9.70%。年末固定资产原值 3 亿元，全年施工房屋建筑面积 89.46 万米^2，房屋竣工面积 23.67 万米^2。

四、固定资产投资

固定资产投资增速较快。固定资产投资对垦区经济持续增长起着较强推动作用。2017 年全垦区完成固定资产投资总额 575.73 亿元，比上年增加 39.16 亿元，增长 7.30%（图 6）。国有固定资产投资 32.84 亿元，比上年下降 32.48%；非国有固定资产投资 542.89 亿元，比上年增长 11.26%。

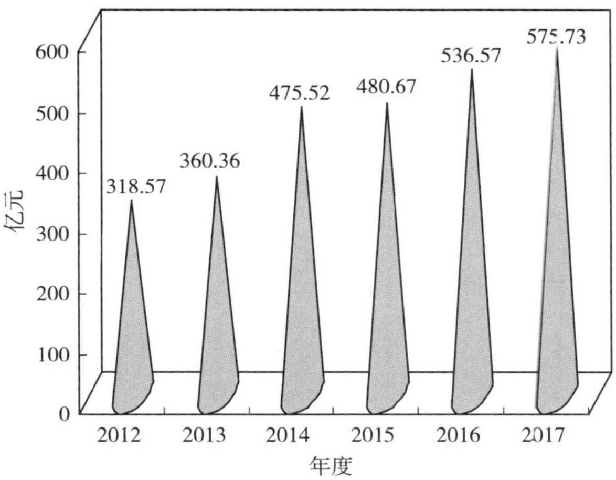

图 6　固定资产投资比较

二、三产业投资额增加显著。第一产业投资 29.24 亿元，比上年下降 22.23%；第二产业投资 382.93 亿元，比上年增长 9.02%；第三产业投资 163.56 亿元，比上年增长 10.71%。一、二、三产业在固定资产投资中比重为 5∶67∶28。

固定资产投资中，国家预算内资金 3.07 亿元，国内贷款 12.58 亿元，自筹资金 524.60 亿元，其他资金 35.48 亿元。当年新增固定资产 281.32 亿元。

当年新增生产能力主要有：喷灌面积 624 公顷，造林 3 583 公顷，大中型拖拉机 57 台，联合收割机 5 台，住房 1.5 万米^2；公路 5 千米，机制纸及纸板 71 吨/年。

五、运输业、批发零售贸易业、服务业及出口商品

交通运输业全年完成货运量 76 580 万吨，客运 854 万人次；年末单位 5 994 个，从业人员 17 659人，运输工具 10 774 台；营业总收入 24 亿元，比上年增长 8.25%。

批发零售业、餐饮业、服务业年末单位个数 13 579 个。固定资产原值 32.87 亿元，比上年增长 7.77%。营业用房面积 54.29 万米^2，增长 1.91%。营业总收入 291.25 亿元，比上年增长 4.05%，其中批发零售业 208.72 亿元，比上年增长 1.68%；餐饮业 21.33 亿元，比上年增长 1.23%；服务业 61.20 亿元，比上年增长 14.22%。批发零售业、餐饮业、服务业营业网点数 15 919 个，年末从业人员 5.10 万人。

全年出口商品总金额 19.50 亿元，比上年增长 14.64%。其中：农产品 151 万元，增长 208.16%；水产品 2 332 万元，下降 68.57%；工业品 191 412 万元，增长 18.20%。

六、科研、教育、卫生

2017 年年末全垦区拥有科研单位 4 个，其中省、地属科研单位 1 个，场属 3 个；从业人员 88 人，其中科技人员 60 人。科研经费 2 448 万元，其中国家拨款 2 357 万元，省地局自筹 63 万元，企业自筹 28 万元。

教育事业健康发展。2017 年年末全垦区拥有学校 87 所，教职工 4 075 人，其中教师 3 723 人；在校学生 43 429 人，当年毕业生 12 000 人。其中：成人高等学校 1 所，中等专业学校 2 所，成人中等专业学校 1 所，普通中学 16 所，职业中学 2 所，小学 65 所。

卫生服务体系建设得到加强。2017 年年末全垦区共有分场以上医疗单位 121 个，病床 1 694 张，其中医院 36 个；从业人员 1 985 人，其中医生 798 人。

七、人口、职工、收入与社会保障

2017 年年末垦区总人口 42.18 万人，全年出生人口 5 218 人，出生率为 12.37‰；死亡人口 5 410 人，死亡率为 12.82‰；自然增长率为 0.46‰。

年末全垦区从业人员 26.98 万人。其中第一产业 9.92 万人，比上年下降 11.43%；第二产业 8.72 万人，下降 5.73%；第三产业 8.34 万人，增长 1.21%。

职工生活水平稳步提高。2017 年全垦区实现人均纯收入 17 407 元，比上年增长 19.93%。垦区危房改造工作自 2011 年开展以来，职工居住条件得到改善，年末职工实有住房面积 1 625 万米^2，比上年增长 2.78%，人均住房面积 38.52 米^2。

八、绿色、有机食品、无公害农产品

截至 2017 年年末，垦区认证了 24 个绿色、有机食品和无公害农产品，带动 15 508 个农户。其中：种植业 10 个，含水稻 6 个、蔬菜 2 个、药材和其他各 1 个；已认证的绿色食品 A 级面积 1 753 公顷，产量 69 518 吨；已认证的有机食品面积 388 公顷，产量 3 783 吨；已认证的无公害农产品面积 338 公顷，产量 3 783 吨。渔业 2 个，含淡水鱼 1

个、海水鱼 1 个；已认证的无公害农产品面积 1 775公顷，产量 1 399 吨。畜牧业 10 个，其中生猪 5 个、奶牛养殖 3 个、蛋鸡 1 个、肉鸡 1 个；已认证无公害农产品数量 74 万头，产量 45 278 吨；已认证的加工品类 2 个，为乳制品。

九、非国有经济

非国有经济在河北农垦经济总量中起着决定性的作用。2017 年，非国有经济全年实现农垦生产总值 338.29 亿元，与上年持平，占全社会经济总量的 69.19%（图 7）。其中第一产业增加值 21.73 亿元，比上年增长 6.36%；第二产业增加值 221.05 亿元，增长 8.36%；第三产业增加值 95.51 亿元，下降 16.18%。各产业在非国有经济农垦生产总值中所占比重分别为 6.42%、65.35%、28.23%。

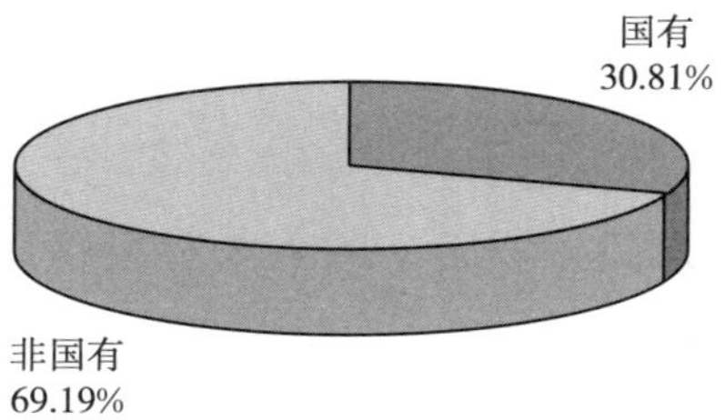

图7　GDP——国有与非国有经济比例

年末非国有经营单位 22 424 个。其中集体经济 102 个，个体企业 19 566 个，私营企业 2 608 个，港澳台及外商企业 23 个。从业人员 15.78 万人，其中第一产业 3.10 万人，第二产业 5.92 万人，第三产业 6.76 万人。从业人员报酬总额 45.48 亿元，人均收入 28 823 元，增长 1.20%；全年共实现利税 62.15 亿元，下降 12.75%。

十、其他

全垦区 33 个农牧场中，生产总值超过 1 亿元的有 10 个。这 10 个农牧场共有职工 6.13 万人，耕地 78.77 千公顷。2017 年实现生产总值 487.19 亿元，占垦区生产总值的 99.65%。其中农业增加值 50.29 亿元，工业增加值 256.25 亿元，利润总额 28.44 亿元，销售税金 33.21 亿元。生产总值列前三位的是柏各庄农场、中捷农场、南大港农场，生产总值分别为 130 亿元、123 亿元、97 亿元。

2017 年年末全垦区拥有大中型工业企业、龙头企业 25 家，全年完成总产值 423.37 亿元，销售产值 400.14 亿元。完成增加值 64.39 亿元。年末资产总额 298.90 亿元，固定资产原值 144.79 亿元，从业人员 11 364 人，实现利税总额 21.28 亿元。

截至 2017 年年底，全垦区共有“三资”企业 23 家。企业投资总额约 3.54 亿元，其中外方投资总额 3.19 亿元，中方投资总额 0.34 亿元。

山西农垦2017年经济和社会发展统计公报

山西省农业厅农垦局

2017年，山西省农垦系统深入学习党的十九大精神和习近平总书记的讲话，在省委、省政府的正确领导下，在农业部农垦局的支持指导下，着力推进农垦改革，抓住振兴农垦发展的重大机遇，积极实施各项发展战略，认真贯彻落实各项任务和措施，重点工作有效推进，职工生活得到很大改善，全垦区经济社会发展取得新成就。

一、综合

2017年，山西垦区拥有国有农场24个，比上年减少2个，其中政企合一农场14个。年末农垦总人口32 195人，其中从业人员年平均人数15 195人，其中第一产业6 741人，第二产业3 817人，第三产业4 637人，各业人员所占比重分别为44∶26∶30。年末国有单位从业人员3 751人，其中在岗职工3 024人，其他从业人员227人，从业人员年劳动报酬为16 140元/人。

土地总面积23 636公顷，其中耕地6 496公顷，占土地总面积的27%；牧草地5 529公顷，占土地总面积的23%；林地7 998公顷，占土地总面积的33%；果园116公顷，居民点及工矿用地1 024公顷，占土地总面积的4%。

土地总面积比上年增长4.89%，其中：林地面积比上年增长32.92%。

全年实现生产总值58 404万元，比上年增长0.36%，其中第一产业13 905万元，比上年增长5.9%；第二产业24 902万元，比上年增长2.83%；第三产业19 597万元，比上年下降6%。一、二、三产业比重为25∶42∶33。人均生产总值18 138元，比上年增加4 604元。人均纯收入9 134元，比上年增加232元，增长2.6%。年末实有住房面积49.35万米^2，人均住房面积15.32米^2。

非国有经济发展速度放缓。年末经营单位1 450个，比2016年增加10个，其中集体经济2个，个体经济1 365个，私营经济83个。按产业划分，第一产业52个，增加4个；第二产业83个，增加19个；第三产业1 315个，减少13个。年末从业人员9 316人，占全部从业人员的61%，从业人员劳动报酬为21 019万元，平均每人每年为22 562元。全年实现生产总值46 095万元，占全部生产总值的78%，比上年增长0.36%；其中，第一产业2 726万元，第二产业26 042万元，第三产业17 327万元，一、二、三产业所占比重为6∶57∶37。当年固定资产投资额为2 229万元，比上年增长1.97%；占总投资额的76%。资产总额为352 561万元，固定资产原值41 497万元。实现税金为1 987万元，比上年增长4.03%，实现利润9 452万元，比上年下降4.6%。

固定资产投入力度加大。全年固定资产投资额为2 930万元，增长59.05%。其中国有固定资产投资完成731万元，占总投资额的24%；非国有2 229万元，占76%。按工程用途分，第一产业755万元，比上年增长2.3%；第二产业7万元，比上年减少927万元；第三产业2 198万元，比上年增长2 009万元。按资金来源划分，国家预算内资金250万元，比上年下降55%，占投资总额的8%；自筹资金490万元，比上年增长70.73%，占投资总额的16%；其他资金2 220万元，比上年增长115%，占投资总额的75%。

农林牧渔业商品的产值为22 930万元，比上年增长22%，占农业总产值的72%。粮豆商品量为27 250吨，粮食商品率为84%；油料商品量为127吨，商品率为46%；肉类商品量为3 619吨，商品率为97%。

二、农业

农业生产继续保持平稳的发展态势，随着山西省垦区种植业结构大调整，适度调减籽粒玉米，逐步调优种植青贮玉米、饲用玉米及饲草作物，以市场为导向发展鲜食玉米等特色品种，提高农业水平。

2017年全年实现农业产值31 841万元，比上年增长19%。其中种植业产值16 169万元，比上年增长27.13%；林业产值389万元，比上年下降14.12%；牧业产值15 283万元，比上年增长13%；各业在农业总产值中的比重为51∶1∶48。农林牧渔服务业产值1 370万元，比上年增长40%。农业总产值按经济类型分，国有13 013万元，集体710万元，个体9 991万元，其他8 127万元，所占比重为41∶2∶32∶25。

粮食总产量达到32 278吨，比上年下降1%。农作物播种面积5 907公顷，比上年减少77公顷，下降2%。其中粮食作物播种面积4 765公顷，比上年减少35公顷，占总播种面积的80.7%；油料作物95公顷，占1.6%；蔬菜、瓜类535公顷，占9.1%。在粮食作物中，玉米3 873公顷，占粮食作物的81%；小麦313公顷，占7%。在粮食总产量中，玉米28 530吨，占总产量的88%；豆类658吨，占2%；薯类1 042吨，占3%。

年末大牲畜存栏10.8万头，比上年减少0.01万头。其中，牛0.89万头，比上年减少0.01万头。年末生猪存栏1.08万头，比上年增加0.04万头；年末羊存栏11.04万只，比上年增加2.04万只；家禽存栏14.16万只，比上年增加0.11万只。肉类总产量3 721.2吨，增加420.2吨，增长12%。其中，猪肉1 251.9吨，增长19%；牛奶产量27 307吨，比上年下降4%（主要是奶牛头数减少4 700头）；禽蛋2 218吨，比上年增长5%。

年末水果种植面积183公顷，其中，苹果种植面积83公顷，占水果面积的45%；梨17公顷，占9%；桃71公顷，占38%。水果总产量达到4 220吨，比上年增加1 610吨。水果总产量中苹果1 283吨，桃2 763吨。

全年植树造林经济林1 622公顷，防护林28公顷。当年零星植树2.19万株，年末实有育苗面积540公顷，幼林抚育24公顷，成林抚育21公顷，垦区森林覆盖率达26.4%。

农业生产机械化水平逐年提高。年末农业机械总动力27 149千瓦，其中柴油发动机动力11 584千瓦，汽油发动机动力5 102千瓦，电动机动力8 961千瓦，其他机械动力1 502千瓦。拥有大中型拖拉机46台，比上年减少2台；小型及手扶拖拉机2 379台，比上年减少300台；农用排灌动力机械716台（套）；联合收获机13台；农用运输车194辆。

当年实际机耕面积5 524公顷，占年末耕地面积的85%，当年实际机播面积4 755公顷，占农作物播种面积80%。当年机械收割面积1 703公顷。农场用电量2 514万千瓦时，比上年增加240万千瓦时。农药施用量84吨，增加2吨。农用化肥施用量6 654吨，比上年增加2 284吨；有机肥施用43 563吨，比上年减少2 916吨。有效灌溉面积3 623公顷，比上年减少227公顷。沼气池2个，与上年相同，机电井290眼，排灌站4个。

三、工业

工业产品价格持续走低，生产要素成本不断上升，企业经济效益下滑，小微企业经营困难。2017年因政府环保政策的实施，一些小型私营企业因环保不达标而处于停产整顿状态。年末国有及非国有规模以上工业企业54个，实现工业销售产值29 583万元，比上年下降25.95%，实现销售收入26 952万元，比上年下降17.15%。实现工业利润552万元，比上年增长2%。其中国有工业企业2个，1个停产，1个处于半停产状态，亏损额7万元。

工业总产值47 636万元，比上年下降1.73%。

四、交通运输业、批发零售业、餐饮业、服务业

年末运输单位46个，比上年增加1个，年末从业人员107人，全年从业人员报酬280万元，固定资产总值663万元，主要运输工具42台，实现营业总收入693万元，全年货运量20.5万吨，客运量30.6万人次。

年末批发零售业单位883个，比上年增加95个，从业人员3 275人，从业人员劳动报酬5 909万元，固定资产总值4 825万元，销售额321 113万元。

住宿餐饮业170个，与上年持平，从业人员402人，从业人员劳动报酬813万元，年末固定资产总值358万元，营业收入64 219万元。

年末服务业单位52个，比上年增加2个，从业人员432人，从业人员劳动报酬1 035万元，年末固定资产原值606万元，营业收入16 306万元。

五、其他

年末医疗单位 14 个，其中医院 4 个，病床 127 张，职工 117 人，其中医生 34 人。

年末科研单位 1 个，从业人员 10 人，科技经费 38 万元，实验地面积 20 公顷。

内蒙古农垦 2017 年经济和社会发展统计公报

内蒙古农牧业厅农牧场管理局

2017 年，内蒙古农垦按照中央、自治区农垦改革发展文件精神，以改革促发展，不断完善思路，强化措施，积极推动垦区经济和社会事业平稳健康发展。

一、综合情况

全年内蒙古垦区实现生产总值 120 亿元，比上年略有提高。其中，第一产业增加值 70 亿元，第二产业增加值 24 亿元，第三产业增加值 26 亿元。第一、第二、第三产业增加值占生产总值的比重分别为 58%、20%、22%。人均纯收入 14 447 元，同比增长 6%。年末农垦社会从业人员 22.2 万人，其中：第一产业 17.2 万人，第二产业 1.2 万人，第三产业 3.8 万人。

二、农业

全年实现农林牧渔总产值 121 亿元（现行价，下同），同比下降 4.5%。其中：农业产值 73 亿元，林业产值 1 亿元，牧业产值 46 元，渔业产值 1 亿元。

农作物播种面积 696 千公顷（含租赁面积），由于外租面积减少，同比下降 3%。其中：粮食作物播种面积 486 千公顷，同比下降 8%；油料作物播种面积 145 千公顷，同比增长 4%。

农产品结构调整稳步推进。小麦播种面积长加了 4 648 公顷，同比增长 3.4%；玉米播种面积减少 22 298 公顷，同比下降 12.3%；大豆播种面积减少 14 516 公顷，同比下降 9.6%；薯类播种面积增加 5 573 公顷，同比增长 65%。

粮食产量 198 万吨，同比增长 11.2%，其中：小麦产量 27.5 万吨，同比下降 32%；玉米产量 119 万吨，同比增长 11%；大豆产量 24.9 万吨，同比增长 112%。油料产量 21.2 万吨，与上年基本持平。主要农产品产量见表 1。

表 1　主要农产品产量

产品名称	2017 年实际产量（吨）	同比增长（%）
粮食	1 989 762	−11.17
其中：小麦	275 637	−32.33
玉米	1 194 920	11.02
大豆	249 046	112.85
油料作物	212 048	−1.57

畜牧业生产保持稳定增长。年末大小畜存栏 316 万头（只），肉类产量 8.9 万吨，同比下降 7%。牛奶产量 21.9 万吨，同比下降 18%。禽蛋产量 4 644 吨，同比下降 14%（表 2）。

表 2　牲畜年末存栏及主要产品产量

产品名称	2017 年实际数量	同比增长（%）
大牲畜（万头）	36	持平
羊（万只）	267	−7.27
猪（万头）	13	−9.29
肉类总产量（吨）	89 038	−7.21
其中：牛肉	24 550	7.70
羊肉	41 143	13.50
猪肉	19 991	−9.28
牛奶（吨）	219 353	−18.07

农业生产条件进一步得到改善，综合机械化率为 92%。年末机械总动力 207 万千瓦，同比增长 2%。其中：大中型拖拉机 1.5 万台，同比增长 8%；小型及手扶拖拉机 4.7 万台，同比下降 3%。联合收割机 0.2 万台。

农业基础设施建设进一步加强，年末拥有机电井 2.2 万眼，其中已配套 1.6 万眼。

农用化肥施用总量（折纯量）17.5 万吨。其中：施用于农作物的数量为 14.6 万吨；增加生物肥施用量 3.3 万吨、有机肥施用量 12.9 万吨。

有效灌溉面积 195 千公顷，同比增长 2.6%。

其中：喷灌面积 52.6 千公顷，同比增长 33%；漫灌面积 9.9 千公顷，同比下降 75%。节水灌溉面积 83.9 千公顷。

三、工业和建筑业

2017 年，实现工业总产值（现行价）308 268 万元，同比增长 12%。煤炭开采和洗选业实现产值 164 286 万元，食品制造业 17 159 万元，非金属矿物制品业 78 723 万元。主要工业产品产量见表 3。

表 3　主要工业产品产量

产品名称	计量单位	实际数量	同比增长（%）
原煤	万吨	904.8	−78.92
饲料	万吨	3.1	6.22
发电量	万千瓦时	8 000	−4.76
水泥	万吨	60	30.43

建筑业发展平稳，年末拥有建筑企业 213 个，固定资产原值 28 507 万元。全年施工房屋建筑面积 21 万米^2。

四、交通运输业

交通运输业实现营业总收入 68 023 万元。现有主要运输工具 2 893 台，其中：载客汽车 586 台，载货汽车 1 439 台。全年完成客货运输量分别为 368 万人和 1 574 万吨。

五、批发和零售贸易、餐饮业

批发零售业实现销售总额或营业收入 268 298 万元，比上年下降 5.7%。年末拥有固定资产原值 73 534 万元。

批发和零售业、餐饮业、服务业年末营业单位 7 188 个，从业人员 18 589 人。

六、科研、教育和卫生

年末拥有科研机构 7 个，科技人员 31 人。全年科研经费 177 万元，全部来自企业自筹。

年末垦区拥有各类学校 6 所。其中：成人中等学校 1 所，普通中学 2 所，小学 3 所。教职员工 308 人，其中：教师 224 人。在校学生 2 836 人，其中：当年新招生 961 人，当年毕业生 595 人。

年末垦区拥有各类医疗机构 279 个，其中：医院 69 个，病床 1 692 张。医务人员 2 049 人，其中：医生 879 人。

七、固定资产投资

年末完成固定资产投资 282 984 万元，同比下降 9.4%。总投资额中，用于第一产业 149 421 万元，第二产业 67 802 万元，第三产业 65 761 万元。当年新增固定资产 185 326 万元。

八、新增生产能力及主要物资消费量

当年新增生产能力：有效灌溉面积 10 274 公顷，联合收割机 142 台，大中型拖拉机 837 台，小型拖拉机 2 213 台，公路建设 101 千米，输电线路 460 千米，住房 57 万米^2。全年主要物资消费：钢材 20 262 吨，木材 21 399 米^3，水泥 198 175吨。

辽宁农垦 2017 年经济和社会发展统计公报

辽宁省农垦局

2017 年辽宁农垦在省委、省政府的正确领导下，在农业部农垦局的支持指导下，认真落实党的十八大和十八届三中、四中全会精神，深入贯彻习近平总书记系列重要讲话，坚持稳中求进工作总基调，稳增长、促改革、调结构、惠民生，积极应对严峻复杂的国内外形势，主动适应经济发展新常态，求真务实，攻坚克难，垦区经济实力显著增强、生态环境有所改善，现代农业建设稳步发展，农垦改革稳步推进，农工生活水平持续提高，社会保持和谐稳定。

一、综合

2017 年，辽宁垦区拥有国有农场 106 个，与上年一致，年内平均总人口 93.11 万人，其中从业人员 44.43 万人，其中第一产业 23.78 万人，第二产业 8.79 万人，第三产业 11.86 万人，各业人员所占比重分别为 54：20：26。年末国有单位从业人员 29.75 万人，其中在岗职工 21.57 万人，其他从业人员 8.18 万人，从业人员年劳动报酬为 21 957元/人。

土地总面积 519 963 公顷，其中耕地 152 598 公顷，占 29%，其中水田 93 690 公顷，占耕地的 61%，旱田 58 907 公顷，占耕地的 39%；林地 77 856公顷，占土地总面积的 15%；牧草地 13 675 公顷，占 3%；水面 83 282 公顷，占 16%；果园 11 988 公顷，占 2%；可垦荒地和宜林地 8 587 公顷，占 2%；居民点及工矿用地 51 358 公顷，占 10%，其他 120 619 公顷，占 23%。

小城镇 40 个，比上年增加 2 个，小城镇人口 291 205 人，占总人口数的 31%，小城镇占地面积 10 989 公顷，占土地总面积的 2%。

全年实现生产总值 3 426 333 万元，比上年增长 6%，其中第一产业 1 118 406 万元，比上年增长 4.5%，第二产业 1 588 209 万元，比上年增加 5.7%，第三产业 719 718 万元，比上年增长 9.1%。一、二、三产业比重为 33：46：21。人均生产总值 36 801 元，比上年增加 2 033 元。全年以增加值计算的全社会劳动生产率为 77 118 元，比上年增加 4 545 元。人均纯收入 17 470 元，比上年增加 1 152 元，增长 7.1%，年末实有住房面积 3 016万米^2，人均住房 33.39 米^2。

非国有经济发展速度加快。年末经营单位 57 072个，比上年增加 2 774 个，其中集体经济 2 780个，个体经济 48 518 个，私营经济 5 763 个，港澳台及外商经济 11 个。按三次产业划分，第一产业 28 949 个，增加 3 602 个；第二产业 5 062 个，减少 1 284 个；第三产业 23 061 个，增加 426 个。年末从业人员 27.38 万人，占全部从业人员的 62%，从业人员劳动报酬为 519 883 万元，平均每人每年为 18 988 元。全年实现生产总值 2 192 850 万元，占全部生产总值的 64%，比上年下降 5%，其中第一产业 495 970 万元，第二产业 1 024 590 万元，第三产业 672 290 万元，一、二、三产业所占比重为 17：58：25。当年固定资产投资额为 2 315 634万元，比上年增长 3.7%，占总投资额的 94%。资产总额为 4 365 207 万元，固定资产原值 5 082 158 万元。实现税金为 20 192 万元，实现利润 320 519 万元。

固定资产投入有所增加。全年固定资产投资额为 2 475 546 万元，比上年增长 5.3%，其中非国有 2 315 634 万元，占总投资额的 94%；国有 159 912万元，占 6%。按工程用途分，第一产业 400 207 万元，比上年增长 15%；第二产业 994 449万元，下降 9%；第三产业 1 080 890 万元，比上年增长 19%。一、二、三产业投资比为 16：40：44。按资金来源划分，国家预算内资金 46 234 万元，下降 27%，占 2%；国内贷款 577 418万元，增长 13%，占 23%；自筹资金 1 748 372万元，下降 1%，占 71%，其他资金 103 552万元，占 4%。

年末外贸出口供货商品金额 66 240 万元，比上年增长 6.2%，其中直接出口 24 823 万元。出口额中，农产品 3 487 万元，占 5%；水产品 21 657 万元，占 33%；工业品 41 096 万元，占 62%。出口的主要品种有水产品、家具、药材、调料、水果、工业品等。

农林牧渔业商品的产值为 1 459 062 万元，比上年增长 5%，占农业总产值的 81%。粮豆商品量为 1 175 439 吨，粮食商品率为 84%；油料商品量为 15 532 吨，商品率为 91%；肉类商品量为 266 829吨，商品率为 77%。

实现生产总值超 1 亿元的农场 32 个，比上年增加 5 个，超 1 亿元农场实现生产总值 2 564 273 万元，占全省农垦生产总值的 75%。

二、农业

农业生产继续保持平稳的发展态势，通过大力发展农业新业态新模式，不断完善农业经营体制，积极推进科技兴垦，现代农业实现稳步发展。全年实现农业产值 1 800 285 万元，比上年增长 3.5%。其中种植业产值 862 602 万元，比上年增长 3.3%；林业产值 54 640 万元，比上年增长 1.5%；牧业产值 414 717 万元，比上年增长 4%；渔业产值 468 326万元，比上年增长 3.5%。各业在农业总产值中的比重为 48∶3∶23∶26。农林牧渔服务业产值 64 357 万元，比上年增长 11.3%。农业总产值按经济类型分，国有 488 693 万元，集体 3 546 万元，个体 1 244 703 万元，其他 63 343 万元，所占比重为 27∶69∶4，其中集体所占比重忽略不计。

粮食产量达到 1 402 649 吨，比上年下降 1.5%。其下降的主要原因：一是农作物种植面积减少，其中玉米面积减少 2 208 公顷，减产粮食 7 795吨；二是遭遇严重旱灾，减产粮食 31 889 吨。农作物播种面积 167 454 公顷，比上年减少 4 546公顷，其中粮食作物播种面积 144 079 公顷，比上年减少 6 728 公顷，占总播种面积的 86%；油料作物 4 974 公顷，占 3%；蔬菜、瓜类 17 008 公顷，占 10%。在粮食作物中，水稻播种面积 91 743公顷，占粮食作物播种面积的 64%；玉米 42 912 公顷，占 30%；高粱 459 公顷，谷子 3 159 公顷，占 2%。在粮食总产量中，水稻总产 998 742吨，占 71%；玉米 369 759 吨，占总产量的 26%；豆类 14 970 吨，占 1%。

年末大牲畜存栏 8.46 万头，比上年减少 0.34 万头。其中牛 7.71 万头，比上年减少 0.29 万头，马 0.07 万头，与上年持平。年末生猪存栏 103.16 万头，比上年增加 2.16 万头。家禽存栏 6 506 万只。肉类总产量 348 463 吨，增加 5 477 吨，比上年增长 2%，其中猪肉 156 516 吨，增长 5.6%；牛肉 11 347 吨，比上年下降 16%；羊肉 1 870 吨；禽肉 177 914 吨，与上年持平。牛奶产量 123 834 吨，下降 6%。禽蛋 100 517 吨，增加 417 吨，增长 0.4%。

年末水果种植面积 11 988 公顷，其中苹果种植面积 7 142 公顷，占水果面积的 60%；梨 1 620 公顷，占 14%；桃 1 152 公顷，占 10%；葡萄 626 公顷，占 5%。水果总产量达到 158 791 吨，比上年下降 6%。下降的主要原因：一是旱灾，二是大连三寰动迁减少产量 2 000 吨。水果总产量中苹果 103 802 吨，占水果总产量的 65%；梨 14 172 吨，占 9%；桃 16 820 吨，占 11%；葡萄 11 822 吨，占 7%。

全年植树造林 2 010 公顷，其中用材林 312 公顷，经济林 916 公顷，防护林 718 公顷，薪炭林 64 公顷。当年零星植树 112.69 万株，年末实有育苗面积 330 公顷，幼林抚育 1 189 公顷，成林抚育 860 公顷，木材采伐量 25 812 $米^3$。

农业生产机械化水平逐年提高。年末农业机械总动力 1 274 413 千瓦，比上年增加 25 002 千瓦，增长 2%，其中柴油机发动机动力 937 784 千瓦，汽油发动机动力 102 293 千瓦，电动机动力 181 699千瓦，其他机械动力 52 637 千瓦。拥有大中型拖拉机 5 561 台，比上年增加 45 台；小型及手扶拖拉机 10 528 台，比上年增加 124 台；农用排灌动力机械 14 549 台；联合收获机 1 579 台；农用运输车 13 681 辆。当年实际机耕面积 136 576 公顷，占年末耕地面积（152 598 公顷）的 90%；当年实际机播面积 138 674 公顷，占农作物播种面积（167 454 公顷）83%；当年机械收割面积 98 418公顷，占收获面积（144 079.5 公顷）68%。农场用电量 124 555 万千瓦时。农药施用量 2 817 吨，减少 678 吨。农用化肥施用量 127 357 吨，比上年减少 1 257 吨。生物肥施用量 4 023 吨，比上年减少 3 180 吨。有机肥施用量 44 410 吨，增加 4 700吨。有效灌溉面积 162 101 公顷。沼气池

2 915个，减少 16 个。机电井 5 272 眼，排灌站 217 个。

三、第二产业

（一）工业

年末国有及非国有规模以上工业企业 217 个，比上年减少 61 个，实现工业销售产值 5 907 703 万元，实现销售收入 5 744 030 万元，比上年增长 1%。实现产值 5 802 055 万元，比上年增长 2.5%。产值超 10 亿元的产业为农副食品加工业 1 234 505万元，石油加工、炼焦及核燃料加工业 1 425 131万元，化学原料和化学制品制造业 563 922万元，专用设备制造业 414 643 万元，橡胶和塑料制品业 285 841 万元，金属制品业 254 389万元，非金属矿物制品业 244 029 万元，其他制造业 232 613 万元，汽车制造业 151 539 万元，化学纤维制造业 148 689 万元，有色金属冶炼及压延加工业 145 524 万元，食品制造业 102 636 万元。大中型及龙头企业 13 个，实现产值 346 735 万元。

主要工业产品中，饮料酒 150 832 千升，乳制品 48 130 吨，服装 189 万件，水泥 39 万吨，红砖 7 777 万块，硅石 950 000 吨，原盐 46 000 吨，碾米 960 010 吨。

（二）建筑业

年末建筑企业 367 个，比上年增加 7 个，从业人员 15 302 人，年末固定资产原值 155 840 万元，年末拥有机械设备 3 161 台，全年施工房屋建筑面积 311.2 万米^2，竣工房屋面积 184.8 万米^2。

四、交通运输、批发零售业、餐饮业、服务业

年末运输单位 5 279 个，比上年减少 260 个，年末从业人员 12 957 人，固定资产总值 97 081 万元，主要运输工具 11 075 台，实现营业总收入 129 059万元，全年货运量 27 331 万吨，客运量 31 201万人。

批发零售业年末单位 9 376 个，比上年减少 357 个，从业人员 35 320 人，从业人员劳动报酬 84 566.8 万元，固定资产总值 254 968 万元，销售额 618 419 万元。

住宿餐饮业 2 221 个，比上年增加 53 个，从业人员 18 250 人，从业人员劳动报酬 45 563 万元，年末固定资产总值 83 891 万元，营业收入 141 004 万元。

服务业年末单位 3 425 个，从业人员 21 627 人，从业人员劳动报酬 46 308.4 万元，年末固定资产原值 66 986 万元，营业收入 118 895 万元。

五、其他

年末医疗单位 291 个，其中医院 55 个，病床 1 371 张。职工 1 204 人，其中医生 429 人。

年末科研单位 20 个，比上年减少 12 个，其中省属减少 1 个归辽宁省科学院，职工 304 人，科技经费 214 万元，实验地面积 8 公顷。

吉林农垦2017年经济和社会发展统计公报

吉林省农垦局

2017年是吉林省农垦改革的攻坚之年，在农业部农垦局和吉林省农委党组正确领导下，吉林农垦认真贯彻党的十九大精神，学习习近平总书记系列讲话，深入落实各项决策部署，深化改革，以增进垦区居民福祉为着力点，推进农业产业化升级和生产结构调整，不断实现垦区经济社会等各项事业的增长与发展。

一、综合情况

吉林农垦系统现有独立核算企业92个和4个乡镇，比上年增加企业4个。全垦区总人口29.4万人，其中从业人员年末人数15.05万人，第一产业10.44万人，第二产业0.79万人，第三产业3.82万人，各业人员占比为69∶5∶26。年末国有单位从业人员6.36万人，其中在岗职工2.94万人，其他从业人员3.42万人。职工年平均工资14 400元，同比上涨9.6%。人均纯收入13 970元，同比增长22.7%。年末实有住房面积665万米^2，人均住房22.63米^2。

土地总面积323.78千公顷。其中耕地面积130.92千公顷，牧草地面积73.57千公顷，林地面积42.63千公顷，水面面积3.95千公顷，果园面积2.83千公顷，居民点及工矿用地21.44千公顷。

2017年全垦区实现生产总值60.68亿元，比上年增长4.96%。一、二、三产业增加值占国民生产总值的比重分别为39∶29∶32。其中：一产增加值23.45亿元，同比增长8.3%；二产增加值17.72亿元，增长5.8%；三产增加值19.51亿元，增长0.15%。实现工农业总产值96.05亿元，比上年增长7.6%。农林牧渔业商品产值为30.99亿元，比上年增长4.5%；粮豆商品量为80.51万吨，商品率为93.6%；油料商品量为1.43万吨，商品率为84.1%，比上年增长18.2个百分点；肉类商品量为4.47万吨，商品率为95.8%。

全年固定资产投资额3.8亿元，其中非国有投入3.06亿元，占总投资额的80%；国有投入7 324万元，占20%。第一、二、三产业投资额分别为3 197万元、34 060万元、695万元，比例为8∶90∶2。在资金投入来源中，国家预算内资金4 905万元，占比12.9%；自筹资金32 328万元，占比85%。当年新增固定资产33 056万元。

二、农业

（1）强化支柱产业，提高农业生产水平。全年实现农林牧渔业总产值38.66亿元。其中：农业产值23亿元，牧业产值14.46亿元，林业产值与渔业产值分别为9 570万元、2 254万元。

全年农作物总播种面积为129.3千公顷，比上年增加400公顷。其中：粮豆播种面积121.3千公顷，比上年增加470公顷，占农作物总播种面积的93.8%。油料作物播种面积6.52千公顷，其他作物播种面积1.22千公顷，比上年增加110公顷。

（2）全年粮豆产量85.99万吨，同比增加1.14万吨。主要农产品产量见表1。

表1 主要农产品产量

农作物名称	产量（吨）	比上年增长（%）
粮食	859 936	1.35
其中：稻谷	382 137	1.31
玉米	451 019	2.09
高粱	12 273	−26.29
大豆	6 895	12.53
杂豆	2 522	−16.05
油料	16 987	−21.78
其中：花生	13 199	0.22
向日葵	3 363	−55.39
药材类	445	−9.00

（3）2017 年大牲畜存栏 4.86 万头，其中牛 4.53 万头，黄牛 4.04 万头，良种及改良种乳牛 0.64 万头（表 2）。

表 2 牲畜年末存栏及畜产品产量

种 类	计量单位	产量	比上年增长（%）
大牲畜总头数	万头	4.86	－1.82
其中：黄牛	万头	4.04	1.51
猪存栏	万头	20.89	1.90
羊存栏	万只	19.07	－15.09
家禽	万只	410.45	2.32
肉类总产量	吨	46 678	－1.55
其中：猪肉	吨	19 991	3.73
禽肉	吨	18 653	4.44
牛奶	吨	12 411	32.45
禽蛋	吨	49 885	4.28
鹿茸	千克	17 349	0.55

（4）农业生产机械化水平均衡发展，机收机械化率提高显著。2017 年年末农业机械总动力 120.11 万千瓦，同比增长 2.5%。大中型农用拖拉机 5 705 台，增加 106 台；小型及手扶拖拉机 23 900台，增加 1 603 台。当年实际机耕面积 121.56 千公顷，占年末耕地面积 92.9%；实际机播面积 117.30 千公顷，占农作物播种面积 92%；机械收获面积 97.35 千公顷，占农作物播种面积的 72.8%。

三、工业

2017 年垦区工业发展良好，实现工业总产值 57.39 亿元，同比增长 13.3%。主要产品产量：碾米 31.19 万吨，饲料 7.7 万吨，乳制品 0.65 万吨，服装 53 万件，机制纸及纸板 3.6 万吨，中成药 1 500吨，水泥 67.83 万吨，塑料制品 1.45 万吨，发电量 32 000 万千瓦时。

四、交通运输、批发零售业、餐饮业、服务业

垦区第三产业发展良好，各行业稳步提升。

交通运输业年末单位 374 个，从业人员 3 297 人，固定资产原值 9 808 万元，拥有载货汽车 3 105辆，载客汽车 192 辆，全年货运量 90.6 万吨，客运量 175.4 万人，营业总收入 5 556.6 万元。

批发零售业年末单位 3 891 个，年末从业人员 2.7 万人，从业人员报酬 7.9 亿元，固定资产原值 3.5 亿元，销售总额 27.7 亿元。

住宿餐饮业年末单位 723 个，年末从业人员 3 229人，从业人员报酬 7 243 万元，固定资产原值 2.6 亿元，全年营业收入 2.5 亿元。

服务业年末单位 686 个，年末从业人员 2 478 人，从业人员报酬 5 922 万元，固定资产原值 9 308万元，全年营业收入 2.0 亿元。

黑龙江农垦总局2017年经济和社会发展统计公报

黑龙江省农垦总局统计局

2017年，垦区各级在总局党委的正确领导下，主动适应经济发展新常态，以提高发展质量和效益为中心，以推进供给侧结构性改革为主线，以农垦集团化、农场企业化改革为动力，坚持创新驱动，培育壮大新动能，激发内生动力，垦区经济保持平稳发展，社会事业不断进步，民生保障持续增强。

一、综合

经济实力进一步增强。初步核算，垦区全年实现地区生产总值（GDP）1 227.3亿元。按可比价格计算，比上年增长5.8%（图1）。人均地区生产总值达到73 261元，增长5.7%，以当年平均汇率折算达到11 260美元，比上年增加528美元。全年实现公有经济增加值724.7亿元，增长4.2%；非公有经济增加值502.6亿元，增长8.0%。北大荒集团运行质量企稳向好，全年实现营业收入1 082亿元，实现利润4.52亿元，比上年增加4.38亿元。

三次产业稳步发展。第一产业增加值538.0亿元，比上年增长6.0%；第二产业增加值233.9亿元，下降2.0%；第三产业增加值455.4亿元，增长9.9%。一、二、三产业对垦区当年经济增长的贡献率分别为45.7%、-7.3%和61.6%。

经济结构调整步伐加快。三次产业结构为43.8∶19.1∶37.1，其中，第三产业比重比上年提高1.3个百分点，第一产业比重比上年提高0.3个百分点，第二产业比重比上年下降1.6个百分点；

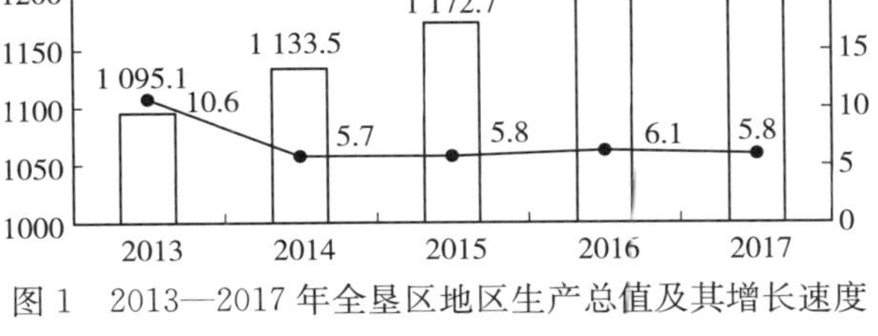

图1　2013—2017年全垦区地区生产总值及其增长速度

公有和非公有经济结构为59∶41，非公有经济比重比上年提高0.9个百分点。

二、农、林、牧、渔业

粮食生产实现“十四连丰”。2017年垦区农作物总播种面积288.2万公顷，比上年增长0.8%，实现农业增加值465亿元，增长5.9%。今年针对粮食品种供需矛盾，垦区各级积极落实“压玉、扩豆、增稻、强经饲”等种植结构调整措施，在玉米种植面积调减17.5万公顷情况下，粮食种植面积达284.7万公顷，比上年增长1.2%。其中“三大主栽”作物水稻、玉米、大豆分别为155.5万公顷、44.6万公顷和77.4万公顷，其占粮食作物面积的比重达97.5%，为垦区粮食产能的稳固奠定了基础（表1、图2）。粮食综合单产实现7 354.5千克/公顷，比上年增长0.5%。农业生产战胜多种自然灾害，实现“十四连丰”，粮食综合生产能力连续7年稳定在200亿千克以上，垦区样本粮食实割实测总产量为209.4亿千克，比上年增长1.7%。粮食产量占全省和全国的比重分别为33.6%和3.3%，当年为国家提供商品粮197.7亿千克，粮食商品率达94.4%。

历经70年的开发建设，垦区已累计生产粮食3 914.9亿千克，累计向国家交售商品粮3 227.8亿千克。在保障国家粮食安全和推动农业现代化建设方面做出了积极贡献。

“三品一标”工作成果进一步强化，质量追溯工作质量进一步优化，检测体系工作任务进一步细化。2017年，垦区全年绿色食品作物种植面积220万公顷，占垦区种植面积76.3%；有机作物认证面积15.4万公顷，占垦区农作物种植面积5.3%。绿色食品获证企业116家，有效使用绿色食品标志产品数310个；有机农产品企业82家，有机农产品达到334个；无公害农产品产地认定面积220万公顷，无公害农产品322个，认定产地264个。到

2017 年年末，垦区累计获得国家地理标志农产品 7 个，累计获得全国农业标准化示范场 25 个，创建全国绿色食品原料标准化基地 62 个。垦区农产品质量追溯系统覆盖规模逐年扩大，实现稻米产品质量追溯全覆盖。2017 年，垦区全程建立农垦农产品质量追溯企业数量达到 78 家，分布在垦区 9 个管理局农牧场和总局直属企业，种植业追溯产品规模达到 97.1 万公顷，畜牧业追溯规模达到 201 万头（只）。追溯产品种类涵盖谷物、蔬菜、水果、畜禽肉、奶粉、种子、豆酱、蜂蜜等 9 大类 100 余个农产加工品种。垦区农产品检验检测体系建设全面展开，建成了部级质检中心 3 个，6 个重点县级和 3 个县级农产品质检站项目稳步推进。

表 1　2017 年主要农产品产量

产品名称	产量（万吨）	比上年增长（%）
粮食	2 094.1	1.7
其中：水稻	1 431.2	7.1
小麦	6.5	210
玉米	442.6	−20.6
大豆	189.3	34.0
杂豆	5.5	−35.6
马铃薯（折粮）	10.8	18.9
油料	0.9	−52.9
亚麻	0.2	12.4
蔬菜	9.5	6.4
瓜类	10.4	−18.2
饲料作物	52.5	−24.2

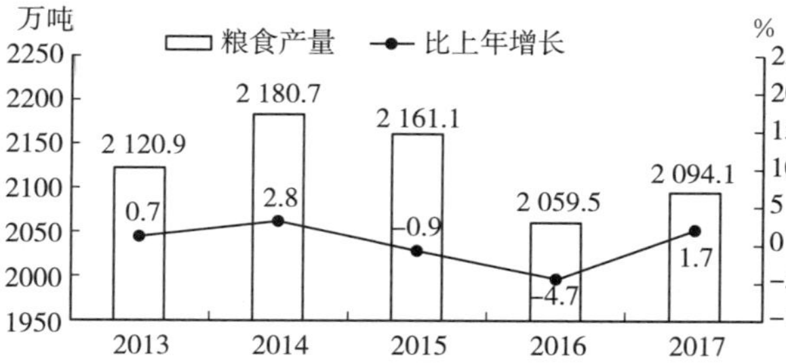

图 2　2013—2017 年粮食产量及其增长速度

森林垦区建设持续推进。2017 年实现林业增加值 6.0 亿元，比上年增长 11.0%。当年完成造林绿化 5 070 公顷，新建义务植树基地 312 块，义务植树 552 万株；景观道路绿化 76 条，总长度 677 千米；管理区绿化共栽植乔木 26.5 万株，灌木 17.9 万丛，绿篱 5.9 万米，花卉 8.3 万米²。全年未发生大的森林、草原火灾，森林过火面积控制在 0.5‰以下，林业有害生物成灾率控制在 2.8‰以下，森林无公害防治率达 85%以上。严厉查处毁林、毁湿案件，有效地控制、打击了毁林、毁湿高发势头，较好地保护了森林、湿地安全。

畜牧业生产稳步回升，垦区绿色健康养殖基地的建设步伐加快。全年实现增加值 63.2 亿元，比上年增长 6.7%。年末垦区“两牛一猪一禽”存栏分别达到黄牛 5.8 万头、奶牛 13.6 万头、生猪 88.3 万头和家禽 864.9 万只；全年肉蛋奶产量分别为 29.6 万吨、2.9 万吨和 41.8 万吨，分别比上年增长 13.7%、−5.0%和−2.0%。

渔业平稳发展。全年实现渔业增加值 3.8 亿元，比上年增长 3.9%。

农业基础设施继续强化，现代化水平显著提高。年末垦区有效灌溉面积达 163.5 万公顷，比上年增长 4.8%，其中节水灌溉面积 41.1 万公顷，增长 3.8%；机电井 9.0 万眼，增长 1.6%。现有粮食处理中心 431 座，种子加工厂 74 个，金属粮仓 2 713 座，水泥晒场 3 634 万米²，农用飞机场 68 处。粮食仓储能力达到 2 277 万吨，比上年增长 1.2%。农机装备能力显著提升。截至 2017 年年末，垦区农业综合机械化水平提高到 99.6%，农用机械总动力达 1 099.2 万千瓦，比上年增长 5.2%；农用大中型拖拉机 8.5 万台，增长 4.4%，其中 100 马力①以上拖拉机 10 848 台，增加 1 138 台；机动水稻插秧机 8.3 万台，增长 5.3%；联合收获机 3.8 万台，增长 6.5%。现有飞机 102 架，其中农用飞机 80 架，航化作业面积 145.3 万公顷，增长 2.2%（图 3）。

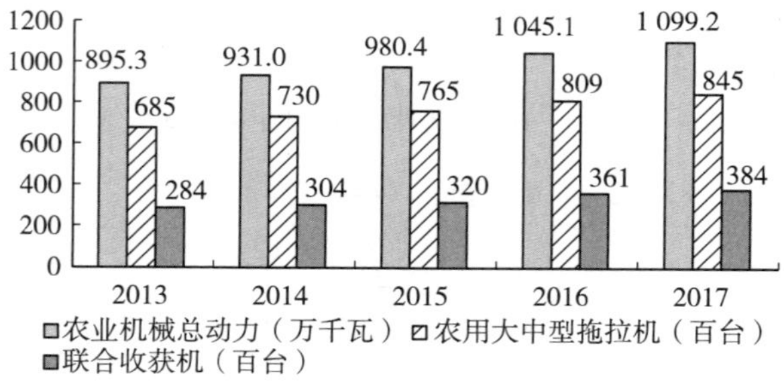

图 3　2013—2017 年农业机械情况

① 马力为非法定计量单位，1 马力=735.50 瓦。

三、工业和建筑业

工业生产负增长。2017年实现工业增加值177.2亿元，比上年下降2.1%（图4）。其中，食品工业实现增加值117.0亿元，下降4.5%，占全口径增加值的比重达66.0%；其中，规模以上企业实现增加值64.1亿元，下降11.5%。在全部工业增加值中，轻工业增加值125.3亿元，下降4.0%；重工业增加值51.9亿元，增长2.7%。其中国有及国有控股企业增加值56.1亿元，下降8.6%，非公有企业增加值121.1亿元，增长1.2%。2017年主要工业产品产量见表2。

表2　2017年主要工业产品产量

指标名称	计量单位	产量	比上年增长（%）
小麦粉	万吨	5.8	−34.8
大米	万吨	391.1	1.0
食用植物油	万吨	157.8	−10.6
乳制品	万吨	29.1	−4.3
其中：乳粉	万吨	4.3	−4.4
鲜、冷藏肉	万吨	21.3	0.2
白酒	千升	60 253	2.0
饲料	万吨	37.1	持平
豆粕	万吨	565.6	−4.8
中成药	吨	2 005	11.6
水泥	万吨	41.9	2.9
发电量	亿千瓦时	13.6	−11.9
豆制品	万吨	3.5	16.7
淀粉	万吨	5.2	−1.9

工业企业效益大幅提升。全部工业企业（不含个体）全年实现主营业务收入825.4亿元，比上年下降0.6%，其中国有及国有控股企业主营业务收入549.9亿元，下降18.1%；实现利润15.8亿元，增长46.3%，其中国有及国有控股企业利润4.1亿元，比上年增加4.8亿元。

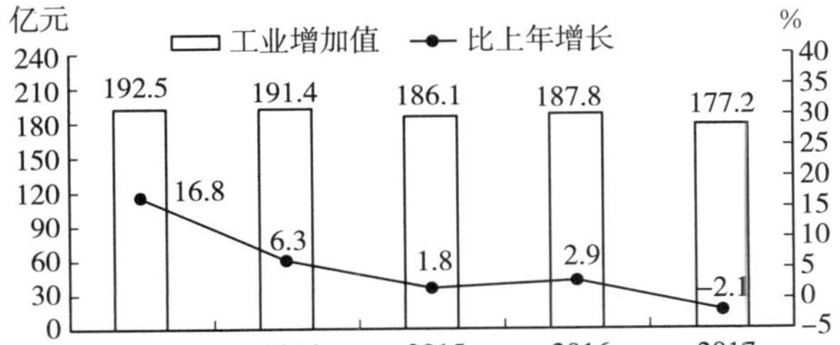

图4　2013—2017年工业增加值及其增长速度

建筑业稳步发展。全年实现建筑业增加值56.7亿元，比上年下降1.8%，其中国有及国有控股企业增加值6.3亿元，比上年下降54.3%。当年新开工的单位工程施工个数4 239个，比上年增加91个。当年单位工程竣工个数4 246个，比上年增加223个。年内房屋建筑施工面积和竣工面积分别达到407.3万米^{2}和178.5万米^2，分别比上年增长19.9%和下降16.0%。实现利税20.0亿元，增长8.1%，其中国有及国有控股企业利税5.0亿元，增长1.4%，实现利润总额12.9亿元，增长4.0%，其中国有及国有控股企业利润总额1.7亿元，下降29.2%。

四、固定资产投资

固定资产投资持续负增长。全年完成固定资产投资总额130.0亿元，比上年下降12.2%（图5）。从用途上看，生产性建设投资88.7亿元，下降0.2%；非生产性建设投资41.3亿元，下降30.2%。从产业投向上看，第一产业58.3亿元，下降1.0%，占44.8%；第二产业17.6亿元，下降5.4%，占13.5%，其中工业16.9亿元，下降6.1%；第三产业54.1亿元，下降23.2%，占41.7%。从投资主体看，公有控股经济投资78.0亿元，下降23.2%；非公有控股经济投资52.0亿元，增长11.8%。在投资总额中500万元及以上项目完成投资79.0亿元，下降20.2%；亿元以上项目完成投资15.3亿元，下降61.6%。

图5　2013—2017年固定资产投资及其增长速度

五、交通运输、通信和旅游业

交通运输能力增强。全年垦区完成运输场站、公路养护等投资2.5亿元，比上年下降19.4%。改建农场客运站3个，完成农村公路养护补贴14 555公里。全年共完成道路客运量0.1亿人次，客运周转量3.8亿人公里，货运量0.2亿吨，货运周转量 14.4 亿吨公里，分别比上年下降 15.1%、17%、7%和 12.0%。

公路建设扎实推进。2017 年年末，全年完成公路建设投资 2.9 亿元，下降 49.1%，其中，改造国省道大中修（依宝公路北兴农场段）38 公里；续建农村通畅公路 175 公里，改造危桥 3 座 295 延米。垦区公路硬化里程达到 11 491 公里，为垦区新农村建设做出了突出贡献。

通信事业持续发展。年末农垦通信拥有通信线路 25 391 公里，比上年下降 1.6%。其中，光缆线路总长度 21 353 皮长公里，增加 731 皮长公里。垦网固定电话达到 21.3 万部，比上年下降 9.1%，垦网户均固定电话普及率达到 41.3%。宽带用户达到 17.5 万户，比上年减少 1.0 万户，下降 5.4%。

旅游业加快发展。全年累计接待国内外旅游者 760.2 万人次，实现旅游收入 41.3 亿元，分别比上年增长 11.4%和 12.8%。年末，垦区拥有 A 级以上景区 48 个，其中，AAAA 级景区 7 个，AAA 级景区 23 个，AA 级景区 18 个。

六、国内贸易和对外经济

消费品市场稳定活跃。全年垦区实现社会消费品零售总额 251.2 亿元，比上年增长 7.3%，其中，农场及农场以下消费品零售额 199.6 亿元，增长 7.8%；批发零售贸易业消费品零售额 212.2 亿元，增长 7.2%；住宿和餐饮业零售额 39.0 亿元，增长 6.8%；食品类商品零售额 92.7 亿元，增长 7.1%，占全部零售额的比重为 36.9%。

对外贸易总额高速增长。全年实现自营进出口总额 33.0 亿美元，比上年增长 41.6%，其中，出口总额实现 1.1 亿美元，比上年增长 37.2%；进口总额实现 31.9 亿美元，比上年增长 41.8%。

招商引资和对外经济贸易合作持续发展。全年签订国内外经济技术合作项目 273 项，其中利用外资项目 6 项。实际利用国内外资金 37.9 亿元，增长 12.9%，其中合同利用外资到位资金 736 万美元，增长 13.2%。

“走出去”工作稳中求质求效。2017 年垦区已在俄罗斯、澳大利亚、泰国、安哥拉、莫桑比克、老挝及中国香港等国家和地区开展对外投资合作业务。垦区再登记开展业务境外企业 20 家，境外租赁（购买）开发土地 126.5 千公顷，种植面积 81.4 千公顷，生产粮豆 16.2 万吨。境外就业中方人数 912 人。项目累计投资 3.55 亿美元。

七、科技、教育、卫生、文化和体育

科技事业成果丰硕。2017 年年末，垦区拥有专业科研机构 19 个，技术推广中心（站）113 个，国家级工程技术中心 1 个，省级工程技术中心 9 个，生产力促进中心 2 个；省级科技成果推广示范基地 11 个，全国青少年农业科普示范基地 16 个；国家级农业科技园区 1 个，省级农业科技园区 3 个；科技成果转化平台总数 123 个，其中孵化器 1 个。科技进步贡献率达到 68.2%。全年垦区各级科技投入 6.5 亿元，比上年下降 11.8%。全年组织实施省级以上科技项目 91 项，总局重点科研项目 64 个课题，通过鉴定科技成果 36 项。获黑龙江省科技奖励 6 项，获得总局科技进步奖 36 项。新增专利 68 件，其中发明专利 23 件、实用新型专利 45 件，累计拥有专利 1 900 项。拥有农业部科技入户直通车总计 123 辆。

教育事业健康发展。学前教育服务能力进一步增强，学前三年毛入园率达到 85%；义务教育均衡发展全面实现，达标率首次实现 100%，高中教育办学水平稳步提高。年末垦区共有各级各类学校（含幼儿园）282 所。其中，普通高等院校 3 所，招生 0.9 万人，在校生 3.1 万人，毕业生 0.8 万人；成人高等院校 1 所，招生 0.03 万人，在校生 0.15 万人，毕业生 0.16 万人；中等职业教育学校 8 所，招生 0.3 万人，在校生 1.0 万人，毕业生 0.5 万人；普通中小学 150 所（十二年一贯制学校 2 所，高级中学 17 所，初级中学 19 所，九年一贯制学校 86 所，普通小学 26 所），普通中学招生 2.1 万人，在校生 6.9 万人，毕业生 2.2 万人；小学（含十二年一贯制学校小学部和九年一贯制学校小学部）招生 0.9 万人，在校生 5.5 万人，毕业生 1.1 万人；幼儿园 122 所，在园幼儿 2.0 万人。2017 年垦区高考再创新高，垦区高考考生 9 169 人，共录取 8 720 人，其中本科 6 884 人，其中一本学校录取人数为 2 139 人，比上年增加 374 人，全垦区高考录取率为 95.1%，有 8 名考生被北京大学、清华大学录取。

医疗卫生服务体系不断完善。2017 年年末，垦区共有各级各类卫生机构 1 288 个。其中综合医院 125 所，总局总医院 1 所，管理局中心医院 7

所，神经精神病专科医院 1 所，疗养院 1 所，农场级医院（挂社区卫生服务中心牌子，承担社区卫生服务功能）115 所；卫生监督所（挂疾病预防控制中心牌子）110 所。垦区拥有卫生技术人员 12 661 人，其中执业医师和执业助理医师 5 720 人，注册护士 4 876 人。拥有住院床位和观察床位 10 955 张。2017 年，报告国家法定乙类、丙类传染病 18 种，报告发病人数 1 467 例，其中乙类传染病 12 种 1 377 例，丙类传染病 6 种 90 例，报告发病率 103.56/10 万，与 2017 年同期相比下降 20.49%。

文化事业全面发展。年末垦区共有对外开放的博物馆（场史纪念馆）31 个，文化馆 53 个，图书馆（室）520 个，文化广场、主题文化公园 213 个。现有一报四刊，《北大荒日报》全年总印数 1 758万份，杂志 4 种，全年总印数 20.4 万册。2017 年垦区举办了全民健身展示大会暨“正昌杯”乒乓球比赛、“裕鹿杯”羽毛球公开赛，承办了黑龙江省八大夏季精品体育赛事之一的徒步大赛，527 名运动员和 1 000 余名体育爱好者直接参与比赛。在开展纪念垦区开发建设 70 周年活动中，垦区共举办各种文艺演出 1 000 余场，各类比赛活动 500 余场，展出各类艺术作品 2 000 余幅。北大荒博物馆完成了征集藏品、文物 41 件，调整补充了馆内部分展示内容及数据，与黑龙江省博物馆联合举办了“披荆斩棘路热血献荒原”为主题的北大荒精神特展，圆满完成全国第一次可移动文物普查的全部工作。垦区各博物馆、纪念馆全年累计接待观众超过 5 万人次，其中北大荒博物馆接待观众 2.5 万人次。数字图书馆平台网点建设已覆盖管理局级支中心 9 个、农场级基层服务站 103 个、管理区级基层服务点 624 个。馆内图书数字资源总量为电子图书镜像达 310 万册。

广播电视事业稳步发展。各级广播电视部门共制作播出新闻类节目 1.6 万余条，制作播出涉农类节目 7 千余期（集）。其中《北大荒新闻》327 期，《民生》309 期；电视节目在上级台共播发稿件 310 余条；调频广播《龙广北大荒之声》播发广播节目累计 6 700 余条，其中《农科天地》229 期，《北大荒文化周刊》46 期。

体育事业平稳发展。年末垦区拥有体育场馆 161 个，全年组织各类体育运动会及体育比赛 1 224次，有 22.5 万人参加了各种类型的体育运动项目。继续加大全民健身工程投入力度，积极争取上级扶持资金，国家体育总局支持的全民健身中心项目 4 个；国家体育彩票公益金支持的乡镇农民体育健身工程 6 个，社区全民健身中心项目 1 个；省级体育彩票公益金支持的项目 94 个。

八、社会保障和环境保护

社会保障制度运行平稳。年末垦区参加企业基本养老险 89.8 万人，其中，在职参保缴费 44.3 万人，离退休人员 45.5 万人，全年养老保险基金支出 120.6 亿元，比上年增长 11.8%；参加机关事业养老保险 5.5 万人，其中参保职工 2.9 万人，离退休人员 2.6 万人，全年养老保险基金支出 15.7 亿元；参加城镇社会养老保险 0.8 万人，其中，享受待遇人数 0.6 万人；参加基本医疗保险 134.4 万人，其中参加职工医疗保险 75.0 万人，参加居民医疗保险 59.4 万人，全年医疗保险基金支出 24.1 亿元，比上年增长 4.4%；参加失业保险 36.4 万人，全年失业基金支出 1.32 亿元。参加工伤保险 36.1 万人，全年工伤保险基金支出 7 020 万元。参加生育保险 34.4 万人，全年生育保险基金支出 5 254 万元。

保险事业加快发展。全年保费收入 33.6 亿元，比上年增长 7.3%，其中，农险保费收入 28.4 亿元，增长 6.1%，农业保险承保面积 5 790.5 千公顷，增长 1.5%；财险保费收入 5.2 亿元，增长 14.2%。全年赔付额 22.0 亿元，比上年下降 36.4%，其中，农险赔付金额 18.9 亿元，下降 41.2%，财险赔付金额 3.1 亿元，增长 26.7%。防灾减灾工作取得明显效果，全年人工增雨防雹投入资金 0.2 亿元，累计防控面积 2 866.7 千公顷，减损增效 2 亿元。

资源环境保护力度加大。年末垦区已建各级各类自然保护区 21 个，总面积 515 千公顷，占垦区土地总面积的 9.1%。继续加强农村环境保护和自然生态保护工作，2017 年垦区累计完成国家级生态局 2 个，国家级生态场 53 个，省级生态局 6 个，省级生态场 107 个，生态系列创建工作走在全省前列。认真做好污染减排工作，全年淘汰建成去燃煤小锅炉 18 台，治理废气污染项目 13 个，机动车“黄改绿”23 台，4 个省级工业园区安装了污水集中处理设施在线监控设备，49 座加油站地下油罐双层罐进行了更新或防渗设置改造，对火电、造纸、水泥等行业的 23 家企业核发排污许可证，完成畜禽禁养区内 6 家畜禽养殖场（户）搬迁关闭工作，大气脱硫脱硝项目 13 个，严格控制污染物排放量，如期完成年度减排目标。

九、人口与人民生活

人口保持低速下降。全年垦区人口出生率为 5.77‰，比上年下降 0.13 个千分点，人口自然增长率为 0.43‰，比上年下降 0.23 个千分点。年末垦区常住总人口 167.3 万人，比年初减少 0.4 万人，下降 0.2%。其中，农场人口 147.9 万人，占总人口的 88.4%。年末垦区户籍人口 151.7 万人，比上年减少 1.2 万人。

职工工资水平稳步增长。年末全部在岗职工 34.7 万人，比上年下降 4.1%，其中，国有及国有控股 31.1 万人，下降 2.3%；在岗职工年平均工资为 35 593 元/人，比上年增长 5.3%，其中，国有及国有控股 36 835 元/人，比上年增长 4.9%。

居民生活水平稳步提高。全年垦区居民人均可支配收入达到 27 153 元，比上年增长 6.8%。其中，工资性收入、经营性净收入、财产性净收入和转移性净收入同比分别增长 6.6%、7.4%、2.8% 和 6.8%。垦区居民人均生活消费支出 14 026 元，比上年增长 7.0%，其中食品消费支出所占比重（即恩格尔系数）26.6%。耐用消费品数量与上年同期基本持平，年末平均每百户居民拥有彩色电视机 101 台、洗衣机 90.6 台、电冰箱 85.9 台、空调 1.6 台、摩托车 38.3 辆、热水器 56.2 台、微波炉 20 台、照相机 19.1 台、家用计算机 50.9 台、移动电话 209.2 部、生活用汽车 19.1 辆。

居民居住条件和环境得到持续改善。垦区继续加快城镇居民住宅基础设施、公共设施建设步伐。到年末，垦区居民住房面积达到 5 401.5 万米^2，比上年增长 0.2%，人均住房面积 32.3 米^2，增长 0.3%。城镇集中供热面积 3 870 万米^2，比上年增长 1.2%；城镇硬化道路长度 2 609 公里，增长 2.8%，城镇主次干道硬化率 100%；城镇人均绿地面积 47.9 米^2，增长 0.6%；城镇化率达到 86.2%，比上年提升 0.4 个百分点。

居民储蓄存款继续增加。年末垦区居民储蓄总额 477.6 亿元，比上年增长 8.4%，人均储蓄额 28 543元。

注：1. 地区生产总值、各产业增加值、人均地区生产总值及其构成项目绝对数按现价计算，增长速度按可比价格计算。

2. 公报数据为初步统计数据，最终数据以《2018 年黑龙江垦区统计年鉴》为准。

上海农垦2017年经济和社会发展统计公报

光明食品（集团）有限公司

2017年光明食品集团以“五年再造一个光明，十年构建实力光明”的战略目标为蓝图，把为消费者提供安全、优质、健康食品为己任，树立了世界有影响力的跨国食品产业集团的良好形象。

一、综合

2017年，光明食品集团全年实现增加值237.4亿元，比上年增长24.7%。其中：

第一产业增加值26.1亿元，比上年增长34%，占总增加值的11%。

第二产业增加值91亿元，比上年增长32.5%，占总增加值的38.3%。第二产业的增加值中，工业增加值88.2亿元，建筑业增加值2.8亿元。

第三产业增加值120.3亿元，比上年增长17.1%，占总增加值的50.7%。

2017年，光明食品集团工农业总产值（按现行价）439.4亿元，比上年增长11%。全年完成工农业出口商品额7.7亿元，比上年增长18.9%。其中：工业出口6.4亿元，与上年持平；由于水产集团并入，农业出口1.4亿元，比上年增长3 635.2%。

2017年，光明食品集团固定资产投资完成额40.9亿元，比上年增长28.9%。

2017年，光明食品集团年末从业人员11.95万人，比上年下降4.5%。

二、第一产业

2017年光明食品集团深化新一轮国资国企改革，与上海水产集团联合重组，填补了深海资源。绿色生态农业的推广，扩大了休耕绿肥的面积，种植业播种面积及产量同比下降。

2017年完成农业总产值87亿元，比上年增长20.4%。其中：种植业20.1亿元，比上年下降4.6%；林业0.9亿元，比上年增长25.8%；畜牧业41亿元，比上年下降6.7%；渔业23.4亿元，比上年增长258.1%。

2017年，种植业生产情况：粮食播种面积33 740.5公顷，比上年下降9.3%，粮食总产量24.5万吨，比上年下降8.9%；蔬菜及食用菌产量27.5万吨，比上年下降2.4%；西甜瓜产量3.1万吨，比上年下降42.7%；鲜切花606万枝；盆栽花卉970万盆；草坪销售量77.6万米^2。全年新增造林面积1 228.2公顷。

2017年，畜牧业生产情况：生猪、禽蛋受市场影响均有所下降，生奶、家禽稳步增长。全年牛奶产量48.5万吨，比上年增长14.6%；生猪上市量109.4万头，比上年下降7.6%；家禽上市量77.2万只，比上年增长35.3%；禽蛋产量1.2万吨，比上年下降5.5%；鸽子上市量41.4万羽，比上年下降64.2%。

全年水产品产量17.3万吨，比上年增长278.4%，其中：远洋捕捞12.8万吨，淡水养殖4.5万吨。

三、第二产业

2017年光明食品集团的工业，继续聚焦农副食品加工业，保持健康良性发展的态势。

2017年，全年完成工业总产值352.4亿元，比上年增长8.8%，工业销售产值为339.7亿元，比上年增长4.8%，产销率96.4%。大中型企业总产值286.5亿元，占81.3%；农副食品加工业、食品制造业和饮料制造业企业总产值为328.3亿元，占总产值的93.2%。

全年工业企业亿元以上工业产值的主要产品产量见表1。

表 1　全年工业企业亿元以上工业产值的主要食品产量

产品名称	计量单位	产量	比上年增长（%）
小麦粉	吨	347 187	−4.3
大米	吨	229 882	−7.7
精制食用植物油	吨	63 654	−35.0
成品糖	吨	1 473 492	15.7
鲜、冷藏肉	吨	134 659	18.4
熟肉制品	吨	12 448	19.1
糖果	吨	23 948	5.6
乳制品	吨	1 068 009	−4.8
其中：液体乳	吨	1 061 407	−4.9
罐头	吨	65 167	26.0
味精（谷氨酸钠）	吨	26 846	5.2
蜂蜜营养制品	吨	13 728	−5.7
冷冻饮品	吨	16 054	0.5
饮料酒	千升	115 366	−4.2
软饮料	吨	301 310	−13.3

建筑业生产情况：全年完成建筑业施工产值24.2亿元，比上年增长33.9%。施工面积258.6万米^2，竣工面积13.4万米^2。

四、第三产业

2017年，光明食品集团的商业、住宿餐饮业受新业态的冲击，较上年有所下降。房地产市场趋于理性，销售面积与销售额在上年的高位上均有所回落。

年末，批发零售贸易业的营业网点有4 539个，比上年下降9%，营业面积85.6米^2，比上年下降16.8%。

营运的出租车辆10 369辆，比上年下降2.9%。

全年房地产销售面积203.8万米^2，比上年下降12%；销售额206亿元，比上年下降7.7%。

五、固定资产投资

2017年，光明食品集团完成固定资产投资41.4亿元，比上年增长30.3%，其中本年完成投资5 000万元以上项目占60%，比上年下降9.8%。固定资产投资总额中，第一产业5.6亿元，比上年增长2%；第二产业18.9亿元，比上年增长61.7%；第三产业16.9亿元，比上年增长15.9%。一、二、三产业的投资比重分别为13.5%、45.6%和40.9%。当年新增固定资产34.8亿元。

六、职工和工资

2017年，光明食品集团年末从业人员12万人，比上年下降4.5%。其中：第一产业1.3万人，第二产业3.5万人，第三产业7.1万人。一、二、三产业的从业人员比重分别为10.9%、29.3%和59.8%。第三产业中批发和零售业的从业人员4.2万人，占全部从业人员的35.1%。

2017年，从业人员年平均报酬73 891元，比上年增长26.1%。

说明：一、公报中提到的增加值按现行价格计算。

二、公报中的统计数据口径是集团控股企业财务合并、事业单位和控股财务不合并的单位。

江苏农垦2017年经济和社会发展统计公报

江苏省农垦集团有限公司

2017年，江苏农垦以习近平新时代中国特色社会主义思想为指导，认真贯彻省委、省政府决策部署和江苏省国资委工作要求，全面落实集团党委决定和董事会决策，坚持稳中求进工作总基调，坚持以新发展理念为引领，围绕提高发展质量和效益这个中心，着力抓创新、调结构、推改革、惠民生，集团经济发展符合预期，呈现总体平稳、稳中有进、稳中向好的特征。

一、综合

2017年，垦区实现生产总值174.94亿元，比上年增长11.55%。其中，第一产业增加值25.4亿元，比上年增长3.29%；第二产业增加值105.67亿元，比上年增长19.77%；第三产业增加值43.87亿元，比上年下降0.32%。三次产业比重为15：60：25，非农产业比重较上年提高1个百分点。人均生产总值净增加11 608元，达到93 655元，比上年增长14.15%。

集团经济运行总体平稳。实现营业收入233.46亿元，比上年增长0.63%；利润总额43.73亿元，增长14.37%；归属集团公司的净利润15.42亿元，增长17.9%；经济增加值28.25亿元，增加3.59亿元；净资产收益率19.52%，增加4.19个百分点。截至2017年年末，集团净资产192.84亿元，增长29.58%，归属集团母公司所有者权益127.7亿元，增长23.53%。

二、农业

生产能力稳步提升。充分发挥农业生产体制机制优势，克服经济下行、粮价波动、灾害频发等多重不利因素影响，实现苏垦农发上市后粮食生产“开门红”和垦区粮食生产“十四连丰”。2017年粮食作物种植面积149.98千公顷；实现粮食总产116.77万吨，其中东坝头、新曹分公司稻麦周年亩产达1 250千克。垦区高效作物种植面积4.41千公顷，设施栽培面积2.07千公顷。垦区森林覆盖面积13.13千公顷，其中绿化苗木面积1.03千公顷，增长5.3%。

设施装备水平持续提升。新购置农机具1 464台（套），建设高标准农田等面积6.93千公顷。新建、改建水泥晒场24.5万米^2，新增烘干线11条、新增烘干能力4 660吨/天。

龙头企业带动作用增强。苏垦农发实现营业收入43.39亿元、利润总额5.76亿元，分别增长6.97%、11.72%。大华种业获授“种业科技创新服务中心”称号，苏垦米业获评首批“中国好粮油示范企业”，双双实现行业地位和社会影响力新跨越。苏垦米业领跑垦区“互联网+现代农业”，“苏垦尚膳”注册会员突破1万名，线下冠名经营门店2家，与阿里巴巴开展多元合作。苏垦物流的农资保障能力进一步增强。农友种苗探索发展高效种植业订单生产。苏垦麦芽产销双增，超额完成年度计划任务。

质量安全优势不断强化。新增集体权益面积3.67千公顷，比上年再提高6个百分点，其中新增淮海、海安两家分公司整体实现集体经营。优质稻麦品种种植面积提高20%以上。坚持发展绿色农业，秸秆还田率继续保持100%，坚持推动养殖业标准化基地创建。稻米质量安全追溯面积稳居国内第一，养殖产品质量追溯体系建设不断延伸。

品牌建设呈现崭新气象。“状元”牌大米、“玉谷”牌草鸡蛋等5个产品通过省名牌产品评审，正大天晴和正大丰海通过省质量管理优秀奖评审，“苏垦”牌大米入围“江苏农产品品牌目录”。充分利用国家粮食科技周、江苏现代农业科技大会、上海农产品交易会等各类大型展会，积极开展品牌营销。

主要农产品产量见表1，牲畜年末存栏总数及主要畜产品产量见表2。

表 1　主要农产品产量

指标	单位	数量	比上年增长（%）
稻谷	万吨	65.70	−4.67
小麦	万吨	49.67	6.68

表 2　牲畜年末存栏总数及主要畜产品产量

指　标	单位	数量	比上年增长（%）
肉类总产量	万吨	4.57	0.88
猪牛羊肉	万吨	1.88	14.63
禽肉	万吨	2.68	−6.94
生猪年末存栏	万头	13.92	49.84
牛年末存栏	万头	0.67	−15.19
羊年末存栏	万只	0.66	−49.62
家禽年末存栏	万只	536	−9.76
肉猪出栏数	万头	21.99	11.28
禽蛋产量	吨	16 250	−9.57
牛奶产量	吨	21 885	−30.56

三、工业和建筑业

2017 年，垦区拥有工业企业 329 个，其中规模以上 49 个。全年实现工业总产值（现行价）254.18 亿元，比上年增长 9.82%。产品销售收入 244.68 亿元，比上年增长 7.3%。主要工业产品产量见表 3。

创新驱动强动力。正大天晴集团推动由“仿创结合”迈向“创仿结合”，行业排名再创新高，位列“2016 年中国医药工业百强榜”第 16 位。正大天晴集团首次名列“中国医药研发产品线最佳工业企业”第 1 位。南京正大天晴制药有限公司已初步形成研发全价值链格局。江苏正大丰海制药有限公司的产品断档问题有所缓解。江苏正大清江制药有限公司基本构建起层次合理的研发人员梯队。江苏省金象传动设备股份有限公司推进前沿技术新品研发，取得积极进展。

聚焦主业降风险。江苏省农垦麦芽有限公司积极应对市场变化，着力强化内控管理，实现大幅减亏。江苏省苏舜集团有限公司重点去库存、稳妥处理历史潜亏，进一步聚焦主业发展，全年扭亏为盈。储运公司转变经营定位，始终突出安全效益。苏垦金属把风险防范作为首要任务，实现稳健发展。

表 3　主要工业产品产量

指　标	单位	数量	比上年增长（%）
大米	吨	399 028	0.06
食用植物油	吨	8 238	−11.67
棉纱	万吨	2.60	
针织服装	万件	3 608	−5.69
电子原件	万只	46 289	−0.08

建筑业平稳发展。2017 年建筑业实现产值 170 305 万元，比上年增长 9.68%；实现增加值 61 011万元，比上年增长 10.2%；实现利润总额 15 655 万元，比上年增长 4.62%；上缴税金 3 705 万元，比上年增长 3.06%。

四、第三产业

2017 年，垦区第三产业完成营业收入 108.16 亿元，比上年下降 5.9%。其中批发零售贸易业 73.25 亿元，比上年下降 1.2%；餐饮业 4.22 亿元，比上年增长 12.83%；服务业 30.69 亿元，比上年下降 17.19%。

五、固定资产投资

2017 完成固定资产投资 27.45 亿元，较上年下降 53.74%。主要是通宇房地产公司 2017 年仅完成固定资产投资 7.84 亿元，较上年的 30.8 亿元减少了 22.96 亿元，下降 75.55%。

在全部固定资产投资中，基本建设投资完成 21.55 亿元，占固定资产总投资的 78.51%。在全部固定资产投资中，生产性固定资产完成 23.7 亿元，占固定资产总投资的 86.34%。

在全部固定资产投资中，第一产业投资完成 4.78 亿元，第二产业投资完成 11.59 亿元，第三产业投资完成 11.08 亿元，分别占总投资的 17.42%、42.22%、40.36%。在全部固定资产投资中，国有固定资产投资完成 51.46 亿元，占整个投资的 86.72%。

六、科技、卫生

2017 年，全垦区共有各级各类科技专业技术人员 785 人。全年投入科研经费 209 344 万元。

2017 年，卫生事业继续改善，全垦区共有医疗单位 17 个，其中，医院 17 个，病床 1 123 张，各类卫生技术人员 1 004 人，其中医生 437 人。全年医疗卫生经费支出 17 431 万元，比上年增长 1.25%。

七、人口和职工收入

2017 年，全垦区总人口 185 955 人。其中，农场人口 159 763 人。全垦区人口出生率 9.23‰，人口死亡率 7.73‰，人口自然增长率为 1.51‰。2017 年，全系统平均社会从业人员 82 028 人，其中第一产业 24 024 人，第二产业 29 240 人，第三产业 8 764 人，分别占全部从业人数的 29.29%、35.65%、35.06%。职工收入继续提高，2017 年全垦区职工全年平均收入 63 345 元，同口径比上年增长 8.87%。2017 年垦区农场居民人均纯收入 28 274 元，同口径比上年增长 7.67%。

八、非国有经济

2017 年，全垦区非国有增加值 642 345 万元，比上年增长 2.62%，其中，第一产业增加值 109 833万元，第二产业增加值 258 393 万元，第三产业增加值 274 119 万元，分别比上年增长 −8.12%、6.51%、3.9%。三次产业比重为 17∶40∶43。年末非国有经营单位 17 011 个。其中，私营企业 668 个，个体经济 16 334 个。从业人员 58 645人，其中，第一产业 16 963 人，第二产业 18 158 人，第三产业 23 524 人。从业人员收入总额 335 484 万元。全年共实现利税 209 175 万元，其中，利润 176 485 万元。当年非国有经济完成固定资产投资额 35 422 万元。

九、其他

（1）全系统 17 个农场中，生产总值超过 1 亿元的有 15 个。这 15 个农场平均职工人数为 24 638 人，2017 年实现生产总值 664 820 万元，占垦区生产总值的 38%。其中，农业增加值 90 829 万元，工业增加值 199 633 万元。销售税金 35 590 万元，利润总额 171 360 万元。东辛农场、岗埠农场、黄海农场列生产总值前三位。

（2）全系统有大中型工业企业 7 家，共实现总产值（现价）1 484 309 万元，销售产值 1 395 713 万元。增加值 786 059 万元，增加值占垦区全部工业企业增加值的 78.79%。年末固定资产原值 385 077元，职工人数 8 860 人，实现利税总额 621 812万元。

浙江农垦2017年经济和社会发展统计公报

浙江省农业厅农场管理局

2017年是党的十九大胜利召开之年，也是实施“十三五”规划的关键之年，浙江垦区深入学习贯彻党的十九大精神，全面贯彻落实中共中央和省委农垦改革文件精神，积极深化国有农场改革，创新体制机制，加快推进现代农场建设，着力改善农场民生，提升农场综合生产能力，农垦经济稳步向好，农场社区和谐稳定。

一、综合

全系统现有农垦企业场50个，土地总面积17千公顷，总人口5.4万人，实现生产总值19.42亿元，比上年增长7.5%，其中：第一产业增加值1.70亿元，第二产业增加值17.34亿元，分别比上年增长9.6%、6.8%，第三产业增加值0.38亿元，有较大增长。三次产业增加值比重为8.8∶89.3∶1.9，三次产业对GDP的增长贡献率分别为10.9%、80.3%、8.8%。实现利润4.8亿元，上缴税金0.13亿元，人均纯收入20 663元，比上年增加6.5个百分点。

二、第一产业

全年实现农林牧渔业总产值47 776万元，比上年增长6.4%，其中，农业产值28 388万元，林业产值373万元，牧业产值11 025万元，渔业产值7 990万元，农、林、牧、渔比重为59.4∶0.8∶23.1∶16.7。

全年农作物播种面积4 520公顷，比上年增长2%。粮食作物稳定增长，粮食播种面积1 824公顷，增长7.5%；粮食单产6 130千克/公顷。效益农业较快增长，花卉苗木播种面积1 051公顷，增长18%；茶叶播种面积1 391公顷，产量4 818吨，分别增长4.7%、1.8%。

畜牧业加快推进转型升级，部分中小型猪场关停拆迁。生猪年末存栏3.2万头，比上年下降13.5%；年内出栏7.22万头，增长1.7%；肉类总产量16 252吨，禽蛋产量979吨。

渔业增长较多，水产品总产量4 925吨，增长45.5%，其中海水产品产量924吨，增长2.6%，淡水产品产量4 001吨，增长61.1%。

2017年主要农产品产量见表1。

表1　2017年主要农产品产量

指　标	产量（吨）	比上年增长（%）
粮食	10 033	15.0
茶叶	4 818	1.8
水产品	4 925	45.5

三、工业和第三产业

规模以上工业企业较快增长。全年工业增加值17.34亿元，比上年增长6.8%；工业总产值109.1亿元，增长15.8%；工业销售产值78.6亿元（因杭州萧山红山农场2016年销售大量库存产品致销售产值大幅增长，2017年销售产值较2016年减少较多）；利润总额4.8亿元，增长17%，主要由规模以上非国有工业企业实现。2017年主要工业产品产量见表2。

表2　2017年主要工业产品产量

产品名称	计量单位	产量	比上年增长（%）
布	万米	2 842.37	5.2
塑料制品	吨	5 552	11.3
镀锌板	吨	945 630	15.7
纸箱	吨	965	17.0
精制茶	吨	1 900	5.5
水泵	台	1 129	−5.6
染料	吨	2 235	13.4

第三产业实现增加值3 800万元，较上年大幅增长（萧山红山农场2016年基数为0）。新增建筑业单位1个，年末固定资本原值66.3万元；批发

零售、餐饮、服务业年末营业单位72个，年末固定资产原值1 725万元，实现销售总额2 640万元，比上年增长5.5%。

四、固定资产投资

全年完成固定资产投资81 119万元，较上年大幅增长，非国有经济单位是投资的主体，占99.5%，其中，第一产业投资979万元，占投资总额1.2%；第二产业投资80 104万元，占投资总额98.7%；第三产业投资36万元，占投资总额0.1%。

五、对外经济

全年出口供货商品总金额13亿元，比上年增长较多，工业品出口12亿元，占92.3%，主要包括染料、合成纤维及镀锌板等产品。

六、人民生活和社会保障情况

全系统年末人均纯收入20 663元，年末实有住房面积144万米^2，分别比上年增长6.5%、4.3%。社会年末从业人数16 599人，其中第一产业3 598人，第二产业11 605人，第三产业1 396人。

年末职工养老保险和基本医疗保险参保率均达100%，部分农场家属工、遗属、精简人员等社会保障问题已基本解决，困难家庭全部纳入城镇居民最低生活保障，实现养老保险、基本医疗保险和最低生活保障全覆盖。

七、无公害农产品、绿色食品、有机食品生产

年末全系统有效使用无公害农产品、绿色食品、有机农产品认证标志产品36个，带动种植农户数23 116户。其中，无公害、绿色、有机茶叶认证18个；无公害、绿色水果认证7个；无公害蔬菜认证1个；无公害水产品认证10个。

安徽农垦2017年经济和社会发展统计公报

安徽省农垦集团有限公司

2017年是全面推进农垦改革发展的启动之年，安徽农垦不断加强党的建设，全面开展“争上行、调转促、强管理、增效益”活动，积极打造具有安徽农垦特色的现代农业企业集团航母，使经济运行出现了企稳向好的发展态势，基本完成全年目标任务。安徽农垦的总体发展战略是按照“一体两翼”的发展格局，全力打造全省现代农业企业集团航母。“一体”即现代农业，“两翼”即投资金融业和房地产业。要进一步增强农垦在全省现代农业发展中的核心地位，为全省现代农业建设起骨干引领作用，根据市场需求提供绿色优质安全农产品供应，探索效益高的现代农业生产经营服务体系。要按照一二三产融合发展，接二连三做大做活投资金融业，为现代农业与房地产发展搭建桥梁。

一、主要经济指标完成情况

垦区主要经济指标完成情况见表1。

表1　垦区主要经济指标完成情况

指标名称	单位	2017年	2016年	增长（%）	指标名称	单位	2017年	2016年	增长（%）
农垦生产总值	亿元	25.11	23.85	5.3	第三产业比重	%	32.27	35.27	－8.5
其中：国有部分	亿元	17.20	14.94	13.9	人均生产总值	万元/（年·人）	2.05	1.95	5.5
国有部分比重	%	68.50	62.60	9.4	全员劳动生产率	万元/（年·人）	4.56	4.16	9.7
第一产业增加值	亿元	11.80	10.36	13.9	工农业总产值	亿元	49.72	44.43	11.9
第二产业增加值	亿元	5.20	5.07	2.6	农业总产值	亿元	21.06	19.07	10.5
第三产业增加值	亿元	8.10	8.41	－3.7	工业总产值	亿元	28.66	25.36	13.0
第一产业比重	%	47.01	43.46	8.2	在岗职工年均收入	万元/（年·人）	3.58	3.13	14.4
第二产业比重	%	20.73	21.27	－2.5	垦区人均年纯收入	万元/（年·人）	2.26	2.04	10.5

二、第一产业

第一产业经济指标完成情况见表2。

表2　第一产业经济指标完成情况

指标名称	单位	2017年	2016年	增长（%）	指标名称	单位	2017年	2016年	增长（%）
粮食总产	万吨	33.28	31.64	5.2	蔬菜瓜类	百公顷	15.41	18.40	－16.2
其中：小麦	万吨	14.60	16.69	－12.5	干毛茶产量	百吨	141.11	127.76	10.4
水稻	万吨	14.87	12.06	23.3	其中：精制茶产量	百吨	2.78	2.91	－4.4
大豆	万吨	2.76	2.06	33.8	茶园面积	千公顷	2.23	2.26	－1.2
粮食亩产	千克	428.0	386.0	10.9	农业自然灾害受灾面积	万公顷	0.94	1.66	－43.3
农作物总播种面积	万公顷	5.56	5.84	－4.7	园林水果合计产量	万吨	3.73	3.64	2.5

（续）

指标名称	单位	2017年	2016年	增长（%）	指标名称	单位	2017年	2016年	增长（%）
粮食播种面积	万公顷	5.48	5.48	0.0	园林水果合计面积	千公顷	1.36	1.34	1.7
油料播种面积	百公顷	5.78	5.53	4.5	高标准农田	千公顷	37.3	36.4	2.5
棉花播种面积	百公顷	0.69	0.90	−23.5	农业机械总动力	万千瓦	46.61	46.55	0.1

农业生产在稳定粮食种植面积的同时，优化品种结构，大力发展现代农业、高效农业及养殖业。

畜牧业渔业方面，肉类总产量14 456吨，同比下降4.8%；水产品产量6 189吨，同比增长4%。进一步加强与上海光明乳业合作，引进20万头养猪项目。

全年农业固定资产投资2.74亿元，同比增长59%，其中国有投资2.68亿元，同比增长82%，主要项目为农业综合开发、现代农业、农田水利基本建设、土地复垦、农机购置等项目。全系统家庭农场纯收入8.62亿元，比上年增长15%。

三、第二产业

第二产业经济指标完成情况见表3。

表3　第二产业经济指标完成情况

指标名称	单位	2017年	2016年	增长（%）	指标名称	单位	2017年	2016年	增长（%）
工业企业个数	个	139	140	−0.7	建筑企业个数	个	155	153	1.3
工业总产值	亿元	28.66	25.36	13.0	建筑业总产值	亿元	5.88	5.91	−0.6
其中：国有部分	亿元	0	0	0	其中：国有部分	亿元	4.07	4.17	−2.5
工业产销率	%	91.90	90.66	1.4	建筑业利润总额	亿元	0.29	0.28	3.5
工业增加值率	%	12.48	13.21	−5.5	其中：国有部分	亿元	0.28	0.27	4.8

四、第三产业

第三产业经济指标完成情况见表4。

表4　第三产业经济指标完成情况

指标名称	单位	2017年	2016年	增长（%）	指标名称	单位	2017年	2016年	增长（%）
批发零售营业额	万元	1 723.80	1720.55	0.2	第三产业增加值	万元	810.14	840.99	−3.7
其中：国有部分	万元	495.95	523.62	−5.3	其中：交通运输及仓储	万元	62.89	63.21	−0.5
批发零售利润总额	万元	51.40	49.00	4.9	批发和零售业	万元	241.04	228.51	5.5
其中：国有部分	万元	12.47	11.62	7.3	住宿和餐饮业	万元	108.61	92.74	17.1
住宿餐饮营业额	万元	230.07	206.18	11.6	房地产业	万元	167.22	251.92	−33.6
其中：国有部分	万元	72.23	57.12	26.5	租赁和商务服务业	万元	68.68	49.83	37.8
住宿餐饮利润总额	万元	6.68	0.97	588.8	科研和综合技术服务业	万元	2.25	4.63	−51.5
其中：国有部分	万元	−1.42	−7.08	79.9	居民和其他服务业	万元	103.81	92.03	12.8
服务业营业额	万元	185.88	165.05	12.6	教育	万元	2.99	2.71	10.3
其中：国有部分	万元	57.95	42.63	35.9	卫生和社会工作	万元	22.40	26.77	−16.3
服务业利润总额	万元	28.26	29.96	−5.7	其他	万元	30.27	28.63	5.7
其中：国有部分	万元	22.45	24.35	−7.8					

住宿餐饮业主动适应市场消费变化，积极调整股权结构，经营模式进一步创新，推动了主体酒店托管模式改革。房地产业战略性调整取得积极成效，增强政策和市场的应对能力；新的经济增长点快速发展，类金融业逐步成长为集团三大主业之外的主要经营业态；皖垦小贷、创投公司、参保国元农业保险等经营取得良好绩效，集团公司参股发起中垦融资租赁、中垦流通，参与中垦农场联盟；银企合作不断加强，成功发行中票，有力保障了集团发展的资金需求。

五、对外经济

农业"走出去"步伐加快，在津巴布韦着力打造穗喜示范农场，循序渐进，适度拓展新农场。

六、固定资产投资

全社会固定资产投资总额 6.22 亿元，同比增长 37.6%；其中国有投资完成 3.83 亿元，同比增长 82.4%，非国有投资 2.39 亿元，同比基本持平，二者比重为 61.58%、38.42%。

在全部投资中，投资于第一产业 2.74 亿元，第二产业 2.26 亿元，第三产业 0.48 亿元，住宅建设 0.74 亿元；第一产业同比增长 59.3%，第二产业增长 50.7%，第三产业同比下降 15.7%，住宅建设同比持平。

七、人口、生活及从业人员情况

农场基础设施条件进一步提高，新增水泥晒场 1.43 万米^2。生活条件进一步改善，自来水管线长度、使用管道水、电视、电话、互联网用户均比上年增加。垦区人口从业人员主要指标见表 5。

表 5　人口从业人员主要指标

指标名称	单位	2017 年	2016 年	增长（%）	指标名称	单位	2017 年	2016 年	增长（%）
垦区年末总人口	千人	121.7	124.06	−1.9	二产	%	16.70	15.56	7.3
年末社会从业人员	千人	54.51	56.67	−3.8	三产	%	23.96	26.18	−8.5
其中：第一产业	千人	32.35	33.01	−2.0	年末职工人数	千人	34.59	35.08	−1.4
第二产业	千人	9.10	8.82	3.2	其中：在岗人数	千人	19.42	20.86	−6.9
第三产业	千人	13.06	14.84	−12	在岗职工劳动报酬	万元	710.95	677.33	5.0
产业人数构成一产	%	59.34	58.25	1.9	人均住房面积	米^2	38.74	40.29	−3.9

福建农垦2017年经济和社会发展统计公报

福建省农业厅农垦处

2017年，福建农垦系统认真学习贯彻党的十九大精神，根据中央和福建省委、省政府以及农业部农垦局和厅里的工作部署，结合福建农垦的实际，继续推进农垦改革，加快农垦土地确权登记，进行改革专项试点，改善农场民生，加强扶贫资金监管，各项农垦工作取得一定成效，垦区经济保持健康平稳发展。

一、概况

福建农垦系统现有农场112个，与上年持平。土地总面积101.9千公顷，比上年下降3.3%，耕地面积9.18千公顷，比上年下降1.9%。全省农垦系统总人口20.45万人，比上年下降0.1%，从业人员10.45万人，比上年下降2.5%。全垦区完成国民生产总值74.58亿元，比上年增长10.1%（未扣除价格因素，下同）。一、二、三产的比例为13∶78∶9，与上年相比第一产业所占的比例下降了0.3个百分点，第二产业所占的比例持平，第三产业所占的比例下降0.3个百分点（图1、图2）。出口商品总金额4.88亿元，比上年增长1.6%。人均纯收入11 984元，比上年增长9.8%。福建省农垦经济是多种经济成分并存，国有经济与非国有经济在国民生产总值中比例为14.7∶85.3，非国有经济占绝对比例。非国有经济中私营经济占比为49.2%，继续延续较快的发展势头。

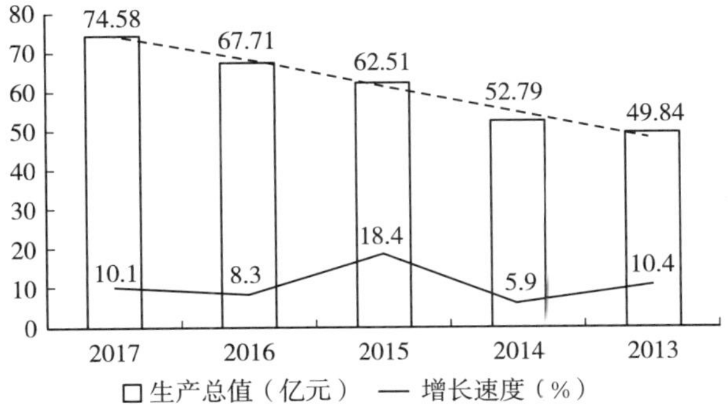

图1 2013—2017年福建垦区生产总值

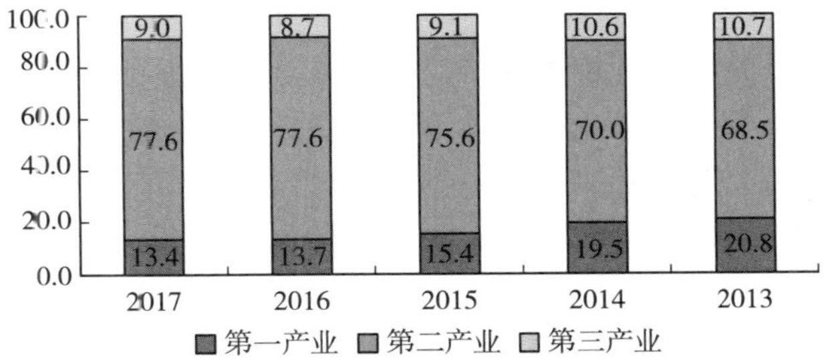

图2 2013—2017年三次产业增加值占生产总值比重

二、第一产业

农业生产天气条件较常年有利，自然灾害影响小于常年，全年作物受灾面积2.7千公顷，同比下降47.2%。第一产业增加值9.97亿元，比上年下降0.4%（2016年一产增加值有误）。农业总产值23.9亿元，比上年下降2.4%。农业总产值中国有、集体、个体、其他经济所占比例分别为55∶11∶20∶14，国有经济仍保持绝对优势。

种植业、园林水果、茶叶生产受市场经济、自然灾害等因素影响，面积有所调减，产量也同步减少。农作物总播种面积17 188公顷，比上年下降20.8%。其中粮食种植面积8.22千公顷，下降22.2%；总产量4.72万吨，下降10.4%。水果种植面积11.81千公顷，下降2.3%；产量1.15万吨，下降0.3%。茶叶种植面积0.43公顷，下降10.6%；产量0.61万吨，下降4%。种植业结构有所调整，但还不够完善，需进一步加强调整。2017年主要农产品面积、产量见表1。

表 1　2017 年主要农产品面积、产量

项目	面积（公顷）		产量（吨）	
	2017 年	比上年增长（%）	2017 年	比上年增长（%）
总计	17 188	−20.8	—	—
粮食作物	8 224	−22.2	47 207	−10.4
蔬菜	3 935	−34.9	71 322	−22.6
茶叶	4 326	−10.6	6 050	−4.0
水果	11 811	−2.3	115 420	−0.3

造林绿化面积保持稳步发展。全垦区现有林地总面积 46.95 千公顷，下降 2.7%。森林覆盖率达 46%，与上年持平。2017 年全垦区共完成造林面积 1.12 千公顷，下降 18.7%。木材采伐 3.08 万米^3，比上年增长 2.9%。森林面积下降，采伐量也比上年虽有所增加，但不利于促进保护森林资源，要继续加强保持生态平衡。

2017 年，受生猪市场供求关系变化等因素影响，生猪市场价格同比下降，养殖积极性不高，生猪产量也同比下降。肉类总产量 3.05 万吨，下降 14.3%；其中猪肉产量 2.49 万吨，下降 15.2%；蛋类产量 0.62 万吨，比上年增长 12.8%；奶类产量 0.36 万吨，下降 17.1%。生猪出栏 33.84 万头，下降 15.7%。

渔业生产基本持平，全年水产品总产量 2.27 万吨，同比略减 0.02 万吨，其中淡水产量 2.22 万吨，占比 97.8%。养殖面积 1 793 公顷，下降 8%。

垦区农业现代化水平基本保持原先水平。年末全垦区拥有农业机械总动力 7.07 万千瓦，同比略减。受种植面积减少及测土配方施肥推广，全年化肥施用量（折纯量）3.34 万吨，下降 7.9%；全年农药施用量达 0.1 万吨，同比基本持平。

三、第二产业

工业发展呈现较快发展势头，全年工业总产值 180.3 亿元，比上年增长 10.7%，其中非国有经济占 98%以上，占绝对主导地位。私营企业经济所占比例大大提高，主要原因也就是大力发展、完善工业园区、开发区的建设，积极鼓励发展非公经济，新引进一批非公工业企业，迁入、新建一批企业，更新改造提高产品的档次，以提高企业经济效益。主要产品产量见表 2。

表 2　2017 年主要工业产品产量

产品	单位	产量	比上年增长（%）
大米	万吨	5.52	5.1
罐头	万吨	0.81	2.5
饮料酒	千升	8 892	−13.6
精制茶	万吨	0.31	−23.5
水泥	万吨	83.35	持平
砖	万块	9 036	−11.6
钢材	万吨	24.87	4.4
发电量	万千瓦时	13 095	−13.6

四、第三产业

第三产业出现较快增长，全年增加值达 6.74 亿元，比上年增长 14.6%，占国民生产总值比重达 9%，比上年提高 3 个百分点，与全省 10%占比相比，基本相符。

运输业保持发展。营业总收入 1.67 亿元，比上年增长 5.6%。其中：货运收入 1.48 亿元，占比 88.5%。年末拥有主要运输工具 1 210 台，比上年略增 7 台。

批发零售业、餐饮业、服务业基本保持稳定。三者合计销售总额（营业收入）14.26 亿元，比上年增长 2.45 亿元。年末营业单位数 3 380 个，比上年减少 67 个。年末固定资产原值 4.22 亿元，比上年增长 0.7%。

五、市场经济

农业商品产值、出口供货商品量有增有减。农业商品产值达 17.85 亿元，同比略减，商品率达 74.7%，比上年提高 1.7 个百分点。出口供货商品金额 4.88 亿元，比上年增长 1.7%；出口产品中

工业占比56.2%。

六、农场民生不断改善

2017年福建农垦危房改造完工率72%，超额完成了福建省政府提出的当年完工50%的任务目标。农垦从业人员生活水平有所提高。福建农垦系统人均纯收入11 832元，比上年增长8.4%。年末住房面积739.6万米²，比上年增长1%。

江西农垦2017年经济和社会发展统计公报

江西省农垦事业管理办公室

2017年，是江西农垦发展史上极不平凡的一年。在习近平新时代中国特色社会主义思想的指导下，在党的十九大精神的指引下，这一年，按照省委、省政府的决策部署，在省农业厅党委的坚强领导和农业部农垦局的大力支持下，江西农垦始终坚持省委“创新引领，绿色崛起，担当实干，兴赣富民”的工作方针，深入贯彻中央33号文件和省委23号文件精神，全面落实“创新强垦增动力、协调惠垦补短板、绿色兴垦定方向、开放助垦拓空间、共享富民谋福祉”的发展理念，进一步巩固了作为国有农业经济骨干和代表的坚实地位，进一步彰显了在中国特色农业经济体系中的引领作用，进一步为全省实施乡村振兴战略、推进农业供给侧结构性改革贡献了农垦智慧、提供了农垦方案，以独具特色的改革理念、发展方式、战略路径迈进兴垦富民新时代、开启再度辉煌新征程，向江西农垦事业创建六十周年交上一份满意答卷。

一、基本情况

1. 全垦区独立核算企业个数统计 2017年，垦区现有独立核算农垦农工商公司5个，即九江市农垦农工商公司、景德镇市农垦农工商公司、乐平市农垦农工商公司、鹰潭市农垦农工商公司、贵溪市农垦农工商联合公司。

表1 全垦区独立核算企业统计

指标名称	计量单位	2017年实际	上年同期
独立核算企业合计	个	163	163
1. 垦殖场、企业集团	个	156	156
其中：企业集团	个	9	9
其中：场办工业	个	1 059	1 054
场办商业	个	3 148	2 347
场办建筑业	个	84	82
场办运输业	个	279	283
2. 独立核算的工业企业	个	2	2
3. 独立核算的农垦农工商公司	个	5	5

全年农垦年末总户数380 346户，较上年下降0.81%；总人口1 316 799人，较上年增长0.58%；人口自然增长率为4.63‰；年内出生人口10 660人；年内死亡人口4 791人，死亡率3.78‰；土地总面积695 486.09公顷，较上年增长0.48%。

2. 主要经济指标平稳发展 经济保持全面持续健康发展（表2）。

表2 主要经济指标

指标名称	计量单位	2017年实际	上年同期	比上年增长（%）
生产总值	万元	2 391 213	2 282 152	4.78
其中：第一产业增加值	万元	285 601	278 852	2.42
第二产业增加值	万元	1 552 000	1 514 688	2.46
第三产业增加值	万元	553 612	488 612	13.30
工农业总产值	万元	8 273 966	8 050 354	2.78
其中：工业产值	万元	7 686 558	7 475 617	2.82
农业产值	万元	587 408	574 373	2.20
全垦区固定资产总投入	亿元	304.80	289.35	5.34
人均纯收入	元/年	14 603	13 031	12.06

2017年，一、二、三产业结构比例是12∶65∶23。

3. 农场按工农业总产值大小排序 2017年，全省农垦工农业总产值达到上亿元的场（企业集团、厂）56家，比上年增加了3家，即上饶华坛山垦殖场、上饶三县岭垦殖场、九江八角岭垦殖场。具体见表3。

表3 按工农业总产值大小顺序排列

排序	农场名称（过亿元）	工农业总产值（万元）	人均年纯收入（元）
1	共青场	4 759 605	18 507
2	云山集团	350 426	18 516
3	梅岩	268 326	12 726
4	桑海场	219 477	18 000
5	芙蓉场	189 016	11 600
6	恒丰场	180 800	13 010
7	大茅山场	146 328	14 500
8	新岗山场	141 166	12 000
9	黄岗山场	139 724	11 844
10	墨山场	126 757	12 140
11	罗家场	87 992	13 146
12	阁山场	83 299	11 987
13	南英场	77 594	14 750
14	红星场	73 593	9 421
15	鸡冠山场	72 546	12 850
16	花亭场	68 900	16 000
17	西郊场	57 476	20 123
18	介桥场	57 150	15 400
19	洋峰场	52 124	9 036
20	上十岭场	52 000	13 860
21	九龙山场	47 100	16 160
22	赛湖场	46 465	14 940
23	五府山场	44 199	17 000
24	旭光场	41 660	13 000
25	武夷山场	41 647	17 000
26	万龙山场	40 910	10 200
27	长红场	38 296	9 495
28	刘家站场	36 674	13 650
29	五陂下场	33 020	19 030
30	万埠场	28 291	9 848
31	饶丰场	24 598	12 300
32	乐丰场	21 477	13 000
33	千州场	20 147	11 080
34	华坛山场	19 973	15 900
35	怀玉山场	19 973	13 700
36	五星场	19 803	9 980
37	恒湖场	19 586	11 964

（续）

排序	农场名称（过亿元）	工农业总产值（万元）	人均年纯收入（元）
38	广寒寨场	19 215	15 567
39	永平场	18 500	16 600
40	东风场	17 771	11 960
41	扬子洲场	16 852	18 000
42	金坪场	14 269	11 641
43	石花尖场	13 257	11 500
44	鸦鹊湖场	13 168	12 000
45	武山场	12 509	13 274
46	八角岭场	12 389	16 873
47	荷塘场	12 016	15 049
48	高家岭场	11 870	11 000
49	十里岗	11 672	11 987
50	银山场	11 615	11 000
51	永丰场	11 308	16 622
52	七里岗场	11 061	7 348
53	新洲场	10 820	10 480
54	华山场	10 700	8 300
55	三县岭场	10 330	9 800
56	相城场	10 257	11 195

二、工业方面

江西农垦聚焦高端化、智能化，突出创新链引领、产业链延伸，大力推动工业发展动能由要素驱动为主向创新驱动主导转变，工业经济实现了转型升级、提质增效。桑海集团济生制药厂对合作模式进行重大创新，实现了与知名上市公司的销售合作，包括氨咖黄敏口服溶液在内的一批重点产品的年销售额全部实现大幅增长；共青鸭鸭创新营销模式，进一步扩大电商运营规模，在天猫、京东、苏宁易购、拼多多等多个网络销售平台同时开展营销活动，仅“双十一”电商销售额近亿元，同比实现了翻番增长。

2017 年，全垦区实现工业产值 768.66 亿元，比上年增长 2.82%；工业企业实现增加值 139.15 亿元，比上年增长 2.36%。

其中规模较大的上 5 亿元的行业有 21 个，累计完成工业产值 744.84 亿元，占工业总产值 96.9%，比上年同期增长 2.67%。其中计算机、通信和其他电子设备制造业产值 176.35 亿元，较上年增长 9.35%，这些上 5 亿元的行业见表 4（按产值大小顺序排列）。

表 4　产值 5 亿元以上行业合计

排序	指标名称	企业个数（个）	工业产值（万元）	占工业总产值（%）
	5 亿元以上行业　合计	962	7 448 391	96.90
1	纺织服装、服饰业	175	2 296 476	29.88
2	计算机、通信和其他电子设备制造业	97	1 763 512	22.94
3	非金属矿物制品业	115	428 952	5.58
4	化学原料和化学制品制造业	52	363 149	4.72
5	纺织业	24	328 732	4.28

（续）

排序	指标名称	企业个数（个）	工业产值（万元）	占工业总产值（%）
6	医药制造业	20	298 103	3.88
7	电气机械和器材制造业	20	237 682	3.09
8	农副食品加工业	67	217 628	2.83
9	木材加工和木、竹、藤、棕、草制品业	89	191 546	2.49
10	造纸及纸制品业	23	173 468	2.26
11	有色金属矿采选业	2	139 702	1.82
12	金属制造业	19	136 156	1.77
13	食品制造业	32	133 470	1.74
14	酒、饮料和精制茶制造业	28	122 350	1.59
15	其他制造业	68	113 821	1.48
16	电力、热力生产和供应业	47	109 017	1.42
17	家具制品业	23	105 467	1.37
18	橡胶和塑料制品业	14	86 880	1.13
19	煤炭开采和洗选业	12	79 932	1.04
20	石油加工、炼焦和核燃料加工业	2	69 161	0.90
21	通用设备制造业	33	53 187	0.69

从轻重工业方面看，江西农垦工业发展还是以轻工业为主，轻工业产值 635.16 亿元，占工业总产值的 82.62%。

从工业产品产量看，几个主要工业产品产量分别为：原煤 792 391 吨；大米 1 368 714 吨；饮料酒 154 763 千升；纱 41 218 吨；人造板 248 648 米^3；机制纸及纸板 73 006 吨；中成药 16 407 吨；手机 2 997 万台；黄金 4 012 千克；发电量 74 087 万千瓦时。

三、农业方面

江西农垦按照“从产业结构上发展精致农业，从产品结构上发展精品农业，从技术结构上发展精准农业，从主体结构上发展精兵农业，从品牌结构上发展精牌农业”的目标要求，坚持把“良种、良法、良田、良态、良效”挺在前面，加大与国内骨干网络运营商共商共建共享力度，着力构建现代农业智慧化综合信息管理系统，一个个集农业物联、电子商务、信息服务、科技推广、文化创意等为一体的智慧农业云平台为垦区现代农业插上了腾飞的翅膀。罗铺智慧农业示范园、云山信息化应用示范基地、南英沼气集中供应示范点、凤凰山太阳光伏农业科技大棚、梅岩绿色生态循环农业模式、恒湖全程机械化专业服务体系，以及稻虾共作、稻鳖共生等一批以科技、信息、互联网等为核心要素的智慧农业迅猛发展，不仅示范引领意义深远、辐射带动作用显著，而且深入解读了在江西农垦农业是“体面产业”、农工是“体面职业”、农场是“体面家园”、从事农业能够获得“体面收入”、过上“体面生活”的质朴内涵。

2017 年实现农业增加值 285 601 万元，比上年增长 2.42%，完成农业产值 587 408 万元，其中包含服务业 35 790.6 万元，占工农业总产值的 6.1%，其中：种植业产值 293 394.5 万元，占农业总产值的 49.95%；林业产值 49 791.9 万元，占农业总产值的 8.47%；牧业产值 152 187.7 万元，占农业总产值的 25.91%；渔业产值 56 243.3 万元，占农业总产值的 9.57%。农作物情况见表 5。

表 5　农作物情况

指　标	播种面积（公顷）		比上年增长（%）	产量（吨）		比上年增长（%）
	2017 年	2016 年		2017 年	2016 年	
农作物合计	136 984.66	138 749.4	−1.27	—	—	—
其中：粮豆	104 696.00	105 600.9	−0.86	722 212	734 557	−1.68
油料	13 768.13	14 408.33	−4.44	27 651	28 698	−3.65
棉花	1 482.45	1 550.76	−4.40	3 376	3 511	−3.85
茶叶	5 712.00	5 865.15	−2.61	4 269	4 387	−2.69
水果	9 106.02	9 181.01	−0.82	80 798	78 925	2.37

畜牧业情况见表 6。

表 6　畜牧业情况

指　标	单位	2017 年	2016 年	比上年增长（%）
大牲畜存栏	万头	4.01	4.06	−1.24
其中：奶牛	万头	0.42	0.41	0.36
牛奶产量	吨	12 442	12 402	0.32
生猪出栏	万头	92.85	92.03	0.89
肉类总产量	吨	92 944	91 505	1.57
其中：肉类交售量	吨	86 380	84 865	1.79
商品率	%	92.94	92.74	0.20

水产业方面：2017 年，全垦区水产品养殖面积 19 878.51 公顷，其中：精养鱼池 970.43 公顷。全年水产品产量 51 981 吨，其中：养殖产量 37 432吨，占水产品总产量的 72.01%。

土地总面积情况见表 7。

表 7　土地总面积情况

指　标	2017 年	占土地总面积（%）	2016 年	占土地总面积（%）
土地总面积（公顷）	695 486.09	—	692 147.70	—
其中：耕地	83 510.25	12.00	83 360.09	12.02
林地	484 352.40	69.64	476 393.90	68.83
水面	26 291.00	3.78	29 947.11	4.33
宜林荒山	6 751.45	0.97	6 679.66	0.97
茶桑、果园	15 053.02	2.16	15 280.66	2.21

林地面积情况见表 8。

表 8　林地面积情况

指　标	2017 年	占林地总面积（%）	2016 年	占林地总面积（%）
林地总面积（公顷）	484 352.40	—	476 393.94	—
其中：用材林	302 266.19	62.41	301 772.58	63.35
经济林	41 189.46	8.50	40 089.35	8.42
防护林	98 258.96	20.29	94 603.92	19.86
薪炭林	20 262.25	4.18	17 821.35	3.74
特种用材林	22 375.54	4.62	22 106.74	4.64
当年造林面积	5 235.43	—	5 139.36	—
当年幼林抚育面积	12 013.76	—	13 609.53	—

四、农业商品产值及出口商品总金额方面

农产品商品量情况见表 9。

表 9　农产品商品量情况

指　标	计量单位	2017 年	2016 年	比上年增长（%）
农业商品产值	万元	506 587	484 908	4.47
粮豆	吨	623 890	617 945	0.96
棉花	吨	2 976	3 072	−3.13
肉类	吨	86 380	84 865	1.79
其中：猪肉	吨	78 011	76 844	1.52

出口商品情况见表 10。

表 10　出口商品情况

指　标	计量单位	2017 年	2016 年	比上年增长（%）
出口商品总金额	万元	373 275	367 814	1.48
其中：水产品	万元	2 191	1 032	112.31
工业产品	万元	371 084	366 782	1.17
其中：纺织品	万元	25 318	22 506	12.49
出口的主要产品				
其中：手机	万台	2 800	2 772	1.01
活性炭	吨	5 215	5 215	0
羽绒制品及服装	万件	655	579	13.13
瓷砖	万米^2	113	110	2.72
异抗坏血酸钠	吨	15 001	15 001	0
龙虾	吨	1 140	1 187	−3.96

五、固定资产投资方面

2017 年，江西垦区共完成固定资产投资总额 3 048 003万元，较上年增长 5.34%，其中：第一产业 72 478 万元，占投资总额的 2.38%；第二产业 2 008 623 万元，占投资总额的 65.9%；第三产业 966 902 万元，占投资总额的 31.72%。

六、科技、教育、卫生事业方面

2017 年，全垦区科研单位 7 个，职工 696 人，其中科研人员 399 人，占职工人数的 57.33%，科研经费 3 418 万元。

有医疗卫生单位 34 个，其中医院 24 个，病床 266 张，从业人员 247 人，其中医务人员 211 人，占职工人数的 85.43%。

有各类学校 52 所，教职工人数 1 051 人，其中教师 903 人，在校学生 13 234 人，其中新招收的学生 3 474 人，当年毕业生 2 548 人。学校总数中，普通中等学校 1 所（即江西省通用技术工程学校），有教职员工 89 人，其中教师 72 人，在校学生 2 789 人，当年新招收学生 948 人，当年毕业生 756 人；普通中学 4 所；职业中学 1 所；小学 46 所。

七、劳动工资与人口方面

2017 年，全省农垦年末从业人员数 316 219 人，离开本单位仍保留劳动关系的职工有 44 170 人，其中内部退养职工 2 241 人，全年从业人员劳动报酬和生活费 587 181 万元，年平均收入 18 569 元，较上年增加 1 034 元。

八、非国有经济方面

2017 年，全垦区 14 161 户非国有经营单位拉动了区域经济跨越发展，从分类情况看，其中：集体经济 42 个，私有经济单位 2 242 个，港澳台经济单位 11 个，个体经济 11 866 个。现有从业人员 144 961 人，从业人员收入 310 085 万元，年平均收入 21 391 元，较上年增加 1 042 元。实现生产总值 1 201 235 万元，资产总额 906 434 万元，固定资产原值 546 592 万元，全年实现利润 61 837 万元，税金 39 107 万元。

山东农垦2017年经济和社会发展统计公报

山东省农业厅农垦局

2017年，在山东省委、省政府的正确领导和农业部的关心指导下，山东农垦紧紧围绕推进农垦改革发展这一主线，积极调整产业结构，着力保障和改善民生，农垦经济和各项社会事业均呈现出平稳发展的良好局面。

一、综合

截至2017年年底，山东垦区国有农场共14家，总人口22 808人，年末职工4 607人；土地总面积36.5千公顷，耕地面积9.87千公顷。全年实现生产总值21.2亿元（现价，下同），与上年基本持平。其中，第一产业增加值6.1亿元；第二产业增加值13.6亿元；第三产业增加值1.46亿元。一、二、三产业增加值分别占生产总值的28.80%、64.29%、6.91%。人均国民生产总值达到9.29万元；人均纯收入15 243元，同比增长7.42%，国有农场在岗职工年均报酬2.86万元。

二、第一产业

2017年，山东垦区农作物播种面积16 157公顷，其中粮食播种面积14 058公顷，粮食总产86 765吨。其中，小麦、水稻、玉米的播种面积分别达到5 225公顷、3 874公顷、3 706公顷，产量达到30 851吨、27 234吨、24 787吨。棉花总产1 446吨，比上年减少246吨。瓜果产量11 781吨，同比增长33.5%。

畜牧水产业平稳发展。大牲畜年末存栏8 711头，猪年末存栏5.58万头，增加3.75万头；羊年末存栏0.19万只，家禽26.60万只。肉类总产量3 805吨，减少4 404吨，其中当年猪出栏3.278万头，产量2 785吨，产量同比增长50.38%；牛奶产量8 597吨，禽蛋产量601吨，增加241吨。水产品总产量6 503吨，其中海水产品产量4 591吨，淡水产品1 912吨；养殖面积5 922公顷，其中海水养殖面积5 122公顷。

植树造林工作扎实开展。2017年造林面积245公顷，其中经济林190公顷，防护林44.46公顷，零星植树12.20万株。

农业机械化水平不断提升。全年拥有农业机械总动力50 053千瓦，同比增长2.42%。其中，拖拉机及配套机械方面：拥有大中型拖拉机444台，小型及手扶拖拉机1 053台，大中型拖拉机配套农具291部，小型农具324部，播种机428台，排灌机械979台，农用水泵1 480台，滴喷灌溉机械73套，植保机动喷雾机905台，联合收获机124台，脱粒机25台，粮食加工机械10台；农田基本建设机械方面：拥有推土机16台，挖掘机10台，开沟机20台。当年机播面积达到14 331公顷，同比增长2.26%，机械收割面积13 052公顷，同比增长12.79%。全年农用化肥施用总量9 045吨，生物肥施用量535吨，有机肥施用量1 500吨。农田水利建设方面，有效灌溉面积11 880公顷，其中机灌面积7 548公顷，电灌面积2 542公顷，节水灌溉面积2 116公顷。

全年完成农林牧渔业总产值94 642万元，与上年基本持平。其中，农业总产值36 613万元，林业总产值2 014万元，牧业总产值17 112万元，渔业总产值38 903万元，农林牧渔服务业产值7 938万元。为社会提供商品粮豆84 819吨，提供棉花商品1 323吨，提供肉类商品3 805吨，商品率均接近100%。

三、第二产业

2017年，山东农垦国有及规模以上非国有工业企业24家，工业销售产值163 749万元，利润总额578万元，固定资产原值141 579万元，固定资产净值95 949万元，从业人员年平均人数2 409人，年报酬总额9 945万元。累计发展工业企业24家，国有企业6家。其中，非金属矿采选业企业4家，农副食品加工业5家，食品制造业1家，石油加工及炼焦业 2 家，化学原料制造业 7 家，非金属矿制品业 3 家，通用设备制造业 2 家，实现工业总产值 1 216 006 万元。

主要工业产品完成小麦粉 130 吨，混合饲料 4 871吨，乳制品 8 412 吨。

年末建筑业单位 7 个，从业人员 440 人，从业人员年报酬总额 1 824 万元。建筑业单位固定资产原值 6 306 万元，拥有机械设备 163 台。全年施工房屋建筑面积 2.10 万米^2，建筑竣工面积 1.90 万米^2。

四、第三产业

年末交通运输业单位 2 个，从业人员 220 人，从业人员年报酬 1 400 万元，拥有固定资产原值 5 400万元，实现营业总收入 12 018 万元。

年末批发零售业单位 72 个，从业人员 662 人，从业人员报酬 1 189 万元，实现营业收入 10 796 万元；住宿餐饮业单位 56 个，从业人员 272 人，从业人员报酬 311 万元，实现营业收入 1 785 万元；服务业单位 17 个，从业人员 335 人，从业人员报酬 934 万元，实现营业收入 838 万元。

五、固定资产投资和新增生产能力

2017 年，固定资产投资总额 286 396 万元，同比增长 4.47%，其中第一产业投资额 59 923 万元，第二产业投资额 162 385 万元，第三产业投资额 64 088 万元。国有固定资产投资总额 141 055 万元，第一、第二、第三产业投资额分别为 9 783 万元、91 091 万元、40 181 万元。当年新增固定资产总额 286 268 万元，其中国有 140 927 万元。

六、生产总值及从业人员

2017 年，山东垦区实现生产总值 211 896 万元，劳动者报酬共 52 802 万元，固定资产折旧 28 754万元，生产税净额 22 540 万元，营业盈余 107 800 万元。

社会年末从业人数 10 168 人，其中：第一产业 5 781 人，第二产业 2 951 人，第三产业 1 421 人。国有单位在岗职工 4 010 人，在岗职工劳动报酬 11 949 万元，职均年收入 2.98 万元。国有单位年末从业人员 4 607 人，报酬总额 13 295 万元。

七、非国有经济基本情况

2017 年，山东农垦非国有经营单位 463 个，其中集体经济 5 个，个体经济 172 个、私营经济 284 个，港澳台及外商经济 2 个。拥有从业人员 6 483人，从业人员劳动报酬 36 232 万元。实现生产总值 185 930 万元，当年固定资产投资额 145 341万元，资产总额 641 713 万元，固定资产原值 171 204 万元，上缴税金 21 901 万元，实现利润总额 101 914 万元。

河南农垦2017年经济和社会发展统计公报

河南省农业厅农场管理局

2017年，河南农垦按照农业部农垦局、省委、省政府和省农业厅的总体工作部署，以加快农垦改革发展为工作重心，推进垦区集团化、农场企业化改革进程，加快转变发展方式，着力推进现代农业建设，着力改善民生，扎实推进各项工作的开展，坚持稳中求进工作总基调，把握引领经济发展新常态，全力推进稳增长、调结构、促改革，河南农垦经济社会保持平稳健康发展。

一、综合

2017年河南农垦经济保持健康发展，全年实现生产总值210 007万元，比2016年的209 016万元增长0.47%。其中：第一产业增加值103 647万元，比2016年的104 179万元下降0.51%；第二产业增加值62 428万元，比2016年的64 229万元下降2.8%；第三产业增加值43 933万元，比2016年的40 608万元增长8.2%。一、二、三产业增加值在生产总值中的比重分别为49.4：29.7：20.9。职工群众生活条件逐步提高，人均年纯收入12 000元，与上年持平。

二、农业

2017年实现农、林、牧、渔业总产值261 771万元，比2016年的252 700万元增长3.6%。其中：种植业产值132 117万元，比2016年的123 415万元增长7%；林业产值921万元，比2016年的1 064万元减少13.4%；牧业产值120 710万元，比2016年的120 848万元下降0.1%；渔业产值8 023万元，比2016年的7 373万元增长8.8%。农、林、牧、渔比重为50.5：0.4：46.1：3.0。

全年农作物播种面积54 388公顷，比2016年的55 762公顷减少1 374公顷，下降2.5%；粮食播种面积42 137公顷，比2 016的44 285公顷减少2 148公顷，下降4.9%，占农作物播种面积的77.5%；其中受市场价格因素影响，2017年玉米种植面积较2016年减少1 108公顷；油料种植面积较2016年增加506公顷；蔬菜瓜类种植面积较2016年增加283公顷；棉花种植面积397公顷与2016年的413公顷基本持平；水果面积1 926公顷与2016年的1 970公顷基本持平。

粮食总产量达到286 718吨，比2016年的297 673吨减少10 955吨，下降3.7%，由于2017年秋季，河南地区尤其是信阳和驻马店地区遭遇连阴雨天气，信阳地区水稻有一部分倒伏，造成稻谷减产，2017年产量6 453吨，比2016年的7 500吨减少了1 047吨，下降13.96%；受市场因素影响，玉米价格的持续下跌促使种植结构调整，玉米种植面积减少，玉米产量较2016年减少10 534吨，粮食总产量随之减少。商品粮242 002吨，商品率达到85%。油料产量24 527吨，比2016年的24 653吨减少126吨，下降0.51%，棉花产量442吨，比2016年的484吨减少42吨，下降8.7%，水果产量61 654吨，比2016年的60 858吨增加796吨，增长1.3%。主要农产品产量见表1。

表1 主要农产品产量

产品名称	2017年（吨）	比2016年增长（%）
粮食	286 718	－3.79
＃大豆	18 561	－7.29
棉花	442	－9.5
油料	24 527	－0.51
水果	61 654	1.3

畜牧业生产因环保部门加大对环境的治理，要求距离村庄及居民区附近的养殖场全部关停或搬离，所以牛、羊的养殖数量大幅度减少。而符合环保要求的规模化生猪养殖量和鸡鸭养殖量增长较快，禽肉和禽蛋产量大幅增加。肉类总产量51 063吨，比2016年的49 208吨增长3.77%，其中猪肉产量48 886吨，比2016年的47 576吨增长2.75%；

禽肉产量 1 441 吨，比 2016 年的 886 吨增长 62.64%，另外禽蛋产量 4 049 吨，比 2016 年的 3 136 吨增长 29.11%。牲畜年末存栏总数及主要畜产品产量见表 2。

表 2　牲畜年末存栏总数及主要畜产品产量

指标名称	计量单位	2017 年	比 2016 年增长（%）
大牲畜存栏	万头	0.85	−35.75
奶牛	万头	0.54	−29.71
猪年末存栏	万头	47.26	1.27
猪年末出栏	万头	66.17	0.50
肉类总产量	万吨	5.10	3.77
牛奶	吨	15 718	−10.59
水产品	吨	7 972.5	7.56

农业生产机械化程度略有提高，年末农业机械总动力 30.2 万千瓦，比 2016 年的 29.8 万千瓦增长 1.3%；大中型农用拖拉机 1 287 台，与 2016 年的 1 281 台基本持平；农用小型及手扶拖拉机 7 524台，比 2016 年的 7 680 台减少 156 台，较上年下降 2.03%；播种机 3 921 台，比 2016 年的 3 944台略有减少；联合收获机 770 台，比 2016 年的 685 台增加 85 台，较上年增长 12.41%。发展设施农业温室 25.3 万米^2，大棚 38.9 万米^2。当年实际机耕面积 26 993 公顷，占当年耕地面积的 93%，当年实际机播面积 37 273 公顷，占农作物播种面积的 69%。

三、工业和建筑业

2017 年垦区工业平稳发展，河南农垦现有工业企业 48 个，全年实现工业总产值 34.8 亿元，比 2016 年的 37 亿元下降 5.95%，完成工业增加值 6.2 亿元，与 2016 年的 6.4 亿元基本持平。其中国有及规模以上非国有工业企业 35 个，全年实现工业销售产值 33.5 亿元。工业总产值前三位的行业是农副食品加工业 8.3 亿元，酒、饮料和精制茶制造业 8.3 亿元，食品制造业 7.5 亿元。主要工业企业的主要产品保持稳定，产品产量见表 3。

表 3　主要工业产品产量

产品名称	计量单位	2017 年	比 2016 年增长（%）
方便面	吨	89 150	−3.2
中西药	吨	2 125	0
酒精	千升	100 000	4.2
饮料酒	千升	2 709	−2.9
乳制品	吨	14 811	0.3
面粉	吨	72 413	−13.9
饲料	吨	189 820	1.8
农用磷肥	吨	3 720	13

年末建筑企业 10 个，从业人员 860 人，全年实现增加值 5 798 万元。年末固定资产原值 1 161 万元；全年施工房屋建筑面积达 3.8 万米^2。

四、人口、就业和劳动工资

2017 年年末总人口 185 544 人，比 2016 年的 183 259 人增长 1.2%。其中：农场人口 142 487 人；场带农村人口 43 057 人。年末农垦社会从业人员 60 822 人，其中：第一产业 46 030 人，第二产业 7 733 人，第三产业 7 059 人，第一产业从业人员数较上年下降 8.3%，第二产业从业人员数较上年下降 10.7%，第三产业从业人员数与上年持平。国有经济从业人员 43 028 人，其中在岗职工 26 261 人，在岗职工全年劳动工资 5.6 亿元，职工年人均工资 21 172 元，比 2016 年的 18 567 元增长 2 605 元，增幅为 14%。

湖北农垦2017年经济和社会发展统计公报

湖北省农垦局

2017年，是湖北农垦站在新起点上开启新征程的一年，也是农垦改革取得重大突破、发展实现全新布局的重要一年。面对经济下行压力的考验，在省委、省政府的坚强领导下，在农业部农垦局及相关部门的大力支持下，全省系统上下认真贯彻落实习近平总书记系列重要讲话精神和党的十九大精神，按照"五位一体"总体布局和"四个全面"战略布局总要求，坚持稳中求进工作总基调，围绕深化农垦改革主题，紧扣农业供给侧结构性改革主线，强化担当，蹄疾步稳，砥砺前行，各项工作取得了显著成绩，形成了经济和社会事业全面发展的良好局面。

一、综合

2017年，全年完成农垦生产总值1 168.7亿元[①]，比上年增加92.7亿元，按可比价计算增长8.4%。其中：第一产业完成增加值108.3亿元，增长2.2%；第二产业完成增加值821.7亿元，增长9.6%；第三产业完成增加值238.7亿元，增长6.9%。三次产业结构由2017年的9.8∶69.5∶20.7调整为9.3∶70.3∶20.4，产业结构中的第二产业优势进一步巩固，第三产业得到平稳发展。

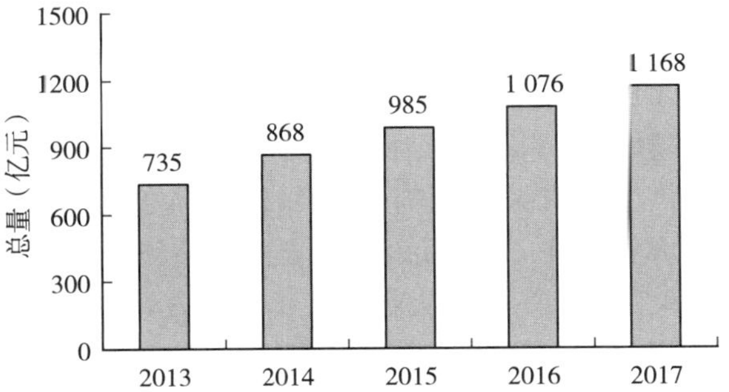

图1　2013—2017年湖北农垦生产总值递增对比

全系统人平纯收入19 679元，比上年增加2 229元，增长12.8%；实现工农业总产值2 616.2亿元，比上年增长14.3%；垦区国有经济实现利税186.1亿元，增长6%。

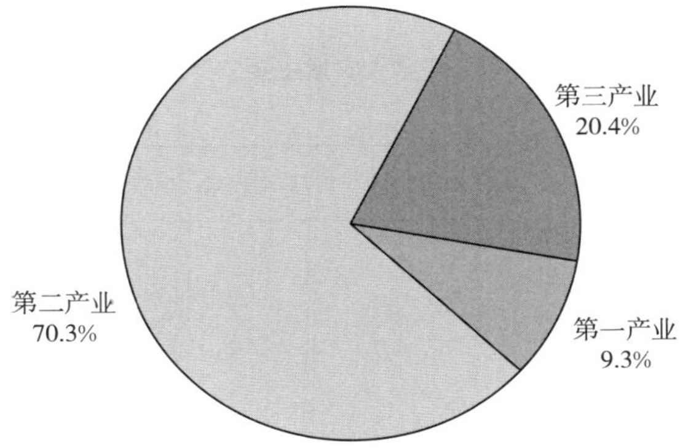

图2　2017年三次产业增加值比重

全省农垦国营农场中，生产总值超过1亿元的农场有47家，总值达1 165.5亿元，占全省农垦生产总值的99.7%，排名靠前的单位有：东西湖农管局723亿元，汉南农管局147亿元，武湖农场37.2亿元，总口农场28.5亿元，龙感湖农场24.9亿元，五三农场20亿元，后湖农场17亿元。

2017年年末，湖北农垦拥有国土面积34.76万公顷，与上年相比略增，其中耕地面积13.2万公顷，与上年持平；养殖水面5.1万公顷，增加0.1万公顷。年末分场204个，农业渔业生产队2 090个。国有及国有控股工业企业80家，其中国有建筑企业19家、国有商业企业15家。

二、农业

全年实现农林牧渔业总产值233.4亿元，比上年增长6.5%。其中农业产值102.5亿元，渔业产值65.7亿元，牧业产值57亿元，林业产值3.6亿元，农林牧渔服务业产值4.6亿元。

全年农作物播种总面积26.6万公顷，比上年减少0.9万公顷，其中粮食种植面积15.6万公顷，比上年下降7.1%（调整为种植蔬菜和精养鱼池）；

① 注：生产总值、规模以上工业增加值增长速度按可比价格计算；其他指标除特殊情况外，按现价计算。

棉花种植面积 0.92 万公顷，比上年增加 0.02 万公顷；油料种植面积 2.5 万公顷，比上年减少 0.2 万公顷；蔬菜瓜类种植面积 6.3 万公顷，比上年增加 0.4 万公顷。粮食总产量 98.7 万吨，棉花总产量 1.2 万吨，油料产量 7.7 万吨（表 1）。

全省农垦系统大牲畜年末存栏 3.6 万头，生猪出栏 172.3 万头，比上年下降 12%；禽蛋总产量 5.17 万吨，下降 4.9%；水产品产量达到 44.4 万吨，与上年基本持平。

表 1　2017 年全省农垦主要农产品产量

单位：万吨

产品名称	2017 年产量	2016 年产量	比上年增长（%）
粮食	98.7	100	−1.3
棉花	1.2	1.15	8.7
油料	7.7	7.89	−1.9
#花生	3.2	2.84	11.2
油菜籽	4.1	4.33	−5.4
肉类	16.8	18.7	−10.1
水产品	44.4	44.5	−0.3
水果	12.5	11.23	11.3
蔬菜	210.7	193.6	8.8

全系统年末拥有农业机械总动力 183 万千瓦，其中大中型拖拉机 8 901 台，机械总动力 35.9 万千瓦；小型拖拉机 4.81 万台，机械总动力 53.8 万千瓦；排灌机械 2.61 万台，机械总动力 36.5 万千瓦；农用运输车 9 200 台，机械总动力 21.7 万千瓦。农业用电量 5.07 亿千瓦时，农业化肥施用折纯量 16.3 万吨，当年机械播种面积 7.9 万公顷，机械收割面积 14.5 万公顷。2017 年新增造林面积 2 151 公顷，新增公路 538 千米，新增输电线路 218 千米，新增住房 184.9 万米^2。

三、工业和建筑业

2017 年，湖北农垦工业顶住经济下行压力，实现了持续平稳发展。全垦区实现工业增加值 638.2 亿元，比上年增长 4%。年末全系统规模以上工业企业达到 872 家，比上年净增 39 家，增长 4.7%。垦区实现工业总产值 2 382.8 亿元，国有及规模以上的非国有工业企业实现主营业务收入 1 700亿元，实现工业利润 91.6 亿元。

2017 年年末，垦区拥有大中型工业企业 63 家，其中大型企业 7 家，中型企业 56 家，实现工业总产值 804.6 亿元，实现工业增加值 192.2 亿元，实现利税 52.9 亿元。主要工业产品产量见表 2。

表 2　2017 年全省农垦主要工业产品产量

产品名称	单位	产量	比上年增长（%）
棉纱	万吨	30.3	7.4
布	万米	28 951	−4.2
针织服装	万件	1 374	−1.8
人造板	万米^3	39	12.7
家具	万件	131.3	22.1
纸制品	万吨	37.6	12.9
塑料制品	万吨	36	5.0
水泥	万吨	258.5	−4.7
砖	亿块	27.8	−7.1
化肥（折纯）	万吨	8.2	−5.8
玻璃	万箱	1 253	14.5
铜材	吨	7 319	2.3
发电量	亿千瓦时	4.5	12.5
乳制品	万吨	61.5	31.4
软饮料	万吨	249.6	23.5

2017 年农垦建筑业平稳增长，全年农垦系统建筑企业实现增加值 172.3 亿元，比上年增长 31.5%。年末拥有各类建筑单位 796 个，从业人员 15.71 万人，年末固定资产原值 56.7 亿元，各类机械总数 2.2 万台，全年完成施工建筑面积 9 945 万米^2，建筑工程造价 613.7 亿元，新开工房屋建筑施工面积 3 505 万米^2。

四、第三产业

2017 年，农垦系统第三产业得到进一步发展，经营领域不断拓宽，结构更趋合理，服务水平进一步提高。全省系统拥有批发零售贸易单位 5.2 万个，从业人员 11.6 万人，营业收入 928 亿元；服务业单位 4 923 个，从业人员 1.4 万人，营业收入 9 亿元；住宿餐饮业单位 9 202 个，从业人员 3 万人，营业收入 53.8 亿元。个体运输户 1.16 万个，各类运输工具 3 万台，全年运输总收入 76.1 亿元。

五、固定资产投资

全年完成固定资产投资 1 153.5 亿元，比上年增加 100.5 亿元，增长 9.6%。其中第一产业 53

亿元，第二产业 771.5 亿元，第三产业 329 亿元。当年新增固定资产 766 亿元，全年固定资产投资超过 1 亿元的农场达 41 家。2013—2017 年固定资产投资递增对比见图 3。

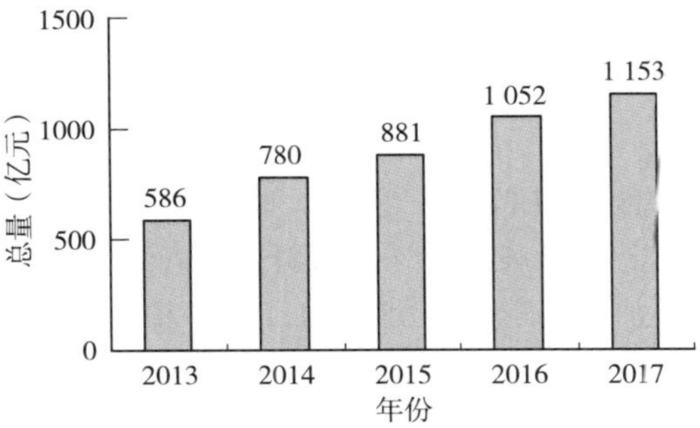

图 3　2013—2017 年固定资产投资递增对比

六、对外贸易

全年垦区外贸出口供货商品金额为 48.3 亿元，比上年增加 3.5 亿元，增长 7.8%。其中，出口生猪 5.2 万头，蔬菜 1.1 万吨，再制蛋 785 万枚，服装 8 万件，童车 76.4 万台。出口金额靠前的单位有：东西湖农管局 26 亿元，后湖农场 14 亿元，龙王咀农场 1.5 亿元，华严农场 1.26 亿元。

七、科研、教育、卫生

全省农垦坚持“科教兴垦”战略，加大教育和科研投入，农垦系统教育、卫生基础设施得到进一步改善。2017 年垦区拥有科研单位 30 个，从业人员 1 074 人，其中科技人员 393 人，投入科研经费 2 084 万元，比上年增长 15.65%。垦区年末各类学校 254 所；教职工 1.16 万人，在校学生 13.3 万人，当年毕业生 2.91 万人。2017 年年末拥有医疗单位 664 个，其中医院 102 所，医生 3 125 人，病床 9 320 张。

八、人口、职工生活和社会保障

2017 年年末，垦区拥有 48.68 万户家庭，146.74 万人，比上年增加 1.75 万人，人口出生率为 12‰，人口死亡率为 5.6‰，人口自然增长率为 6.4‰。

2017 年，垦区社会平均从业人数为 91 万人，比上年增加 6.5 万人，其中第一产业 33.9 万人，第二产业 33.6 万人，第三产业 23.5 万人；农垦从业人员劳平收入 26 514 元，增长 5.3%；人平均纯收入 19 679 元，增长 12.8%。

2017 年年末，垦区国有单位从业人员 38.4 万人，其中国有职工 36 万人，比上年下降 2.8%。垦区国有单位从业人员劳动报酬及生活费 110.2 亿元，增长 8.1%。

2017 年年末，垦区有 34.2 万在职人员和 27.6 万退休人员进入社保；退休农工月平均工资 1 624 元，月增资 165 元，退休非农工月平均工资 2 244 元，月增资 164 元；全系统当年发放退休人员养老金 59.9 亿元，解决了农垦职工老有所养的问题。全系统年末住房面积 5 524.2 万米^2，户均面积 113 米^2。

湖南农垦2017年经济和社会发展统计公报

湖南省农垦局

2017年，湖南农垦在农业部农垦局和省农业委员会的正确领导下，继续坚持稳中求进的工作总基调，主动适应新常态，积极作为，全面深化农垦改革，大力推进小康社会建设。农垦经济社会发展呈现稳中求进、稳中求质的良好局面。

一、综合

经济持续发展势态良好。2017年，全垦区总人口数为73.3万人，农场人口61.2万人。人均生产总值为23 300元，比上年增加1 300元，增幅为5.9%。实现国民生产总值为170.82亿元，其中第一产业38.35亿元，增加值0.82亿元，比上年增长2.2%；第二产业为91.23亿元，增加值5.41亿元，比上年增长6.3%；第三产业为41.24亿元，增加值4.37亿元，比上年增长11.85%。人均纯收入11 522元，比上年增加444元，增幅达4%。

危房改造年度任务全面完成。湖南农垦从2011年起连续搞了七年危房改造，累计下达任务23.46万套，累计开工23.46万套，基本建成23.04万套，累计竣工22.93万套。开工率达100%，基本建成率达98.2%，竣工率达97.7%。面对这项时间紧、配套少、底子薄、任务重、要求高的民生工程，垦区在省农委党组的领导和省直相关部门以及垦区当地党委、政府的大力支持下，从省到各项目实施单位，上下一盘棋，强化领导，统筹安排、精心组织，扎实工作，战胜困难，全面完成了历年危房改造目标任务。2017年危房改造任务为13 902套，实际开工13 902套，开工率达100%，基本建成9 743套，实现了按时、保质、保量、零事故的工作目标。

二、农业

农业生产稳定增长。2017年，全省农作物播种面积153 650公顷，比上年增加662公顷，其中粮食播种面积98 023公顷，比上年增加1 254公顷，比上年增长1.3%。油料种植面积24 093公顷，增加356公顷，增长1.5%。棉花种植面积6 009公顷，比上年减少992公顷，下降14%。蔬菜种植面积21 025公顷，增加63公顷，增长0.3%。粮食总产量64.6万吨，增加0.82万吨，增长1.28%，其中稻谷产量59.38万吨，增加0.76万吨，增长1.3%。

现代农业示范迈出重大步伐。示范区建设成效显著，大通湖水稻高产示范区，君山、西洞庭棉花高产示范区，西湖油菜高产示范区，屈原生猪高产示范区等示范区建设，都取得较好成效；西湖、西洞庭和大通湖管理区继屈原管理区之后，又被农业部认定为第二批国家现代农业示范区，自此，湖南省垦区国家级现代农业示范区实际已有4家。

农业综合生产能力继续提高。全垦区新增农田有效灌溉面积60 888公顷，新增造林面积1 541公顷，新增果树定植15公顷，新增茶树定植23公顷，受国家农机补贴政策影响，新增大中型拖拉机56台，小型及手扶拖拉机13台。

2017年7月湖南大部遭受了百年不遇的洪灾，造成受灾面积3 485公顷。受灾面积中：洪灾面积1 143公顷，病虫灾面积1 021公顷，霜冻灾889公顷，其他灾432公顷，其中绝收352公顷。成灾人口12 560人，减产粮食3 325吨、棉花225吨、油料5 026吨，直接经济损失7 985万元。

三、工业和建筑业

工业生产进入稳定期。2017年，垦区工业经济出现一定增长，第二产业完成总产值90.69亿元，比上年增长6.7%，完成增加值5.7亿元。同时，工业园区建设态势良好，常德农垦办和西洞庭管理区通过积极争取，落户的大型食品加工企业达50多家，2016年园区投入建设的资金逾2亿多元，园区加工业产值达12.6亿元，增长30%。通过结构调整，淘汰落后工艺和产能，龙型经济产业链基本形成，并引导带动了周边地区的快速发展。

建筑业稳步发展。全垦区建筑企业 231 个，比上年下降 60 个，同比下降 20.6%。年末从业人数 13 101 人，比上年减少 3 500 人，同比下降 21.1%。年末固定资产原值 27 635 万元，比上年下降 25%。全年从业人员报酬 18 752 万元，全年施工房屋建筑面积 112 万米^2，比上年略有减少（垦区危房改造接近尾声）。

四、固定资产投资

固定资产投资总量有所增加。受国家宏观经济影响，在国家经济刺激政策的影响下，2017 年全省全社会固定资产投资 109.2 亿元，与上年基本持平。第一产业固定资产投资 30.3 亿元，其中国有 28.9 亿元，分别比上年增长 0.12% 和 0.1%；第二产业 66.1 亿元，其中国有 31.2 亿元，分别比上年增长 0.68% 和 0.079%；第三产业 12.9 亿元，其中国有 5.3 亿元，分别比上年增长 0.22% 和 0.23%。

五、科学技术和教育

年末垦区拥有各类科研单位 22 家，与上年持平，科研人员和技术工人人数保持稳定，总人数为 773 人，与上年持平。因贯彻省里相关文件精神，农场办教育、医疗卫生等职能进行了剥离，以往因教育遗留下来的债务也在进一步化解当中。

六、资源与环境保护

2017 年垦区继续把粮食生产放在重要位置，确保粮食生产不动摇。全年未出现建设违规占用耕地的现象，农作物播种面积逐步增加。农工环保意识得到加强，全年未发生重大面源污染事件，全年新增造林面积 11 公顷，新增果树定植 12 公顷，少砍伐树木 2 565 米^3，荒山变了青山，生态环境得到明显改善。

七、人口与社会保障

2017 年年末，全省农垦总人口为 73.27 万人，比上年增加 0.34 万人。其中农场人口 61.18 万人，城镇人口 10.66 万人，小城镇化进程得到发展，人口进一步集中。

社会保障工作全面发展。全省农垦职工参加基本养老保险人数 26.85 万人，企业参加基本养老保险的离退休人员 12.23 万人，参加失业保险人数 7.8 万人，参加医疗保险人数 35 万人，全年发放企业离退休人员基本养老金 16.2 亿元，社会化发放基本养老金 17.12 亿元，社会化发放人数 13.581 万人，企事业参保离退休人员人均养老金 1 159元/月，离退休职工的生活待遇进一步提高。

广东农垦 2017 年经济和社会发展统计公报

广东省农垦总局发展计划处

2017 年，广东农垦深入贯彻落实中央和省委、省政府深化农垦改革文件精神，以推进供给侧结构性改革为主线，坚持“巩固提高、稳中求进”的工作基调，围绕“做强、做优、做大”垦区优势产业，扎实有效地推进各项工作，垦区经济社会发展实现了稳中向好、好中向优，圆满完成了全年目标任务。

一、综合

2017 年，广东农垦实现生产总值 172.76 亿元，比上年增长 7.1%，其中：第一产业增加值 58.23 亿元，增长 8.4%，对 GDP 增长的贡献率为 39.4%；第二产业增加值 69.14 亿元，增长 9.2%，对 GDP 增长的贡献率为 50.9%；第三产业增加值 45.39 亿元，增长 2.5%，对 GDP 增长的贡献率为 9.7%；三次产业结构由上年的 33.31∶39.24∶27.45 变为 33.71∶40.02∶26.27。人均农垦生产总值达 44 600 元，增长 5.7%。国有在岗职工年均纯收入 54 309 元，增长 10.4%，垦区居民人均纯收入 24 469 元，增长 6.6%。全年国有企业营业总收入达 256.0 亿元，同比增加 23.5 亿元，增幅 10.1%，实现利润 33 288.3 万元，增幅 13%（图 1、图 2）。

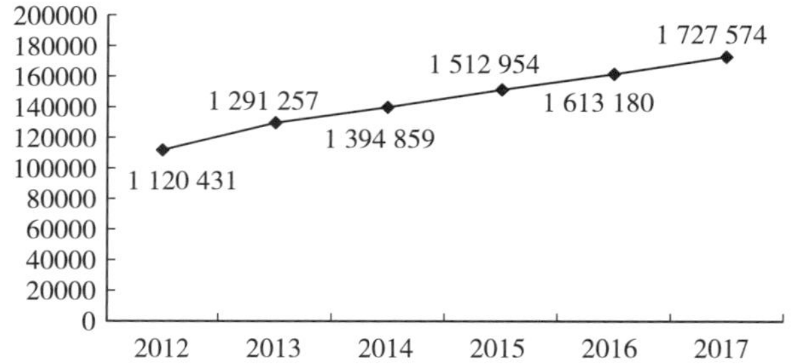

图 1　2012—2017 年农垦生产总值（万元，现行价）

2017 年，垦区经济社会稳步向好向优发展，为全面实现垦区“十三五”发展规划、实现十九大的良好开局之年奠定了扎实的基础。在总结成绩的

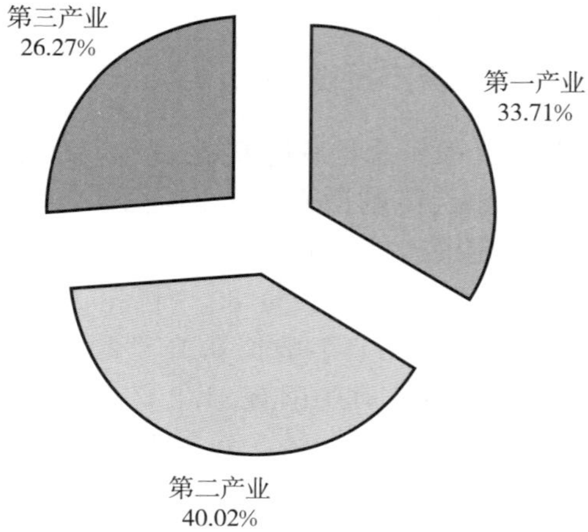

图 2　2017 年农垦生产总值构成

同时，我们也要清醒地看到存在的问题，在发展中逐步解决：一是垦区主产业产品盈利能力不足，垦区农产品品牌不少，但大而不强、多而不优等问题比较突出；初级产品多、附加值高的精深加工、个性化产品不足，品牌的企业价值有待进一步挖掘。二是新培育产业板块虽呈现趋稳向好势态，但混合所有制企业的运营管控仍需加强，准入退出机制不够健全，对关键环节的监管掌控能力仍然不足。三是深化农垦改革“两个三年”任务繁重，大规模的基础教育移交和社企分离的大趋势不可逆转，垦区医疗和职业教育产业的发展也需精准定位协同推进，这需要更多的主动担当和智慧勇气去面对。四是东西两翼发展不平衡，资源好有产业支撑的粤西垦区已具备一定的现代农业发展基础；汕尾局这几年在项目引进、产业对接上有所突破，但粤东垦区受自然条件、人力资源约束，整体发展基础仍比较薄弱、创新不够、后劲不足。五是人力资源与经济发展不相适应的矛盾依然突出，特别是企业经营性人才不足、梯队断层现象依然存在。

二、农业

2017 年，广东农垦实现第一产业增加值 58.23

亿元，比上年增长 8.4%。农业总产值按现行价计算达 107.69 亿元，增长 8.29%，农业商品产值为 100.45 亿元，农业商品率为 93.28%。

2017 年，实现农作物总播种面积 4.5 万公顷，比上年增长 4.5%，其中：粮食播种面积 0.76 万公顷，下降 5.3%；糖蔗种植面积 2.54 万公顷，增长 12.3%；油料播种面积 0.25 万公顷，下降 9.8%；蔬菜播种面积 0.84 万公顷，增长 1.7%。

垦区国内外橡胶年末实有面积 7.07 万公顷，其中：国内基地橡胶年末实有面积 4.5 万公顷，增长 3.6%，其中当年新定植、更新定植 786.1 公顷；油茶年末实有 9 272.7 公顷，其中当年新种 744.1 公顷；水果年末实有面积 3.28 万公顷，增长 1.0%；剑麻 3 055 公顷，增长 13.6%；茶叶 556 公顷，增长 4.1%。

全年生猪饲养量 183.23 万头，增长 1.3%，其中年末存栏 68.9 万头；牛年末存栏 2.78 万头，其中奶牛 1.22 万头；家禽饲养量 2 049.92 万只，增长 6.9%；全年水产养殖面积 3 806.9 公顷。

全年粮食产量 5.42 万吨，下降 5.3%；糖蔗产量 215.09 万吨，增长 15.9%；油料产量 0.67 万吨，下降 10.1%；蔬菜产量 16.53 万吨，下降 5.4%；干胶产量（包含海外、海南和云南）60.33 万吨，增长 212.5%；水果产量 89 万吨，下降 0.8%；剑麻直纤维产量 2 715 吨，下降 17.2%；茶叶产量 702 吨，增长 2.5%。

全年肉类总产量 12.85 万吨，增长 7.3%，其中猪肉产量 10.24 万吨，增长 7.3%；禽肉产量 2.49 万吨，增长 8.1%，禽蛋产量 3 084 吨，下降 4%。全年水产品产量 4.39 万吨，增长 13%，其中海水养殖 1.15 万吨，淡水养殖 3.23 万吨。鲜牛奶产量 5.83 万吨，增长 21%。

全年农业固定资产投入 5.86 亿元，下降 39.7%。年末农业机械总动力为 44.04 万千瓦，增长 2.6%。全年农用化肥施用量（折纯）6.71 万吨，农用塑料薄膜用量 805 吨，农药施用量 6 081 吨，农场用电量 36 012 万千瓦时，有效灌溉面积达 20 031 公顷。

三、工业和建筑业

2017 年，实现第二产业增加值 61.88 亿元，增长 10.5%，占生产总值的 35.8%。

2017 年，垦区各类工业企业 557 家，其中：国有及非国有规模以上工业企业 103 家，全年实现工业增加值 61.88 亿元，增长 10.5%，其中：国有及非国有规模以上工业增加值 54.53 亿元，占 88.1%。全年实现工业总产值（按现行价计算，下同）为 244.51 亿元，增长 36.8%，其中：轻工业产值 225.5 亿元，占工业总产值的 92.2%；重工业产值 19.01 亿元，占工业总产值的 7.8%；国有及非国有规模以上工业总产值 222.95 亿元，占工业总产值的 91.2%。工业产品销售率为 95.2%。全年实现工业利润 31.5 亿元，应缴税金 12 348 万元。

2017 年垦区二十二大类工业产品中，产值排前十位的行业是：食品制造业产值 87.69 亿元，占 35.9%；其他制造业产值 69.34 亿元，占 28.4%；食品加工业产值 38.62 亿元，占 15.8%；金属制品业 10.56 亿元，占 4.3%；塑料制品业 10.41 亿元，占 4.3%；家具制造业 6 亿元，占 2.5%；建筑材料及其他非金属矿物制造品业产值 4.2 亿元，占 1.7%；服装及其他纤维制品制造业 3.13 亿元，占 1.3%；木材加工及竹藤、棕草制造业 2.69 亿元，占 1.1%；纺织业 2.45 亿元，占 1%。这十大产业总产值 235.09 亿元，占工业总产值的 96.1%（表 1、图 3）。

表 1 2017 年垦区工业主要产品产量及其增减情况

产品名称	计量单位	产量	比上年增长（%）
机制糖	吨	339 925	−2.9
罐头	吨	3 195	41.1
酒精	吨	5 699	−78.6
乳制品	吨	138 973	16.8
食用油	吨	99 347	−47.2
有机复混肥	吨	41 048	−42.7
剑麻（绳、布、条）	吨	5 126	−25.6
地毯	万米^2	18	9.8
水泥	吨	250 807	−14.6
家具	万件	311	−21

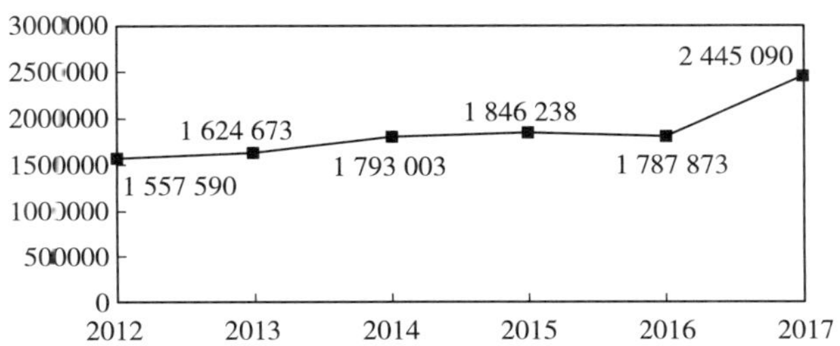

图 3 2012—2017 年工业总产值（万元，现行价）

2017 年，全年完成建筑业产值 19.79 亿元，增长 3.9%，房屋施工面积 62.48 万米^2，房屋竣工面积 55.18 万米^2。建筑业增加值达 7.25 亿元，下降 0.7%，实现利润总额 −480 万元，应缴税金 1 039 万元。

四、固定资产投资

2017 年，全年全社会固定资产投资总额 25.75 亿元，下降 12.6%，其中国有固定资产投资完成 16.98 亿元，增长 9.3%，非国有投资完成 8.78 亿元，下降 63.1%。在国有固定资产投资额中，基本建设投资 14.66 亿元，占 56.9%，更改措施投资 2.31 亿元，占 9%（图 4）。

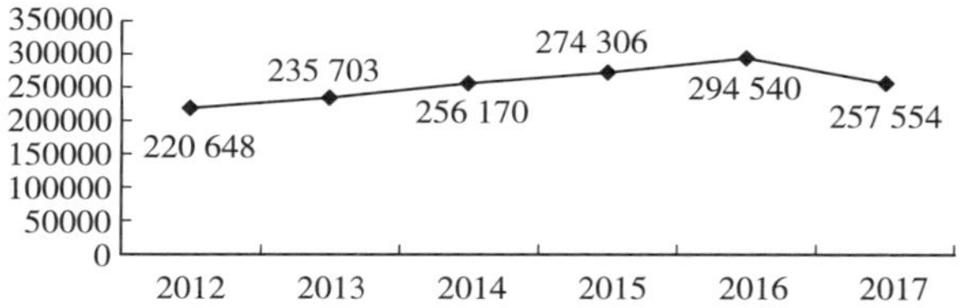

图 4　2012—2017 年固定资产投资（万元）

分三次产业看，第一产业投资 5.86 亿元，下降 39.7%；第二产业投资 9.92 亿元，增长 80.5%；第三产业投资 9.97 亿元，下降 30%。主要投向两大产业板块和公益民生工程。

五、交通运输业、批零贸易业、餐饮业、服务业、房地产业及出口商品

2017 年，全年完成交通运输业总产值 7.56 亿元，比上年下降 4.6%，全年盈利 9 140 万元，应缴税金 4 194 万元。全年完成交通运输业增加值 4.6 亿元，比上年增长 3.3%。现有载货汽车 1 292 辆，载客汽车 1 509 辆；全年货运量 570.41 万吨，货运周转量 53.06 万吨公里；客运量 670.97 万人，旅客周转量 92 599 万人公里。

2017 年，全年实现社会消费品零售额 21.43 亿元，增长 9.1%。年末批零贸易业、餐饮业、居民服务业营业单位总数达 4 924 个，从业人员 19 945人，年末固定资产原值 26.45 亿元，营业用房 77.33 万米^2，销售和营业总额 199.25 亿元，利润总额 64 082 万元，应缴税金 30 971 万元。

2017 年，垦区房地产开发企业 1 个，从业人员 93 人，年内销售商品房 61 478 米^2，利润总额 3 152万元，缴纳税金 2 885 万元。

2017 年年末，共有物业管理公司 13 个，物业管理人员达 912 人，年末实有可出租房屋面积 83.7 万米^2，已出租房屋面积 83.47 万米^2，出租率达 99.7%。物业管理公司营业或服务收入达 24 195万元，增长 41.9%，其中物业管理费收入 7 139万元，占总收入的 29.5%；出租写字楼及宿舍收入达 7 392 万元，占总收入的 30.6%；出租厂房收入 3 975 万元，占总收入的 16.4%。

2017 年，出口商品总金额达到 79.17 亿元，增长 3.6%。出口创汇金额 114 954 万美元，增长 3.4%。其中：工业品出口达 71.92 亿元，占出口总额的 90.8%（图 5）。

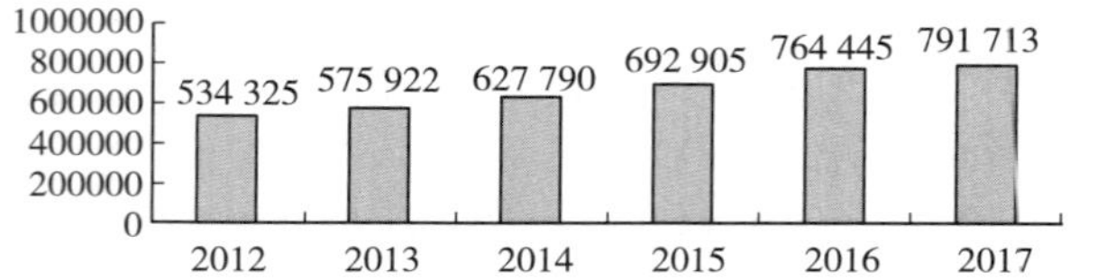

图 5　2012—2017 年出口商品总金额（万元）

六、科技生产、土地

2017 年，垦区共有科研单位 49 家，其中省地级 6 家，共有科研从业人员 135 人。2017 年年末垦区农技推广站 43 个，共投入科研经费 2 297 万元。2017 年，垦区农业综合机械化水平、农业科技贡献率和良种覆盖率分别达到 72%、65.8% 和 100%。

科技创新与应用。通过割胶制度改革，采用超低频割制人均割胶株数达到 2 658 株，比常规割胶（四天一刀）的 2 289 株提高 16.12%；人均产胶达到 5.99 吨，比常规割胶 5.01 吨提高 19.56%；胜利、团结、火星、新时代试验区胶工 136 人，比 2015 年试验前（208 人）节省胶工 72 人，减幅为 34.76%。通过推广甘蔗生产全程机械化，完成甘蔗地机耕 8.2 千公顷，占新植面积的 60.73%；机种面积 5.88 千公顷，占新植蔗的 45.68%，同比提高 15.65%；通过推广病虫害防治新技术，完成无人机防治 2.75 千公顷，赤眼蜂防治甘蔗螟虫 17.07 千公顷。通过加强抗性麻苗选育和红江橙脱毒种苗繁育，共繁育健康剑麻苗 203.6 万株，新增种植面积 533.4 公顷；繁育红江橙脱毒苗 7.8 万株，新增种植面积 178.5 公顷，有效促进了剑麻、红江橙等垦区特色产业的恢复性发展。

品牌宣传与建设。通过加强垦区农产品的品牌

建设和质量安全监管，强化基地标准化建设，大力推广农产品质量追溯，树立质量安全意识，“太阳牌”剑麻纤维等7个产品获2017年广东省名牌产品，“华煌牌”红茶等13个产品获广东省名特优新农产品称号。同时，精心组织谋划参加农业部举办的第十五届中国国际农产品交易会和第八届广东现代农业博览会等活动，获得有史以来最佳效果，也得到农业部和广东省等领导的高度评价，“三叶”牌菠萝罐头和“银月”牌白砂糖等2个产品获第十五届中国国际农产品交易会金奖，充分展示了垦区建设“国家现代农业的示范区、城市安全食品生产保障基地”的丰硕成果。

产学研交流与合作。与中国航天五院合作开展航天搭载培育甘蔗、剑麻种苗项目，其中2个航天搭载甘蔗品种已进入试种阶段；与中国热带科学院合作，在胜利、南华等4个农场开展机械化采胶试验；与中科院过程工程研究所和广州中糖公司合作，成功开展了膜技术处理甘蔗混合汁研究，试验达到预期效果。与中国农业科学院、省农业科学院等合作组建了由畜牧工程研究院核心科技人员和院外专家相结合的学科团队，打造了一支技术过硬、人才精良的畜牧产业技术支撑团队。

2017年年末，垦区土地总面积228 364.3公顷，其中：已开垦利用地216 643公顷，占94.9%，内有耕地37 197.9公顷。截至2017年年底，垦区累计完成农场土地确权发证20.71万公顷(其中包含与国土证不相覆盖的0.70万公顷林权证)，已发证占应发证比率约达96%，居全国农垦系统前列。加强土地管理，加大力度追收土地租金、补偿金等土地收益。结合地籍管理工作，强化垦区农场土地权益保护，实现当年被占土地全部收回。创新土地管理，建设推进垦区国有资源有偿使用电子交易平台及土地租赁电子合同网签系统，从制度上确保了土地租赁的公平、公正、公开。

七、教育和卫生

教育事业。制订垦区优秀教师和优秀教育工作者评选工作方案，2017年共评选55名优秀教师和14名优秀教育工作者。完成了湛江农垦湖光第二小学、前进一小、广丰小学、幸福小学、东方红一小5所学校的撤并。完成了湛江农垦红江一小示范性学校检查验收工作，垦区新增1所义务教育示范性学校。通过聘请广州市中小学名师授课和参观交流广州市中小学名校，培训了60名垦区中小学校长。开展了垦区基础教育、职业教育和幼儿园资产、人员、经费、债务情况调查，以及揭阳、汕尾2个垦区中小学校资产清查工作。揭阳垦区7所基础教育学校，汕尾垦区9所基础教育学校举办了移交属地政府管理的仪式，拉开了垦区基础教育学校移交的序幕。

2017年年末，垦区有各类学校139所，实有在职教职工3 468人，在校学生73 861人。其中：普通高等学校1所，在校学生19 312人，当年新招生人数6 765人，当年毕业生5 906人；中专1所，在校学生4 872人，当年毕业生2 170人；技工学校2所，在校学生1 542人，当年毕业生339人；普通中学42所，在校学生15 295人，当年毕业生4 863人；小学93所，在校学生32 840人，当年毕业生5 522人；幼儿园58所，入园儿童11 068人，当年毕业儿童3 144人。

新型职业农工培育取得新进展，全年共培育各类新型职业农工367人，开展农工科技培训346人次。农广校体系建设取得突破，首次将学院和湛江、茂名、阳江等三个科研所，广前、丰收、华海等3个产业化龙头企业，东方红、火星、红阳、红峰等4个农场和曙光猪场及垦外单位广西“五彩田园”纳入农广校培训基地建设管理系列，与农广校总校、分校一起，形成适应不同层次和不同方式培训需求的立体培育体系和培育网络。宣传、推优工作取得新进展，幸福农场职工陈远获2017年全国“风鹏行动·新型职业农民”项目资助；中央电视台7套《农广天地》继“从田头到餐桌”之后，再次走进广东农垦，对广东农垦农广校及新型职业农工培育工作和培育典型人物进行拍摄，拟拍3～5个典型农工培育成长事迹。

卫生事业。垦区医疗卫生事业稳步推进。7月份，全省启动了公立医院药品零差价改革工作，垦区各医院参与属地公立医院改革；湛江垦区组建以广东省农垦中心医院、湛江农垦第二医院为核心的广东农垦湛江健康有限公司，推进场办医院职能内部分开、管办分离，以实现垦区医疗资源共享、信息互通、优势互补，将垦区医疗健康养老产业做大做强；垦区医院医疗管理，特别是精神病专科管理逐步规范，垦区医院社会职能剥离与改革正在起步。垦区医疗卫生基础设施项目建设进度加快，长山等一批农场医院门诊综合大楼先后竣工使用，大幅提升了垦区职工的就医环境和医疗水平。

2017 年年末，垦区现有医疗单位 59 个，其中：三级医院 1 所，二级医院 3 所，农场医院 44 个，病床 6 502 张，卫生技术人员 3 999 人，其中医生 1 462 人。

八、公路、小城镇和安居工程建设

2017 年，投入一事一议、税改、水库移民等项目资金近 3.24 亿元，用于改善生产生活环境，农场面貌进一步改善，城镇化率达到 70%。基本实现职工安全饮水和生活垃圾、生活污水的无害化处理；以 10 个“美丽乡村”建设示范点为抓手，突出农垦特色，完成农场卫生净化、环境绿化、道路亮化等 800 多个工程建设；水库移民危房改造项目的收尾工作加快，累计完成移民安居工程建设 19 735 户、63 697 人，基本完成目标任务。

九、扶贫攻坚

2017 年垦区在 10 个扶贫农场实施财政扶贫资金项目 20 个，投入财政资金 3 210 万元。贫困农场扶贫开发贯彻产业扶贫优先的原则，着重提高农场自我造血能力。其中，投入产业扶贫项目资金为 2 462 万元，占比 76.7%，安排了 11 个产业发展项目。共计种植橡胶面积 60.7 公顷，油茶面积 283.3 公顷，茶叶面积 33.3 公顷，红江橙面积 33.3 公顷，优质蔬菜基地 13.3 公顷，牧草面积 133.3 公顷，涵盖垦区主导产业和优势特色产业。另外，投入 732 万元实施一批基建项目，建设道路 7.2 千米，收胶站 1 040 米^2，新增仓库仓储能力 3 600吨，有效改善农场职工生产、储运等生产条件。全面落实湛江雷州市水标村的对口帮扶工作，2017 年水标村争取地方财政资金 743.8 万元，省农垦集团公司投入 123 万元，均比上年大幅增长。行政村水标村经过改造初具新农村面貌，其中自然村南山乙村被评为广东省新农村示范村。水标村 2017 年贫困户人均纯收入达 7 000 元，比省划定的年度标准 6 883 元高 117 元，村集体收入 6 万多元，高于省划定的年度标准。积极配合农业部开展援藏扶贫工作。

十、人口、职工与垦区居民收入

2017 年全垦区年末总人口 38.74 万人，全年出生人口 4 513 人，年内死亡人口 2 310 人。

2017 年年末垦区国有职工总数 4.39 万人，其中：国有在岗职工为 4.33 万人，其中长期职工为 3.43 万人。全年国有在岗职工纯收入合计 237 889 万元，国有在岗职工年均纯收入 54 309 元，增长 10.4%。

2017 年年末从业人员 125 612 人，其中：从事第一产业 54 430 人，占从业人员总数的 43.33%；从事第二产业 35 099 人，占从业人员总数的 27.9%；从事第三产业 36 083 人，占从业人员总数的 28.7%。从业人员年平均收入 41 217 元，增长 4.2%。

2017 年垦区居民人均纯收入 24 469 元，增长 6.6%。

十一、非国有经济

2017 年，垦区实现非国有经济生产总值 80.63 亿元，增长 4.5%，占垦区经济总量的 46.7%。其中第一产业增加值 10.44 亿元，第二产业增加值 47.77 亿元，第三产业增加值 22.42 亿元，各产业占非国有经济总量的比重分别为 12.9%、59.2%、27.8%。非国有经营单位个数 6 298 个，从业人员达 6 万人，其中第一产业 1.9 万人，第二产业 2.1 万人，第三产业 2 万人。从业人员总收入 26.5 亿元，从业人员年平均报酬 44 433 元。全年共实现利税 6.75 亿元，增长 4.4%，其中：利润 296 820 亿元，增长 3.5%。

广西农垦2017年经济和社会发展统计公报

广西壮族自治区农垦局

2017年，面对依然错综复杂的国内外形势和持续较大的经济下行压力，在自治区党委、政府的正确领导下，广西农垦贯彻落实新发展理念，坚持稳中求进工作总基调，以供给侧结构性改革为主线，扎实推进农垦改革发展工作，积极防范化解风险，结构不断优化，质量效益有新提高，全年管区经济运行保持总体平稳态势。

一、综合

全年管区实现全社会经营总收入[1] 1 509.0亿元，比上年增长7.1%；实现地区生产总值[2] 544.1亿元，按可比价[3]计算比上年增长7.0%。其中，第一产业增加值61.4亿元，增长8.3%；第二产业增加值333.0亿元，增长4.9%；第三产业增加值149.7亿元，增长11.4%。三次产业对经济增长的贡献率分别为8.2%、55.9%、35.9%，其中工业贡献率为58.4%。从三次产业结构看，一、二、三产业增加值的比重分别为11.3%、61.2%、27.5%，与2016年的11.6%、61.7%、26.7%相比，一产下降0.3个百分点，二产下降0.5个百分点，三产提高0.8个百分点（表1、图1至图3）。

全年管区民营经济增加值467.3亿元，比上年增长8.6%，占GDP的比重为85.9%，对GDP增长的贡献率为98.4%。

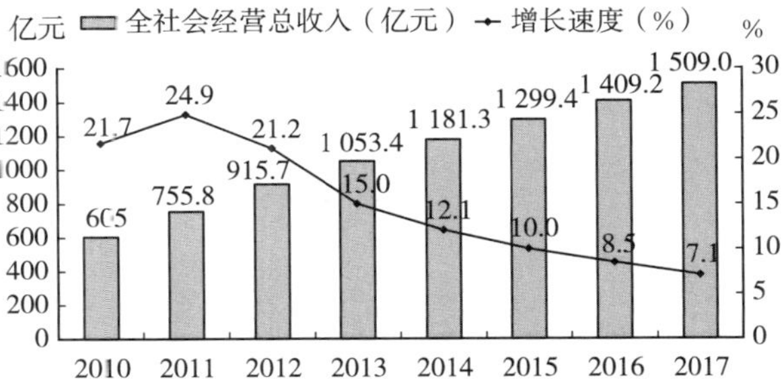

图1 2010—2017年广西农垦全社会经营总收入及其增长速度

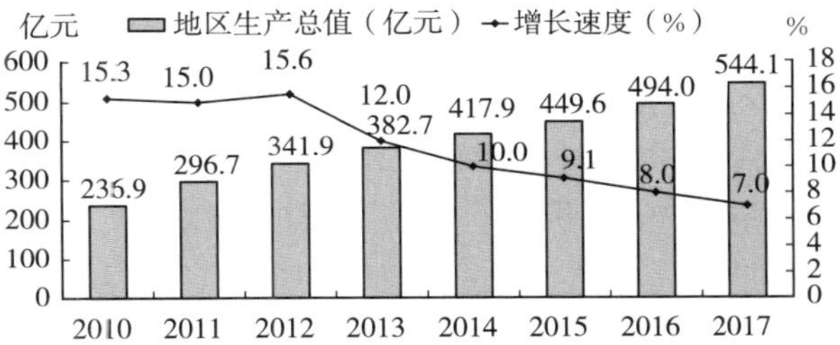

图2 2010—2017年广西农垦地区生产总值及其增长速度

表1 2017年广西农垦主要经济指标与2010年对比

指标名称	计量单位	2010年	2017年	2017比2010增长（倍）
地区生产总值	亿元	236.9	544.1	1.3
全社会经营总收入	亿元	605.0	1 509.0	1.5
全部工业增加值	亿元	113.5	263.5	1.3
全社会固定资产投资	亿元	131.3	329.7	1.5
招商引资资金到位	亿元	90.3	255.2	1.8
居民人均纯收入	元/（人·年）	13 310	27 114	1.0

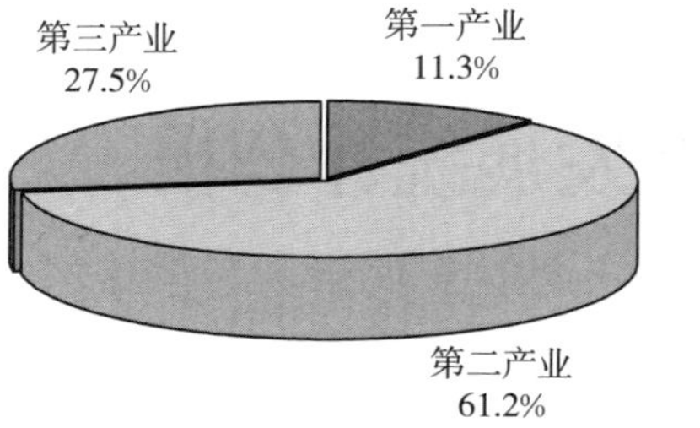

图 3　2017 年广西农垦地区生产总值构成（%）

二、农业

管区全年农林牧渔业总产值 102.4 亿元，比上年增长 7.9%。其中，种植业产值 40.8 亿元，增长 8.4%；畜牧业产值 54.9 亿元，增长 7.4%；渔业产值 3.1 亿元，增长 13.5%（图 4）。

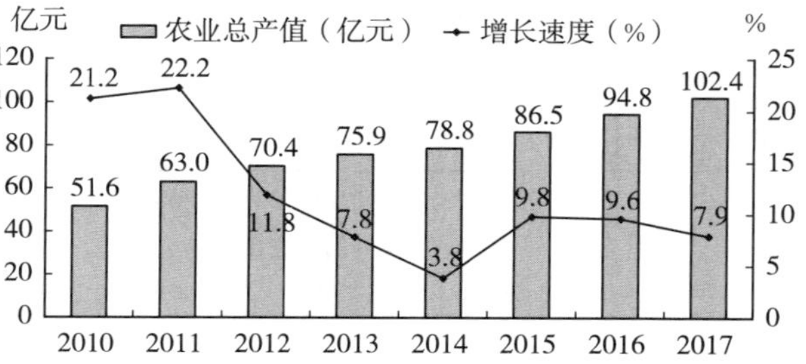

图 4　2010—2017 年广西农垦农业总产值及其增长速度

管区甘蔗种植面积 21 714 公顷，比上年增加 113 公顷。剑麻种植面积 3 264 公顷，减少 107 公顷。茶叶种植面积 616 公顷，增加 16 公顷。水果种植面积 11 899 公顷，增加 724 公顷。蔬菜种植面积 2 889 公顷，增加 19 公顷（表 2）。

表 2　2017 年广西农垦主要农作物种植面积情况

指标名称	年末种植面积（公顷）	比上年增长（%）
甘蔗	21 714	0.5
剑麻	3 264	−3.2
茶叶	616	2.6
水果	11 899	6.5
其中：柑橙	4 645	21.6
蔬菜	2 889	0.7

全年管区甘蔗产量 238.6 万吨，比上年增长 5.2%。剑麻纤维产量 2.0 万吨，增长 3.5%。干毛茶产量 600 吨，下降 9.6%。水果产量 36.8 万吨，增长 15.6%。蔬菜产量 16.0 万吨，增长 3.8%（表 3）。

全年管区肉类总产量 17.0 万吨，比上年增长 6.8%。年末生猪存栏 168.5 万头，增长 16.2%。全年肉猪出栏 221.8 万头，增长 7.1%；出售仔猪 145.3 万头，增长 0.9%；出售种猪 7.9 万头，下降 6.4%。水产品产量 1.9 万吨，增长 12.4%，其中钦州公司对虾产量 1 069 吨。永新畜牧集团（国有部分）全年生猪饲养量 113.9 万头，比上年增长 22.4%。其中，年末生猪存栏 39.5 万头，增长 29.0%；生猪出栏 51.0 万头，增长 36.7%；出售仔猪 18.4 万头，下降 6.0%；出售种猪 4.9 万头，下降 10.0%。全年实现利润总额 1.82 亿元。

表 3　2017 年广西农垦主要农产品产量情况

指标名称	计量单位	产量	比上年增长（%）
甘蔗	万吨	238.6	5.2
剑麻纤维	万吨	2.0	3.5
木薯（干片）	万吨	1.1	−23.8
干毛茶	吨	600	−9.6
水果	万吨	36.8	15.6
其中：柑橙	万吨	16.5	17.5
蔬菜	万吨	16.0	3.8
肉类总产量	万吨	17.0	6.8
生猪出栏头数	万头	221.8	7.1
水产品	万吨	1.9	12.4

农业现代化建设取得新成果。农场创建现代特色农业示范区成效显著，获认定 9 个自治区级示范区、10 个县级示范区，5 家农场创建国家现代农业庄园。年末管区有效灌溉面积 18 292 公顷，比上年增加 2 486 公顷，增长 15.7%；农业机械总动力 35.1 万千瓦，增长 5.9%。

三、工业

2017 年，管区全社会工业总产值 757.5 亿元，比上年增长 10.2%；全社会工业增加值 263.5 亿元，按可比价计算，比上年增长 8.5%，其中，国有工业增加值下降 2.5%，民营工业增加值增长 10.2%。民营工业增加值占管区的 88.5%，对工业经济增长贡献率为 98.9%，拉动工业经济增长 8.4 个百分点（图 5、图 6）。

全年管区规模以上工业总产值 707.7 亿元，比上年增长 11.4%；规模以上工业增加值 248.1 亿元，按可比价计算，比上年增长 10.2%；规模以上工业利润总额 38.4 亿元，比上年增长 18.0%；规模以上工业税金总额 17.2 亿元，比上年增长 22.3%；规模以上工业企业产销率达到 96.8%。年末管区规模以上工业企业达到 409 家（图 7）。

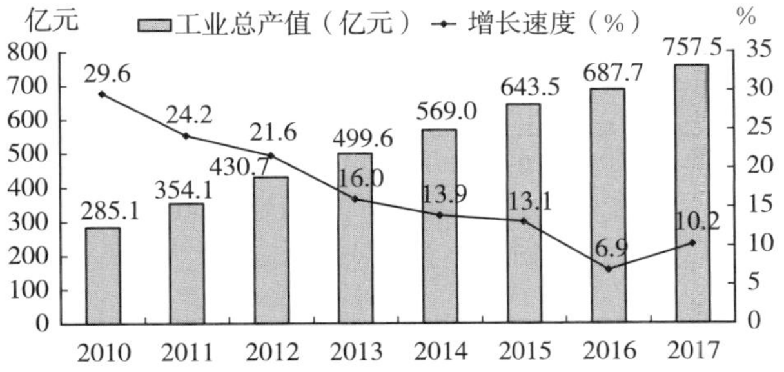

图 5　2010—2017 年广西农垦全社会工业总产值及其增长速度

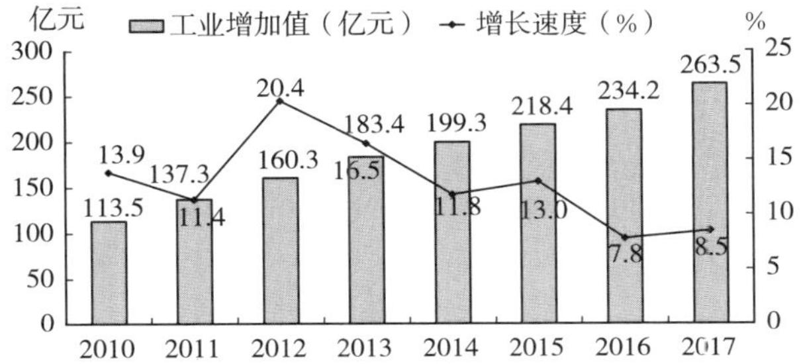

图 6　2010—2017 年广西农垦全社会工业增加值及其增长速度

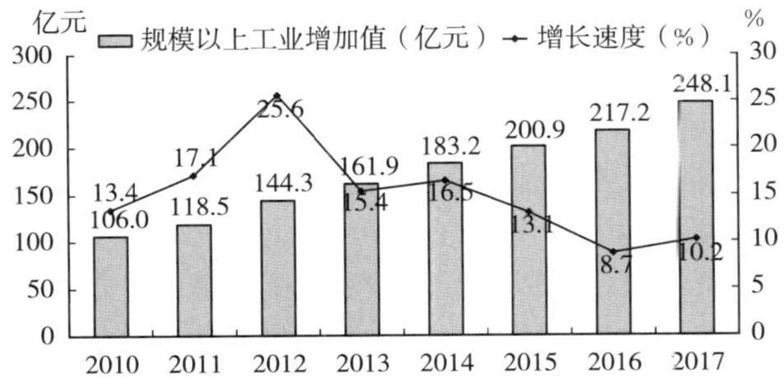

图 7　2010—2017 年广西农垦规模以上工业增加值及其增长速度

从产品产量看，机制糖产量比上年下降 1.8%，酒精下降 52.2%，剑麻制品增长 2.2%，成品茶下降 5.4%，淀粉增长 15.6%，软饮料下降 23.1%，乳制品增长 31.7%，人造板增长 23.5%，水泥下降 53.0%，砖增长 12.6%，饲料增长 10.2%（表 4）。

分行业看，在涉及的 34 个行业大类中，有 28 个行业产值增长。其中，农副食品加工业增长 4.9%，造纸和纸制品业增长 33.8%，木材加工和木、竹、藤、棕、草制品业增长 18.3%，专用设备制造业增长 11.8%，汽车制造业增长 8.0%，橡胶和塑料制品业增长 16.9%，化学原料和化学制品制造业增长 20.9%，非金属矿采选业增长 8.6%，黑色金属冶炼和压延加工业增长 11.3%，通用设备制造业增长 26.6%，金属制品业增长 10.2%。

表 4　2017 年广西农垦主要工业产品产量情况

指标名称	计量单位	产量	比上年增长（%）
机制糖	万吨	64.4	−1.8
酒精	万千升	9.7	−52.2
剑麻制品	万吨	4.5	2.2
成品茶	吨	2 169	−5.4
淀粉	万吨	31.6	15.6
软饮料	万吨	12.9	−23.1
乳制品	吨	2 633	31.7
人造板	万米^3	205.3	23.5
水泥	万吨	9.5	−53.0
砖	亿块	17.3	12.6
饲料	万吨	92.8	10.2

从农垦专业集团看，糖业集团成品糖产量 64.4 万吨，比上年下降 1.8%；酒精产量 2.7 万千升，下降 11.8%；纤维板产量 1.1 万米^3，下降 10.1%；朗姆酒因销售不景气等因素全年没有生产。明阳生化集团全年淀粉产量 19.7 万吨，比上年增长 43.4%；酒精产量 3 228 千升，比上年增长 128.3%。剑麻集团剑麻制品产量 5 950 吨，比上年下降 7.5%。茶业集团成品茶产量 338 吨，比上年下降 21.6%。十万大山天然食品公司饮用水产量 11.1 万吨，比上年下降 25.5%。

四、固定资产投资

2017 年，管区全社会固定资产投资 329.7 亿元，比上年下降 4.1%。其中，第一产业投资 27.2 亿元，增长 13.8%；第二产业投资 135.1 亿元，增长 2.7%；第三产业投资 167.4 亿元，下降 11.2%。国有投资 69.1 亿元，下降 4.4%；民间投资 260.6 亿元，下降 4.1%，占管区的比重为 79.0%（图 8）。

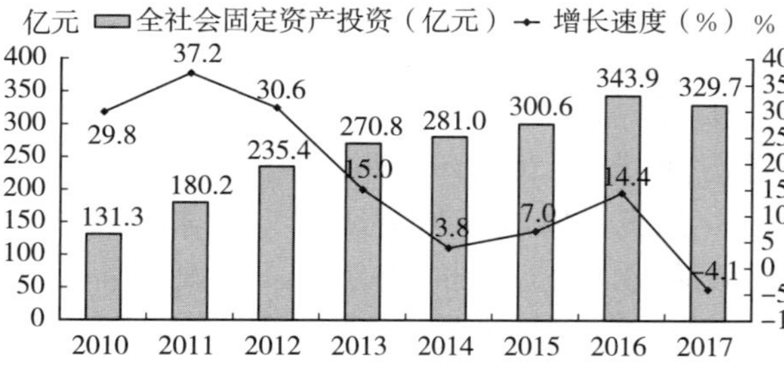

图 8　2010—2017 年广西农垦全社会固定资产投资及其增长速度

全年管区组织实施总投资 1 000 万元以上的在建项目 530 个，比上年增加 16 个，完成投资 325.5 亿元，占管区的比重为 98.7%。其中，明阳工业区完成投资 43.0 亿元、九曲湾农场完成投资 41.7 亿元、新兴产业园完成投资 41.5 亿元、良丰产业园（含良丰农场）完成投资 33.2 亿元、西江产业园（含西江农场）完成投资 33.1 亿元、北部湾产业园完成投资 26.0 亿元、新光农场完成投资 13.7 亿元、钦州公司完成投资 7.7 亿元，中国·印度尼西亚经贸合作区完成投资 7.2 亿元，上述 10 个责任单位完成投资占管区的比重为 76.9%。

五、产业园区

全年管区 14 个产业园区（工业集中区）完成地区生产总值 401.3 亿元，比上年增长 5.5%；占管区的比重为 73.8%，比上年下降 1.0 个百分点。完成全社会经营总收入 1 117.6 亿元，比上年增长 8.5%；占管区的比重为 74.1%，比上年提高 1.1 个百分点。完成规模以上工业增加值 215.9 亿元，比上年增长 11.0%；占管区的比重为 87.0%，比上年提高 0.6 个百分点。完成全社会固定资产投资 270.3 亿元，比上年下降 4.9%，占管区的比重为 82.0%。招商引资实际到位资金 229.2 亿元，比上年下降 7.4%，占管区的比重为 89.8%（图 9 至图 11）。

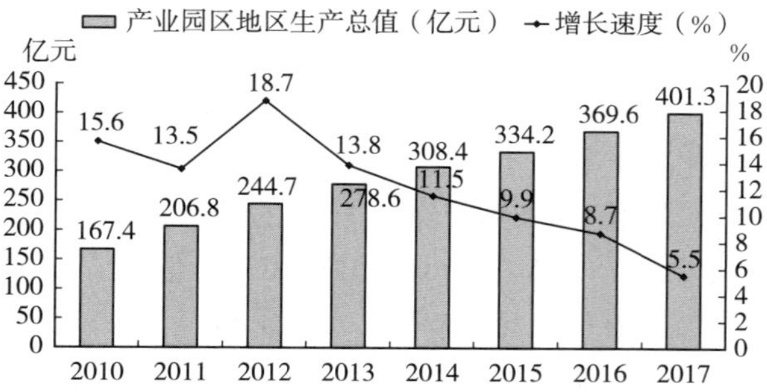

图 9　2010—2017 年广西农垦产业园区地区生产总值及其增长速度

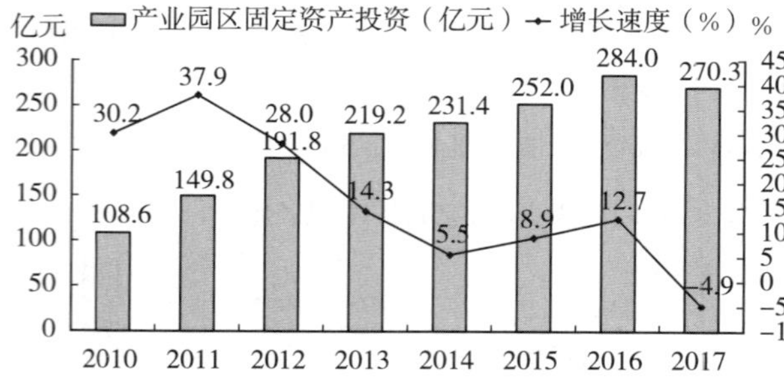

图 10　2010—2017 年广西农垦产业园区固定资产投资及其增长速度

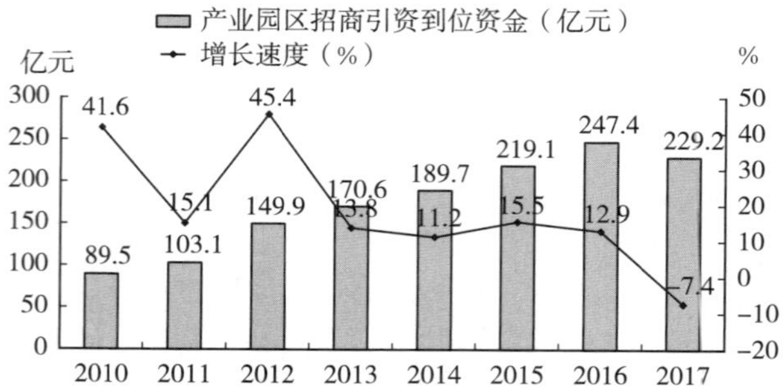

图 11　2010—2017 年广西农垦产业园区招商引资到位资金及其增长速度

六、对外开放

全年签订各类招商引资项目合同（协议）97 个，涉及外来投资总额 150.0 亿元；招商引资实际到位资金 255.2 亿元，比上年下降 7.5%。截至 2017 年年底，中国·印度尼西亚经贸合作区共引进中国、日本、法国、新西兰、芬兰、印度尼西亚等国家和地区的 40 家企业入园，其中 25 家入园企业投资项目已建成投产，涉及汽配制造、仓储、机械制造、食品加工等产业。明阳生化集团越南归仁公司全年生产木薯变性淀粉 2.5 万吨（图 12、图 13）。

图 12　2010—2017 年广西农垦招商引资到位资金及其增长速度

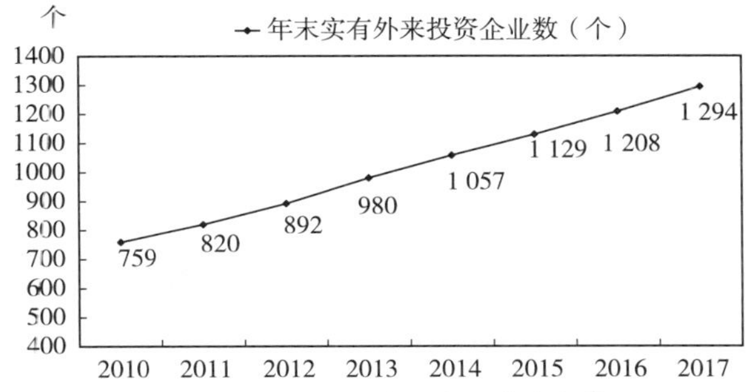

图 13　2010—2017 年广西农垦外来投资企业

全年管区工农业产品进出口总额 14.6 亿元，比上年增长 3.4%。其中，进口 4.8 亿元，增长 36.7%；出口 9.8 亿元，下降 7.6%（其中农产品出口 1.4 亿元，比上年下降 5.8%；工业品出口 8.5 亿元，比上年下降 7.9%）。农垦糖业集团防城精制糖有限公司进口原糖 5.2 万吨，进口额 2.8 亿元。明阳生化集团进口原淀粉及木薯干片 6.1 万吨，进口额 1.3 亿元；淀粉出口 5 579 吨，出口额 2 241 万元。剑麻集团进口剑麻纤维 1 127 吨，进口额 1 376 万元。畜牧集团出口生猪 1.6 万头。源头农场、立新农场共出口柑橙 2.0 万吨。

七、科研

2017 年年末，管区有科研单位 3 家，从业人员 610 人，其中科技人员 348 人。管区年内荣获广西科技进步奖二等奖 1 个，三等奖 3 个，获国家授权专利 85 项，新产品开发 16 个，成果登记 31 项，地方标准审定 3 项。

八、人口、就业和民生

2017 年年末，管区总人口 41.7 万人，比上年增长 0.6%。社会从业人员 23.3 万人，增长 2.6%。其中外来就业 20.8 万人，增长 4.4%。农垦在册职工 2.5 万人，离退休（含退职）人员 4.1 万人。全年管区居民人均纯收入 27 114 元，比上年增长 7.0%。农垦在岗职工人均纯收入 47 309 元，比上年增加 5 042 元，增长 11.9%。全年管区纳入城镇居民最低生活保障的户数 2 686 户，当年领取最低生活保障金的人数 5 221 人，当年获得最低生活保障金总额 1 607 万元（图 14、图 15）。

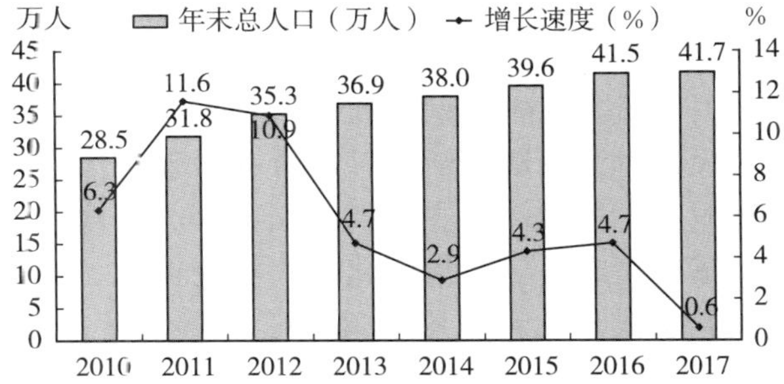

图 14　2010—2017 年广西农垦总人口及其增长速度

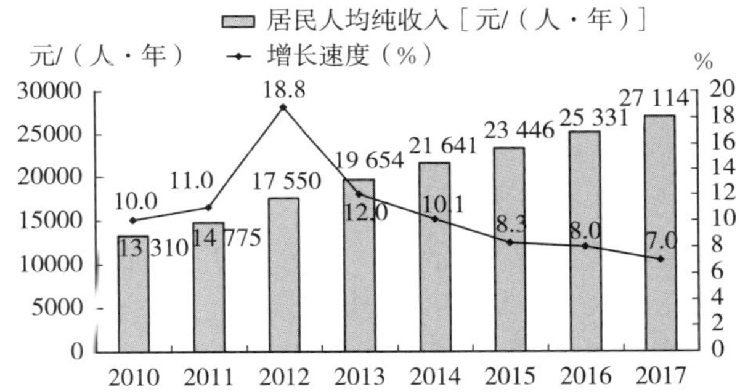

图 15　2010—2017 年广西农垦居民人均纯收入及其增长速度

年末管区人口人均住房面积达到 34.0 米^2，比上年增加 1.2 米^2，增长 3.7%。

注释：［1］广西农垦全社会经营总收入：是指管区所有国有企事业单位、非公企业、个体家庭年内从事生产经营、提供劳务所得的全部收入。该项指标是 2002 年自治区农垦局创立、报自治区统计局备案并开展统计至今。其计算公式如下：

广西农垦全社会经营总收入＝现价农业总产值＋工业营业收入（主营业务收入＋其他业务收入）＋工业应上交的增值税＋建筑业营业收入＋交通运输业营业收入＋仓储业营业收入＋批发零售业＋住宿餐饮业＋居民服务业＋修理业的销售总额或营业收入＋房地产业主营业收入＋科学研究＋专业技术服务总收入＋教育总收入＋卫生总收入＋其他行业营业收入

［2］地区生产总值（GDP）：是指一个国家（地区）所有常住单位在一定时期内生产活动的最终成果。本公报是按收入法计算，它等于劳动者报酬、生产税净额、固定资产折旧和营业盈余之和。

［3］本公报中，地区生产总值、各产业增加值绝对数按现价计算，增长速度按不变价格计算。

［4］本公报中，规模以上工业的统计口径：2006—2010 年为“年主营业务收入 500 万元及以上的工业法人企业”，2011—2017 年为“年主营业务收入 2 000 万元及以上的工业法人企业”。

海南农垦2017年经济和社会发展统计公报

海南省农垦投资控股集团有限公司

2017年，是海南农垦全面深化改革取得重大进展的一年，也是海南农垦历史上整体盈利水平最好的一年。海南农垦深入贯彻落实省委、省政府的各项工作部署，在全垦区开展“扭亏保盈决战年”和“大研讨大行动”活动，动员和激发广大农垦干部职工的积极性和主动性，凝心聚力、攻坚克难，基本完成了垦区集团化、农场企业化、社会管理职能属地化、农用地规范管理等关键指标，企业各项工作顺利推进取得实效，企业发展呈现良好态势。

一、综合及主要指标

（1）农垦系统经营总收入367亿元，比上年增长100%（与上年对比，下同），其中：农垦集团公司的营业总收入211.6亿元，增长100%；农场国有经济收入4.69亿元，增长100%；农垦自营经济总收入151亿元，增长10%。

（2）工农业总产值（当年价）150.93亿元，按可比价计算增长16.27%。

（3）固定资产投资41.50亿元，增长38.8%。

（4）社会消费品零售总额128.19亿元，增长264.4%。

（5）天然橡胶干胶总产13.05万吨，增长8.7%。

（6）农垦劳动者人均报酬5.4万元，增长17.4%；农垦人均纯收入1.65万元，增长7.1%。

二、农林牧渔业

全年完成农林牧渔业总产值（现价）138.52亿元，按可比价计算比上年增长18.8%。产值构成：农业85.71亿元，林业23.95亿元，畜牧业25.70亿元，渔业3.16亿元（表1）。

表1　主要农产品产量及增长

项　目	计量单位	产量	比上年增长（%）
粮食	万吨	12.54	－12.3
糖料	万吨	22.24	－5.2
蔬菜	万吨	20.31	－6.0
水果	万吨	54.38	17.7
#荔枝	万吨	6.51	18.3
龙眼	万吨	2.36	28.9
芒果	万吨	21.36	21.1
香蕉	万吨	11.27	－3
柑橘橙柚	万吨	0.93	24.3
橡胶干胶	万吨	13.05	8.7
胡椒	万吨	1.01	14.7
槟榔干果	万吨	3.59	27.0
椰子	万个	1 056.78	4.4
干毛茶	吨	490	－5.8
肉类总产量	万吨	10.41	7.6
#猪牛羊	万吨	8.43	7.3
禽肉	万吨	1.75	8.4
禽蛋	万吨	0.34	6.5
水产品总产值	万吨	3.39	10.8

全年天然橡胶当年新定值和更新定值面积8.66万亩，增长46%；胡椒种植面积9.69万亩，增长5.9%；槟榔种植面积31.69万亩，增长12.9%；水果种植面积3.57万亩，增长68.5%（表2）。

表2　主要农业作物年末到达面积及增长

项　目	计量单位	面积	比上年增长（%）
天然橡胶	万亩	367.64	2.0
热带作物	万亩	51.23	7.2
#胡椒	万亩	9.69	5.9
槟榔	万亩	31.69	12.9

（续）

项　目	计量单位	面积	比上年增长（%）
椰子	万亩	1.96	3.9
茶叶	万亩	1.45	23.6
水果	万亩	3.57	68.5
＃荔枝	万亩	10.56	5.2
芒果	万亩	30.30	34.0
香蕉	万亩	6.62	－2.2
林地（含自然林）	万亩	194.70	－5.1
＃人造林	万亩	93.50	7.2
水产品养殖	万亩	6.23	12.9
农作物播种	万亩	57.92	－8.1
＃粮食	万亩	32.92	－9.7
糖料	万亩	5.29	－2.9
瓜菜	万亩	15.97	－8.0

三、工业及建筑业

全年完成工业总产值（当年价）12.41亿元，按可比价计算比上年下降6.6%。分轻重工业看，轻工业产值6.61亿元，下降6.1%；重工业产值5.80亿元，下降7.2%；分经济类型看，国有经济产值5.31亿元，增长1.1%；非国有经济产值7.1亿元，下降7.3%（表3）。

表3　主要工业产品产量及增长

项　目	计量单位	产量	比上年增长（%）
发电量	万千瓦时	13 291	22.4
水泥	万吨	65.7	－0.3
成品糖	万吨	2.08	0.2
人造板	万米^3	2.77	－26.1
锯材	万米^3	21.19	－5.6
木制家具	万件	0.5	－82.1
塑料制品	吨	250	－51.1
汽车大中修	辆	132	53.5
花岗石板材	万米^3	1.84	0.8

全年建筑业完成产值32.84亿元，按可比价计算比上年增长11.2%。全年房屋施工面积135.52万米^2，下降20.1%；房屋竣工面积96.47万米^2，增长1.1%，其中住宅面积41.65万米^2，下降51.4%。

四、社会消费品零售总额

全年社会消费品零售总额128.19亿元，比上年增长387.5%。其中：批发零售业121.99亿元，餐饮业4.69亿元，分别增长470.2%和19.9%。

五、交通运输业

全年完成运营收入5.88亿元，比上年增长7%；货物量9 168 136吨，下降5.4%；客运量6 024 074人，下降10.4%。

六、外贸出口

全年完成出口总额763万元，比上年下降67.9%，创汇115.5万美元，下降66.3%。

七、固定资产投资

全年完成固定资产投资总额41.50亿元，比上年增长38.9%。投资构成为：第一产业投资4.28亿元，下降19.9%；第二产业投资1.98亿元，增长279.5%；第三产业投资35.24亿元，增长46.7%。资金来源为：国家投资1.15亿元，下降53.5%；国内贷款1.15亿元，增长49.4%；企事业单位自筹19.84亿元，增长216.7%；其他资金20.5亿元，增长0.6%。在国定资产投资总额中，省重点项目完成投资额29.12亿元，完成年度计划147%。

八、职工群众收入和家庭生活水平

全年劳动者报酬总额83.80亿元，比上年增长3.5%。其中：在岗职工工资17.08亿元，增长17.2%；自营经济纯收入64.77亿元，增长8.5%。劳动者人均报酬54 077元，增长17.4%，其中在岗职工平均工资34 082元，增长34.9%；自营经济纯收入21 927元，增长5.5%。农垦人均纯收入16 592元，增长7.6%。

九、人口与职工

农垦户籍总人口87.2万人，比上年下降1.2%。农垦常住总人口84.6万人，增长0.5%。全部职工人数6.68万人，下降18.8%，其中在岗职工5.01万人，下降12.2%。离退休及病退人员22.4万人，增长9.8%。垦区人口出生率11.2‰，死亡率5.4‰，自然增长率5.8‰。

重庆农垦 2017 年经济和社会发展统计公报

重庆市农垦局

2017 年，重庆农垦按照“立足重庆，辐射周边、放眼全国、走向世界”的战略定位，创新思维，继续加强现代农业建设，不断推进产业升级发展，努力建设具有国际竞争力的全国一流大型企业，垦区经济和社会发展和谐稳定，各项工作都取得一定成效。

一、综合指标

（一）垦区 GDP 继续保持较快增长

垦区全年实现生产总值 23.1 亿元，比上年增长 10.7%，高于全年重庆地区生产总值 1.4 个百分点。按产业划分，第一产业增加值 2.1 亿元，同比增长 14.7%；第二产业增加值 14.4 亿元，同比增长 9.9%；第三产业增加值 6.6 亿元，同比增长 13.8%（图 1）。非公有制经济实现增加值 4.4 亿元，增长 7.3%，占垦区经济的 19%。人均生产总值110 355元，较 2016 年增长 11.4%。

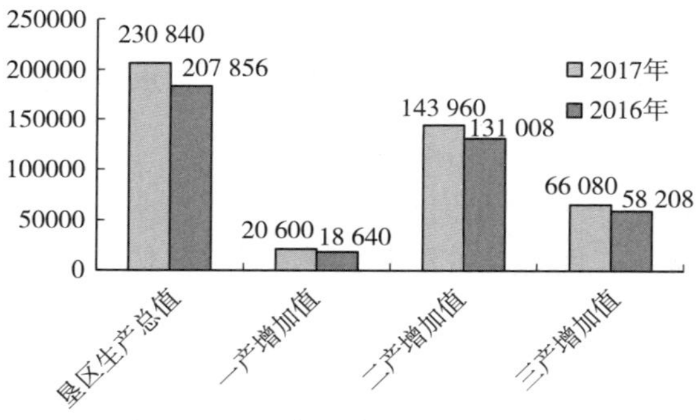

图 1　垦区生产总值（GDP）及构成

（二）集团发展规模迈上新台阶

截至 2017 年年底，重庆农投集团资产总额达到 165 亿元，其中控股企业达到 152 亿元，较上年同期分别增长 10%、20%；营业收入实现 120 亿元，其中控股企业实现营业收入 54.6 亿元，较上年同期分别增长 9.1%、9.2%；利润总额实现 6.8 亿元，其中控股企业实现 4.5 亿元，较上年同期分别增长 17.2%、18.6%。归属于母公司净利润实现 1.99 亿元，较上年同期增长 10%。

（三）职工收入稳定增长

垦区职工收入保持增长，集团发展氛围和谐稳定。2017 年，集团控股企业职工人均工资增幅 11.1%，连续 6 年保持 10%以上的增长，“五险一金”全覆盖；年末实有住房面积 67.5 万米^2；企业离退休干部和困难群体得到普遍帮扶慰问，帮扶慰问金额达 200 万元，较上年同期增长 10%；全年垦区无较大集访群访事件发生。

二、第一产业

农业经济快速发展。2017 年垦区实现农林牧渔业总产值 14.1 亿元，较上年增长 15.6%，其中畜牧业产值 11.2 亿元，同比增长 18.1%，占农业总产值的 79.4%；农业产值 2.50 亿元，同比增长 11.1%，占农业总产值的 17.7%；渔业产值 4 200 万元，同比略有下降，占农业总产值的 2.97%（图 2）。垦区年末存栏奶牛 3 万头；年末生猪存栏 12.73 万头，同比增长 15.8%；全年猪肉产量 1.32 万吨，同比增长 10.8%；年末家禽存栏 100 万只，禽蛋产量 10 902吨；牛奶产量 9.75 万吨；鱼类产量 4 002 吨，同比增长 10.6%，其中有机鱼 2 300 吨。

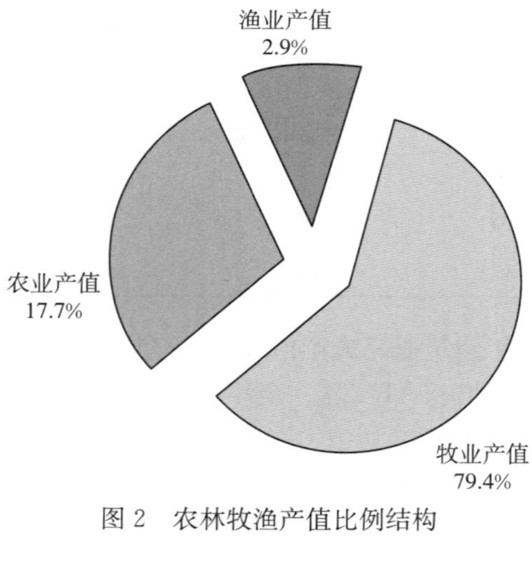

图 2　农林牧渔产值比例结构

三、第二产业

工业经济平稳发展。2017年年末垦区实现工业总产值96.9亿元，全年实现工业利润总额2.8亿元，较上年分别增长9.6%、21.7%；产品销售收入91.9亿元，产销率达到99.9%；工业增加值14.3亿元，同比增长13.5%。

四、第三产业

重庆农投良品有限公司成立，构建起“农投良品+若干子品牌”的重庆农投“1+N”母子品牌体系。搭建中垦供应链公司平台，中垦华山牧乳业、天友乳业线上线下营销结合，拓展淘宝、天猫、微商城、京东等主要线上营销旗舰店。

成立农投基金公司，储备发展项目10个，预计投资15亿元。主动对接上海、黑龙江、广西、中捷友谊农场等垦区，谋划合作项目，推动抱团发展。积极对接重庆万州、涪陵、忠县，四川南江，湖北荆州、荆门等地区，整合优质资源，发掘新的经济增长点。

重庆宏帆实业有限公司四川宣汉、南江“宏帆广场”建成运营，重庆江津、四川富顺、陕西商洛项目达成战略合作意向，教育地产合作项目正式启动。

五、固定资产投资

全年固定资产投资6亿元，较上年同期增加投资0.6亿元，主要投资于第一产业畜牧业发展，第二产业工业加工基地建设、技术改造及第三产业存量资产盘活。其中300万只蛋鸡产业化项目新增投资5 000万元，重庆市乳业科创中心建设项目新增投资3 700万元，中垦乳业陕西公司30万吨乳制品加工基地新增投资1 000万元，陕垦牧业后备牛区改造项目新增投资1 800万元。

四川农垦 2017 年经济和社会发展统计公报

四川省农业厅农垦局

2017 年是四川农垦发展的关键年，四川省委、省政府于 5 月印发了《关于推进农垦（农场）改革发展的实施意见》，并于 10 月召开了全省电视电话会议。各级政府高度重视，将农场改革发展列为政府年度目标责任，有力地推动了四川省农场改革发展进程。农垦区域性集团化、农场企业化步伐加快。继续抓实基层农场农业供给侧结构性改革，积极发展新型现代农业、绿色农业、康养休闲农业，全年农业生产稳步发展。农垦（农场）办社会职能改革有序推进、农场国有土地确权办证登记全面展开。积极发展民生工程，改善职工生产、生活条件，职工收入持续增长，农场经济社会协调发展。

一、综合

四川农垦统计报表汇总企业数 37 个，较上年减少 2 个（系企业改制为民营企业，不再纳入农垦场统计范畴），分布在全省 11 个市州，涉及一、二、三产业，以种植业、畜牧业为主。2017 年四川农垦继续保持农场经济平稳发展，职工收入、生活水平不断提高的良好态势，经济总量因经济发展结构调整较上年有所减少，全年农垦实现国民生产总值 13 675 万元，较上年减少 1 160 万元（扣除减少两个农场的因素影响，较上年同比减少 543 万元），下降 7.8%。其中，第一产业增加值 5 999 万元，较上年减少 537 万元，同比下降 8.2%；第二产业增加值 7 358 万元，较上年减少 607 万元，同比下降 7.6%；第三产业增加值 318 万元，较上年减少 16 万元，同比下降 4.8%。第一、第二、第三产业增加值占农垦生产总值的比重分别为 43.9%、53.8%、2.3%，第一产业比重较上年下降 0.1%，第二产业较上年比重上升 0.1%，第三产业比重与上年持平。人均农垦生产总值 10 980 元，较上年减少 318 元，是因减少的一个农垦企业为工业企业，生产总值在全省占比较大。

土地总面积 460 972 公顷，比上年减少 27 570 公顷（一是统计农场减少 2 个，减少 13 033 公顷；二是有 6 个农场国有土地使用权确权核实清查净减少了 14 537 公顷）。其中：耕地 771 公顷，较上年减少 102 公顷；牧草地 324 231 公顷，较上年减少 20 214 公顷；林地面积 20 212 公顷，较上年减少 7 233公顷；水面 60 公顷，与上年相同；茶果桑园 1 045 公顷，较上年减少 3 公顷；宜林地面积 3 公顷，较上年减少 3 公顷；可垦荒地面积 22 公顷，较上年减少 81 公顷；居民点及工矿用地面积和其他面积 114 628 公顷，较上年增加 66 公顷。

二、第一产业

切实抓好农产品生产，在“调结构、增单产、提质量”上下功夫。2017 年四川农垦全年农作物总播种面积为 648 公顷，较上年减少 79 公顷。粮食作物播种面积 369 公顷，占农作物总播种面积 56.9%，较上年减少 63 公顷。粮食作物生产主要是减少了水稻、小麦、青稞种植，增加了经济效益好、品种多的杂豆种植；油料、蔬菜、瓜类、烟叶面积 87 公顷，占农作物总播种面积 13.5%，较上年减少 3 公顷；其他作物面积：青饲料 192 公顷，占农作物总播种面积 29.6%，较上年减少 13 公顷。农作物总产量 8 286 吨，较上年减少 862 吨。其中：粮食产量 3 068 吨，较上年减少 735 吨；油料、蔬菜、瓜类等经济作物产量 571 吨，较上年减少 31 吨；其他作物青饲料 4 647 吨，较上年减少 96 吨。

茶、果、桑等经济作物产量有升有降。茶叶种植面积 1 055 公顷，产量 1 074 吨，较上年减少 26 吨，主要是茶场用工成本上升，转向精制茶生产，减少了茶叶采摘；水果种植面积 180 公顷，产量 1 184吨，较上年减少 214 吨，是因水果生产大小年和调整栽种水果品种；桑园种植面积 61 公顷，产量 11 吨，与上年持平。

保护长江水源，防止草原沙漠化，发展绿色畜牧业。牲畜年末存栏总数 10.11 万头（只），较上年减少 0.02 万头。其中：大牲畜年末存栏数 7.27 万头，较上年增加 0.01 万头，年末奶牛规模化养殖场 1 个；猪年末存栏数 0.32 万头，较上年增加 0.04 万头；羊年末存栏数 2.47 万只，较上年减少 0.01 万头；家禽和兔年末存栏数 0.05 万只，较上年减少 0.06 万只。

肉类总产量 1 823 吨，较上年增加 75 吨；牛奶产量 5 248 吨，较上年增加 309 吨，主要是农垦企业集团化发展，增加了纳入管理的产奶点。禽蛋产量 2 吨，与上年持平。蚕茧产量 25 吨，较上年增加 2 吨。

全年淡水养殖面积 4 公顷，水产品产量 9 吨，较上年减少 2 吨。

全年实现农林牧渔业总产值 16 950 万元，较上年增加 7 834 万元，主要是西昌农垦有限责任公司发展为农业集团公司，纳入核算的下属农业企业增加。其中：农业产值 11 873 万元，林业产值 26 万元，牧业产值 5 041 万元，渔业产值 10 万元。全年农林牧渔服务业产值 107 万元。农林牧渔业商品产值 16 587 万元，较上年增加 7 471 万元。

全年植树造林 1 公顷；木材采伐 300 米^3，较上年增加 50 米^3。森林覆盖率 8.4%。

提高农场农牧业生产效率，提高农业机械化使用程度。2017 年四川农垦保有农业机械总动力 2 129千瓦，较上年增加 25 千瓦，拥有农牧业机械 133 台（套），较上年增加 20 台（套）。发展设施农业，拥有大棚 3.66 万米^2，较上年增加 0.36 万米^2。保护环境、休养土壤，全年使用化肥 614 吨，较上年略增。

三、第二产业

发展环境友好型产业，加大第二产业的转型升级，积极配合地方政府环境保护政策执行。对污染当地环境的重工业企业关停并转，引导、支持企业发展清洁能源产业和利用农场地理区位优势发展养老产业。全年工业企业有 8 家，均为轻工业，其中：国有 4 家，非国有企业 4 家。全省农垦规模以上企业 1 家。全年农垦工业企业主营业务收入 23 852.07万元，实现利润 1 342.57 万元，较上年增加 590.57 万元，同比增长 78.5%，主要是一亏损企业改制，不再纳入统计范畴。实现工业总值 27 383.8 万元，较上年减少 1 179.2 万元，同比下降 4.1%。从工业主要行业划分看：酒、饮料和精茶制造业 26 807 万元，较上年增加 906 万元；纺织业 576.8 万元，较上年增加 47.8 万元；减少了食品制造业、电力生产。从所有制形式划分看：国有工业总产值 4 582.8 万元，占工业总产值 16.7%，较上年上升 14.4 个百分点；非国有工业总产值 22 801 万元，占工业总产值 83.3%。

因企业改制四川全省农垦已无建筑企业和运输业。

四、第三产业

第三产业受政策影响，发展放缓。2017 年年末餐饮业、服务业营业单位总个数 3 个，与上年相同，其中：从事住宿餐饮业 1 家，从事服务业 2 家；年末从业人员 65 人 ；拥有固定资产原值 525 万元，较上年增加 17 万元；营业用房总面积 4 800 米^2；实现销售或营业收入 354 万元，较上年增加 12 万元。

四川农垦企业无批发零售企业。

五、固定资产投资

助力农垦产业发展，开展农垦企业标准化基地建设、更新设备、引进新品种。四川农垦全年完成固定资产投资 494 万元，较上年增加 168 万元，全部为第一产业投资，投资于马铃薯脱毒基地建设、发展肉牛饲养和淘汰奶牛品种、更新茶叶加工设备。争取多渠道融资，从资金来源看投资额，其中：国家预算内资金 160 万元（农垦扶贫资金），占总投资额的 32.4%；自筹资金 233 万元，占总投资额的 47.2%；其他资金 101 万元，占总投资额的 20.4%。2017 年新增固定资产 494 万元。

六、人口、职工和劳动报酬

年末全垦区总人口 12 454 人，其中少数民族人口 7 075 人，全年出生人口 45 人，年内死亡人口 47 人，年内农垦平均人口 11 206 人。年末全垦区总人口较上年减少 677 人，一是较上年减少 2 个统计农场的因素，二是阿坝藏族羌族自治州（简称阿坝州）各农场按照“三资”清理要求，对农场人口进行了全面核实清理，纠正了以前的错误统计。

年末社会从业人员 5 854 人，扣除统计农场减少因素和阿坝州统计纠正的影响，较上年实际减少 65 人。其中第一产业 5 182 人，第二产业 525 人，第三产业 147 人，分别占社会劳动从业人员总数的 88.5%、8.9%、2.6%。第一从业人员占比较上年有所上升，第二产业从业人员占比较上年有所下降，第三产业从业人员占比与上年持平。

农垦经济效益持续增长，从业人员劳动报酬、农场职工社会保障继续得到提高。年末职工 5 826 人，其中：在岗职工 2 070 人，其他人员 3 756 人。全年从业人员劳动报酬 8 840.23 万元，其中：在岗职工劳动报酬 6 280.63 万元，其他从业人员劳动报酬 2 559.6 万元。人均年收入 7 098 元，较上年增加 431 元，增长 6.5%；职均年收入 30 341 元，较上年增加 1 851 元，增长 6.5%。

七、非国有经济

非国有农垦企业稳定发展，经济效益持续增长。2017 年年末非国有经营单位 4 个，较上年减少 1 个，非国有经济实现生产总值 7 712 万元，其中：第一产业增加值 619 万元，第二产业增加值 7 093万元，分别占非国有经济总量的 8%和 92%，与上年比较，第一产业占比增加 0.2 个百分点；无第三产业。年末非国有经济从业人员 748 人，其中：第一产业 246 人，第二产业 657 人；年末非国有经济从业人员较上年减少 155 人，是减少了一个统计企业的人数。从业人员劳动报酬 2 429 万元；非国有从业人年均收入 32 473 元，扣除统计减少企业的因素，人均年收入较上年增加 711 元。全年实现利税 3 711 万元，较上年增加 287 万元，其中：税金 2 239 万元，较上年减少 338 万元；利润 1 472 万元，较上年增加 625 万元。

八、农垦科研、教育、农产品认证情况

2017 年年末有场直属科研单位 1 个，进行酿酒研发，从业人员 84 人，其中科技人员 73 人。科技经费 204 万元，较上年减少 76 万元，其中国家拨款 6 万元，企业自筹 198 万元。

按照农业部农垦局的总体部署和要求，四川省农垦（农场）办社会职能改革已完成。凉山彝族自治州木里县藏族小学两个教学点已由当地政府接受，教职工和在校学生得到了妥善安置。四川农垦 2017 年年末无各类型、不同层次教育的学校，无医院、疗养院。

截至 2017 年年末，垦区认证了 5 个茶叶类绿色、有机食品和无公害食品，带动农户 5 650 户。已认证 A 级绿色食品面积 167 公顷，产量 100 吨；已认证有机食品面积 282.2 公顷，产量 227 吨；已认证无公害食品面积 113 公顷，产量 125 吨。

贵州农垦2017年经济和社会发展统计公报

贵州省农业厅农垦局

2017年，贵州农垦系统在党中央、国务院和省委、省政府的关怀下，全面开展了农垦改革工作，基本完成垦区农场土地权籍调查，在产业上调整和优化种植业、养殖业结构。经过全系统广大干部职工的共同努力，2017年保持了经济增长的好势头，人均收入水平得到大幅提高，农场竞争力得到较大提高，经济和社会发展取得了较好的成绩，全垦区生产总值6.11亿元，比上年增加0.81亿元，实现盈利2 910万元，比上年增加2 190万元，实现贵州垦区连续15年盈利。

一、基本情况

2017年贵州省垦区有农垦企业37个，和2016年持平；农垦年末总人口为24 538人，比上年增加693人，主要原因为统计口径变化，将劳务派遣工及家属进行了统计，年末在职职工总数为4 236人，比上年减少138人；人均纯收入9 112元，比上年增加1 282元，增长16.3%。

二、农业情况

农牧渔业总产值54 645万元（现价），比上年增加8 108万元，增长17.4%，原因：一是贵州省垦区奶牛场近两年来大规模更新奶牛种群和新加工厂全面投产，牛奶产品质量大幅增加；二是贵阳市垦区合并成立集团公司后，统计口径变化，2018年预计还将以两位数幅度增长。垦区总面积17 208公顷，与上年没有变化，农作物播种面积2 655公顷；粮食产量6 618吨，比上年均有小幅增加；茶叶产量5 340吨，比上年增加220吨；水果产量16 182吨，比上年增加3 217吨，贵州垦区水果产量首次突破1.5万吨；牛奶产量50 112吨，与上年相比没有变化；奶牛存栏数1.5万头，比上年减少0.21万头，原因为2017年继续淘汰了大量的低产奶牛。

三、工业情况

工业总产值83 574万元（现价），比上年增加12 640万元，增长17.8%。原煤产量为0，原因为贵州垦区唯一煤矿2015年5月份再次冒顶停工至今，预计2020年以前仍难以恢复生产。混合饲料产量19 820吨，比上年略有减少，原因是贵州大幅缩减网箱养鱼，导致鱼饲料生产销售大幅下滑，目前该企业已征地建设10万吨饲料生产厂。名优茶产量超过1 400吨。水电发电量120万千瓦时，与上年持平。

四、评价

1. 主要问题

2017年，贵州农垦总体形势保持良好势头，自然灾害的影响较2016年小，其中水果获得历史上最大丰产，为历史最高水平，全垦区继续保持盈利。在农垦系统进入社会养老统筹后，虽然保障了退休职工的养老金，但企业缴费负担仍然十分沉重，部分企业不能按时缴纳社保基金现象仍然存在，特别是职工医疗保险方面，因没有统一政策，各农垦农场入保方式、补贴水平不一，职工困难较大；各地区企业办社会职能因为各方面原因暂时不能剥离，企业负担仍然严重；垦区危房改造全面推进后，职工出现大面积借债建房，负债较高，这些已成为制约贵州省农垦企业进一步发展的主要因素。

2. 发展形势

2017年，贵州农垦在加大企业改革力度的情况下，通过经济转向，着重加大了效益明显的产业投入，特别是乳业、茶业和水果业有较大的发展，茶叶生产由以往的生产普通茶转向生产名优茶为主，质量得到提高，因而增加了产品的附加值，提高了经济效益；乳业在得到地方政府支持后，2017年淘汰了老弱种牛0.52万头，新增的优质品种奶牛0.41万头已全面投产，单产明显超过原有牛群，2018年计划再增加0.3万头高产奶牛。

云南农垦2017年经济和社会发展统计公报

云南省农垦局

2017年，在省委、省政府的正确领导下，农垦各级各单位深入贯彻习近平新时代中国特色社会主义思想，全面贯彻落实党中央、国务院和省委、省政府关于农垦工作的决策部署，团结带领广大职工群众攻坚克难、开拓创新，勇于担当、扎实工作，农垦改革不断深化，经济平稳发展，社会和谐稳定。

一、垦区生产总值继续保持持续增长态势，整体经济形势良好

第一、二、三产业同比均有不同程度增长。

2017年云南农垦实现生产总值（现价，下同）65.80亿元，同比增长12.4%。其中第一产业增加值35.41亿元，同比增长18.6%；第二产业增加值5.44亿元，同比增长27.1%；第三产业增加值24.95亿元，同比增长2.3%。

2017年云南农垦一、二、三产业比重为53.8∶8.3∶37.9。

全年共完成工农业总产值94.30亿元，其中工业总产值22.13亿元，农业总产值72.17亿元，同比分别增长23.1%、16.9%、25.1%（表1）。

二、农业保持稳定增长，垦区主要农作物种植规模稳定、多数农产品产量不同程度增长，但橡胶、茶叶因灾减产

2017年云南农垦实现农业总产值72.17亿元（现价，下同），同比增长25.6%。其中种植业产值16.79亿元，同比增长11.7%；林业产值18.30

表1 云南农垦2017年生产总值

指标名称	计量单位	2017年	2016年	同比增加量	同比增长（%）
垦区生产总值	万元	658 032	585 417	72 615	12.4
第一产业	万元	354 129	298 692	55 437	18.6
第二产业	万元	54 409	42 799	11 610	27.1
其中：工业	万元	50 880	40 247	10 633	26.4
第三产业	万元	249 494	243 926	5 568	2.3
第一产业比重	%	53.8	51.0	2.8	
第二产业比重	%	8.3	7.3	1.0	
第三产业比重	%	37.9	41.7	−3.8	
工农业总产值	万元	942 994	766 316	176 678	23.1
工业总产值	万元	221 304	189 326	31 978	16.9
农业总产值	万元	721 690	576 990	144 700	25.1
其中：橡胶综合产值	万元	47 221	356 721	110 500	31.0

表 2　云南农垦 2017 年农业产值情况

指标名称	计量单位	2017 年	2016 年	同比增长量	同比增长（%）
农业总产值	万元	721 690	574 796	146 894	25.6
一、种植业产值	万元	167 907	150 289	17 618	11.7
二、林业产值	万元	183 038	188 360	−5 322	−2.8
其中：橡胶产值	万元	154 547	172 203	−17 656	−10.3
三、牧业产值	万元	42 911	40 521	2 390	5.9
其中：肉类产值	万元	34 051	33 826	225	0.7
四、渔业产值	万元	13 110	11 573	1 538	13.3
五、农林牧渔专业及辅助活动	万元	314 723	184 052	130 670	71.0
公有经济农业总产值	万元	498 231	370 054	128 177	34.6
非公及管区经济农业总产值	万元	223 458	204 742	18 716	9.1

亿元，同比下降 2.8%；牧业产值 4.29 亿元，同比增长 5.9%；渔业产值 1.31 亿元，同比增长 13.3%，农林牧渔专业及辅助活动产值（原农林牧渔服务业产值）31.47 亿元，同比增长 71.0%。

水果、蔬菜瓜果、肉类、水产品等主要农产品产量有不同幅度的增长。面对天然橡胶因灾减产及长期价格低迷的状态，垦区各级、各单位在稳定传统优势产业的基础上，着力调整优化农业产业结构，积极加快热带特色农业发展步伐，反季节蔬菜、热带水果、畜牧业、渔业、农林牧渔服务业等特色产业呈现良好的发展态势（表 2）。

1. 橡胶种植面积、投产面积有所下降，产量因灾同比减少

2017 年年末，垦区共种植橡胶 146 968 公顷（含农垦非公经济及农垦控制的境外胶园面积），比上年下降 1.1%。其中公有橡胶 117 685 公顷，比上年下降 0.8%。2017 年橡胶平均开割面积 98 982 公顷，同比下降 5.1%（表 3）。

表 3　云南农垦 2017 年橡胶生产情况

指标名称	计量单位	2017 年	2016 年	同比增长量	同比增长（%）
年末橡胶面积	公顷	146 968	148 605	−1 637	−1.1
其中：公有橡胶	公顷	117 685	118 641	−956	−0.8
年末橡胶株数	万株	5 491.0	5 525.1	−34.1	−0.6
其中：公有橡胶	万株	4 203.9	4 172.5	31.4	0.8
平均开割面积	公顷	98 982	104 355	−5 373	−5.1
平均开割株数	万株	3 390.8	3 446.5	−55.7	−1.6
橡胶总产量	吨	135 440	151 557	−16 117	−10.6
其中：公有橡胶	吨	106 132	123 819	−17 687	−14.3
橡胶平均亩产	千克	90.1	96.8	−6.7	−6.9
橡胶平均株产	千克	4.0	4.4	−0.4	−9.1
收购加工橡胶	吨	225 069	167 494	57 575	34.4

2017 年垦区生产橡胶 13.54 万吨，同比减少 1.61 万吨，同比下降 10.6%，减产的主要原因是垦区部分农场遭受严重橡胶白粉病及雨量较往年增加导致停割；其中公有橡胶产量 10.61 万吨，同比减少 1.77 万吨，下降 14.3%。全垦区橡胶平均亩产 90.1 千克，平均株产 4.0 千克，同比分别下降 6.9%、9.1%。

2017 全年收购加工橡胶 22.51 万吨，同比增长 34.4%。但生产成本居高不下，2017 年垦区橡胶平均生产成本约为 1.75 万元/吨，高于年平均销售价格。

2017 年橡胶价格比上年虽然有所回升，但依旧低迷。2013 年橡胶销售均价为 18 300 元，2014 年为 12 725 元，2015 年为 11 266 元，2016 年为 11 029 元，2017 年为 13 854 元。

2. 茶叶种植面积稳定，产量下降，产值同比增加

2017 年年末垦区茶叶种植面积 4 645 公顷，与上年基本持平。全年生产干毛茶 10 255 吨，同比减少 694 吨，下降 6.4%。实现产值 1.93 亿元，同比增长 3.6%。

3. 水果种植面积、产量、不同程度增加，但产值基本保持上年水平

垦区各级、各农场积极调整产业结构，扎实推动热作示范园建设，水果种植面积持续扩大。东风农场东试早柚子、河口四农场的香蕉、弥勒东风农场的葡萄、堂上农场的柑橘、勐底农场的芒果已成为农垦优质水果的龙头。

2017 年垦区水果种植面积达到 14 134 公顷，同比增加 1 606 公顷，增幅为 12.8%。水果产量 28.46 万吨（其中：香蕉 17.07 万吨、柑橘橙柚 1.66 万吨、葡萄 4.58 万吨、菠萝 2.46 万吨、芒果 1.49 万吨），同比增加 3.28 万吨，增长 13.0%。实现产值 7.28 亿元，同比增长 0.03%。增产不增收的主要原因是香蕉及葡萄价格比上年大幅下降。

4. 糖料（甘蔗）的种植面积保持稳定，产量、产值不同程度增长

2016/17 榨季垦区种植甘蔗 4 130 公顷，基本保持上年水平，整个榨季产甘蔗 43.23 万吨，同比增长 6.4%。实现产值 1.87 亿元，同比增长 5.5%。

5. 蔬菜种植面积、产量、产值均大幅增长

2017 年垦区蔬菜种植面积 2 681 公顷，同比增长 36.6%；产量 7.05 万吨，同比增长 67.2%；实现产值 2.71 亿元，同比增长 77.7%。

6. 因调整产业结构调整，粮食种植面积、产量、产值均不同程度下降

2017 年垦区粮食种植面积 9 470 公顷，同比下降 8.8%；生产粮食 5.91 万吨，同比下降 7.8%。实现产值 1.74 亿元，同比下降 4.6%。

7. 畜牧业、渔业生产与上年相比不同程度增长

由于畜牧业、渔业增收效果显著，垦区各单位加大畜牧业、渔业发展力度。2017 年垦区肉类总产量为 1.26 万吨，同比增长 1.2%。实现牧业产值 4.29 亿元，同比下降 1.99%，下降原因为肉类价格下跌。

全年生产水产品 9 940 吨，同比增长 10.5%；实现渔业产值 1.31 亿元，同比增长 13.3%。

云南农垦非胶农业生产情况见表 4。

表 4　云南农垦非胶农业生产情况

指标名称	计量单位	2017 年	2016 年	同比增长量	同比增长（%）
粮食播种面积	公顷	9 470	10 393	−923	−8.88
粮食总产量	吨	59 125	64 152	−5 027	−7.84
粮食产值	万元	17 402	18 246	−844	−4.63
甘蔗种植面积	公顷	4 130	4 135	−5	−0.12
甘蔗产量	吨	432 282	406 107	26 175	6.45
甘蔗产值	万元	18 701	17 732	969	5.46
蔬菜瓜果种植面积	公顷	2 681	1 962	719	36.65
蔬菜瓜果产量	吨	70 582	42 218	28 364	67.18

（续）

指标名称	计量单位	2017年	2016年	同比增长量	同比增长（%）
蔬菜、瓜果产值	万元	27 157.0	15 283	11 874	77.69
茶叶种植面积	公顷	4 645	4 655	−10	−0.21
茶叶产量	吨	10 225	10 919	−694	−6.36
茶叶产值	万元	19 254	18 578	676	3.64
水果种植面积	公顷	14 134	12 528	1 606	12.82
水果总产量	吨	284 863	252 093	32 770	13.00
水果产值	万元	72 802	72 782	20	0.03
咖啡种植面积	公顷	974	1 015	−41	−4.04
咖啡产量	吨	1 490	1 446	44	3.04
咖啡产值	万元	1 890	1 949	−59	−3.03
澳洲坚果种植面积	公顷	2 403	2 075	328	15.81
澳洲坚果产量	吨	1 247	986	261	26.47
澳洲坚果产值	万元	4 439	2 482	1 957	78.85
石斛种植面积	公顷	94	96	−2	−2.08
石斛产量	吨	478	375	103	27.47
石斛产值	万元	4 606	2 989	1 617	54.10
热带亚热带作物产值	万元	11 262	7 887	3 375	42.79
肉类总产量	吨	12 595	12 443	152	1.22
禽蛋产量	吨	6 645	6 366	279	4.38
牧业产值	万元	42 911	43 784	−873	−1.99
水产品产量	吨	9 940	8 991	949	10.55
渔业产值	万元	13 110	11 573	1 537	13.28

三、第二产业保持了增长且增幅大幅提升

工业增加值、工业总产值、盈利同比均不同程度增长，建筑业同比增长。

云南农垦2017年主要工业产品产量见表5。

表5　云南农垦2017年主要工业产品产量

指标名称	计量单位	2017年	2016年	同比增长量	同比增长（%）
食糖	吨	55 486	56 754	−1 268	−2.2
酒精	吨	62	1 143	−1 081	−94.6
发电量	万千瓦时	44 193	41 084	3 109	7.6
各种胶鞋	万双	292	360	−68	−18.9
锯材及人造板材	米^3	53 444	61 695	−8 251	−13.4
精制茶	吨	9 561	9 401	160	1.7
马铃薯片	吨	1 539	1 326	213	16.1
咖啡粉	吨	83	149	−66	−44.3
水泥	吨	285 036	238 405	46 631	19.6

（续）

指标名称	计量单位	2017 年	2016 年	同比增长量	同比增长（%）
钢模板	吨	12 092	8 022	4 070	50.7
汽车配件	套	9 116	8 784	332	3.8
热作机械	台	270	210	60	28.6

2017 年垦区共完成第二产业增加值 5.44 亿元，同比增长 27.1%，其中工业增加值 5.09 亿元，同比增长 26.4%。2017 年垦区共实现工业总产值 22.13 亿元，比上年增长 3.20 亿元，同比增长 16.9%，其中国有企业实现工业总产值 13.79 亿元，比上年增加 2.68 亿元，同比增长 24.1%。

发电量、精制茶、马铃薯片、水泥、钢模板、汽车配件、热作机械等均保持了增长。

2017 年垦区各工业企业加大销售力度，各工业企业全年完成工业销售产值 22.60 亿元，同比增长 15.5%。工业品产销率为 102.1%，比上年下降 1.2 个百分点。工业企业经济效益进一步好转，垦区各类工业企业全年实现利润同比大幅度增长。垦区各类工业企业全年实现利润 7 548 万元，同比增加 4 844 万元，增长 179.1%。

2017 年垦区各类建筑业实现增加值 3 529 万元比上年增加 977 万元，同比增长 38.3%。

四、第三产业保持继续增长态势，但增速趋缓

2017 年全垦区第三产业实现增加值 24.95 亿元，比上年增加 0.56 亿元，同比增长 2.3%。

1. 交通运输业收入同比增长，利润、上缴税金不同幅度下降

2017 年垦区拥有各类主要运输工具 8 283 辆，交通运输业实现营业收入 39 691 万元，同比增长 7.7%。实现利润 7 650 万元，同比下降 40.9%。上缴税金 912 万元，同比下降 54.0%。

2. 批发零售贸易业收入同比增长，利润、上缴税金不同幅度下降

2017 年垦区批发零售贸易业实现营业收入 175.79 亿元，同比增长 33.7%。实现利润 2.53 亿元，同比下降 8.3%。上缴税金 4 697 万元，同比下降 44.3%。

3. 住宿和餐饮业同比增长，利润、上缴税金不同幅度下降

2017 年垦区住宿和餐饮业营业收入 49 371 万元，同比增长 5.0%。实现利润 9 359 万元，同比下降 24.7%。上缴税金 1 978 万元，同比下降 24.7%。

4. 服务业收入、利润、上缴税金均不同程度下降

2017 年垦区服务业实现营业收入 49 788 万元，同比下降 2.4%。实现利润 14 960 万元，同比下降 15.2%。上缴税金 1 710 万元，同比下降 28.2%。

五、固定资产投资同比下降，但第一、第二产业投资同比依然大幅增长

2017 年，全垦区固定资产投资总额为 9.08 亿元，比上年减少 6.77 亿元，同比下降 42.7%，主要原因是第三产业投资同比大幅度下降。第一产业投资额 2.79 亿元，比上年增加 5 827 万元，同比增长 26.4%。2017 年垦区橡胶生产投资额 1.87 亿元，比上年增加 4 660 万元，同比增长 33.2%；第二产业投资额 1.70 亿元，同比增长 98.8%；第三产业投资额 4.58 亿元，同比下降 64.1%。

全垦区国有经济投资额为 7.14 亿元，比上年减少 8 794 万元，同比下降 11.0%。第一、二、三产业投资额分别为 2.61 亿元、1.07 亿元、3.46 亿元，增幅分别为 31.7%、28.6%、−33.5%。

六、垦区从业人员年均收入继续增长

2017 年垦区劳动者年均收入 1.79 万元，同比增长 13.5%。从业人员年均劳动报酬 1.68 万元，同比增长 13.2%。

七、非公经济及管区经济同比有所下降

2017 年云南垦区非公经济及管区经济实现生产总值 30.79 亿元，占垦区生产总值的 46.8%，非公

经济及管区经济生产总值同比下降 6.1%。其中第一产业 12.74 亿元、第二产业 1.34 亿元、第三产业 16.72 亿元，增速分别为 2.1%、8.6%、−11.6%。

非公经济及管区经济劳动报酬 13.68 亿元，比上年减少 3.34 亿元，同比下降 19.6%。

非公经济及管区经济实现利润 9.60 亿元，比上年增加 1.39 亿元，同比增长 17.0%。

非公经济及管区经济上缴税金 8 964 万元，比上年减少 4 711 万元，同比下降 34.4%。

陕西农垦 2017 年经济和社会发展统计公报

陕西省农垦集团有限责任公司

2017 年，在农业部农垦局的正确领导下，以党的十八大以来的路线方针政策和党的十九大精神为指导，认真贯彻落实中共中央、国务院和省委、省政府农垦改革文件精神，以现代农业建设为主线，以促进经营提升为抓手，主动适应引领经济新常态，推进农业供给侧结构性改革，实现了重点工作稳序推进、改革措施落地实施、主导产业初具雏形、美丽农场基础呈现、社会民生协同发展的良好态势。

2017 年全省农垦实现国民生产总值 47 568 万元（现价，下同），同比增长 9.41%。其中：第一产业增加值 25 962 万元，同比下降 15.9%；第二产业增加值 13 665 万元，同比增长 177.12%；第三产业增加值 7 941 万元，同比增长 3.47%。

全省实现农业总产值 42 336 万元，农林牧渔服务业总产值 3 848 万元，工业总产值 25 065 万元。

一、农业

一是经济发展持续加快，增幅实现超常规。各主要经营单位经营业绩突出，主要营收和利润都有较大幅度的提升。其中：华阴农场实现营业收入 7.908 亿元，同比增长 97.07%；实现利润总额 865 万元，同比增长 43.69%。沙苑农场实现营业收入 4.08 亿元，同比增长 20.74%；实现利润 714 万元，同比增长 27.27%。朝邑农场实现营业收入 3.92 亿元，同比增长 106.03%；实现利润 402 万元，同比增长 43.57%。大荔农场实现营业收入 1.38 亿元；实现利润 95 万元，同比增长 63.49%。

二是种植结构不断调整，生产呈现多样化。农业种植结构调整不断推进，青贮玉米占到农场玉米种植面积的 2/3 以上。沙苑农场引进试种的 9.67 公顷水稻新品种，获得了有益的实践尝试；与林雨农业科技公司合作开展智能温室和日光温室有机蔬菜种植，无土栽培试种成功。华阴农场合阳葡萄基地系列葡萄产品获得品牌和品质双丰收；新栽植 66.67 公顷甜柿子长势良好。这些都成为省农垦集团结构调整的新举措和新的经济增长点。

三是对外合作逐步扩大，贸易成为新亮点。在省农垦集团与江苏农垦、重庆农垦实现大项目合作带动下，各农场积极行动，对外合作领域不断扩大，种植业和贸易均取得了较好成效。华阴农场在新疆种植棉花 1 133.33 公顷，在内蒙古种植马铃薯、玉米 333.33 公顷，均获得较好收益。粮食贸易方面，沙苑农场和华阴农场在新疆、东北都开创了成功的商贸实践，两个农场共计实现贸易额 7.4 亿元。

四是主导产业有序推进，发展进入新阶段。现代乳业从 4 年前开始起步，到现在成为全国领先和省内标杆。其中，中垦乳业华山牧场存栏奶牛 8 648头，2017 年实现收入 2.12 亿元，利润 1 214 万元；中垦乳业渭南 30 万吨乳制品加工基地 2017 年 3 月 28 日投产以来，其生产的“华山牧”牌乳品进入市场，实现销售收入 4 000 万元。现代种业在基础建设、品种培育和品牌推广等方面多管齐下，积累了巨大发展潜力。特色果蔬业和现代休闲旅游业亮点纷呈，朝邑农场冬枣设施大棚、其他 3 个农场大樱桃基地、华阴农场合阳红提基地等发展成效显著。“朝丰”牌冬枣、“遇见安红”牌红提、“英考”牌大樱桃等品牌建设逐步提升。英考公司鸵鸟王现代农业庄园初具运营条件，被省农业厅认定为首批省级休闲农业示范点之一；中垦乳业华山牧场被农业部评选为全国首批 8 个休闲观光牧场之一。

2017 年陕西农垦共产粮食 91 830 吨。主要农作物产量如下：稻谷 363 吨，小麦 36 776 吨，玉米 43 594 吨，大豆 1 304 吨。油料合计 1 057 吨，其中花生 418 吨，向日葵 639 吨。棉花 75 吨，水果总产量 8 646 吨，蔬菜、瓜类 37 927 吨。

2017 年农垦克服畜禽类疫病影响，共生产牛奶 3 503 吨，肉类 1 130 吨，禽蛋 48 吨，水产品 43 吨。存栏奶牛 0.1 万头，猪 1.25 万头，羊 4.11 万只。

二、工业

农垦是一个特殊的社会经济系统，具有企业性、社会性、区域性等多重特征。要准确把握农垦的这些行业特征和内在规律，在农业部农垦局的宏观指导和有关配套政策的支持下，借鉴兄弟垦区的成功经验，积极稳妥地推进工业体制改革。

2017 年全省共实现工业总产值 25 065 万元。

2017 年主要工业产品产量有：原煤 596 447 吨，液体乳 2 910 吨。

三、商贸服务业

2017 年年末商业经营单位 29 个，商品销售总额 409 万元。住宿餐饮业年末经营单位 22 个，营业收入 1 115 万元。服务业经营单位 18 个，营业收入 4 266 万元。

四、固定资产投资

全省农垦固定资产投资 14 870 万元，其中：第一产业 9 515 万元，占投资总额的 63.99%；第二产业 2 472 万元，占投资总额的 16.62%；第三产业 2 883 万元，占投资总额的 19.39%。

按投资来源划分，国家预算内资金 348 万元，自筹资金 14 522 万元。当年新增固定资产 4 696 万元。

五、劳动工资、人口

2017 年年末农垦社会从业人员 9 061 人，其中：第一产业 7 313 人，第二产业 399 人，第三产业 1 349人，分别占总数的 80.71%、4.4%、14.89%。

农垦从业人员中，国有经济从业人员 4 745 人，劳动报酬 12 839 万元。其中：在岗职工 4 020 人，劳动报酬 12 309 万元；其他从业人员 725 人，劳动报酬 530 万元。农场的国有经济从业人员有 4 387人，劳动报酬 11 505 万元。全年人均纯收入 10 005 元。

六、科研、文教、卫生

农垦现有医疗单位 11 个，医院 11 所，病床 253 张，从业人员 158 人，其中：医生 50 人。

近两年来，农垦办中小学校部分移交地方政府，农垦现有学校 1 所，教职工 25 人，其中：教师 25 人。在校生 1 943 人，当年新招生 540 人，当年毕业生 271 人。

甘肃农垦2017年经济和社会发展统计公报

甘肃农垦集团有限责任公司

2017 年，甘肃农垦深入学习贯彻党的十九大精神和习近平新时代中国特色社会主义思想，以新发展理念为指导，把方向、管大局、保落实，抓当前、谋长远，担负职责使命，统筹开展了调查研究、摸清家底；狠抓生产、强化经营；建章立制、推动改革；规范管理、防范风险；处理积弊、保持稳定；整改提高、加强党建等各项重点工作，取得了阶段性成效，垦区经济社会保持了稳定有序运行。

一、总体情况

2017 年，面对经济下行压力加大，部分行业市场需求不足、产能过剩、产品价格低位运行等诸多不利因素，千方百计降成本增效益，但由于主客观多方面的因素影响，未能全面完成本年度的经营目标任务。

垦区全年实现国内生产总值 14.11 亿元，比上年增加 0.45 亿元，增长 3.3%。其中：第一产业增加值 7.83 亿元，比上年减少 0.35 亿元，下降 4.24%；第二产业增加值 4.25 亿元，比上年增加 0.14 亿元，增长 3.41%；第三产业增加值 2.04 亿元，比上年增加 0.7 亿元，增长 47.63%。第一、二、三产业增加值占垦区生产总值的比重分别为 56%、30%、14%，第一产业增加值占垦区生产总值的比重较上年下降 4%，第三产业增加值占垦区生产总值的比重较上年增长 4%，调结构转方式效果明显。全年实现营业收入 44.74 亿元，增长 14.75%。

二、第一产业

2017 年，垦区持续完善农业生产体系建设，坚定不移地推进“三大一化”，持之以恒地推进“三统一经营”。切实发挥农机农艺的高度融合，精准供应、节本降耗，提高产量、提高品质。垦区内“激光平地、配方施肥、干播湿出、种子包衣、精量播种、机械移栽、化学除草、生物防治、统防统治、残膜回收利用”等先进农业技术大规模推广应用，构建了完善的田管技术统筹体系。通过不断强化垦区职工及管理人员专业知识培训，持续提高广大职工的专业技术水平和管理水平。

围绕百亿元现代农业企业集团建设目标，推进资源整合，发展壮大特色优势产业。谋划重点产业发展思路，研究制定了《甘肃农垦整合重组打造大型现代农业企业集团实施方案》，规划发展食品加工、生物医药、马铃薯、草食畜牧、酿酒葡萄、玉米制种、商贸流通、农业服务八个特色优势产业。围绕主导产业积极推进内部资产资源重组，打造主业突出、特色鲜明、产业链完整、市场竞争力强的产业集团，促进产业发展。截至 2017 年年底，葡萄酒产业“莫高”葡萄酒产销能力位居全省第一，品牌价值达 136.95 亿元，位列全国葡萄酒品牌前三位；牧草产业建成 14.67 千公顷优质苜蓿草基地，被农业部列为高产优质苜蓿基地，龙头企业田园牧歌草业集团为国内最大的苜蓿草生产企业；马铃薯产业组建了亚盛薯业集团，对所属马铃薯企业进行整合，建设万吨马铃薯全粉生产项目，打造全省马铃薯加工龙头企业；果品蔬菜产业建成了面积达 10 千公顷的优质生产基地；畜牧产业投资 4.5 亿元的天牧乳业万头奶牛养殖项目已投产运营，现存栏奶牛 6 000 多头，年产销鲜奶 2 万吨。

农业企业普遍面临资源环境约束趋紧、成本攀升与价格低迷、农产品价低卖难等共性问题，再加上受自然灾害的影响，农业经营面临的挑战和困难不断增加。2017 年受低温、冰雹等自然灾害和极端天气影响，垦区受灾面积达 25.33 千公顷，直接经济损失 1 亿多元。全年完成农作物种植面积 69.71 千公顷，比上年增加 5 千公顷，增长 7.82%；粮食作物种植面积 23.33 千公顷，比上年增加 2.8 千公顷，增长 13.77%；果园面积 3.8 千公顷，比上年减少 0.07 千公顷，下降 1.82%；果品产量5.6万吨，比上年减少0.1万吨，下降0.53%。

主要作物种植面积见表1，主要农产品产量见表2，牲畜年末存出栏总数及主要畜产品产量见表3。

表1 主要作物种植面积

指标名称	计量单位	面积	比上年增长（%）
小麦	千公顷	4	−9.23
玉米	千公顷	12.36	10.70
豆类	千公顷	0.26	−3.40
薯类	千公顷	5.5	49.12
棉花	千公顷	4.32	3.60
油料	千公顷	5.04	−29.34
药材	千公顷	2.98	−32.75
牧草	千公顷	18.97	30.55

表2 主要农产品产量

指标名称	计量单位	产量	比上年增长（%）
小麦	万吨	2.3	−3.25
玉米	万吨	14.55	42.33
豆类	万吨	0.02	−70.58
薯类	万吨	9.75	740
棉花	万吨	0.77	68.67
油料	万吨	2.06	−11.01
牧草	万吨	23.94	20.18

表3 牲畜年末存出栏总数及主要畜产品产量

指标名称	计量单位	数量	比上年增长（%）
猪年末存栏	万头	1.18	−0.84
猪年末出栏	万头	1.56	−11.36
牛年末存栏	万头	1.45	0.69
牛年末出栏	万头	0.34	−12.82
羊年末存栏	万头	18.12	−7.79
羊年末出栏	万头	13.00	12.85
家禽年末存栏	万只	21.33	−10.00
肉类总产量	吨	4 486	8.86
禽蛋产量	吨	2 164	−3.91
牛奶产量	吨	30 306	47.46

三、第二产业

2017年，垦区共有工业企业46个，其中：规模以上企业9个。全年实现工业总产值（现价）11.37亿元，比上年增加1.2亿元，增长11.95%；工业销售产值11.66亿元，比上年增加1.13亿元，增长10.76%；主营业务收入12.46亿元，比上年减少0.007亿元，下降0.06%。利润总额−6 389万元。

通过产业调整，股改设立了普安股份公司，整合垦区特药医药企业，集中打造药材、中药饮片、原料药和中成药及保健品生产开发为特色的医药全产业链企业，作为拟上市公司培育，主要产品宣肺止嗽合剂年产量达到1 100万瓶，并出口吉尔吉斯斯坦等中亚国家。同时，因受内外部环境影响，导致第二产业整体运行效益下滑，药物碱厂受国家特药（百号）收购计划大幅调减的影响，收入利润大幅下滑；宏远电站受生态保护要求调整蓄水方案和电价下调等影响，收入、利润大幅下降；西部水泥公司在加快产品结构调整上提前做好准备，但受市场供需影响，销售量和收入同步下降。

垦区建筑业共有单位3个，其中国有及国有控股单位2个，通过规范工程承揽的合规性及业务拓展，全年实现增加值0.19亿元，比上年增加0.04亿元，增长24.48%，年末垦区建筑业从业人员1 196人，全年施工建筑房屋面积9.5万米^2，其中新开工面积6.09万米^2。

四、第三产业

全年垦区实现第三产业增加值2.04亿元，比上年增加0.7亿元，增长47.63%。

运输业受市场影响因素，全年实现增加值0.06亿元，比上年减少0.007亿元，下降10.88%。年末垦区运输业从业人员72人，拥有各种运输车辆55台，全年完成货运量56.67万吨，客运量11.71万人。

批发零售业全年实现增加值0.49亿元，比上年增加0.1亿元，增长29.13%。年末批发零售业拥有网点数176个，从业人员444人。

住宿餐饮业加大宣传力度，调整经营思路，全年实现增加值0.23亿元，比上年增加0.04亿元，增长23.61%。年末住宿餐饮业营业网点51个，从业人员332人。

五、固定资产投资

固定资产投资保持稳定增长，全年新建和续建各类建设项目 39 个，实际完成固定资产投资 4.29 亿元。一批重点项目建成投产，其中农垦普安房地产开发公司玉门农垦小区二区住宅楼项目完成投资 6 000 万元。农垦宾馆河西堡林雲家园商品房及宾馆建设项目完成投资 5 750 万元；甘肃农垦生物科技发展园区建设项目完成投资 3 200 万元，项目已竣工投产；亚盛薯业集团 1 万吨马铃薯全粉生产线改扩建项目完成投资 1 000 万元，项目已竣工投产；亚盛好食帮玉门特色农产品综合加工中心完成投资 3 288 万元，项目土建工程基本完工，现正在进行设备招投标工作；雄关天石 80 万吨水泥粉磨站迁建项目完成投资 1 860 万元；高效节水、土地整理、农业综合开发和民生工程等项目，当年完成投资 17 340 万元。

六、教育、卫生、科研

2017 年，垦区拥有成人高等学校和技工学校各一所，共有教职工 139 人，其中教师 127 人，在校学生 11 080 人。

垦区共有医疗单位 36 个，从业人员 321 人，其中：场属医疗单位 21 个，从业人员 296 人；分场属医疗单位 14 个，从业人员 24 人。

年末垦区科研单位 12 家，从业人员 202 人，其中科技人员 78 人。用于科研的经费 448 万元，其中：国家拨款 53 万元，省地局自筹 4 万元，企业自筹 391 万元。

七、人口、社会保障

2017 年年末垦区总人口 9.17 万人，社会从业人员 29 392 人，比上年减少 1 659 人，下降 5.34%，其中：第一产业从业人员 21 771 人，比上年减少 1 686 人，下降 7.19%；第二产业从业人员 4 978 人，比上年增加 143 人，增长 2.96%；第三产业从业人员 2 643 人，比上年减少 116 人，下降 4.2%。

青海农垦2017年经济和社会发展统计公报

青海省农垦局

2017年，青海农垦稳步推进改革，积极发展高原现代农牧业，大力提高农业综合生产能力，农牧业生产形势稳步向好。

一、综合情况

2017年垦区实现国民生产总值4亿元，较上年增长7.5%。农垦企业人均收入10 800元，比上年增长11.5%。

年末总人口为48 997人，其中农场人口为37 704人，社会从业人员18 352人，企业职工7 781人，其中国有单位职工6 150人。年末实有住房面积102万米^2。

二、农业

截至2017年年末，青海农垦共有各类企业农场19个，农垦系统土地总面积为82.23万公顷，其中：耕地面积为15.53万公顷，播种面积3.78万公顷；粮食作物播种面积1.76万公顷，油料面积1万公顷，全年粮食总产达到3.16万吨；油料产量1.9万吨。

三、畜牧业

畜牧业稳中有增，大牲畜存栏11.7万头，猪存栏0.71万头，羊存栏24.24万只，牛羊繁活率、出栏率均略高于上年，肉类产量4 057吨，牛奶产量161吨，羊毛产量382吨。由于今年油料、蔬菜等农产品价格攀升，农业生产增收，收入较上年有一定上涨，畜牧业生产稳步增长。

宁夏农垦2017年经济和社会发展统计公报

宁夏农垦集团有限公司

2017年，是“十三五”攻坚之年，也是农垦集团深化改革、转型发展的重要一年。一年来，在自治区党委、政府的坚强领导下，农垦集团抢抓中央和自治区深化农垦改革发展的重要战略机遇，坚持稳中求进总基调，紧紧围绕市场化、企业化、集团化发展方向，振奋精神，实干兴垦，为建成现代农业企业奠定坚实基础。

一、综合

2017年，宁夏农垦经济实力进一步增强。全年实现农垦生产总值（现价，下同）23.29亿元，比上年增长3.4%（图1）。其中，第一产业增加值13.02亿元，增长4.9%；第二产业增加值5.20亿元，下降2.1%；第三产业增加值5.07亿元，增长5.5%。一、二、三产业增加值构成比例为56∶22∶22（2016年比例为55∶24∶21）。

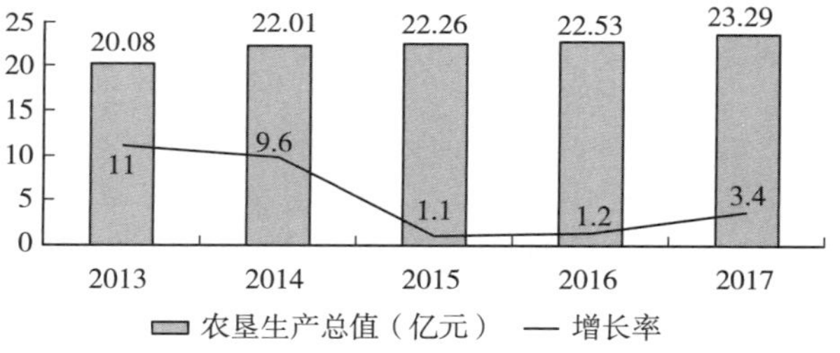

图1　2013—2017年农垦生产总值及增长速度

2017年垦区人均纯收入20 308元，比上年增加1 127元，增长5.9%，是全区农村居民人均可支配收入10 738元的1.9倍，是全区城镇居民人均可支配收入29 472元的69%。垦区职均收入34 040元，比上年增加1 641元，增长5.1%。

2017年垦区总户数42 917户，总人口137 163人，其中：达到小城镇规模农场个数14个。年末单位从业人员人数12 095人，其中：职工人数12 010人。离退休职工20 224人。年末单位从业人员工资总额50 525.4万元，职工人均工资收入40 641元，比上年增长7.3%。

二、农业

2017年，宁夏农垦紧扣集团发展战略和“宁夏农垦引领健康生活”企业使命，坚持“绿色、优质、安全、健康”发展定位，培育壮大龙头企业，着力推进企业转型升级，产业发展方向更加明晰，集聚效应初步显现。全年实现农林牧渔服务业总产值29.84亿元（现价，下同），比上年增长5.5%，其中：种植业16.18亿元，增长1.7%；林业0.41亿元，增长11.6%；牧业11.13亿元，增长12.8%；渔业1.17亿元，下降1.4%；服务业0.95亿元，与上年持平（图2）。

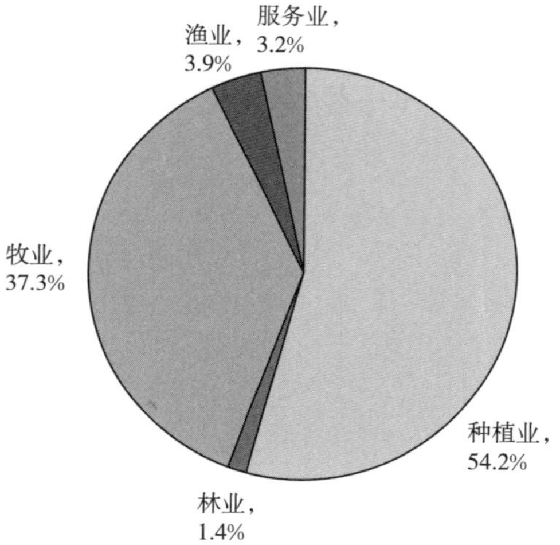

图2　农林牧渔业产值比例结构

种植业优化布局。全面落实农业供给侧结构性改革，调整优化作物结构，初步确立了优质粮食、优质牧草、现代种业、特色经果林、绿色瓜菜五个特色种植业格局。2017年农作物总播种面积41.2千公顷，比上年减少730公顷，下降1.8%。全年粮食播种面积34.13千公顷，比上年减少600公顷，下降1.8%。其中：夏粮播种面积1 200公顷，与上年持平；秋粮播种面积32.87千公顷，下降2%，主要是渠口太阳梁和长山头移民安置区移民移交属地的影响。春小麦播种面积 1 120 公顷，与上年持平；冬麦播种面积 100 公顷，增长 25%；水稻播种面积 10.2 千公顷，下降 10.9%；玉米播种面积 22.53 千顷，下降 6.9%。

全年粮食总产量 35.5 万吨，比上年增长 0.3%，占自治区粮食总产量 368.2 万吨的 9.6%。其中：夏粮产量 0.81 万吨，下降 2.2%；秋粮产量 34.71 万吨，增长 0.4%。垦区种植业基本情况见表 1。

表 1　2017 年垦区种植业基本情况

产　　品	计量单位	产　量	比上年增长（%）
粮食产量	吨	355 205	0.3
其中：小麦	吨	8 095	−2.2
水稻	吨	86 842	12.6
玉米	吨	259 809	−3.2
油料	吨	2 236	−20.2
蔬菜	吨	67 919	0.5
水果	吨	57 308	7.9
其中：葡萄	吨	31 788	4.8

畜牧业扩规增效。垦区坚持国有奶产业草畜一体化发展，提升精细化管理水平，其中：全年实现总产值 6.23 亿元，比上年增长 14.9%，占畜牧业总产值的 55.9%；年末奶牛存栏 3.9 万头，增长 14.7%，占总存栏数的 70.2%；国有奶产量 18.3 万吨，增长 10.9%，占总产量的 81.2%，鲜奶每千克成本 2.75 元，实现利润 5 200 万元，占集团利润的“半壁江山”，有力促进垦区畜牧业的发展。垦区畜牧业基本情况见表 2。

表 2　2017 年垦区畜牧业基本情况

产品或存栏	计量单位	数量	比上年增长（%）
年末大牲畜存栏	头	55 745	6.2
年末牛存栏	头	55 617	6.2
其中：奶牛	头	46 614	0.6
年末羊存栏	只	72 154	−14.7
其中：山羊	只	22 319	−12.4
绵羊	只	49 835	−15.7
猪年末存栏	头	36 110	−12.0
其中：能繁母猪	头	4 075	−13.9
当年牲畜出栏			
其中：牛出栏	头	19 665	3.3
羊出栏	只	49 160	−10.8
生猪出栏	头	47 567	−3.9
家禽出栏	百只	5 659	−38.6
肉类总产量	吨	8 528	−0.4
其中：猪肉产量	吨	3 271	−1.1
牛肉产量	吨	3 541	20.0
羊肉产量	吨	792	−10.7
禽肉产量	吨	917	−35.2
牛奶产量	吨	225 399	6.8
禽蛋产量	吨	1 255	6.0

水产养殖业保持稳定。年末养殖面积 5.84 千公顷，与上年相比下降 18.8%，全年水产品产量 12 047 吨，增长 0.9%。

全年植树造林面积 236 公顷，其中：新造混交林面积 29 公顷，非林业用地造林面积 173 公顷，新造灌木林面积 34 公顷。当年零星植树 19.52 万株。

2017 年垦区不断完善农机标准体系建设，农作物综合机械化水平达到 96%。年末农业机械总动力 31.33 万千瓦，下降 5.5%；拥有大中型拖拉机 2 630 台，小型拖拉机 1 506 台，播种机 579 台，排灌动力机械 1 430 台，联合收割机 514 台，农用运输车 1 812 台。

三、工业和建筑业

农垦工业稳步发展。年末垦区工业企业个数 50 个，其中：国有及年销售收入 2 000 万元以上的工业企业 6 个。全年实现工业总产值 10.7 亿元，比上年增长 0.9%；实现工业增加值 4.26 亿元，增长 0.3%，占第二产业增加值的 81.9%，其中：西夏嘉酿啤酒有限公司实现工业增加值 1.9 亿元，下降 3.1%，占工业增加值 45.4%。垦区主要工业产品产量见表 3。

表 3　2017 年垦区工业产品产量

产　品	计量单位	数量	比上年增长（%）
鲜奶	吨	1 301	−5.1
乳制品	吨	27 395	5.2
其中：酸奶	吨	1 140	5.1

（续）

产　品	计量单位	数量	比上年增长（%）
饮料酒	千升	188 283	−5.1
其中：啤酒	千升	179 115	−7.4
白酒	千升	726	27.4
葡萄酒	千升	6 890	51.2
其中：西夏王	千升	5 444	75.0
混配合饲料	吨	29 537	0.4
大米	（吨）	13 880	3.5

2017 年年末建筑企业 18 个，从业人员 1 612 人，全年实现建筑业增加值 0.94 亿元，比上年下降 11.7%，占第二产业增加值的 18%。当年房屋建筑施工面积 7 万米^2。

四、固定资产投资

2017 年完成固定资产投资总额 4.38 亿元，比上年增长 2.7%（图 3）。其中：国有投资 4.15 亿元，增长 8.1%，主要是项目投资建设。

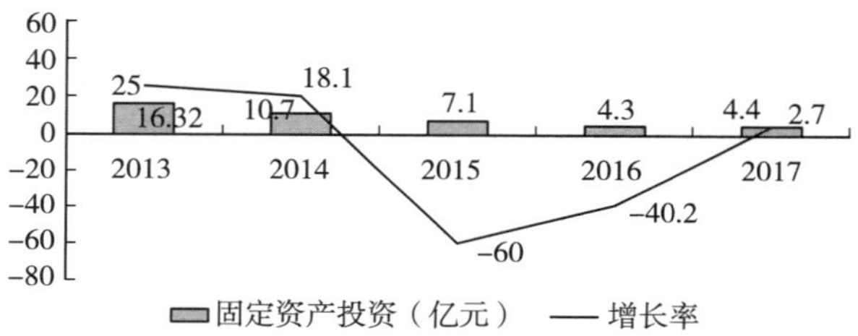

图 3　2013—2017 年全社会固定资产投资及增长速度

在当年固定资产投资中，基本建设完成投资 4.15 亿元，增长 1.8%，占总投资额的 94.7%；更新改造完成投资 0.23 亿元，增长 21.1%，占总投资的 5.3%。

当年固定资产投资项目中，完成暖泉高效节水灌溉项目 0.49 亿元；国家现代农业示范区建设以奖代补专项项目 0.1 亿元；小型农田水利建设项目 0.27 亿元；“十二五”生态移民安置区建设项目 0.31 亿元；灵武农场美丽小城镇建设项目 0.1 亿元；巴浪湖农场危房改造工程配套基础设施建设项目 0.15 亿元；南梁集中供热项目 0.14 亿元；平吉堡奶牛场高效节水灌溉项目 0.26 亿元；沙湖景区客运码头建设、景区厕所改造及新建、跨运河桥梁及木栈道项目 0.25 亿元；农垦建设实业新开建金地花园 C 区项目 0.46 亿元。

五、交通运输业、批零贸易业、住宿和餐饮业、旅游业、房地产业及出口商品

2017 年，全年拥有载货汽车 339 辆，载客汽车 500 辆，实现货运量 153 万吨，客运量 332 万人；实现营业收入 8 948 万元。

年末批零贸易业、住宿和餐饮业营业单位总数 1 576 个，从业人员 4 634 人，拥有固定资产原值 30 118 万元，营业用房面积 9.8 万米^2，实现社会消费品零售额 42 563 万元，比上年下降 4.5%，其中：批发零售贸易业 33 068 万元，下降 6.1%；住宿餐饮业 9 495 万元，增长 1.3%。

宁夏农垦坚持生态修复、环境整治、旅游开发并重，按照“外部隔离、内部循环、置换水体、污水外迁、生态修复、综合治理”的治水思路，全力推进“沙湖生态治理及景观修复年”行动。全年接待游客 100 万人次，实现旅游收入 16 630 万元，实现利润 191 万元，缴纳税金 1 400 万元，带动了垦区第三产业的发展。

垦区国有房地产开发企业加大“去库存”力度，年内销售面积 4.06 万米^2，收入 22 806 万元，利润 4 269 万元，缴纳税金 2 493 万元。

2017 年垦区商品出口主要是供港蔬菜，年末商品出口总金额 3 136 万元，出口蔬菜 2 979 吨。

六、绿色、有机食品、无公害农产品

年末垦区绿色、有机、无公害农产品认证数 51 个，带动 8 999 户农户，其中：从事农作物蔬菜种植 3 个，带动农户 1 423 人，种植面积绿色 A 级 125 公顷，产量 9 553 吨；从事水果种植 7 个，带动农户 614 人；认证无公害枸杞 5 个，带动农户 450 户，无公害农产品种植面积 7 648 公顷，产量 80 486 吨；西夏啤酒 7 个；西夏王葡萄酒 9 个，带动农户 3 750 人；灵农猪肉 1 个，带动农户 267 人，产量 1 301 吨；绿色食品金夏贡米 1 个，带动农户 226 人，绿色 A 级产量 10 020 吨；沙湖水产品 10 个。

七、科研

年末农垦科研单位 1 个；科研职工 11 人，其中：科研人员 6 人。

八、非国有经济

2017 年垦区非国有经济实现生产总值 7.67 亿

元，比上年增长 2.9%，占垦区经济总量的 32.9%。其中：第一产业增加值 3.44 亿元；第二产业增加值 1.55 亿元；第三产业增加值 2.68 亿元。各产业在非国有经济中的构成比例为 45∶20∶35。年末非国有经济单位个数 8 422 个，从业人员 21 166 人，从业人员总收入 45 827.2 万元，实现利税 16 215.8 万元，其中利润 14 483.3 万元。

新疆生产建设兵团2017年经济和社会发展统计公报

新疆生产建设兵团统计局　国家统计局兵团调查总队

2017年，兵团各级各部门在以习近平同志为核心的党中央坚强领导和自治区党委统一领导下，不断增强政治意识、大局意识、核心意识、看齐意识，深入贯彻落实党的十八大和十八届三中、四中、五中、六中、七中全会精神，以习近平新时代中国特色社会主义思想和党的十九大精神为指导，按照兵团第七次党代会和兵团党委七届一次、二次全会部署，坚持稳中求进工作总基调，坚定不移贯彻新发展理念，以提高发展质量和效益为中心，统筹推进“五位一体”总体布局和协调推进“四个全面”战略布局，以供给侧结构性改革为主线，全力推进稳增长、促改革、调结构、惠民生、防风险各项工作，经济运行缓中趋稳、稳中有进、稳中向好，经济社会保持平稳健康发展。

一、综合

全年兵团生产总值2 339.07亿元，比上年增长8.0%（图1）。其中，第一产业增加值506.33亿元，增长7.6%；第二产业增加值1 026.50亿元，增长4.6%；第三产业增加值806.24亿元，增长12.9%。三次产业增加值占生产总值比重分别为21.6%、43.9%、34.5%（图2）。三次产业对经济的贡献率分别为20.4%、26.9%和52.7%，分别拉动经济增长1.6、2.1和4.2个百分点。全年人均生产总值80 117元，比上年增长3.5%。

图1　2013—2017年兵团生产总值及其增长速度

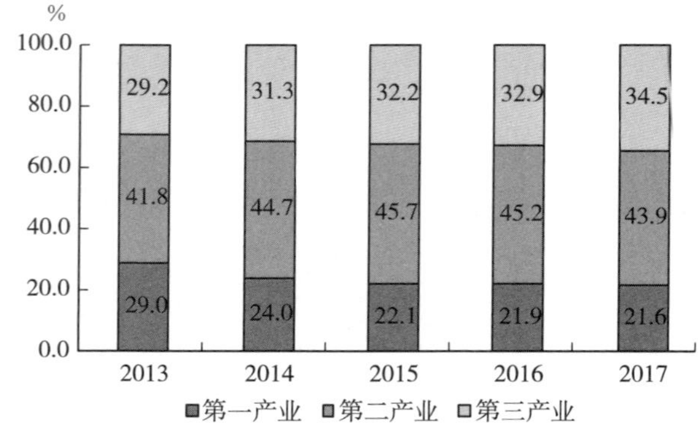

图2　2013—2017年三次产业增加值占生产总值比重

兵团年末总人口300.53万人，比上年末增加17.12万人、增长6.0%。其中，男性156.76万人，女性143.77万人，总人口性别比（以女性为100，男性对女性的比例）为109.04。全年出生人口2.29万人，出生率为7.85‰；死亡人口1.59万人，死亡率为5.44‰；人口自然增长率为2.41‰。年末户籍人口237.86万人，比上年末增加9.63万人、增长4.2%。其中，城镇人口126.98万人，乡村（连队）人口110.87人。

年末从业人员144.17万人，比上年增长4.4%。年末非私营单位在岗职工74.32万人，比上年增长5.4%。全年城镇新增就业12.92万人，比上年增加2.56万人，其中援助就业困难人员就业1.56万人。城镇登记失业率控制在3%以内。全年完成各类职业技能培训13.03万人次。引进外国专家项目9项，引进专家158人次。出国（境）培训项目7项，培训各级各类人员103人次（图3）。

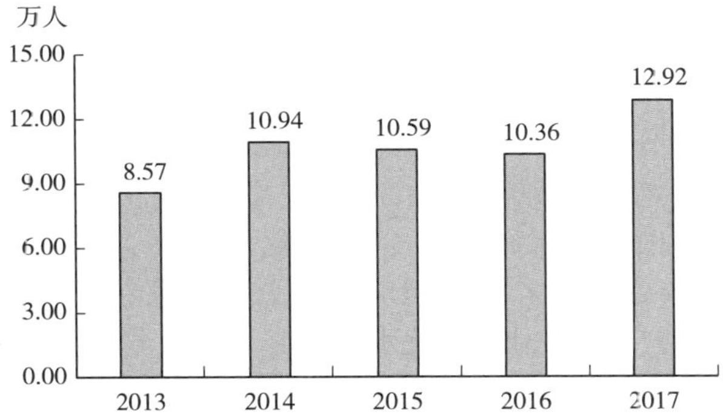

图 3　2013—2017 年城镇新增就业人数

全年新疆居民消费价格比上年上涨 2.2%，其中，食品烟酒价格上涨 2.1%，居住价格上涨 0.4%（表 1）。农业生产资料价格上涨 0.8%。固定资产投资价格上涨 3.5%。

全年兵团工业生产者出厂价格比上年上涨 8.3%。工业生产者购进价格上涨 9.0%。兵团农产品生产者价格上涨 0.8%。

表 1　2017 年新疆居民消费价格比上年涨跌幅度

指　　标	比上年增长（%）
居民消费价格总水平	2.2
城　市	2.4
农　村	1.8
食品烟酒	2.1
#粮　食	0.7
畜　肉	3.4
蛋　类	0.0
水产品	3.4
鲜　菜	−4.8
鲜　果	3.7
衣　着	1.3
居　住	0.4
生活用品及服务	1.5
交通和通信	0.8
教育文化和娱乐	2.7
医疗保健	9.6
其他用品和服务	1.0

供给侧结构性改革扎实推进。水泥、煤炭年度去产能任务圆满完成。年末商品房待售面积比上年末下降 0.2%。年末规模以上工业企业资产负债率为 65.3%，比上年末下降 1.6 个百分点。全年规模以上工业企业每百元主营业务收入中的成本为 80.59 元，比全国水平低 4.67 元；规模以上工业企业每百元主营业务收入中的三项费用比上年减少 0.39 元。全年农林牧渔业、道路运输业、生态保护和环境治理业等短板领域投资分别比上年增长 12.3%、121.5%和 53.2%。

新动能新产业新业态较快成长。工业战略性新兴产业增加值比上年增长 29.4%，占规模以上工业增加值的比重为 8.1%。高技术制造业增加值增长 16.1%，占规模以上工业增加值的比重为 3.7%。装备制造业增加值增长 8.8%，占规模以上工业增加值的比重为 2.2%。全年高技术产业投资 53.28 亿元，下降 10.1%，占固定资产投资（不含农户）的比重为 2.7%。全年限额以上企业商品零售中通过公共网络实现的商品零售额同比增长 7 倍。

发展质量效益改善。全年兵团一般公共预算收入 129.60 亿元，比上年增长 21.7%，其中税收收入 67.76 亿元，比上年增加 7.03 亿元、增长 11.6%。年末兵团、师国资委监管企业合计资产总额 4 474.19 亿元，比上年增长 10.4%；所有者权益 1 079.90 亿元，增长 9.9%；全年实现营业收入 1 960.85 亿元，增长 12.3%；实现利润总额 55.31 亿元，增长 132.2%。全年规模以上工业企业实现利润 218.78 亿元，比上年增长 8.2%。分经济类型看，国有控股企业增长 80.1%，股份制企业增长 5.2%，外商及港澳台商投资企业增长 148.9%，私营企业下降 0.9%。分门类看，采矿业增长 100.0%；制造业增长 12.3%；电力、热力、燃气及水生产和供应业下降 12.4%。全年全员劳动生产率为 161 324 元/人，比上年提高 4.9%（图 4）。

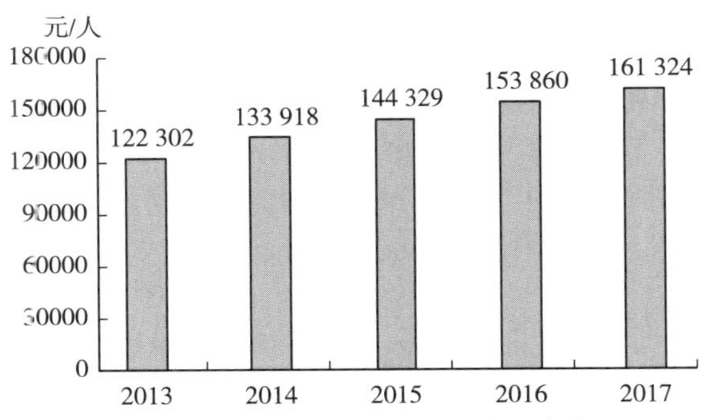

图 4　2013—2017 年全员劳动生产率

二、农业

全年农作物播种面积 1 362.77 千公顷，比上年下降 0.7%。其中，粮食面积 284.24 千公顷，下降 14.3%；棉花面积 686.93 千公顷，增长 10.6%；油料面积 56.82 千公顷，下降 11.8%；甜菜面积 23.73 千公顷，下降 2.7%；蔬菜面积（含菜用瓜）87.42 千公顷，下降 2.9%。

农作物精量半精量播种面积 955.6 千公顷，比上年增长 6.0%。其中，棉花精量播种面积 612.7 千公顷，增长 5.0%。

全年粮食产量 248.55 万吨，比上年下降 8.4%；棉花产量 167.88 万吨，增长 12.2%（图 5）；油料产量 20.92 万吨，下降 10.7%；甜菜产量 198.46 万吨，下降 4.7%；蔬菜产量 670.54 万吨，下降 0.7%，其中，工业用番茄 342.85 万吨，下降 2.5%。

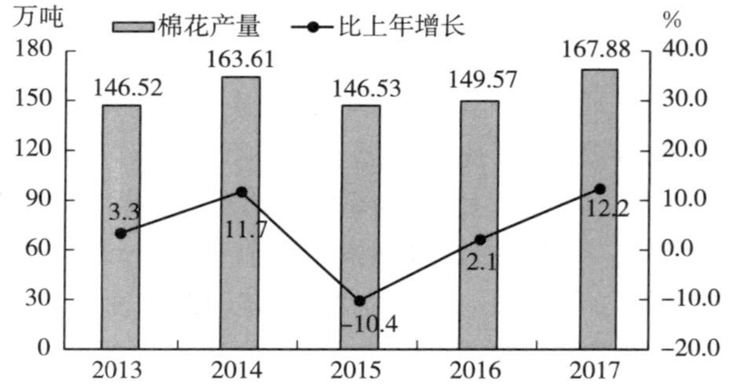

图 5　2013—2017 年棉花产量及其增长速度

年末牲畜存栏 772.58 万头（只），比上年增长 1.1%。其中，牛 50.77 万头，增长 6.7%；猪 167.47 万头，增长 11.9%；羊 548.49 万只，下降 2.3%。年内牲畜出栏 882.71 万头（只），增长 6.0%。全年肉类总产量 44.38 万吨，增长 7.9%。羊毛产量 1.99 万吨，增长 4.4%。禽蛋产量 10.92 万吨，增长 15.9%。牛奶产量 68.14 万吨，增长 8.3%。

全年水果产量 392.16 万吨，比上年增长 7.4%。其中，红枣 181.73 万吨，增长 8.6%；葡萄 79.43 万吨，下降 0.9%；香梨 40.63 万吨，增长 15.0%；苹果 63.08 万吨，增长 14.1%。全年核桃产量 2.81 万吨，增长 6.4%（图 6）。

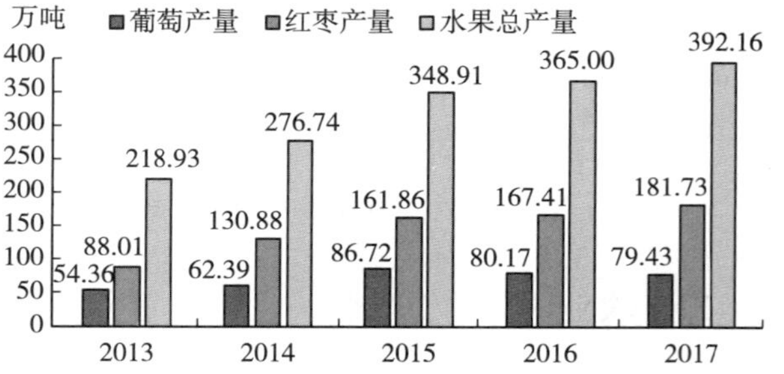

图 6　2013—2017 年水果及红枣、葡萄产量

全年水产品产量 5.39 万吨，比上年增长 4.7%。

年末有效灌溉面积 1 258.22 千公顷，比上年增长 2.5%。其中，高新节水灌溉面积 1 041.99 千公顷，增长 3.0%。

种植业耕种收综合机械化率 94%，采棉机 2 221台，机采棉面积 530 千公顷，棉花机采率 80.0%。畜牧业机械化水平 68%。

全年新建及改扩建各类标准化规模养殖场 112 个，累计达标创建全国标准化示范场 88 个。畜禽良种推广覆盖率达到 76.0%，养殖粪污资源化利用率达到 69.0%。

年末农业产业化龙头企业 128 家。其中，国家级 15 家，兵团级 113 家。销售收入超 100 亿元的企业 2 家，超 30 亿元的企业 6 家，超 10 亿元的 7 家。已建成 2 个全国农业产业化示范基地，4 个全国现代农业示范区，23 个国家级无公害农产品示范基地和国家级农业标准化示范团场，35 个全国“一村一品”示范团场。

三、工业和建筑业

全年全部工业增加值 725.98 亿元，比上年增长 6.4%（图 7）。规模以上工业增加值增长 6.7%。在规模以上工业中，分经济类型看，国有控股企业增长 8.7%，股份制企业增长 5.3%，外商及港澳台商投资企业增长 34.1%，私营企业增长 5.6%。分门类看，采矿业增长 9.7%，制造业增长 5.3%，电力、热力、燃气及水生产和供应业增长 12.7%。分轻重工业看，轻工业增长 4.5%，重工业增长 8.0%。

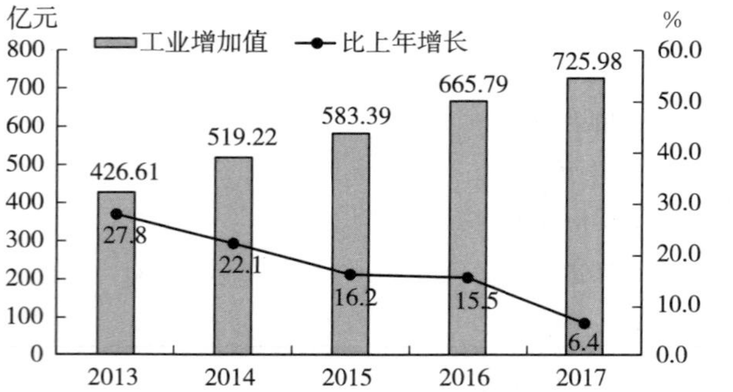

图 7　2013—2017 年全部工业增加值及其增长速度

全年规模以上工业中，煤炭开采和洗选业增加值比上年增长 4.2%，农副食品加工业增长 8.0%，食品制造业增长 2.3%，酒饮料和精制茶制造业下

降0.9%，纺织业增长9.4%，化学原料及化学制品制造业增长4.1%，非金属矿物制品业增长7.8%，黑色金属冶炼和压延加工业增长89.9%，有色金属冶炼及压延加工业增长2.8%，电力、热力生产和供应业增长12.8%。六大高耗能行业增加值比上年增长7.3%，占规模以上工业增加值的比重为58.3%。2017年主要工业产品产量及增长速度见表2。

表2　2017年主要工业产品产量及其增长速度

产品名称	计量单位	绝对数	比上年增长（%）
原煤	万吨	900.69	−17.0
发电量	亿千瓦时	798.10	6.2
# 火电	亿千瓦时	722.24	3.8
水电	亿千瓦时	15.98	−5.8
太阳能	亿千瓦时	35.99	198.4
精制食用植物油	万吨	71.67	−17.8
乳制品	万吨	24.08	20.8
番茄酱罐头	万吨	60.81	2.9
饮料酒	万千升	20.21	−8.6
软饮料	万吨	52.49	−39.8
纱	万吨	48.88	20.0
布	亿米	1.50	30.4
机制纸及纸板	万吨	7.32	−43.8
农用氮、磷、钾化学肥料（折纯）	万吨	49.51	−1.7
初级形态的塑料	万吨	135.21	−2.8
塑料制品	万吨	88.32	13.4
硅酸盐水泥熟料	万吨	836.45	2.7
水泥	万吨	1 269.99	2.8
钢材	万吨	155.90	94.2
原铝	万吨	283.60	2.7

年末兵团规模以上工业发电装机容量1 724万千瓦，比上年末增长10.5%。其中，火电装机容量1 354万千瓦，增长7.0%；水电装机容量34万千瓦，下降5.3%；并网风电装机容量124万千瓦，增长66.6%；并网太阳能发电装机容量212万千瓦，增长15.1%。

年末兵团拥有各类园区32个，其中国家级4个，国家兵团分区2个，自治区级工业园区3个，兵团级工业园区23个。

全年全社会建筑业增加值300.73亿元，比上年增长0.6%（图8）。资质以上建筑业企业总产值1 250.07亿元，比上年增长0.6%。具有资质等级的总承包和专业承包建筑企业实现利润18.79亿元，增长12.1%，其中国有控股企业12.27亿元，增长18.3%。各类建筑施工单位（含十一师海外项目）签订合同额1 901.17亿元，比上年增长2.4%。全年房屋建筑施工面积5 085.66万米^2，下降4.3%。

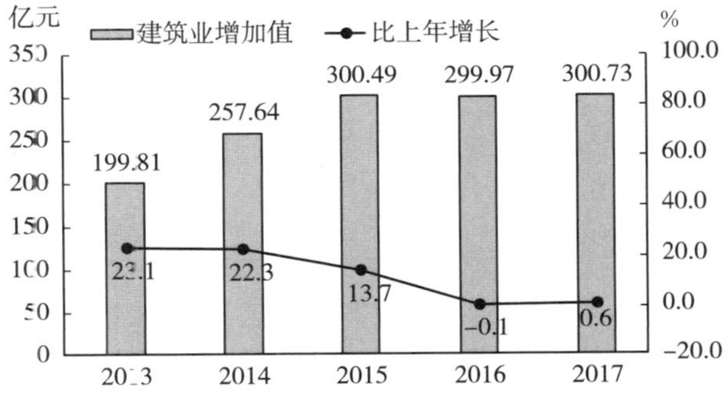

图8　2013—2017年建筑业增加值及其增长速度

四、固定资产投资

全年固定资产投资（不含农户）1 966.15亿元，比上年增长14.2%（图9）。分产业看，第一产业200.86亿元，增长12.3%；第二产业724.38亿元，增长11.7%；第三产业1 040.91亿元，增长16.5%（表3）。固定资产投资三次产业构成为10.4∶37.7∶51.9。分区域看，南疆垦区投资565.56亿元，增长23.0%；北疆垦区投资1 400.59亿元，增长11.0%。民间固定资产投资783.29亿元，增长21.1%，占固定资产投资（不含农户）的比重为39.8%。基础设施投资774.47亿元，增长13.3%，占固定资产投资（不含农户）的比重为39.4%。六大高耗能行业投资391.71亿元，下降1.2%，占固定资产投资（不含农户）的比重为19.9%。

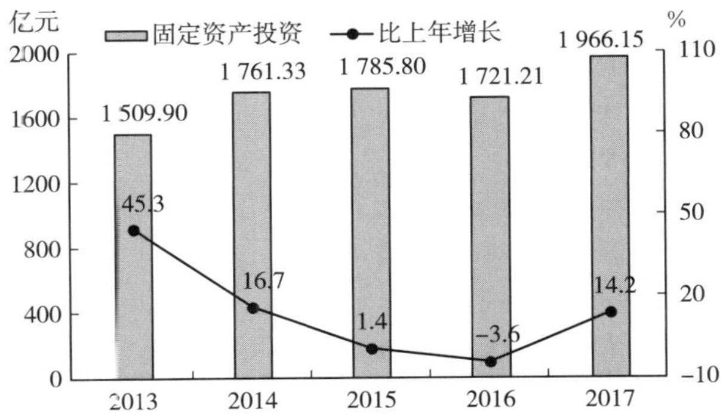

图9　2013—2017年固定资产投资（不含农户）及其增长速度

表 3　2017 年固定资产投资（不含农户）及其增长速度

指标	绝对数（亿元）	比上年增长（%）
固定资产投资	1 966.15	14.2
＃房地产开发投资	155.02	−15.6
按经济类型分		
国有经济	908.03	8.7
私营个体	541.12	39.2
其　他	517.00	4.1
按用途分		
第一产业	200.86	12.3
第二产业	724.38	11.7
第三产业	1 040.91	16.5

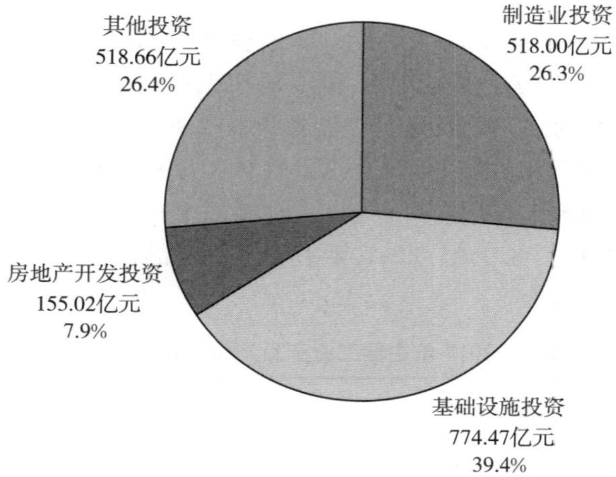

图 10　2017 年按领域分固定资产投资（不含农户）及其占比

全年工业完成投资 723.65 亿元，比上年增长 15.5%。其中，制造业完成投资 518.00 亿元，增长 49.8%；电力、热力、燃气及水的生产和供应业完成投资 199.38 亿元，下降 28.1%。全年交通运输、仓储和邮政业投资 298.48 亿元，比上年增长 104.0%（图 10）。分行业固定资产投资（不含农户）及其增长速度见表 4。

全年房地产开发投资 155.02 亿元，比上年下降 15.6%。商品房销售面积 333.44 万米^2，下降 9.4%。其中，住宅 138.75 万米^2，增长 2.6%。年末商品房待售面积 225.34 万米^2，下降 0.2%。商品房销售额 148.76 亿元，下降 11.3%。全年实施棚户区改造 4 万户，续建保障房项目基本建成 2 万户，完成 1 500 户贫困农户危房改造。

全年“十件实事”累计完成投资 420.45 亿元。其中，基本建设实事投资 209.33 亿元，财政补助实事投资 211.13 亿元。

固定资产投资建设资金来源总额 1 711.38 亿元，比上年增长 5.7%。其中，本年资金 1 647.72 亿元，增长 6.4%。本年资金来源中，国家预算内资金 193.92 亿元，下降 25.4%；国内贷款 126.94 亿元，增长 39.0%；自筹资金 1 132.61 亿元，增长 7.8%；其他资金 192.98 亿元，增长 34.1%。

表 4　2017 年分行业固定资产投资（不含农户）及其增长速度

指　标	绝对数（亿元）	比上年增长（%）
总　计	1 966.15	14.2
农、林、牧、渔业	200.86	12.3
采矿业	6.28	97.1
制造业	518.00	49.8
＃农副食品加工业	56.49	129.3
食品制造业	15.28	15.9
酒、饮料和精制茶制造业	10.30	37.7
纺织业	84.98	15.6
石油加工、炼焦及核燃料加工业	27.60	48.9
化学原料及化学制品制造业	117.80	33.9
非金属矿物制品业	59.48	197.7
黑色金属冶炼及压延加工业	12.45	2.5
有色金属冶炼及压延加工业	14.94	−24.7
电力、热力、燃气及水的生产和供应业	199.38	−28.1
建筑业	0.73	−96.7

（续）

指　标	绝对数（亿元）	比上年增长（%）
批发和零售业	34.85	1.2
交通运输、仓储和邮政业	298.48	104.0
住宿和餐饮业	16.00	181.9
信息传输、软件和信息技术服务业	18.61	46.2
金融业	1.45	458.5
房地产业	244.40	−20.6
租赁和商务服务业	36.16	65.5
科学研究和技术服务	6.01	−59.6
水利、环境和公共设施管理业	258.01	4.3
居民服务、修理和其他服务业	6.07	130.5
教　育	31.82	10.1
卫生和社会工作	24.24	19.9
文化、体育和娱乐业	31.14	16.4
公共管理、社会保障和社会组织	33.66	41.2

全年新增固定资产 1 614.11 亿元，比上年增长 33.4%。主要新增生产能力或效益：原煤开采 101 万吨，塑料树脂及共聚物 0.10 万吨，白酒 0.80 万吨，其他酒 1.0 万吨，棉纺锭 94.34 万锭，发电装机容量 164.1 万千瓦，输电线路 521.95 千米，城市自来水供水能力 29.69 万吨/日，城市污水处理能力 6.78 万吨/日，新建公路 878.75 千米，改（扩）建公路 1 055.1 千米。

五、国内贸易

全年批发零售业实现商品销售总额 3 826.13 亿元，比上年增长 14.5%。

全年实现社会消费品零售总额 708.37 亿元，比上年增长 12.0%（图 11）。按销售单位所在地分，城镇消费品零售额 630.08 亿元，增长 11.7%；乡村（连队）零售额 78.29 亿元，增长 14.6%。按消费形态分，餐饮收入 133.75 亿元，增长 22.7%；商品零售 574.62 亿元，增长 9.8%。

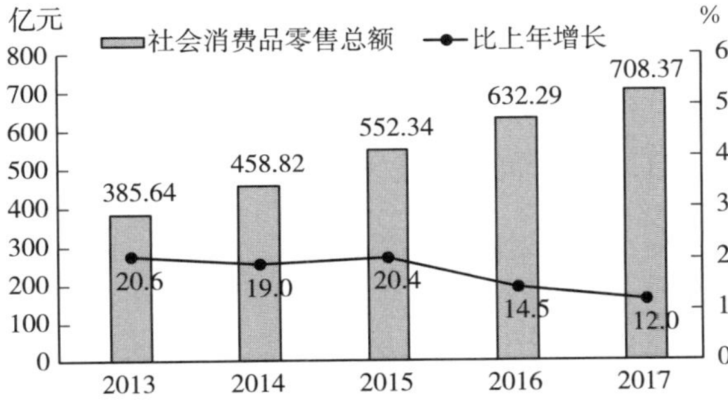

图 11　2013—2017 年社会消费品零售总额及其增长速度

在限额以上企业商品零售额中，粮油食品零售额比上年增长 17.2%，饮料类增长 7.1%，烟酒类增长 6.1%，服装、鞋帽、针纺织品类增长 5.8%，化妆品类增长 3.7%，金银珠宝类下降 13.1%，日用品类增长 11.0%，家用电器和音像器材类增长 19.0%，中西药品类增长 14.8%，文化办公用品类增长 1.7%，家具类增长 7.8%，通信器材类增长 80.6%，建筑及装潢材料类增长 19.9%，汽车类下降 3.5%，石油及制品类增长 10.0%。

六、对外经济

全年货物进出口总额 75.90 亿美元，比上年增长 6.2%。其中，货物出口 66.33 亿美元，下降 0.3%；货物进口 9.57 亿美元，增长 94.4%。货物出口中，自产品出口 7.80 亿美元，增长 20.0%。货物进出口差额（出口减进口）56.76 亿美元（表 5、图 12）。

表 5　2017 年货物进出口总额及其增长速度

指标	金额（亿美元）	比上年增长（%）
货物进出口总额	75.90	6.2
货物出口额	66.33	−0.3
其中：一般贸易	9.44	−37.4
边境小额贸易	54.79	13.3
货物进口额	9.57	94.4
其中：一般贸易	7.88	122.2
边境小额贸易	1.22	12.4
货物进出口差额（出口减进口）	56.76	—

图 12　2013—2017 年货物出口进口额

全年实际利用外资 4.1 亿美元，比上年增长 23.5%。新设外商投资企业 24 家，投资总额 11 亿美元，合同外资 4 亿美元。

全年完成非金融类对外直接投资 8 797 万美元，比上年增长 11.6%。完成对外承包工程营业额 6.8 亿美元，增长 1.6%，对外承包工程项目累计派出各类劳务人员 491 人，减少 196 人。

全年实施招商引资项目 3 095 个，到位资金 1 757.09亿元，比上年增长 42.4%。其中，新建项目 2 284 个，当年到位资金 1 098.09 亿元；续建项目 811 个，当年到位资金 659.00 亿元。各类招商引资项目中，第一产业项目 519 个，到位资金 117.75 亿元，增长 93.5%；第二产业项目 1 514 个，到位资金 971.33 亿元，增长 39.3%；第三产业项目 1 062 个，到位资金 668.01 亿元，增长 39.4%。与 19 个援疆省市产业合作项目 609 个，总投资 2 690.94 亿元，当年到位资金 691.91 亿元，占全兵团到位资金的 39.4%。

七、交通运输、电信和旅游

全年道路运输货运量 6.81 亿吨，比上年增长 17.0%。货物周转量 866.89 亿吨公里，增长 24.9%。客运量 2.50 亿人，增长 10.1%。旅客周转量 142.74 亿人公里，增长 9.9%（表 6）。

年末民用汽车保有量 30.96 万辆，比上年末增长 7.4%。其中，载客汽车 21.91 万辆，增长 13.3%；载货汽车 5.98 万辆，下降 4.6%；其他汽车 3.06 万辆，下降 4.1%。民用轿车保有量 18.11 万辆，增长 15.0%。

年末兵团公路通达里程 34 727 千米。其中，一级 72.5 千米，二级 3 879.4 千米，三级 5 278.2千米，四级 12 850 千米。全年新改建二级以上公路 447.8 千米，改扩建通营、连公路 437 千米。

表 6　2017 年道路运输业营运情况

指　　标	计量单位	绝对数	比上年增长（%）
货运量	亿吨	6.81	17.0
＃个体	亿吨	5.57	26.9
货运周转量	亿吨公里	866.89	24.9
＃个体	亿吨公里	715.69	30.3
客运量	亿人	2.50	10.1
＃个体	亿人	1.98	15.1
旅客周转量	亿人公里	142.74	9.9
＃个体	亿人公里	113.71	19.8
营运收入	亿元	324.81	20.7
个体纯收入	亿元	109.44	18.5

年末兵团航空企业管理局执管飞机 42 架。全年飞行总时间 4 334 小时，起落 7 561 架次。其中，用于农林牧业飞行 2 351 小时，作业处理土地面积 75 千公顷；工业飞行 739 小时。

年末兵团城市区域光网覆盖率 99.28%，城市家庭光网覆盖率 99.4%，团场及连队光网覆盖率 98%，光纤宽带用户占比 95%，4G 网络覆盖全部师团及 65%的连队。

年末拥有旅游企业 381 家，其中旅行社 141 家，旅游星级饭店 62 家，国家等级景区 55 个，星级农家乐 117 家，旅游集团公司 6 家。全国优秀旅游城市 1 个，全国特色景观旅游名镇 9 个，兵团特色景观旅游名团（镇）37 个，全国红色旅游经典景区 3 个，全国休闲农业与乡村旅游示范县 3 个，全国休闲农业与乡村旅游示范点 8 个，全国工农业旅游示范点 12 家，导游 3 670 人。

全年旅游接待总人数 1 892 万人次，比上年增长 33%。旅游总收入 101.8 亿元，增长 37.6%。其中，入境旅游人数 20.9 万人次、增长 10%，国内旅游人数 1 871.1 万人次、增长 33%。国内旅游收入 99.8 亿元，增长 37.4%；旅游外汇收入 0.32 亿美元，增长 10.9%。带动直接就业人员 5 万人，增长 11.1%，间接就业人员 20 万人，增长 11.1%。

八、金融

全年驻疆各银行金融机构对兵团贷款余额 2 545.68亿元，比上年增长 22.3%。

农业银行兵团分行年末各项本外币存款余额1 262.74亿元，比年初增长9.6%。其中，个人存款595.80亿元，增长2.9%；单位存款666.94亿元，增长16.4%。各项贷款年末余额658.16亿元，比年初增长19.8%。

全年兵团17家企业实现直接融资合计254.01亿元，其中，利用债券市场实现融资209.80亿元，上市公司利用资本市场实现融资44.21亿元。利用债券市场实现融资中，超短期融资券98亿元，短期融资券40亿元，中期票据30亿元，公司债33亿元，其他8.8亿元；上市公司利用资本市场实现融资中，通过定向增发融资26.72亿元，通过资产证券化融资7.49亿元，通过发行可转换债券融资10亿元。

九、居民收入消费和社会保障

全年兵团居民人均可支配收入29 430元，比上年增长8.1%，扣除价格因素，实际增长5.8%（图13）。按常住地分，城镇居民人均可支配收入36 730元，比上年增长7.7%，扣除价格因素，实际增长5.2%；连队居民人均可支配收入17 786元，比上年增长8.4%，扣除价格因素，实际增长6.5%。

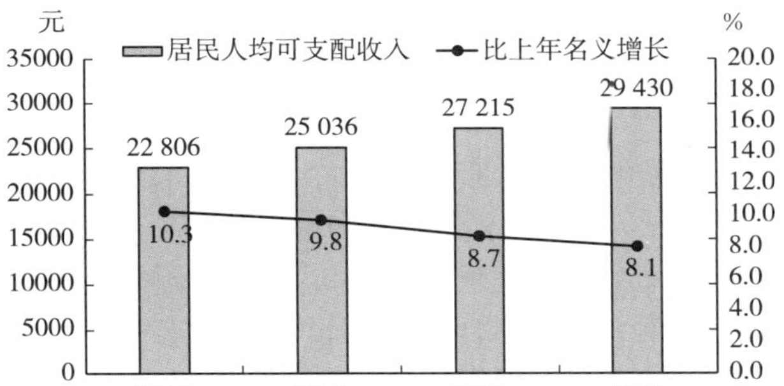

图13　2014—2017年兵团居民人均可支配收入及增长速度

全年兵团居民人均消费支出18 908元，比上年下降1.3%。按常住地分，城镇居民人均消费支出21 827元，下降2.4%；连队居民人均消费支出14 252元，增长0.9%。居民家庭恩格尔系数为27.3%，比全国水平低2.0个百分点，其中城镇为27.5%，连队为26.6%（图14）。

全年非私营单位在岗职工工资总额493.54亿元，比上年增长6.7%。非私营单位在岗职工平均工资58 464元，比上年增加2 119元，增长3.8%。

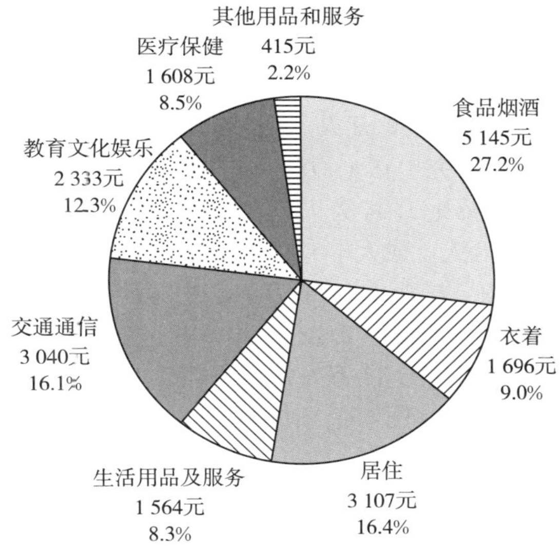

图14　2017年兵团居民人均消费性支出及构成

按照每人每年2 300元（2010年不变价）的农村贫困标准计算，2017年，年末贫困人口2.19万人，比上年末减少2.96万人；贫困发生率1.2%，比上年下降1.6个百分点。全年有10个贫困团场摘帽，通过金融扶贫平台向建档立卡贫困户发放扶贫贷款10.21亿元。

年末参加基本养老保险人数185.1万人，比上年增加7.9万人，其中，参加城镇职工基本养老保险人数168.2万人，增加6.5万人；参加城乡居民基本养老保险人数16.9万人，增加1.4万人。参加基本医疗保险人数245万人，增加9.3万人，其中，参加职工基本医疗保险人数135.3万人，增加4.2万人；参加城镇居民基本医疗保险人数109.7万人，增加5.1万人。参加失业保险人数66.6万人，减少1.3万人。年末兵团领取失业保险金人数0.86万人。参加工伤保险人数80万人，增加5.4万人。参加生育保险人数67.9万人，增加0.9万人。全年兵团发放低保资金3.43亿元，7.99万人享受最低生活保障；发放临时救助资金1.07亿元，17.8万人次得到临时救助；发放特困人员救助供养资金1 316万元，1 313名特困人员得到救助供养；发放医疗救助资金9 851万元，12.9万人次得到医疗救助。全年国家抚恤、补助各类优抚对象2 593人。

全年受理人事劳动争议案件913起，结案910起，结案率99.67%。受理劳动保障监察案件696件，结案682件，结案率97.99%；受理行政复议案件13件，结案13件，结案率100%。

十、教育、科学技术和文化体育

年末有各类学校 601 所，在校学生 48.14 万人，教职工 4.30 万人。全年研究生招生 0.16 万人，在校研究生 0.43 万人，毕业生 0.11 万人。普通本专科招生 1.34 万人，在校生 4.95 万人，毕业生 1.25 万人。成人本专科招生 0.79 万人，在校生 2.12 万人，毕业生 0.75 万人。中等职业教育招生 0.93 万人，在校生 2.72 万人，毕业生 0.85 万人。普通高中招生 1.83 万人，在校生 5.49 万人，毕业生 1.79 万人（图 15）。初中招生 2.94 万人，在校生 8.4 万人，毕业生 2.78 万人。小学招生 2.75 万人，在校生 16.22 万人，毕业生 2.69 万人。幼儿园招生 3.53 万人，在校生 7.82 万人，毕业生 2.56 万人（表 7）。小学学龄儿童净入学率 100%，初中适龄少年净入学率 99.91%。九年义务教育巩固率 98.42%，高中阶段毛入学率 92.68%。兵团中小学及幼儿园有母语为非汉语的少数民族在校（园）学生接受国家通用语言文字教学覆盖率 98.53%，其中，中小学覆盖率达到 97.89%，学前教育覆盖率达到 100%。主要劳动力人口（16～65 岁）平均受教育年限 11.47 年。

表 7　2017 年各类学校基本情况

计量单位：所、人

指　标	学校数	在校生数	#新招生	教职工数	#专任教师	毕业生数
合计	601	481 443	142 700	43 038	33 677	127 876
普通高等学校	6	53 758	15 014	4 627	3 295	13 662
成人高等学校	2	21 237	7 944	924	651	7 543
中等职业学校	20	27 169	9 312	1 472	1 029	8 476
普通中学	237	138 890	47 631	29 231	13 274	45 689
普通小学	55	162 228	27 476		11 458	26 902
幼儿园	281	78 161	35 323	6 784	3 970	25 604

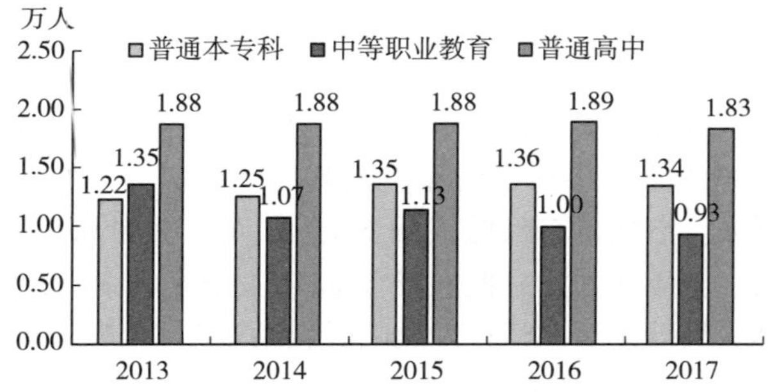

图 15　2013—2017 年普通本专科、中等职业教育及普通高中招生人数

年末兵团有科学研究与技术开发机构 20 个。全年争取各类国家科技计划项目批准立项 133 项，国拨经费到位资金 0.81 亿元。兵团本级科技计划项目立项 196 项，兵团本级财务科技拨款 1.78 亿元，比上年增长 12.6%。

全年累计认定工程技术研究中心 5 个、1 个科技企业孵化器（国家级）、3 个产业技术创新战略联盟、5 个高新技术企业（国家级）、14 个创新型企业、21 个众创空间（其中 5 个通过国家备案）、12 个星创天地。累计支持建设 6 个重点领域创新团队、10 个中青年科技创新领军人才。

全年新增国家和地方联合工程研究实验室 3 个，自治区级企业技术中心 6 家，兵团工程研究中心（实验室）7 家。截至 2017 年年底，累计认定国家地方联合工程研究中心（实验室）19 个，国家级企业技术中心 5 家，自治区级企业技术中心 58 家，兵团工程研究中心（实验室）18 家。

全年专利申请量 1 757 件，比上年增长 4.4%；专利授权量 982 件，下降 1.0%，其中发明专利 173 件，下降 14.8%；每万人口发明专利拥有量 2.48 件，增长 22.2%。

年末兵团累计有新疆名牌产品 67 个，新疆著名商标 92 件，中国驰名商标 12 件，“全国质量强市示范城市”1家。全年新批准国家级农业标准化示范区5个，国家级农业标准化示范区累计65个，国家级服务业标准化示范区5个。

年末兵团共有专业文艺团体9个，其中兵团直属4个、师市5个，从业人员600余人。拥有各级博物馆、纪念馆89座、图书馆4座（其中国家三级图书馆1座）和美术馆2座。已建成1个兵团文化中心、13个师市综合文化活动中心、190个团场综合文化活动中心和1 230个连队综合文化活动室。年末广播节目综合人口覆盖率为98.7%，电视节目综合人口覆盖率为99.6%，有线电视入户率达到70%。全年出版各类报纸6 867.32万份，各类期刊133.75万册，图书311种。

兵团参加第十三届全国运动会，获得2枚银牌，3个第五名，代表团获得“体育道德风尚奖”；参加第十三届全国学生运动会，获得1个第七名，代表团获得“体育道德风尚奖”；参加2017年世界青年射箭锦标赛，获得1枚射箭团体银牌和个人第六名的好成绩。兵团有33所学校被教育部命名为全国校园足球特色学校，第三师图木舒克市被命名为全国青少年校园足球试点县（区）。

十一、卫生和社会服务

年末有各类卫生机构1 212个（含营利性卫生机构），其中，医院211个，门诊部14个，社区卫生服务中心31个，社区卫生服务站86个，诊所、卫生所、医务室752个，疾病预防控制中心（防疫站）99个。各类卫生技术人员26 610人，其中，执业医师和执业助理医师9 717人，注册护士11 847人（图16）。医疗卫生机构床位22 183张。每千人执业（助理）医师3.24人，每千人注册护士3.95人，每千人拥有床位7.24张。传染病报告发病率（甲乙类传染病）298.47/10万，婴儿死亡

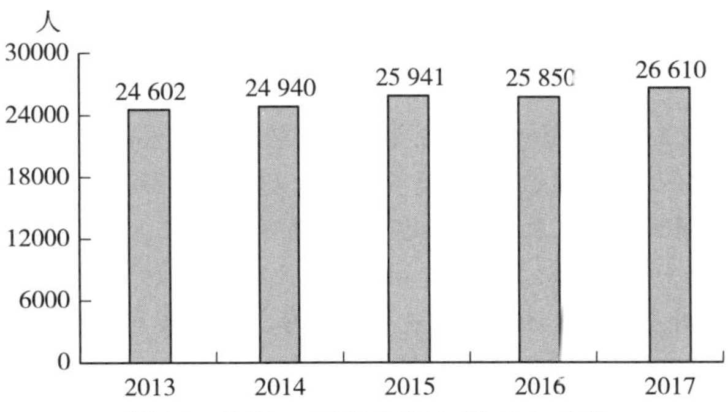

图16　2013—2017年卫生技术人员数

率5.12‰。孕产妇死亡率14.02/10万。

年末有养老服务机构154个，床位数18 810张，收养人数7 986人。年末有城镇社区服务设施771个。

十二、资源、环境和安全生产

全年批准建设用地8.23千公顷，供应土地4.87千公顷，土地出让合同价款28.09亿元。

年末已建成水库141座，总库容33.65亿米^3。其中，大型水库11座，中型水库31座，小型水库99座。已建成水电站99座、泵站（含节水灌溉首部）3 994座、水闸5 739座、农村集中式供水工程1 291处、机电井27 147眼（均为浅层地下水机电井）。堤防建设长度2 017.54千米，堤防保护人口138.94万人，保护耕地面积538.31千公顷。现有133.33公顷以上灌区110处，干、支、斗渠道总长度37 195.02千米。现有入河湖排污口17个，废污水排放量8 717.20万吨。

全年总灌溉面积1 505.25千公顷。其中，耕地灌溉面积1 132.63千公顷，林地灌溉面积173.05千公顷，园地灌溉面积180.97千公顷，牧草地灌溉面积18.60千公顷。

全年水利工程供水量129.56亿米^3，其中，向农业灌溉供水108.53亿米^3，向工业生产供水2.94亿米^3，向城镇生活供水1.83亿米^3，向乡村生活供水0.69亿米^3，向生态环境供水4.93亿米^3。

全年完成造林面积30.04千公顷，其中人工造林21.99千公顷。林业重点工程完成造林面积25.78千公顷。全年水土流失综合治理面积253.71千公顷，新增水土流失综合治理面积25.62千公顷。

全年规模以上工业企业综合能源消费量3 358.70万吨标准煤，比上年增长6.6%。其中，原煤消费量5 529.22万吨，增长4.0%；电力消费量742.51亿千瓦时，增长5.8%。

全年化学需氧量排放量9.84万吨，比上年下降1.09%；氨氮排放量0.52万吨，下降0.55%；二氧化硫排放量10.24万吨，下降5.68%；氮氧化物排放量9.18万吨，下降5.13%。

年末兵团城镇自来水、燃气、集中供热（含燃气采暖）基本实现全覆盖，污水集中处理率达81.4%，生活垃圾集中处理率达85.2%（其中无

害化处理率达 55.2%）。

全年农作物受灾面积 61.2 千公顷，其中绝收 11.6 千公顷。全年因灾造成直接经济损失 22.52 亿元，其中，因洪涝灾害造成直接经济损失 3.61 亿元，因旱灾造成直接经济损失 0.55 亿元，因风雹灾害造成直接经济损失 10.6 亿元，因地震灾害造成直接经济损失 7.25 亿元。全年全疆共发生 5.0 级以上地震 4 次，对兵团造成较大影响的 1 次，造成直接经济损失 10.8 亿元。

全年兵团工矿商贸行业领域未发生较大以上生产安全死亡事故，发生一般生产安全死亡事故 24 起，死亡 26 人。亿元生产总值生产安全事故死亡人数 0.011 人。工矿商贸企业就业人员 10 万人生产安全事故死亡人数 2.364 人。煤矿百万吨死亡人数为 0.111 人。

注释：

[1] 本公报中数据均为初步统计数，最终数据以《2018 年兵团统计年鉴》为准。部分数据因四舍五入原因，存在着与分项合计不等的情况。

[2] 生产总值、各产业增加值和人均生产总值绝对数按现价计算，增长速度按不变价格计算。

[3] 工业战略性新兴产业包括节能环保产业、新一代信息技术产业、生物产业、高端装备制造产业、新能源产业、新材料产业、新能源汽车产业等七大产业中的工业相关行业。

[4] 高技术制造业包括医药制造业，航空、航天器及设备制造业，电子及通信设备制造业，计算机及办公设备制造业，医疗仪器设备及仪器仪表制造业，信息化学品制造业。

[5] 装备制造业包括金属制品业，通用设备制造业，专用设备制造业，汽车制造业，铁路、船舶、航空航天和其他运输设备制造业，电气机械和器材制造业，计算机、通信和其他电子设备制造业，仪器仪表制造业。

[6] 全员劳动生产率为生产总值（以 2015 年价格计算）与全部就业人员的比率。

[7] 六大高耗能行业包括石油加工、炼焦和核燃料加工业，化学原料和化学制品制造业，非金属矿物制品业，黑色金属冶炼和压延加工业，有色金属冶炼和压延加工业，电力、热力生产和供应业。

[8] 本公报中南疆垦区为第一、二、三、十四师，北疆垦区为第四、五、六、七、八、九、十、十一（建工师）、十二、十三师及兵团直属单位。

[9] 基础设施投资是指建造或购置为社会生产和生活提供基础性、大众性服务的工程和设施的支出。公报中的基础设施投资包括电力、热力、燃气及水生产和供应业，交通运输、邮政业，电信、广播电视和卫星传输服务业，互联网和相关服务业，水利、环境和公共设施管理业投资。

[10] 民间固定资产投资是指具有集体、私营、个人性质的内资企事业单位以及由其控股（包括绝对控股和相对控股）的企业单位建造或购置固定资产的投资。

[11] 高技术产业投资包括医药制造、航空航天器及设备制造等六大类高技术制造业投资和信息服务、电子商务服务等九大类高技术服务业投资。

[12] 房地产业投资除房地产开发投资外，还包括建设单位自建房屋以及物业管理、中介服务和其他房地产投资。

[13] 贫困发生率是指贫困人口占团场总人口的比重。

资料来源：

本公报中户籍人口数据来自兵团公安局；城镇新增就业、登记失业率、外国专家、社会保险、劳动保障监察数据来自兵团人力资源和社会保障局；新疆物价数据来自国家统计局新疆调查总队；财政数据来自兵团财政局；监管企业数据来自兵团国资委；低保补助、医疗救助、优抚、收养、灾害数据来自兵团民政局；农作物精量播种面积、测土配方施肥面积、机械化、良种推广、龙头企业、"三品一标"、农业示范区、造林数据来自兵团农业局（畜牧局、林业局）；园区、电信数据来自兵团工业和信息化委员会；公路通达里程数据来自兵团交通运输局；棚户区住房改造、保障房、贫困农户危房改造、城镇水气热普及、污水处理率、生活垃圾集中处理率、地震数据来自兵团住房和城乡建设局；"十件实事"、工程研究中心、企业技术中心等数据来自兵团发展改革委；货物进出口、利用外资、对外承包工程、劳务合作、旅游数据来自兵团商务局（旅游局）；招商引资、对口援疆数据来自兵团经协办（援疆办）；飞机、飞行时间数据来自兵团航空企业管理局；全融信贷数据来自兵团金融办；农行存贷款数据来自农行兵团分行；扶贫开发数据来自兵团扶贫办；教育数据来自兵团教育局；科技、专利数据来自兵团科技局；名牌、商标、标准化数据来自兵团市场监督管理局；文化、广播、电视、出版和体育数据来自兵团文化体育新闻出版广电局；卫生数据来自兵团卫生计生委；国有建设用地、供应地、土地出让数据来自兵团国土资源局；水利设施、灌溉面积、供水量、水土流失数据来自兵团水利局；主要污染物排放数据来自兵团环境保护局；安全生产数据来自兵团安全生产监督管理局；其他数据均来自兵团统计局和国家统计局兵团调查总队。

新疆地方国有农场 2017 年经济和社会发展基本情况

新疆维吾尔自治区农业厅农场管理局

2017 年，新疆地方国有农场在自治区党委、人民政府及农业部的正确领导下，认真贯彻党的十八大会议精神，紧紧围绕自治区农业农村工作会议确定的各项工作任务，以实现农场增效、职工增收为目标，不断深化体制改革和机制创新，提高农场经济运行质量和效益，实现了新疆地方国有农场经济和社会又好又快发展。

一、综合

2017 年全区地方国有农场完成国民生产总值 225 384 万元，比上年增长 0.81%，其中第一产业增加值 183 991 万元，增长 0.93%；第二产业增加值 21 655 万元，下降 1%；第三产业增加值 19 738 万元，增长 0.005%。国民经济中三次产业比例为 71∶15∶14，人均纯收入 9 839 元，比上年增加 21 元。

二、农业

2017 年，新疆地方国有农场战胜低温、旱灾、风雹、病虫害等自然灾害的不利影响，充分发挥农业企业特有优势，继续保持了社会经济全面发展的好势头。完成农林牧渔业总产值 370 820.4 万元。其中，农业产值 205 933.6 万元，林业产值 103 231.2万元，牧业产值 59 960 万元，渔业产值 1 695.6 万元，农林牧渔服务业产值 6 134 万元。按经济类型划分，国有为 286 226.3 万元，下降 6.31%，集体为 15 863 万元，增长 1.55%，个体为 25 589.5 万元，增长 13.24%，其他经济类型为 43 141.6 万元，增长 4.86%。

1. 种植业

全年农作物播种面积 82 324 公顷，其中：粮食播种面积 38 960 公顷，比上年减少 3 807 公顷；棉花播种面积 23 600 公顷，较上年减少 492 公顷；糖料播种面积 1 466 公顷，较上年减少 183 公顷；油料播种面积 3 026 公顷，减少面积 259 公顷；瓜菜种植面积 8 703 公顷，较上年减少 866 公顷；其他作物播种面积为 4 554 公顷，较上年减少 2 506 公顷。其主要产品产量见表 1。

表 1　主要农产品产量

产品名称	计量单位	2017 年	比上年增长（%）
粮食	吨	342 375	－15.85
棉花	吨	116 820	－16.57
油料	吨	8 726	－20.16
甜菜	吨	83 560	－6.14
瓜菜	吨	176 200	2.31
麻类	吨	1 352	－9.6

2017 年，新疆地方国有农场不同程度地遭受了洪涝、旱灾、病虫害、霜冻及风雹灾等自然灾害，受灾面积达 7 149 公顷，绝收面积达 192 公顷。其中：粮食受灾面积 2 691 公顷，减产粮食 450 吨，棉花受灾面积 4 155 公顷，减产棉花 560 吨，直接经济损失 6 035.3 万元。

2. 畜牧业及水产业

2017 年新疆地方国有农场畜牧业发展总体呈下降趋势，主要牲畜和畜禽产品产量见表 2。

表 2　主要牲畜和畜禽产品产量

产品名称	计量单位	2017 年	比上年增长（%）
大牲畜	万头	6.96	3.72
猪	万头	7.29	9.78
羊	万只	33.10	2.28
家禽饲养量	万只	176	8.70
肉类总产量	吨	10 512	－20.44
牛奶产量	吨	17 819	0.45
禽蛋产量	吨	8 240	－11.31

2017年新疆地方国有农场水产品养殖面积为2 760公顷，水产量为1 620吨，产量比上年增长12.59%。

3. 水果及林业

2017年新疆地方国有农场水果生产保持平稳发展，总面积34 760.81公顷，较上年减少1 603公顷，总产523 071吨，较上年增长75.1%，其主要产品见表3。

表3 主要水果产品产量

产品名称	计量单位	2016年	比上年增长（%）
苹果	吨	209 308	36.72
梨	吨	152 430	225.00
葡萄	吨	122 302	84.65
桃	吨	6 975	176.00
红枣	吨	21 690	25.20
其他水果	吨	10 366	−18.27

2017年新疆地方国有农场林地总面积49 100公顷。当年新造林1 720公顷，其中用材林828公顷，经济林323公顷，防护林566公顷。当年零星植树13万株，育苗面积62公顷，其中当年新育面积5公顷。

2017年新疆地方国有农场生产条件进一步改善，农业机械总动力为390 987千瓦，拥有大中型农用拖拉机8 528台，机械总动力270 985千瓦，小型拖拉机10 120台，机械总动力122 310千瓦，大中型拖拉机配套农机具17 210台，小型拖拉机配套农机具13 102台，联合收获机215台，推土机109台，挖掘机84台，开沟机44台，农用运输汽车645辆。农场用电量14 877万千瓦时，农用化肥施用总量（按折纯量计算）24 946吨，农药施用量868吨，地膜使用量3 369吨。

三、工业和建筑业

2017年新疆地方国有农场完成工业产值66 825.6万元，比上年下降5.2%。按行业划分，农副食品加工业5 227万元，占7.82%；食品制造业326.6万元，占0.48%；纺织业46 560万元，占69.67%；纺织服装、服饰业10 385万元，占15.54%；木材加工和木、竹、藤、棕、草制品业986万元，占1.47%；化学原料和化学制品制造业216万元，占0.32%。其主要工业产品见表4。

表4 主要工业产品产量

产品名称	计量单位	2017年	比上年增长（%）
原盐	吨	15 800	−1.9
小麦粉	吨	18 102	−0.61
乳制品	吨	2 180	−4.78
罐头	吨	10 300	3
塑料薄膜	吨	1 558	3.86

年末建筑业单位8个，其中国有1个，年末从业人员710人，拥有固定资产原值5 778万元，机械设备总数为90台，全年施工房屋建筑面积4.9万米^2。

四、固定资产完成情况及新增生产能力

2017年，完成固定资产投资32 190万元（含国有17 070元），其中第一产业17 038万元，占52.92%；第二产业4 433万元，占13.77%；第三产业10 719万元，占33.31%。按资金来源分国家预算内资金11 511.69万元，占34.97%；自筹资金16 016万元，占49.75%；其他资金4 662.31万元，占14.5%。当年新增固定资产22 090.8万元，其中国有3 930万元。

全年造林面积1 720公顷，新增大中型拖拉机187台，11 490千瓦，小型拖拉机198台，3 530千瓦，农用运输车28辆，新建公路142千米，电话线路6千米，住房3.93万米^2。

五、科研、教育和卫生

2017年，新疆地方国有农场有科研单位6所，科技人员575人，科技经费140万元，企业自筹40万元。

六、人口、土地

2017年，新疆地方国有农场年末总人口324 127人，年末土地总面积659 226公顷，其中耕地面积95 850公顷，牧草地面积402 973公顷，已利用牧草地面积336 700公顷，林地面积49 100公顷，水面面积4 348公顷，果园面积为28 450公顷，可垦荒地面积10 528公顷，宜林地面积9 353公顷，居民点及工矿用地面积28 559公顷，其他面积30 065公顷。

七、非公有经济发展情况

2017 年，新疆地方国有农场年末非国有经营单位 1 292 个，其中，第一产业 965 个，第二产业 41 个，第三产业 286 个。年末从业人员有 11 466 人，从业人员劳动报酬 7 978 万元，生产总值 32 281万元，当年固定资产投资为 15 120 万元，年末资产总额 31 024 万元，固定资产原值为 16 648万元，应缴税金 83.8 万元，利润总额 251 万元。

新疆地方国有牧场 2017年经济和社会发展统计公报

新疆维吾尔自治区畜牧厅产业发展与牧场管理局

2017年新疆维吾尔自治区地方国有牧场广大干部职工，在农业部农垦局及相关部门的大力支持和亲切关怀下，认真学习贯彻党的十九大精神，落实中央经济工作会议、农村工作会议，自治区党委经济工作会议、农村工作会议和自治区畜牧兽医工作会议精神，以习近平新时代中国特色社会主义思想特别是习近平关于“三农”工作的重要论述为指导，认真贯彻党中央治疆方略，聚焦新疆工作总目标，践行新发展理念，推进实施乡村振兴战略，以深化农牧业供给侧结构性改革为主线，按照自治区“稳粮、优棉、促畜、强果、兴特色”的要求，坚持农牧结合、草畜配套，加快促进传统畜牧业改造提升、现代畜牧业开拓创新，推进牧区繁育、农区育肥，大力发展农区畜牧业，实施好促进畜牧业“5111”工程，稳步提升畜牧业绿色发展水平，完善畜牧业科技服务体系和灾害防控体系，挖掘潜力，发挥优势，较好地完成了全年各项工作任务。

一、综合

2017年，新疆有124个地方国有牧场（实有牧场121个，本年度减少3个牧场，主要是国有牧场改制撤场建村，其中，阿克苏地区沙雅县一牧场、沙雅县二牧场和喀什地区叶城县普萨牧场撤场建村），其中自治区属3个，地州属9个，县属112个，土地总面积1 341.79万公顷，比上年下降1%。其中，耕地面积24.18万公顷，草场面积971.20万公顷，林地面积13.29万公顷，水域面积8.40万公顷，茶果桑园面积0.36万公顷，可垦荒地面积19.46万公顷，居民点及工矿用地面积24.04万公顷，其他面积280.86万公顷。2017年年末总人口45.34万人，其中社会从业人员23.6万人。全年实现生产总值（按现行价计算，下同）46.5亿元，比上年增长21%，其中：第一产业生产总值38.51亿元，比上年增长25.4%；第二产业生产总值4.39亿元，比上年增长31.8%；第三产业生产总值3.6亿元，比上年下降11.8%。

二、农牧业生产

2017年，国有牧场农作物总播种面积为23.3万公顷，较上年减少1.78万公顷，下降7.1%，其中：粮食播种面积10.55万公顷，减少0.48万公顷，下降4.4%；油料面积1.91万公顷，减少0.62万公顷，下降24.51%；棉花面积5.89万公顷，增加0.15万公顷，增长2.6%。

2017年粮食总产量88.44万吨，较上年增加2.55万吨，增长2.97%，其中：小麦19.03万吨，减少6.16万吨，下降24.45%；玉米59.96万吨，增加7.57万吨，增长14.45%；油料总产量4.49万吨，减少0.04万吨，下降0.89%；棉花总产量24.63万吨，增加4.87万吨，增长24.65%。

2017年年末，国有牧场牲畜存栏412.89万头（只），较上年减少26.63万头（只），下降6.1%，其中：牛47.93万头，增加3.43万头，增长7.7%；羊343.36万只，减少29.93万只，下降8%。

2017年国有牧场肉类总产量6.41万吨，同上年相比减少0.18万吨，下降2.83%，其中：牛肉2.42万吨，减少0.1万吨，下降3.5%；羊肉3.6万吨，减少0.08万吨，下降1.9%。牛奶总产量17.2万吨，较上年增加1.35万吨，增长8.5%。绵羊毛总产量4 957吨，较上年减少107吨，下降2.1%。

2017年完成农林牧渔业总产值71.93亿元，较上年增加18.73亿元，增长35.21%，其中农业产值33.13亿元，增长48.3%；牧业产值38.05亿元，增长26.54%；林业产值0.7亿元，与上年基本持平；渔业产值 415 万元，下降 30.13%。

2017 年，全区国有牧场农牧机械总动力为 815 768千瓦，大中型农用拖拉机 6 154 台，小型拖拉机台 15 153 台，国有牧场农业机械化装备程度不断提高，农用拖拉机结构变化明显，技术结构不断优化，进一步改善了农牧业生产条件。

三、固定资产投资

2017 年固定资产投资总额 97 527.8 万元，比上年下降 1.95%。投资总额中用于第一产业的投资 59 239 万元，占投资总额的 60.74%；第二产业投资为 12 372 万元，占投资总额的 12.69%；第三产业为 25 916 万元，占投资总额的 26.57%。其中国家预算内资金 40 846 万元，自筹资金 43 178 万元。

四、教育、卫生

2017 年，新疆地方农垦国有牧场中小学校全部移交当地政府管理。

现有卫生医疗单位 26 个，病床 212 张；医务人员 244 人，其中：医生 68 人。

五、人口、就业和劳动工资

2017 年年末新疆地方国有牧场总人口453 382 人，社会从业人员 235 971 人。其中：第一产业从业人员 221 930 人，占总从业人员 94.05%；第二产业从业人员 4 463 人，占总从业人员 1.9%；第三产业从业人员 9 578 人，占总从业人员 4.1%。从业人员劳动报酬 33.4 亿元，在岗职工劳动报酬 14.19 亿元。年人均收入 11 989 元，较上年人均增加 151 元，增长 1.2%。

中国热带农业科学院2017年经济和社会发展统计公报

中国热带农业科学院

一、基本概况

2017年是中国热带农业科学院（简称热科院）实现创新发展的关键之年。在农业部的正确领导下，全院干部职工开拓进取，奋发有为，以服务国家战略、热区经济社会发展和热带农业产业升级为己任，以提升热带农业科技创新能力为中心，以推进六大战略工程为抓手，以落实全面从严治党为保障，进一步优化创新资源布局，提升科技创新能力，深化体制机制改革，完善综合治理体系，各项事业迈上了新台阶。

1. 机构情况

全院现有15个独立法人单位，分别为：院本级、热带作物品种资源研究所、橡胶研究所、香料饮料研究所、南亚热带作物研究所、农产品加工研究所、热带生物技术研究所、环境与植物保护研究所、椰子研究所、农业机械研究所、科技信息研究所、分析测试中心、海口实验站、湛江实验站、广州实验站，分布在海南、广东两省的6个市。院机关现有16个处室，分别为：院办公室、科技处、人事处、财务处、计划基建处、资产处、研究生处、国际合作处、开发处、基地管理处、监察审计室、保卫处、机关党委、离退休人员工作处、南繁科技服务办公室、驻北京联络处。附属机构3个，分别为后勤服务中心、试验场、附属中小学。

2. 科技情况

一是年度科研立项经费创新高。2017年全院获科研立项经费任务完成度达222.86%，创全院年度科研立项经费新高。

国家级重大项目申报有新突破，环境与植物保护研究所牵头申报的国家重点研发计划“热带果树化肥农药减施增效技术集成研究与示范”获批，经费达5 701万元，成为热科院目前单体经费最高项目；热带作物品种资源研究所牵头申报的科技部科技基础资源调查专项获批，经费2 195万元；国家自然科学基金获批42项，经费1 536万元；地方支持的科技项目经费显著提升，海南省科技项目经费达3 447万元，广东省科技项目经费达1 675万元。此外，2017年农业部部门预算项目立项总经费约10 700万元。组织申报的“热带农业科技创新工程”已列入农业部部门预算项目库，“南锋专项”二期获立项。

二是年度获省部级科技奖励创新高。全年共获得省部级以上科技奖励20项，较2016年增长25%，比照年初制定的获批15项省部级科技奖励的目标，任务完成度达133.33%。

传统渠道获批的奖励继续保持，获2016—2017年度中华农业科技奖3项，海南省科技奖励14项；新拓展渠道申报奖励取得明显突破，获广东省科技奖励3项（公示期）、广东省农业技术推广奖3项，参与获批贵州省丰收奖、云南省科技进步奖、广西省科技进步奖各1项。获中国热带作物学会第一届科技奖励进步奖二等奖2项，杰出贡献奖1项，青年科技奖3项。另外，组织“香蕉新品种选育及产业升级关键技术创新与集成应用”申报2017年度国家科技进步奖并进入会评。

三是争取国家现代农业产业体系新增岗位取得重大进展。抓住国家现代农业产业技术体系岗位扩容的契机，组织申报岗位42个，新获批香蕉产业技术体系首席科学家1个，岗位科学家10个，试验站长3个，新增经费850万元。

此外，在平台建设方面，热科院获批农业部热带作物农业装备重点实验室；获批13个国家农业科学实验站；获批“国家土壤污染物状况详查检测实验室”；率先组织策划了南繁国家实验室，撰写组建方案并向省科技厅提交。充分发挥热科院热带农业科技创新优势，坚持引进来与走出去相结合，深度融合国际资源，与澳大利亚迪肯大学联合共建先进材料国际研究中心，与密克罗尼西亚共建密克罗尼西亚椰子种植示范基地等。

在创新团队建设方面，举办院级创新团队和研究室负责人培训班，反响良好；建成院级创新团队管理平台系统，实现业务信息化管理；规范管理，制定并印发了《中国热带农业科学院院级创新团队建设与管理办法（试行）》（热科院科〔2017〕297号）；团队建设成效初显，今年45%的国家自然科学基金项目由团队成员获得，2篇影响因子7.0以上的SCI论文都出自团队成员。

在协同协作方面，加强创新实力，扩大协同影响，成立“热区石漠化山地绿色高效农业科技创新联盟”，组织召开“石漠化山地绿色高效农业科技创新联盟现场观摩会，在新华社、《农民日报》、《贵州日报》等媒体进行报道，产生了较大的影响；加强协作推广，在试验场举办“特色作物新品种新技术交流会”，引进试种广西农科院作物新品种；智力支撑地方和企业发展，组织编制海南省中长期科技发展规划、天然橡胶产业调整规划、质量追溯系统和大数据平台建设方案等；加强协作网组织体系建设，组织召开了协作网2017年理事大会和秘书长工作会议。

在其他科技产出方面，全院申请专利259项，获批专利164项，其中发明专利83项；审（认）定品种3个；获新品种保护权6个；授权肥料登记证4项；颁布农业行业标准3项、海南省地方标准16项；授权软件著作权82项；“文昌椰子”获国家农产品地理标志认证；发表论文1 013篇，SCI收录论文178篇，EI收录论文37篇，ISTP收录论文13篇。

二、人员情况

2017年农业部核定热科院编制总数5 500人，其中：财政拨款补贴人员编制4 300人、经费自理人员编制1 200人。2017年年末常住总人口12 279人，比2016年增加257人，少数民族2 516人。2017年，全院新录用人员101人，全院干部人才队伍总量达3 886人，其中在编在岗2 805人，高级专业技术人员675人，硕士及以上学历人员达到1 151人。享受政府特贴专家、国家级突贡专家、中央联系专家、新世纪百千万人才工程国家级人选、国家“万人计划”人选及中华农业英才奖获得者等高层次人才180多人次。全年职工劳动报酬39 676.24万元，人均纯收入3.23万元。

三、第三产业

（1）土地情况

截至2017年12月31日，热科院有土地54宗，已确权取得土地证，土地面积4 546.30公顷，其中：耕地面积281.18公顷，林地面积2 117.71公顷（橡胶面积1 535.67公顷），水面面积55.72公顷，茶果桑园127.13公顷，可垦荒地面积74.21公顷，宜林地面积514.65公顷，居民点及工矿用地面积363.26公顷。耕地面积中水田124.65公顷、旱地156.53公顷。由于南亚热带作物研究所在2016年前405.68公顷土地确定为耕地面积，到2017年更改为非耕地面积。年末住房面积增加4.893万米^2，原因是海口第二批经适房住房面积增加、试验场新建九队经适房80套、各个生产队新盖居民住房。

（2）全年生产总值50 718.78万元，比2016年增加2 381.45万元，增长4.93%。

科学研究和综合技术服务业生产总值50 572.64万元，增加2 379.65万元，增长4.94%，其中：劳动者报酬39 540.27万元，增加2 018.56万元，增长5.38%，增长的原因为部分单位引进人才增资、2017年发放通信补贴、新增社保缴费、补发2016—2017年激励绩效奖。固定资产折旧为10 190.39万元，减少73.3万元，下降0.71%。生产税净额和营业盈余比2016年分别增长56.06%和9.32%，是由于拓宽经营渠道做好内控管理，经营服务部门效益得到有效提升。

批发和零售业114.17万元，比上年增加73.53万元，增长180.93%，增长原因是后勤实行部门独立核算改革和拓展增加销售的商品种类，产值增加造成生产税净额增长。租赁和商务服务业31.97万元，增长6.74%。由于广州住宿转私人承包，本年住宿业不列入统计范围。

生产总值情况见表1。

（3）全年农林牧渔业总产值3 984.66万元，比2016年增长0.34%，其中：农业产值928.96万元，比2016年增长11.24%；林业产值1 748.59万元，比2016年增长12.42%，其中：橡胶产值1 014.13万元，比2016年下降9.06%。橡胶年末实有面积1 535.67公顷，比2016年减少70.66公顷，全年干胶总产量780.10吨，比2016年减少77.80吨，下降9.07%，减少原因是橡胶老树更新

表 1 生产总值情况（万元）

生产总值情况	2017 年	2016 年	增加额	比上年增长（%）
一、科学研究和综合技术服务业	50 572.64	48 192.99	2 379.65	4.94
其中：劳动者报酬	39 540.27	37 521.71	2 018.56	5.38
固定资产折旧	10 190.39	10 263.69	−73.3	−0.71
生产税净额	626.38	401.37	225.01	56.06
营业盈余	6.8	6.22	0.58	9.32
二、批发和零售业	114.17	40.64	73.53	180.93
三、租赁和商务服务业	31.97	29.95	2.02	6.74
四、住宿业		73.75	−73.75	
合计	50 718.78	48 337.33	2 381.45	4.93

较多导致产量下降。橡胶年内实际到达开割面积 1 018.23公顷，比 2016 年增加 64.34 公顷，增长 6.75%，开割到达株数 35.61 万株。牧业产值 1 217.00万元，比 2016 年下降 14.88%，由于生猪价格下降导致产值减少。渔业产值 90.11 万元，比 2016 年下降 40.36%，减少的原因是养殖户面积减少产量低。农林牧渔业总产值情况见表 2。

表 2 农林牧渔业总产值情况（万元）

指标名称	2017 年	2016 年	增加额	比上年增长（%）
农林牧渔业总产值	3 984.66	3 971.31	13.35	0.34
农业产值	928.96	835.12	93.84	11.24
林业产值	1 748.59	1 555.39	193.20	12.42
其中：橡胶产值	1 014.13	1 115.22	−101.09	−9.06
牧业产值	1 217.00	1 429.69	−212.69	−14.88
渔业产值	90.11	151.10	−60.99	−40.36

（4）农作物播种面积 190.50 公顷，比 2016 年增加 9.07 公顷，总产量 2 656.33 吨，比 2016 年增加 380.67 吨，单产 12 752.36 千克。其中，粮食面积下降 8.66%，减少原因为水稻面积减少，田间管理欠缺导致单产下降。油料面积有所增加，比 2016 年增长 29.15%；糖类作物面积有所增加，比 2016 年增长 162.33%；蔬菜、瓜类比 2016 年增长 4.38%。其他作物播种面积 2.28 公顷，总产量 19.40 吨，主要为木薯、甜玉米、毛薯等。稻谷：试验场老百姓种地意识薄弱、南亚热带作物研究所试验用地新增试验用地，比 2016 年减少 22.25 公顷，总产量减产 18.72%。玉米：比 2016 年增加 3.25 公顷，南亚热带作物研究所新调整了玉米种植基地，总产量比 2016 年增长 120%。薯类：利用在橡胶幼树林的行间，增种了番薯 7.04 公顷，比 2016 年增长 140%，每公顷产量增加 2 513千克，南亚热带作物研究所新增薯类及蔬菜种植基地，其中薯类跨年种植，还没产量。油料、花生：在水稻田改种花生，提高了产量，比 2016 年增加 3.74 公顷，增长 29.15%，总产量增长 19.80%。糖料、甘蔗：试验场在橡胶林间种 3.33 公顷甘蔗，较 2016 年增长 256.92%；南亚热带作物研究所增加甘蔗种植面积 1.53 公顷，较 2016 年增长 53.31%。烟叶：种植烟叶面积减少，种植失败导致产量下降，减产 1.87 公顷，下降 187%。瓜类：由于试验场在瓜皮田改种草莓，致面积减少 0.16 公顷，下降 40%。

农作物播种面积情况见表 3。

（5）热带亚热带作物年末种植面积 295.79 公顷，比 2016 年增加 54.21 公顷，分别为：剑麻 7 公

表 3　农作物播种面积情况（公顷）

指标名称	2017 年	2016 年	增加额	比上年增长（%）
农作物播种面积	190.50	181.43	9.07	4.99
粮食作物	128.46	140.64	−12.18	−8.66
其中：稻谷	111.54	133.79	−22.25	−16.63
玉米	4.58	1.33	3.25	244.36
油料作物	16.57	12.83	3.74	29.15
糖料作物	7.87	3.00	4.87	162.33
蔬菜、瓜类	32.45	22.56	9.89	4.38

顷、胡椒 5 公顷、咖啡 3.97 公顷、椰子 117.01 公顷、油棕 50.60 公顷、可可 11.00 公顷、槟榔 84.47 公顷、益智 8 公顷、澳洲坚果 7.07 公顷、木薯 1.67 公顷，总产量 174.43 吨，比 2016 年增加 40.51 吨，增长 30.24%。主要增长原因是当年新增剑麻 2.27 公顷、槟榔 32.49 公顷、益智 7.65 公顷，产量大幅提升，香辛料、剑麻、咖啡、椰子、油棕、可可等面积持平。

（6）全年水果产量面积 127.79 公顷，比 2016 年增加 45.79 公顷，产量约 362.80 吨，比 2016 年增加 145.80 吨，水果主要有香蕉、葡萄、菠萝、荔枝、龙眼、芒果、火龙果、番石榴、柑橘和其他热带水果（如毛叶枣）等。香蕉：海口站增加香蕉 5.3 公顷，分包外来人员 13.3 公顷种植香蕉，产量增长 182%。柑、橘、橙、柚：海口站增种柚子 1.67 公顷，试验场增种 0.33 公顷，产量增长 222%。葡萄：增加科技博览园葡萄采摘园 1.16 公顷，葡萄产量增长 173%。火龙果：增加科技博览园火龙果采摘园 2 公顷，火龙果产量增长 119%。其他：试验场新种油梨、菠萝蜜、榴莲蜜、黄皮等 20.93 公顷，产量增长 143%。为建设都市农业热带体验园，广州站新种植 1.2 公顷西瓜等高质水果品种。桑园：开展养桑合作，增种桑园 11.15 公顷，产量增长 121%。水果产量：南亚热带作物研究所因本年度未受台风影响，水果产量均有增加，特别是芒果、番石榴增加较多，增长 19.05%。

（7）当年造林面积 104.67 公顷，比 2016 年下降 50.39%，其中：经济林 104.67 公顷，幼林抚育面积 530.36 公顷、成林抚育面积 1 344.50 公顷。当年零星植树 0.3 万株，采伐木材 12 069.70 米^3，森林覆盖率达 72.70%。由于砍伐木材，造成当年造林面积减少 98.3 公顷，木材增加 3 250.92米^3，增长 36.86%。

（8）肉类总产量 438.55 吨，比 2016 年增加 106.92 吨，增长 32.24%。其中：猪肉产量 357.03 吨，增长 28.78%；牛肉产量 11.59 吨，增长 31.85%；羊肉产量 12.39 吨，增长 59.66%；禽肉产量 57.54 吨，增长 51.98%；禽蛋产量 6.84 吨，下降 0.73%。

（9）全年院属普通中学 1 所，小学 2 所。教职工数共计 113 人，其中教师 85 人。在校生 1 728 人，其中新招生 402 人，当年毕业生 351 人。现有医疗单位 1 个，医务人员 9 人，其中医生 3 人。

（10）2017 年登陆海南的几个强台风和霜冻灾等其他灾害对热科院广东湛江、兴隆、文昌的农田、基地和基础设施均造成不同程度的破坏，造成全年各类自然灾害农业直接经济损失为 913.27 万元，农作物受灾面积 1 363.14 公顷。

广州农垦2017年经济和社会发展统计公报

广州风行发展集团有限公司

2017年，广州风行发展集团在农业部农垦局、广州市委、市政府及市国资委的正确领导下，认真贯彻落实党的十九大精神和十八大及十八大历次全会精神，按照年初确定的各项工作目标，以深化改革赢取发展红利，以资本运营推动“走出去”发展，以全面创新、转型调整、项目建设、精细管理推动提质增效，实现企业规模效益双提升。全年实现营业收入17.82亿元，同比增长19.44%；利润总额1.27亿元，同比增长24.90%；资产总额29.12亿元，负债总额13.49亿元，所有者权益15.63亿元。

一、综合

风行集团是以畜牧养殖、乳制品加工、现代服务业为主导产业，集农工商于一体经营、一二三产业融合发展的现代企业集团。根据总体战略规划和发展思路，2017年集团持续深化企业改革，着力推进全面创新和提质增效，加快提升乳业的核心竞争力，重点拓宽食品产业链，创新发展现代服务业，提升集团的综合发展实力。集团纳入2017年统计报表编制范围的企业共23户，与2016年相比，新增企业3户，分别是并购控股企业1户，新设立企业2户；减少企业6户，均为破产及清算关闭处置企业。总部及二级企业共7户，三级企业16户，行业分布在畜牧业、工业及现代服务业，其中：乳制品加工及畜牧养殖企业7户，商贸企业3户，综合经营9户，关停企业4户。年末职工人数1 919人，土地总面积29.67公顷。

2017年集团实现国内生产总值47 814万元，同比增长53.91%，其中：第一产业通过完善牛舍防暑降温设施、优化奶牛营养配方、实施三班挤奶、环保防治等，不断降低成本，提高盈利水平，实现牧业发展质量的有效提升。实现生产总值7 773万元，同比增长35.65%。第二产业通过不断完善营销运营体系，推进科技创新、品牌宣传创新及营销模式创新，成功并购长城乳业助力规模增长，实现生产总值18 870万元，同比增长11.12%。第三产业通过促进商贸产业结构优化调整，大力发展食品相关商贸业务，低效资产退出经营，提升租赁业务效益，实现生产总值21 171万元，增长157.52%。集团全年实现利润总额1.27亿元，同比增长24.90%。人均年收入69 059.85元，同比增长1.72%。

二、畜牧业

集团畜牧业为奶牛养殖，拥有3个现代化高水平奶牛养殖场，均为标准化奶牛示范场，并拥有一支经验丰富、技术过硬的畜牧饲养技术专业管理团队。2017年，集团实施在建牧场建设方案的优化调整，使现代化牧场更符合标准化建设和实际管理需求，不断提高牧业饲养技术，一是加强精细化管理，优化冬夏奶产出比例，提高夏季产量；二是持续做好核心牛群管理，推进产学研合作，提高核心牛群数量和质量；三是加强系统监控及数据的分析与利用，做好奶牛保健与疾病防治，以乳业研究院为依托，统筹防疫管理，全年未发生疫情，成母牛死亡率下降2.25%，保证生物资产安全，保证奶源安全。

年末奶牛总存栏7 100头，比上年减少800头，下降7.79%，主要是优化淘汰所致，其中：能繁殖母畜5 300头，比上年增加600头，增长12.77%；当年生仔畜2 700头，比上年增加200头，增长6%，主要是转群牛增多。2017年实现生鲜奶产量31 539吨，比上年增加5 691吨，增长22.02%，销量30 093吨，比上年增加4 274吨，增长16.55%，实现销售收入16 812万元，同比增长16.35%。生鲜奶收入规模增长的贡献主要来源于销量的增长，由于市场价格竞争激烈，导致价格对于收入规模的贡献有限。利润总额1 293万元，同比增长较大，主要是销售毛利的增加。

三、工业

集团工业以乳制品加工为主，旗下风行乳业股份公司为集团核心乳企，于 2016 年末完成股份制改造。风行乳业股份公司拥有 2 个加工厂，1 个在建乳制品生产基地，其中新增乳企是控股并购的河北省张家口长城乳业股份公司，实现了集团乳业迈向全国战略布局的关键一步。2017 年围绕工业产销任务目标和战略布局，推动产业并购、打造“风行生活”电商平台、深化科创平台建设、强化成本控制、提升品牌影响力。通过改进工艺流程、严控内控指标，有效减少物料损耗，优化岗位设置，节省人工费用，提升乳品加工生产效率；淘汰不适销的产品，进一步优化产品配方，提高销售毛利率；规范大宗原料采购，完善供应商准入机制，节约采购成本；打造干线物流配送模式，提高效率，节省运输费用；打造电商平台，融合线上线下销售模式，不断扩大销售半径；完善科创平台建设，以高新技术企业资格为契机，加大科研费用投入，加强创新成果管理，加强产学研合作，实现了产业结构布局和产业运营提质增效。全年实现工业总产值 65 792 万元，同比增加 5 860 万元，增长 9.78%；工业销售产值 65 113 万元，同比增加 5 598 万元，增长 9.41%，持续保持同比增长；实现销量 67 401吨，同比增长 12.59%；实现主营收入 65 113万元，同比增长 9.78%；全年生产乳制品 68 318 吨，比上年增加 8 821 吨。全年实现利润 577 万元，同比扭亏为盈。主要影响因素：一是成功并购长城乳业，规模效益均有所提升；二是深化体制机制、营销和科技等改革，推进营销模式拓展和创新，销量保持持续增长的同时严控营销费用；三是原材料成本上涨，销售均价下降，毛利率受到影响，利润空间缩小。

四、现代服务业

集团 2017 年纳入统计范围的批发零售、服务业企业 16 个，主要经营成品油销售、物业租赁、商贸等业务，其中正常经营企业 12 个，关停企业 4 个；年末从业人员 115 人，其中批发零售业 46 人，服务业 69 人；全年实现营业收入 107 724 万元，同比增长 23.84%，其中：批发零售业营业收入 89 722 万元，同比增长 9.42%；主要是优化调整贸易商品结构，巩固并拓展加油站经营业务，打造连锁主题便利店，构筑以乳品为核心的健康食品商业流通体系。一是大宗商品贸易业务实现收入 74 101 万元，同比增加 5 310 万元，增长 7.72%；二是成品油销售实现 15 575 万元，同比增长 17.92%；综合经营服务通过加强内部管理，减少物业出租空租期，深挖物业经营潜力，提高物业出租率及出租价格；梳理和分析低效投资性物业资产经营现状，制订转让方案，依法依规推进投资性物业挂牌转让，增加资金流动性以支持核心主业发展。全年营业收入 18 002 万元，同比增长 260.91%。年末固定资产原值 6 995 万元，其中：批发零售业 91 万元，服务业 6 904 万元；营业用房 117 174 米^2，其中：批发零售业 739 米^2，服务业 116 435 米^2。

五、固定资产投资情况

2017 年集团根据固定资产投资预算，严格把控固定资产投资支出，继续推进重点项目建设及建设方案的优化调整。全年完成固定资产投资总额 2 748万元，同比下降 75.62%，主要是根据乳业板块战略规划的总体思路，对项目可研方案及设计方案进行调整，工程进度放缓。其中：第一产业完成投资 1 555 万元，主要是青龙基地项目投资支出 994 万元，华美牛场投资 304 万元，穗新牛场投资 313 万元；第二产业完成投资 1 164 万元，主要是风行乳业股份购买生产办公设备、车辆等投资 521 万元，长城乳业购买生产线办公设备等投资 640 万元等；第三产业完成投资 29 万元。其中：投资资金通过自筹解决 2 748 万元。当年新增固定资产 1 591万元，主要是工业及牧业项目的投入。

南京农垦2017年经济和社会发展统计公报

南京农垦产业（集团）有限公司

2017年，南京农垦严格贯彻落实中央、省、市关于农垦改革各项会议精神，紧紧围绕改革与发展两大任务多方面地开展工作，以改革为重点，以稳定为基础，以项目为抓手，以提高经济效益为突破口，在经济总量、效益指标、商贸业务等方面迈上了新台阶，圆满完成了年初预期目标。

一、综合

2017年，南京农垦实现生产总值5 104.27万元，比上年下降23.25%。其中：第一产业增加值421.72万元，比上年增长5.35%；第二产业增加值1 216.05万元，比上年增长15.05%；第三产业增加值3 466.50万元，比上年下降33.25%，主要原因是缴纳了出售南京银行股票增加的1 200多万元企业所得税。三次产业结构比例为8.26∶23.82∶67.92，可见第三产业仍然是南京农垦的主要支柱产业。

2017年，南京农垦年末土地总面积759公顷，与上年相同。其中：林地面积434公顷，茶果桑园面积38公顷，居民点用地面积和其他面积287公顷。

二、农业

南京市青龙山林场是南京市唯一市属国有林场，也是南京农垦唯一涉及农业生产经营的企业，但由于历史遗留问题，所涉农业生产经营规模很小，仅有少量茶叶种植和一家民营禽业养殖单位仍在生产经营。

1. 种植业

2017年年末南京农垦茶叶种植面积38公顷，与上年相同。全年生产雨花茶4.3吨，比上年增长2.38%，实现年销售收入247.96万元。

2. 畜牧业及渔业

2017年年末禽业养殖量8.5万只，禽肉年产量68吨，比上年下降21.84%；禽蛋产量1 050吨，比上年增长10.53%。因林场鱼塘分布零散且淤积多年，已不适宜养殖鱼类，但存塘鱼仍然存在，产值与上年基本持平。

三、批发零售业、住宿餐饮业、服务业、交通运输业及其他

2017年，南京农垦第三产业增加值3 466.50万元，比上年下降33.25%。其中：批发零售业630.53万元，比上年增长0.24%；交通运输业77.50万元，比上年下降2.52%；住宿和餐饮业100.42万元，比上年下降66.17%；租赁和商务服务业2 267.05万元，比上年下降40.30%；居民服务修理和其他服务业391万元，比上年增长0.26%。住宿和餐饮业增加值减少的直接原因在于2017年南京农垦拟对所属银都饭店进行整体转让，但由于客观因素未转让成功，而后对其进行了整体消防改造，银都饭店承租户近一年未营业，南京农垦年度无租金收入，因此增加值大幅减少。

南京农垦目前运营收入主要来源于第三产业，主要工作：一是做好辖区内的房屋出租管理，出租房总面积28 597米^2，年租金收入约1 600万元，南京农垦积极采取市场化方式运作，提高房屋出租率及租金上涨率；二是不断拓展商贸业务渠道，加强全国农垦之间的贸易业务往来，提高产品销售收入，2017年实现经营收入5 557万元，销售大宗产品的毛利率达2.8%；三是在严格做好风控基础上，利用部分资金进行长、短期相结合的理财产品投资，提高经济效益。

四、固定资产投资情况

2017年，南京农垦完成固定资产投资303.64万元，均为南京农垦自有资金。其中：第二产业17万元，占投资总额的5.60%；第三产业286.64万元，占投资总额的94.40%。其中主要为南京农垦本部投入近100万元用于办公大厦及新和园房产

的消防隐患整改，投入近 150 万元更新改造办公大厦所有空调设备，防患于未然，不断强化安全发展观念，提升全民安全素质，将安全生产工作常态化、制度化。截至目前，未发生一起安全生产责任事故及人员死亡责任事故。

五、人口、职工和劳动报酬

2017 年，南京农垦年末总人口 2 760 人，社会从业人员 653 人。其中：第一产业从业人员 136 人，占总从业人员 20.83%；第二产业从业人员 163 人，占总从业人员 24.96%；第三产业从业人员 354 人，占总从业人员 54.21%。国有单位从业人员 252 人，劳动报酬 1 307.13 万元，年人均收入 51 870 元，比上年增长 25.09%。

六、非公有经济发展情况

2017 年，南京农垦垦区内非国有经营单位 141 个，其中：第一产业 1 个，占 0.71%；第二产业 5 个，占 3.55%；第三产业 135 个，占 95.74%。资产总额 7 228 万元，利润总额 9 万元，生产总值 2 536.45万元，从业人员 401 人，劳动报酬 1 454 万元。

三

主要经济与社会指标

综合情况

1-1 主要年份全国农垦经济主要指标

指标名称	计量单位	2005年	2010年	2015年	2016年	2017年	2017年比2016年增长	
							绝对数	(%)
一、基本情况								
农垦独立核算企业	个	6 197	5 261	5 880	6 263	6 642	379	6.4
#农牧企业	个	1 923	1 807	1 785	1 781	1 758	−23	−1.3
工业企业	个	1 809	1 290	1 237	1 186	1 405	219	17.7
建筑企业	个	443	537	378	516	493	−23	−6.1
运输企业	个	270	290	205	191	489	298	145.4
批零贸易餐饮企业	个	1 752	1 337	2 275	2 589	2 497	−92	−3.6
农垦年末总人口	万人	1 259.53	1 332.31	1 445.95	1 442.70	1 455.58	12.88	0.9
职工总数	万人	335.93	330.75	287.64	276.67	271.54	−5.13	−1.9
耕地面积	千公顷	5 038.13	5 989.27	6 325.42	6 446.93	6 455.72	8.79	0.1
当年造林面积	千公顷	126.18	88.25	68.50	73.56	121.63	48.07	65.4
橡胶面积	千公顷	424.16	469.40	443.27	453.63	418.84	−34.79	7.7
农垦生产总值(现价)	亿元	1 358.65	3 382.67	6 902.48	7 365.49	7 913.62	548.13	7.1
第一产业增加值	亿元	560.43	1 171.30	1 768.13	1 800.87	1 907.51	106.64	5.5
第二产业增加值	亿元	417.18	1 341.69	3 132.69	3 338.82	3 570.30	231.48	6.6
第三产业增加值	亿元	381.04	869.68	2 001.65	2 225.80	2 435.81	210.01	9.0
各产业占生产总值比重								
第一产业	%	41.2	34.6	25.6	24.5	24.1	−0.40	
第二产业	%	30.7	39.7	45.4	45.3	45.1	−0.20	
第三产业	%	28.1	25.7	29.0	30.2	30.8	0.60	
人均生产总值	元/(人·年)	10 851	25 669	48 648	52 608	56 208	3 600	6.8
工农业总产值(现价)	亿元	2 472.34	6 535.24	12 528.98	13 065.15	14 005.34	940.19	7.2
农林牧渔业总产值	亿元	1 118.51	2 342.34	3 449.67	3 457.79	3 837.18	379.39	11.0
占工农业总产值	%	45.2	35.8	27.5	26.5	24.6	−1.87	−7.0
工业总产值	亿元	1 353.83	4 192.90	9 079.31	9 607.36	10 168.16	560.80	5.8
占工农业总产值	%	54.8	64.2	72.5	73.5	75.4	1.90	2.6
工资总额	亿元	277.30	546.06	878.82	881.04	932.20	51.16	5.8
职工平均工资	元/人	8 255	16 510	30 553	31 844	34 330	2 486	7.8
人均纯收入	元/(人·年)	4 195	8 232	14 629	15 488	17 470	1 982	12.8
固定资产投资	亿元	449.54	1 811.22	4 593.17	4 820.80	5 231.1	410.30	8.5
固定资产投资按来源合计	亿元	448.29	1 808.79	4 327.40	4 606.49	4 853.04	246.55	5.4
#国家预算内资金	亿元	47.50	169.01	480.03	535.34	473.35	−61.99	−11.6
利用外资	亿元	20.18	56.89	53.89	38.77	33.6	−5.17	−13.3
自筹资金	亿元	282.84	1 074.21	3 091.72	3 234.16	3 448.47	214.31	6.6

注:表中生产总值、总产值等价值量均按当年价格计算,增长速度按扣除统计口径变动因素的可比价格计算。

1－1续表1

指 标 名 称	计量单位	2005年	2010年	2015年	2016年	2017年	2017年比2016年增长	
							绝对数	(%)
二、主要农作物播种面积								
农作物播种面积	千公顷	5 145.25	6 310.42	6 398.25	6 930.12	6 851.27	－78.85	－1.1
粮食作物播种面积	千公顷	3 375.83	4 557.64	4 996.98	4 996.33	4 894.11	－102.22	－2.0
总产量	万吨	1 858.99	2 953.29	3 665.10	3 483.15	3 515.49	32.34	0.9
公顷产量	千克	5 507	6 480	7 335	6 971	7 183	212	3.0
棉花播种面积	千公顷	649.37	665.37	834.19	732.07	796.35	64.28	8.8
总产量	万吨	124.69	143.93	175.04	187.69	208.58	20.89	11.1
公顷产量	千克	1 920	2 163	2 098	2 564	2 619	55	2.1
油料合计播种面积	千公顷	371.20	375.36	352.24	361.22	337.21	－24.01	－6.6
总产量	万吨	66.94	80.34	80.81	81.71	76.57	－5.14	－6.3
公顷产量	千克	1 803	2 140	2 294	2 262	2 270	8	0.4
糖料合计播种面积	千公顷	100.51	103.89	84.31	85.88	90.35	4.47	5.2
总产量	万吨	667.52	766.86	718.26	734.53	774.78	40.25	5.5
公顷产量	千克	66 416	73 815	85 194	85 530	85 748	218	0.3
干胶总产量	万吨	31.99	32.78	31.02	28.59	27.04	－1.55	－5.4
剑麻总产量	万吨	2.60	3.21	2.61	2.28	2.29	0.01	0.4
水果总产量	万吨	178.79	323.40	649.21	677.49	737.53	60.04	8.9
* 主要热带水果产量	万吨	55.32	100.00	199.34	201.98	275.29	73.31	36.3
茶叶总产量	万吨	4.64	4.63	5.01	5.09	5.17	0.08	1.6
人参总产量	吨	187.22	646.16	143	174.08	254.41	80.33	46.1
三、畜牧、水产情况								
年末牲畜存栏头数	万头	2 622.04	2 752.10	3 001.45	2 968.27	2 933.98	－34.29	－1.2
大牲畜年末头数	万头	305.03	319.22	281.98	292.02	300.51	8.49	2.9
牛	万头	270.69	292.01	249.80	258.10	265.06	6.96	2.7
#良种及改良种乳牛	万头	101.63	143.15	146.44	137.60	143.73	6.13	4.5
猪	万头	722.82	1 134.18	1 227.28	1 239.02	1 263.67	24.65	2.0
羊	万只	1 591.57	1 298.74	1 492.20	1 437.23	1 369.81	－67.42	－4.7
肉类总产量	万吨	145.76	256.43	254.58	250.98	258.20	7.22	2.9
牛奶产量	万吨	245.49	366.09	369.08	378.95	385.15	6.20	1.6
羊毛产量	万吨	2.92	2.72	3.28	3.40	3.44	0.04	1.2
禽蛋产量	万吨	22.38	39.71	48.25	50.48	54.36	3.88	7.7
鹿茸产量	吨	78.56	77.45	79.13	76.98	67.00	－9.98	－13.0
蜂蜜产量	吨	6 504	8 481	12 953	14 179	14 609	430	3.0
水产品总产量	万吨	79.48	115.17	152.47	148.39	160.94	12.55	8.5

1－1续表2

指 标 名 称	计量单位	2005 年	2010 年	2015 年	2016 年	2017 年	2017 年比 2016 年增长	
							绝对数	（%）
四、主要农业机械、电、化肥用量								
农业机械总动力	万千瓦	1 463.07	2 126.49	2 838.32	2 965.41	3 025.93	60.52	2.0
大中型拖拉机	万台	8.00	14.60	19.72	21.62	22.15	0.53	2.5
小型及手扶拖拉机	万台	26.98	32.97	30.85	26.78	30.11	3.33	11.1
农用运输车	万辆	5.73	8.33	8.36	9.07	8.18	－0.89	－9.8
排灌动力机械	万台	19.19	24.84	27.99	29.43	28.69	－0.74	－2.5
联合收获机	万台	2.03	3.92	5.69	9.41	6.38	－3.03	－32.2
农场用电量	亿千瓦时	72.38	174.12	142.65	173.59	238.80	65.21	37.6
农用化肥施用总量（按折纯量计算）	万吨	159.60	227.81	269.87	273.88	277.98	4.10	1.5
五、主要工业产品产量								
原煤	万吨	576.48	2 901.05	2 505.01	1 576.13	1 959.09	382.96	24.3
混配合饲料	万吨	213.63	483.13	916.22	1 032.44	1 077.84	45.40	4.4
食用植物油	万吨	82.06	193.08	463.32	410.93	439.73	28.80	7.0
成品糖	万吨	115.02	205.79	293.36	252.30	272.27	19.97	7.9
乳制品	万吨	15.37	283.99	380.17	403.80	403.14	－0.66	－0.2
液体乳	万吨	93.59	247.60	351.55	371.15	367.08	－4.07	－1.1
饮料酒（混合量）	万千升	141.16	144.42	160.49	126.36	126.09	－0.27	－0.2
纱	万吨	26.43	51.16	73.48	85.59	99.03	13.44	15.7
布	亿米	4.88	6.48	5.78	5.79	6.43	0.64	11.1
机制纸及纸板	万吨	100.44	61.72	56.98	57.29	56.65	－0.64	－1.1
农用氮、磷、钾化学肥料总计（折纯量）	万吨	23.60	35.67	90.21	81.58	194.22	112.64	138.1
水泥	万吨	1 046.00	2 245.07	2 158.38	2 016.47	2 026.83	10.36	0.1
砖	亿块	60.79	94.02	179.88	164.31	128.29	36.02	－21.9
发电量	亿千瓦时	59.04	156.63	738.31	793.86	873.47	79.61	10.0
六、粮豆商品量	万吨	1 404.40	2 605.24	3 343.16	3 220.04	3 214.00	－6.04	－0.2
粮豆商品率	%	84.29	88.21	91.22	92.40	91.43	－1.0	
外贸出口供货商品金额	（人民币）亿元	254.22	541.50	822.61	665.43	694.58	29.15	4.4
其中：工业品	（人民币）亿元	215.96	468.25	754.72	624.66	637.61	12.95	2.1
批发零售贸易业、餐饮业销售总额	亿元	764.25	2 490.73	7 120.48	7 368.56	8 893.58	1 525.02	20.7
服务业营业收入	亿元	68.38	127.18	317.56	439.60	486.70	47.10	10.7

注：乳制品从 2009 年始含液体乳。

1－2　主要年份全国农垦主要经济指标占全国比重

计量单位：%

指标名称	2011年	2012年	2013年	2014年	2015年	2016年	2017年
农垦年末总人口	1.00	1.01	1.04	1.04	1.05	1.04	1.05
生产总值	0.89	0.98	1.04	1.01	1.02	0.99	0.96
固定资产投资	0.78	0.89	0.89	0.89	0.82	0.79	0.86
农作物播种面积总计	3.95	3.98	4.05	4.17	4.15	4.16	4.13
粮食作物播种面积	4.17	4.25	4.32	4.37	4.41	4.42	4.36
粮食作物总产量	5.60	5.72	5.68	5.83	5.90	5.65	5.69
棉花播种面积	14.27	15.58	17.70	21.45	21.95	21.66	24.66
总产量	24.82	25.19	27.92	34.32	31.20	35.15	37.99
油料合计播种面积	2.74	2.71	2.53	2.59	2.50	2.56	2.37
总产量	2.52	2.25	2.28	2.35	2.28	2.26	2.05
糖料播种面积	5.77	5.52	5.59	4.41	4.84	5.11	5.38
总产量	6.54	6.30	6.15	5.27	5.73	5.97	6.17
大牲畜年末头数	2.85	2.90	2.49	2.30	2.31	2.45	3.08
肉类总产量	3.51	3.54	3.35	3.00	2.95	2.94	3.06
牛奶产量	11.10	11.62	11.39	10.07	9.83	10.52	10.86
羊毛产量	6.34	6.25	6.86	6.90	7.03	7.04	7.47
禽蛋产量	1.57	1.66	1.66	1.61	1.61	1.63	1.77
蜂蜜产量	1.57	2.43	2.55	2.14	2.73	2.95	2.69
农业机械总动力	1.69	2.40	2.57	2.52	2.54	3.05	3.06
大中型（台）	2.34	3.59	3.36	3.39	3.25	3.35	3.31
小型及手扶拖拉机（台）	3.67	1.85	1.93	1.86	1.81	1.60	1.84
原煤	0.85	0.90	0.93	0.70	0.67	0.47	0.57
纱	1.82	2.12	2.12	1.90	2.08	2.29	2.45
布	0.83	0.69	0.71	0.54	0.65	0.64	0.74
发电量	0.48	0.72	0.91	1.10	1.27	1.29	1.34

1－3　农垦基本情况

计量单位：个

地　　区	农垦国有企业个数					
	合计	农场	工业企业	建筑企业	运输企业	商业企业
全国农垦	**6 642**	**1 758**	**1 405**	**493**	**489**	**2 497**
北　　京	147	9	34	2	3	99
天　　津	96	13	26	1		56
河　　北	69	33	11	5	3	17
山　　西	31	24	2			5
内 蒙 古	177	104	21	1		51
辽　　宁	230	106	7	6		111
吉　　林	98	92	2			4
黑 龙 江	929	113	218	39	157	402
上　　海	586	19	131	8	50	378
江　　苏	51	17	18	5		11
浙　　江	60	50	3			7
安　　徽	88	20	11	4		53
福　　建	176	112	33			31
江　　西	282	156	83	16	3	24
山　　东	33	14	6	3		10
河　　南	123	96	15	1		11
湖　　北	177	53	80	19	4	21
湖　　南	294	69	127	56	13	29
广　　东	329	47	94	12	11	165
广　　西	210	41	78	30	5	56
海　　南	507	27	38	187	209	46
重　　庆	29	17	4		2	6
四　　川	40	33	4			3
贵　　州	42	37	5			
云　　南	214	43	29	3	28	111
陕　　西	87	12	5	1		69
甘　　肃	81	24	38	3	1	15
青　　海	28	21	3			4
宁　　夏	47	14	13	2		18
新疆(兵团)	971	178	246	88		459
新疆(农业)	253	41	11	1		200
新疆(畜牧)	132	121	6			5
热 科 院	1	1				
广　　州	19		3			16
南　　京	5	1				4

1－3 续表 1

地　　区	出口商品总金额（万元）	耕地面积（公顷）	大中型农用拖拉机（台）	联合收割机（台）
全国农垦	**6 945 759**	**6 455 717**	**221 541**	**63 813**
北　　京	35 595	1 396	71	15
天　　津	20 875	2 782	105	6
河　　北	194 995	92 756	4 791	764
山　　西		6 496	46	13
内 蒙 古	259	671 765	15 833	2 493
辽　　宁	66 240	152 598	5 561	1 579
吉　　林	240	130 920	5 705	4 395
黑 龙 江	71 502	2 917 370	84 509	38 426
上　　海	75 149	36 064	1 465	182
江　　苏	20 024	64 825	3 883	1 630
浙　　江	130 320	4 139	42	2
安　　徽		30 226	3 024	1 312
福　　建	48 750	9 177	85	50
江　　西	379 286	83 521	1 955	1 609
山　　东		14 833	444	124
河　　南	8 188	28 988	1 287	770
湖　　北	483 198	131 766	8 901	3 703
湖　　南	26 682	67 152	3 899	1 778
广　　东	791 713	37 198	559	53
广　　西	98 246	33 678	1 807	36
海　　南	763	36 142	457	
重　　庆	306	306	7	
四　　川		771		
贵　　州		1 763	56	
云　　南	1 466	12 337	867	34
陕　　西		10 193	215	48
甘　　肃	946	69 585	6 927	151
青　　海		145 336	307	162
宁　　夏	3 136	41 255	2 630	514
新疆（兵团）	4 485 181	1 272 401	51 400	3 160
新疆（农业）	2 700	95 850	8 528	215
新疆（畜牧）		241 847	6 154	589
热 科 院		281	7	
广　　州			14	
南　　京				

1－3续表2

地　区	农垦生产总值（万元）	第一产业 增加值（万元）	第一产业 占农垦生产总值（%）	第二产业 增加值（万元）	第二产业 占农垦生产总值（%）	第三产业 增加值（万元）	第三产业 占农垦生产总值（%）
全国农垦	**79 136 166**	**19 075 135**	**24.1**	**35 702 955**	**45.1**	**24 358 076**	**30.8**
北　京	697 211	140 651	20.2	194 307	27.9	362 252	51.9
天　津	343 074	34 302	10.0	60 987	17.8	247 785	72.2
河　北	4 889 129	518 296	10.6	2 585 506	52.9	1 785 327	36.5
山　西	58 404	13 905	23.8	24 902	42.6	19 597	33.6
内蒙古	1 208 318	705 352	58.4	240 604	19.9	262 361	21.7
辽　宁	3 426 333	1 118 406	32.6	1 588 209	46.4	719 718	21.0
吉　林	606 846	234 503	38.6	177 238	29.2	195 105	32.2
黑龙江	12 272 677	5 380 033	43.8	2 338 749	19.1	4 553 895	37.1
上　海	2 373 915	260 895	11.0	910 339	38.3	1 202 682	50.7
江　苏	1 749 429	254 044	14.5	1 056 709	60.4	438 676	25.1
浙　江	194 209	17 052	8.8	173 371	89.3	3 786	1.9
安　徽	251 075	118 021	47.0	52 040	20.7	81 014	32.3
福　建	745 840	99 654	13.4	578 741	77.6	67 446	9.0
江　西	2 391 213	285 601	11.9	1 552 000	64.9	553 612	23.2
山　东	211 896	61 034	28.8	136 216	64.3	14 647	6.9
河　南	210 007	103 647	49.4	62 428	29.7	43 933	20.9
湖　北	11 687 367	1 083 376	9.3	8 216 591	70.3	2 387 400	20.4
湖　南	1 708 226	383 518	22.5	912 281	53.4	412 427	24.1
广　东	1 727 574	582 334	33.7	691 367	40.0	453 873	26.3
广　西	5 440 840	614 266	11.3	3 330 014	61.2	1 496 560	27.5
海　南	1 332 549	763 327	57.3	105 163	7.9	464 059	34.8
重　庆	230 840	20 800	9.0	143 960	62.4	66 080	28.6
四　川	13 675	5 999	43.9	7 358	53.8	318	2.3
贵　州	61 137	14 687	24.0	46 450	76.0		0.0
云　南	658 033	354 129	53.8	54 410	8.3	249 494	37.9
陕　西	47 568	25 962	54.6	13 665	28.7	7 941	16.7
甘　肃	141 124	78 312	55.5	42 449	30.1	20 363	14.4
青　海	39 972	32 322	80.9	4 259	10.6	3 391	8.5
宁　夏	232 917	130 158	55.9	51 986	22.3	50 773	21.8
新疆（兵团）	23 390 728	5 063 290	21.6	10 265 022	43.9	8 062 416	34.5
新疆（农业）	225 384	183 991	81.6	21 655	9.6	19 738	8.8
新疆（畜牧）	465 018	385 075	82.8	43 893	9.4	36 051	7.8
热科院	50 719					50 719	100.0
广　州	47 814	7 773	16.3	18 870	39.4	21 171	44.3
南　京	5 104	422	8.3	1 216	23.8	3 467	67.9

1－3 续表 3

地　区	农垦生产总值（万元）	排序	第一产业		第二产业		第三产业	
			增加值（万元）	排序	增加值（万元）	排序	增加值（万元）	排序
全国农垦	**79 136 166**		**19 075 135**		**35 702 955**		**24 358 076**	
北　京	697 211	15	140 651	18	194 307	14	362 252	13
天　津	343 074	19	34 302	25	60 987	21	247 785	16
河　北	4 889 129	5	518 296	9	2 585 506	4	1 785 327	4
山　西	58 404	29	13 905	31	24 902	28	19 597	28
内蒙古	1 208 318	13	705 352	6	240 604	13	262 361	14
辽　宁	3 426 333	6	1 118 406	3	1 588 209	6	719 718	7
吉　林	606 846	17	234 503	16	177 238	15	195 105	17
黑龙江	12 272 677	2	5 380 033	1	2 338 749	5	4 553 895	2
上　海	2 373 915	8	260 895	14	910 339	10	1 202 682	6
江　苏	1 749 429	9	254 044	15	1 056 709	8	438 676	11
浙　江	194 209	26	17 052	29	173 371	16	3 786	31
安　徽	251 075	20	118 021	20	52 040	23	81 014	18
福　建	745 840	14	99 654	22	578 741	12	67 446	19
江　西	2 391 213	7	285 601	13	1 552 000	7	553 612	8
山　东	211 896	24	61 034	24	136 216	18	14 647	29
河　南	210 007	25	103 647	21	62 428	20	43 933	23
湖　北	11 687 367	3	1 083 376	4	8 216 591	2	2 387 400	3
湖　南	1 708 226	11	383 518	11	912 281	9	412 427	12
广　东	1 727 574	10	582 334	8	691 367	11	453 873	10
广　西	5 440 840	4	614 266	7	3 330 014	3	1 496 560	5
海　南	1 332 549	12	763 327	5	105 163	19	464 059	9
重　庆	230 840	22	20 800	28	143 960	17	66 080	20
四　川	13 675	34	5 999	33	7 358	32	318	34
贵　州	61 137	28	14 687	30	46 450	25		
云　南	658 033	16	354 129	12	54 410	22	249 494	15
陕　西	47 568	32	25 962	27	13 665	31	7 941	30
甘　肃	141 124	27	78 312	23	42 449	27	20 363	26
青　海	39 972	33	32 322	26	4 259	33	3 391	33
宁　夏	232 917	21	130 158	19	51 986	24	50 773	21
新疆（兵团）	23 390 728	1	5 063 290	2	10 265 022	1	8 062 416	1
新疆（农业）	225 384	23	183 991	17	21 655	29	19 738	27
新疆（畜牧）	465 018	18	385 075	10	43 893	26	36 051	24
热科院	50 719	30					50 719	22
广　州	47 814	31	7 773	32	18 870	30	21 171	25
南　京	5 104	35	422	34	1 216	34	3 467	32

1－3续表4

地　　区	工农业总产值（万元）	农业总产值（万元）	占工农业总产值比重（%）	工业总产值（万元）	占工农业总产值比重（%）
全国农垦	**138 190 779**	**36 509 148**	**26.4**	**101 681 631**	**73.6**
北　　京	1 349 890	477 747	35.4	872 143	64.6
天　　津	422 448	113 398	26.8	309 050	73.2
河　　北	9 532 100	915 659	9.6	8 616 441	90.4
山　　西	79 477	31 841	40.1	47 636	59.9
内 蒙 古	1 519 564	1 211 296	79.7	308 268	20.3
辽　　宁	7 602 260	1 800 285	23.7	5 801 975	76.3
吉　　林	960 503	386 586	40.2	573 917	59.8
黑 龙 江	15 900 369	9 165 278	57.6	6 735 091	42.4
上　　海	4 378 063	854 308	19.5	3 523 755	80.5
江　　苏	2 953 382	411 555	13.9	2 541 827	86.1
浙　　江	1 139 576	47 776	4.2	1 091 800	95.8
安　　徽	497 218	210 620	42.4	286 598	57.6
福　　建	2 042 012	238 990	11.7	1 803 022	88.3
江　　西	8 238 176	551 618	6.7	7 686 558	93.3
山　　东	1 310 648	94 642	7.2	1 216 006	92.8
河　　南	609 988	261 771	42.9	348 217	57.1
湖　　北	26 162 921	2 334 059	8.9	23 828 862	91.1
湖　　南	1 747 754	570 459	32.6	1 177 295	67.4
广　　东	3 521 951	1 076 861	30.6	2 445 090	69.4
广　　西	8 594 928	1 019 757	11.9	7 575 171	88.1
海　　南	1 459 488	1 340 012	91.8	119 476	8.2
重　　庆	1 111 698	141 200	12.7	970 498	87.3
四　　川	44 334	16 950	38.2	27 384	61.8
贵　　州	138 219	54 645	39.5	83 574	60.5
云　　南	942 993	721 689	76.5	221 304	23.5
陕　　西	67 401	42 336	62.8	25 065	37.2
甘　　肃	358 256	244 519	68.3	113 737	31.7
青　　海	59 438	55 179	92.8	4 259	7.2
宁　　夏	396 057	288 934	73.0	107 123	27.0
新疆（兵团）	33 693 615	10 716 919	31.8	22 976 696	68.2
新疆（农业）	437 646	370 820	84.7	66 826	15.3
新疆（畜牧）	820 729	719 292	87.6	101 437	12.4
热 科 院	3 985	3 985	100.0		
广　　州	82 547	16 755	20.3	65 792	79.7
南　　京	11 148	1 408	12.6	9 740	87.4

1－4　各垦区主要农产品产量

计量单位：吨

地　　区	粮食	棉花	油料	糖料	水果
全国农垦	**35 154 937**	**2 085 824**	**765 695**	**7 747 842**	**7 375 276**
北　　京	1 340		4		706
天　　津	13 041	147			3 862
河　　北	653 090	5 076	1 614	16 394	27 877
山　　西	32 278	16	276	450	4 220
内 蒙 古	1 989 762		212 048	121 291	10 437
辽　　宁	1 402 649		16 982	3 135	158 792
吉　　林	859 936		16 987		20 247
黑 龙 江	20 940 593		8 757	36 735	22 593
上　　海	245 354		1 173		1 006
江　　苏	1 167 656	48			2 459
浙　　江	11 182	15	73		12 334
安　　徽	332 757	162	1 718		37 254
福　　建	47 207		3 041	4 079	115 420
江　　西	722 212	3 376	27 651	8 494	80 798
山　　东	86 765	1 446	155	240	967
河　　南	286 718	442	24 527		61 654
湖　　北	986 960	11 585	77 416	8 693	124 720
湖　　南	646 031	13 822	63 130	62 001	34 508
广　　东	54 183		6 724	2 150 921	889 913
广　　西	16 729		3 721	2 386 029	368 364
海　　南	125 385		4 483	222 428	462 164
重　　庆	3 866				5 075
四　　川	3 068		17		1 184
贵　　州	6 618		762		16 182
云　　南	59 125		100	432 282	284 863
陕　　西	91 830	75	1 057		8 646
甘　　肃	272 928	7 661	20 558	19 178	56 291
青　　海	34 532		7 591	700	
宁　　夏	355 205		2 236		57 308
新疆(兵团)	2 477 495	1 678 827	209 199	1 984 563	3 921 608
新疆(农业)	342 375	116 820	8 726	83 560	523 071
新疆(畜牧)	884 424	246 307	44 876	206 133	60 391
热 科 院	1 642		42	536	363
广　　州					
南　　京					

1－5　各垦区主要工业产品产量

地　区	发电量（万千瓦时）	原煤（吨）	农用化肥（吨）	水泥（吨）	砖（万块）	机制纸及纸板（吨）
全国农垦	**8 734 694**	**18 994 423**	**791 299**	**20 268 267**	**1 282 894**	**566 498**
北　京						
天　津						
河　北	262 701		832	243 274	20	26 334
山　西			1 300			
内蒙古	8 000	9 048 000		600 000	35 138	
辽　宁			34 025	394 623	7 777	65 621
吉　林	32 000			678 345		36 000
黑龙江	136 275	147 100	16 230	419 358	75 450	2 929
上　海						
江　苏			950		24 568	
浙　江	42 600				750	
安　徽				28 100	240	
福　建	13 095			833 458	9 036	20
江　西	74 087	792 391	8 251	156 634	67 855	73 006
山　东					37	
河　南			3 720		1 160	
湖　北	44 880		82 136	2 585 479	278 224	88 399
湖　南	6 965				21 552	41 638
广　东	11 107			250 807	57 628	14 534
广　西	14 545		121 303	95 000	173 089	144 844
海　南				657 000	11 394	
重　庆						
四　川						
贵　州	120					
云　南	44 193		3 922	285 036	5 621	
陕　西						
甘　肃	22 704		23 501	341 300		
青　海						
宁　夏					25 328	
新疆（兵团）	8 021 421	9 006 932	495 129	12 699 853	488 026	73 173
新疆（农业）						
新疆（畜牧）						
热科院						
广　州						
南　京						

1－5 续表

地　区	纱 （吨）	布 （万米）	成品糖 （吨）	饮料酒 （千升）	乳制品 （吨）	食用植物油 （吨）
全国农垦	**990 275**	**64 296**	**2 722 692**	**1 260 904**	**4 031 352**	**4 397 336**
北　京					587 208	
天　津				11 925	57 475	
河　北		10 471		5 948	464 635	1 053
山　西				578	300	
内蒙古			2 693	253	2 061	8 122
辽　宁		1 149		151 932	48 130	125 977
吉　林					6 500	
黑龙江				107 747	291 453	1 577 735
上　海			1 473 492	115 366	1 068 009	63 654
江　苏	26 002	3 300				8 238
浙　江		2 842				
安　徽	14 500			4 106	11 210	11 210
福　建		1 480		8 992	385	500
江　西	41 218	275		154 763		32 913
山　东					8 412	
河　南	17 429			2 709	14 761	
湖　北	362 588	28 951		280 800	615 734	1 746 336
湖　南	39 778	350	4 702	5 083	5 502	4 112
广　东			339 925	3 316	138 973	99 347
广　西			643 894	1 488	2 633	966
海　南			20 766	61		80
重　庆					234 349	
四　川				7 406	3 114	
贵　州					61 240	
云　南			55 486	3 778		
陕　西					2 910	
甘　肃				4 234		52
青　海						
宁　夏				188 283	27 395	12
新疆（兵团）	488 760	14 977	181 734	202 136	240 782	716 729
新疆（农业）					2 190	300
新疆（畜牧）					67 673	
热科院						
广　州					68 318	
南　京						

1－6　主要农产品商品量

计量单位：吨

地　区	1. 粮豆合计	#大豆	2. 棉花	3. 油料	4. 肉类	#猪肉
全国农垦	**32 140 064**	**1 872 827**	**1 967 421**	**697 732**	**2 424 404**	**1 446 852**
北　京	1 301			4	97 031	4 206
天　津	12 916	10	147		3 181	1 818
河　北	564 996	524	5 071	1 231	73 155	46 273
山　西	27 250	232	10	127	3 619	1 244
内蒙古	1 494 313	203 626		204 213	79 132	18 423
辽　宁	1 175 439	13 447		15 532	266 829	119 540
吉　林	805 119	7 593		14 328	44 758	18 100
黑龙江	19 767 919	1 537 305		5 251	282 289	115 009
上　海	245 354			1 164	84 463	83 139
江　苏	867 584	46	48		42 850	18 141
浙　江	5 558	956	15	73	4 815	4 815
安　徽	308 741	27 289	342	1 131	13 039	6 246
福　建	35 049	1 656		3 041	30 116	24 800
江　西	623 890	4 810	2 976	16 633	86 380	78 011
山　东	84 819	1 777	1 323	151	3 805	2 785
河　南	242 002	16 220	428	20 700	50 972	48 873
湖　北	776 150	19 231	11 071	75 521	167 906	139 465
湖　南	646 031	2 772	13 822	63 180	164 840	151 332
广　东	41 255	227		2 774	126 453	100 101
广　西	12 854	432		3 036	168 411	153 783
海　南	126 819	865		4 483	101 911	80 532
重　庆					12 080	12 080
四　川	1 678	1		17	1 697	209
贵　州	4 850	8		520	300	114
云　南	46 944				10 423	6 185
陕　西	39 507	1 284	75	1 045	1 113	792
甘　肃	272 854	74	7 657	20 275	4 311	1 356
青　海	20 263			2 416	1 197	410
宁　夏	339 690	163		2 056	8 129	3 182
新疆(兵团)	2 407 960	20 279	1 561 309	194 555	412 722	187 909
新疆(农业)	338 055	1 910	116 820	8 726	10 512	4 680
新疆(畜牧)	802 904	10 090	246 307	35 550	90 441	2 105
热科院					377	344
广　州						
南　京					68	

1－7 固定资产投资完成情况

计量单位：万元

地　区	投资总额	投资总额中：			新增固定资产
		第一产业	第二产业	第三产业	
全国农垦	**52 310 821**	**5 164 712**	**25 715 502**	**21 430 607**	**32 787 687**
北　京	198 360	50 630	37 594	110 136	137 943
天　津	93 419	22 585	2 907	67 927	55 306
河　北	5 757 264	292 370	3 829 273	1 635 621	2 813 166
山　西	2 960	755	7	2 198	2 282
内蒙古	282 984	149 421	67 802	65 761	185 326
辽　宁	2 475 546	400 207	994 449	1 080 890	983 432
吉　林	37 952	3 197	34 060	695	33 056
黑龙江	1 300 146	582 746	175 602	541 798	883 749
上　海	409 420	55 962	188 752	164 706	347 970
江　苏	274 483	47 800	115 883	110 800	186 323
浙　江	81 119	979	80 104	36	81 081
安　徽	62 221	27 410	22 584	12 226	30 555
福　建	612 841	1 862	589 163	21 816	85 694
江　西	3 048 003	72 478	2 008 623	966 902	715 148
山　东	286 396	59 923	162 385	64 088	286 268
河　南	810 579	4 146	234 262	572 171	218 765
湖　北	11 535 545	525 043	7 718 649	3 291 853	7 658 588
湖　南	1 092 258	302 913	660 672	128 673	235 654
广　东	257 554	58 644	99 217	99 693	140 146
广　西	3 297 226	272 360	1 350 804	1 674 062	1 091 987
海　南	301 743	53 982	5 634	242 127	191 975
重　庆	59 100	7 000	35 100	17 000	40 000
四　川	494	494			494
贵　州	5 472	1 952	3 520		2 287
云　南	90 030	27 909	17 033	45 088	60 525
陕　西	14 870	9 515	2 472	2 883	4 696
甘　肃	42 940	19 509	9 957	13 474	14 822
青　海	1 354	1 195		159	939
宁　夏	43 843	25 295	7 193	11 355	31 433
新疆(兵团)	19 661 510	2 008 598	7 243 815	10 409 097	16 141 062
新疆(农业)	32 190	17 038	4 433	10 719	22 100
新疆(畜牧)	97 528	59 240	12 372	25 916	83 901
热科院	40 421			40 421	17 962
广　州	2 748	1 555	1 164	29	2 748
南　京	304		17	287	304

1-8 各垦区粮、油产量的位次及比重

地　区	粮食总产量（吨）	排序	占全国农垦比重（%）	油料总产量（吨）	排序	占全国农垦比重（%）
全国农垦	**35 154 937**			**765 695**		
北　京	1 340	33	…	4	30	…
天　津	13 041	27	0.04			
河　北	653 090	10	1.86	1 614	20	0.21
山　西	32 278	25	0.09	276	24	0.04
内蒙古	1 989 762	3	5.66	212 048	1	27.69
辽　宁	1 402 649	4	3.99	16 982	10	2.22
吉　林	859 936	8	2.45	16 987	9	2.22
黑龙江	20 940 593	1	59.57	8 757	11	1.14
上　海	245 354	17	0.70	1 173	21	0.15
江　苏	1 167 656	5	3.32			
浙　江	11 182	28	0.03	73	27	0.01
安　徽	332 757	14	0.95	1 718	19	0.22
福　建	47 207	23	0.13	3 041	17	0.40
江　西	722 212	9	2.05	27 651	6	3.61
山　东	86 765	20	0.25	155	25	0.02
河　南	286 718	15	0.82	24 527	7	3.20
湖　北	986 960	6	2.81	77 416	3	10.11
湖　南	646 031	11	1.84	63 180	4	8.25
广　东	54 183	22	0.15	6 724	14	0.88
广　西	16 729	26	0.05	3 721	16	0.49
海　南	125 385	18	0.36	4 483	15	0.59
重　庆	3 866	30	0.01			
四　川	3 068	31	0.01	17	29	…
贵　州	6 618	29	0.02	762	23	0.10
云　南	59 125	21	0.17	100	26	0.01
陕　西	91 830	19	0.26	1 057	22	0.14
甘　肃	272 928	16	0.78	20 558	8	2.68
青　海	34 532	24	0.10	7 591	13	0.99
宁　夏	355 205	12	1.01	2 236	18	0.29
新疆（兵团）	2 477 495	2	7.05	209 199	2	27.32
新疆（农业）	342 375	13	0.97	8 726	12	1.14
新疆（畜牧）	884 424	7	2.52	44 876	5	5.86
热科院	1 642	32	…	42	28	0.01
广　州						
南　京						

1－9 各垦区糖料、水果产量的位次及比重

地区	糖料总产量（吨）	排序	占全国农垦比重（%）	水果总产量（吨）	排序	占全国农垦比重（%）
全国农垦	**7 747 842**			**7 375 276**		
北京				706	31	0.01
天津				3 862	26	0.05
河北	16 394	12	0.21	27 877	17	0.38
山西	450	19	0.01	4 220	25	0.06
内蒙古	121 291	7	1.57	10 437	22	0.14
辽宁	3 135	16	0.04	158 792	7	2.15
吉林				20 247	19	0.27
黑龙江	36 735	10	0.47	22 593	18	0.31
上海				1 006	29	0.01
江苏				2 459	27	0.03
浙江				12 334	21	0.17
安徽				37 254	15	0.51
福建	4 079	15	0.05	115 420	9	1.56
江西	8 494	14	0.11	80 798	10	1.10
山东	240			967	30	0.01
河南				61 654	11	0.84
湖北	8 693	13	0.11	124 720	8	1.69
湖南	62 001	9	0.80	34 508	16	0.47
广东	2 150 921	2	27.76	889 913	2	12.07
广西	2 386 029	1	30.80	368 364	5	4.99
海南	222 428	5	2.87	462 164	4	6.27
重庆				5 075	24	0.07
四川				1 184	28	0.02
贵州				16 182	20	0.22
云南	432 282	4	5.58	284 863	6	3.86
陕西				8 646	23	0.12
甘肃	19 178	11	0.25	56 291	14	0.76
青海	700	17	0.01			
宁夏				57 308	13	0.78
新疆（兵团）	1 984 563	3	25.61	3 921 608	1	53.17
新疆（农业）	83 560	8	1.08	523 071	3	7.09
新疆（畜牧）	206 133	6	2.66	60 391	12	0.82
热科院	536	18	0.01	363	32	…
广州						
南京						

1－10　各垦区肉类、牛奶产量的位次及比重

地　　区	肉类总产量（吨）	排序	占全国农垦比重（%）	牛奶总产量（吨）	排序	占全国农垦比重（%）
全国农垦	**2 582 022**			**3 851 482**		
北　　京	97 039	9	3.76	411 119	5	10.67
天　　津	3 181	29	0.12	166 383	9	4.32
河　　北	73 155	13	2.83	515 048	2	13.37
山　　西	3 721	28	0.14	27 307	17	0.71
内 蒙 古	88 339	11	3.42	219 353	7	5.70
辽　　宁	348 464	2	13.50	123 834	10	3.22
吉　　林	46 678	16	1.81	12 411	22	0.32
黑 龙 江	295 839	3	11.46	418 404	4	10.86
上　　海	84 463	12	3.27	485 454	3	12.60
江　　苏	45 707	17	1.77	21 885	18	0.57
浙　　江	4 530	24	0.18			
安　　徽	14 456	19	0.56	2 144	28	0.06
福　　建	30 546	18	1.18	3 561	26	0.09
江　　西	92 944	10	3.60	12 442	21	0.32
山　　东	3 805	27	0.15	8 597	23	0.22
河　　南	51 063	15	1.98	15 718	20	0.41
湖　　北	167 906	5	6.50	27 618	16	0.72
湖　　南	164 840	6	6.38	746	30	0.02
广　　东	128 517	7	4.98	58 300	12	1.51
广　　西	169 856	4	6.58	5 334	24	0.14
海　　南	101 911	8	3.95			
重　　庆	13 050	20	0.51	97 500	11	2.53
四　　川	1 823	30	0.07	5 248	25	0.14
贵　　州	506	32	0.02	50 112	13	1.30
云　　南	12 595	21	0.49	812	29	0.02
陕　　西	1 130	31	0.04	3 503	27	0.09
甘　　肃	4 486	25	0.17	30 306	15	0.79
青　　海	4 057	26	0.16	161	31	…
宁　　夏	8 528	23	0.33	225 399	6	5.85
新疆（兵团）	443 787	1	17.19	681 395	1	17.69
新疆（农业）	10 512	22	0.41	17 819	19	0.46
新疆（畜牧）	64 083	14	2.48	172 031	8	4.47
热 科 院	439	33	0.02			
广　　州				31 539	14	0.82
南　　京	68	34	…			

1－11 生产总值

（2017 年）　　　　　　　　　　　　　　　　　计量单位：万元

指标名称	增加值合计（按当年价格计算）	劳动者报酬	固定资产折旧	生产税净额		营业盈余
					补贴	
一、收入总值	**79 133 389**	**37 139 370**	**9 664 739**	**6 263 382**	**808 268**	**26 065 898**
二、生产总值	**79 136 166**	**37 142 147**	**9 664 739**	**6 263 382**	**808 268**	**26 065 898**
第一产业（不含农林牧渔服务业）	19 075 135	11 773 933	1 870 119	－427 991	680 631	5 859 073
第二产业	35 702 955	12 778 769	4 734 074	4 525 579	58 153	13 664 533
采矿业（不含开采辅助活动）	862 128	264 758	177 104	122 190	429	298 077
制造业（不含金属制品机械和设备修理业）	25 516 246	7 484 886	3 606 477	3 293 066	31 033	11 131 818
电力热力燃气及水生产和供应业	1 675 597	430 506	542 808	213 881	2 031	488 402
建筑业	7 648 983	4 598 620	407 684	896 443	24 660	1 746 236
第三产业	24 358 076	12 589 445	3 060 546	2 165 793	69 484	6 542 292
批发和零售业	7 264 443	3 489 971	588 168	1 002 483	29 096	2 183 820
交通运输仓储和邮政业	3 254 552	1 541 474	521 836	247 376	2 367	943 866
住宿和餐饮业	1 882 442	960 204	248 244	146 214	737	527 781
信息传输软件和信息技术服务业	332 592	83 117	77 548	15 024	6	157 003
金融业	1 415 189	493 061	92 349	76 147	195	753 633
房地产业	2 258 897	457 851	626 963	438 397	3 756	735 686
租赁和商务服务业	635 248	339 501	83 225	80 599	23 242	131 923
科学研究和技术服务业	368 037	241 855	33 426	23 489	45	69 267
水利环境和公共设施管理业	378 464	240 754	83 147	8 516	3 245	46 047
居民服务修理和其他服务业	1 536 558	983 243	148 631	69 920	1 607	334 762
教育	1 288 030	1 098 933	120 647	4 825	565	63 625
卫生和社会工作	1 003 788	744 645	110 604	2 814	169	145 724
文化体育和娱乐业	223 703	109 654	49 724	11 900	66	52 425
公共管理社会保障和社会组织	1 511 770	1 287 295	132 235	8 848	1 639	83 392
国际组织						
农林牧渔业中的服务业，采矿业中的开采辅助活动，制造业中的金属制品机械和设备修理业	1 004 263	517 886	143 798	29 240	2 749	313 338
三、国（地区）外净要素收入	**－2 777**	**－2 777**				
国（地区）外汇回要素收入	23 274	23 274				
国（地区）内汇出要素收入	26 051	26 051				

1－12 各垦区按产业分的农垦总收入

（2017 年）　　　　计量单位：万元

地区	农垦总收入	生产总值	第一产业（农业）	第二产业	采矿业（不含辅助业）	制造业（不含修理业）	电力热力燃气及水生产供应业	建筑业
全国农垦	**79 133 389**	**79 136 166**	**19 075 135**	**35 702 955**	**862 128**	**25 516 246**	**1 675 597**	**7 648 983**
北京	697 211	697 211	140 651	194 307		191 033		3 275
天津	343 074	343 074	34 302	60 987		59 456		1 531
河北	4 889 129	4 889 129	518 296	2 585 506	369	2 172 799	139 481	272 857
山西	58 404	58 404	13 905	24 902		24 902		
内蒙古	1 208 318	1 208 318	705 352	240 604	106 329	90 527	15 447	28 301
辽宁	3 426 333	3 426 333	1 118 406	1 588 209	96 034	1 106 267	76 834	309 074
吉林	607 424	606 846	234 503	177 238		134 883	38 940	3 415
黑龙江	12 272 677	12 272 677	5 380 033	2 338 749	80 594	1 529 499	161 981	566 675
上海	2 373 915	2 373 915	260 895	910 339		881 108	808	28 423
江苏	1 749 429	1 749 429	254 044	1 056 709		997 650		59 059
浙江	194 209	194 209	17 052	173 371		160 637	9 223	3 511
安徽	251 075	251 075	118 021	52 040		35 779	315	15 946
福建	745 840	745 840	99 654	578 741	5 511	548 647	15 588	8 995
江西	2 391 213	2 391 213	285 601	1 552 000	105 048	1 251 128	35 367	160 457
山东	211 896	211 896	61 034	136 216	3 628	125 160		7 428
河南	210 007	210 007	103 647	62 428		56 630		5 798
湖北	11 687 367	11 687 367	1 083 376	8 216 591	21 484	6 382 671	88 729	1 723 707
湖南	1 708 226	1 708 226	383 518	912 281		354 786		557 495
广东	1 727 574	1 727 574	582 334	691 367		618 843		72 524
广西	5 440 840	5 440 840	614 266	3 330 014	158 072	2 449 584	26 872	695 486
海南	1 332 549	1 332 549	763 327	105 163	1 791	31 077	3 287	69 008
重庆	230 840	230 840	20 800	143 960		140 000		3 960
四川	13 675	13 675	5 999	7 358		7 358		
贵州	61 137	61 137	14 687	46 450		46 450		
云南	658 033	658 033	354 129	54 410		36 542	14 339	3 529
陕西	47 568	47 568	25 962	13 665	9 959	365		3 341
甘肃	141 124	141 124	78 312	42 449	307	37 965	2 216	1 961
青海	39 972	39 972	32 322	4 259	2 974		1 285	
宁夏	232 917	232 917	130 158	51 986		42 574		9 413
新疆（兵团）	23 387 373	23 390 728	5 063 290	10 265 022	269 894	5 948 011	1 039 867	3 007 250
新疆（农业）	225 384	225 384	183 991	21 655		12 350	310	8 995
新疆（畜牧）	465 018	465 018	385 075	43 893	134	21 479	4 709	17 571
热科院	50 719	50 719						
广州	47 814	47 814	7 773	18 870		18 870		
南京	5 104	5 104	422	1 216		1 216		

1-12 续表 1

地　　区	第三产业	批发和零售业	交通运输及仓储业	住宿和餐饮业	信息传输、计算机服务和软件业	金融业	房地产业	租赁和商务服务业
全国农垦	**24 358 076**	**7 264 443**	**3 254 552**	**1 882 443**	**332 692**	**1 415 189**	**2 258 897**	**635 248**
北　京	362 252	49 162	21 744	140 046			69 923	56 659
天　津	247 785	125 842	16 589	3 063		8 404	58 240	23 351
河　北	1 785 327	535 163	329 249	190 289	105 947	125 158	109 426	44 898
山　西	19 597	15 264	257	1 070				509
内 蒙 古	262 361	71 321	48 143	43 902	2 734	11 757	6 845	4 627
辽　宁	719 718	257 542	150 692	83 991	4 830	12 441	65 164	17 426
吉　林	195 105	140 140	19 394	11 387	13 111			
黑 龙 江	4 553 895	1 182 890	637 635	308 203	43 160	303 515	307 469	44 049
上　海	1 202 682	448 486	191 452	31 649	457	29 265	448 819	−451
江　苏	438 676	154 530	39 530	24 550	105	1 494	62 630	2 780
浙　江	3 786	1 714	137	703			4	616
安　徽	81 015	24 104	6 289	10 861			16 722	6 868
福　建	67 446	21 235	12 812	7 506	1 503	601	57	344
江　西	553 612	148 240	56 206	103 527	466	6 386	36 385	48 712
山　东	14 647	4 632	2 777	1 684			1 054	
河　南	43 933	14 374	5 624	3 513	77	1 983	1 027	275
湖　北	2 387 400	968 672	216 646	116 197	40 781	120 442	269 981	62 148
湖　南	412 427	103 026	108 195	24 280	8 222	13 019	50 391	2 507
广　东	453 873	105 098	46 358	53 097			7 640	
广　西	1 496 560	683 885	205 768	158 303		43 663	116 820	6 912
海　南	464 059	92 425	40 183	28 797	1 125	17 634	47 207	4 145
重　庆	66 080	790	6 100	4 280		1 640	45 300	7 850
四　川	318			141				27
贵　州								
云　南	249 494	56 087	28 979	38 801			5 336	
陕　西	7 941	773		1 837				312
甘　肃	20 363	4 879	556	2 259			267	3 361
青　海	3 391			193				3 198
宁　夏	50 773	11 525	7 378	5 491		30	6 544	
新疆（兵团）	8 062 416	2 019 779	1 042 299	474 679	110 175	717 756	525 645	273 806
新疆（农业）	19 738	6 841	5 187	3 582				
新疆（畜牧）	36 051	11 948	8 296	4 461				182
热 科 院	50 719	114						32
广　州	21 171	3 332						17 839
南　京	3 467	631	78	100				2 267

1-12续表2

地　区	第三产业					
	科学研究和综合技术服务业	水利、环境和公共设施管理业	居民服务和其他服务业	教育	卫生、社会保障和社会福利业	文化、体育和娱乐业
全国农垦	**368 037**	**378 464**	**1 536 558**	**1 288 030**	**1 003 788**	**223 703**
北　京			18 365	528		916
天　津	1 239		4 924	6 133		
河　北	5 276	22 379	98 113	44 970	24 666	4 588
山　西			287		516	
内 蒙 古	386	1 511	16 695	7 782	18 652	2 481
辽　宁	3 003	10 888	57 989	22 136	11 081	4 137
吉　林	9		1 413	6 973	2 594	11
黑 龙 江	41 830	167 100	276 108	286 929	269 873	13 595
上　海	4 831	7 654	12 833	16 869	13 109	−3 123
江　苏	1 998	177	119 143	1 694	22 271	324
浙　江			354	23	51	
安　徽	225		10 381	299	2 240	
福　建	1 951	622	9 971	1 886	688	339
江　西	565	4 492	120 588	15 624	1 745	5 226
山　东			2 476		7	
河　南	48	871	380	1 299	883	1 314
湖　北	49 733	34 882	58 205	140 120	60 506	14 302
湖　南	617	1 943	26 033	29 518	8 296	24 270
广　东	2 652		88 324	47 157	62 755	
广　西	11 573		207 192	26 084	13 103	2 280
海　南	4 380	24	124 137	4 730	7 962	3 689
重　庆	120					
四　川			150			
贵　州						
云　南	9 462	645	26 895		1 378	28 916
陕　西			150	600	613	
甘　肃	67	332	1 389	1 800	1 037	
青　海						
宁　夏	1 708		14 227		71	
新疆(兵团)	175 667	124 868	233 305	624 647	475 718	120 163
新疆(农业)			2 490	230	98	
新疆(畜牧)	125	76	3 651		3 876	274
热 科 院	50 573					
广　州						
南　京			391			

1-12 续表 3

地　　区	第三产业			国（地区）外净要素收入	国（地区）外汇回要素收入	国（地区）内汇出要素收入
	公共管理和社会组织	国际组织	农林牧渔服务业采矿辅助业制造业中修理业			
全国农垦	**1 511 770**		**1 004 263**	**−2 777**	**23 274**	**26 051**
北　　京	4 910					
天　　津						
河　　北	85 149		60 056			
山　　西	60		1 634			
内 蒙 古	14 739		10 786			
辽　　宁	18 398					
吉　　林			73	578	578	
黑 龙 江	263 350		408 191			
上　　海			832			
江　　苏	7 450					
浙　　江	184					
安　　徽			3 027			
福　　建	2 994		4 937			
江　　西	3 199		2 251			
山　　东	1 251		765			
河　　南	9 870		2 395			
湖　　北	164 779		70 006			
湖　　南	12 110					
广　　东	40 792					
广　　西			20 977			
海　　南	30 759		56 862			
重　　庆						
四　　川						
贵　　州						
云　　南	26 147		26 848			
陕　　西	56		3 600			
甘　　肃	518		3 898			
青　　海						
宁　　夏	3 799					
新疆（兵团）	820 100		323 809	−3 355	22 696	26 051
新疆（农业）			1 310			
新疆（畜牧）	1 156		2 006			
热 科 院						
广　　州						
南　　京						

1－13 各垦区生产总值构成

（2017 年）　　　　生产总值＝100

地　　区	第一产业（不含农林牧渔服务业）	第二产业	工业	采矿业（不含辅助业）	制造业（不含修理业）	电力热力燃气及水生产供应业	建筑业	第三产业
全国农垦	**19 075 135**	**35 702 955**	**28 053 971**	**862 128**	**25 516 246**	**1 675 597**	**7 648 983**	**24 358 076**
北　　京	140 651	194 307	191 033		191 033		3 275	362 252
天　　津	34 302	60 987	59 456		59 456		1 531	247 785
河　　北	518 296	2 585 506	2 312 649	369	2 172 799	139 481	272 857	1 785 327
山　　西	13 905	24 902	24 902		24 902			19 597
内 蒙 古	705 352	240 604	212 303	106 329	90 527	15 447	28 301	262 361
辽　　宁	1 118 406	1 588 209	1 279 135	96 034	1 106 267	76 834	309 074	719 718
吉　　林	234 503	177 238	173 823		134 883	38 940	3 415	195 105
黑 龙 江	5 380 033	2 338 749	1 772 074	80 594	1 529 499	161 981	566 675	4 553 895
上　　海	260 895	910 339	881 916		881 108	808	28 423	1 202 682
江　　苏	254 044	1 056 709	997 650		997 650		59 059	438 676
浙　　江	17 052	173 371	169 860		160 637	9 223	3 511	3 786
安　　徽	118 021	52 040	36 094		35 779	315	15 946	81 014
福　　建	99 654	578 741	569 746	5 511	548 647	15 588	8 995	67 446
江　　西	285 601	1 552 000	1 391 543	105 048	1 251 128	35 367	160 457	553 612
山　　东	61 034	136 216	128 788	3 628	125 160		7 428	14 647
河　　南	103 647	62 428	56 630		56 630		5 798	43 933
湖　　北	1 083 376	8 216 591	6 492 884	21 484	6 382 671	88 729	1 723 707	2 387 400
湖　　南	383 518	912 281	354 786		354 786		557 495	412 427
广　　东	582 334	691 367	618 843		618 843		72 524	453 873
广　　西	614 266	3 330 014	2 634 528	158 072	2 449 584	26 872	695 486	1 496 560
海　　南	763 327	105 163	36 155	1 791	31 077	3 287	69 008	464 059
重　　庆	20 800	143 960	140 000		140 000		3 960	66 080
四　　川	5 999	7 358	7 358		7 358			318
贵　　州	14 687	46 450	46 450		46 450			
云　　南	354 129	54 410	50 881		36 542	14 339	3 529	249 494
陕　　西	25 962	13 665	10 324	9 959	365		3 341	7 941
甘　　肃	78 312	42 449	40 488	307	37 965	2 216	1 961	20 363
青　　海	32 322	4 259	4 259	2 974		1 285		3 391
宁　　夏	130 158	51 986	42 574		42 574		9 413	50 773
新疆（兵团）	5 063 290	10 265 022	7 257 772	269 894	5 948 011	1 039 867	3 007 250	8 062 416
新疆（农业）	183 991	21 655	12 660		12 350	310	8 995	19 738
新疆（畜牧）	385 075	43 893	26 322	134	21 479	4 709	17 571	36 051
热 科 院			0					50 719
广　　州	7 773	18 870	18 870		18 870			21 171
南　　京	422	1 216	1 216		1 216			3 467

1-14 各垦区按要素分的生产总值

（2017年） 计量单位：万元

地区	合计（按当年价格计算）	劳动者报酬	固定资产折旧	生产税净额	#补贴	营业盈余
全国农垦	**79 136 166**	**37 142 147**	**9 664 739**	**6 263 382**	**808 268**	**26 065 898**
北京	697 211	377 955	84 895	110 341	1 032	124 019
天津	343 074	143 121	44 340	77 755		77 858
河北	4 889 129	1 835 801	841 851	533 266	2 031	1 678 211
山西	58 404	31 013	5 927	6 332	510	15 132
内蒙古	1 208 318	728 625	256 136	46 236	1 791	177 321
辽宁	3 426 333	1 459 012	591 421	355 488	16 294	1 020 412
吉林	606 846	439 502	38 641	18 192		110 511
黑龙江	12 272 677	4 883 343	1 802 160	−160 627	603 790	5 747 800
上海	2 373 915	1 181 996	308 440	391 958	54 681	491 522
江苏	1 749 429	645 301	167 230	261 956		674 942
浙江	194 209	73 537	25 233	19 274	7	76 165
安徽	251 075	163 699	24 120	21 126		42 130
福建	745 840	286 406	154 258	64 673	9	240 503
江西	2 391 213	1 383 989	269 487	281 368	1 567	456 369
山东	211 896	52 802	28 754	22 540		107 800
河南	210 007	114 729	18 416	10 754	587	66 109
湖北	11 687 367	4 830 505	1 015 603	1 432 770		4 408 489
湖南	1 708 226	729 341	179 456	153 933	32 148	645 496
广东	1 727 574	719 948	181 813	128 264		697 549
广西	5 440 840	2 241 400	247 950	367 907		2 583 583
海南	1 332 549	1 065 491	119 919	49 803		97 336
重庆	230 840	97 425	33 595	31 140	3 400	68 680
四川	13 675	8 824	526	2 863	32	1 462
贵州	61 137	52 733	2 340	3 154		2 910
云南	658 033	436 174	88 668	25 649		107 542
陕西	47 568	24 584	9 522	3 278	950	10 184
甘肃	141 124	85 389	30 547	10 426	342	14 762
青海	39 972	31 249	1 818	5 043	1 633	1 862
宁夏	232 917	118 164	25 885	22 329		66 539
新疆（兵团）	23 390 728	12 300 008	3 008 974	1 913 727	66 328	6 168 019
新疆（农业）	225 384	138 318	21 178	33 787	17 824	32 101
新疆（畜牧）	465 018	401 267	20 275	5 484	3 311	37 992
热科院	50 719	39 885	10 201	626		7
广州	47 814	17 952	4 652	11 806		13 404
南京	5 104	2 658	508	760		1 179

1－15 各垦区生产总值要素构成

（2017 年）　　生产总值＝100

地　区	劳动者报酬	固定资产折旧	生产税净额	营业盈余
全国农垦	46.9	11.0	9.8	32.3
北　京	51.8	11.8	22.2	14.2
天　津	45.5	9.7	19.6	25.2
河　北	36.3	14.2	11.6	37.9
山　西	50.5	11.4	10.8	27.3
内蒙古	59.6	19.4	2.9	18.1
辽　宁	43.7	17.2	9.7	29.4
吉　林	73.6	6.7	2.1	17.5
黑龙江	39.1	13.9	－0.2	47.2
上　海	53.6	12.2	25.1	9.0
江　苏	33.1	11.7	14.9	40.4
浙　江	37.6	13.0	10.8	38.5
安　徽	62.4	9.4	8.0	20.2
福　建	39.7	19.7	8.5	32.1
江　西	56.7	11.7	12.1	19.5
山　东	24.7	14.2	10.2	50.9
河　南	54.8	9.0	5.8	30.4
湖　北	41.5	9.2	12.8	36.5
湖　南	41.9	10.6	9.3	38.2
广　东	40.2	9.7	6.8	43.3
广　西	37.7	5.0	7.5	49.8
海　南	78.8	9.6	3.7	7.9
重　庆	43.3	13.7	14.1	28.9
四　川	64.8	9.2	19.6	6.4
贵　州	86.6	5.7	3.5	4.2
云　南	72.6	14.7	4.8	7.8
陕　西	55.5	14.6	3.5	26.5
甘　肃	62.3	17.1	8.9	11.6
青　海	77.6	10.3	9.3	2.8
宁　夏	50.7	11.5	9.8	28.0
新疆（兵团）	54.4	9.1	13.0	23.5
新疆（农业）	59.6	9.4	15.9	15.2
新疆（畜牧）	81.4	5.4	1.0	12.2
热科院	77.9	21.2	0.9	0.0
广　州	53.6	9.8	16.9	19.7
南　京	44.6	7.5	34.3	13.6

1-16 各垦区第一产业增加值

（2017年） 计量单位：万元

地 区	合计（按当年价格计算）	劳动者报酬	固定资产折旧	生产税净额	#补贴	营业盈余
全国农垦	**19 075 135**	**11 773 933**	**1 870 119**	**−427 991**	**680 631**	**5 859 073**
北 京	140 651	93 774	29 076	1 199	852	16 602
天 津	34 302	19 069	11 174	627		3 432
河 北	518 296	290 908	53 392	10 216		163 780
山 西	13 905	10 135	642	1 218	510	1 910
内 蒙 古	705 352	491 417	126 232	7 677	1 549	80 026
辽 宁	1 118 406	576 104	143 406	56 834	14 628	342 062
吉 林	234 503	211 972	3 644	8 898		9 989
黑 龙 江	5 380 033	2 234 237	603 933	−596 975	597 629	3 138 839
上 海	260 895	131 917	49 445	3 910	5 701	75 624
江 苏	254 044	128 968	24 217	356		100 503
浙 江	17 052	11 172	1 103	432	7	4 345
安 徽	118 021	90 443	11 940	270		15 369
福 建	99 654	70 096	7 819	1 901	9	19 837
江 西	285 601	223 174	17 759	8 818	1 438	35 850
山 东	61 034	34 360	3 745	101		22 828
河 南	103 647	71 895	4 497	888	587	26 367
湖 北	1 083 376	772 452	55 121	5 738		250 065
湖 南	383 518	149 038	72 115	37 826	7 889	124 539
广 东	582 334	288 448	83 492			210 394
广 西	614 266	498 749	29 326	1 765		84 426
海 南	763 327	691 845	46 647	5 871		18 964
重 庆	20 800	13 000	6 000		1 000	1 800
四 川	5 999	5 667	242	149	32	−59
贵 州	14 687	13 900	330			457
云 南	354 129	302 952	20 971	1 326		28 880
陕 西	25 962	18 343	1 645	187	724	5 786
甘 肃	78 312	53 329	14 207	582	328	10 194
青 海	32 322	28 190	1 388	1 798	1 633	946
宁 夏	130 158	76 659	14 600	1 270		37 629
新疆（兵团）	5 063 290	3 701 681	408 895	−23 781	24 987	976 495
新疆（农业）	183 991	120 629	8 190	29 552	17 824	25 620
新疆（畜牧）	385 075	346 029	11 906	3 304	3 304	23 835
热 科 院						
广 州	7 773	2 957	3 003	49		1 754
南 京	422	416	17	2		−13

1－17　各垦区第二产业增加值

（2017 年）　　　　计量单位：万元

地　区	合计（按当年价格计算）	劳动者报酬	固定资产折旧	生产税净额	# 补贴	营业盈余
全国农垦	**35 702 955**	**12 778 769**	**4 734 074**	**4 525 579**	**58 153**	**13 664 533**
北　京	194 307	121 206	31 444	40 597	48	1 061
天　津	60 987	42 641	16 882	10 465		－9 001
河　北	2 585 506	800 393	504 729	433 789		846 595
山　西	24 902	11 560	4 057	3 515		5 770
内蒙古	240 604	86 647	70 113	25 612		58 232
辽　宁	1 588 209	469 922	361 692	227 529	200	529 066
吉　林	177 238	116 834	21 993	3 544		34 867
黑龙江	2 338 749	806 580	303 156	243 541	4 997	985 472
上　海	910 339	326 923	143 571	140 038	7 713	299 806
江　苏	1 056 709	297 203	86 974	236 458		436 074
浙　江	173 371	60 015	23 280	18 355		71 721
安　徽	52 040	30 964	5 141	7 550		8 385
福　建	578 741	174 942	141 071	57 675		205 053
江　西	1 552 000	775 447	206 253	243 043	246	327 257
山　东	136 216	12 394	22 600	20 733		80 489
河　南	62 428	22 417	9 706	7 363		22 943
湖　北	8 216 591	3 028 426	753 110	991 813		3 443 242
湖　南	912 281	339 177	65 136	102 378	24 259	405 590
广　东	691 367	189 504	64 394	90 211		347 258
广　西	3 330 014	571 261	153 127	235 541		2 370 085
海　南	105 163	47 174	12 669	21 366		23 954
重　庆	143 960	69 000	24 080	21 380	2 400	29 500
四　川	7 358	2 943	260	2 667		1 488
贵　州	46 450	38 833	2 010	3 154		2 453
云　南	54 410	26 314	8 499	9 013		10 584
陕　西	13 665	3 386	3 338	2 730		4 211
甘　肃	42 449	19 810	12 519	8 119		2 001
青　海	4 259	444	95	2 926		794
宁　夏	51 986	13 788	5 859	16 784		15 555
新疆（兵团）	10 265 022	4 222 122	1 658 553	1 288 621	18 283	3 095 726
新疆（农业）	21 655	8 529	10 128	2 868		130
新疆（畜牧）	43 893	27 965	6 047	2 019	7	7 863
热科院						
广　州	18 870	13 064	1 485	3 854		467
南　京	1 216	941	104	329		－158

1－18 各垦区工业增加值

（2017年） 计量单位：万元

地区	采矿业合计（不含辅助业）（按当年价格计算）	劳动者报酬	固定资产折旧	生产税净额	#补贴	营业盈余
全国农垦	**862 128**	**264 758**	**177 104**	**122 190**	**429**	**298 077**
北京						
天津						
河北	369	312	32	17		8
山西						
内蒙古	106 329	20 981	44 450	14 105		26 793
辽宁	96 034	23 876	21 009	22 038		29 111
吉林						
黑龙江	80 594	26 509	10 880	8 717	227	34 489
上海						
江苏						
浙江						
安徽						
福建	5 511	4 134	345	152		879
江西	105 048	53 141	18 778	17 822		15 307
山东	3 628	2 795	50	396		387
河南						
湖北	21 484	6 447	2 453	3 456		9 128
湖南						
广东						
广西	158 072	22 835	6 535	10 888		117 814
海南	1 791	716	227	123		725
重庆						
四川						
贵州						
云南						
陕西	9 959	1 726	1 625	2 576		4 032
甘肃	307	364	185	37		−279
青海	2 974	254	38	1 860		822
宁夏						
新疆（兵团）	269 894	100 534	70 497	40 002	202	58 861
新疆（农业）						
新疆（畜牧）	134	134				
热科院						
广州						
南京						

1-18 续表 1

地　　区	制造业合计（不含修理业）（按当年价计算）	劳动者报酬	固定资产折旧	生产税净额	#补贴	营业盈余
全国农垦	**25 514 571**	**7 484 886**	**3 606 477**	**3 293 066**	**31 033**	**11 131 818**
北　　京	191 033	119 911	31 114	39 621	48	387
天　　津	59 456	41 361	16 747	10 416		−9 068
河　　北	2 172 799	667 963	413 057	401 523		690 256
山　　西	24 902	11 560	4 057	3 515		5 770
内 蒙 古	90 527	40 979	19 715	8 378		21 455
辽　　宁	1 106 267	290 786	280 112	138 444	200	396 925
吉　　林	134 883	79 777	19 025	3 409		32 672
黑 龙 江	1 529 499	503 073	206 475	165 430	4 299	654 522
上　　海	881 108	313 442	142 764	135 155	7 528	289 748
江　　苏	997 650	264 435	80 044	232 753		420 418
浙　　江	160 637	57 262	17 952	16 110		69 313
安　　徽	35 779	18 801	4 853	5 210		5 915
福　　建	548 647	159 737	139 424	54 262		195 226
江　　西	1 251 128	618 174	143 821	202 976	244	286 157
山　　东	123 484	7 304	22 357	19 014		76 485
河　　南	56 630	18 983	9 361	7 138		21 149
湖　　北	6 382 671	1 885 885	677 940	696 313		3 122 533
湖　　南	354 786	174 087	41 623	45 844		93 232
广　　东	618 843	156 541	57 045	81 713		323 544
广　　西	2 449 584	353 865	101 278	168 724		1 825 717
海　　南	31 077	14 911	5 772	7 138		3 256
重　　庆	140 000	68 000	24 000	20 000	2 400	28 000
四　　川	7 358	2 943	260	2 667		1 488
贵　　州	46 450	38 833	2 010	3 154		2 453
云　　南	36 542	18 530	6 107	5 064		6 841
陕　　西	365	257	78	29		1
甘　　肃	37 965	18 443	9 990	7 486		2 046
青　　海						
宁　　夏	42 574	9 679	5 363	15 026		12 506
新疆（兵团）	5 948 011	1 497 939	1 115 098	789 690	16 306	2 545 284
新疆（农业）	12 350	7 036	3 542	1 660		112
新疆（畜牧）	21 479	10 386	3 905	1 021	7	6 167
热 科 院						
广　　州	18 870	13 064	1 485	3 854		467
南　　京	1 216	941	104	329		−158

1-18续表2

地　　区	电力热力燃气及水生产供应业（按当年价计算）	劳动者报酬	固定资产折旧	生产税净额	#补贴	营业盈余
全国农垦	**1 675 597**	**430 506**	**542 808**	**213 881**	**2 031**	**488 402**
北　　京						
天　　津						
河　　北	139 481	28 039	49 062	12 086		50 294
山　　西						
内 蒙 古	15 447	6 968	2 272	625		5 582
辽　　宁	76 834	25 479	23 393	11 166		16 796
吉　　林	38 940	34 320	2 800	120		1 700
黑 龙 江	161 981	53 278	21 867	17 520	455	69 317
上　　海	808	373	265	136		30
江　　苏						
浙　　江	9 223	1 832	4 799	1 611		981
安　　徽	315	257	85	25		−53
福　　建	15 588	3 965	881	2 924		7 818
江　　西	35 367	25 145	7 999	1 198		1 025
山　　东						
河　　南						
湖　　北	88 729	45 703	13 811	10 172		19 043
湖　　南						
广　　东						
广　　西	26 872	3 882	1 111	1 851		20 028
海　　南	3 287	1 074	594	444		1 175
重　　庆						
四　　川						
贵　　州						
云　　南	14 339	6 304	2 266	2 909		2 860
陕　　西						
甘　　肃	2 216	588	1 726	100		−198
青　　海	1 285	190	57	1 066		−28
宁　　夏						
新疆（兵团）	1 039 867	191 110	407 825	148 901	1 576	292 031
新疆（农业）	310	148	66	96		
新疆（畜牧）	4 709	1 847	1 930	931		
热 科 院						
广　　州						
南　　京						

1－19 各垦区建筑业增加值

（2017 年）　　　　计量单位：万元

地　　区	合计（按当年价格计算）	劳动者报酬	固定资产折旧	生产税净额	＃补贴	营业盈余
全国农垦	**7 649 778**	**4 598 620**	**407 684**	**896 443**	**24 660**	**1 746 236**
北　　京	3 275	1 295	330	976		674
天　　津	1 531	1 280	135	49		67
河　　北	272 857	104 079	42 578	20 163		106 037
山　　西						
内 蒙 古	28 301	17 719	3 676	2 504		4 402
辽　　宁	309 074	129 781	37 178	55 881		86 234
吉　　林	3 415	2 737	168	15		495
黑 龙 江	566 675	223 721	63 934	51 874	16	227 145
上　　海	28 423	13 105	543	4 747	184	10 028
江　　苏	59 059	32 768	6 930	3 705		15 656
浙　　江	3 511	921	529	634		1 427
安　　徽	15 946	11 907	202	2 315		1 523
福　　建	8 995	7 107	421	337		1 130
江　　西	160 457	78 987	35 655	21 047	2	24 768
山　　东	8 223	2 295	193	1 323		3 617
河　　南	5 798	3 434	345	225		1 794
湖　　北	1 723 707	1 090 391	58 906	281 872		292 538
湖　　南	557 495	165 090	23 513	56 534	24 259	312 358
广　　东	72 524	32 963	7 349	8 498		23 714
广　　西	695 486	190 679	44 203	54 078		406 526
海　　南	69 008	30 473	6 076	13 661		18 798
重　　庆	3 960	1 000	80	1 380		1 500
四　　川						
贵　　州						
云　　南	3 529	1 480	126	1 040		883
陕　　西	3 341	1 403	1 635	125		178
甘　　肃	1 961	415	618	496		432
青　　海						
宁　　夏	9 413	4 109	496	1 758		3 049
新疆（兵团）	3 007 250	2 432 539	65 133	310 028	199	199 550
新疆（农业）	8 995	1 345	6 520	1 112		18
新疆（畜牧）	17 571	15 597	212	66		1 695
热 科 院						
广　　州						
南　　京						

1-20 各垦区第三产业增加值

(2017年) 计量单位：万元

地区	合计（按当年价格计算）	劳动者报酬	固定资产折旧	生产税净额	#补贴	营业盈余
全国农垦	**24 358 076**	**12 589 445**	**3 060 546**	**2 165 793**	**69 484**	**6 542 292**
北京	362 252	162 975	24 376	68 545	133	106 356
天津	247 785	81 411	16 284	66 663		83 427
河北	1 785 327	744 500	283 730	89 261	2 031	667 836
山西	19 597	9 318	1 228	1 599		7 452
内蒙古	262 361	150 560	59 791	12 947	242	39 063
辽宁	719 718	412 986	86 323	71 125	1 466	149 284
吉林	195 105	110 396	13 604	5 750		65 655
黑龙江	4 553 895	1 842 526	895 072	192 807	1 164	1 623 489
上海	1 202 682	723 156	115 424	248 010	41 267	116 092
江苏	438 676	219 130	56 039	25 142		138 365
浙江	3 786	2 350	850	487		99
安徽	81 014	42 292	7 040	13 306		18 376
福建	67 446	41 368	5 368	5 097		15 613
江西	553 612	385 368	45 475	29 507	—117	93 262
山东	14 647	6 048	2 410	1 706		4 483
河南	43 933	20 417	4 213	2 503		16 799
湖北	2 387 400	1 029 627	207 372	435 219		715 182
湖南	412 427	241 126	42 205	13 729		115 367
广东	453 873	241 996	33 927	38 053		139 897
广西	1 496 560	1 171 390	65 497	130 601		129 072
海南	464 059	326 472	60 603	22 566		54 418
重庆	66 080	15 425	3 515	9 760		37 380
四川	318	214	24	47		33
贵州						
云南	249 494	106 908	59 198	15 310		68 078
陕西	7 941	2 855	4 538	361	226	187
甘肃	20 363	12 250	3 821	1 725	14	2 567
青海	3 391	2 615	335	319		123
宁夏	50 773	27 718	5 425	4 275		13 355
新疆（兵团）	8 062 416	4 376 205	941 526	648 887	23 058	2 095 798
新疆（农业）	19 738	9 160	2 860	1 367		6 351
新疆（畜牧）	36 051	27 274	2 321	162		6 294
热科院	50 719	39 885	10 201	626		7
广州	21 171	1 921	164	7 903		11 183
南京	3 467	1 301	386	429		1 350

1－21 各垦区批发和零售业增加值

（2017 年）　　计量单位：万元

地　　区	合计（按当年价格计算）	劳动者报酬	固定资产折旧	生产税净额	#补贴	营业盈余
全国农垦	**7 264 443**	**3 489 971**	**588 168**	**1 002 483**	**29 096**	**2 183 820**
北　　京	49 162	13 785	3 078	16 826		15 474
天　　津	125 842	38 710	9 878	39 457		37 797
河　　北	535 163	193 595	60 948	36 353		244 267
山　　西	15 264	5 926	936	1 391		7 011
内 蒙 古	71 321	39 888	12 058	4 142	58	15 233
辽　　宁	257 542	150 503	23 579	35 211	120	48 249
吉　　林	140 140	79 102	2 925	3 681		54 432
黑 龙 江	1 182 890	430 165	181 639	84 589	101	486 498
上　　海	448 486	399 154	41 553	90 196	8 373	－82 416
江　　苏	154 530	77 173	16 955	8 532		51 870
浙　　江	1 714	740	166	259		549
安　　徽	24 104	15 026	2 329	1 746		5 002
福　　建	21 235	8 639	1 428	2 243		8 926
江　　西	148 240	94 212	13 530	9 693	7	30 805
山　　东	4 632	1 589	833	586		1 624
河　　南	14 374	6 528	1 551	581		5 714
湖　　北	968 672	287 217	37 051	265 168		379 236
湖　　南	103 026	92 865	4 714	3 118		2 329
广　　东	105 098	43 992	5 608	14 534		40 964
广　　西	683 885	605 924	14 171	62 843		947
海　　南	92 425	71 364	4 822	7 730		8 509
重　　庆	790	180	200	160		250
四　　川						
贵　　州						
云　　南	56 087	22 576	4 205	4 174		25 132
陕　　西	773	338	291			144
甘　　肃	4 879	2 227	530	543		1 579
青　　海						
宁　　夏	11 525	7 129	525	656		3 214
新疆（兵团）	2 019 779	788 550	141 039	306 350	20 437	783 840
新疆（农业）	6 841	2 770	902	886		2 283
新疆（畜牧）	11 948	9 134	636	31		2 146
热 科 院	114	104	10			
广　　州	3 332	616	5	646		2 065
南　　京	631	252	73	159		147

1－22 各垦区交通运输、仓储和邮政业增加值

（2017 年） 计量单位：万元

地 区	合计（按当年价格计算）	劳动者报酬	固定资产折旧	生产税净额	# 补贴	营业盈余
全国农垦	**3 254 552**	**1 541 474**	**521 836**	**247 376**	**2 367**	**943 866**
北 京	21 744	11 952	3 373	2 474		3 945
天 津	16 589	7 607	3 269	1 119		4 594
河 北	329 249	137 430	43 954	18 089		129 776
山 西	257	166	31	12		48
内 蒙 古	48 143	22 069	14 707	3 229		8 138
辽 宁	150 692	89 791	21 147	9 480	95	30 274
吉 林	19 394	10 545	6 105	947		1 797
黑 龙 江	637 635	210 104	96 748	35 733	297	295 051
上 海	191 452	132 273	30 643	10 664	1 829	17 871
江 苏	39 530	21 185	8 431	3 684		6 230
浙 江	137	79	6	35		17
安 徽	6 289	3 948	826	446		1 069
福 建	12 812	7 626	1 459	1 124		2 602
江 西	56 206	40 248	4 946	2 826		8 186
山 东	2 777	369	657	438		1 313
河 南	5 624	3 803	1 013	12		796
湖 北	216 646	87 301	36 241	25 766		67 338
湖 南	108 195	56 185	3 122	35		48 853
广 东	46 358	21 249	7 061	4 194		13 854
广 西	205 768	176 712	9 988	17 938		1 130
海 南	40 183	25 095	3 454	3 007		8 627
重 庆	6 100	3 000	1 600	900		600
四 川						
贵 州						
云 南	28 979	8 617	7 505	1 044		11 813
陕 西						
甘 肃	556	395	32	52		77
青 海						
宁 夏	7 378	4 050	1 118	437		1 774
新疆（兵团）	1 042 299	450 673	213 630	103 398	147	274 598
新疆（农业）	5 187	3 360	388	187		1 252
新疆（畜牧）	8 296	5 600	365	102		2 229
热 科 院						
广 州						
南 京	78	43	17	3		15

1－23 各垦区住宿和餐饮业增加值

（2017 年） 计量单位：万元

地 区	合计（按当年价格计算）	劳动者报酬	固定资产折旧	生产税净额	# 补贴	营业盈余
全国农垦	**1 882 442**	**960 204**	**248 244**	**146 214**	**737**	**527 781**
北 京	140 046	84 511	10 247	2 466		42 822
天 津	3 063	2 493	126	410		34
河 北	190 289	80 311	33 638	7 117		69 223
山 西	1 070	792	25	34		219
内 蒙 古	43 902	22 131	6 813	2 356		12 603
辽 宁	83 991	57 168	7 286	7 172	720	12 365
吉 林	11 387	7 258	853	506		2 770
黑 龙 江	308 203	109 256	51 560	16 957		130 430
上 海	31 649	21 778	3 124	2 911	17	3 836
江 苏	24 550	15 059	2 692	2 770		4 029
浙 江	703	446	33	65		159
安 徽	10 861	6 756	1 827	1 485		793
福 建	7 506	4 371	854	640		1 642
江 西	103 527	59 636	10 351	8 600		24 940
山 东	1 684	863	62	64		695
河 南	3 513	2 118	251	97		1 047
湖 北	116 197	61 175	13 434	22 413		19 175
湖 南	24 280	5 412	9 827	4 089		4 952
广 东	53 097	19 864	3 904	6 343		22 986
广 西	158 303	130 527	3 988	10 740		13 048
海 南	28 797	21 606	4 184	1 956		1 051
重 庆	4 280	3 000	500	350		430
四 川	141	77	7	42		15
贵 州						
云 南	38 801	12 269	15 235	1 950		9 347
陕 西	1 837	627	1 169	126		－85
甘 肃	2 259	1 156	599	192		312
青 海	193	157	36			
宁 夏	5 491	3 677	909	452		454
新疆（兵团）	474 679	221 290	63 613	43 600		146 176
新疆（农业）	3 582	1 128	604	256		1 594
新疆（畜牧）	4 461	3 197	401	25		838
热 科 院						
广 州						
南 京	100	95	93	31		－118

1－24 各垦区信息传输软件和信息技术服务业增加值

（2017 年） 计量单位：万元

地 区	合计（按当年价格计算）	劳动者报酬	固定资产折旧	生产税净额	# 补贴	营业盈余
全国农垦	**332 692**	**83 117**	**77 548**	**15 024**	**6**	**157 003**
北 京						
天 津						
河 北	105 947	9 001	22 675	1 021		73 250
山 西						
内 蒙 古	2 734	726	696	41		1 271
辽 宁	4 830	2 398	1 137	326		969
吉 林	13 111	4 901	1 250	540		6 420
黑 龙 江	43 160	24 105	11 381	1 440		6 234
上 海	457	453	14	14	6	－25
江 苏	105	95	10			
浙 江						
安 徽						
福 建	1 503	340	336	565		262
江 西	466	356	69	23		18
山 东						
河 南	77	10				67
湖 北	40 781	5 338	9 205	8 262		17 976
湖 南	8 222	7 036	93	14		1 079
广 东						
广 西						
海 南	1 125	424	23	14		664
重 庆						
四 川						
贵 州						
云 南						
陕 西						
甘 肃						
青 海						
宁 夏						
新疆（兵团）	110 175	27 934	30 659	2 764		48 818
新疆（农业）						
新疆（畜牧）						
热 科 院						
广 州						
南 京						

1－25　各垦区金融业增加值

（2017 年）　　　　计量单位：万元

地　区	合计（按当年价格计算）	劳动者报酬	固定资产折旧	生产税净额	#补贴	营业盈余
全国农垦	**1 415 189**	**493 061**	**92 349**	**76 147**	**195**	**753 633**
北　京						
天　津	8 404	679	196	3 615		3 914
河　北	125 158	35 526	12 503	4 836		72 293
山　西						
内蒙古	11 757	6 350	2 014	722		2 671
辽　宁	12 441	4 666	2 226	1 257		4 292
吉　林						
黑龙江	303 515	73 822	26 750	11 799		191 144
上　海	29 265	1 427	117	1 024	164	26 697
江　苏	1 494	363	45	6		1 080
浙　江						
安　徽						
福　建	601	493	14	9		85
江　西	6 386	3 901	114	139		2 232
山　东						
河　南	1 983	394	48			1 541
湖　北	120 442	45 689	7 454	10 816		56 483
湖　南	13 019	5 511	4 557	818		2 133
广　东						
广　西	43 663	2 884	284	1 575		38 920
海　南	17 634	1 352	1 918	4 875		9 489
重　庆	1 640	325	15			1 300
四　川						
贵　州						
云　南						
陕　西						
甘　肃						
青　海						
宁　夏	30	24	1	1		4
新疆（兵团）	717 756	309 655	34 092	34 655	31	339 354
新疆（农业）						
新疆（畜牧）						
热科院						
广　州						
南　京						

1－26 各垦区房地产业增加值

(2017 年)　　　　计量单位：万元

地　区	合计（按当年价格计算）	劳动者报酬	固定资产折旧	生产税净额	＃补贴	营业盈余
全国农垦	**2 258 897**	**457 851**	**626 963**	**438 397**	**3 756**	**735 686**
北　京	69 923	19 880	2 863	35 721		11 459
天　津	58 240	4 197	169	16 903		36 971
河　北	109 426	40 549	53 193	1 331		14 353
山　西						
内蒙古	6 845	1 035	4 775	337		696
辽　宁	65 164	13 838	12 053	11 450		27 823
吉　林						
黑龙江	307 469	9 171	266 498	11 933		19 868
上　海	448 819	62 523	11 310	131 701	3 460	243 285
江　苏	62 630	6 214	2 254	9 801		44 361
浙　江	4		4			
安　徽	16 722	5 462	794	8 648		1 818
福　建	57	18	1	1		37
江　西	36 385	17 784	8 404	3 184		7 013
山　东	1 054	174	161	550		169
河　南	1 027	238	372			417
湖　北	269 981	104 572	29 501	69 952		65 956
湖　南	50 391	22 215	4 347	478		23 351
广　东	7 640	1 554	49	2 885		3 152
广　西	116 820	18 912	22 234	20 792		54 882
海　南	47 207	3 229	38 846	989		4 143
重　庆	45 300	6 800	500	8 000		30 000
四　川						
贵　州						
云　南	5 336	1 191	165	2 838		1 142
陕　西						
甘　肃	267	262	5			
青　海						
宁　夏	6 544	207	37	1 371		4 930
新疆（兵团）	525 645	117 825	168 427	99 532	296	139 861
新疆（农业）						
新疆（畜牧）						
热科院						
广　州						
南　京						

1－27 各垦区租赁和商务服务业增加值

（2017 年） 计量单位：万元

地 区	合计（按当年价格计算）	劳动者报酬	固定资产折旧	生产税净额	# 补贴	营业盈余
全国农垦	**635 248**	**339 501**	**83 225**	**80 599**	**23 242**	**131 923**
北 京	56 659	13 109	2 061	7 348	129	34 141
天 津	23 351	15 311	1 937	4 527		1 576
河 北	44 898	29 534	6 735	1 091		7 538
山 西	509	279	95	86		49
内 蒙 古	4 627	1 693	546	391		1 997
辽 宁	17 426	8 040	1 719	1 352		6 315
吉 林						
黑 龙 江	44 049	14 198	1 883	2 612		25 356
上 海	−451	65 456	22 944	9 063	23 113	−97 914
江 苏	2 780	2 330	483	284		−317
浙 江	616	603	563	105		−655
安 徽	6 868	1 580	133	365		4 790
福 建	344	147	48	64		85
江 西	48 712	34 215	980	1 337		12 180
山 东						
河 南	275	251	12	7		6
湖 北	62 148	28 783	11 464	10 465		11 436
湖 南	2 507	2 144	62	77		224
广 东						
广 西	6 912	3 290	2 258	1 210		154
海 南	4 145	2 157	724	513		751
重 庆	7 850	2 000	700	350		4 800
四 川	27	20				7
贵 州						
云 南						
陕 西	312	324	99	9		−120
甘 肃	3 361	860	1 747	716		38
青 海	3 198	2 458	299	319		123
宁 夏						
新疆（兵团）	273 806	108 537	25 424	30 838		109 007
新疆（农业）						
新疆（畜牧）	182	182				
热 科 院	32	32				
广 州	17 839	1 305	159	7 257		9 118
南 京	2 267	664	150	214		1 239

1－28 各垦区科学研究、技术服务业增加值

（2017 年） 计量单位：万元

地区	合计（按当年价格计算）	劳动者报酬	固定资产折旧	生产税净额	#补贴	营业盈余
全国农垦	**368 037**	**241 855**	**33 426**	**23 489**	**45**	**69 267**
北京						
天津	1 239	1 294	146	26		−227
河北	5 276	3 701	249	125		1 201
山西						
内蒙古	386	320	66			
辽宁	3 003	1 881	662	89	10	371
吉林	9	9				
黑龙江	41 830	26 018	3 438	5 213		7 161
上海	4 831	4 834	444	473	35	−920
江苏	1 998	1 471	298	14		215
浙江						
安徽	225	151	63			11
福建	1 951	1 896	27	8		20
江西	565	521	40			4
山东						
河南	48	224	43	11		−229
湖北	49 733	24 170	5 714	5 595		14 254
湖南	617	480	35	2		100
广东	2 652	1 636	929			87
广西	11 573	9 355	374	227		1 617
海南	4 380	2 208	2	925		1 245
重庆	120	120				
四川						
贵州						
云南	9 462	8 845	295	179		143
陕西						
甘肃	67	43	26			−2
青海						
宁夏	1 708	897	35	156		620
新疆（兵团）	175 667	111 909	10 349	9 820		43 589
新疆（农业）						
新疆（畜牧）	125	125				
热科院	50 573	39 749	10 190	626		7
广州						
南京						

1－29 各垦区水利、环境和公共设施管理业增加值

（2017 年）　　　　计量单位：万元

地　区	合计（按当年价格计算）	劳动者报酬	固定资产折旧	生产税净额	# 补贴	营业盈余
全国农垦	**378 464**	**240 754**	**83 147**	**8 516**	**3 245**	**46 047**
北　京						
天　津						
河　北	22 379	7 881	11 969	583		1 946
山　西						
内蒙古	1 511	763	748			
辽　宁	10 888	5 158	2 635	731	300	2 364
吉　林						
黑龙江	167 100	88 291	39 054	4 607		35 149
上　海	7 654	3 776	2 329	966	2 945	583
江　苏	177	160	17			
浙　江						
安　徽						
福　建	622	477	35	10		100
江　西	4 492	3 476	883			133
山　东						
河　南	871	526	315			30
湖　北	34 882	16 809	8 463	864		8 746
湖　南	1 943	1 699	50	19		175
广　东						
广　西						
海　南	24	24				
重　庆						
四　川						
贵　州						
云　南	645	516	60	12		57
陕　西						
甘　肃	332	425	124			－217
青　海						
宁　夏						
新疆（兵团）	124 868	110 698	16 465	724		－3 019
新疆（农业）						
新疆（畜牧）	76	76				
热科院						
广　州						
南　京						

1－30　各垦区居民服务和其他服务业增加值

（2017 年）　　计量单位：万元

地　区	合计（按当年价格计算）	劳动者报酬	固定资产折旧	生产税净额	# 补贴	营业盈余
全国农垦	**1 536 558**	**983 243**	**148 631**	**69 920**	**1 607**	**334 762**
北京	18 365	15 746	2 376	3 365	4	－3 123
天津	4 924	4 987	563	606		－1 232
河北	98 113	52 187	17 104	3 222	455	25 600
山西	287	206	23	12		46
内蒙古	16 695	9 567	3 146	836		3 146
辽宁	57 989	35 651	7 379	3 443	200	11 516
吉林	1 413	913	19	52		429
黑龙江	276 108	105 926	45 368	15 452		109 362
上海	12 833	6 930	551	474	910	4 878
江苏	119 143	72 052	17 451			29 640
浙江	354	271	64	23		－4
安徽	10 381	5 173	314	495		4 399
福建	9 971	8 172	344	289		1 165
江西	120 588	108 456	3 870	2 063		6 199
山东	2 476	1 492	255	68		661
河南	380	330	13	2		36
湖北	58 205	39 473	3 519	2 038		13 175
湖南	26 033	4 292	5 619	3 071		13 051
广东	88 324	42 704	5 237	10 094		30 289
广西	207 192	181 480	5 285	8 993		11 434
海南	124 137	117 893	1 191	1 158		3 895
重庆						
四川	150	117	17	5		11
贵州						
云南	26 895	9 568	813	1 763		14 751
陕西	150	130	2	38	38	－20
甘肃	1 389	1 148	8	150		83
青海						
宁夏	14 227	8 834	2 604	1 080		1 710
新疆（兵团）	233 305	145 531	24 360	11 065		52 349
新疆（农业）	2 490	1 363	720	38		369
新疆（畜牧）	3 651	2 403	363	4		881
热科院						
广州						
南京	391	248	54	22		67

1-31 各垦区教育增加值

（2017年） 计量单位：万元

地区	合计（按当年价格计算）	劳动者报酬	固定资产折旧	生产税净额	#补贴	营业盈余
全国农垦	**1 288 030**	**1 098 933**	**120 647**	**4 825**	**565**	**63 625**
北京	528	680	59	2		−213
天津	6 133	6 133				
河北	44 970	40 016	3 430	1 017		507
山西						
内蒙古	7 782	4 222	3 511			49
辽宁	22 136	18 568	2 600	179		789
吉林	6 973	5 883	1 090			
黑龙江	286 929	238 899	34 287	107	200	13 635
上海	16 869	11 491	616	433	365	4 330
江苏	1 694	1 413	260	2		19
浙江	23	18	3			2
安徽	299	281	18			
福建	1 886	1 734	78	26		49
江西	15 624	13 896	1 001	54		673
山东						
河南	1 299	1 172	113			14
湖北	140 120	113 980	16 443	1 921		7 776
湖南	29 518	21 895	4 600	451		2 572
广东	47 157	42 724	3 932			501
广西	26 084	14 873	5 864	344		5 003
海南	4 730	4 159	275	27		269
重庆						
四川						
贵州						
云南						
陕西	600	492	108			
甘肃	1 800	1 478	60	10		252
青海						
宁夏						
新疆（兵团）	624 647	554 737	42 259	253		27 398
新疆（农业）	230	190	40			
新疆（畜牧）						
热科院						
广州						
南京						

1－32　各垦区卫生、社会工作增加值

（2017 年）　　计量单位：万元

地　　区	合计（按当年价格计算）	劳动者报酬	固定资产折旧	生产税净额	# 补贴	营业盈余
全国农垦	**1 003 788**	**744 645**	**110 604**	**2 814**	**169**	**145 724**
北　　京						
天　　津						
河　　北	24 666	16 263	3 185	300		4 918
山　　西	516	493	11	3		9
内 蒙 古	18 652	14 139	3 824	481	134	208
辽　　宁	11 081	7 673	1 219	105	21	2 084
吉　　林	2 594	2 041	527	24		2
黑 龙 江	269 873	158 439	23 519	557		87 358
上　　海	13 109	11 271	619			1 220
江　　苏	22 271	18 021	3 507	28		715
浙　　江	51	36	1			14
安　　徽	2 240	1 756	208	1		276
福　　建	688	579	51	11		47
江　　西	1 745	1 614	121	16		－6
山　　东	7	24	4			－21
河　　南	883	627	90			166
湖　　北	60 506	49 440	4 771	692		5 603
湖　　南	8 296	7 434	360	78		424
广　　东	62 755	43 780	5 054			8 921
广　　西	13 103	10 649	453	192		1 809
海　　南	7 962	7 109	605	17		231
重　　庆						
四　　川						
贵　　州						
云　　南	1 378	714	529	22		113
陕　　西	613	560	2			51
甘　　肃	1 037	956	23	17	14	41
青　　海						
宁　　夏	71	66	5			
新疆（兵团）	475 718	382 006	61 899	271		31 542
新疆（农业）	98	80	18			
新疆（畜牧）	3 876	3 876				
热 科 院						
广　　州						
南　　京						

1－33　各垦区文化、体育和娱乐业增加值

（2017 年）　　计量单位：万元

地　区	合计（按当年价格计算）	劳动者报酬	固定资产折旧	生产税净额	#补贴	营业盈余
全国农垦	**223 703**	**109 654**	**49 724**	**11 900**	**66**	**52 425**
北　京	916	587	20	130		179
天　津						
河　北	4 588	2 638	1 561	76	16	313
山　西						
内蒙古	2 481	1 040	713	228	50	500
辽　宁	4 137	2 680	409	191		857
吉　林	11	28	218			－235
黑龙江	13 595	8 876	2 407	293		2 019
上　海	－3 123	189	2	－88		－3 226
江　苏	324	293	24	1		6
浙　江						
安　徽						
福　建	339	313	7	7		12
江　西	5 226	2 737	941	845		703
山　东						
河　南	1 314	143	45	210		916
湖　北	14 302	8 061	1 564	1 938		2 739
湖　南	24 270	4 801	3 586	1 355		14 528
广　东						
广　西	2 280	2 085	60	70		65
海　南	3 689	2 194	1 090	227		178
重　庆						
四　川						
贵　州						
云　南	28 916	1 260	26 589	425		642
陕　西						
甘　肃						
青　海						
宁　夏						
新疆（兵团）	120 163	71 455	10 488	5 992		32 228
新疆（农业）						
新疆（畜牧）	274	274				
热科院						
广　州						
南　京						

1－34 各垦区公共管理和社会组织增加值

（2017 年）

计量单位：万元

地区	合计（按当年价格计算）	劳动者报酬	固定资产折旧	生产税净额	#补贴	营业盈余
全国农垦	**1 511 770**	**1 287 295**	**132 235**	**8 848**	**1 639**	**83 392**
北京	4 910	2 727	300	212		1 672
天津						
河北	85 149	71 049	7 175	2 515	1 560	4 410
山西	60	52	4	2		2
内蒙古	14 739	17 319	5 514	63		−8 157
辽宁	18 398	14 971	2 272	139		1 016
吉林						
黑龙江	263 350	193 185	47 521	102	15	22 542
上海						
江苏	7 450	3 301	3 612	20		517
浙江	184	157	10			17
安徽						
福建	2 994	2 028	599	26		341
江西	3 199	2 945	197	−108	−124	165
山东	1 251	1 086	165			
河南	9 870	2 400	335	1 582		5 552
湖北	164 779	133 201	16 319	2 978		12 281
湖南	12 110	9 157	1 233	124		1 596
广东	40 792	19 493	2 153	3		19 143
广西						
海南	30 759	23 897	2 004	199		4 659
重庆						
四川						
贵州						
云南	26 147	25 981	138	13		15
陕西	56	99	−93	188	188	−138
甘肃	518	495	3	6		14
青海						
宁夏	3 799	2 835	192	122		650
新疆（兵团）	820 100	759 845	42 498	662		17 095
新疆（农业）						
新疆（畜牧）	1 156	1 072	84			
热科院						
广州						
南京						

1-35 国（地区）外净要素收入情况

（2017 年）　　计量单位：万元

地　　区	国（地区）外净要素收入生产总值	国（地区）外净要素收入劳动者报酬	国（地区）外汇回要素收入生产总值	国（地区）外汇回要素收入劳动者报酬	国（地区）外汇出要素收入生产总值	国（地区）外汇出要素收入劳动者报酬
全国农垦	**−2 777**	**−2 777**	**23 274**	**23 274**	**26 051**	**26 051**
北　京						
天　津						
河　北						
山　西						
内蒙古						
辽　宁						
吉　林	578	578	578	578		
黑龙江						
上　海						
江　苏						
浙　江						
安　徽						
福　建						
江　西						
山　东						
河　南						
湖　北						
湖　南						
广　东						
广　西						
海　南						
重　庆						
四　川						
贵　州						
云　南						
陕　西						
甘　肃						
青　海						
宁　夏						
新疆（兵团）	−3 355	−3 355	22 696	22 696	26 051	26 051
新疆（农业）						
新疆（畜牧）						
热科院						
广　州						
南　京						

1－36 各垦区农林牧渔服务业采矿辅助业制造业中修理业增加值

（2017 年）

计量单位：万元

地　　区	合计（按当年价格计算）	劳动者报酬	固定资产折旧	生产税净额	# 补贴	营业盈余
全国农垦	**1 004 263**	**517 886**	**143 798**	**29 240**	**2 749**	**313 338**
北　京						
天　津						
河　北	60 056	24 819	5 411	11 585		18 241
山　西	1 634	1 404	103	59		68
内蒙古	10 786	9 298	659	121		708
辽　宁						
吉　林	73	16	17			40
黑龙江	408 191	152 074	63 019	1 414	552	191 684
上　海	832	1 601	1 157	180	50	−2 106
江　苏						
浙　江						
安　徽	3 027	2 161	528	120		218
福　建	4 937	4 535	87	75		240
江　西	2 251	1 371	28	835		17
山　东	765	451	272			42
河　南	2 395	1 653	14	2		726
湖　北	70 006	24 418	6 229	6 351		33 008
湖　南						
广　东						
广　西	20 977	14 699	538	5 677		63
海　南	56 862	43 761	1 465	929		10 707
重　庆						
四　川						
贵　州						
云　南	26 848	15 371	3 664	2 890		4 923
陕　西	3 600	285	2 960			355
甘　肃	3 898	2 805	664	39		390
青　海						
宁　夏						
新疆(兵团)	323 809	215 560	56 324	−1 037	2 147	52 962
新疆(农业)	1 310	269	188			853
新疆(畜牧)	2 006	1 335	472			200
热科院						
广　州						
南　京						

1－37 各垦区非国有经济基本情况

（2017 年）

项　目	计量单位	合　计	第一产业	第二产业	#工业	第三产业
一、经营单位个数	个	728 623	229 309	39 781	30 120	459 533
1. 集体经济	个	9 753	5 345	612	478	3 796
#股份合作制经济	个	304	8	174	127	122
2. 个体经济	个	656 297	216 845	22 990	16 497	416 462
3. 私营经济	个	59 903	7 026	15 817	12 795	37 060
4. 港澳台及外商经济	人	340	33	277	268	30
二、从业人员	人	2 850 960	754 882	972 115	679 371	1 123 963
1. 集体经济	人	125 442	81 945	28 928	10 417	14 569
#股份合作制经济	人	21 526	1 664	8 211	2 720	11 651
2. 个体经济	人	1 681 297	602 751	212 847	122 978	865 699
3. 私营经济	人	942 107	67 268	668 122	486 924	206 717
4. 港澳台及外商经济	人	83 259	1 922	59 715	57 974	20 322
三、从业人员劳动报酬	万元	9 067 558	1 965 321	3 666 482	2 578 989	3 435 756
1. 集体经济	万元	294 143	172 901	75 624	32 438	45 618
#股份合作制经济	万元	31 191	2 342	25 429	8 814	3 420
2. 个体经济	万元	4 611 006	1 517 485	571 072	360 074	2 522 448
3. 私营经济	万元	3 665 025	219 475	2 692 861	1 863 874	752 689
4. 港澳台及外商经济	万元	401 600	6 235	322 566	318 525	72 799
四、生产总值	万元	37 777 614	4 190 857	21 115 849	17 349 543	12 470 908
1. 集体经济	万元	880 944	323 159	319 959	135 936	237 826
#股份合作制经济	万元	257 121	6 937	149 105	108 179	101 079
2. 个体经济	万元	13 493 508	2 941 827	2 595 573	1 884 309	7 956 107
3. 私营经济	万元	18 372 604	818 161	13 692 006	10 756 715	3 862 438
4. 港澳台及外商经济	万元	4 758 398	19 262	4 452 455	4 433 450	286 681

1-37 续表

项　目	计量单位	合　计	第一产业	第二产业	#工业	第三产业
五、当年固定资产投资额	万元	30 795 871	2 086 668	19 888 045	18 053 096	8 821 158
1. 集体经济	万元	246 754	146 379	68 705	59 559	31 670
#股份合作制经济	万元	11 924	1 379	10 449	8 568	96
2. 个体经济	万元	4 061 174	697 422	1 753 875	1 289 675	1 609 878
3. 私营经济	万元	24 214 285	1 049 503	16 162 517	14 808 038	7 002 265
4. 港澳台及外商经济	万元	446 929	16 490	355 085	352 595	75 354
六、资产总额	万元	74 059 976	3 289 538	55 172 316	36 756 879	15 598 122
1. 集体经济	万元	1 982 654	301 955	580 156	340 627	1 100 543
#股份合作制经济	万元	395 183	57 982	268 498	112 651	68 703
2. 个体经济	万元	10 739 391	1 933 674	2 693 505	1 957 777	6 112 212
3. 私营经济	万元	55 219 584	901 554	47 307 997	29 777 005	7 010 033
4. 港澳台及外商经济	万元	5 568 894	69 574	4 380 129	4 376 710	1 119 191
七、固定资产原值	万元	38 196 261	2 515 501	27 027 582	23 841 284	8 653 179
1. 集体经济	万元	640 377	224 277	220 093	163 374	196 007
#股份合作制经济	万元	242 303	18 126	169 294	115 786	54 883
2. 个体经济	万元	8 429 149	1 480 758	2 366 526	1 738 526	4 581 865
3. 私营经济	万元	24 465 536	679 544	20 736 970	18 187 206	3 049 022
4. 港澳台及外商经济	万元	3 872 829	47 061	3 479 358	3 450 841	346 410
八、税金	万元	2 454 388	25 957	1 655 383	1 193 568	773 049
1. 集体经济	万元	74 003	2 300	37 357	30 372	34 346
2. 港澳台及外商经济	万元	368 066	1 623	321 612	283 457	44 831
九、利润总额	万元	5 226 269	732 442	2 587 771	2 199 205	1 906 056
1. 集体经济	万元	127 352	24 397	65 497	43 624	37 458
2. 港澳台及外商经济	万元	630 847	30 471	496 286	493 250	104 089

1－38 各垦区非国有经济经营单位个数

(2017 年)　　　　计量单位：个

地　　区	合　计	第一产业	第二产业	#工业	第三产业
全国农垦	728 623	229 309	39 781	30 120	459 533
北　京	10		5	5	5
天　津					
河　北	22 424	1 224	3 190	2 617	18 010
山　西	1 450	52	83	83	1 315
内蒙古	28 387	18 508	1 556	1 212	8 323
辽　宁	57 072	28 949	5 062	4 370	23 061
吉　林	7 211	1 973	115	79	5 123
黑龙江	88 540	30 392	3 971	2 977	54 177
上　海					
江　苏	17 011	8 628	595	310	7 788
浙　江	221	97	51	51	73
安　徽	4 973	712	301	126	3 960
福　建	7 748	2 450	1 243	980	4 055
江　西	14 161	3 047	2 563	1 199	8 551
山　东	463	72	29	23	362
河　南	2 374	737	74	53	1 563
湖　北	71 185	2 075	7 739	6 550	61 371
湖　南	17 718	8 607	1 064	719	8 047
广　东	6 298	61	676	457	5 561
广　西	19 759	543	1 086	719	18 130
海　南	102 508	63 858	2 540	362	36 110
重　庆	6	1	5	5	
四　川	4	3	1	1	
贵　州					
云　南	32 331	24 747	82	49	7 502
陕　西	188	34	37	37	117
甘　肃	1 950	951	17	12	982
青　海	2	1			1
宁　夏	8 422	5 422	55	39	2 945
新疆(兵团)	204 789	17 886	7 385	7 014	179 518
新疆(农业)	1 292	965	41	1	286
新疆(畜牧)	9 985	7 313	210	65	2 462
热科院					
广　州					
南　京	141	1	5	5	135

1－39 各垦区非国有经济从业人员

（2017年）　　　　计量单位：人

地区	合计	第一产业	第二产业	#工业	第三产业
全国农垦	**2 850 960**	**754 882**	**972 115**	**679 371**	**1 123 963**
北京	18 256		969	969	17 287
天津					
河北	157 790	30 988	59 238	48 295	67 564
山西	9 316	1 095	4 037	4 037	4 184
内蒙古	64 150	33 153	10 040	5 814	20 957
辽宁	273 845	80 567	91 484	65 378	101 794
吉林	40 268	2 114	7 053	6 234	31 101
黑龙江	257 940	97 207	56 251	41 567	104 482
上海					
江苏	58 645	16 963	18 158	15 808	23 524
浙江	13 074	473	11 585	7 642	1 016
安徽	20 523	2 621	6 211	4 846	11 691
福建	67 171	18 965	35 653	32 734	12 553
江西	144 961	17 828	85 581	53 388	41 552
山东	6 483	2 153	3 206	2 366	1 124
河南	9 451	2 996	2 546	2 322	3 909
湖北	407 964	41 398	244 850	158 152	121 716
湖南	134 361	60 284	41 198	22 401	32 879
广东	59 661	18 588	20 864	15 934	20 209
广西	172 550	26 715	88 795	60 545	57 040
海南	267 343	162 474	12 691	3 806	92 178
重庆	6 200	400	5 800	5 800	
四川	748	245	503	503	
贵州					
云南	65 842	42 017	2 354	1 913	21 471
陕西	577	52	121	121	404
甘肃	2 382	1 041	51	46	1 290
青海					
宁夏	21 166	11 874	2 399	1 173	6 893
新疆（兵团）	523 790	45 744	158 067	116 760	319 979
新疆（农业）	11 466	9 012	144		2 310
新疆（畜牧）	34 636	27 900	2 121	672	4 615
热科院					
广州					
南京	401	15	145	145	241

1-40 各垦区非国有经济从业人员劳动报酬

（2017 年）　　计量单位：万元

地　区	合　计	第一产业	第二产业		第三产业
				#工业	
全国农垦	**9 067 558**	**1 965 321**	**3 666 482**	**2 578 989**	**3 435 756**
北　京	62 352		7 303	7 303	55 049
天　津					
河　北	454 802	49 867	172 855	144 669	232 080
山　西	21 019	2 057	11 522	11 522	7 440
内蒙古	237 624	75 052	54 449	42 184	108 123
辽　宁	519 883	115 006	229 867	165 170	175 010
吉　林	113 757	6 942	19 569	18 197	87 246
黑龙江	889 274	438 539	173 590	123 814	277 145
上　海					
江　苏	335 484	59 519	128 811	97 112	147 154
浙　江	35 456	2 646	31 819	29 434	991
安　徽	51 501	6 443	18 616	16 097	26 443
福　建	173 240	19 153	127 405	120 154	26 682
江　西	310 085	19 145	198 114	109 944	92 826
山　东	36 232	20 575	12 149	8 659	3 508
河　南	21 494	7 184	5 926	5 482	8 384
湖　北	1 262 615	75 724	891 212	591 606	295 679
湖　南	146 650	45 603	49 054	42 615	51 993
广　东	265 091	60 694	108 858	84 077	95 539
广　西	707 675	98 693	337 502	213 970	271 480
海　南	769 058	474 049	39 948	11 210	255 061
重　庆	30 000	3 000	27 000	27 000	
四　川	2 429	552	1 877	1 877	
贵　州					
云　南	136 851	80 412	6 575	5 280	49 864
陕　西	1 471	511	182	182	778
甘　肃	6 297	2 351	572	101	3 374
青　海	882	725			157
宁　夏	45 827	24 065	4 621	2 916	17 141
新疆（兵团）	2 365 453	233 130	999 509	692 597	1 132 814
新疆（农业）	7 978	1 283	3 942	3 790	2 753
新疆（畜牧）	55 625	42 336	2 827	1 218	10 463
热科院					
广　州					
南　京	1 454	65	808	808	581

1-41 各垦区非国有经济生产总值

（2017 年） 计量单位：万元

地区	合计	第一产业	第二产业	#工业	第三产业
全国农垦	**37 777 614**	**4 190 857**	**21 115 849**	**17 349 543**	**12 470 908**
北京	208 597		47 436	47 436	161 161
天津					
河北	3 382 941	217 305	2 210 488	2 011 035	955 148
山西	46 095	2 726	26 042	26 042	17 327
内蒙古	373 440	100 504	153 164	137 053	119 772
辽宁	2 192 850	495 970	1 024 590	840 306	672 290
吉林	212 040	7 047	186 060	183 977	18 932
黑龙江	5 026 132	710 172	1 714 821	1 211 304	2 601 139
上海					
江苏	642 344	109 833	258 392	197 539	274 119
浙江	107 097	2 975	103 043	101 602	1 079
安徽	79 070	5 381	36 059	31 784	37 629
福建	635 890	30 687	561 587	551 325	43 616
江西	1 201 235	37 384	970 263	703 243	193 588
山东	185 930	40 283	133 851	125 800	11 796
河南	32 872	5 573	21 948	21 398	5 351
湖北	8 179 505	176 871	6 171 413	5 115 450	1 831 221
湖南	402 919	92 581	214 479	153 882	95 859
广东	806 306	104 395	477 694	420 738	224 217
广西	4 673 302	338 360	2 963 485	2 331 366	1 371 457
海南	1 000 889	582 534	86 923	20 048	331 432
重庆	44 000	4 000	40 000	40 000	
四川	7 712	619	7 093	7 093	
贵州					
云南	307 940	127 418	13 365	10 942	167 157
陕西	3 086	911	1 124	1 124	1 051
甘肃	7 430	2 619	148	137	4 664
青海	1 088	895			193
宁夏	76 728	34 440	15 518	11 703	26 771
新疆（兵团）	7 733 132	795 918	3 665 168	3 042 296	3 272 046
新疆（农业）	32 281	16 891	3 948	30	11 442
新疆（畜牧）	172 227	146 212	6 696	3 839	19 319
热科院					
广州					
南京	2 536	352	1 052	1 052	1 133

1－42 各垦区非国有经济资产总额

（2017 年） 计量单位：万元

地区	合计	第一产业	第二产业	#工业	第三产业
全国农垦	**74 059 976**	**3 289 538**	**55 172 316**	**36 756 879**	**15 598 122**
北京	372 476		105 763	105 763	266 713
天津					
河北	5 047 843	223 387	3 817 250	3 701 249	1 007 206
山西	85 256	2 601	62 595	62 595	20 060
内蒙古	1 856 678	238 975	1 079 941	1 037 026	537 762
辽宁	4 365 207	386 428	3 127 263	2 045 058	851 516
吉林	629 822	500	621 059	616 526	8 263
黑龙江	5 231 946	540 864	2 732 906	2 337 378	1 958 176
上海					
江苏	825 019	95 486	520 146	450 993	209 387
浙江	867 234	16 975	850 232	844 978	27
安徽	171 922	9 861	111 886	110 003	50 175
福建	1 666 686	23 669	1 604 799	1 593 758	38 217
江西	906 434	85 569	699 905	311 690	120 960
山东	641 713	59 409	552 434	526 677	29 870
河南	190 770	22 262	161 346	160 271	7 162
湖北	23 033 571	243 240	21 620 136	7 958 572	1 170 195
湖南	659 588	77 083	424 472	294 497	158 033
广东	241 444	26 513	61 006	55 379	153 925
广西	7 596 833	324 090	4 692 970	3 209 150	2 579 773
海南	444 906	62 894	49 536	41 648	332 476
重庆	145 263	22 267	122 996	122 996	
四川	56 780	4 258	52 522	52 522	
贵州					
云南	853 205	172 104	54 001	52 886	627 100
陕西	4 524	896	1 727	1 727	1 901
甘肃	5 127	2 209	252	252	2 666
青海	44 703	44 703			
宁夏	86 735	21 991	34 563	31 928	30 181
新疆（兵团）	17 968 474	571 289	11 983 384	11 014 444	5 413 801
新疆（农业）	31 024	7 264	10 173		13 587
新疆（畜牧）	21 565	2 097	11 477	11 337	7 991
热科院					
广州					
南京	7 228	654	5 576	5 576	998

1－43　各垦区非国有经济利润总额

（2017 年）　　计量单位：万元

地　区	合　计	第一产业	第二产业	#工业	第三产业
全国农垦	**5 226 269**	**732 442**	**2 587 771**	**2 199 205**	**1 906 056**
北　京	66 004		11 012	11 012	54 991
天　津					
河　北	286 835	28 678	188 045	160 653	70 112
山　西	9 452	115	5 968	5 968	3 369
内蒙古	104 386	12 838	40 892	37 522	50 656
辽　宁	320 520	40 248	171 130	135 087	109 142
吉　林	97 796	1	33 503	32 202	64 292
黑龙江	1 248 102	297 223	250 653	135 660	700 226
上　海					
江　苏	176 485	44 177	62 366	47 109	69 942
浙　江	40 265	1 656	38 328	37 870	281
安　徽	10 814	200	6 701	6 525	3 913
福　建	45 356	3 189	36 964	34 925	5 203
江　西	61 837	12 582	34 149	21 545	15 106
山　东	101 914	18 860	78 808	74 900	4 246
河　南	21 098	4 278	14 540	14 511	2 280
湖　北	452 712	13 826	371 271	323 653	67 615
湖　南	4 665	102	2 098	1 967	2 465
广　东	296 820	34 719	194 543	180 530	67 558
广　西	508 571	8 471	433 405	354 406	66 695
海　南	60 285	32 580	8 846	759	18 859
重　庆	12 100	2 400	9 700	9 700	
四　川	1 472	130	1 342	1 342	
贵　州					
云　南	96 017	39 935	2 365	1 578	53 717
陕　西	373	96			277
甘　肃	155	12			143
青　海	92	92			
宁　夏	14 483	5 843	2 012	1 566	6 629
新疆（兵团）	1 185 716	126 643	588 755	568 112	470 318
新疆（农业）	251	3 144	162	7	－3 055
新疆（畜牧）	1 684	430	373	255	881
热科院					
广　州					
南　京	9	－23	－160	－160	195

农场组织

2-1 农场、小城镇和农垦所属乡（镇）情况

（2017 年）　　　　计量单位：个

地区	农场个数	小城镇情况			乡（镇）情况		
		小城镇个数	小城镇人口（人）	小城镇占地面积（公顷）	乡（镇）政权个数	村民委员会个数	乡（镇）办工业个数
全国农垦	**1 758**	**739**	**4 135 697**	**590 214**	**141**	**3 286**	**293**
北京	9						
天津	13						
河北	33	45	214 924	49 993	8	77	
山西	24	1	3 562	25			
内蒙古	104	33	96 484	7 233	3	25	6
辽宁	106	40	291 205	10 989	51	370	
吉林	92	7	40 790	10 854	4	29	
黑龙江	113	113	1 393 010	36 933			
上海	19						
江苏	17	27	135 248	2 833			
浙江	50						
安徽	20	10	72 633	1 300			
福建	112	34	98 080	45 209	8	53	
江西	156	76	394 396	308 834		1 940	
山东	14					1	
河南	96	8	35 870	2 344		27	
湖北	53	53	389 245	9 621	8	172	90
湖南	69	69	162 005	402	40	419	190
广东	47	47	154 756	6 760			
广西	41	28	205 135	3 438			
海南	27	74		10 886			
重庆	17						
四川	33						
贵州	37	17	11 932	231			
云南	43	16	89 666	6 204			
陕西	12	7	21 684	1 274			
甘肃	24	3	5 791	143			
青海	21					1	
宁夏	14	14	52 205	12 935			
新疆（兵团）	178	10	228 100	3 112			
新疆（农业）	41	4	16 488	1 248	11	110	7
新疆（畜牧）	121	3	22 488	57 414	8	61	
热科院	1						
广州							
南京	1					1	

2-2 农场按生产总值排序

农场名称	生产总值（万元）	排序	工业增加值（万元）	排序	农业增加值（万元）	排序	年平均职工人数（人）	排序
河北中捷友谊农场	1 300 072	1	447 441	3	21 715	176	11 472	47
河北省国营柏各庄农场	1 230 826	2	397 443	4	227 411	1	32 130	4
江西九江市共青垦殖场	1 078 312	3	597 943	1	42 042	104	59 733	1
河北省国营南大港农场	976 640	4	466 348	2	31 612	142	7 812	101
新疆兵团第八师石河子总场	567 102	5	105 312	13	117 288	12	25 185	6
河北省芦台农场	523 931	6	389 727	5	43 265	100	2 411	274
广西农垦国有新兴农场	443 045	7	225 707	7	10 132	276	12 202	36
黑龙江友谊农场	385 366	8	52 700	43	224 400	2	35 354	3
河北省汉沽农场	322 429	9	115 064	10	56 732	77	2 479	271
黑龙江八五二农场	298 546	10	45 686	52	140 896	9	28 085	5
福建古农农场	281 193	11	276 565	6	3 380	364	3 958	216
黑龙江八五三农场	270 406	12	44 901	55	142 344	8	20 121	9
新疆兵团第六师芳草湖农场	261 249	13	41 176	57	101 626	23	24 255	7
新疆兵团第一师十二团	259 886	14	64 816	33	109 317	16	11 307	49
广西农垦国有西江农场	258 686	15	24 675	105	33 736	134	14 397	22
黑龙江七星农场	257 289	16	14 190	166	182 261	3	21 997	8
黑龙江宝泉岭农场	249 623	17	10 120	196	100 468	24	11 869	39
河北省察北牧场	246 292	18	144 550	8	64 963	61	1 306	337
黑龙江八五六农场	235 935	19	16 504	151	155 249	4	14 216	26
黑龙江五九七农场	234 502	20	28 240	88	121 820	11	17 622	13
黑龙江八五四农场	226 268	21	29 978	80	152 256	6	11 681	43
新疆兵团第一师十团	225 684	22	73 988	25	111 329	14	8 500	89
新疆兵团第六师一〇一团	222 248	23	3 518	285	17 319	206	13 387	31
新疆兵团第一师十六团	218 778	24	53 166	42	104 720	19	9 662	76
广西农垦国有九曲湾农场	218 160	25	8 464	214	2 969	369	8 340	94
新疆兵团第二师二十九团	210 959	26	113 528	11	68 026	53	14 462	20
新疆兵团第一师一团	206 222	27	77 683	22	85 773	31	9 353	79
新疆兵团第六师新湖农场	205 035	28	24 480	106	108 419	17	16 189	16
黑龙江八五九农场	202 332	29	3 692	284	153 680	5	12 325	35
黑龙江前进农场	197 416	30	21 699	122	107 212	18	8 718	84
新疆兵团第一师十三团	193 130	31	49 498	46	113 912	13	11 004	53
新疆兵团第六师奇台农场	190 091	32	45 430	53	62 064	65	14 361	23
新疆兵团第八师一四二团	188 096	33	7 254	235	125 401	10	11 166	52
新疆兵团第十三师火箭农场	186 633	34	75 143	24	25 556	159	10 306	63
新疆兵团第八师一四三团	184 397	35	26 235	96	73 091	44	14 295	25
黑龙江军川农场	183 389	36	20 308	133	74 488	41	7 241	115
新疆兵团第一师二团	181 629	37	39 605	59	100 401	25	7 928	100

2-2续表1

农场名称	生产总值（万元）	排序	工业增加值（万元）	排序	农业增加值（万元）	排序	年平均职工人数（人）	排序
黑龙江绥滨农场	180 104	38	24 969	100	78 685	39	11 796	40
黑龙江前锋农场	180 094	39	4 936	262	144 354	7	11 927	37
江苏省国营东辛农场	178 136	40	50 354	45	17 106	208	3 846	218
黑龙江兴凯湖农场	175 051	41	5 346	260	104 505	20	5 632	158
辽宁省铁岭市铁岭县种畜场	172 945	42	73 594	26	13 626	236	8 453	91
山东广北农场	172 534	43	122 545	9	34 678	128	1 018	350
新疆兵团第六师一〇二团	171 208	44	96 195	16	24 651	160	7 806	102
辽宁省锦州市果树农场	167 000	45	4 930	264	3 200	368	1 129	347
辽宁省盘锦市唐家农场	163 213	46	70 162	30	54 135	83	18 260	11
辽宁省盘锦市坝墙子农场	162 892	47	77 000	23	52 500	88	10 076	66
新疆兵团第一师五团	162 699	48	28 752	84	69 409	49	11 278	50
新疆兵团第八师一二一团	162 435	49	5 715	250	87 052	30	16 421	14
黑龙江八五八农场	160 673	50	21 203	126	103 670	22	9 139	82
黑龙江八五七农场	159 901	51	24 905	101	89 636	28	7 754	104
辽宁省盘锦市清水农场	159 054	52	58 930	37	62 040	66	12 869	33
黑龙江创业农场	158 596	53	37 011	63	72 843	45	10 922	55
黑龙江二九〇农场	157 996	54	24 809	102	67 761	54	9 961	68
广西农垦国有北部湾总场	154 524	55	35 724	68	57 964	72	13 711	29
黑龙江勤得利农场	153 789	56	8 432	216	109 557	15	9 671	75
广西农垦国有旺茂农场	153 058	57	90 018	17	35 363	124	7 162	117
新疆兵团第一师三团	151 920	58	36 580	64	93 104	27	7 474	110
黑龙江饶河农场	150 479	59	12 356	182	83 283	33	9 719	74
辽宁省营口市西海农场	146 659	60	25 016	99	10 335	274	9 854	72
新疆兵团第七师一三〇团	146 152	61	45 358	54	63 302	63	11 720	42
黑龙江八五〇农场	145 376	62	31 715	75	74 466	42	6 822	126
广西农垦国有金光农场	144 818	63	6 946	238	32 039	141	7 147	118
新疆兵团第十二师一〇四团	144 241	64	24 685	104	9 161	295	9 335	80
黑龙江共青农场	144 230	65	28 656	85	68 452	50	5 800	149
新疆兵团第三师四十五团	144 154	66	22 636	115	72 835	46	10 692	61
新疆兵团第一师七团	144 122	67	49 322	47	72 550	48	6 181	140
新疆兵团第七师一二九团	142 372	68	36 086	67	54 637	82	10 811	58
新疆兵团第十三师黄田农场	138 158	69	83 287	19	33 983	131	8 544	88
黑龙江大兴农场	136 016	70	2 985	298	104 257	21	6 013	144
新疆兵团第十三师红山农场	135 153	71	106 088	12	16 532	213	7 029	122
黑龙江普阳农场	134 481	72	21 512	124	66 838	55	7 530	108
黑龙江云山农场	133 969	73	10 201	195	78 465	40	6 451	134
河北省国营沽源牧场	132 396	74	54 546	40	49 333	92	2 304	279

2－2续表2

农场名称	生产总值（万元）	排序	工业增加值（万元）	排序	农业增加值（万元）	排序	年平均职工人数（人）	排序
新疆兵团第八师一四四团	132 272	75	7 781	226	84 203	32	7 385	113
黑龙江红卫农场	131 840	76	2 667	304	79 945	37	14 435	21
黑龙江胜利农场	131 383	77	7 700	227	83 253	34	10 884	56
辽宁省盘锦市王家农场	130 703	78	72 000	27	37 393	117	12 920	32
黑龙江庆丰农场	129 801	79	16 584	150	81 477	35	9 199	81
新疆兵团第十三师红星一场	128 453	80	65 969	32	33 447	136	6 772	127
黑龙江二九一农场	126 910	81	4 058	279	93 699	26	7 361	114
新疆兵团第十三师淖毛湖农场	126 848	82	103 744	14	5 445	338	1 744	309
新疆兵团第四师六十二团	126 593	83	56 320	38	32 559	139	8 708	85
新疆兵团第十三师红星二场	126 474	84	88 391	18	22 589	172	4 094	212
黑龙江新华农场	124 748	85	21 100	127	64 844	62	8 461	90
新疆兵团第四师六十六团	124 113	86	48 018	49	37 321	118	11 512	46
黑龙江红旗岭农场	123 977	87	8 333	217	68 217	52	5 992	146
辽宁省盘锦市城郊农场	123 752	88	61 556	36	33 867	133	6 631	130
新疆兵团第七师一三一团	123 363	89	14 624	164	56 185	78	7 460	111
辽宁省盘锦市平安农场	121 008	90	47 750	50	49 140	93	14 860	18
黑龙江八五一一农场	120 680	91	23 804	110	57 129	76	8 018	98
新疆兵团第十师一八八团	119 907	92	54 047	41	15 571	220	6 693	129
黑龙江江川农场	119 757	93	12 958	176	79 711	38	11 315	48
新疆兵团第一师八团	119 666	94	32 287	73	62 607	64	5 717	153
新疆兵团第一师十一团	119 248	95	30 938	77	65 904	59	6 296	138
新疆兵团第十师一八四团	117 311	96	27 490	91	42 448	103	4 194	207
新疆兵团第七师一二八团	116 488	97	37 802	62	54 858	80	8 433	93
新疆兵团第六师一〇三团	115 507	98	8 952	207	40 256	109	7 068	120
黑龙江北兴农场	115 112	99	12 810	178	66 676	56	12 742	34
新疆兵团第一师十四团	114 979	100	14 700	163	72 624	47	4 288	205
新疆兵团第三师四十四团	114 313	101	33 512	71	57 360	74	9 835	73
黑龙江浓江农场	114 066	102	2 828	302	87 645	29	4 017	215
新疆兵团第二师二十二团	113 780	103	63 482	34	36 723	120	8 663	87
辽宁省盘锦市太平农场	113 000	104	54 960	39	39 012	116	7 800	103
新疆兵团第二师三十三团	111 948	105	38 627	60	54 684	81	4 921	184
广西农垦国有五星总场	111 440	106	81 657	20	13 252	241	5 886	148
新疆兵团第七师一二五团	111 113	107	10 697	193	68 353	51	9 894	71
新疆兵团第五师八十三团	108 651	108	10 099	197	42 838	102	10 773	59
新疆兵团第四师七十三团	108 233	109	70 974	29	19 792	187	4 870	187
新疆兵团第八师一五〇团	107 694	110	7 506	230	59 897	67	4 907	185
新疆兵团第八师一五二团	107 512	111	17 478	145	17 866	202	4 337	202

2－2续表3

农场名称	生产总值（万元）	排序	工业增加值（万元）	排序	农业增加值（万元）	排序	年平均职工人数（人）	排序
新疆兵团第七师一二三团	105 134	112	13 045	175	44 529	97	9 634	77
浙江杭州市萧山区红山农场	104 266	113	101 960	15	1 306	390	8 697	86
黑龙江江滨农场	103 063	114	20 550	132	41 801	105	6 542	133
新疆兵团第八师一四八团	102 640	115	7 510	229	47 573	95	9 942	70
黑龙江青龙山农场	102 516	116	4 400	272	66 449	58	7 617	105
江西云山集团有限责任公司	101 608	117	79 486	21	12 160	246	11 741	41
黑龙江洪河农场	101 484	118	3 260	294	81 132	36	11 644	44
辽宁省盘锦市西安农场	100 980	119	1 270	343	66 623	57	13 459	30
国营河南孟州市农场	99 954	120	4 100	278	100	415	320	404
辽宁省盘锦市前进农场	98 818	121	28 790	83	16 401	217	10 711	60
辽宁省盘锦市东风农场	98 800	122	31 000	76	40 030	111	18 461	10
辽宁省盘锦市新兴农场	98 150	123	30 700	79	33 500	135	13 810	28
黑龙江前哨农场	97 922	124	3 818	281	65 238	60	6 826	125
新疆兵团第三师四十九团	97 811	125	16 606	149	54 017	84	6 444	135
新疆兵团第四师六十四团	96 769	126	43 842	56	36 876	119	10 196	64
辽宁省抚顺市高湾种畜农场	96 737	127	12 342	183	6 008	331	1 572	317
新疆兵团第四师六十一团	96 259	128	51 055	44	31 437	143	5 592	161
新疆兵团第十师一八三团	96 197	129	30 933	78	29 326	149	3 815	221
黑龙江二道河农场	95 332	130	3 342	289	73 690	43	6 355	136
新疆兵团第六师共青团农场	94 996	131	2 491	309	53 485	85	5 612	159
广西农垦国有龙北总场	91 972	132	8 264	222	45 284	96	10 938	54
新疆兵团第七师一二四团	91 067	133	7 481	231	57 302	75	5 392	168
黑龙江八五一〇农场	87 900	134	15 430	159	40 242	110	5 139	174
新疆兵团第四师七十一团	87 833	135	39 987	58	25 593	158	6 037	143
黑龙江曙光农场	87 617	136	10 055	198	23 674	166	5 683	154
江苏省国营岗埠农场	87 489	137	24 357	107	18 399	195	604	386
辽宁省锦州市凌海市大有农场	87 401	138	26 431	95	59 096	68	3 580	226
新疆兵团第八师一四七团	87 328	139	10 009	199	41 406	106	5 495	164
新疆兵团第一师六团	85 406	140	23 013	113	43 583	99	5 928	147
广西柳州市绿达公司	83 285	141	33 603	70	8 130	313	4 395	199
新疆兵团第三师五十一团	82 846	142	21 941	118	39 270	115	18 017	12
新疆兵团第十师一八一团	82 838	143	28 419	87	19 185	191	5 351	169
新疆兵团第八师一四一团	82 825	144	3 802	283	49 542	91	3 704	222
新疆兵团第八师一三四团	82 685	145	1 338	340	53 265	86	9 967	67
新疆兵团第五师八十九团	82 124	146	23 105	112	26 345	157	9 954	69
黑龙江双鸭山农场	82 056	147	11 023	190	35 458	123	7 569	107
新疆兵团第二师三十四团	82 047	148	11 246	188	58 737	69	5 661	155

2－2续表4

农场名称	生产总值（万元）	排序	工业增加值（万元）	排序	农业增加值（万元）	排序	年平均职工人数（人）	排序
辽宁省盘锦市赵圈河苇场	81 837	149	4 797	267	6 426	326	2 823	255
新疆兵团第十三师红星四场	81 416	150	38 015	61	21 392	178	5 134	175
广西农垦国有山圩农场	81 043	151	71 702	28	4 410	351	4 336	203
河北省国营御道口牧场	80 166	152	67 995	31	4 466	350	1 165	342
新疆兵团第八师一四九团	80 112	153	3 338	290	48 725	94	7 601	106
新疆兵团第三师五十三团	79 002	154	13 170	174	39 734	113	9 497	78
新疆兵团第四师七十七团	78 837	155	34 751	69	29 409	148	3 821	219
广西农垦国有良圻农场	78 765	156	29 339	82	17 476	205	6 079	142
新疆兵团第十三师柳树泉农场	78 410	157	46 584	51	19 267	189	5 541	162
黑龙江梧桐河农场	78 202	158	22 706	114	34 959	126	4 935	183
辽宁省盘锦市榆树农场	77 050	159	8 001	224	58 000	71	10 407	62
新疆兵团第三师五十团	76 752	160	18 416	140	40 490	108	8 202	96
新疆兵团第八师一三六团	75 361	161	914	354	43 736	98	4 731	189
新疆兵团第八师一三三团	74 756	162	902	355	52 483	89	7 967	99
黑龙江鸭绿河农场	73 619	163	1 886	325	57 532	73	5 599	160
新疆兵团第四师七十团	73 512	164	32 065	74	23 901	165	5 275	170
江西萍乡市五陂下垦殖场	73 116	165	49 259	48	2 793	372	2 490	269
黑龙江八五五农场	71 269	166	2 880	301	43 242	101	4 702	190
黑龙江名山农场	71 102	167	18 403	141	24 213	162	4 188	208
新疆兵团第十二师五一农场	70 687	168	9 757	202	23 219	168	6 566	132
新疆兵团第十二师三坪农场	70 115	169	12 311	184	17 817	203	5 736	151
新疆兵团第十二师二二二团	70 026	170	19 963	135	18 588	194	3 820	220
新疆兵团第二师三十一团	69 938	171	16 157	153	39 498	114	5 658	156
新疆兵团第六师一〇五团	69 331	172	3 965	280	34 635	130	5 777	150
黑龙江延军农场	68 990	173	25 555	97	28 724	152	4 544	194
河南省黄泛区农场	68 243	174	8 351	219	32 221	140	8 313	95
新疆兵团第四师七十六团	67 598	175	24 783	103	30 183	147	6 243	139
广西农垦国有明阳农场	67 585	176	2 923	299	8 587	306	2 834	254
新疆兵团第三师四十八团	66 640	177	12 375	180	39 815	112	2 595	264
新疆兵团第十二师头屯河农场	66 535	178	978	349	12 824	244	6 178	141
新疆兵团第五师八十六团	66 009	179	11 060	189	35 360	125	8 147	97
广东省华海糖业发展有限公司	65 507	180	804	360	58 064	70	1 460	327
新疆兵团第四师六十三团	64 970	181	27 436	92	23 938	164	4 676	192
浙江杭州市萧山区钱江农场	64 229	182	62 962	35	814	400	1 911	293
新疆兵团第十四师二二四团	64 057	183	593	366	55 869	79	8 436	92
江西南昌市桑海农场	63 310	184	22 299	116	3 908	358	6 858	124
新疆兵团第五师八十一团	62 981	185	13 366	170	34 907	127	4 686	191

2－2 续表 5

农场名称	生产总值（万元）	排序	工业增加值（万元）	排序	农业增加值（万元）	排序	年平均职工人数（人）	排序
新疆兵团第四师六十七团	62 623	186	12 369	181	36 439	121	5 655	157
新疆兵团第三师四十一团	62 286	187	24 184	108	15 229	222	3 251	235
新疆兵团第十师一八七团	62 267	188	23 949	109	13 310	238	3 649	225
新疆兵团第二师二十四团	62 250	189	18 214	142	31 240	144	4 954	182
新疆兵团第三师伽师总场	60 800	190	16 742	148	33 882	132	5 522	163
新疆兵团第七师一二六团	60 536	191	4 248	276	30 344	146	4 115	211
新疆兵团第二师三十团	60 001	192	18 562	139	32 950	137	5 395	167
辽宁省锦州市小东种畜场	59 660	193	2 070	322	52 820	87	16 276	15
新疆兵团第二师三十六团	59 320	194	15 902	155	30 668	145	4 087	213
新疆兵团第六师红旗农场	59 240	195	5 348	259	28 376	153	5 999	145
江西新余市国营分宜介桥垦殖场	57 210	196	3 125	296	1 130	393	14 156	27
广东省丰收糖业发展有限公司	56 768	197	5 590	254	34 653	129	1 585	316
新疆兵团第二师二十一团	53 199	198	27 859	89	18 901	192	4 442	197
广东省广前糖业发展有限公司	52 885	199	255	386	49 619	90	1 903	295
光明食品集团上海长江总公司	52 808	200	12 060	186	18 367	196	2 904	249
新疆兵团第四师六十九团	52 405	201	21 749	120	16 433	216	2 792	257
广东省铜锣湖农场	51 643	202	27 134	94	9 752	285	631	384
新疆兵团第九师一六三团	51 414	203	5 853	247	23 286	167	5 182	173
光明食品集团上海五四有限公司	51 328	204	8 612	211	20 678	182	4 244	206
新疆兵团第六师军户农场	51 220	205	2 154	318	35 664	122	5 199	172
新疆兵团第七师一二七团	51 136	206	4 368	273	26 844	155	4 586	193
上海市上海农场	50 976	207	932	352	40 651	107	1 519	322
新疆兵团第二师二十七团	50 790	208	23 700	111	17 923	201	4 957	181
广西农垦国有东风农场	49 435	209	17 534	144	17 697	204	3 514	228
江苏省国营黄海农场	48 317	210	5 714	251	9 005	297	4 184	209
新疆兵团第四师七十二团	48 197	211	10 562	194	16 463	214	5 076	177
黑龙江宁安农场	48 155	212	19 006	137	16 570	212	2 922	248
新疆兵团第五师八十四团	48 126	213	15 445	158	20 500	184	3 162	240
北京市南郊农场	48 070	214	17 435	146	8 132	312	1 892	296
光明食品集团上海东海总公司	47 804	215	5 695	253	7 446	318	1 447	329
辽宁省辽阳市首山农场	47 455	216	27 177	93	13 450	237	1 748	308
广西农垦国有红河农场	46 939	217	1 484	339	9 141	296	4 124	210
辽宁省盘锦市胡家农场	46 471	218	5 351	258	24 000	163	14 667	19
新疆兵团第九师一六八团	45 679	219	1 801	328	22 834	170	5 207	171
新疆兵团第四师六十八团	45 607	220	12 766	179	20 088	186	3 450	230
江苏省国营新曹农场	45 542	221	7 292	234	12 020	249	2 292	280
新疆兵团第五师九十团	45 183	222	585	368	29 025	151	4 443	196

2-2续表6

农场名称	生产总值（万元）	排序	工业增加值（万元）	排序	农业增加值（万元）	排序	年平均职工人数（人）	排序
江苏省国营滨淮农场	45 097	223	539	369	1 446	388	1 148	344
福建大南坂农场	44 931	224	33 399	72	6 010	330	4 409	198
黑龙江海林农场	44 656	225	13 901	167	16 440	215	2 945	247
广西农垦国有源头农场	43 703	226	4 878	265	18 164	198	2 151	286
内蒙古甘河农场	42 986	227	2 157	317	32 786	138	1 750	307
新疆兵团第九师一六六团	42 835	228	6 823	239	27 667	154	4 048	214
新疆兵团第十师一八二团	42 705	229	12 936	177	11 720	252	2 483	270
江苏省国营江心沙农场	42 624	230	28 552	86	3 297	365	893	359
新疆兵团第十二师西山农场	42 552	231	8 975	206	5 741	334	2 870	250
广西农垦国有昌菱农场	42 537	232	303	383	13 048	243	5 014	180
新疆兵团第七师一三七团	42 199	233	5 709	252	16 638	210	4 539	195
广东省湖光农场	42 191	234	7 304	233	22 739	171	1 593	315
江西黄岗山垦殖场	41 559	235	36 109	66	4 204	354	5 055	178
江西上饶市五府山场	41 529	236	21 700	121	887	398	11 638	45
北京市西郊农场	40 318	237			421	408	876	361
广西农垦国有黔江农场	40 189	238	10 699	192	8 087	314	1 677	310
广西农垦国有立新农场	40 185	239	19 945	136	11 165	261	2 806	256
新疆兵团第四师七十五团	40 111	240	20 734	130	10 013	277	1 812	303
广西农垦国有新光农场	39 512	241	7 004	237	12 118	248	2 867	251
黑龙江汤原农场	39 404	242	9 213	204	9 920	279	2 194	285
江西上饶市新岗山场	39 150	243	36 270	65	361	410	1 883	299
云南思茅农场	38 197	244	2 394	311	104	414	281	406
辽宁省盘锦市荣兴农场	37 690	245	14 780	162	9 870	281	6 320	137
江西九江市恒丰	37 550	246	27 670	90	9 880	280	5 438	165
新疆兵团第一师四团	36 315	247	6 196	245	21 500	177	3 895	217
新疆兵团第四师七十八团	36 198	248	8 379	218	19 244	190	2 383	275
新疆兵团第四师七十九团	35 411	249	13 389	169	15 625	219	2 363	277
云南曼沙农场	35 395	250	857	357	3 278	366	1 674	311
广东省平岗农场	35 326	251			29 028	150	375	398
新疆兵团第三师四十二团	34 963	252	14 935	161	13 890	233	1 922	291
江西上饶市大茅山场	34 744	253	29 756	81	4 472	349	5 102	176
云南弥勒东风农场	34 617	254	1 584	335	24 468	161	865	362
云南东风农场	34 470	255	309	381	20 593	183	11 873	38
北京东郊农场（朝阳农场）	34 350	256					168	412
江西上饶市武夷山场	33 743	257	17 242	147	1 700	385	1 863	301
江苏省国营三河农场	33 501	258	10 884	191	4 529	348	1 456	328
新疆兵团第六师一〇六团	33 443	259	1 733	332	18 065	199	3 245	236

2-2 续表 7

农场名称	生产总值（万元）	排序	工业增加值（万元）	排序	农业增加值（万元）	排序	年平均职工人数（人）	排序
广西农垦国有桂北农场	33 359	260	17 905	143	5 299	341	1 785	305
云南景洪农场	33 148	261	2 463	310	22 399	174	10 826	57
新疆兵团第十四师皮山农场	33 103	262	2 203	315	19 792	187	10 089	65
新疆兵团第四师七十四团	32 999	263	8 662	210	13 780	235	2 198	283
广东省胜利农场	32 610	264	4 133	277	13 880	234	928	356
河南省国营博爱农场	31 248	265	21 079	128	2 259	379	2 524	267
江苏省国营临海农场	31 106	266	16 196	152	5 632	335	1 594	314
新疆兵团第九师一六四团	31 043	267	2 270	314	20 387	185	3 345	234
内蒙古那吉屯农场	30 963	268	3 501	286	22 580	173	253	408
云南勐捧农场	30 777	269			26 666	156	11 268	51
辽宁省抚顺市兰山种畜农场	29 677	270	20 756	129	1 260	391	1 421	331
广东省曙光农场	29 538	271	1 505	338	18 040	200	681	379
江西宜春市阁山垦殖场	29 404	272	21 667	123	4 627	347	553	390
新疆兵团第九师一六一团	29 269	273	501	374	16 333	218	2 604	263
黑龙江宝山农场	29 142	274	1 580	337	21 133	181	2 023	288
江西上饶市饶丰场	29 077	275	4 262	274	12 124	247	15 326	17
新疆兵团第三师四十六团	29 052	276	1 764	330	17 089	209	1 358	333
广西农垦国有垌美农场	29 050	277	21 418	125	2 289	378	3 375	232
江苏省国营宝应湖农场	28 933	278	13 227	171	2 619	374	946	354
广西农垦国有火光农场	28 116	279	8 535	212	2 509	376	2 277	282
云南黎明农场	27 691	280	453	375	21 316	179	7 458	112
新疆兵团第六师土墩子农场	27 644	281	6 661	241	14 679	224	3 507	229
广东省南华农场	27 077	282	1 917	324	18 782	193	1 150	343
江苏省国营弶港农场	26 976	283	6 485	244	4 721	346	1 550	321
江苏省国营新洋农场	26 972	284	9 928	200	1 456	387	1 876	300
广东省红峰农场	26 713	285	4 691	269	9 801	282	648	382
江西萍乡市广寒寨垦殖场	26 537	286	5 452	255	10 544	272	6 572	131
新疆兵团第九师一六七团	26 466	287	1 253	344	16 638	210	2 960	245
江西新余南英垦殖场	26 387	288	8 340	220	14 380	228	48 815	2
广东省团结农场	26 140	289	2 320	312	10 370	273	670	381
新疆兵团第二师二二三团	25 924	290	7 168	236	11 228	259	3 227	239
江西景德镇市罗家垦殖场	25 899	291	25 230	98	558	404	3 091	243
江西余江县刘家站垦殖场	25 819	292	7 850	225	11 752	251	6 952	123
江西九江市芙蓉农场	25 608	293	20 123	134	3 782	359	5 725	152
新疆兵团第十二师二二一团	25 557	294	7 312	232	7 437	319	2 664	261
广东湛江农垦东方红农场	25 342	295	83	397	23 142	169	842	366
广西农垦国有沙塘农场	25 305	296	8 995	205	11 389	257	1 984	289

2-2续表8

农场名称	生产总值（万元）	排序	工业增加值（万元）	排序	农业增加值（万元）	排序	年平均职工人数（人）	排序
内蒙古谢尔塔拉种牛场	25 031	297	264	385	22 267	175	1 051	349
江西上高县墨山垦殖场	24 636	298	20 689	131	2 124	383	3 685	224
广东省火星农场	24 437	299	888	356	10 909	267	723	377
北京市北郊农场合并	24 316	300			2 201	381	554	389
云南江城橡胶公司	23 808	301			21 156	180	4 345	201
内蒙古特泥河牧场	23 324	302	2 560	307	14 460	227	1 084	348
广东省新时代农场	23 178	303	1 927	323	8 943	299	529	391
江西上饶市信丰场	23 006	304	22 207	117	799	401	2 367	276
新疆兵团第六师北塔山牧场	22 548	305	12 132	185	2 539	375	1 933	290
广西农垦国有东湖农场	22 522	306	3 497	287	9 298	290	2 547	265
江西九江市赛湖农场	22 265	307	9 857	201	12 408	245	14 315	24
江西上饶市旭光场	22 261	308	5 452	255	568	403	2 338	278
江西萍乡市鸡冠山垦殖场	22 230	309	21 780	119	450	407	3 040	244
云南勐腊农场	22 043	310	816	359	18 347	197	7 056	121
新疆兵团第九师一六五团	21 859	311	707	363	13 976	231	2 526	266
辽宁省盘锦市大荒农场	21 567	312	8 455	215	7 115	321	7 228	116
广西农垦国有良丰农场	21 566	313	184	390	9 178	293	2 093	287
新疆兵团第十师一八五团	21 431	314	1 272	342	6 031	328	1 480	324
新疆呼图壁种牛场有限公司	21 109	315	13 224	172	6 652	323	1 518	323
广东省五一农场	20 954	316	726	361	17 276	207	843	365
江西上饶市康山场	20 795	317	2 076	321	4 385	352	2 719	260
河南扶沟县农牧场	20 769	318	13 485	168	2 128	382	1 906	294
云南陇川农场	20 585	319	8 528	213	9 781	284	4 742	188
云南橄榄坝农场	20 420	320	988	348	14 647	225	7 495	109
广西农垦国有华山农场	20 302	321	524	372	5 615	336	2 511	268
广东省幸福农场	20 224	322	1 603	333	14 507	226	1 017	351
新疆兵团第六师六运湖农场	20 091	323	1 292	341	9 926	278	2 786	258
江西景德镇市一梅岩场	19 983	324	18 910	138	393	409	1 647	312
山东黄河农场	19 811	325			15 320	221	884	360
广东省新华农场	19 603	326	1 875	326	6 428	325	588	388
福建程溪农场	19 512	327	15 070	160	2 247	380	280	407
河北省国营海兴农场	19 460	328	13 200	173	5 400	340	143	413
内蒙古上库力农场	19 423	329	506	373	13 287	240	1 476	326
广东省建设农场	19 388	330	2 304	313	10 159	275	503	393
江西国营彭泽县上十岭综合垦殖场	19 310	331	15 458	157	2 380	377	1 805	304
云南南联山农场	19 270	332	690	364	3 581	361	475	395
江苏省国营白马湖农场	19 081	333	9 222	203	5 596	337	2 284	281

2-2 续表 9

农场名称	生产总值（万元）	排序	工业增加值（万元）	排序	农业增加值（万元）	排序	年平均职工人数（人）	排序
广东省火炬农场	18 665	334	3 267	293	10 933	266	677	380
广西农垦国有东方农场	18 505	335	5 838	248	5 895	333	3 117	242
新疆兵团第九师一七〇团	18 466	336	8 217	223	5 897	332	1 884	297
内蒙古三河马场	18 328	337	51	400	14 349	229	1 282	339
北京市双桥农场	18 252	338	4 721	268	2 817	371	780	373
内蒙古拉布大林农牧场	18 209	339	93	396	11 238	258	1 331	335
黑龙江依兰农场	17 886	340	4 451	271	6 135	327	1 331	335
江苏省国营海安农场	17 872	341	15 570	156	547	405	28	417
新疆兵团第五师八十八团	17 863	342	3 291	291	7 831	316	1 827	302
辽宁省铁岭市昌图县宝力农场	17 741	343	8 330	221	5 213	343	4 327	204
江苏省国营云台农场	17 736	344	1 085	347	897	397	751	374
云南勐满农场	17 629	345			15 171	223	7 133	119
新疆兵团第九师团结农场	17 625	346	3 806	282	9 233	291	1 630	313
宁夏农垦平吉堡农场有限公司	17 623	347	612	365	13 970	232	694	378
云南瑞丽农场	17 261	348	174	391	8 449	310	2 842	253
新疆伊犁种马场	17 080	349	1 600	334	8 491	309	3 532	227
新疆兵团第二师二十五团	16 909	350	2 633	305	8 655	304	2 456	273
江西南昌市扬子洲农场	16 852	351	16 012	154	840	399	599	387
新疆兵团第十师一八六团	16 773	352	4 261	275	2 835	370	1 477	325
宁夏农垦沙湖实业有限公司(前进农场)	16 587	353	2 088	320	11 417	255	796	370
江西新余市九龙山垦殖场	16 582	354	960	351	3 221	367	5 040	179
江西上饶市禾斛岭场	16 571	355	1 166	345	1 045	395	3 233	238
宁夏农垦贺兰山实业公司	16 529	356	2 203	315	11 001	262	350	400
辽宁省盘锦市甜水农场	16 518	357	3 365	288	7 465	317	5 417	166
广东湛江农垦金星农场	16 456	358	305	382	8 496	308	786	371
辽宁省丹东市五四农场	16 455	359	3 280	292	11 933	250	648	382
新疆兵团第五师八十七团	16 444	360	1 792	329	8 665	303	1 920	292
江西抚州市红星垦殖场	16 216	361	11 840	187	3 990	357	3 371	233
广东省和平农场	16 077	362	407	377	8 883	300	612	385
江西上饶市一怀玉山场	15 983	363	6 560	243	244	413	1 431	330
辽宁省鞍山市新华农场	15 930	364	2 610	306	10 831	268	2 733	259
广东省红星农场	15 614	365	11	401	14 050	230	902	357
江西萍乡市万龙山垦殖场	15 611	366	8 951	208	3 690	360	488	394
广东省红湖农场	15 607	367	978	349	11 189	260	404	397
辽宁省朝阳市国营建平县八家农场	15 490	368	1 824	327	10 797	269	2 198	283
广东省红阳农场	15 472	369	218	388	8 167	311	406	396
内蒙古格尼河农场	15 464	370			10 979	264	223	411

2－2 续表 10

农场名称	生产总值（万元）	排序	工业增加值（万元）	排序	农业增加值（万元）	排序	年平均职工人数（人）	排序
江苏省国营淮海农场	15 438	371	228	387	3 559	362	1 186	341
广东省友好农场	15 431	372	450	376	13 301	239	749	375
内蒙古苏沁牧场	14 947	373	56	399	13 112	242	728	376
广东省梅陇农场	14 912	374	1 583	336	8 497	307	930	355
江西上饶市花亭场	14 700	375	6 193	246	678	402	2 862	252
新疆兵团第十四师四十七团	14 612	376	333	380	10 652	271	2 653	262
文安县国营新桥农场	14 517	377	14 490	165			47	416
宁夏农垦灵武农场有限公司	14 487	378	593	366	9 230	292	1 148	344
新疆兵团第五师九十一团	14 457	379	2 508	308	9 546	287	1 884	297
河南开封新区杏花营农场	14 451	380	2 100	319	11 000	263	236	410
内蒙古巴彦农场	13 964	381	167	393	11 413	256	1 556	320
江西上饶市鸦鹊湖场	13 821	382	6 694	240	1 891	384	4 883	186
辽宁省朝阳市国营朝阳县贾家店农场	13 736	383	712	362	9 792	283	1 267	340
云南勐养农场	13 636	384	916	353	8 686	302	3 240	237
广东省红江农场	13 489	385			9 312	289	357	399
辽宁省铁岭市两家子农场	13 295	386	404	379	9 174	294	9 087	83
江西上饶市银山场	13 247	387	4 931	263	1 091	394	1 771	306
广东省红五月农场	13 135	388	406	378	9 730	286	330	401
江西上饶市永平场	13 014	389	6 610	242	262	411	322	403
内蒙古欧肯河农场	12 826	390	10	402	11 566	254	861	363
广西农垦国有荣光农场	12 704	391	3 064	297	2 643	373	1 568	319
辽宁省本溪市张其寨畜牧场	12 589	392	4 497	270	4 053	356	4 393	200
云南坝洒农场	12 559	393			7 970	315	785	372
江西南昌市北郊农场	12 490	394					800	369
广东省三叶农场	12 430	395	1 763	331	6 490	324	827	368
江西上饶市乐丰场	12 343	396	5 232	261	4 886	345	3 391	231
江西九江市八角岭垦殖场	12 292	397	3 134	295	5 047	344	2 958	246
云南大渡岗茶场	12 277	398	536	371	10 970	265	6 711	128
云南孟定农场	12 176	399	537	370	6 749	322	3 118	241
广西农垦国有大明山农场	12 008	400	5 772	249	1 354	389	1 142	346
宁夏农垦暖泉农场有限公司本部	11 950	401			10 712	270	895	358
广东省水丰农场	11 760	402	852	358	5 428	339	239	409
江西景德镇市十里岗场	11 672	403			11 672	253	1 295	338
宁夏农垦连湖农场有限公司	11 394	404	268	384	6 017	329	836	367

2-2 续表 11

农场名称	生产总值（万元）	排序	工业增加值（万元）	排序	农业增加值（万元）	排序	年平均职工人数（人）	排序
江西宜春市石花尖垦殖场	11 207	405	5 389	257	1 560	386	83	415
内蒙古哈达图牧场	11 027	406	134	394	8 983	298	854	364
内蒙古扎兰河农场	10 936	407	172	392	8 636	305	326	402
广东省大池农场	10 763	408	1 151	346	3 505	363	89	414
内蒙古牙克石农场	10 707	409	102	395	9 390	288	510	392
江西上饶市莲花山场	10 626	410	4 870	266	995	396	3 703	223
广西农垦国有桂丰农场	10 600	411	7 532	228	1 225	392	1 346	334
青海格尔木农垦（集团）有限公司	10 471	412			7 273	320	996	353
江西景德镇市西郊场	10 339	413	2 891	300	247	412	2 478	272
内蒙古东方红农场	10 338	414	69	398	8 879	301	1 012	352
江西南昌市万埠农场	10 310	415	8 849	209	496	406	1 410	332
广西农垦国有阳圩农场	10 304	416			5 235	342	1 570	318
广东省红旗农场	10 148	417	2 810	303	4 296	353	307	405
内蒙古扎兰屯马场	10 039	418	210	389	4 155	355		

人口、从业人员和劳动报酬

3－1　农垦人口和收入情况

（2017年）　　计量单位：人

地　区	年末总人口				年内平均人口	年内出生人口	年内死亡人口	人均纯收入（元/年）
		农场人口	乡镇总人口	少数民族人口				
全国农垦	**14 555 833**	**11 895 520**	**2 194 093**	**1 591 151**	**14 047 963**	**129 027**	**82 820**	**17 470**
北　京	60 008	13 957		165	58 882	119	148	58 714
天　津	34 016	9 337		281	34 233	37	242	66 891
河　北	421 885	307 876	114 009	10 629	419 650	5 218	5 410	17 415
山　西	32 195	27 883		20	31 658	123	86	9 134
内蒙古	496 047	429 871	30 583	108 004	495 744	2 681	3 287	14 447
辽　宁	953 557	819 688	136 215	54 852	931 055	11 924	6 558	17 470
吉　林	293 598	213 664	77 296	9 365	293 868	1 300	1 608	13 970
黑龙江	1 673 391	1 478 566		35 058	1 675 206	8 476	11 371	27 153
上　海	122 246	11 230		38	127 348	76	14	75 167
江　苏	185 955	159 763			186 794	1 725	1 443	26 702
浙　江	53 907	42 228		119	51 565	313	269	20 663
安　徽	121 699	116 555	4 166	2 312	121 992	1 340	1 576	22 557
福　建	204 512	146 570	33 922	2 447	192 338	2 675	1 262	11 984
江　西	1 316 799	1 316 667	464 778	2 714	1 266 974	10 660	4 791	14 603
山　东	22 808	18 224	4 297	19	22 717	222	198	15 243
河　南	185 544	142 487	43 057	345	166 030	1 501	563	12 000
湖　北	1 467 467	1 326 425	87 325	7 882	1 458 773	17 296	8 150	19 679
湖　南	732 655	611 800	106 613	9 950	662 350	13 256	3 908	11 522
广　东	389 346	341 700		7 528	387 350	4 513	2 310	24 469
广　西	416 970	277 646		110 922	401 236	2 311	2 168	27 114
海　南	845 893	739 230		149 487	784 108	8 582	4 677	15 488
重　庆	21 440	3 568		190	22 920	20	18	14 242
四　川	12 454	10 944		6 958	11 206	45	47	7 098
贵　州	24 533	24 533		4 394	22 132	186	203	9 112
云　南	370 622	352 500		106 179	370 057	3 058	2 233	19 919
陕　西	28 696	28 069		44	28 317	169	82	10 005
甘　肃	91 654	64 887		3 620	105 431	495	476	12 471
青　海	48 997	37 704		5 692	28 994	329	312	11 030
宁　夏	137 163	128 816		34 658	126 123	977	484	20 308
新疆（兵团）	3 005 309	2 020 662	984 647	450 755	2 919 704	22 932	15 880	29 430
新疆（农业）	314 127	229 273	84 854	179 662	226 335	2 057	1 125	9 839
新疆（畜牧）	453 382	431 051	22 331	284 346	400 215	4 263	2 463	11 989
热科院	12 279	9 299		2 516	11 933	125	77	32 312
广　州	1 919	252			1 943			69 060
南　京	2 760	2 595			2 783	23	31	54 370

3－2 农垦社会从业人员

（2017 年） 计量单位：人

地区	总计		第一产业		种植业		林业	
	年末人数	平均人数	年末人数	平均人数	年末人数	平均人数	年末人数	平均人数
全国农垦	**6 938 766**	**6 814 250**	**3 277 523**	**3 119 348**	**2 505 064**	**2 410 455**	**245 250**	**208 360**
北京	46 645	46 975	10 958	10 893	7 660	7 537	161	147
天津	10 481	10 766	1 752	1 753	247	255		
河北	269 836	267 402	99 216	98 662	72 448	71 819	2 092	2 179
山西	15 301	15 195	6 753	6 741	5 329	5 316	197	197
内蒙古	222 397	184 976	172 474	139 511	136 663	107 579	1 505	917
辽宁	528 575	444 311	280 811	237 806	237 626	198 497	3 873	3 565
吉林	150 460	148 234	104 411	102 160	97 041	96 027	1 768	636
黑龙江	776 993	862 277	463 586	540 286	420 363	497 856	2 998	3 098
上海	120 172	124 395	12 983	13 224	5 151	5 166	63	62
江苏	81 068	82 019	23 377	24 024	18 688	19 085	703	727
浙江	16 599	15 528	3 598	3 643	3 176	3 201	110	111
安徽	54 513	55 018	32 349	32 567	31 105	31 306	298	302
福建	104 454	81 877	56 766	45 079	42 389	35 230	3 729	2 527
江西	395 127	383 853	203 480	202 107	158 747	153 873	28 854	27 880
山东	10 168	10 208	5 781	5 836	4 266	4 325	732	733
河南	60 822	60 337	46 030	45 146	43 570	42 710	95	92
湖北	910 022	908 391	338 964	337 426	266 019	264 880	4 379	4 358
湖南	394 765	334 825	209 493	181 701	194 151	167 789	5 688	5 455
广东	125 612	122 741	54 430	53 755	32 279	31 485	9 982	10 057
广西	233 276	227 573	66 374	64 745	44 349	43 537	3 367	3 303
海南	327 464	271 121	199 948	158 690	108 355	97 664	56 697	26 727
重庆	12 691	12 684	1 383	1 381	328	324		
四川	5 854	6 063	5 182	5 391	1 071	1 370	9	9
贵州	5 288	5 288	4 505	4 505	2 741	2 741	16	16
云南	165 756	162 632	131 009	127 956	34 757	34 102	94 367	92 415
陕西	9 061	9 092	7 313	7 343	7 084	7 079	20	20
甘肃	29 392	29 031	21 771	21 664	19 488	19 315	247	253
青海	18 352	7 986	16 667	7 723	13 941	5 158	740	684
宁夏	54 726	54 515	41 433	41 290	35 722	35 533	1 040	1 037
新疆(兵团)	1 441 651	1 572 247	341 859	325 346	267 574	250 830	12 218	12 011
新疆(农业)	98 816	84 810	35 549	76 100	66 230	61 000	8 005	7 600
新疆(畜牧)	235 971	205 401	221 930	194 001	126 385	107 739	1 297	1 242
热科院	3 886	3 872						
广州	1 919	1 943	252	249				
南京	653	665	136	144	121	127		

3－2续表1

地区	牧业		渔业		第二产业		采矿业	
	年末人数	平均人数	年末人数	平均人数	年末人数	平均人数	年末人数	平均人数
全国农垦	**405 075**	**387 223**	**121 504**	**112 680**	**1 602 180**	**1 700 830.5**	**35 149**	**34 213**
北京	3 137	3 209			11 035	11 288		
天津	1 434	1 424	71	74	3 686	3 892		
河北	19 932	19 995	4 744	4 669	87 193	86 525	95	87
山西	1 227	1 228			3 883	3 817		
内蒙古	32 764	29 723	1 543	1 293	12 308	12 290	1 253	941
辽宁	23 455	23 312	15 857	12 432	108 179	87 904	4 458	2 310
吉林	4 463	4 360	1 139	1 137	7 869	8 011		
黑龙江	37 847	36 955	2 378	2 377	89 583	96 732	2 502	3 233
上海	5 471	5 586	2 298	2 410	35 639	35 219		
江苏	2 580	2 779	1 406	1 433	28 993	29 240		
浙江	199	217	113	114	11 605	10 479		
安徽	707	716	239	243	9 101	8 898		
福建	6 690	4 283	3 958	3 039	30 189	22 244	887	914
江西	12 326	12 090	8 553	8 264	129 055	127 173	8 339	9 066
山东	401	396	382	382	2 958	2 951	303	342
河南	1 820	1 806	545	538	7 733	8 230		
湖北	15 290	15 333	53 276	52 855	335 867	337 319	3 224	3 200
湖南	2 331	2 234	7 323	6 223	99 577	82 448		
广东	9 044	9 078	3 125	3 135	35 099	32 988		
广西	16 935	16 218	1 723	1 687	104 573	100 431	1 933	1 793
海南	29 951	29 398	4 945	4 901	20 741	14 192	521	300
重庆	928	931	127	126	9 595	9 589		
四川	4 102	4 012			525	525		
贵州	1 736	1 736	12	12	783	783		
云南	1 192	749	693	690	5 841	5 906		
陕西	209	244			399	367	357	329
甘肃	2 033	2 093	3	3	4 978	4 711	35	35
青海	1 355	1 250			505	105	61	61
宁夏	4 279	4 354	392	366	3 906	4 019		
新疆（兵团）	60 433	61 343	1 634	1 662	388 987	544 097	11 113	11 602
新疆（农业）	7 400	6 000	3 914	1 500	5 617	3 090		
新疆（畜牧）	93 137	83 905	1 111	1 115	4 463	3 621	68	
热科院								
广州	252	249			1 552	1 583		
南京	15	17			163	164		

3－2续表2

地区	制造业		电力热力燃气及水生产和供应业		建筑业		第三产业	
	年末人数	平均人数	年末人数	平均人数	年末人数	平均人数	年末人数	平均人数
全国农垦	**1 024 677**	**980 482**	**52 492**	**51 209**	**489 862**	**634 927**	**2 059 063**	**1 994 072**
北京	10 974	11 226			61	62	24 652	24 794
天津	3 618	3 823			68	69	5 043	5 121
河北	70 696	69 981	2 516	2 500	13 886	13 957	83 427	82 215
山西	3 883	3 817					4 665	4 637
内蒙古	5 345	5 344	663	789	5 047	5 216	37 615	33 176
辽宁	73 751	58 287	2 462	1 876	27 508	25 431	139 585	118 601
吉林	6 722	6 864	150	150	997	997	38 180	38 063
黑龙江	53 415	56 619	9 753	9 816	23 913	27 064	223 824	225 259
上海	34 438	34 129	35	35	1 166	1 055	71 550	75 952
江苏	26 526	26 647			2 467	2 593	28 698	28 755
浙江	11 151	10 014	173	179	281	286	1 396	1 406
安徽	5 322	5 233	93	97	3 686	3 568	13 063	13 553
福建	24 730	17 454	1 045	1 059	3 527	2 817	17 499	14 554
江西	101 675	99 884	2 948	2 888	16 093	15 335	57 592	54 573
山东	1 205	1 205			1 450	1 404	1 429	1 421
河南	6 873	6 900			860	1 330	7 059	6 961
湖北	167 879	167 356	7 651	7 429	157 113	159 334	235 191	233 646
湖南	65 789	61 325			33 788	21 123	85 695	70 676
广东	29 466	27 375			5 633	5 613	36 083	35 998
广西	70 725	66 999	262	243	31 653	31 396	62 329	62 397
海南	10 043	4 221	497	405	9 680	9 266	106 775	98 239
重庆	9 516	9 509			79	80	1 713	1 714
四川	525	525					147	147
贵州	771	771	12	12				
云南	4 774	4 813	588	612	479	481	28 906	28 770
陕西	42	38					1 349	1 382
甘肃	3 621	3 350	126	130	1 196	1 196	2 643	2 656
青海	170		44	44	230		1 180	158
宁夏	2 294	2 379			1 612	1 640	9 387	9 206
新疆(兵团)	210 839	208 683	23 407	22 913	143 628	300 899	710 805	702 304
新疆(农业)	4 407	2 400	60	30	1 150	660	7 650	5 620
新疆(畜牧)	1 777	1 564	7	2	2 611	2 055	9 578	7 779
热科院							3 886	3 871.5
广州	1 552	1 583					115	111
南京	163	164					354	357

3-2续表3

地区	批发和零售业		交通运输及仓储业		住宿和餐饮业		信息传输、计算机服务和软件业	
	年末人数	平均人数	年末人数	平均人数	年末人数	平均人数	年末人数	平均人数
全国农垦	**618 716**	**596 424**	**246 248**	**241 588**	**236 058**	**225 981**	**22 333**	**21 490**
北京	1 038	1 034	2 324	2 470	17 644	17 651		
天津	2 314	2 393	651	666	302	278		
河北	23 550	23 212	16 549	16 195	10 409	10 411	701	662
山西	3 242	3 209	120	100	298	290		
内蒙古	12 193	10 814	4 104	3 588	7 077	6 213	213	149
辽宁	39 532	29 834	24 306	21 023	20 509	17 645	5 702	5 472
吉林	26 875	26 785	3 317	3 316	3 229	3 209		
黑龙江	47 947	49 130	20 349	20 714	23 249	24 122	2 219	2 229
上海	41 958	44 864	17 654	18 960	2 740	2 895	23	27
江苏	12 469	12 547	2 361	2 374	2 227	2 401	14	14
浙江	236	237	2	2	154	159		
安徽	6 332	6 287	902	932	2 140	2 745		
福建	4 161	3 284	2 095	1 511	2 711	2 117	319	268
江西	19 794	18 703	5 048	4 619	9 440	8 463	1 151	1 181
山东	464	444	134		215	282		
河南	2 758	2 636	495	465	939	945	4	4
湖北	66 417	65 746	34 076	34 132	16 610	16 641	7 958	7 895
湖南	22 322	19 887	7 695	6 768	12 122	9 112	661	589
广东	8 070	7 903	3 960	4 101	4 309	4 424		
广西	25 297	25 164	12 326	12 641	7 048	7 084		
海南	23 530	20 474	7 669	6 794	7 443	6 388	52	33
重庆	15	15	429	431	374	376		
四川					17	17		
贵州								
云南	8 331	8 426	2 242	2 677	4 995	4 646		
陕西	90	108			199	228		
甘肃	972	954	72	70	135	153		
青海	489	4	230		189	24		
宁夏	2 702	2 650	1 221	1 199	1 932	1 914		
新疆(兵团)	211 279	206 793	73 739	74 020	75 484	73 583	3 081	2 782
新疆(农业)	1 590	1 100	732	420	422	320	210	160
新疆(畜牧)	2 608	1 650	1 430	1 383	1 460	1 209	25	25
热科院	9	9						
广州	46	42						
南京	86	86	16	17	36	36		

3－2续表4

地区	金融业		房地产业		租赁和商务服务业		科学研究和综合技术服务业	
	年末人数	平均人数	年末人数	平均人数	年末人数	平均人数	年末人数	平均人数
全国农垦	**24 167**	**23 176**	**55 822**	**53 322**	**46 867**	**45 929**	**29 092**	**28 942**
北京			1 276	1 275	684	697		
天津	17	17	275	273	755	753	109	111
河北	1 114	1 082	1 439	1 421	3 794	3 676	402	394
山西					201	203		
内蒙古	117	108	58	52	436	436	96	96
辽宁	1 369	1 123	3 719	2 764	5 149	4 983	1 151	987
吉林						3	7	7
黑龙江	3 368	3 317	1 575	1 566	1 459	1 464	2 260	2 260
上海	31	31	3 967	3 951	2 552	2 614	284	288
江苏	32	32	403	379	463	434	168	168
浙江					133	134		
安徽			367	325	76	76	71	73
福建	109	106	84	62	182	152	579	343
江西	920	919	2 889	2 874	409	421	10	10
山东			8	8		90		
河南	63	64	37	36	152	152	105	108
湖北	3 970	3 937	14 900	14 963	7 306	7 005	6 547	6 514
湖南	1 263	1 142	5 211	4 012	1 890	1 689	421	388
广东			93	113			345	387
广西	195	195	2 252	2 092	264	248	772	806
海南	119	94	1 443	1 301	684	720	166	160
重庆	43	43	643	641	127	127	82	81
四川					16	16		
贵州								
云南			147	74			610	533
陕西					50	45		
甘肃			37	39	20	19	19	20
青海					70		33	33
宁夏	10	10	75	42			113	115
新疆(兵团)	11 408	10 937	14 839	14 983	17 686	17 892	10 743	11 105
新疆(农业)			29	20	2 110	1 680	110	80
新疆(畜牧)	19	19	56	56	19	19	15	15
热科院					3	3	3 874	3 860
广州					69	69		
南京					108	109		

3－2续表5

地　区	水利、环境和公共设施管理业		居民服务和其他服务业		教　育		卫生、社会保障和社会福利业	
	年末人数	平均人数	年末人数	平均人数	年末人数	平均人数	年末人数	平均人数
全国农垦	**46 723**	**45 550**	**242 383**	**233 956**	**123 278**	**120 134**	**88 805**	**87 688**
北　京			1 522	1 500	72	75		2
天　津			295	305	325	325		
河　北	909	892	6 519	6 408	4 395	4 402	2 589	2 576
山　西			203	206			151	151
内蒙古	222	222	5 160	4 119	880	641	2 610	2 570
辽　宁	1 945	1 534	22 348	21 613	5 524	3 876	2 327	2 098
吉　林			2 650	2 642	1 405	1 405	658	657
黑龙江	21 316	19 685	16 027	16 298	23 098	23 622	15 804	15 874
上　海	257	266	619	621	666	677	677	641
江　苏	28	29	8 985	8 799	126	123	1 158	1 167
浙　江			491	494	116	116	89	89
安　徽			2 203	2 148			743	738
福　建	159	154	4 053	3 675	385	366	265	211
江　西	454	455	5 660	5 535	4 755	4 611	1 561	1 322
山　东			297	32		265	3	3
河　南	301	299	425	453	429	444	339	351
湖　北	4 405	4 383	16 506	16 348	20 530	20 466	11 153	11 112
湖　南	1 233	1 023	6 022	4 562	6 123	4 890	2 856	2 566
广　东			7 566	7 262	4 518	4 608	4 838	4 905
广　西			9 377	9 440	1 737	1 686	848	854
海　南	30	19	48 402	45 442	1 201	1 127	3 281	3 145
重　庆								
四　川			114	114				
贵　州								
云　南	85	81	4 061	4 206			125	83
陕　西			613	596	119	116	76	73
甘　肃	75	75	544	543	139	139	281	284
青　海	11	4			80	80	13	13
宁　夏			2 640	2 605			26	26
新疆(兵团)	15 057	16 243	66 090	65 402	45 740	45 480	35 287	35 419
新疆(农业)	220	170	880	510			660	560
新疆(畜牧)	16	16	2 003	1 969	915	594	387	198
热科院								
广　州								
南　京			108	109				

3-2续表6

地　区	文化、体育和娱乐业		公共管理和社会组织		国际组织		农林牧渔中的服务业采矿中的辅助活动和制造业中修理业	
	年末人数	平均人数	年末人数	平均人数	年末人数	平均人数	年末人数	平均人数
全国农垦	24 624	23 908	147 301	142 107	85	85	106 562	103 793
北　京	48	47	44	43				
天　津								
河　北	947	936	8 761	8 593			1 349	1 355
山　西			42	42			408	436
内蒙古	398	397	1 901	1 833			2 151	1 938
辽　宁	920	893	5 084	4 756				
吉　林							39	39
黑龙江	1 048	1 100	21 233	21 235			22 872	22 643
上　海	29	14					93	103
江　苏	45	45	219	243				
浙　江	21	21	80	80	74	74		
安　徽							229	229
福　建	156	79	888	817			1 353	1 409
江　西	1 123	1 176	2 718	2 644			1 660	1 640
山　东			173	163			135	134
河　南	326	327	522	519			164	158
湖　北	3 276	3 246	16 505	16 274	11	11	5 021	4 973
湖　南	989	890	16 887	13 158				
广　东			2 384	2 295				
广　西	262	243					1 951	1 944
海　南	818	732	8 671	8 605			3 266	3 205
重　庆								
四　川								
贵　州								
云　南	403	211	2 238	2 277			5 669	5 556
陕　西			123	134			79	82
甘　肃			40	40			309	320
青　海			65					
宁　夏			209	210			459	435
新疆(兵团)	13 407	13 141	58 236	57 908			58 729	56 616
新疆(农业)	200	200	220	180			267	220
新疆(畜牧)	208	210	58	58			359	358
热科院								
广　州								
南　京								

3－3　国有经济从业人员

（2017 年）　　计量单位：人

地　区	从业人员	在岗职工	其他从业人员	年平均从业人员	离开本单位仍保留劳动关系的职工	内部退养职工
全国农垦	**3 796 511**	**2 573 827**	**1 222 684**	**3 597 503**	**140 118**	**40 719**
北　京	45 496	42 356	3 140	44 857	1 055	196
天　津	10 481	8 946	1 535	10 766	1 229	606
河　北	63 292	57 207	6 085	61 988	3 502	24
山　西	3 751	3 024	727	3 875	805	21
内蒙古	202 769	89 249	113 520	150 693	6 256	599
辽　宁	297 531	215 719	81 812	221 328	5 885	5 885
吉　林	63 588	29 386	34 202	60 828	2 656	35
黑龙江	475 808	285 529	190 279	490 677		
上　海	120 172	86 071	34 101	124 395	3 252	
江　苏	47 253	47 193	60	48 359	4 578	1 742
浙　江	3 525	1 080	2 445	3 525	310	25
安　徽	34 589	19 419	15 170	34 495	548	371
福　建	46 602	24 839	21 763	20 703	1 586	1 165
江　西	316 219	314 124	2 095	311 584	44 170	2 241
山　东	4 607	4 010	597		204	103
河　南	43 028	26 261	16 767	43 538	1 774	480
湖　北	384 835	330 563	54 272	370 462	31 860	3 329
湖　南	226 492	142 158	84 334	232 611	4 233	1 123
广　东	72 211	43 264	28 947	70 297	663	368
广　西	60 726	23 199	37 527	59 527	1 916	150
海　南	323 945	50 046	273 899	338 998	18 679	18 679
重　庆	6 732	6 732		6 652	14	
四　川	5 826	2 070	3 756	6 030	21	15
贵　州	4 374	4 374		4 374		
云　南	130 055	53 620	76 435	130 614	2 636	2 636
陕　西	4 745	4 020	725	4 441		
甘　肃	24 147	12 868	11 279		792	151
青　海	421	408	13	388		
宁　夏	12 095	12 010	85	12 432	150	137
新疆（兵团）	536 589	528 242	8 347	534 804		
新疆（农业）	64 630	41 320	23 310	40 900	420	390
新疆（畜牧）	153 920	59 201	94 719	147 288	757	94
热科院	3 886	3 324	562	3 872	3	1
广　州	1 919	1 788	131	1 943	5	5
南　京	252	207	45	259	159	148

3－4 国有经济从业人员劳动报酬

（2017 年） 计量单位：万元

地区	从业人员劳动报酬			离开本单位仍保留劳动关系的职工生活费
		在岗职工劳动报酬总额	其他从业人员劳动报酬	
全国农垦	**12 140 869**	**9 217 387**	**2 923 482**	**104 909**
北京	267 125	252 017	15 108	829
天津	91 343	82 627	8 716	2 370
河北	236 086	223 855	12 230	221
山西	6 054	5 516	538	103
内蒙古	543 196	221 023	322 172	4 480
辽宁	653 234	515 393	137 841	6 713
吉林	82 662	37 282	45 380	570
黑龙江	1 587 261	979 026	608 235	
上海	917 033	770 052	146 981	5 374
江苏	251 528	251 158	370	1 010
浙江	8 803	6 022	2 781	556
安徽	117 155	71 095	46 060	35
福建	58 475	40 153	18 323	218
江西	587 181	583 390	3 791	3 667
山东	13 295	11 949	1 346	202
河南	77 566	55 600	21 966	916
湖北	1 102 067	954 206	147 861	5 854
湖南	368 223	190 101	178 122	27 001
广东	345 170	237 889	107 281	4 549
广西	207 460	99 551	107 909	824
海南	794 828	182 284	612 544	15 521
重庆	55 783	55 783		26
四川	8 840	6 281	2 560	
贵州	16 844	16 844		
云南	219 177	127 491	91 686	2 820
陕西	12 839	12 309	530	
甘肃	87 415	60 561	26 854	136
青海	1 160	1 128	32	
宁夏	50 525	49 928	597	217
新疆（兵团）	2 945 714	2 896 877	48 837	
新疆（农业）	32 870	21 300	11 570	386
新疆（畜牧）	334 027	141 944	192 083	20 048
热科院	40 673	38 366	2 307	
广州	17 952	17 201	751	
南京	1 307	1 186	121	264

3－5　农场国有经济从业人员

（2017 年）　　　　计量单位：人

地　区	从业人员			年平均从业人员	离开本单位仍保留劳动关系的职工	
		在岗职工	其他从业人员			内部退养职工
全国农垦	**3 290 965**	**2 193 496**	**1 097 469**	**2 960 695**	**131 447**	**38 269**
北　京	5 964	5 118	846	5 930	170	126
天　津	1 445	1 280	165	1 450	247	101
河　北	62 539	56 601	5 938	61 240	3 502	24
山　西	3 168	3 005	163	3 297	794	21
内 蒙 古	192 900	83 550	109 350	142 448	6 207	550
辽　宁	246 270	189 431	56 839	199 839	5 556	5 556
吉　林	62 645	29 318	33 327	59 895	2 655	34
黑 龙 江	437 406	254 016	183 390	452 157		
上　海	10 491	6 732	3 759	10 309	1 196	
江　苏	24 156	24 152	4	25 125	4 317	1 664
浙　江	3 525	1 080	2 445	3 525	310	25
安　徽	30 930	18 173	12 757	31 027	541	368
福　建	32 792	19 865	12 927	11 300	1 398	1 017
江　西	315 939	313 849	2 090	311 584	44 157	2 240
山　东	4 607	4 010	597		204	103
河　南	43 028	26 261	16 767	43 538	1 774	480
湖　北	377 762	324 136	53 626	361 329	31 837	3 309
湖　南	162 557	93 001	69 556	16 821	1 565	625
广　东	47 236	27 112	20 124	48 820	543	311
广　西	48 996	14 050	34 946	48 868	1 618	113
海　南	275 983	10 784	265 199	285 043	18 679	18 679
重　庆	1 074	1 074		1 077		
四　川	5 121	1 370	3 751	5 274	21	15
贵　州	4 374	4 374		4 374		
云　南	123 259	49 100	74 159	124 198	2 172	2 172
陕　西	4 387	3 772	615	4 106		
甘　肃	18 843	9 613	9 230		585	43
青　海	421	408	13	388		
宁　夏	10 914	10 832	82	11 297	97	84
新疆（兵团）	514 035	507 254	6 781	498 853		
新疆（农业）	64 630	41 320	23 310	40 900	420	390
新疆（畜牧）	153 195	58 517	94 678	146 307	757	94
热 科 院						
广　州	252	252		249		
南　京	121	86	35	127	125	125

3-6　农场国有经济从业人员劳动报酬

（2017年）　　计量单位：万元

地　区	从业人员劳动报酬			离开本单位仍保留劳动关系的职工生活费
		在岗职工劳动报酬总额	其他从业人员劳动报酬	
全国农垦	**9 464 301**	**6 955 612**	**2 508 689**	**46 209**
北　京	58 553	55 127	3 426	551
天　津	14 964	14 136	828	1 026
河　北	234 420	222 239	12 180	221
山　西	5 707	5 489	218	103
内蒙古	494 255	184 601	309 653	4 321
辽　宁	620 364	491 979	128 385	6 697
吉　林	77 558	36 676	40 882	570
黑龙江	1 329 643	744 704	584 939	
上　海	84 334	64 662	19 672	1 172
江　苏	85 543	85 536	7	953
浙　江	8 803	6 022	2 781	556
安　徽	95 996	60 639	35 357	29
福　建	49 264	33 716	15 548	150
江　西	586 717	582 934	3 783	3 651
山　东	13 295	11 949	1 346	202
河　南	77 566	55 600	21 966	916
湖　北	1 054 574	909 845	144 729	5 830
湖　南	213 456	85 223	128 233	1 112
广　东	171 347	107 986	63 361	4 264
广　西	126 184	50 138	76 046	755
海　南	684 094	94 936	589 158	8 248
重　庆	7 230	7 230		
四　川	6 288	4 053	2 235	
贵　州	16 844	16 844		
云　南	179 450	93 934	85 516	2 389
陕　西	11 505	11 394	111	
甘　肃	66 240	45 067	21 173	29
青　海	1 160	1 128	32	
宁　夏	41 597	41 011	586	203
新疆（兵团）	2 713 091	2 689 510	23 581	
新疆（农业）	32 870	21 300	11 570	386
新疆（畜牧）	298 019	116 691	181 327	1 729
热科院				
广　州	2 918	2 918		
南　京	454	396	58	146

固定资产投资

4-1 固定资产投资完成情况

（2017 年）　　计量单位：万元

地区	本年完成投资总额				资金来源合计	
		第一产业	第二产业	第三产业		国家预算内资金
全国农垦	**52 310 821**	**5 164 712**	**25 715 502**	**21 430 607**	**48 530 397**	**4 733 534**
北京	198 360	50 630	37 594	110 136	198 360	533
天津	93 419	22 585	2 907	67 927	93 419	1 550
河北	5 757 264	292 370	3 829 273	1 635 621	5 757 264	30 704
山西	2 960	755	7	2 198	2 960	250
内蒙古	282 984	149 421	67 802	65 761	282 984	105 918
辽宁	2 475 546	400 207	994 449	1 080 890	2 475 546	46 234
吉林	37 952	3 197	34 060	695	37 952	4 905
黑龙江	1 300 146	582 746	175 602	541 798	1 236 841	427 537
上海	409 420	55 962	188 752	164 706	496 426	7 420
江苏	274 483	47 800	115 883	110 800	274 483	33 476
浙江	81 119	979	80 104	36	81 062	585
安徽	62 221	27 410	22 584	12 226	62 221	18 018
福建	612 841	1 862	589 163	21 816	612 841	5 526
江西	3 048 003	72 478	2 008 623	966 902	3 048 003	610 750
山东	286 396	59 923	162 385	64 088	286 396	1 448
河南	810 579	4 146	234 262	572 171	810 579	827
湖北	11 535 545	525 043	7 718 649	3 291 853	11 535 545	1 168 907
湖南	1 092 258	302 913	660 672	128 673	456 475	51 023
广东	257 554	58 644	99 217	99 693	257 554	45 299
广西	3 297 226	272 360	1 350 804	1 674 062	3 297 226	67 545
海南	301 743	53 982	5 634	242 127	299 286	24 670
重庆	59 100	7 000	35 100	17 000	60 000	5 000
四川	494	494			494	160
贵州	5 472	1 952	3 520		5 472	1 342
云南	90 030	27 909	17 033	45 088	90 040	20 119
陕西	14 870	9 515	2 472	2 883	14 870	348
甘肃	42 940	19 509	9 957	13 474	64 688	8 178
青海	1 354	1 195		159	1 354	730
宁夏	43 843	25 295	7 193	11 355	43 843	21 534
新疆（兵团）	19 661 510	2 008 598	7 243 815	10 409 097	16 477 159	1 939 222
新疆（农业）	32 190	17 038	4 433	10 719	32 190	11 512
新疆（畜牧）	97 528	59 240	12 372	25 916	93 393	40 846
热科院	40 421			40 421	40 421	31 418
广州	2 748	1 555	1 164	29	2 748	
南京	304		17	287	304	

4-1续表

地　　区	资金来源合计					当年新增固定资产	附记
	国内贷款	债券	利用外资	自筹资金	其他资金		年末实有住房面积（万米^2）
全国农垦	**2 906 548**	**28 949**	**336 006**	**34 484 708**	**6 040 652**	**32 787 687**	**36 734**
北　　京	12 495			169 324	16 008	137 943	85
天　　津	894			88 145	2 830	55 306	112
河　　北	125 768			5 246 042	354 750	2 813 166	1 625
山　　西				490	2 220	2 282	49
内 蒙 古	1 608			162 027	13 431	185 326	1 574
辽　　宁	577 418			1 748 372	103 522	983 432	3 016
吉　　林				32 328	719	33 056	665
黑 龙 江	254			587 732	221 318	883 749	5 401
上　　海	38 133			416 252	34 621	347 970	41
江　　苏				225 272	15 735	186 323	922
浙　　江				80 388	89	81 081	144
安　　徽				35 740	8 462	30 555	473
福　　建			127 883	441 012	38 420	85 694	740
江　　西	6 266		129 981	1 882 256	418 750	715 148	4 097
山　　东	2 000		18 047	264 191	710	286 268	121
河　　南	2 130			807 126	496	218 765	430
湖　　北	374 286	28 811	22 678	7 802 315	2 138 548	7 658 588	5 524
湖　　南	151 566	138	16 324	236 435	989	235 654	3 605
广　　东	28 979			105 826	77 450	140 146	1 323
广　　西	262 945		8 320	2 556 737	401 679	1 091 987	1 362
海　　南	7 703			62 645	204 268	191 975	1 299
重　　庆	10 000			45 000		40 000	70
四　　川				233	101	494	35
贵　　州					4 130	2 287	69
云　　南	19 124			42 929	7 868	60 525	971
陕　　西				14 522		4 696	114
甘　　肃	13 000			22 064	21 446	14 822	629
青　　海	180			443		939	102
宁　　夏	2 379		99	18 181	1 650	31 433	442
新疆(兵团)	1 269 419		12 674	11 326 090	1 929 754	16 141 062	
新疆(农业)				16 016	4 662	22 100	605
新疆(畜牧)				43 173	9 369	83 901	934
热 科 院				2 343	6 657	17 962	143
广　　州				2 748		2 748	
南　　京				304		304	11

4－2 国有单位固定资产投资完成情况

（2017 年）　　　　计量单位：万元

地　区	本年完成投资总额	第一产业	第二产业	第三产业	资金来源合计	国家预算内资金
全国农垦	**21 514 920**	**3 078 044**	**5 827 427**	**12 609 449**	**14 451 147**	**4 329 106**
北　京	182 662	50 630	34 172	97 860	182 662	533
天　津	93 419	22 585	2 907	67 927	93 419	1 550
河　北	328 402	24 592	22 877	280 933	328 402	29 808
山　西	731	499		232	731	250
内蒙古	162 910	111 730	11 892	39 288	165 132	67 171
辽　宁	159 912	46 902	4 290	108 720	159 912	8 229
吉　林	7 324	2 987	3 959	378	7 324	4 905
黑龙江	779 834	368 951	74 779	336 104	760 293	414 605
上　海	409 420	55 962	188 752	164 706	496 426	7 420
江　苏	239 061	40 052	99 787	99 222	243 479	33 476
浙　江	389	329	24	36	389	35
安　徽	38 305	26 751	272	11 281	38 305	18 018
福　建	36 230	1 047	20 623	14 560	36 230	5 172
江　西	799 093	16 466	119 736	662 891	793 708	592 586
山　东	141 055	9 783	91 091	40 181	141 055	896
河　南	11 457	2 613	3 952	4 892	11 457	827
湖　北	2 589 905	101 380	787 020	1 701 505	2 589 905	1 033 777
湖　南	653 923	288 753	312 155	53 015	219 825	40 899
广　东	169 778	44 899	79 983	44 896	169 778	45 299
广　西	691 518	95 737	185 487	410 294	691 518	67 479
海　南	95 079	24 283	3 571	67 225	94 264	22 932
重　庆	52 400	1 400	34 000	17 000	50 000	4 000
四　川	484	484			484	160
贵　州	5 472	1 952	3 520		5 472	1 342
云　南	70 649	26 072	10 734	33 843	70 650	20 119
陕　西	14 072	9 365	2 159	2 548	14 072	348
甘　肃	42 053	18 638	9 957	13 458	35 822	8 178
青　海	1 305	1 146		159	1 305	730
宁　夏	41 473	24 823	5 489	11 161	41 473	21 534
新疆（兵团）	13 577 534	1 603 668	3 704 328	8 269 538	6 892 961	1 797 458
新疆（农业）	17 070	9 520	2 350	5 200	17 070	11 060
新疆（畜牧）	58 529	42 489	6 380	9 659	54 152	36 892
热科院	40 421			40 421	40 421	31 418
广　州	2 748	1 555	1 164	29	2 748	
南　京	304		17	287	304	

4－2续表

地　区	资金来源合计					当年新增固定资产
	国内贷款	债券	利用外资	自筹资金	其他资金	
全国农垦	**827 106**	**138**	**25 399**	**7 898 429**	**1 370 970**	**11 057 137**
北　京	12 495			165 204	4 430	121 859
天　津	894			88 145	2 830	55 306
河　北				211 231	87 363	170 231
山　西				481		505
内蒙古	4			93 295	4 662	87 761
辽　宁	33 437			52 936	65 310	93 408
吉　林				1 700	719	2 427
黑龙江	254			308 951	36 483	590 406
上　海	38 133			416 252	34 621	347 970
江　苏				194 268	15 735	119 049
浙　江				265	89	299
安　徽				16 880	3 406	18 560
福　建			8 250	19 283	3 525	39 718
江　西	396			132 914	67 812	115 105
山　东	2 000			137 449	710	140 927
河　南				10 164	466	6 940
湖　北	141 634			1 135 464	279 030	1 413 630
湖　南	70 558	138	5 550	102 314	366	88 955
广　东	7 868			97 423	19 188	75 852
广　西	88 362		8 320	497 804	29 553	231 183
海　南	7 703			55 964	7 665	37 763
重　庆	10 000			36 000		40 000
四　川				223	101	484
贵　州					4 130	2 287
云　南	14 135			34 487	1 909	44 550
陕　西				13 724		4 696
甘　肃	13 000			12 981	1 663	14 391
青　海	180			395		890
宁　夏	2 379		99	15 994	1 467	29 185
新疆(兵团)	383 673		3 180	4 018 741	689 909	7 090 180
新疆(农业)				5 520	490	3 930
新疆(畜牧)				16 579	680	47 675
热科院				2 346	6 657	17 962
广　州				2 748		2 748
南　京				304		304

4－3　新增生产能力

（2017 年）

地　　区	有效灌溉面积（公顷）	#喷灌面积（公顷）	造林（公顷）	果树定植（公顷）	茶树定植（公顷）	草原建设（公顷）	农用运输车（辆）	大中型拖拉机	
								台	千瓦
全国农垦	**259 111**	**39 830**	**17 259**	**11 125**	**559**	**2 581**	**1 162**	**8 139**	**509 861**
北　　京	147	147					2	5	353
天　　津							14	2	1 356
河　　北	652	624	3 583	30			5	57	3 264
山　　西	33		9	33			3		
内 蒙 古	10 274	144	367			333	38	837	54 270
辽　　宁	9 750	499	982	4			235	224	9 940
吉　　林	3 308		17	1			8	78	3 622
黑 龙 江	34 003	34 003	1 043			735	388	5 011	305 311
上　　海			10					15	1 440
江　　苏	2 800		281	8				250	10 122
浙　　江									
安　　徽	676		25	3	2			74	5 640
福　　建	25		683	15	10		18		
江　　西	2 019		1 311	5	15			21	1 595
山　　东	2		188				8		
河　　南	290	13	42				8	8	730
湖　　北	10 486	18	2 151	367	7		223	238	9 925
湖　　南	185		812	36	105			342	13 453
广　　东	224	224	1 145	5 453	21			11	537
广　　西	2 400	1 290	57	499	10		25	39	3 120
海　　南				2 383	148				
重　　庆							1		
四　　川	7	7			239				
贵　　州									
云　　南	1 066	213	61	1 605			3		
陕　　西	18								
甘　　肃	3 035	2 581	134	29			4	298	35 684
青　　海						1 368	5	2	
宁　　夏	470		145				17	108	9 429
新疆（兵团）	82 323		1 720	200		70	28	187	11 490
新疆（农业）	82 323		1 720	200		70	28	187	11 490
新疆（畜牧）	12 594	67	767	209	1		99	141	16 848
热 科 院			6	45	1	5	2		
广　　州								4	242
南　　京									

4－3续表1

地　　区	小型及手扶拖拉机		联合收割机		机引农具（部）	植保机械（部）	林业机械（台）	畜牧机械（台）	烘干机（台）
	台	千瓦	台	千瓦					
全国农垦	**6 066**	**114 042**	**4 509**	**325 930**	**12 222**	**2 583**	**2 198**	**801**	**249**
北　　京	2	15					8	11	
天　　津			3	592					
河　　北	16	211	5	451	10		4	10	
山　　西					1			10	
内 蒙 古	2 213	38 525	142	14 960	619	4		168	4
辽　　宁	382	3 530	207	8 902	43				1
吉　　林	19	342	15	1 018	4	8		2	31
黑 龙 江	719	23 784	3 525	256 262	6 848	898	1 930	48	28
上　　海	9	17	2	121	38	46			
江　　苏	8	683	26	2 430	160	5			4
浙　　江									
安　　徽	1	40	69	5 723	197	42			21
福　　建	17	255							
江　　西	99	1 776	54	3 278				23	75
山　　东	3	50	9	510				2	
河　　南	30	525	15	2 241	6	56			1
湖　　北	656	9 051	217	12 616	3 846	363	25	33	15
湖　　南	389	3 201	34	508		1 115			
广　　东	5	49	6	749	10	28		203	
广　　西					59	6		200	
海　　南									
重　　庆									
四　　川								26	2
贵　　州									
云　　南									
陕　　西									
甘　　肃	790	460	16	9 397	307	5		17	5
青　　海			2						46
宁　　夏	24	362	14	1 099	53				
新疆（兵团）	198	3 530	65	1 912			114	12	7
新疆（农业）	198	3 530	65	1 912			114	12	7
新疆（畜牧）	275	24 034	18	1 249	21	7		9	2
热 科 院	13	73					3		
广　　州								15	
南　　京									

4－3续表2

地　　区	水泥晒场（万米^2）	水库		发电（千瓦）	输电线路（千米）	变电设备		公路（千米）	电话线路（千米）	畜禽生产用房（万米^2）
		座	万米^3			台	千伏安			
全国农垦	**1 275.95**	**3**	**43.05**	**351 981 396**	**1 394**	**595**	**336 196**	**2 320**	**589**	**409.09**
北　　京						2	630			
天　　津										4.87
河　　北				343 786 770				5		0.37
山　　西	2.00							10	10	1.50
内 蒙 古	117.95				461	72	6 392	101	90	4.54
辽　　宁					2	1	300	87	2	
吉　　林	0.04							2		1.78
黑 龙 江	189.30			2 475	329	212	15 737	78		1.70
上　　海										0.00
江　　苏	40.00			100	20	30	702		8	5.00
浙　　江										
安　　徽	1.43					2		2		
福　　建					4			35		2.10
江　　西	3.74	1	0.05	8 050 000	3	1	300	566	2	0.34
山　　东		1	30.00		1	2	790			8.60
河　　南	3.11				12	1	10	12		0.05
湖　　北	5.00			50 180	218	160	225 370	538	402	328.75
湖　　南	680.00			1 789	302	26		340	58	
广　　东	522.00				8			52		9.48
广　　西				90 000	6	70	85 300	36		27.98
海　　南										
重　　庆										
四　　川										0.05
贵　　州										0.30
云　　南	5.56									0.16
陕　　西										
甘　　肃	0.44	1	13.00			3	155	25	5	0.14
青　　海	1.21									0.63
宁　　夏	0.85									2.00
新疆（兵团）	1.53				13	4		142	6	1.90
新疆（农业）	1.53				13	4		142	6	1.90
新疆（畜牧）	0.26				2	5	510	147		4.87
热 科 院	0.00			82						0.10
广　　州										
南　　京										

4－3续表3

地　　区	仓库		学校（万米²）	医院（万米²）	住房（万米²）	棉纺锭（锭）	机制纸及纸板（吨）
	座	万米²					
全国农垦	**1 358**	**71.51**	**11.58**	**2.63**	**862.19**	**300 000**	**70 802**
北　　京					16.01		
天　　津							
河　　北					1.50		71
山　　西					5.35		
内 蒙 古	23	0.66		1.00	57.25		
辽　　宁	4	0.21			9.30		65 621
吉　　林	1	0.00			2.18		
黑 龙 江	44	27.80	0.50	0.10	13.00		
上　　海	7	1.00					
江　　苏	5	2.80			62.00		
浙　　江							
安　　徽	1	0.05			2.23		
福　　建	1	0.50			5.28		
江　　西					50.71		
山　　东					2.80		
河　　南	7	0.63			1.52		
湖　　北	24	0.55	4.25	0.70	184.91	300 000	5 110
湖　　南	48	16.00			5.00		
广　　东	19	1.86	0.08	0.61	32.98		
广　　西	1 034	8.33	5.77	0.08	205.11		
海　　南					99.00		
重　　庆							
四　　川	1	0.04					
贵　　州							
云　　南	130	10.18					
陕　　西					41.90		
甘　　肃	2	0.49					
青　　海	5	0.30			0.24		
宁　　夏					6.00		
新疆(兵团)					3.93		
新疆(农业)					3.93		
新疆(畜牧)	2	0.10	0.98	0.14	44.46		
热 科 院					5.60		
广　　州							
南　　京							

农　业

5-1 按行业分的农业总产值

（2017 年）　　　　计量单位：万元

地区	农林牧渔业总产值					农业服务业产值
		农业产值	林业产值	牧业产值	渔业产值	
全国农垦	**38 371 780**	**24 189 376**	**1 146 685**	**8 529 637**	**2 328 728**	**2 177 354**
北京	477 746	7 058	2 167	468 521		
天津	113 398	8 349	189	97 352	7 508	
河北	1 010 991	273 663	7 510	376 478	258 008	95 332
山西	33 211	16 169	389	15 283		1 370
内蒙古	1 244 442	732 042	10 426	458 973	9 855	33 146
辽宁	1 864 642	862 602	54 640	414 717	468 326	64 357
吉林	386 586	230 146	9 570	144 616	2 254	
黑龙江	9 834 446	7 728 872	100 972	1 268 010	67 424	669 168
上海	870 198	201 336	9 011	409 733	234 228	15 890
江苏	411 555	195 673	12 211	128 794	74 877	
浙江	48 493	28 388	373	11 025	7 990	717
安徽	210 619	161 646	3 915	37 170	7 888	
福建	241 967	130 810	8 645	74 031	25 505	2 976
江西	551 618	293 395	49 792	152 188	56 243	
山东	102 580	36 613	2 014	17 112	38 903	7 938
河南	270 184	132 117	921	120 710	8 023	8 413
湖北	2 379 825	1 025 336	36 042	569 515	703 166	45 766
湖南	581 372	311 112	33 623	147 501	78 223	10 913
广东	1 076 861	618 906	56 726	308 028	93 201	
广西	1 023 607	407 731	31 726	549 114	31 186	3 850
海南	1 472 248	855 652	195 801	256 985	31 574	132 236
重庆	141 200	25 000		112 000	4 200	
四川	17 057	11 873	26	5 041	10	107
贵州	54 645	23 386	12	31 220	27	
云南	721 689	167 907	183 038	42 911	13 110	314 723
陕西	46 184	31 154	71	11 068	43	3 848
甘肃	252 449	215 352	1 072	27 902	193	7 930
青海	55 179	28 893	15 921	10 365		
宁夏	298 453	161 777	4 105	111 329	11 723	9 519
新疆（兵团）	11 458 643	8 728 105	203 769	1 692 213	92 832	741 724
新疆（农业）	376 955	205 934	103 231	59 960	1 696	6 134
新疆（畜牧）	720 567	331 324	7 028	380 525	415	1 275
热科院	4 007	929	1 749	1 217	90	22
广州	16 755			16 755		
南京	1 408	126		1 275	7	

5－2　按经济类型分的农业总产值

（2017 年）　　计量单位：万元

地　区	国有	集体	个体	其他
全国农垦	**26 246 230**	**1 305 067**	**7 458 740**	**1 499 111**
北　京	477 747			
天　津	113 398			
河　北	579 635	126 773	102 799	106 452
山　西	13 013	710	9 991	8 127
内蒙古	509 014	4 725	654 733	42 824
辽　宁	488 693	3 546	1 244 703	63 343
吉　林	177 065	181 634	25 848	2 039
黑龙江	7 477 196		1 685 301	2 781
上　海	854 308			
江　苏	128 277		283 278	
浙　江	19 582	2 342	20 720	5 132
安　徽	173 739		24 687	12 193
福　建	131 234	26 291	48 733	32 732
江　西	298 993	26 479	156 969	69 177
山　东	19 581	9 704	37 788	27 569
河　南	156 944	11 235	60 937	32 655
湖　北	1 816 309	190 388	88 560	238 802
湖　南	280 101	20 112	212 460	57 786
广　东	876 267		200 594	
广　西	441 512		429 643	148 602
海　南	199 074		1 130 672	10 266
重　庆	105 000			36 200
四　川	13 044			3 906
贵　州	37 101		17 544	
云　南	498 230		223 459	
陕　西	41 624	650	62	
甘　肃	232 262		9 114	3 143
青　海	51 188	3 331	660	
宁　夏	288 934			
新疆（兵团）	8 804 276	673 000	689 000	550 643
新疆（农业）	286 226	15 863	25 590	43 142
新疆（畜牧）	637 974	8 285	72 711	323
热科院	1 801		2 183	
广　州	16 755			
南　京	133			1 275

5－3 土地利用情况

（2017 年） 计量单位：公顷

地区	土地总面积	耕地面积		牧草地面积		新增种草面积	林地面积		水面面积
			高标准农田面积		已利用面积			橡胶面积	
全国农垦	**38 302 283**	**6 455 717**	**1 821 335**	**15 787 950**	**7 403 244**	**1 241**	**4 036 580**	**418 838**	**775 268**
北京	6 646	1 396					1 353		16
天津	7 330	2 782	613				543		1 109
河北	387 607	92 756	1 782	97 720	64 599	2	73 966		28 824
山西	23 636	6 496		5 529	411		7 998		10
内蒙古	5 337 205	671 765	78 335	2 452 162	1 293 243		236 838		79 351
辽宁	519 963	152 598	18 596	13 675	3 640		77 856		83 282
吉林	323 782	130 920		72 568	6 787		42 634		3 948
黑龙江	5 536 931	2 917 370	1 458 685	339 637	137 423		920 202		258 906
上海	65 289	36 064					4 071		13 260
江苏	120 540	64 825	62 182				20 525		12 539
浙江	17 148	4 139	925				3 927		1 976
安徽	64 004	30 226	5 245	198	62		11 737		4 819
福建	101 905	9 177	400	2 800	210		46 952	74	2 830
江西	695 497	83 521	9 612	9 031		215	484 352		26 291
山东	36 501	14 833	3 115	1 218	600		1 197		7 928
河南	43 442	28 988	509	107	97		2 938		1 549
湖北	347 590	131 766	73 666	497	497		49 822		59 308
湖南	197 558	67 152	23 530	5 499	2 020		28 646		40 851
广东	228 364	37 198	22 528	193	193		73 128	45 039	5 984
广西	160 718	33 678	4 570	705	267		44 843	2 176	2 874
海南	721 203	36 142					318 483	245 093	4 153
重庆	2 942	306	80				27		1 296
四川	460 972	771		324 231	179 465		20 212		60
贵州	17 208	1 763	494	2 034	717		3 120		551
云南	235 058	12 337	325				135 918	124 920	3 490
陕西	27 161	10 193		1 364	181		2 284		86
甘肃	548 166	69 585	10 727	263 826	250 739	538	42 658		8 322
青海	822 959	155 336	2 399	311 365	141 779		281 198		
宁夏	159 851	41 255	5 281	49 314	29 180		6 599		9 129
新疆（兵团）	7 000 819	1 272 401		1 719 322			908 015		24 136
新疆（农业）	659 226	95 850	9 336	402 973	336 700	60	49 100		4 348
新疆（畜牧）	13 419 728	241 847	28 399	9 711 977	4 954 428	421	132 887		83 987
热科院	4 546	281		6	6	5	2 118	1 536	56
广州	30								
南京	759						434		

5－3续表

地区	水面面积 养殖水面面积	茶果桑园面积	可垦荒地面积	宜林地面积	居民点及工矿用地面积	其他面积
全国农垦	**246 760**	**377 440**	**538 927**	**135 095**	**1 070 000**	**9 121 453**
北京		447			1 272	2 164
天津	909	305	13		901	1 677
河北	18 269	1 901	2 563	401	39 675	49 801
山西	10	116	503	273	1 024	1 687
内蒙古	4 559	1 722	119 512	31 909	74 064	1 669 882
辽宁	58 646	11 988	3 252	5 335	51 358	120 619
吉林	1 039	2 832	2 100	2 780	21 444	44 556
黑龙江	25 839	3 375	141 758	16 200	227 830	711 653
上海	3 840	493	2 436		8 194	721
江苏	3 975	138			6 267	16 246
浙江		2 219	392	29	1 725	2 741
安徽	297	3 615	1 604	701	4 397	6 709
福建	1 793	16 898	2 074	4 271	4 362	12 541
江西	15 205	15 053	8 132	6 751	28 700	33 666
山东	5 952	303	1 313	38	2 158	7 513
河南	623	1 960	67	127	3 937	3 769
湖北	51 199	9 052	3 761	2 649	51 699	39 036
湖南	32 002	7 540	1 400	7 218	14 218	25 034
广东	3 807	30 493	258	13 517	13 372	54 221
广西	1 353	14 615	3 671	10 182	13 852	36 298
海南	3 854	36 143	4 224		23 004	295 200
重庆	1 296	227			170	916
四川	33	1 045	22	3	18 196	96 432
贵州	124	5 086	1 372	307	477	2 498
云南	1 109	19 391	757	96	11 656	51 413
陕西	49	991	4 214	1 369	1 811	4 849
甘肃	460		17 717	4 419	8 461	133 178
青海			4 807	7 267	1 959	61 028
宁夏	5 843	6 196	5 720	7 566	4 322	29 750
新疆（兵团）		151 059			160 104	2 765 783
新疆（农业）	3 621	28 450	10 528	9 353	28 559	30 065
新疆（畜牧）	1 020	3 622	194 633	1 819	240 359	2 808 596
热科院	35	127	74	515	363	1 006
广州					30	
南京		38			81	206

5－4 耕地面积

（2017 年）　　　　计量单位：公顷

地　区	年初实有耕地面积	当年增加的耕地面积	当年减少的耕地面积			
				国家基建占地	农场（集体）占地	个人建房占地
全国农垦	**6 422 285**	**124 503**	**101 372**	**4 992**	**8 861**	**39**
北　京	1 396					
天　津	2 917	1	136			
河　北	92 504	632	380	3		
山　西	6 588	27	119	47		
内蒙古	669 128	2 661	24	24		
辽　宁	157 661	2 480	7 543	143		
吉　林	129 067	2 636	783	94	689	
黑龙江	2 908 927	75 087	66 644	22	21	
上　海	35 763					
江　苏	65 526	3	704	189	515	
浙　江	4 143	14	18	4		4
安　徽	30 167	376	318	11	25	
福　建	9 359	144	326	228	39	1
江　西	83 371	308	158	71		
山　东	14 845		12	12		
河　南	29 623	205	840	30		
湖　北	132 175	30	439	366	72	
湖　南	67 141	12	1			
广　东	37 866	253	921	40		
广　西	33 959	150	431	3		
海　南	36 349	585	792	1		
重　庆	306					
四　川	873		102			
贵　州	1 763					
云　南	13 122	263	1 048	28		4
陕　西	9 559	740	106			
甘　肃	67 288	2 349	52	17		
青　海	145 103	233				
宁　夏	43 283	1 606	3 634	3 560		
新疆（兵团）	1 254 422	22 868	4 889			
新疆（农业）	103 230		7 380		7 380	
新疆（畜牧）	234 228	10 833	3 213	98	120	30
热科院	633	7	359			
广　州						
南　京						

5-4续表

地区	当年减少的耕地面积		年末实有耕地面积		
	退耕还林	退耕还草		水田	旱地
全国农垦	**1 534**	**3 809**	**6 453 017**	**2 120 773**	**4 332 244**
北京			1 396		1 396
天津			2 782	818	1 964
河北	7	370	92 756	29 140	63 616
山西		72	6 496		6 496
内蒙古			671 765	6 926	664 839
辽宁	31		152 598	93 690	58 908
吉林			130 920	44 598	86 322
黑龙江		734	2 917 370	1 561 441	1 355 929
上海			36 064	34 284	1 780
江苏			64 825	62 558	2 267
浙江			4 139	2 772	1 367
安徽			30 226	12 209	18 017
福建		58	9 177	5 827	3 350
江西	37		83 521	67 481	16 040
山东			14 833	3 898	10 935
河南			28 988	969	28 019
湖北			131 766	52 221	79 545
湖南	1		67 152	34 111	33 041
广东			37 198	2 885	34 313
广西	82		33 678	911	32 767
海南	203	588	36 142	11 698	24 444
重庆			306		306
四川			771	67	704
贵州			1 763	484	1 279
云南	158		12 337	4 263	8 074
陕西			10 193	18	10 175
甘肃	27		69 585		69 585
青海			152 636	690	151 946
宁夏		10	41 255	40 869	386
新疆(兵团)			1 272 401	20 611	1 251 790
新疆(农业)			95 850	2 420	93 430
新疆(畜牧)	988	1 977	241 847	22 789	219 058
热科院	0		281	125	157
广州					
南京					

5－5 农作物播种面积和产量

（2017 年）

项　　目	播种面积（公顷）	总产量（吨）	每公顷产量（千克）
农作物播种面积总计	6 851 274		
一、粮食作物	4 894 111	35 154 937	7 183
＃夏收作物	414 760	2 733 606	6 469
（一）谷物合计	3 815 492	31 983 778	8 383
1. 稻谷	2 152 896	19 428 136	9 024
＃早稻	84 479	547 880	6 485
2. 小麦	575 093	2 921 771	5 081
＃春小麦	255 284	917 706	3 595
3. 玉米	1 005 783	9 334 262	9 281
4. 谷子	8 087	33 364	4 126
5. 高粱	19 110	126 197	6 604
6. 其他谷物	54 524	140 048	2 569
（二）豆类合计	1 009 349	2 368 045	2 346
1. 大豆	962 668	2 285 294	2 374
2. 杂豆	46 681	82 751	1 773
（三）薯类	69 271	803 113	11 594
二、油料合计	337 210	765 695	2 271
＃花生	37 793	130 557	3 455
油菜籽	197 709	355 770	1 799
芝麻	3 566	6 438	1 805
胡麻子	1 732	2 941	1 698
向日葵	87 630	257 628	2 940
三、棉花	796 354	2 085 824	2 619
＃长绒棉	4 426	13 006	2 939
四、麻类合计	5 099	30 014	5 886
＃黄红麻			
苎麻	1 039	3 021	2 908
大麻（线麻）	1 720	12 776	7 428
亚麻	2 332	14 201	6 090
五、糖料合计	90 356	7 747 842	85 748
＃甘蔗	56 189	5 275 703	93 892
甜菜	34 167	2 472 139	72 355
六、烟叶合计	1 650	3 322	2 013
＃烤烟叶	1 453	2 727	1 877
七、药材类合计	80 043	292 310	3 652
八、蔬菜、瓜类	320 091	15 482 196	48 368
＃蔬菜	251 737	12 623 212	50 144
瓜类	68 355	2 856 953	41 796
九、其他作物	347 792		
＃啤酒花	1 921	6 998	3 643
青饲料	148 522	5 315 566	35 790

5－6 各垦区农作物播种面积和产量

（2017 年）

地区	农作物总播种面积（公顷）	一、粮食作物			#夏收作物		
		播种面积（公顷）	总产量（吨）	公顷产量（千克）	播种面积（公顷）	总产量（吨）	公顷产量（千克）
全国农垦	**6 851 274**	**4 894 111**	**35 154 937**	**7 183**	**414 760**	**2 733 606**	**6 468**
北京	1 153	245	1 340	5 469	26	99	3 808
天津	2 323	1 698	13 041	6 952	99	717	2 588
河北	85 045	65 774	653 090	9 929	8 119	38 907	4 792
山西	5 907	4 765	32 278	6 774	313	1 202	3 840
内蒙古	696 277	486 004	1 989 762	4 094			
辽宁	167 454	144 079	1 402 649	9 735	207	1 212	5 855
吉林	129 329	121 324	859 936	7 088			
黑龙江	2 881 868	2 847 233	20 940 593	7 355			
上海	49 649	33 740	245 354	7 272	12 227	82 163	6 720
江苏	154 288	149 976	1 167 656	7 736	75 394	509 968	6 764
浙江	4 521	1 824	11 182	6 130	351	1 267	3 610
安徽	55 622	51 840	332 757	6 419	24 736	156 557	6 329
福建	17 188	8 224	47 207	5 740	1 988	9 556	4 807
江西	136 985	104 696	722 212	6 898			
山东	16 157	14 058	86 765	6 172	4 359	25 613	5 876
河南	54 388	42 137	286 718	6 804	23 156	174 516	7 537
湖北	265 362	156 378	986 960	6 311	62 700	265 069	4 227
湖南	153 650	98 023	646 031	6 591	2 038	9 165	4 497
广东	44 969	7 628	54 183	7 103	3 153	20 253	6 423
广西	32 555	2 841	16 729	5 888	2 251	11 986	5 325
海南	38 612	21 946	125 385	5 713	10 133	60 860	6 006
重庆	806	806	3 866	4 796			
四川	648	369	3 068	8 314	41	181	4 415
贵州	2 655	1 127	6 618	5 872	242	1 420	6 612
云南	16 910	9 470	59 125	6 243	1 762	8 325	4 725
陕西	15 940	13 898	91 830	6 607	3 004	18 659	6 211
甘肃	69 709	23 327	272 928	11 700	4 087	24 055	5 886
青海	34 087	20 259	34 532	102 885			
宁夏	41 372	34 107	355 205	10 414	1 224	8 095	6 614
新疆（兵团）	1 360 257	281 731	2 477 495	8 744	165 023	1 243 414	7 271
新疆（农业）	82 324	38 960	342 375				
新疆（畜牧）	233 075	105 495	884 424	36 812	8 128	60 346	7 425
热科院	188	128	1 642	12 785			
广州							
南京							

5－6续表1

地　　区	(一) 谷　物			稻　　谷		
	播种面积（公顷）	总产量（吨）	公顷产量（千克）	播种面积（公顷）	总产量（吨）	公顷产量（千克）
全国农垦	**3 815 492**	**31 983 778**	**8 383**	**2 152 896**	**19 428 136**	**9 024**
北　　京	245	1 335	5 449			
天　　津	1 691	12 906	6 905	850	8 004	9 416
河　　北	56 407	423 812	7 514	25 337	262 041	10 342
山　　西	4 436	30 578	6 893			
内 蒙 古	325 048	1 569 722	4 829	6 229	59 093	9 487
辽　　宁	138 736	1 384 897	9 982	91 743	998 742	10 918
吉　　林	114 290	850 167	7 439	43 625	382 137	8 760
黑 龙 江	2 030 567	18 884 917	9 300	1 555 363	14 312 062	9 202
上　　海	33 418	244 960	7 330	21 191	162 797	7 682
江　　苏	149 898	1 167 584	7 789	74 414	656 982	8 829
浙　　江	1 258	8 804	6 998	883	7 437	8 422
安　　徽	40 467	304 580	7 527	15 618	148 652	9 518
福　　建	5 748	35 195	6 123	4 917	30 964	6 297
江　　西	99 508	701 229	7 047	97 802	692 856	7 084
山　　东	13 283	84 988	6 398	3 874	27 234	7 030
河　　南	35 269	266 908	7 568	903	6 453	7 146
湖　　北	145 287	946 079	6 512	59 199	531 649	8 980
湖　　南	94 160	632 254	6 715	85 924	593 789	6 911
广　　东	5 170	32 967	6 377	4 372	29 093	6 654
广　　西	2 124	13 582	6 395	625	3 576	5 722
海　　南	18 068	105 391	5 833	16 946	99 077	5 847
重　　庆	806	3 866	4 796	200	830	4 150
四　　川	143	641	4 483	53	258	4 868
贵　　州	895	4 330	5 868	418	2 263	5 413
云　　南	8 899	55 029	6 184	3 433	27 436	7 992
陕　　西	12 965	80 733	6 227	54	363	6 722
甘　　肃	17 555	175 252	9 983			
青　　海	17 456	30 922	1 771			
宁　　夏	33 999	355 003	10 442	10 173	86 842	8 537
新疆(兵团)	270 695	2 393 451	8 842	20 611	232 042	11 258
新疆(农业)	37 380	335 555	8 976	3 788	21 592	5 700
新疆(畜牧)	99 506	844 712	37 083	4 239	42 456	10 015
热 科 院	116	1 429	12 307	112	1 417	12 704
广　　州						
南　　京						

5-6续表2

地区	#早稻			小麦		
	播种面积（公顷）	总产量（吨）	公顷产量（千克）	播种面积（公顷）	总产量（吨）	公顷产量（千克）
全国农垦	**93 086**	**60 0904**	**6 485**	**575 093**	**2 921 771**	**5 081**
北京				26	99	3 008
天津				99	717	2 588
河北				10 754	44 516	4 140
山西				313	1 202	3 840
内蒙古				143 444	275 637	1 922
辽宁				39	204	5 230
吉林						
黑龙江				17 700	64 755	3 658
上海				10 660	73 082	6 856
江苏				73 523	496 746	6 756
浙江	354	2 368	6 689	267	809	3 030
安徽				23 439	145 967	6 228
福建	1 387	8 380	6 042	18	121	6 722
江西	36 212	239 675	6 619	591	1 867	3 157
山东				5 225	30 851	5 905
河南				23 013	173 766	7 551
湖北	1 953	13 697	7 013	53 439	235 963	4 415
湖南	36 526	231 179	6 329	2 953	10 944	3 706
广东	2 190	13 593	6 207			
广西	351	2 194	6 251			
海南	8 607	53 024				
重庆						
四川				40	178	4 450
贵州				62	87	1 403
云南	1 539	13 708	8 907	167	281	1 683
陕西				6 168	36 776	5 962
甘肃				3 993	23 027	5 767
青海				924	5 246	5 667
宁夏				1 224	8 095	6 614
新疆（兵团）				144 413	1 011 372	7 003
新疆（农业）	3 788	21 592	5 700	14 536	89 164	6 150
新疆（畜牧）	109	1 091	9 965	38 063	190 299	5 000
热科院	69	403	5 819			
广州						
南京						

5－6 续表 3

地　区	#春小麦			玉　米		
	播种面积（公顷）	总产量（吨）	公顷产量（千克）	播种面积（公顷）	总产量（吨）	公顷产量（千克）
全国农垦	**255 284**	**917 706**	**3 595**	**1 005 783**	**9 334 262**	**9 281**
北　京				219	1 236	5 644
天　津	67	453	6 761	742	4 185	5 640
河　北	3 012	8 093	2 687	16 249	112 081	6 898
山　西				3 873	28 530	7 366
内蒙古	143 444	275 637	1 922	158 827	1 194 920	7 523
辽　宁	39	204	5 230	42 912	369 759	8 617
吉　林				65 447	451 019	6 891
黑龙江	17 700	64 755	3 658	445 978	4 425 886	9 924
上　海						
江　苏				89	634	7 124
浙　江				107	554	5 178
安　徽				1 126	8 403	7 461
福　建				568	2 476	4 359
江　西				1 032	5 938	5 756
山　东				3 706	24 787	6 689
河　南				11 302	86 560	7 659
湖　北				23 188	148 555	6 406
湖　南				5 216	27 352	5 244
广　东				755	3 704	4 906
广　西				1 499	10 006	6 675
海　南				883	5 356	6 066
重　庆				606	3 036	5 009
四　川				42	182	4 333
贵　州				415	1 980	4 771
云　南				5 299	27 312	5 154
陕　西				6 743	43 594	6 465
甘　肃	2 098	14 299	6 816	12 363	145 466	11 766
青　海	653	3 813	5 839			
宁　夏	1 122	7 216	6 431	22 506	259 809	11 544
新疆（兵团）	67 036	448 740	6 694	101 329	1 116 588	11 019
新疆（农业）	3 659	18 112	4 950	18 936	224 391	11 850
新疆（畜牧）	16 453	76 385	4 642	53 822	599 952	11 147
热科院				5	12	2 620
广　州						
南　京						

5－6续表4

地　区	谷子			高粱		
	播种面积（公顷）	总产量（吨）	公顷产量（千克）	播种面积（公顷）	总产量（吨）	公顷产量（千克）
全国农垦	**8 087**	**33 364**	**4 126**	**19 110**	**126 197**	**6 604**
北　京						
天　津						
河　北	41	81	1 976	196	1 074	5 480
山　西	63	227	3 603	25	152	6 080
内蒙古	1 208	4 133	3 422	2 472	11 700	4 733
辽　宁	3 159	12 353	3 910	459	2 531	5 514
吉　林	1 260	4 134	3 281	3 123	12 273	3 930
黑龙江	591	2 662	4 504	9 606	72 987	7 598
上　海						
江　苏						
浙　江						
安　徽						
福　建						
江　西						
山　东	27	122	4 519	452	1 994	4 412
河　南	10	30	3 000			
湖　北				85	488	5 741
湖　南				21	52	2 476
广　东						
广　西						
海　南						
重　庆						
四　川						
贵　州						
云　南						
陕　西						
甘　肃	200	176	880	212	912	4 302
青　海						
宁　夏	21	32	1 524	71	211	2 972
新疆（兵团）	468	4 893	10 446	2 276	21 434	9 419
新疆（农业）				40	145	3 620
新疆（畜牧）	1 039	4 521	4 352	72	244	3 381
热科院						
广　州						
南　京						

5－6续表5

地　　区	其他谷物			（二）豆　类		
	播种面积（公顷）	总产量（吨）	公顷产量（千克）	播种面积（公顷）	总产量（吨）	公顷产量（千克）
全国农垦	**54 524**	**140 048**	**2 569**	**1 009 349**	**2 368 045**	**2 346**
北　　京						
天　　津				4	10	2 500
河　　北	3 830	4 019	1 049	239	678	2 837
山　　西	162	467	2 883	270	658	2 437
内 蒙 古	12 868	24 239	1 884	146 921	260 980	1 776
辽　　宁	424	1 308	3 084	4 981	14 970	3 005
吉　　林	835	604	723	6 979	9 417	1 349
黑 龙 江	1 329	6 565	4 940	798 655	1 947 887	2 439
上　　海	1 567	9 081	5 794	323	394	1 222
江　　苏	1 872	13 222	7 063	78	72	923
浙　　江	1	4	4 000	536	2 058	3 840
安　　徽	284	1 558	5 494	11 296	27 626	2 446
福　　建	245	1 634	6 669	881	2 087	2 369
江　　西	83	569	6 849	3 007	7 361	2 448
山　　东				775	1 777	2 293
河　　南	41	99	2 415	6 689	18 575	2 777
湖　　北	9 376	29 424	3 138	8 998	23 459	2 607
湖　　南	46	117	2 543	2 053	3 760	1 831
广　　东	43	170	3 953	258	544	2 109
广　　西				164	823	5 018
海　　南	239	958	4 008	497	1 434	2 885
重　　庆						
四　　川	8	23	2 875	103	554	5 379
贵　　州				35	58	1 657
云　　南				123	262	2 130
陕　　西				595	1 609	2 704
甘　　肃	787	5 671	7 206	256	163	637
青　　海	16 531	25 676	1 553	2 788	3 155	1 132
宁　　夏	4	14	3 500	108	202	1 870
新疆（兵团）	1 598	7 122	2 816	5 369	22 045	3 816
新疆（农业）	80	264	3 300	1 420	2 500	1 760
新疆（畜牧）	2 271	7 240	3 188	4 947	12 928	4 788
热 科 院						
广　　州						
南　　京						

5－6 续表 6

地区	大豆 播种面积（公顷）	大豆 总产量（吨）	大豆 公顷产量（千克）	杂豆 播种面积（公顷）	杂豆 总产量（吨）	杂豆 公顷产量（千克）
全国农垦	**962 668**	**2 285 294**	**2 374**	**46 681**	**82 751**	**1 773**
北京						
天津	4	10	2 500			
河北	239	678	2 837			
山西	169	430	2 544	101	228	2 257
内蒙古	136 032	249 046	1 831	10 889	11 934	1 096
辽宁	4 506	14 176	3 146	475	794	1 672
吉林	3 545	6 895	1 945	3 434	2 522	734
黑龙江	774 023	1 893 067	2 446	24 632	54 820	2 226
上海	323	394	1 222			
江苏	78	72	923			
浙江	507	1 926	3 799	29	132	4 552
安徽	11 291	27 611	2 445	6	15	2 618
福建	722	1 773	2 456	159	314	1 975
江西	2 270	5 748	2 532	737	1 614	2 189
山东	775	1 777	2 293			
河南	6 679	18 561	2 779	10	14	1 400
湖北	8 862	23 093	2 605	136	366	2 691
湖南	1 446	2 772	1 917	607	988	1 628
广东	195	382	1 959	63	162	2 571
广西	91	504	5 538	73	319	4 370
海南	248	865	3 483	249	569	2 285
重庆						
四川	3	29	9 667	100	525	5 250
贵州	12	26	2 167	23	32	1 391
云南				123	262	2 130
陕西	580	1 304	2 248	15	305	20 333
甘肃	239	74	310	17	89	5 235
青海				2 788	3 155	1 132
宁夏	108	202	1 870			
新疆（兵团）	5 301	21 805	4 114	68	240	3 526
新疆（农业）	980	1 910	1 956	440	590	1 350
新疆（畜牧）	3 440	10 165	2 955	1 507	2 763	1 833
热科院						
广州						
南京						

5－6续表7

地区	(三)薯类			二、油料		
	播种面积(公顷)	总产量(吨)	公顷产量(千克)	播种面积(公顷)	总产量(吨)	公顷产量(千克)
全国农垦	**69 271**	**803 113**	**11 594**	**337 210**	**765 695**	**2 271**
北京		5		3	4	1 333
天津	3	125	41 667			
河北	9 128	228 600	25 043	1 411	1 614	1 144
山西	59	1 042	17 661	95	276	2 905
内蒙古	14 035	159 060	11 333	145 201	212 048	1 460
辽宁	362	2 782	7 684	4 974	16 982	3 414
吉林	55	352	6 400	6 518	16 987	2 606
黑龙江	18 011	107 789	5 985	6 612	8 757	1 324
上海				524	1 173	2 240
江苏						
浙江	30	320	10 667	38	73	1 921
安徽	76	552	7 225	578	1 718	2 974
福建	1 595	9 925	6 223	1 141	3 041	2 665
江西	2 181	13 622	6 245	13 768	27 651	2 008
山东				57	155	2 719
河南	179	1 235	6 899	6 900	24 527	3 555
湖北	2 093	17 422	8 323	24 583	77 416	3 149
湖南	1 810	10 017	5 534	24 093	63 180	2 622
广东	2 200	20 672	9 396	2 541	6 724	2 646
广西	553	2 324	4 203	956	3 721	3 892
海南	3 381	18 560	5 490	1 591	4 483	2 818
重庆						
四川	123	1 873	15 228	11	17	1 545
贵州	197	2 230	11 320	640	762	1 191
云南	448	3 834	8 558	52	100	1 923
陕西	338	9 488	28 071	227	1 057	4 656
甘肃	5 516	97 513	17 678	5 035	20 558	4 083
青海	15	455	30 333	10 016	7 591	758
宁夏				702	2 236	3 185
新疆(兵团)	5 668	61 999	10 939	56 824	209 199	3 681
新疆(农业)	160	4 320	27 000	3 026	8 726	2 884
新疆(畜牧)	1 042	26 784	25 710	19 076	44 876	2 352
热科院	12	213	17 289	17	42	2 544
广州						
南京						

5－6续表8

地　区	花生			油菜籽		
	播种面积（公顷）	总产量（吨）	公顷产量（千克）	播种面积（公顷）	总产量（吨）	公顷产量（千克）
全国农垦	**37 793**	**130 557**	**3 455**	**197 709**	**355 770**	**1 799**
北京						
天津						
河北	106	583	5 502	662	468	707
山西	47	84	1 787	9	30	3 333
内蒙古	647	1 380	2 133	110 151	135 237	1 228
辽宁	4 546	15 459	3 400	20	88	4 400
吉林	4 514	13 199	2 924			
黑龙江	1 190	2 758	2 318			
上海				524	1 173	2 240
江苏						
浙江				37	72	1 946
安徽	270	735	2 724	273	941	3 441
福建	1 026	2 876	2 803	92	128	1 391
江西	3 767	11 194	2 972	9 205	15 058	1 636
山东	57	155	2 719			
河南	6 533	23 843	3 650	355	671	1 890
湖北	5 571	31 821	5 711	16 426	40 837	2 486
湖南	620	1 153	1 860	23 284	61 642	2 647
广东	2 355	6 573	2 791			
广西	952	3 716	3 903			
海南	1 591	4 483	2 818			
重庆						
四川				11	17	1 545
贵州				640	762	1 191
云南	23	48	2 087	29	52	1 793
陕西	155	418	2 697			
甘肃				1 011	3 110	3 076
青海	2 700	2 943	1 090	7 316	4 648	635
宁夏						
新疆（兵团）	996	6 594	6 620	21 349	75 932	3 557
新疆（农业）	110	495	4 500	200	300	1 500
新疆（畜牧）				6 114	14 604	2 388
热科院	17	42	2 544			
广州						
南京						

5-6续表9

地　区	芝　麻			胡麻籽		
	播种面积（公顷）	总产量（吨）	公顷产量（千克）	播种面积（公顷）	总产量（吨）	公顷产量（千克）
全国农垦	**3 566**	**6 438**	**1 805**	**1 732**	**2 941**	**1 698**
北　京						
天　津						
河　北				575	455	791
山　西				2	3	1 500
内蒙古				135	86	637
辽　宁	13	4	308			
吉　林						
黑龙江						
上　海						
江　苏						
浙　江						
安　徽	35	42	1 229			
福　建	23	37	1 609			
江　西	796	1 399	1 757			
山　东						
河　南	12	10	833			
湖　北	2 509	4 634	1 846			
湖　南	119	201	1 689			
广　东	56	106	1 893			
广　西	3	5	1 667			
海　南						
重　庆						
四　川						
贵　州						
云　南						
陕　西						
甘　肃				313	487	1 556
青　海						
宁　夏						
新疆（兵团）				467	1 588	3 401
新疆（农业）				130	173	1 335
新疆（畜牧）				110	149	1 351
热科院						
广　州						
南　京						

5-6续表10

地　区	向日葵 播种面积（公顷）	向日葵 总产量（吨）	向日葵 公顷产量（千克）	三、棉花 播种面积（公顷）	三、棉花 总产量（吨）	三、棉花 公顷产量（千克）
全国农垦	**87 630**	**257 628**	**2 940**	**796 354**	**2 085 824**	**2 619**
北　京	3	4	1 333			
天　津				47	147	3 128
河　北	16	21	1 313	3 838	5 076	1 323
山　西	37	81	2 189	20	16	800
内蒙古	34 157	74 983	2 195			
辽　宁	395	1 431	3 623			
吉　林	1 954	3 363	1 721			
黑龙江	592	1 072	1 811			
上　海						
江　苏				32	48	1 500
浙　江				13	15	1 154
安　徽				69	162	2 345
福　建						
江　西				1 482	3 376	2 277
山　东				1 476	1 446	980
河　南				397	442	1 113
湖　北				9 198	11 585	1 259
湖　南				6 009	13 822	2 300
广　东						
广　西						
海　南						
重　庆						
四　川						
贵　州						
云　南						
陕　西	72	639	8 875	20	75	3 750
甘　肃	3 673	16 881	4 596	4 319	7 661	1 774
青　海						
宁　夏	702	2 236	3 185			
新疆(兵团)	31 796	121 341	3 816	686 934	1 678 827	2 444
新疆(农业)	2 586	7 758	3 000	23 600	116 820	4 950
新疆(畜牧)	11 647	27 818	2 388	58 899	246 307	4 182
热科院						
广　州						
南　京						

5-6续表11

地区	# 长绒棉			四、麻类		
	播种面积（公顷）	总产量（吨）	公顷产量（千克）	播种面积（公顷）	总产量（吨）	公顷产量（千克）
全国农垦	**4 426**	**13 006**	**2 939**	**5 099**	**30 014**	**5 886**
北京						
天津						
河北						
山西						
内蒙古				1 120	7 984	7 129
辽宁						
吉林						
黑龙江				2 119	14 748	6 960
上海						
江苏						
浙江						
安徽				7	14	1 920
福建						
江西						
山东						
河南						
湖北				38	33	868
湖南				1 001	2 988	2 985
广东				1	2	2 000
广西						
海南						
重庆						
四川						
贵州						
云南						
陕西						
甘肃						
青海						
宁夏						
新疆（兵团）	940	977	1 039	293	2 893	9 863
新疆（农业）	1 986	8 340	4 200	520	1 352	2 600
新疆（畜牧）	1 501	3 689	2 458			
热科院						
广州						
南京						

5－6 续表 12

地区	黄红麻			苎麻		
	播种面积（公顷）	总产量（吨）	公顷产量（千克）	播种面积（公顷）	总产量（吨）	公顷产量（千克）
全国农垦				**1 039**	**3 021**	**2 908**
北京						
天津						
河北						
山西						
内蒙古						
辽宁						
吉林						
黑龙江						
上海						
江苏						
浙江						
安徽						
福建						
江西						
山东						
河南						
湖北				38	33	868
湖南				1 001	2 988	2 985
广东						
广西						
海南						
重庆						
四川						
贵州						
云南						
陕西						
甘肃						
青海						
宁夏						
新疆（兵团）						
新疆（农业）						
新疆（畜牧）						
热科院						
广州						
南京						

5-6 续表 13

地区	大麻			亚麻		
	播种面积（公顷）	总产量（吨）	公顷产量（千克）	播种面积（公顷）	总产量（吨）	公顷产量（千克）
全国农垦	**1 720**	**12 776**	**7 428**	**2 332**	**14 201**	**6 090**
北京						
天津						
河北						
山西						
内蒙古				1 120	7 984	7 129
辽宁						
吉林						
黑龙江	1 720	12 776	7 428	399	1 972	4 942
上海						
江苏						
浙江						
安徽						
福建						
江西						
山东						
河南						
湖北						
湖南						
广东						
广西						
海南						
重庆						
四川						
贵州						
云南						
陕西						
甘肃						
青海						
宁夏						
新疆（兵团）				293	2 893	9 863
新疆（农业）				520	1 352	2 600
新疆（畜牧）						
热科院						
广州						
南京						

5-6续表14

地区	五、糖料			#甘蔗		
	播种面积（公顷）	总产量（吨）	公顷产量（千克）	播种面积（公顷）	总产量（吨）	公顷产量（千克）
全国农垦	**90 356**	**7 747 842**	**85 748**	**56 189**	**5 275 703**	**93 892**
北京						
天津						
河北	330	16 394	49 679			
山西	7	450	64 286			
内蒙古	4 020	121 291	30 171			
辽宁	67	3 135	46 791			
吉林						
黑龙江	861	36 735	42 666			
上海						
江苏						
浙江						
安徽	16			16		
福建	103	4 079	39 602	103	4 079	39 602
江西	280	8 494	30 336	280	8 494	30 336
山东	8	240	30 000	8	240	30 000
河南						
湖北	94	8 693	92 478	94	8 693	92 478
湖南	889	62 001	69 742	889	62 001	69 742
广东	25 423	2 150 921	84 605	25 423	2 150 921	84 605
广西	21 714	2 386 029	109 884	21 714	2 386 029	109 884
海南	3 525	222 428	63 100	3 525	222 428	63 100
重庆						
四川						
贵州						
云南	4 130	432 282	104 669	4 130	432 282	104 669
陕西						
甘肃	289	19 178	66 360			
青海	9	700	75 000			
宁夏						
新疆（兵团）	23 734	1 984 563	83 617			
新疆（农业）	1 466	83 560	57 000			
新疆（畜牧）	3 384	206 133	60 921			
热科院	8	536	68 136	8	536	68 136
广州						
南京						

5－6续表 15

地　区	甜　菜			六、烟　叶		
	播种面积（公顷）	总产量（吨）	公顷产量（千克）	播种面积（公顷）	总产量（吨）	公顷产量（千克）
全国农垦	**34 167**	**2 472 139**	**72 355**	**1 650**	**3 322**	**2 013**
北　京						
天　津						
河　北	330	16 394	49 679			
山　西	7	450	64 286			
内蒙古	4 020	121 291	30 171			
辽　宁	67	3 135	46 791	128	492	3 844
吉　林						
黑龙江	861	36 735	42 666	107	279	2 607
上　海						
江　苏						
浙　江						
安　徽						
福　建				234	565	2 415
江　西				136	214	1 570
山　东						
河　南						
湖　北				33	35	1 060
湖　南				456	880	1 930
广　东						
广　西						
海　南						
重　庆						
四　川				2	1	500
贵　州				485	755	1 557
云　南				66	100	1 515
陕　西						
甘　肃	289	19 178	66 360			
青　海	9	700	75 000			
宁　夏						
新疆（兵团）	23 734	1 984 563	83 617			
新疆（农业）	1 466	83 560	57 000			
新疆（畜牧）	3 384	206 133	60 921			
热科院				3	1	279
广　州						
南　京						

5－6 续表 16

地区	#烤烟叶			七、药材类（公顷）	八、蔬菜、瓜类（公顷）	
	播种面积（公顷）	总产量（吨）	公顷产量（千克）			蔬菜（公顷）
全国农垦	**1 453**	**2 727**	**1 877**	**80 043**	**320 091**	**251 737**
北京				6	54	53
天津					50	48
河北				55	7 125	5 145
山西				7	535	464
内蒙古				20 565	5 974	2 982
辽宁				161	17 008	16 171
吉林				185	83	54
黑龙江	89	249	2 798	2 395	4 354	1 542
上海				305	4 863	4 349
江苏					3 259	2 031
浙江					1 546	1 060
安徽				10	1 541	1 149
福建	221	529	2 394	83	4 391	3 935
江西	136	214	1 570	623	10 761	8 526
山东				11	547	205
河南				5	4 852	2 810
湖北				749	62 953	52 347
湖南	456	880	1 930	122	21 025	18 023
广东				98	8 350	7 825
广西				128	5 772	2 889
海南				21 434	10 644	10 332
重庆						
四川					74	74
贵州	485	755	1 557		212	156
云南	66	100	1 515	36	2 681	2 281
陕西				84	1 273	655
甘肃				2 978	8 398	6 115
青海				1 926	369	365
宁夏				1 165	2 025	1 596
新疆（兵团）				23 455	111 994	87 423
新疆（农业）				1 495	8 703	5 922
新疆（畜牧）				1 962	8 643	5 179
热科院					32	31
广州						
南京						

5－6续表17

地　区	八、蔬菜、瓜类	九、其他作物（公顷）		
	瓜　类（公顷）		啤酒花（公顷）	青饲料（公顷）
全国农垦	**68 355**	**347 792**	**1 921**	**148 522**
北　京	1	845		839
天　津	2	528		287
河　北	1 981	6 512		6 512
山　西	71	478		478
内蒙古	2 992	33 393	210	18 509
辽　宁	837	1 037		1 037
吉　林	29	1 219		155
黑龙江	2 812	18 187		8 715
上　海	514	10 217		5 203
江　苏	1 228	1 021		
浙　江	486	1 100		
安　徽	393	1 562		
福　建	456	3 012		825
江　西	2 236	5 237		1 502
山　东	342			
河　南	2 042	97		97
湖　北	10 606	11 336		7 367
湖　南	3 002	2 032		2 032
广　东	525	928		221
广　西	2 883	1 144		32
海　南	312	906		75
重　庆				
四　川		192		192
贵　州	56	191		191
云　南	400	475		127
陕　西	618	438		438
甘　肃	2 283	25 363	675	5 023
青　海	3	1 508		7 909
宁　夏	429	3 373		3 233
新疆(兵团)	24 571	175 291	867	40 322
新疆(农业)	2 781	4 554	155	1 600
新疆(畜牧)	3 464	35 616	14	35 602
热科院	1			
广　州				
南　京				

5－7 林业生产情况

（2017 年）

地区	当年造林面积（公顷）					
		用材林（公顷）	经济林（公顷）	防护林（公顷）	薪炭林（公顷）	特种用材林（公顷）
全国农垦	**121 633**	**27 498**	**29 397**	**63 220**	**96**	**127**
北京	7					7
天津	6			6		
河北	6 059	58	330	4 420		
山西	28		28			
内蒙古	1 417	245	128	1 044		
辽宁	2 010	312	916	718	64	
吉林	481	86	150	245		
黑龙江	1 226	770		446		10
上海	1 228	1 165		63		
江苏	281	104	136	41		
浙江	28	28				
安徽	25	22	3			
福建	1 123	655	158	310		
江西	5 235	4 039	901	296		
山东	245	10	190	44		
河南	106	11	53	16	26	
湖北	3 750	2 300	1 197	235		18
湖南	1 541	559	919	60	3	
广东	1 145	246	843	56		
广西	229	117	111			1
海南	62 668	15 711	8 732	38 222	3	
重庆						
四川	1		1			
贵州						
云南	61		15	1		45
陕西						
甘肃	451	107	168	133		
青海	3 010			3 010		
宁夏	236			236		
新疆（兵团）	21 993		12 537	9 455		
新疆（农业）	1 720	828	323	566		3
新疆（畜牧）	5 218	125	1 452	3 597		43
热科院	105		105			
广州						
南京						

5－7续表

地　区	当年零星植树（万株）	年末实有育苗面积（公顷）	# 当年新育面积	幼林抚育面积（公顷）	成林抚育面积（公顷）	森林覆盖率（%）
全国农垦	**4 062**	**36 516**	**4 191**	**175 685**	**99 519**	**35.4**
北　京				11	353	
天　津						
河　北	11	1 038	395	390		19.1
山　西	2	540		24	21	26.7
内蒙古	368	1 518	12	1 321	10 322	4.5
辽　宁	113	330	51	1 189	860	32.0
吉　林	16	347	3	1 609	1 506	68.0
黑龙江	381	3 129	1 552	10 755	23 200	17.1
上　海	5	887	401	886	1 334	
江　苏	50	1 561	98	2 189	1 311	17.0
浙　江	1	27	0	176	283	86.0
安　徽	24	90	85	2 818	2 833	18.3
福　建	715	912	16	1 178	3 676	45.8
江　西	517	600	109	10 080	10 774	69.6
山　东	12					
河　南	11	107	36	79	461	8.0
湖　北	416	2 398	341	5 382	10 315	22.0
湖　南	233	336	101	2 032	2 425	47.0
广　东	34	4	4	1 736	4 153	45.0
广　西		111	6	2 011	6 491	28.1
海　南	3			1 206	1 796	61.0
重　庆						
四　川						8.4
贵　州				184	203	16.0
云　南	2	154		593	432	
陕　西	2	8	1	225	596	16.0
甘　肃	7	134	1	1 650	3 588	
青　海	3	15 686			1 937	
宁　夏	20	186	61	2 203	1 473	
新疆（兵团）	997	5 542	724	122 906		
新疆（农业）	13	62	5	510	2 628	24.0
新疆（畜牧）	108	809	189	1 811	4 769	74.8
热科院				530	1 345	72.7
广　州						
南　京					434	57.2

5－8 林产品产量

（2017年）

地区	生漆（吨）	油茶籽（吨）	乌桕籽（吨）	五倍子（吨）	棕片（吨）	松脂（吨）	竹笋干（吨）	核桃（吨）	板栗（吨）	竹木采伐	
										木材（米^3）	毛竹（万根）
全国农垦	**165**	**3 326**	**26**	**2**	**127**	**1 059**	**1 974**	**33 211**	**1 466**	**1 607 425**	**3 506**
北京											
天津											
河北										1 093	
山西											
内蒙古										346	
辽宁										25 812	
吉林										5 427	
黑龙江								26		17 403	
上海										8 948	
江苏										14 000	
浙江										1 410	1
安徽									385	16 447	1
福建	137				10	68	813		97	30 810	309
江西	28	2 977		2	106	760	747		213	106 909	1 149
山东											
河南								5	5	4 370	
湖北		120	26				5	4	756	72 568	74
湖南		112			11	220	234	4	7	31 982	150
广东		107				11				106 356	187
广西							83		4	283 362	560
海南		10					76			354 021	1 055
重庆											
四川										300	
贵州											4
云南							16			299 767	16
陕西								76			
甘肃										640	
青海											
宁夏								45			
新疆（兵团）								28 095		137 814	
新疆（农业）								1 429		4 955	
新疆（畜牧）								3 528		70 615	
热科院										12 070	
广州											
南京											

5－9 畜牧业生产情况

（2017 年）

地区	大牲畜总头数（万头）				牛（万头）				
		从事农事劳役（万头）	规模化养殖场（个）	规模化养殖量（万头）		能繁殖的母畜（万头）	当年生仔畜（万头）	规模化养殖场（个）	规模化养殖量（万头）
全国农垦	**300.51**	**8.30**	**916**	**74.55**	**265.06**	**138.50**	**83.02**	**665**	**71.95**
北京	9.00		31	9.00	9.00	4.00	1.00	31	9.00
天津	3.50		16	3.50	3.22	1.63	0.61	15	3.22
河北	19.56		46	16.05	19.22	11.79	4.12	46	16.05
山西	1.08	0.02			1.07	0.70	0.50	13	0.62
内蒙古	36.43	0.08	49	2.90	32.07	16.52	10.78	49	2.90
辽宁	8.46	0.57	11	0.47	7.71	2.11	1.84	11	0.47
吉林	4.86	0.10			4.53	2.44	1.11		
黑龙江	20.40		312	13.40	19.30	9.20	3.70	312	13.40
上海	8.92		32	8.92	8.92	4.58	2.42	32	8.92
江苏	0.69	0.06	22	0.59	0.69	0.29	0.28		
浙江									
安徽	0.25		1	0.07	0.25	0.11	0.03	1	0.07
福建	0.95	0.14	3	0.13	0.95	0.20	0.09	3	0.13
江西	4.01	1.27	15	0.52	4.01	1.56	0.67	15	0.52
山东	0.87				0.87	0.02	0.01		
河南	0.85	0.00			0.85	0.18	0.15	7	0.41
湖北	3.60	1.24	8	0.80	3.60	1.69	1.05	8	0.80
湖南	5.20	0.88	2	0.30	5.20	1.40	0.40		
广东	2.78	0.89	4	1.20	2.78	1.50	0.40	4	1.20
广西	1.08	0.35	21	0.78	1.08	0.34	0.19	21	0.78
海南	4.00	1.00			4.00	2.00	0.90		
重庆	3.00		39	3.00	3.00	2.60	1.00	39	3.00
四川	7.27	0.10	1	0.05	6.98	2.92	0.92	1	0.05
贵州	1.62	0.10	4	1.60	1.60	1.54	0.64		
云南	1.02	0.04			1.01	0.30	0.11		
陕西	0.22	0.06			0.22	0.16	0.07		
甘肃	1.49		5	1.26	1.45	0.76	0.54		
青海	11.70		1	0.16	11.52	1.87	1.18	1	0.16
宁夏	5.57		18	3.84	5.56	2.92	1.16	18	3.84
新疆（兵团）	56.62	0.16			50.77	33.45	26.75		
新疆（农业）	7.13	0.88			4.95	2.00	1.78	2	0.80
新疆（畜牧）	67.63	0.36	272	5.30	47.93	27.21	18.34	33	4.90
热科院	0.04				0.04	0.02	0.01		
广州	0.71		3	0.71	0.71	0.53	0.27	3	0.71
南京									

5－9 续表 1

地　　区	黄　　牛（万头）	能繁殖的母畜（万头）	当年生仔畜（万头）	规模化养殖场（个）	规模化养殖量（万头）
全国农垦	**114.34**	**54.23**	**36.77**	**214**	**6.70**
北　　京					
天　　津					
河　　北	1.78	1.20	0.40	3	0.15
山　　西	0.18	0.10	0.20		
内 蒙 古	9.43	5.84	2.63	6	1.05
辽　　宁	5.83	1.52	1.60	3	0.07
吉　　林	4.04	2.01	0.93	1	0.06
黑 龙 江	5.80	2.50	1.20	177	3.70
上　　海					
江　　苏	0.02				
浙　　江					
安　　徽	0.04	0.01	0.00		
福　　建	0.60	0.12	0.07	1	0.11
江　　西	2.22	0.98	0.44		
山　　东					
河　　南	0.30	0.06	0.05	1	0.03
湖　　北	2.32	0.80	0.64	5	0.08
湖　　南	3.50	0.80	0.20	2	0.30
广　　东	1.08	0.29	0.19		
广　　西	0.56	0.15	0.08		
海　　南	2.00	0.80	0.50		
重　　庆					
四　　川	6.93	2.89	0.91		
贵　　州	0.04	0.02	0.01		
云　　南	0.65	0.23	0.08		
陕　　西	0.12	0.06	0.03		
甘　　肃	0.48	0.17	0.06	3	0.11
青　　海	8.60	0.38	0.20		
宁　　夏	0.90	0.16	0.07		
新疆（兵团）	25.90	17.16	15.13		
新疆（农业）	2.85	0.96	0.82		
新疆（畜牧）	28.14	15.01	10.32	12	1.03
热 科 院	0.03	0.01	0.01		
广　　州					
南　　京					

5-9续表2

地　　区	良种及改良种乳牛（万头）	能繁殖的母畜（万头）	当年生仔畜（万头）	规模化养殖场（个）	规模化养殖量（万头）
全国农垦	143.73	81.03	48.94	411	63.41
北　京	9.00	4.00	1.00	31	9.00
天　津	3.22	1.63	0.61	15	3.22
河　北	17.44	10.59	3.72	43	15.90
山　西	0.89	0.60	0.30	13	0.62
内蒙古	22.64	10.68	8.15	43	1.85
辽　宁	1.88	0.59	0.24	8	0.40
吉　林	0.49	0.42	0.19	2	0.04
黑龙江	13.50	6.70	2.50	135	9.70
上　海	8.92	4.58	2.42	32	8.92
江　苏	0.67	0.29	0.28		
浙　江					
安　徽	0.10	0.01	0.01	1	0.07
福　建	0.21	0.01	0.01		
江　西	0.42	0.06	0.05		
山　东	0.87	0.02	0.01	1	0.71
河　南	0.54	0.12	0.10	5	0.38
湖　北	0.70	0.50	0.20	3	0.72
湖　南					
广　东	1.22	1.09	0.12	4	1.20
广　西	0.24	0.09	0.03	4	0.15
海　南			4.00		
重　庆	3.00	2.60	1.00	39	3.00
四　川	0.05	0.03	0.01	1	0.05
贵　州	1.53	1.50	0.62	4	1.60
云　南	0.07	0.03	0.01		
陕　西	0.10	0.10	0.04		
甘　肃	0.97	0.51	0.40	2	1.15
青　海	2.95	1.49	0.96	1	0.16
宁　夏	4.66	2.74	1.09		
新疆（兵团）	24.87	16.29	11.62		
新疆（农业）	2.10	1.04	0.96		
新疆（畜牧）	19.78	12.21	8.02	21	3.86
热科院					
广　州	0.71	0.53	0.27	3	0.71
南　京					

5－9续表3

地区	水牛（万头）	能繁殖母畜（万头）	当年生仔畜（万头）	马（万匹）	能繁殖母畜（万匹）	当年生仔畜（万匹）
全国农垦	**7.02**	**2.76**	**1.13**	**25.59**	**14.28**	**10.11**
北京						
天津						
河北				0.27	0.13	0.05
山西				0.01		
内蒙古				3.00	1.40	0.89
辽宁				0.07	0.04	0.02
吉林				0.15	0.07	0.03
黑龙江				0.10	0.10	
上海						
江苏						
浙江						
安徽	0.12	0.10	0.01			
福建	0.14	0.07	0.02			
江西	1.38	0.51	0.18			
山东						
河南	0.01					
湖北	0.58	0.39	0.21			
湖南	1.70	0.60	0.20			
广东	0.48	0.12	0.09			
广西	0.28	0.10	0.08			
海南	2.00	0.80	0.30			
重庆						
四川				0.21	0.06	0.02
贵州	0.03	0.02	0.01	0.02	0.01	0.01
云南	0.29	0.04	0.02	0.01		
陕西						
甘肃						
青海				0.08		
宁夏						
新疆（兵团）				3.93	1.93	1.70
新疆（农业）				1.60	0.46	0.30
新疆（畜牧）				16.13	10.08	7.09
热科院	0.01					
广州						
南京						

5-9续表4

地　　区	驴（万头）			骡（万头）		骆驼（万头）		
		能繁殖母畜（万头）	当年生仔畜（万头）		当年生仔畜（万头）		能繁殖母畜（万头）	当年生仔畜（万头）
全国农垦	**5.69**	**2.98**	**1.49**	**0.24**	**0.01**	**3.93**	**1.72**	**1.09**
北　　京								
天　　津	0.28	0.13	0.03					
河　　北	0.07	0.02	0.01					
山　　西								
内 蒙 古	1.21	0.49	0.29	0.13		0.01	0.01	
辽　　宁	0.66	0.43	0.14	0.02	0.01			
吉　　林	0.18	0.10	0.04	0.00				
黑 龙 江	1.00	0.70	0.30					
上　　海								
江　　苏								
浙　　江								
安　　徽								
福　　建								
江　　西								
山　　东								
河　　南								
湖　　北								
湖　　南								
广　　东								
广　　西								
海　　南								
重　　庆								
四　　川				0.08				
贵　　州								
云　　南								
陕　　西								
甘　　肃	0.04	0.03	0.01					
青　　海						0.09	0.03	0.01
宁　　夏	0.01							
新疆（兵团）	1.41	0.73	0.41			0.51	0.23	0.17
新疆（农业）	0.30	0.12	0.08			0.28	0.10	0.09
新疆（畜牧）	0.54	0.22	0.17			3.03	1.35	0.82
热 科 院								
广　　州								
南　　京								

5-9 续表 5

地区	猪（万头）	能繁殖母畜（万头）	规模化养殖场（个）	规模化养殖量（万头）	羊（万只）	能繁殖的母畜（万只）	规模化养殖场（个）	规模化养殖量（万只）
全国农垦	**1 263.67**	**151.01**	**3 435**	**1 137.89**	**1 369.81**	**935.07**	**1 367**	**34.58**
北京	5.00		11	4.00				
天津	2.31	0.30	2	2.31				
河北	37.65	4.00	48	15.59	10.60	6.25	16	1.42
山西	1.08	0.93	3	0.39	11.04	9.84	5	10.26
内蒙古	13.52	1.80	2	1.78	267.30	182.09	28	4.17
辽宁	103.16	10.79	53	11.37	15.36	7.90	16	1.01
吉林	20.89	2.74			19.07	10.05		
黑龙江	88.30	10.20	375	136.00	24.60	11.40	3	1.10
上海	74.57	6.11	39	207.48				
江苏	13.92	0.99	70	11.00	0.66	0.08		
浙江	3.20	0.30	7	4.00	0.13	0.13	1	0.15
安徽	4.68	0.48	11	2.80	1.07	0.32		
福建	26.47	2.67	46	9.49	1.13	0.26		
江西	58.67	6.70	49	24.33	1.66	0.41	4	0.04
山东	5.58	0.63	2	0.80	0.66	0.22		
河南	47.26	4.67	65	47.56	1.10	0.32		
湖北	126.46	12.80	324	137.78	6.48	2.90	14	1.33
湖南	128.00	25.00	1 599	99.00	3.30	0.68	82	1.70
广东	68.91	9.74	121	38.12	0.49		1	0.11
广西	168.50	16.23	552	363.78	0.20	0.08	8	0.16
海南	62.00	8.00	17	6.00	22.00	4.00		
重庆	11.00	1.00	8	9.50				
四川	0.32	0.07			2.47	1.00		
贵州	0.50	0.10			0.50	0.50		
云南	7.98	0.92		1.21	1.25	0.33		
陕西	1.25	0.28			4.11	1.29		
甘肃	1.18	0.25	10	0.94	18.12	10.76	185	3.69
青海	0.70	0.16			24.24	15.56		
宁夏	3.61	0.41	13	1.32	7.22	4.44		
新疆(兵团)	167.47	21.54			548.49	406.92		
新疆(农业)	7.29	0.64	5	1.15	33.10	19.99	8	2.53
新疆(畜牧)	1.91	0.50	3	0.20	343.36	237.29	996	6.92
热科院	0.33	0.07			0.11	0.06		
广州								
南京								

5－9续表6

地　区	山　羊（万只）				绵　羊（万只）	
		能繁殖的母畜（万只）	规模化养殖场（个）	规模化养殖量（万只）		能繁殖的母畜（万只）
全国农垦	**229.42**	**129.45**	**135**	**15.45**	**1 140.38**	**805.47**
北　京						
天　津						
河　北	0.39	0.04			10.21	6.20
山　西	10.24	9.07	3	10.00	0.80	0.77
内蒙古	33.07	21.08	1	0.24	234.23	161.01
辽　宁	7.86	3.66	1	0.05	7.50	4.24
吉　林	4.16	2.24			14.91	7.80
黑龙江	4.30	2.00			20.30	9.40
上　海						
江　苏	0.66	0.08				
浙　江	0.01				0.12	0.13
安　徽	1.07	0.32				
福　建	1.13	0.26				
江　西	1.66	0.41	4	0.04		
山　东	0.19	0.05			0.47	0.17
河　南	0.93	0.28			0.17	0.04
湖　北	6.48	2.90	14	1.33		
湖　南	3.30	0.68	82	1.70		
广　东	0.49		1	0.11		
广　西	0.20	0.08	8	0.16		
海　南	22.00	4.00				
重　庆						
四　川	0.40	0.20			2.07	0.80
贵　州	0.35	0.25			0.15	0.10
云　南	1.25	0.33				
陕　西	3.27	0.96			0.84	0.33
甘　肃	1.95	0.98	1	0.15	16.17	9.78
青　海	0.95	0.54			23.29	15.02
宁　夏	2.23	1.33			4.98	3.12
新疆（兵团）	47.06	32.19			501.43	374.73
新疆（农业）	4.88	2.68			28.22	17.31
新疆（畜牧）	68.84	42.77	20	1.67	274.52	194.53
热科院	0.11	0.06				
广　州						
南　京						

5－9续表7

地区			绒山羊（万只）			
	规模化养殖场（个）	规模化养殖量（万只）		能繁殖的母畜（万只）	规模化养殖场（个）	规模化养殖量（万只）
全国农垦	**1 221**	**15.51**	**25.11**	**13.81**	**2**	**0.91**
北京						
天津						
河北	16	1.42				
山西	2	0.26				
内蒙古	27	3.93	0.32	0.08		
辽宁	15	0.96	0.41	0.14		
吉林			2.09	1.80		
黑龙江			2.40			
上海						
江苏						
浙江	1	0.15				
安徽						
福建						
江西						
山东						
河南						
湖北						
湖南						
广东						
广西						
海南						
重庆						
四川						
贵州						
云南						
陕西						
甘肃	184	3.54	0.23	0.16		
青海			0.26	0.17		
宁夏			0.26	0.16		
新疆（兵团）						
新疆（农业）			1.70	0.89		
新疆（畜牧）	976	5.25	17.45	10.42	2	0.91
热科院						
广州						
南京						

5－9续表8

地　　区	家　　禽（万只）	规模化养殖场（个）	规模化养殖量（万只）	兔（万只）	规模化养殖场（个）	规模化养殖量（万只）
全国农垦	**15 722.40**	**1 039**	**14 567.08**	**77.76**	**7**	**0.45**
北　　京	290.00	33	1 199.00			
天　　津	83.90	1	83.85			
河　　北	297.90	14	515.28	8.50		
山　　西	14.20	4	12.00	0.02		
内 蒙 古	101.60	1	0.90	0.48		
辽　　宁	6 506.00	263	1 381.00			
吉　　林	410.50			0.02		
黑 龙 江	864.90	245	7 206.00	0.20		
上　　海	89.80	7	166.98			
江　　苏	535.60			1.54		
浙　　江	8.60	1	6.00			
安　　徽	120.40	4	246.50	0.05		
福　　建	207.50	8	65.33	4.53		
江　　西	248.50	13	80.98	0.38		
山　　东	26.60	1	19.10			
河　　南	62.90	16	34.64	0.09		
湖　　北	1 252.00	125	389.00	2.21		
湖　　南	364.00	56	288.00	0.15	6	0.15
广　　东	502.30	38	415.27	1.42		
广　　西	280.60	160	681.72	0.07		
海　　南	1 372.00	7	9.00	7.00		
重　　庆	100.00	11	100.00			
四　　川	0.10					
贵　　州	8.00					
云　　南	243.20		106.98			
陕　　西	5.80					
甘　　肃	21.30	2	13.00	0.04		
青　　海	6.90	1	1 500.00	0.68		
宁　　夏	36.80	3	14.50			
新疆（兵团）	1 397.10			46.65		
新疆（农业）	176.00	22	17.95	3.60	1	0.30
新疆（畜牧）	75.70	2	5.60	0.13		
热 科 院	3.70					
广　　州						
南　　京	8.50	1	8.50			

5－10　畜产品产量

（2017 年）

地　区	肉类总产量（吨）	当年出栏肉猪（万头）	猪肉产量（吨）	当年出售和自宰的肉用牛（万头）	牛肉产量（吨）	当年出售和自宰的肉用羊（万只）	羊肉产量（吨）
全国农垦	**2 582 022**	**1 841.81**	**1 508 871**	**117.17**	**172 673**	**1 213.70**	**212 252**
北　京	97 039	5.62	4 206	0.13	395		
天　津	3 181	2.30	1 818	0.50	1 026		
河　北	73 155	61.36	47 360	1.24	2 064	8.52	1 288
山　西	3 721	1.24	1 252	0.09	185	3.06	2 149
内蒙古	88 339	21.54	19 991	11.94	23 851	229.21	41 144
辽　宁	348 464	139.46	156 516	5.99	11 348	12.38	1 870
吉　林	46 678	24.32	19 991	3.01	4 352	8.74	1 409
黑龙江	295 839	158.30	121 908	11.90	20 250	33.90	6 547
上　海	84 463	109.00	83 139				
江　苏	45 707	21.99	18 141	0.08	167	1.79	475
浙　江	4 530	7.20	4 230			0.03	10
安　徽	14 456	7.43	6 539	0.20	287	1.32	314
福　建	30 546	33.84	24 899	0.59	605	1.06	169
江　西	92 944	92.85	84 664	2.36	2 863	1.93	289
山　东	3 805	3.28	2 785	0.03	56	0.88	104
河　南	51 063	66.17	48 886	0.22	396	0.65	113
湖　北	167 906	172.30	137 818	2.40	4 731	8.34	1 668
湖　南	164 840	186.00	151 332	12.00	3 886	4.30	716
广　东	128 517	114.32	102 427	0.39	552	0.43	114
广　西	169 856	221.76	155 228	0.52	779	0.12	27
海　南	101 911	75.50	80 532	1.20	1 322	14.00	2 416
重　庆	13 050	9.00	12 080				
四　川	1 823	0.27	244	1.14	1 352	0.48	221
贵　州	506	0.30	340			0.30	48
云　南	12 595	9.49	7 492	0.57	697	0.76	206
陕　西	1 130	0.89	811	0.04	58	1.96	248
甘　肃	4 486	1.56	1 433	0.34	573	13.00	2 166
青　海	4 057	0.46	394	1.04	1 173	84.13	2 163
宁　夏	8 528	4.76	3 271	1.97	3 541	4.92	792
新疆（兵团）	443 787	281.38	202 053	39.35	59 585	558.92	107 364
新疆（农业）	10 512	4.91	4 680	1.83	2 080	15.70	2 172
新疆（畜牧）	64 083	2.58	2 054	16.07	24 488	202.75	36 038
热科院	439	0.43	357	0.01	12	0.13	12
广　州							
南　京	68						

5-10 续表 1

地　区	兔肉产量（吨）	禽肉产量（吨）	牛奶产量（吨）	山羊毛产量（吨）	绵羊毛产量（吨）		
						细羊毛（吨）	半细羊毛（吨）
全国农垦	**8 219**	**667 158**	**3 851 482**	**2 242**	**32 115**	**13 551**	**9 505**
北　京		92 438	411 119				
天　津		208	166 383				
河　北	35	22 408	515 048		167	76	72
山　西		136	27 307	12	15	4	11
内 蒙 古	22	2 302	219 353	206	5 421	2 041	2 443
辽　宁		177 914	123 834	13	260	260	
吉　林		18 653	12 411	22	260	161	76
黑 龙 江	107	146 492	418 404	3	482	109	373
上　海		1 324	485 454				
江　苏	45	26 879	21 885				
浙　江		290					
安　徽	18	7 297	2 144				
福　建	128	4 745	3 561				
江　西	57	5 071	12 442				
山　东		860	8 597	4	2		2
河　南	1	1 441	15 718				
湖　北	2 315	21 374	27 618				
湖　南	11	8 895	746	658			
广　东	88	24 903	58 300				
广　西	4	13 818	5 334				
海　南	105	17 536					
重　庆			97 500				
四　川		6	5 248				
贵　州		18	50 112		3		3
云　南		4 200	812				
陕　西		13	3 503	3	7	3	4
甘　肃	6	294	30 306	12	191	42	164
青　海		5	161	24	358	68	159
宁　夏		917	225 399	11	69	50	19
新疆（兵团）	5 210	63 581	681 395	405	19 493	9 187	5 068
新疆（农业）	64	1 516	17 819		430	320	110
新疆（畜牧）	3	1 500	172 031	869	4 957	1 230	1 002
热 科 院		58					
广　州			31 539				
南　京		68					

5-10续表2

地　　区	羊绒产量（吨）	蜂蜜产量（吨）	禽蛋产量（吨）	蚕茧产量（吨）		鹿茸产量（千克）
					桑蚕茧产量（吨）	
全国农垦	**413**	**14 609**	**543 582**	**1 569**	**1 304**	**66 535**
北　　京			35 752			
天　　津			9 886			
河　　北			20 308			110
山　　西			2 218			
内 蒙 古	183	1 138	4 644	115		80
辽　　宁		70	100 518			2 020
吉　　林	14	18	49 885			17 349
黑 龙 江	26	1 937	28 613			17
上　　海			11 878			
江　　苏		31	16 250	150		
浙　　江			979			
安　　徽		72	3 331			
福　　建		122	6 185			
江　　西		609	10 768	238	238	
山　　东			601			
河　　南		2	4 049			
湖　　北		843	51 792			14 460
湖　　南		341	8 548			14
广　　东		5	3 084	1 038	1 038	
广　　西		161	3 659			
海　　南		190	3 373			
重　　庆			10 902			
四　　川			2	25	25	
贵　　州			48			
云　　南			6 645			
陕　　西	7	4	48			
甘　　肃	3		2 164			
青　　海	11		3			
宁　　夏	7		1 255			
新疆(兵团)	65	8 978	109 222			32 485
新疆(农业)	41	60	8 240			
新疆(畜牧)	55	27	27 675			
热 科 院			7	3	3	
广　　州						
南　　京			1 050			

5－11　渔业生产情况

（2017 年）

地　　区	水产品总产量（吨）			#养殖产量（吨）		
	合　计（吨）	海　水（吨）	淡　水（吨）	合　计（吨）	海　水（吨）	淡　水（吨）
全国农垦	**1 609 429**	**418 374**	**1 191 056**	**1 182 218**	**158 330**	**1 023 888**
北　　京						
天　　津	16 747	129	16 618	16 747	129	16 618
河　　北	113 425	33 837	79 588	96 230	22 078	74 152
山　　西	13		13	13		13
内 蒙 古	4 270		4 270	2 738		2 738
辽　　宁	402 802	235 377	167 425	232 793	117 432	115 361
吉　　林	980		980	662		662
黑 龙 江	32 314		32 314	23 819		23 819
上　　海	173 243	128 367	44 876	44 876		44 876
江　　苏	60 391		60 391	40 633		40 633
浙　　江	4 926	924	4 002	2 309	924	1 385
安　　徽	6 189		6 189	2 049		2 049
福　　建	22 702	453	22 249	18 635	453	18 182
江　　西	51 981		51 981	37 432		37 432
山　　东	6 503	4 591	1 912	4 296	2 618	1 678
河　　南	7 973		7 973	7 973		7 973
湖　　北	443 789		443 789	405 179		405 179
湖　　南	81 959		81 959	68 210		68 210
广　　东	43 908	11 503	32 405	43 754	11 503	32 251
广　　西	19 069	1 132	17 937	19 069	1 132	17 937
海　　南	33 885	2 061	31 824	33 885	2 061	31 824
重　　庆	4 000		4 000	4 000		4 000
四　　川	9		9	9		9
贵　　州	24		24	24		24
云　　南	9 940		9 940	9 940		9 940
陕　　西	43		43	43		43
甘　　肃	67		67	67		67
青　　海						
宁　　夏	12 047		12 047	12 047		12 047
新疆（兵团）	54 203		54 203	52 978		52 978
新疆（农业）	1 520		1 520	1 520		1 520
新疆（畜牧）	352		352	132		132
热 科 院	150		150	150		150
广　　州						
南　　京	6		6	6		6

5－11 续表 1

地　　区	在水产品产量中：					
	鱼　类（吨）			虾蟹类（吨）		
		海　水（吨）	淡　水（吨）		海　水（吨）	淡　水（吨）
全国农垦	**1 144 625**	**168 864**	**1 007 585**	**213 867**	**66 164**	**147 703**
北　　京						
天　　津	16 327	26	16 301	400	103	297
河　　北	68 331	7 783	60 548	30 409	11 369	19 040
山　　西	13		13			
内 蒙 古	4 270		4 270			
辽　　宁	158 073	43 724	114 349	91 305	38 229	53 076
吉　　林	880		880	100		100
黑 龙 江	31 337		31 337	977		977
上　　海	156 269	113 083	43 186	4 242	2 556	1 686
江　　苏	57 320		57 320	2 236		2 236
浙　　江	2 482	25	2 457	1 372	243	1 129
安　　徽	5 476		5 476	600		600
福　　建	20 609	146	20 463	978	130	848
江　　西	51 981		51 981			
山　　东	3 079	1 487	1 592	2 675	2 355	320
河　　南	7 973		7 973			
湖　　北	368 003		368 003	59 673		59 673
湖　　南	63 305		63 305	1 542		1 542
广　　东	30 236	2 590	27 646	13 513	8 913	4 600
广　　西	17 930		17 930	1 069	1 069	
海　　南			31 824	1 197	1 197	
重　　庆	4 000		4 000			
四　　川	9		9			
贵　　州	24		24			
云　　南	9 893		9 893			
陕　　西	43		43			
甘　　肃	67		67			
青　　海						
宁　　夏	12 018		12 018	29		29
新疆(兵团)	52 653		52 653	1 547		1 547
新疆(农业)	1 520		1 520			
新疆(畜牧)	349		349	3		3
热 科 院	150		150			
广　　州						
南　　京	6		6			

5－11 续表 2

地　区	在水产品产量中：						
	#对虾（吨）		贝　类（吨）			藻　类（吨）	
		海　水（吨）		海　水（吨）	淡　水（吨）		海　水（吨）
全国农垦	**61 586**	**24 161**	**154 217**	**139 989**	**14 228**	**63**	**63**
北　京							
天　津							
河　北	26 058	11 045	7 610	7 610			
山　西							
内蒙古							
辽　宁	2 968	2 968	131 277	131 277			
吉　林							
黑龙江							
上　海							
江　苏	1 847		123		123		
浙　江	1 041	105	1 072	656	416		
安　徽			3		3		
福　建	790		183	177	6		
江　西							
山　东	1 242	1 242	269	269			
河　南							
湖　北	13 799						
湖　南			13 680		13 680		
广　东	12 332	7 732					
广　西	1 069	1 069				63	63
海　南							
重　庆							
四　川							
贵　州							
云　南							
陕　西							
甘　肃							
青　海							
宁　夏							
新疆（兵团）	440						
新疆（农业）							
新疆（畜牧）							
热科院							
广　州							
南　京							

5－11 续表 3

地　　区	在水产品产量中：			养殖面积（公顷）				
	其他产量（吨）				海水（公顷）	淡水（公顷）	# 对虾（公顷）	
		海水（吨）	淡水（吨）					海水（公顷）
全国农垦	**64 833**	**43 288**	**21 545**	**307 954**	**32 460**	**275 494**	**21 129**	**12 557**
北　　京								
天　　津	20		20	909	68	841		
河　　北	7 075	7 075		15 530	7 512	8 018	10 264	4 903
山　　西				10		10		
内 蒙 古				4 223		4 223		
辽　　宁	22 147	22 147		58 646	17 799	40 847	3 405	3 405
吉　　林				1 039		1 039		
黑 龙 江				26 202		26 202		
上　　海	12 732	12 728	4	3 840		3 840		
江　　苏	712		712	3 960		3 960	501	
浙　　江				947	182	765	381	101
安　　徽	110		110	297		297		
福　　建	932		932	1 793	230	1 563	237	147
江　　西				19 879		19 879		
山　　东	480	480		5 922	5 122	800	3 200	3 200
河　　南				623		623		
湖　　北	16 113		16 113	51 199		51 199	1 780	
湖　　南	3 432		3 432	51 021		51 021		
广　　东	159		159	3 807	1 280	2 527	1 040	640
广　　西	7		7	1 453	167	1 286	161	161
海　　南	864	858	6	3 953	100	3 853		
重　　庆				2 150		2 150		
四　　川				4		4		
贵　　州				124		124		
云　　南	47		47	1 188		1 188		
陕　　西				32		32		
甘　　肃				460		460		
青　　海								
宁　　夏				5 843		5 843		
新疆（兵团）	3		3	38 624		38 624	160	
新疆（农业）				2 760		2 760		
新疆（畜牧）				1 483		1 483		
热 科 院				28		28		
广　　州								
南　　京				6		6		

5－12 茶、果、桑和人参生产情况

（2017 年）

地区	茶叶		水果					
	年末实有面积（公顷）	实际产量（吨）	年末实有面积（公顷）	实际产量（吨）	香蕉		苹果	
					年末实有面积（公顷）	实际产量（吨）	年末实有面积（公顷）	实际产量（吨）
全国农垦	**28 496**	**51 737**	**418 023**	**7 375 276**	**22 696**	**785 945**	**44 390**	**1 033 970**
北京			152	706			80	545
天津			305	3 862			53	446
河北			2 092	27 877			135	8 332
山西			183	4 220			83	1 283
内蒙古			1 706	10 437			348	2 682
辽宁			11 988	158 792			7 142	103 803
吉林			2 832	20 247			557	2 259
黑龙江			1 126	22 593			554	11 377
上海	47	1	139	1 006				
江苏			139	2 459				
浙江	1 391	4 818	698	12 334				
安徽	2 229	14 111	1 360	37 254				
福建	4 326	6 050	11 811	115 420	1 096	26 470	16	140
江西	5 712	4 269	9 106	80 798			27	25
山东			157	967			29	164
河南	32	6	1 926	61 654			551	21 653
湖北	947	813	8 639	124 720			32	166
湖南	2 003	3 152	7 603	34 508				
广东	556	702	32 837	889 913	6 876	322 043		
广西	616	600	11 899	368 364	2 693	150 538		
海南	832	542	35 311	462 164	4 470	116 183		
重庆			1 490	5 075				
四川	1 064	1 074	180	1 184			20	204
贵州	4 057	5 340	1 142	16 182			24	40
云南	4 645	10 255	14 134	284 863	7 540	170 709		
陕西			991	8 646			78	604
甘肃			3 806	56 291			692	8 253
青海								
宁夏			5 163	57 308			897	19 345
新疆（兵团）			208 294	3 921 608			23 762	630 818
新疆（农业）			34 761	523 071			8 436	209 308
新疆（畜牧）			5 924	60 391			874	12 524
热科院			128	363	21	2		
广州								
南京	38	4						

5－12续表1

地区	水果							
	柑、橘、橙、柚		梨		桃		葡萄	
	年末实有面积（公顷）	实际产量（吨）	年末实有面积（公顷）	实际产量（吨）	年末实有面积（公顷）	实际产量（吨）	年末实有面积（公顷）	实际产量（吨）
全国农垦	**26 551**	**372 007**	**40 005**	**843 641**	**13 884**	**223 823**	**64 149**	**1 095 405**
北京			6	34	18	76	2	10
天津			61	2 335	5	119	178	861
河北	7	80	318	3 803	534	8 372	248	5 658
山西			17	1	71	2 763	8	116
内蒙古	3	7	131	3 626	1	21	535	2 122
辽宁			1 620	14 172	1 152	16 821	626	11 822
吉林			1 855	16 211			24	110
黑龙江			151	1 378			93	3 088
上海	1	5	33	243	49	372	23	223
江苏			104	2 049			21	373
浙江	346	9 781	42	576	41	277	97	1 578
安徽		200	761	26 255	401	8 801	80	1 593
福建	2 174	37 645	158	1 190	243	1 752	31	252
江西	6 554	63 824	1 077	6 334	715	6 185	229	1 845
山东					7	165	84	616
河南	29	45	577	25 205	417	11 616	180	2 460
湖北	1 962	31 382	829	14 890	4 449	55 234	733	17 755
湖南	6 153	18 035	780	1 895	120	805	98	998
广东	835	8 342						
广西	4 687	165 670	8	221	29	959	101	2 003
海南	864	7 464						
重庆	1 310	4 788	25	10	40	12	115	265
四川	83	380	11	23				
贵州	446	7 806	34	45	41	121	597	8 170
云南	1 093	16 553					1 781	45 765
陕西			93	640	77	1 086	34	954
甘肃			1 294	33 982			1 018	11 085
青海								
宁夏			121	2 134	39	876	3 744	31 788
新疆(兵团)			20 788	531 781	4 301	92 191	44 351	794 264
新疆(农业)			8 967	152 430	310	6 975	7 120	122 302
新疆(畜牧)			143	1 879	825	8 225	1 996	27 329
热科院	3						3	…
广州								
南京								

5－12续表2

地　区	水果					
	菠萝		红枣		柿子	
	年末实有面积（公顷）	实际产量（吨）	年末实有面积（公顷）	实际产量（吨）	年末实有面积（公顷）	实际产量（吨）
全国农垦	**14 781**	**525 122**	**120 036**	**1 854 599**	**165**	**1 716**
北　京						
天　津						
河　北			760	1 255		
山　西						
内蒙古			2	4	3	2
辽　宁			96	994		
吉　林						
黑龙江						
上　海						
江　苏						
浙　江						
安　徽					19	380
福　建	137	5 360	4	8	18	130
江　西						
山　东			37	22		
河　南			20	139		
湖　北			17	21	125	1 204
湖　南						
广　东	11 818	454 826				
广　西	7	26				
海　南	1 723	40 294				
重　庆						
四　川						
贵　州						
云　南	1 093	24 610				
陕　西			286	4 672		
甘　肃			597	2 212		
青　海						
宁　夏			282	2 130		
新疆（兵团）			107 498	1 817 304		
新疆（农业）			9 640	21 690		
新疆（畜牧）	1	3	798	4 148		
热科院	2	3				
广　州						
南　京						

5-12续表3

地区	水果					
	荔枝		龙眼		芒果	
	年末实有面积（公顷）	实际产量（吨）	年末实有面积（公顷）	实际产量（吨）	年末实有面积（公顷）	实际产量（吨）
全国农垦	**16 584**	**107 584**	**9 725**	**52 494**	**17 543**	**201 580**
北京						
天津						
河北						
山西						
内蒙古						
辽宁						
吉林						
黑龙江						
上海						
江苏						
浙江						
安徽						
福建	2 012	6 655	2 651	9 219	222	240
江西						
山东						
河南						
湖北						
湖南						
广东	6 557	39 329	3 076	15 612	77	167
广西	1 221	5 767	1 340	7 973	945	9 765
海南	6 629	55 001	2 495	18 295	14 927	176 366
重庆						
四川	20	103	2	6		
贵州						
云南	135	727	158	1 388	1 339	14 882
陕西						
甘肃						
青海						
宁夏						
新疆（兵团）						
新疆（农业）						
新疆（畜牧）						
热科院	9	2	3	1	32	160
广州						
南京						

5－12续表4

地区	水果							
	杨桃		火龙果		番石榴		红毛丹	
	年末实有面积（公顷）	实际产量（吨）	年末实有面积（公顷）	实际产量（吨）	年末实有面积（公顷）	实际产量（吨）	年末实有面积（公顷）	实际产量（吨）
全国农垦	**507**	**3 361**	**630**	**22 048**	**798**	**17 620**	**519**	**3 024**
北京								
天津								
河北								
山西								
内蒙古								
辽宁								
吉林								
黑龙江								
上海								
江苏								
浙江								
安徽								
福建	39	573			18	151		
江西			12	135				
山东								
河南								
湖北								
湖南								
广东	340	2 054	420	19 571	683	15 683		
广西	4	30						
海南	123	701	35	102	94	1 741	519	3 024
重庆								
四川								
贵州								
云南			158	2 194				
陕西								
甘肃								
青海								
宁夏								
新疆（兵团）								
新疆（农业）								
新疆（畜牧）								
热科院	1	3	5	46	3	45		
广州								
南京								

5－12续表5

地区	其他		桑园年末实有面积（公顷）	人参	
	年末实有面积（公顷）	实际产量（吨）		年末实有面积（米^2）	实际产量（千克）
全国农垦	**25 041**	**231 217**	**1 000**	**897 621**	**254 410**
北京	47	41			
天津	8	101			
河北	90	377			
山西	4	57			
内蒙古	683	1 973			
辽宁	1 352	11 180		133	98
吉林	396	1 667		897 400	254 312
黑龙江	328	6 750		88	
上海	33	163			
江苏	14	37	60		
浙江	172	122	132		
安徽	100	25			
福建	2 972	25 516	44		
江西	491	2 150	235		
山东					
河南	152	536			
湖北	492	4 068	2		
湖南	452	12 775			
广东	2 155	12 286	382		
广西	864	25 412			
海南	3 430	42 993			
重庆					
四川	44	468	61		
贵州			21		
云南	837	8 035			
陕西	423	690			
甘肃	205	760			
青海					
宁夏	80	1 035			
新疆（兵团）	7 594	55 250			
新疆（农业）	288	10 366	40		
新疆（畜牧）	1 288	6 283			
热科院	47	101	23		
广州					
南京					

5－13　全国农垦热带作物生产情况

（2017 年）

项　　目	计量单位	全国农垦	福建	广东	广西	海南	云南	热科院
总面积合计	公顷	48 231	143	3 849	6 755	33 446	3 742	296
#当年新植	公顷	4 890	10	1 192	1 713	1 590	328	57
#收获面积	公顷	36 763	70	1 995	5 715	27 189	1 663	131
1. 剑麻（按纤维计算）								
年末实有面积	公顷	6 457	131	3 055	3 264			7
当年新植面积	公顷	591		501	88			2
收获面积	公顷	4 448	58	1 584	2 803			3
每公顷产量	千克	5 146	4 000	1 714	7 111			3 500
总产量	吨	22 890	232	2 715	19 931			12
2. 香辛料								
年末实有面积	公顷	8 406		89	1 885	6 350	77	5
当年新植面积	公顷	661			474	187		
收获面积	公顷	7 303		76	1 411	5 810	3	3
每公顷产量	千克	1 546		2 516	693	1 741	1 000	821
总产量	吨	11 289		192	978	10 114	3	2
#胡椒（按籽计算）								
年末实有面积	公顷	6 448		89		6 350	4	5
当年新植面积	公顷	187				187		
收获面积	公顷	5 892		76		5 810	3	3
每公顷产量	千克	1 750		2 516		1 741	1 000	821
总产量	吨	10 311		192		10 114	3	2
#肉桂（按干皮计算）								
年末实有面积	公顷	1 043			970		73	
当年新植面积	公顷	474			474			
收获面积	公顷	496			496			
每公顷产量	千克	1 480			1 480			
总产量	吨	734			734			
#八角（按干果计算）								
年末实有面积	公顷	915			915			
当年新植面积	公顷							
收获面积	公顷	915			915			
每公顷产量	千克	267			267			
总产量	吨	244			244			
3. 咖啡（按干豆计产量）								
年末实有面积	公顷	1 046				68	974	4
当年新植面积	公顷	29				25	3	1
收获面积	公顷	932				17	912	3
每公顷产量	千克	1 629				1 500	1 633	1 050
总产量	吨	1 518				26	1 489	3
4. 椰子（按果计产量）								
年末实有面积	公顷	1 382				1 265		117
当年新植面积	公顷	3				2		1
收获面积	公顷	1 248				1 162		86
每公顷产量	个	84 714				90 945		147
总产量	万个	105 724				105 678		46
5. 油棕（按油计产量）								
年末实有面积	公顷	79				28		51

5－13 续表

项　　目	计量单位	全国农垦	福建	广东	广西	海南	云南	热科院
当年新植面积	公顷							
收获面积	公顷	7						7
每公顷产量	千克	15 000						15 000
总产量	吨	105						105
7. 可可（按豆计产量）								
年末实有面积	公顷	11						11
当年新植面积	公顷	1						1
收获面积	公顷	10						10
每公顷产量	千克	1 200						1 200
总产量	吨	12						12
8. 南药								
年末实有面积	公顷	21 915	2	375	128	21 078	240	92
当年新植面积	公顷	1 002		361		553	38	51
收获面积	公顷	15 884	2	5	128	15 547	187	14
每公顷产量	千克	2 386	125	23 400	7 234	2 325	3 877	6 539
总产量	吨	37 907	0	117	926	36 088	725	51
＃槟榔（按果计产量）								
年末实有面积	公顷	20 756				20 672		84
当年新植面积	公顷	592				549		43
收获面积	公顷	15 437				15 423		14
每公顷产量	千克	2 330				2 328		6 439
总产量	吨	35 966				35 915		51
＃益智（干果）								
年末实有面积	公顷	393				385		8
当年新植面积	公顷	8				0		8
收获面积	公顷	107				107		
每公顷产量	千克	1 200				1 200		
总产量	吨	130				130		
＃其他								
年末实有面积	公顷	694	2	375	128	21	168	
当年新植面积	公顷	366		361		5		
收获面积	公顷	313	2	5	128	16	162	
每公顷产量	千克	5 732	125	23 400	7 234	2 595	4 370	
总产量	吨	1 794	…	117	926	43	708	
9. 澳洲坚果（按干果计产量）								
年末实有面积	公顷	2 842			432		2 403	7
当年新植面积	公顷	348			105		243	
收获面积	公顷	844			327		516	1
每公顷产量	千克	2 151			1 731		2 417	
总产量	吨	1 815			566		1 247	2
10. 木薯（按干薯产量）								
年末实有面积	公顷	6 093	10	330	1 046	4 657	48	2
当年新植面积	公顷	2 253	10	330	1 046	823	44	
收获面积	公顷	6 090	10	330	1 046	4 653	48	3
每公顷产量	千克	9 823	18 600	20 203	10 591	8 835	15 667	22 455
总产量	吨	59 821	186	6 660	11 078	41 099	752	46

5－14 主要农业机械年末拥有量

（2017 年）　　　　计量单位：千瓦

地区	农业机械总动力	柴油发动机动力	汽油发动机动力	电动机动力	其他机械动力
全国农垦	**30 259 318**	**24 420 822**	**1 588 769**	**3 907 926**	**341 801**
北京	32 499	21 902	2 268	8 293	36
天津	26 093	18 070	134	7 889	
河北	1 049 925	688 996	8 513	312 330	40 086
山西	27 149	11 584	5 102	8 961	1 502
内蒙古	2 072 465	1 847 888	106 668	108 184	9 725
辽宁	1 274 413	937 784	102 293	181 699	52 637
吉林	1 200 737	1 094 923	55 673	48 811	1 330
黑龙江	10 992 498	9 586 509	651 000	661 250	93 739
上海	284 251	216 010	4 654	63 360	227
江苏	531 616	468 316	3 610	59 690	
浙江	11 416	3 398	864	6 193	961
安徽	466 117	380 301	16 589	69 228	
福建	70 687	40 613	9 390	18 139	2 545
江西	514 513	367 248	50 748	88 485	8 032
山东	50 053	38 312	432	8 413	2 896
河南	301 858	225 075	33 033	43 280	470
湖北	1 830 649	1 318 668	116 255	375 944	19 782
湖南	976 776	672 813	76 869	196 811	30 283
广东	440 420	235 016	53 477	143 956	7 971
广西	351 309	231 661	30 846	69 324	19 478
海南	318 717	200 187	56 769	26 658	35 103
重庆	7 350	7 350			
四川	2 129	929	132	818	250
贵州	19 773	18 789	527	442	15
云南	203 175	118 119	24 460	60 596	
陕西	46 678	30 984	804	14 890	
甘肃	304 711	237 552	56 176	5 984	5 000
青海	50 455	45 743	2 993	980	739
宁夏	313 819	265 068	1 987	46 669	95
新疆（兵团）	5 276 979	4 056 119	47 002	1 173 858	
新疆（农业）	390 987	330 142	11 750	48 295	800
新疆（畜牧）	815 768	701 852	57 597	48 239	8 079
热科院	1 798	1 627	154	17	
广州	1 535	1 275		240	20
南京					

5-14 续表 1

地　区	拖拉机				拖拉机配套农具	
	大中型（台）	大中型（千瓦）	小型（台）	小型（千瓦）	大中型（部）	小型（部）
全国农垦	**221 541**	**10 292 388**	**301 059**	**3 645 151**	**372 530**	**309 617**
北　京	71	3 436	123	1 671	44	6
天　津	105	4 935	40	511		1
河　北	4 791	201 952	16 924	209 721	3 934	14 858
山　西	46	2 379	293	4 155	39	153
内 蒙 古	15 833	658 214	44 334	681 469	25 646	47 394
辽　宁	5 561	218 455	10 528	114 584	6 504	6 754
吉　林	5 705	183 189	23 900	336 232	5 623	36 891
黑 龙 江	84 509	4 218 675	48 102	713 916	173 905	58 508
上　海	1 465	92 956	125	1 092	1 065	
江　苏	3 883	324 146	786	8 626	10 612	2 259
浙　江	42	860	56	196	6	16
安　徽	3 024	151 157	5 412	51 930	5 262	6 443
福　建	85	2 602	714	6 293	31	228
江　西	1 955	76 154	6 615	69 517	729	4 090
山　东	444	12 364	1 053	11 262	291	324
河　南	1 287	59 178	7 524	84 469	2 595	6 514
湖　北	8 901	359 620	48 115	365 081	12 319	47 084
湖　南	3 899	121 236	10 208	54 215	4 363	3 121
广　东	559	30 718	3 635	39 468	1 104	3 635
广　西	1 807	83 917	5 559	72 985	2 220	5 570
海　南	457	22 341	5 427	64 900	206	878
重　庆	7	689	3	50	6	2
四　川			10	500		
贵　州	56	10 150	141	627		31
云　南	867	23 029	2 068	22 593	212	1 722
陕　西	215	8 822	671	9 703	314	314
甘　肃	6 927	183 155	2 515	41 716	5 029	8 297
青　海	307	13 481	733	7 046	306	942
宁　夏	2 630	126 497	1 560	18 467	4 833	1 201
新疆（兵团）	51 400	2 557 285	28 526	376 864	82 898	25 913
新疆（农业）	8 528	270 985	10 120	122 310	17 210	13 102
新疆（畜牧）	6 154	269 309	15 153	152 345	5 213	13 354
热 科 院	7	125	74	485		12
广　州	14	377	12	152	11	
南　京						

5-14 续表 2

地区	耕整地及种植机械					农用排灌机械	
	播种机（台）	精量半精量播种机（台）	机动水稻插秧机（台）	化肥深施机（台）	机引铺膜机（台）	排灌动力机械（台）	排灌动力机械（千瓦）
全国农垦	**127 343**	**74 946**	**101 414**	**27 378**	**20 826**	**286 937**	**4 074 050**
北京	17	3		4		42	458
天津	29			2		89	3 761
河北	3 075	907	35	65	681	11 516	148 350
山西	89	16		2	36	716	8 678
内蒙古	25 737	17 806	15	3 799	1 858	11 176	138 332
辽宁	3 124	2 244	5 783	135	109	14 549	175 462
吉林	11 040	4 794	8 738	80	112	13 964	136 983
黑龙江	34 710	23 059	82 717	4 357	464	100 851	1 339 905
上海	619	33	111	118		824	19 438
江苏	923	628	945	139		1 035	52 887
浙江			12			921	1 961
安徽	1 705	860	548	180		5 010	75 127
福建			2			3 181	14 389
江西	70	50	225	90	1	10 539	80 287
山东	428	139	100	143	130	979	10 846
河南	3 921	1 814		1 817	34	7 767	53 014
湖北	3 587	1 985	950	2 586	3 688	26 175	365 427
湖南	1 288		77		8	15 986	188 305
广东						12 555	94 143
广西	96			337		4 189	72 652
海南						10 860	52 961
重庆						6	140
四川						7	123
贵州						294	1 840
云南	81					1 401	6 451
陕西	775	74	3	29	30	880	9 842
甘肃	3 483	1 028		472	3 316	704	29 265
青海	168	1				28	526
宁夏	579	264	3	88	58	1 430	40 800
新疆(兵团)	18 143	10 710	690	9 920	4 567	23 781	809 400
新疆(农业)	10 665	6 880	26	2 482	4 628	4 248	68 875
新疆(畜牧)	2 991	1 651	434	533	1 106	1 228	73 394
热科院						6	28
广州							
南京							

5－14 续表 3

地　　区	农用排灌机械						植保机械	
	柴油机（台）	柴油机（千瓦）	电动机（台）	电动机（千瓦）	农用水泵（台）	滴喷灌溉机械（套）	机动喷雾(粉)机（台）	机动喷雾(粉)机（千瓦）
全国农垦	**139 598**	**1 637 264**	**131 896**	**2 328 537**	**303 081**	**56 830**	**136 210**	**345 366**
北　　京	4	128	41	377	63	216	7	27
天　　津	8	903	81	2 858	74	11	6	275
河　　北	4 915	54 969	7 040	95 154	10 997	1 187	1 059	4 769
山　　西	24	397	567	6 460	82	267	11	165
内 蒙 古	3 593	44 663	7 113	123 016	15 627	5 122	4 746	11 622
辽　　宁	6 180	88 980	4 413	90 471	24 911	5 778	956	8 433
吉　　林	12 456	110 912	1 349	15 545	24 692	314	955	919
黑 龙 江	58 294	791 269	42 557	548 636	94 267	11 544	29 176	79 292
上　　海	19	248	875	19 782	793	31	1 143	4 196
江　　苏	12	72	1 365	59 250	584	152	858	6 546
浙　　江	153	449	450	3 106	561	198	586	676
安　　徽	4 226	23 635	784	51 492	2 506	5 672	5 188	13 820
福　　建	930	7 405	2 476	8 799	1 427	49	695	2 201
江　　西	3 563	20 112	6 605	57 575	5 763	306	2 354	4 207
山　　东	457	4 920	509	5 714	1 480	73	905	1 238
河　　南	1 081	10 795	6 437	40 594	8 192	500	736	1 987
湖　　北	12 457	158 159	12 331	196 721	31 477	3 379	31 400	42 462
湖　　南	8 321	99 803	5 589	83 400	34 983		7 268	21 689
广　　东	6 218	42 827	1 529	9 814	3 844	331	14 153	28 257
广　　西	1 529	13 782	1 733	19 048	3 377	2 814	2 669	11 282
海　　南	7 336	42 447	2 538	5 769	7 034	202	7 853	30 159
重　　庆	1	12	3	9	3	3		
四　　川	2	30	5	90	4		40	119
贵　　州	86	1 346	208	3 144	267	147	129	
云　　南	778	2 456	623	3 995	2 055	37	4 231	12 738
陕　　西	96	1 233	805	8 612	1 165	87	749	1 235
甘　　肃	15	691	364	12 478	834	932	820	3 690
青　　海	21	261	16	475	300	2	6	
宁　　夏	78	1 901	1 352	38 899	1 325	88	246	2 426
新疆（兵团）	3 861	57 950	19 920	751 450	17 593	13 813	10 180	19 765
新疆（农业）	2 266	14 236	1 982	59 622	5 870	2 135	6 424	27 622
新疆（畜牧）	616	40 261	232	6 167	880	1 434	591	3 362
热 科 院	2	13	4	15	39	6	70	188
广　　州					12			
南　　京								

5-14续表4

地 区	收获机械							
	联合收获机（台）	联合收获机（千瓦）	#自走式（台）	#自走式（千瓦）	机动割晒机（台）	机动割晒机（千瓦）	其他作物收获机械（台）	其他作物收获机械（千瓦）
全国农垦	**63 813**	**4 832 747**	**49 240**	**3 636 360**	**5 436**	**144 949**	**20 755**	**767 087**
北 京	15	3 460	15	3 460				
天 津	6	1 318	6	1 318				
河 北	764	48 984	332	19 687	625	5 557	480	31 499
山 西	13	1 406	8	986			3	300
内 蒙 古	2 493	240 110	1 956	209 392	843	30 504	118	9 903
辽 宁	1 579	73 492	945	51 340	94	2 928	1 626	19 296
吉 林	4 395	202 968	790	50 456	8	320	192	8 620
黑 龙 江	38 426	3 004 183	36 593	2 770 857	3 087	94 089	794	68 092
上 海	182	25 927	177	25 927	10	42	117	1 897
江 苏	1 630	121 888	1 504	113 489	5	360	1 280	1 638
浙 江	2	176						
安 徽	1 312	97 574	1 059	77 873	75	799		
福 建	50	861	37	786			579	905
江 西	1 609	60 949	344	10 156	15	96	303	1 113
山 东	124	6 531	44	1 805				
河 南	770	48 095	637	41 487	16	330	193	4 068
湖 北	3 703	182 603	2 389	127 094	31	316	963	10 096
湖 南	1 778	58 586	1 436	48 786				
广 东	53	4 902	6	120				
广 西	36	5 280	28	4 633			132	2 905
海 南					86	2 346		
重 庆							5	1 503
四 川								
贵 州							49	151
云 南	34	1 039			351	886		
陕 西	48	3 381	20	828			34	2 015
甘 肃	151	11 192	52	5 279	38	1 123	316	8 729
青 海	162	12 830	28	1 306				
宁 夏	514	41 483	503	40 150			35	886
新疆（兵团）	3 160	514 048			88	3 731	12 788	565 996
新疆（农业）	215	17 533	80	11 160	45	190	303	5 869
新疆（畜牧）	589	41 948	251	17 985	19	1 332	445	21 606
热 科 院								
广 州								
南 京								

5－14 续表 5

地区	脱粒烘干机械		种子加工设备		设施农业设备			
	机动脱粒机（台）	谷物烘干机（台）	种子包衣机（台）	种子清洗机（台）	水稻工厂化育秧设备（套）	温室（米^2）	大棚（米^2）	田园管理机（台）
全国农垦	**24 268**	**2 563**	**651**	**1 489**	**755**	**87 243 051**	**290 280 070**	**8 027**
北京						272 349	299 947	
天津						16 667	458 012	
河北	3 369	8	6	11	105	5 604 001	4 366 712	
山西	16	2	2	2		483 911	147 000	
内蒙古	2 121	79	276	257	21	992 472	1 534 287	141
辽宁	3 164	103	14	14	178	4 278 314	6 301 368	8
吉林	1 412	6	16	5	10	121 963	1 093 002	5
黑龙江	2 088	540	146	559	120	6 655 800	195 844 900	6
上海	6	77		10	50	1 101 255	2 150 986	14
江苏	950	76	30	43	123	850 480	223 027	13
浙江	1	3				43 300	959 633	
安徽	209	192	17	146		116 998	3 788 182	929
福建	2 218				1	63 400	309 656	4
江西	704	107	31	11	6	14 765	537 035	4
山东	25	6	8	19	1	73 037	560 271	15
河南	76	8	40	199		253 300	389 092	
湖北	1 446	261	15	28	140	3 320 630	44 220 328	1 225
湖南	2 610	1 012				3 468	3 980	
广东	465					122 365	487 830	
广西	224					146 907		34
海南								
重庆	4		3	20		21 000		
四川							36 601	
贵州						6 533	18 440	
云南	844					189 408	248 809	
陕西	120	1	6	9		264 583	1 256 461	24
甘肃	485	3	24			150 000	60 000	
青海			1	13		1 021 909	997 005	
宁夏	207	33	10	47		3 013 953	250 125	717
新疆（兵团）	1 238					57 637 000	19 848 100	4 117
新疆（农业）	112	21	4	21		324 745	3 672 320	771
新疆（畜牧）	153	21	2	75		71 112	193 149	
热科院	1	4				7 426	23 812	
广州								
南京								

5－14 续表 6

地　　区	农副产品加工机械（台）				畜牧业机械（台）		
	粮食加工机械	棉花加工机械	油料加工机械	橡胶加工机械	牧草播种机	牧草收割机	牧草打捆机
全国农垦	**9 430**	**2 494**	**4 292**	**8 392**	**1 921**	**20 595**	**3 391**
北　　京					4	9	7
天　　津							
河　　北	500	136	49		391	193	53
山　　西	20		6		4		
内 蒙 古	670	8	102		673	17 187	1 928
辽　　宁	1 302	38	84		5	52	4
吉　　林	373		18		1	31	4
黑 龙 江	575		47		319	411	169
上　　海	5						
江　　苏	65	1	8				
浙　　江							
安　　徽	23	4	12				
福　　建	206	2	10	70			
江　　西	1 400	171	2 365	18			
山　　东	10						
河　　南	252	12	13		11	5	14
湖　　北	1 490	903	603	17	3	264	
湖　　南	1 253	175	211	221			
广　　东	189		67	2 108			
广　　西	213		26	113	5	10	2
海　　南			71	2 267			
重　　庆						2	12
四　　川						45	
贵　　州	45		9				
云　　南	48			3 576			
陕　　西	3	2				1	2
甘　　肃	4	5	4			80	85
青　　海			2		25	194	49
宁　　夏	88		35		35	130	103
新疆（兵团）	352	320	226			735	517
新疆（农业）	293	709	286		249	232	139
新疆（畜牧）	51	8	38	2	196	1 014	303
热 科 院							
广　　州							
南　　京							

5-14 续表 7

地区	畜牧业机械		林业机械		渔业机械	运输机械	
	机动剪毛机（把）	机动挤奶器（套）	挖坑机（台）	植树机（台）	渔用机动船（艘）	农用运输车（辆）	农用运输车（千瓦）
全国农垦	**1 218**	**8 649**	**961**	**757**	**3 134**	**81 764**	**2 016 885**
北京		132				24	574
天津		26				106	3 728
河北		676	60	15	181	5 598	144 802
山西		144				194	5 396
内蒙古	364	1 725	91	45	229	7 115	134 463
辽宁	7	764	10	340	910	13 681	262 668
吉林	2	13	4	6		4 092	173 961
黑龙江	124	3 376	49	11	366	4 910	129 237
上海		151			71	27	711
江苏		30			3	737	2 620
浙江						35	894
安徽					3	1 207	19 491
福建		20			26	656	15 650
江西			7	60	367	1 770	71 732
山东			5	2	28	147	3 201
河南		3				990	20 276
湖北		1	24	2	452	9 200	217 659
湖南			65		293	2 301	38 512
广东		2	15	8	8	891	74 134
广西		1				1 192	40 398
海南						2 561	100 485
重庆		220			19	5	375
四川		1					
贵州							
云南						987	52 298
陕西						713	7 007
甘肃		2	10			1 077	20 863
青海	3					983	24 705
宁夏	1	173	17		8	1 812	34 867
新疆（兵团）	385	883	384	80	163	16 495	306 192
新疆（农业）	169	9	200	188	5	645	23 022
新疆（畜牧）	163	275	20		2	1 595	85 504
热科院						8	35
广州		22				10	1 425
南京							

5-14 续表 8

地　区	农田基本建设机械					
	推土机（台）	推土机（千瓦）	挖掘机（台）	挖掘机（千瓦）	开沟机（台）	开沟机（千瓦）
全国农垦	**3 580**	**260 742**	**2 835**	**247 586**	**2 077**	**29 540**
北　京	3	464	6	451		
天　津	5	285	17	953	1	23
河　北	107	8 482	86	10 450	1	30
山　西	2	112	3	210		
内 蒙 古	468	40 299	176	10 217	61	769
辽　宁	180	17 795	383	35 235	63	3 866
吉　林	73	5 253	56	4 549	3	174
黑 龙 江	258	24 683	127	14 552	16	1 287
上　海	6	704	7	524	5	69
江　苏	71	6 350	48	592	868	3 988
浙　江						
安　徽	78	3 619	28	1 734	225	2 848
福　建	32	1 679	558	3 907	488	174
江　西	277	14 661	73	3 849	9	648
山　东	16	1 319	10	1 004	20	368
河　南	39	3 240	25	1 767	12	770
湖　北	1 050	71 075	768	80 503	208	10 336
湖　南	232	2 255	18	2 822		
广　东	123	6 766	15	810		
广　西	45	3 860	93	9 609		
海　南	119	8 612	65	6 546	46	1 800
重　庆						
四　川						
贵　州						
云　南	36	3 682	30	6 487		
陕　西	13	833	1	110	1	110
甘　肃	15	827	28	1 600		
青　海	7	686	1	80		
宁　夏	80	6 587	52	7 784		
新疆（兵团）						
新疆（农业）	109	14 017	84	32 154	44	1 150
新疆（畜牧）	136	12 597	72	6 088	6	1 130
热 科 院			4	3 000		
广　州			1			
南　京						

5－15 农业机械化、用电、化肥和水利情况

（2017 年） 计量单位：公顷

地区	农业机械化情况				飞机作业情况			
	当年实际机耕面积	当年实际机播面积	机械插秧面积	当年机械收割面积	飞机播种面积	飞机施肥面积	飞机病虫害防治面积	自有农用飞机（架）
全国农垦	**6 205 201**	**6 165 725**	**1 892 812**	**5 820 169**	**1 453 736**	**1 182 434**	**1 326 194**	**121**
北京	708	1 177		1 840				
天津	2 520	2 460	850	1 285				
河北	61 342	60 304	5 193	48 793				
山西	5 524	4 755		1 703				
内蒙古	653 751	669 298	3 791	603 003			200	
辽宁	136 576	139 219	74 822	98 418				
吉林	121 558	120 035	40 544	95 272				
黑龙江	2 868 613	2 827 602	1 533 072	2 840 314	1 452 968	1 181 088	1 318 176	80
上海	26 810	42 726	3 547	40 441				
江苏	64 290	153 871	74 220	153 871			3 967	
浙江	861	60	83	483				
安徽	29 050	45 542	8 298	48 364				
福建	4 020	462		1 566				
江西	61 572	24 856	3 547	56 647	740	3	522	8
山东	12 303	14 331	952	13 052			225	
河南	26 993	37 273	170	34 574	28		111	
湖北	167 931	79 679	23 480	145 552		1 343	2 193	
湖南	37 008	25 553	1 756	51 558				
广东	35 979	5 193	60	2 418				
广西	22 805	881		904				
海南	15 347	1 954	338	5 879				
重庆	140	69						
四川								
贵州	420	420		420				
云南	4 378	1 720		2 462				
陕西	15 658	13 933	220	14 723				
甘肃	68 747	60 645		54 495				
青海	138 802	134 468	3 194	134 358				
宁夏	37 908	37 073		36 210				
新疆（兵团）	1 281 500	1 362 760	11 370	1 090 200				33
新疆（农业）	82 323	82 323	3 060	58 600			800	
新疆（畜牧）	219 748	215 083	100 245	182 763				
热科院	16							
广州								
南京								

5-15 续表 1

地　　区	农用化肥施用总量（按折纯量计算）（吨）	施用于农作物的数量（吨）	氮肥（吨）	磷肥（吨）	钾肥（吨）	复合肥（吨）	生物肥施用量（实物量）（吨）	有机肥施用量（实物量）（吨）	测土配方施肥面积（米^2）
全国农垦	**2 779 808**	**1 537 241**	**1 071 395**	**529 330**	**341 491**	**798 262**	**405 546**	**2 211 300**	**2 801 191**
北　　京	2 243	2 167	98	74	75	1 996		23 291	
天　　津	494	492	172	5		317		355	
河　　北	51 885	10 221	26 952	8 698	3 945	15 238	9	1 789	981
山　　西	6 654	6 392	2 851	1 036	405	2 362	73	43 563	200
内 蒙 古	175 141	146 140	55 116	50 667	14 466	53 103	39 229	230 925	38 506
辽　　宁	127 357	48 927	55 030	19 460	15 564	37 303	4 023	44 410	60 585
吉　　林	39 419	37 322	15 563	7 817	3 632	12 406	3 458	17 778	26 221
黑 龙 江	564 008	564 008	203 809	137 854	115 110	107 235	9 622	464 051	2 317 708
上　　海	18 673	18 673	11 001	392	196	7 103		115 611	
江　　苏	77 433	77 433	51 915	13 253	2 758	9 505	8 926	72 407	
浙　　江	4 437	2 582	1 195	448	428	2 366	342	3 153	
安　　徽	28 043	23 374	11 884	2 665	1 982	11 512	83	17 152	13 552
福　　建	33 411					13 927	4 547	18 206	393
江　　西	69 773	47 010	20 960	9 929	9 121	29 763	3 245	16 973	28 045
山　　东	11 910	6 821	2 217	409	241	8 811	535	1 500	
河　　南	25 209	24 604	8 956	3 680	1 964	10 004	212	30 249	16 849
湖　　北	163 846	117 317	58 596	29 384	21 936	53 930	130 899	165 517	61 959
湖　　南	128 805	51 021	65 563	29 302	12 438	21 532	635	9 985	1 386
广　　东	67 092	55 237	19 700	13 747	14 972	18 673	40 675	174 447	51 097
广　　西	60 219	38 602	13 894	7 483	10 542	28 300	9 220	225 306	32 531
海　　南	74 650	19 718	18 130	6 217	8 255	42 048	90 858	112 937	
重　　庆	39	39	11	10	7	11		1 102	
四　　川	614	614	146	22	68	406		88	28
贵　　州	5 032	5 032	1 230	1 130	52	2 620		12 300	2 760
云　　南	76 286	76 286	16 019	8 122	12 565	39 579		45 148	9 037
陕　　西	9 133	9 133	4 367	1 531	608	3 004	2 466	10 915	
甘　　肃	6 582		2 056	1 028	799	2 700	38 352	149 220	35 183
青　　海	7 199	10 885	5 801	6 880	112	1 517	2 204	129 703	2 105
宁　　夏	37 233	30 324	19 528	1 338	2 065	14 180	9 665	11 458	15 113
新疆（兵团）	782 449		328 449	132 135	69 709	224 450			
新疆（农业）	24 946	24 946	11 896	6 140	3 600	3 310	1 520	46 022	71 020
新疆（畜牧）	99 069	81 405	38 185	28 408	13 822	18 654	4 706	12 564	15 933
热 科 院	516	516	104	65	53	390	42	3 121	
广　　州									
南　　京	7		2	1	1	7		55	

5-15 续表 2

地　　区	农药施用量			农用塑料薄膜使用量			沼气池	
	合计（吨）	化学除草剂（吨）	化学除草面积（公顷）	合计（吨）	地膜（吨）	地膜覆盖面积（公顷）	数量（个）	体积（米^3）
全国农垦	**120 046**	**29 303**	**4 555 757**	**143 580**	**94 846**	**1 312 674**	**55 833**	**692 569**
北　　京	36	2	289	4		7	3	1 290
天　　津	37	36	1 550	2	2	92		
河　　北	908	147	17 099	601	456	7 722	12	3 090
山　　西	84	81	1 580	134	134	1 596	2	32
内 蒙 古	3 748	2 897	668 891	2 534	2 414	47 719	227	1 850
辽　　宁	2 817	1 711	103 973	4 804	2 549	11 288	2 915	52 809
吉　　林	678	531	84 611	539	265	2 947	66	396
黑 龙 江	15 345	11 233	2 822 783	15 061	1 910	23 738	560	10 663
上　　海	727	243	29 407	246	27	617		
江　　苏	2 469	967	129 021	1 546	379	4 094		
浙　　江	109	24	1 429	1 493	1 284	905	23	3 000
安　　徽	1 160	160	44 424	311	91	580		
福　　建	1 045	301	5 881	121	158	2 442	3 863	35 282
江　　西	2 439	981	52 883	385	447	2 992	2 467	35 517
山　　东	211	76	8 823	95	91	1 434	2	1 800
河　　南	1 268	56	34 886	602	536	11 708	376	5 626
湖　　北	6 417	1 281	94 210	3 358	1 944	28 266	12 491	88 572
湖　　南	2 552	565	20 562	3 848	3 886	11 925	22 301	254 531
广　　东	6 081	1 712	39 985	805	794	16 771	357	130 025
广　　西	3 378	1 007	33 992	552	465	8 936	987	12 845
海　　南	11 773	2 759	151 232	563	454	1 348	3 514	36 607
重　　庆							5	620
四　　川	5	3	109	7	7	47	7	158
贵　　州	86	13	640	95	41	220	217	1 893
云　　南	2 081	1 427	32 906	392	163	3 962	410	2 613
陕　　西	32	29	4 428	86	72	930	256	1 836
甘　　肃	1 940	235	38 987	2 664	2 643	45 273		
青　　海	21	19	3 440	15 018	18	182		
宁　　夏	437	332	33 730	132	64	1 191	610	5 472
新疆（兵团）	12 022			71 145	66 733	915 408		
新疆（农业）	868	66	14 366	8 226	3 369	48 936	456	3 950
新疆（畜牧）	39 239	385	78 436	7 655	3 443	109 319	3 572	1 000
热 科 院	33	23	1 205	6	6	80	134	1 092
广　　州								
南　　京								

5－15 续表 3

地　区	农田水利情况						
	有效灌溉面积（公顷）	机灌面积（公顷）	电灌面积（公顷）	节水灌溉面积（公顷）	漫灌面积（公顷）	喷灌面积（公顷）	滴灌面积（公顷）
全国农垦	**4 345 482**	**2 026 337**	**1 384 673**	**1 815 462**	**222 130**	**380 449**	**342 662**
北　京	1 005	265	907	242	20	462	105
天　津	2 782		2 715	37		37	
河　北	55 463	40 824	12 337	35 231	5 021	9 699	3 731
山　西	3 623	397	2 339	1 869	353	67	550
内蒙古	194 967	55 359	69 647	83 869	9 883	52 653	11 494
辽　宁	162 102	38 174	67 009	14 339	5 821	3 172	3 612
吉　林	64 373	27 840	18 359	5 030	1 238	2 396	1 396
黑龙江	1 635 412	712 791	820 329	410 669		246 401	164 268
上　海	23 806	80	23 223	270		20	250
江　苏	69 846	3 454	65 216	9 498	2 978	3 629	2 338
浙　江	1 159	293	680	83		35	49
安　徽	26 328	12 594	12 941		11 143	5 908	1 235
福　建	4 180	1 007	483	123	52		23
江　西	57 120	11 844	27 542	7 108	2 209	122	95
山　东	11 880	7 548	2 542	2 116	761	412	60
河　南	27 634	12 920	8 397	7 616	593	6 708	372
湖　北	106 114	28 842	77 391	20 283	85 831	4 875	2 473
湖　南	60 825	12 231	48 321		165	123	151
广　东	20 031	5 716	10 409	3 906			3 906
广　西	18 292	10 034	7 588	12 842	671	8 146	2 561
海　南	221 723	60 050	31 235			6 860	
重　庆	80	80		22			22
四　川	342	303	13	27	20	7	
贵　州	865	865					
云　南	12 096	3 794	645	914	6 741	359	555
陕　西	10 124	3 498	3 462	260	12	1 432	808
甘　肃	66 645	18 318	14 302	48 327		19 832	28 495
青　海	9 002	260	179	3 266	8 253	1 192	3 103
宁　夏	40 171	12 034	9 116	2 884	9 525	2 143	1 963
新疆（兵团）	1 258 221	878 852		1 041 995			
新疆（农业）	79 010	3 030	10 211	6 679	60 463		27 226
新疆（畜牧）	100 176	63 040	37 135	95 873	10 378	3 755	81 740
热科院	85			85		5	80
广　州							
南　京							

5－15 续表 4

地　区	农田水利情况				农业电气化情况		
	机电井数量（眼）	已配套（眼）	排灌站数量（座）	排灌能力（米³/秒）	农场用电量（万千瓦时）	水电站（个）	水电站发电能力（千瓦）
全国农垦	**171 414**	**149 935**	**8 137**	**18 253**	**3 856 025**	**546**	**1 933 071**
北　京	89	83			4 860		
天　津	58	58	19	35	4 655		
河　北	3 434	3 193	80	399	409 549	90	
山　西	290	271	4	2	2 514	1	100
内蒙古	22 105	15 790	20	21	24 993		
辽　宁	5 272	4 666	217	1 342	124 555		
吉　林	4 199	2 435	2	130			
黑龙江	89 718	84 708	247	1 311	210 798		
上　海			465	286			
江　苏	160	34	972	1 867	45 105		
浙　江	8	6	5	40	21 114	2	200
安　徽	1 128	924	3 275	248	10 588		
福　建	170	130	24	40	9 809	29	1 741 427
江　西	1 642	11	427	517	58 013	125	26 365
山　东	671	440	8	17	1 652		
河　南	7 445	5 859	8	66	13 293		
湖　北	1 520	1 260	1 469	3 686	50 697	4	276
湖　南			256	3 215	33 325	6	28 900
广　东	2 404	2 399	47	15	36 012	10	3 425
广　西	1 027	611	336	205	52 694	4	3 920
海　南	484	198	11	20	48 737		
重　庆					589		
四　川	1	1	1	1	155		
贵　州	64	64			24 550	1	120
云　南	14	14	9	10	16 589	15	78 488
陕　西	1 388	947	6	3	1 580		
甘　肃	2 120	1 433			17 189		
青　海	64	16			2 123 841		
宁　夏	955	948	204	124	10 017		
新疆（兵团）	21 261	21 261			373 688		
新疆（农业）	2 041	880	14		14 877		
新疆（畜牧）	1 668	1 281	11	4 653	109 614	259	49 850
热科院	14	14			158		
广　州							
南　京					215		

工 业

6－1 工业企业基本情况

（2017 年）

地 区	企业个数（个）	国有（个）	# 亏损企业数（个）	国有（个）	工业销售产值（现价）（万元）	国有（万元）
全国农垦	**5 713**	**1 405**	**648**	**287**	**79 233 170**	**18 203 746**
北 京	38	34	17	16	897 455	781 177
天 津	26	26	14	14	302 482	302 482
河 北	207	11	21	2	8 135 626	1 023 051
山 西	54	2	3	1	29 583	958
内 蒙 古	211	21	25	7	303 943	184 298
辽 宁	217	7	9	1	5 907 703	12 843
吉 林	44	2	10		758 160	27 626
黑 龙 江	1 243	218	57	32	6 866 591	3 997 929
上 海	131	131	51	51	3 523 755	3 523 755
江 苏	329	18	22	6	2 479 075	1 687 717
浙 江	39	3	8	1	786 183	308
安 徽	31	11	2	2	203 137	34 976
福 建	166	33	12	5	1 570 307	54 274
江 西	409	83	51	31	6 251 744	437 745
山 东	24	6			163 749	1 979
河 南	35	15	4	3	335 099	118 925
湖 北	872	80	94	4	20 761 779	1 689 751
湖 南	405	127	17	4	2 384 506	816 823
广 东	103	94	22	22	2 123 668	1 209 785
广 西	452	78	17	12	6 965 749	887 233
海 南	122	38	17	12	119 777	49 519
重 庆	9	4	1	1	969 000	552 100
四 川	8	4	2	1	26 886	1 366
贵 州	5	5			98 756	98 756
云 南	78	29	30	16	226 029	143 818
陕 西	5	5	2	2	25 057	25 057
甘 肃	39	38	20	20	116 614	101 914
青 海	3	3			2 974	2 974
宁 夏	53	13	8	5	107 427	76 091
新疆（兵团）	290	246	86	3	6 597 416	194 407
新疆（农业）	24	11	18	9	24 069	12 360
新疆（畜牧）	36	6	6	3	96 885	87 431
热 科 院						
广 州	3	3	1	1	65 113	64 317
南 京	2		1		6 872	

6－1续表1

地区	主营业务收入（万元）	国有（万元）	主营业务成本（万元）	国有（万元）	主营业务费用（万元）	国有（万元）
全国农垦	**81 431 635**	**24 202 514**	**66 097 591**	**18 658 697**	**6 026 211**	**2 341 319**
北京	872 296	751 485	623 264	540 871	239 241	217 851
天津	363 129	363 129	324 739	324 739	44 511	44 511
河北	8 535 779	968 417	7 147 261	660 736	644 277	174 045
山西	26 952	327	13 438		2 874	740
内蒙古	303 037	184 003	160 772	82 580	27 751	17 644
辽宁	5 751 102	20 429	5 007 727	10 151	224 615	6 704
吉林	702 521	28 083	662 023	24 146	7 524	2 176
黑龙江	8 253 790	5 499 319	7 586 795	5 136 262	200 354	134 501
上海	7 588 713	7 588 713	6 140 046	6 140 046	809 621	809 621
江苏	2 446 800	2 196 730	1 187 500	541 578	562 936	513 845
浙江	798 934	308	712 764	245	13 986	16
安徽	200 793	35 738	180 902	33 442	6 209	2 210
福建	1 547 955	54 002	1 414 936	41 932	73 906	5 676
江西	6 412 339	410 900	5 506 133	283 721	387 322	89 502
山东	163 428	1 979	126 486	1 809	5 715	126
河南	315 127	118 105	267 535	91 231	14 270	8 158
湖北	17 000 286	1 414 383	13 980 338	864 419	1 020 837	21 925
湖南	2 119 783	572 235	1 982 353	488 732	92 699	48 556
广东	2 356 216	1 453 272	1 803 272	1 341 217	136 006	50 870
广西	7 140 833	1 038 790	4 428 068	820 664	428 473	26 302
海南	125 028	55 965	104 507	48 808	2 641	1 124
重庆	941 000	552 100	840 000	480 000	65 000	46 000
四川	23 852	1 353	15 460	932	4 937	307
贵州	107 179	107 179	76 322	76 322	24 783	24 783
云南	264 819	190 559	234 919	168 824	7 817	5 882
陕西	24 541	24 541	11 376	11 376	6 096	6 096
甘肃	124 616	111 455	92 020	86 419	31 801	25 081
青海	3 671	3 671	2 127	2 127	1 045	1 045
宁夏	102 955	72 425	66 138	41 744	12 692	9 500
新疆(兵团)	6 601 468	208 204	5 233 304	174 943	886 654	15 943
新疆(农业)	24 267	5 967	16 233	6 081	7 280	227
新疆(畜牧)	116 603	104 431	98 195	88 637	11 517	10 319
热科院						
广州	65 113	64 317	44 531	43 965	20 148	20 032
南京	6 710		6 108		672	

6-1续表2

地　　区	主营业务税金及附加（万元）	国有（万元）	主营业务利润（万元）	国有（万元）	利润总额（万元）	国有（万元）
全国农垦	**910 218**	**289 215**	**6 452 382**	**2 033 636**	**3 988 201**	**1 152 259**
北　　京	6 516	5 538	242 517	205 075	24 099	13 086
天　　津	3 324	3 324	−9 445	−9 445	−8 887	−8 887
河　　北	187 365	107 755	250 665	23 567	294 019	23 346
山　　西	2 584		5 776	−413	5 852	275
内 蒙 古	18 968	15 216	95 546	68 563	78 231	56 574
辽　　宁	87 903	1 535	430 857	2 039	97 786	2 435
吉　　林	1 898	71	31 076	1 690	31 797	1 690
黑 龙 江	40 915	9 655	425 726	218 902	158 059	40 660
上　　海	23 535	23 535	384 468	384 468	397 799	397 799
江　　苏	27 083	24 322	469 026	393 926	414 082	366 972
浙　　江	1 320	3	48 913	44	48 658	−10
安　　徽	600	178	13 083	−92	4 055	−111
福　　建	23 015	3 021	36 098	3 373	28 219	3 278
江　　西	58 472	16 025	460 412	21 652	364 994	11 669
山　　东	812	41	664	3	578	6
河　　南	9 151	6 599	24 171	12 117	18 746	5 385
湖　　北	174 578	10 331	1 824 533	517 708	916 387	103 152
湖　　南	17 883	8 723	26 848	13 013	24 003	19 927
广　　东	60 817	25 555	356 121	35 630	159 964	13 873
广　　西	56 719	9 045	856 900	72 715	383 531	39 192
海　　南	1 836	521	16 044	5 512	1 775	50
重　　庆	8 000	1 100	28 000	25 000	28 000	25 000
四　　川	2 059	119	1 396	−5	1 343	−130
贵　　州	3 154	3 154	2 910	2 910	2 910	2 910
云　　南	1 751	1 114	7 384	5 314	7 547	5 969
陕　　西	1 789	1 789	5 280	5 280	4 729	4 729
甘　　肃	2 173	1 333	−1 378	−1 378	−6 389	−6 389
青　　海	138	138	361	361	383	383
宁　　夏	6 702	6 131	11 884	9 664	8 722	7 924
新疆(兵团)	78 262	2 636	403 248	14 682	492 076	17 827
新疆(农业)	122	23	632	−364	856	226
新疆(畜牧)	178	107	2 900	2 385	3 813	2 984
热 科 院						
广　　州	581	579	−147	−259	577	465
南　　京	18		−88		−110	

6－1 续表 3

地　区	#亏损企业亏损额（万元）	国有（万元）	固定资产原值（万元）	国有（万元）	#生产经营用（万元）	国有（万元）
全国农垦	**656 232**	**162 187**	**36 636 132**	**10 602 507**	**27 602 233**	**8 563 835**
北　京	−15 356	−15 356	529 216	475 934	514 483	472 974
天　津	11 351	11 351	209 459	209 459	191 105	191 105
河　北	55 555	−8 393	1 859 528	875 161	1 779 695	847 503
山　西	358	7	41 015	3 870	36 617	3 772
内蒙古	11 920	11 142	367 522	240 518	303 312	235 987
辽　宁	11 125	2	2 355 880	50 751	2 106 006	49 680
吉　林	161		349 226	15 639	346 848	15 623
黑龙江	68 127	51 687	2 972 756	1 882 864	2 705 208	762 560
上　海	50 736	50 736	3 247 072	3 247 072	3 198 496	3 198 496
江　苏	4 429	3 531	763 516	410 971	745 875	410 417
浙　江	2 716		33 573	84	1 582	82
安　徽	614	614	60 570	16 226	57 675	14 986
福　建	2 014	14	942 499	8 239	788 422	6 247
江　西	1 330	918	520 775	86 693	292 210	65 618
山　东			141 579	851	12 519	851
河　南	2 392	2 357	134 377	61 240	94 830	35 481
湖　北	153 399	1 123	5 286 165	511 307	4 542 986	439 353
湖　南	812	685	391 268	3 485	149 358	3 201
广　东	26 157	26 157	588 523	527 191	495 457	439 494
广　西	33 984	14 054	2 006 672	727 794	1 856 172	676 848
海　南	4 900	4 499	150 016	96 932	130 412	89 810
重　庆	1 914	1 914	230 000	140 000	150 000	120 000
四　川	160	152	13 790	4 745	10 967	3 522
贵　州			57 668	57 668	47 639	47 639
云　南	5 491	4 956	152 838	114 448	104 968	77 566
陕　西	1 076	1 076	11 942	11 942	11 942	11 942
甘　肃			289 487	288 813	145 892	145 366
青　海			6 585	6 585	4 540	4 540
宁　夏	−1 480	−1 868	134 710	103 064	78 930	53 186
新疆（兵团）	222 963	1 822	12 354 509	208 395	6 613 003	62 716
新疆（农业）	466	203	336 076	136 502	1 982	899
新疆（畜牧）	−1 272	−1 272	66 639	52 521	52 967	51 260
热科院						
广　州	77	77	29 341	25 546	28 909	25 114
南　京	115		1 240		1 228	

6－1续表4

地　　区	固定资产净值（万元）		本年折旧（万元）		从业人员年末人数（人）	
		国有（万元）		国有（万元）		国有（人）
全国农垦	**25 017 796**	**6 473 507**	**3 305 085**	**1 473 281**	**782 094**	**205 755**
北　　京	317 104	289 217	30 975	27 674	10 990	9 552
天　　津	98 926	98 926	16 747	16 747	3 618	3 618
河　　北	1 327 481	711 310	225 126	86 132	27 120	1 702
山　　西	30 065	2 605	4 140	141	3 136	425
内 蒙 古	265 331	187 341	19 810	5 648	3 921	1 736
辽　　宁	2 208 095	48 698	51 824	131	43 841	143
吉　　林	324 603	11 348	14 908	526	5 997	93
黑 龙 江	1 712 680	975 468	1 260 075	907 397	66 197	8 372
上　　海	1 853 993	1 853 993	143 028	143 028	33 894	33 894
江　　苏	434 442	217 382	85 044	49 305	26 526	10 216
浙　　江	15 216		23 839		563	
安　　徽	44 085	11 471	2 354	829	2 550	480
福　　建	675 918	4 417	76 802	1 296	22 270	938
江　　西	350 349	55 346	22 375	2 303	86 744	10 738
山　　东	95 949	261	55	35	2 455	27
河　　南	102 873	35 371	11 285	9 114	6 683	3 880
湖　　北	3 649 526	311 076	327 139	36 617	146 701	15 763
湖　　南	353 105	2 908	56 502	518	35 565	3 378
广　　东	383 549	326 934	50 842	48 379	22 620	13 824
广　　西	1 735 771	618 625	102 198	35 893	63 686	12 375
海　　南	97 540	73 044	8 234	4 988	46 707	43 667
重　　庆	110 000	68 000	17 000	5 400	9 400	3 800
四　　川	8 370	3 829	400	90	1 351	603
贵　　州	42 812	42 812	2 340	2 340	1 770	1 770
云　　南	68 354	48 819	8 266	4 961	4 932	3 019
陕　　西	2 843	2 843	6 545	6 545	625	625
甘　　肃	222 370	222 370	52 470	52 470	4 565	3 825
青　　海	5 482	5 482	96	96	143	143
宁　　夏	90 364	72 508	5 263	4 176	2 285	903
新疆（兵团）	8 332 458	119 589	669 127	11 875	73 941	2 788
新疆（农业）	2 530	1 780	330	163	5 889	3 655
新疆（畜牧）	35 378	32 934	8 436	7 059	13 742	8 318
热 科 院						
广　　州	19 643	16 799	1 453	1 407	1 552	1 485
南　　京	590		57		115	

6-1续表5

地　区	从业人员年平均人数（人）	国有（人）	从业人员年工资总额（万元）	国有（万元）	期末在用计算机数（台）	国有（台）	期末拥有网站数（个）	国有（个）
全国农垦	781 057	203 465	5 210 534	1 301 878	72 148	28 911	847	423
北　京	11 242	9 806	82 028	72 169	3 237	2 671	16	13
天　津	3 823	3 823	28 429	28 429	899	899	12	12
河　北	34 636	1 863	109 056	20 252	3 457	1 109	45	5
山　西	2 874	437	7 881	165	80	9		
内蒙古	3 905	1 584	31 420	7 672	601	428	6	3
辽　宁	43 820	140	122 607	803				
吉　林	5 998	93	17 980	340	185	20	3	1
黑龙江	70 195	8 329	2 620 525	349 350				
上　海	33 875	33 875	237 758	237 758	5 213	5 213	98	98
江　苏	26 572	10 007	184 274	91 105	2 549	955	126	14
浙　江	4 822	23	26 794	75	57		2	
安　徽	2 513	477	8 566	2 499	454	111	22	3
福　建	21 562	846	83 424	3 013	1 496	288	182	152
江　西	82 192	10 656	217 776	36 169	3 343	505	31	6
山　东	2 409	28	9 945	180	61	61	2	2
河　南	6 704	3 867	18 657	13 071	267	232	5	5
湖　北	143 941	14 847	699 047	92 550	13 819	2 711	120	13
湖　南	32 223	2 998	73 112	6 332	23 741	5 788	21	21
广　东	21 894	13 023	125 096	72 464	2 045	1 728	15	12
广　西	59 896	11 110	229 714	48 803	5 041	1 880	71	19
海　南	47 774	44 698	103 951	96 645	307	146	10	4
重　庆	9 600	3 800	58 000	29 000	1 200	760	9	5
四　川	1 376	603	3 942	654	76	10	2	
贵　州	1 770	1 770	6 259	6 259	784	784	2	2
云　南	4 775	3 023	20 002	14 721	847	769	10	6
陕　西	610	610	2 536	2 536	119	119	2	2
甘　肃	5 331	3 785	19 180	19 146	661	633	12	12
青　海	143	143	608	608	26	26		
宁　夏	2 326	937	9 529	5 779	362	325	10	3
新疆（兵团）	73 386	2 977	8	7				
新疆（农业）	5 920	3 630	17 423	10 196	530	90	1	
新疆（畜牧）	10 950	8 141	21 938	20 176	321	317	7	7
热科院								
广　州	1 583	1 516	13 056	12 953	340	324	3	3
南　京	117		615		30		2	

6－2 各垦区分行业工业企业个数和工业总产值

（2017 年）

地 区	企业个数（个）	工业总产值（万元）	#国有		#轻工业		#规模以上	
			企业个数（个）	工业总产值（万元）	企业个数（个）	工业总产值（万元）	企业个数（个）	工业总产值（万元）
全国农垦	**14 037**	**101 681 631**	**1 405**	**19 154 474**	**7 854**	**62 094 215**	**3 680**	**88 835 230**
北 京	38	872 143	34	755 169	15	119 335	7	205 275
天 津	26	309 050	26	309 050	25	307 641	15	298 026
河 北	1 169	8 616 441	11	1 328 762	722	4 569 844	196	7 367 740
山 西	54	47 636	2		2	2 801		
内 蒙 古	224	308 268	21	186 435	54	37 048	24	276 863
辽 宁	861	5 801 975	7	14 494	74	1 452 046	241	5 241 662
吉 林	46	573 917	2	266	45	573 618	30	516 985
黑 龙 江	1 243	6 735 091	218	3 843 594	717	5 633 264	156	4 878 199
上 海	131	3 523 755	131	3 523 755	109	3 407 366	107	3 473 305
江 苏	329	2 541 827	18	1 722 150	193	2 020 374	49	2 228 819
浙 江	54	1 091 800	3	318	16	163 264	33	816 392
安 徽	139	286 598	11	35 524	110	218 617	31	227 425
福 建	1 139	1 803 022	33	56 095	465	1 146 756	160	1 525 187
江 西	1 059	7 686 558	83	307 215	719	6 351 589	225	5 924 667
山 东	24	1 216 006	6	1 523	3	86	6	1 005 598
河 南	48	348 217	15	123 678	32	306 182	25	332 922
湖 北	2 394	23 828 862	80	3 309 674	2 188	20 877 486	760	22 617 051
湖 南	403	1 177 295	127	325 012	235	503 225	165	467 588
广 东	554	2 445 090	94	1 309 021	384	2 254 980	103	2 229 534
广 西	799	7 575 171	78	905 270	365	2 432 003	409	7 076 725
海 南	81	119 476	38		39			
重 庆	11	970 498	4		9	970 498	9	970 498
四 川	8	27 384	4	4 583	8	27 384	1	21 719
贵 州	5	83 574	5	83 574	5	83 574	5	83 574
云 南	78	221 304	29	137 939	27	83 301	6	81 319
陕 西	5	25 065	5	25 065	3	2 056	2	23 009
甘 肃	46	113 737	38	69 027	4	3 912	9	28 104
青 海	3	4 259	3	4 259				
宁 夏	53	107 123	13	75 820	37	90 630	8	84 762
新疆（兵团）	2 954	22 976 696	246	534 380	1 218	8 251 527	885	20 717 946
新疆（农业）	32	66 826	11	10 920	14	40 596	7	15 310
新疆（畜牧）	19	101 437	6	86 109	14	97 421	4	92 154
热 科 院								
广 州	3	65 792	3	65 792	3	65 792		
南 京	5	9 740					2	6 872

6-2续表1

地区	一、煤炭开采和洗选业		二、石油和天然气开采业		三、黑色金属矿采选业		四、有色金属矿采选业	
	企业个数（个）	工业总产值（万元）	企业个数（个）	工业总产值（万元）	企业个数（个）	工业总产值（万元）	企业个数（个）	工业总产值（万元）
全国农垦	**51**	**494 056**			**45**	**381 766**	**18**	**227 275**
北京								
天津								
河北								
山西								
内蒙古	4	164 286			1	750		
辽宁	1	250			1	500	1	6 080
吉林								
黑龙江	6	36 291					2	41 104
上海								
江苏								
浙江								
安徽								
福建								
江西	12	79 932			9	39 750	2	139 702
山东								
河南								
湖北					6	24 000		
湖南								
广东								
广西					5	126 629	7	27 331
海南								
重庆								
四川								
贵州								
云南								
陕西	2	23 009						
甘肃								
青海								
宁夏	4	713						
新疆（兵团）	22	189 575			23	190 137	6	13 058
新疆（农业）								
新疆（畜牧）								
热科院								
广州								
南京								

6－2续表2

地　区	五、非金属矿采选业		#采盐业		六、其他矿采选业		七、农副食品加工业	
	企业个数（个）	工业总产值（万元）	企业个数（个）	工业总产值（万元）	企业个数（个）	工业总产值（万元）	企业个数（个）	工业总产值（万元）
全国农垦	**364**	**603 886**	**166**	**21 959**	**78**	**149 917**	**2 630**	**20 452 036**
北　京							5	91 439
天　津							6	72 398
河　北	2	1 435	2	1 435			91	390 171
山　西					38	24 250	4	4 661
内蒙古					1	345	110	28 402
辽　宁	162	13 046	158	9 200	11	16 600	178	1 234 505
吉　林							26	201 711
黑龙江	42	120 037			2	630	509	4 839 067
上　海							54	1 615 067
江　苏							40	446 222
浙　江							3	68 066
安　徽							36	134 035
福　建	8	6 285			4	6 327	113	91 989
江　西	13	7 882			11	41 909	67	217 628
山　东	4	8 109	4	8 109			5	1 288
河　南							10	82 663
湖　北					4	37 376	428	4 628 012
湖　南	8	5 118					131	450 343
广　东	22	24 533					72	386 166
广　西	28	280 640			4	20 732	91	1 164 101
海　南							8	13 299
重　庆							4	307 348
四　川								
贵　州							2	7 146
云　南	2	1 440					3	34 426
陕　西							1	690
甘　肃	1	241	1	241			4	8 531
青　海	1	2 974	1	2 974				
宁　夏	3				2		11	16 801
新疆（兵团）	68	132 146			1	1 748	603	3 880 140
新疆（农业）							9	5 227
新疆（畜牧）							5	29 623
热科院								
广　州								
南　京							1	870

6-2续表3

地区	#谷物磨制业		饲料加工业		制糖业		八、食品制造业	
	企业个数（个）	工业总产值（万元）	企业个数（个）	工业总产值（万元）	企业个数（个）	工业总产值（万元）	企业个数（个）	工业总产值（万元）
全国农垦	**966**	**3 828 973**	**430**	**3 958 866**	**60**	**9 273 583**	**654**	**9 180 215**
北京			2	58 530			22	756 911
天津			2	4 380			8	170 882
河北	22	53 509	20	166 071			30	654 804
山西			2	4 513			3	2 426
内蒙古	34	2 323	67	6 588	1	1 965	15	17 159
辽宁	61	537 649	31	236 197	1	39 873	42	102 636
吉林	25	179 070	1	22 641			4	143 500
黑龙江	379	1 743 896	26	68 069			41	529 494
上海	12	209 578	10	96 666	19	8 174 410	33	1 514 019
江苏			15	52 345			10	32 481
浙江			1	63 236				
安徽	6	24 024	3	11 514			2	972
福建	22	9 563	12	10 393			57	45 821
江西	33	102 702	13	19 260			32	133 470
山东			3	1 288			1	6 557
河南	6	16 762	2	44 985			6	75 035
湖北	151	417 742	65	1 258 309	11	107 113	136	1 999 466
湖南	85	65 443	44	260 965	2	123 935	32	81 901
广东	19	35 968	9	28 204	8	260 671	26	876 879
广西	12	68 129	25	389 574	11	407 334	15	27 666
海南	6	360			1	11 214	2	1 930
重庆			4	307 348			4	420 000
四川								
贵州	1	1 744	1	3 265			2	76 382
云南			1	4 912	2	29 514	4	4 373
陕西	1	690					2	1 366
甘肃	2	7 935					5	12 532
青海								
宁夏	5	7 527	6	9 275			3	5 257
新疆（兵团）	74	336 749	61	803 453	4	117 554	112	1 355 752
新疆（农业）	7	3 687	2	1 540				327
新疆（畜牧）	3	3 924	1	24 475			2	64 424
热科院								
广州							3	65 792
南京			1	870				

6－2续表4

地区	#液体乳及乳制品制造业		罐头制造业		九、酒、饮料和精制茶料制造业		十、烟草制品业	
	企业个数（个）	工业总产值（万元）	企业个数（个）	工业总产值（万元）	企业个数（个）	工业总产值（万元）	企业个数（个）	工业总产值（万元）
全国农垦	**109**	**4 478 177**	**66**	**948 466**	**579**	**2 843 091**	**4**	**1 588 129**
北京	15	599 036	1	52 268	1			
天津	2	46 628			3	27 405		
河北	17	652 554			5	5 541		
山西	1	32			1	578		
内蒙古					3	1 282		
辽宁		5 627			20	29 476		
吉林	1	19 206						
黑龙江	8	430 024			48	99 752		
上海	19	1 177 036	4	191 415	11	153 843		
江苏	2	7 710			5	4 470		
浙江					3	6 450		
安徽					15	15 560		
福建	1	880	3	3 555	63	68 417		
江西	2	27 370	8	4 215	28	122 350	3	1 009
山东	1	6 557						
河南	1	9 487			4	82 945		
湖北	4	563 644	4	122 700	125	1 264 280	1	1 587 120
湖南			3	37 886	6	27 883		
广东	4	139 520	2	3 558	26	10 074		
广西	1	2 546			58	66 740		
海南					12	9 784		
重庆	3	220 000	1	200 000				
四川					7	26 807		
贵州	2	76 382						
云南					20	49 043		
陕西	2	1 366						
甘肃	3	5 392	2	7 141	3	18 800		
青海								
宁夏	1	1 598			13	65 611		
新疆（兵团）	15	360 123	38	325 728	99	686 000		
新疆（农业）								
新疆（畜牧）	1	59 668						
热科院								
广州	3	65 792						
南京								

6－2续表5

地　区	十一、纺织业		十二、纺织服装、鞋、帽制造业		#机织服装制造业		十三、皮革、毛皮、羽毛（绒）及其制品业	
	企业个数（个）	工业总产值（万元）	企业个数（个）	工业总产值（万元）	企业个数（个）	工业总产值（万元）	企业个数（个）	工业总产值（万元）
全国农垦	**473**	**3 666 707**	**503**	**3 422 303**	**282**	**2 545 515**	**134**	**361 992**
北　京								
天　津	1	6 682						
河　北	18	43 458	33	40 753	10	38 279	6	1 911
山　西								
内蒙古								
辽　宁	6	42 534	6	71 810			1	38
吉　林			1	4 000			1	
黑龙江	18	20 299	1				2	1 749
上　海								
江　苏	4	15 819	52	163 421				
浙　江	12	53 260		5 379				
安　徽	7	40 383	13	15 695	13	15 695	1	10
福　建	33	24 905	8	17 289			48	93 575
江　西	24	328 732	175	2 296 476	164	2 207 660	6	46 069
山　东								
河　南	2	41 664						
湖　北	165	1 269 131	106	661 895	9	213 429	12	130 084
湖　南	14	82 116	6	9 326	6	9 326	3	5 001
广　东	25	24 641	70	31 307	70	31 307	42	11 149
广　西	33	95 960	6	55 887	2	5 404	8	56 352
海　南								
重　庆								
四　川	1	577						
贵　州								
云　南								
陕　西								
甘　肃	1	3 344						
青　海								
宁　夏								
新疆（兵团）	102	1 526 642	17	38 680	8	24 415	4	16 054
新疆（农业）	7	46 560	4	10 385				
新疆（畜牧）								
热科院								
广　州								
南　京								

6-2续表6

地区	十四、木材加工及竹、藤、棕、草制品业		十五、家具制造业		十六、造纸及纸制品业		#造纸业	
	企业个数（个）	工业总产值（万元）	企业个数（个）	工业总产值（万元）	企业个数（个）	工业总产值（万元）	企业个数（个）	工业总产值（万元）
全国农垦	**594**	**1 658 844**	**523**	**2 186 531**	**252**	**1 237 318**	**60**	**288 960**
北京								
天津					2	16 207		
河北	30	48 094	46	336 376	33	97 122	5	50 754
山西			1	3 260	1		1	
内蒙古	2	880			1	160		
辽宁	5	38 050	28	16 420	3	64 356	1	4 256
吉林					1	20 663	1	20 663
黑龙江	48	110 645	9	10 592	4	1 992	4	1 992
上海					1	16 573		
江苏			1	1 622	6	28 788		
浙江			3	6 922	2	405		
安徽	8	2 662			1	1 776		
福建	105	57 033	55	79 355	27	4 435	3	1 104
江西	89	191 546	23	105 467	23	173 468	10	36 817
山东								
河南			4	6 100	1	847		
湖北	50	184 763	278	1 118 552	41	346 748	3	21 580
湖南	9	13 963	25	152 001	13	127 885	9	32 685
广东	44	26 878	15	60 063	8	10 536		
广西	107	835 263	15	36 320	26	213 071	5	79 753
海南	30	43 203	2	2 644				
重庆			1	225 000				
四川								
贵州								
云南	15	10 961						
陕西								
甘肃								
青海								
宁夏								
新疆（兵团）	49	93 917	17	25 837	58	112 286	18	39 356
新疆（农业）	3	986						
新疆（畜牧）								
热科院								
广州								
南京								

6－2续表7

地区	十七、印刷业、记录媒介复制业		十八、文教体育娱乐用品制造业		十九、石油加工、炼焦及核燃料加工业		二十、化学原料及化学制品制造业	
	企业个数（个）	工业总产值（万元）	企业个数（个）	工业总产值（万元）	企业个数（个）	工业总产值（万元）	企业个数（个）	工业总产值（万元）
全国农垦	**134**	**1 176 809**	**81**	**163 601**	**162**	**6 066 809**	**603**	**5 224 986**
北京							2	1 040
天津			2	13				
河北	27	12 969	12	27 815	77	2 669 693	49	367 981
山西							3	4 001
内蒙古							2	705
辽宁	2	10 383			44	1 425 131	44	563 922
吉林	1	3 674						
黑龙江	8	9 370	1	2 950	3	6 576	42	44 399
上海	3	32 773					9	46 497
江苏	6	716	9	14 168			3	3 601
浙江							3	70 196
安徽	4	274	2	23				
福建	5	1 224	8	2 815			29	60 237
江西	11	19 872	3	2 462	2	69 161	52	363 149
山东					2	1 175 942	7	18 326
河南	1	156					2	2 480
湖北	24	972 647	20	51 963			78	700 466
湖南	6	1 121	5	59			12	68 895
广东	1	103					7	8 025
广西	5	93 627	3	33 085	1	28 854	40	339 881
海南							4	809
重庆								
四川								
贵州								
云南							2	475
陕西								
甘肃							4	5 576
青海								
宁夏							3	1 215
新疆（兵团）	30	17 900	16	28 248	33	691 452	205	2 552 894
新疆（农业）							1	216
新疆（畜牧）								
热科院								
广州								
南京								

6-2 续表 8

地区	#肥料制造业		日用化学产品制造业		二十一、医药制造业		#中药饮片加工业	
	企业个数（个）	工业总产值（万元）	企业个数（个）	工业总产值（万元）	企业个数（个）	工业总产值（万元）	企业个数（个）	工业总产值（万元）
全国农垦	**114**	**501 085**	**40**	**433 658**	**119**	**2 949 462**	**18**	**112 482**
北京					2	8 323		
天津								
河北	6	6 563	1	5 900	1	132		
山西					1	3 200		
内蒙古	2	705						
辽宁			3	98 333	6	62 581		
吉林					4	65 333		
黑龙江	32	36 911			9	73 150	1	2 149
上海	6	28 279			3	1 807	1	796
江苏					6	1 413 282		
浙江						137 720		
安徽					1	2 879		
福建	1	330	4	48 989	1	280		
江西	1	2 175	10	194 841	20	298 103	2	8 243
山东								
河南	1	2 245	1	235	1	17 000		
湖北	14	158 010	4	52 424	34	664 198	4	85 659
湖南								
广东	5	6 699	2	1 326				
广西	17	138 642	1	2 733	8	27 516	2	3 920
海南	1	15	3	794				
重庆					1	1 150		
四川								
贵州								
云南	2	453						
陕西								
甘肃	3	5 576			3	19 007		
青海								
宁夏	2	919	1	296				
新疆（兵团）	20	113 347	10	27 787	18	153 802	8	11 715
新疆（农业）	1	216						
新疆（畜牧）								
热科院								
广州								
南京								

6－2续表9

地　区	中成药制造业		二十二、化学纤维制造业		二十三、橡胶和塑料制品业	
	企业个数（个）	工业总产值（万元）	企业个数（个）	工业总产值（万元）	企业个数（个）	工业总产值（万元）
全国农垦	**41**	**642 995**	**62**	**486 656**	**647**	**3 026 112**
北　京						
天　津					1	12 958
河　北			5	2 159	56	119 973
山　西					1	2 700
内蒙古						
辽　宁	3	18 373	5	148 689	14	285 751
吉　林	4	65 333			3	47 876
黑龙江	7	71 001			14	14 835
上　海					4	50 223
江　苏			2	384	11	6 256
浙　江			2	109 764	3	61 022
安　徽	1	2 879			1	757
福　建	1	280	32	1 931	69	64 444
江　西	9	193 665			14	86 880
山　东						
河　南	1	17 000			1	3 160
湖　北	9	206 260	6	32 003	69	700 061
湖　南					7	2 088
广　东					17	117 919
广　西	2	18 225			35	552 935
海　南					2	16 995
重　庆					1	17 000
四　川						
贵　州						
云　南					3	45 247
陕　西						
甘　肃	1	16 507	2	98		
青　海						
宁　夏						
新疆（兵团）	3	33 473	8	191 628	317	815 851
新疆（农业）						
新疆（畜牧）					4	1 181
热科院						
广　州						
南　京						

6－2 续表 10

地区	二十四、非金属矿制品业		#水泥制造业		砖瓦、石灰和轻质建筑材料制造业		二十五、黑色金属冶炼及压延加工业	
	企业个数（个）	工业总产值（万元）	企业个数（个）	工业总产值（万元）	企业个数（个）	工业总产值（万元）	企业个数（个）	工业总产值（万元）
全国农垦	**1 501**	**5 610 742**	**176**	**1 105 283**	**675**	**1 145 117**	**102**	**2 389 394**
北京	2	13 744	1	13 617	1	127		
天津	1	498						
河北	47	248 810	8	36 328	6	25 982	14	1 143 598
山西								
内蒙古	18	78 723	6	68 405	11	6 157		
辽宁	48	244 029	14	46 384	19	25 919	11	50 345
吉林	1	25 608	1	25 608				
黑龙江	112	179 349	12	17 048	66	28 381		
上海								
江苏	20	19 140			8	13 464		
浙江	9	24 278		15 588	4	1 175	2	373 932
安徽	20	10 856	2	432	10	10 334		
福建	175	587 095	5	36 958	52	116 792	8	21 208
江西	115	428 952	27	89 159	45	134 450	4	5 572
山东	3	5 733	3	5 733				
河南	2	2 880	1	2 300	1	580		
湖北	206	988 811	24	150 715	115	236 730	16	89 470
湖南	71	41 655			41	15 985		
广东	49	41 794	7	16 906	42	24 888		
广西	92	425 929	10	83 742	65	224 044	15	230 959
海南	21	30 812						
重庆								
四川								
贵州								
云南	9	12 534	6	9 361	2	3 022		
陕西								
甘肃	5	13 814	5	13 814				
青海								
宁夏	5	9 693			5	9 693		
新疆（兵团）	461	2 171 831	40	469 360	177	267 045	32	474 310
新疆（农业）	3	570	3	570				
新疆（畜牧）	6	3 603	1	3 254	5	348		
热科院								
广州								
南京								

6-2续表11

地　　区	二十六、有色金属冶炼及压延加工业		二十七、金属制品业		#搪瓷制品制造业		不锈钢及金属制日用品制造业	
	企业个数（个）	工业总产值（万元）	企业个数（个）	工业总产值（万元）	企业个数（个）	工业总产值（万元）	企业个数（个）	工业总产值（万元）
全国农垦	**79**	**4 743 243**	**789**	**2 730 963**	**4**	**1 032**	**91**	**323 291**
北　　京	1							
天　　津								
河　　北	3	37 125	177	221 773	3	986	4	768
山　　西			1	2 560			1	2 560
内 蒙 古			1	44				
辽　　宁	6	145 524	60	254 389			18	6 100
吉　　林	1	299						
黑 龙 江	3	5 226	25	33 715				
上　　海			7	48 379			3	38 909
江　　苏								
浙　　江	2	11 438	3	2 635				
安　　徽			6	30 195				
福　　建	8	2 200	124	270 609			6	11 762
江　　西	6	41 894	19	136 156	1	46	5	53 772
山　　东								
河　　南								
湖　　北	10	77 186	152	1 120 423			15	70 263
湖　　南			5	5 772			5	4 702
广　　东			28	105 624			23	103 217
广　　西	10	147 265	38	202 489			4	29 522
海　　南								
重　　庆								
四　　川								
贵　　州								
云　　南			1	7 027				
陕　　西								
甘　　肃								
青　　海								
宁　　夏			9	7 832			5	472
新疆（兵团）	29	4 275 086	133	281 341			2	1 244
新疆（农业）								
新疆（畜牧）								
热 科 院								
广　　州								
南　　京								

6－2 续表 12

地　区	二十八、通用设备制造业		二十九、专用设备制造业		# 农、林、牧、渔专用机械制造业		三十、汽车制造业		三十一、铁路、船舶、航空航天和其他运输设备制造业	
	企业个数（个）	工业总产值（万元）	企业个数（个）	工业总产值（万元）	企业个数（个）	工业总产值（万元）	企业个数（个）	工业总产值（万元）	企业个数（个）	工业总产值（万元）
全国农垦	**290**	**1 232 850**	**441**	**2 113 091**	**219**	**409 940**	**149**	**2 932 626**	**199**	**1 184 635**
北　京										
天　津	1	1 409	1	598						
河　北	48	145 815	22	60 143			6	20 400	126	994 346
山　西										
内蒙古			56	3 424	56	3 424				
辽　宁	9	36 227	43	414 643	5	70	22	151 539		
吉　林										
黑龙江	10	10 241	47	76 816	47	76 816				
上　海	2	40 395	1		1					
江　苏	33	48 176	12	30 938	4	6 481				
浙　江	1	6 004								48 888
安　徽	3	4 609	3	6 352			2	3 691		
福　建	29	181 602	35	10			3	4 132	4	304
江　西	33	53 187	12	12 317	2	6 673			3	12 630
山　东	2	51								
河　南	6	17 112	3	11 518		218				
湖　北	39	322 762	42	432 716	6	42 118	69	1 908 045	30	121 197
湖　南	9	76 963	9	5 885	5	3 258				
广　东			10	6 690	6	6 212			36	7 270
广　西	20	237 738	29	869 466	6	126 652	41	827 537		
海　南										
重　庆										
四　川										
贵　州										
云　南			3	9 194	1	5 586	1	4 203		
陕　西										
甘　肃			6	3 888						
青　海										
宁　夏										
新疆（兵团）	45	50 558	103	159 623	80	132 432	5	13 079		
新疆（农业）										
新疆（畜牧）										
热科院										
广　州										
南　京			4	8 870						

6－2续表13

地　区	三十二、电气机械及器材制造业		#家用电力器具制造业		三十三、通信设备、计算机及其电子设备制造业	
	企业个数（个）	工业总产值（万元）	企业个数（个）	工业总产值（万元）	企业个数（个）	工业总产值（万元）
全国农垦	**141**	**2 580 503**	**6**	**771 064**	**153**	**2 101 861**
北　京					1	6
天　津						
河　北	5	6 724			1	480
山　西						
内蒙古						
辽　宁	4	29 036			3	42 211
吉　林					1	9 210
黑龙江						
上　海	1	10				
江　苏					28	22 735
浙　江	4	50 328				
安　徽	1	147				
福　建	3	1 225			3	4 228
江　西	20	237 682			97	1 763 512
山　东						
河　南						
湖　北	43	1 613 227	3	742 716	10	213 979
湖　南						
广　东						
广　西	10	348 448	1	1 845	6	13 956
海　南						
重　庆						
四　川						
贵　州						
云　南						
陕　西						
甘　肃						
青　海						
宁　夏						
新疆（兵团）	50	293 676	2	26 503	3	31 544
新疆（农业）						
新疆（畜牧）						
热科院						
广　州						
南　京						

6-2续表14

地区	#家用视听设备制造业		三十四、仪器仪表及文化、办公机械制造业		三十五、其他未列明制造业		三十六、废弃资源和废旧材料回收加工业	
	企业个数（个）	工业总产值（万元）	企业个数（个）	工业总产值（万元）	企业个数（个）	工业总产值（万元）	企业个数（个）	工业总产值（万元）
全国农垦	**6**	**66 755**	**149**	**89 990**	**508**	**1 801 574**	**48**	**351 628**
北京					2	680		
天津								
河北			133	36 114	13	21 693	12	119 575
山西								
内蒙古					1	800		
辽宁			2	8 919	66	232 613		
吉林								
黑龙江					15	16 981		
上海					1	1 316		
江苏					81	289 608		
浙江								
安徽					7	11 795		
福建	1	42	2	3 447	51	46 924	1	357
江西	2	6 477	2	251	68	113 821	2	332
山东								
河南					2	730		
湖北	3	60 236	3	19 579	120	277 556	9	163 743
湖南							4	1 066
广东					48	693 387		
广西			3	14 162	10	60 231	7	37 264
海南								
重庆								
四川								
贵州								
云南					6	7 377		
陕西								
甘肃					11	22 778		
青海								
宁夏								
新疆（兵团）			4	7 518	3	1 864	13	29 291
新疆（农业）					3	1 420		
新疆（畜牧）								
热科院								
广州								
南京								

6－2 续表 15

地区	三十七、电力生产业		三十八、燃气生产和供应业		三十九、水的生产和供应业		# 自来水生产和供应	
	企业个数（个）	工业总产值（万元）	企业个数（个）	工业总产值（万元）	企业个数（个）	工业总产值（万元）	企业个数（个）	工业总产值（万元）
全国农垦	**286**	**2 426 056**	**53**	**334 074**	**164**	**225 271**	**145**	**177 133**
北京								
天津								
河北	16	208 189	7	96 920	5	67 570	4	67 506
山西								
内蒙古	1	6 900			3	197	3	197
辽宁	3	16 215	2	34 167			2	80
吉林	1	43 500	1	8 543				
黑龙江	12	83 894			53	29 961	53	29 961
上海								
江苏								
浙江	2	53 859						
安徽	1	3 050			5	878	5	878
福建	21	9 405	1	3 920	4	970	3	707
江西	42	97 465	3	502	9	5 716	7	3 836
山东								
河南	1	3 574			1	116	1	116
湖北	11	29 561	13	5 182	35	58 636	28	22 223
湖南	7	3 558			10	4 688	7	4 556
广东	8	2 052						
广西	5	6 686	4	9 242	9	11 061	6	8 170
海南								
重庆								
四川								
贵州	1	46						
云南	9	35 004						
陕西								
甘肃	1	5 127						
青海					1	202	1	202
宁夏								
新疆（兵团）	142	1 815 366	22	175 598	28	44 731	25	38 701
新疆（农业）					1	545		
新疆（畜牧）	2	2 605						
热科院								
广州								
南京								

6－3　主要工业产品产量

（2017 年）

地　　区	原煤（吨）	无烟煤（吨）	烟煤（吨）	炼焦烟煤（吨）	一般烟煤（吨）	褐煤（吨）	洗煤（吨）	洗精煤（吨）
全国农垦	**18 994 423**	**258 776**	**9 603 994**	**1 049 643**	**7 957 289**	**9 048 000**	**7 989 983**	**775 762**
北　　京								
天　　津								
河　　北								
山　　西								
内 蒙 古	9 048 000					9 048 000	7 000 000	
辽　　宁								
吉　　林								
黑 龙 江	147 100						182 530	
上　　海								
江　　苏								
浙　　江								
安　　徽								
福　　建								
江　　西	792 391	258 776	615					
山　　东								
河　　南								
湖　　北								
湖　　南								
广　　东								
广　　西								
海　　南								
重　　庆								
四　　川								
贵　　州								
云　　南								
陕　　西			596 447					
甘　　肃								
青　　海								
宁　　夏							19 028	19 028
新疆（兵团）	9 006 932		9 006 932	1 049 643	7 957 289		788 425	756 734
新疆（农业）								
新疆（畜牧）								
热 科 院								
广　　州								
南　　京								

6-3续表1

地　　区	液化天然气（吨）	铁矿石原矿（吨）	锌金属含量（吨）	磷矿石（含五氧化二磷30%）（吨）	原盐（吨）
全国农垦	**68 500**	**1 992 593**	**3 672**	**93 347**	**884 811**
北　京					
天　津					
河　北					32 000
山　西					
内蒙古					
辽　宁					46 000
吉　林					
黑龙江					
上　海					
江　苏					
浙　江					
安　徽				37 706	65 473
福　建	68 500				
江　西		1 180 000	3 672		
山　东					412 456
河　南					
湖　北					
湖　南					
广　东					
广　西		812 593		55 641	
海　南					
重　庆					
四　川					
贵　州					
云　南					
陕　西					
甘　肃					1
青　海					313 081
宁　夏					
新疆（兵团）					
新疆（农业）					15 800
新疆（畜牧）					
热科院					
广　州					
南　京					

6-3 续表 2

地　　区	小麦粉（吨）	大米（吨）	饲料（吨）			食用植物油（吨）	机制糖（吨）
				配合饲料（吨）	混合饲料（吨）		
全国农垦	**1 336 187**	**8 433 230**	**13 909 109**	**5 509 311**	**5 272 308**	**4 397 336**	**2 722 692**
北　　京			218 634	145 448	22 348		
天　　津	143 913		12 121	12 121			
河　　北		893	477 275	464 703	12 572	1 053	
山　　西			18 050	18 050			
内 蒙 古	12 989	6 795	31 232	15 815	15 304	8 122	2 693
辽　　宁	320	960 010	200 349	117 349	83 000	125 977	
吉　　林		311 868	77 500				
黑 龙 江	57 822	3 911 744	3 714 813	176 986	184 895	1 577 735	
上　　海	347 187	229 882	880 573	375 697	15 954	63 654	1 473 492
江　　苏	68 102	399 028	100 253	60 021	40 232	8 238	
浙　　江			284 171	284 171			
安　　徽	43 448	19 757			23 691	11 210	
福　　建		55 167	35 265	15 063	20 202	500	
江　　西	1 995	1 368 714	31 884	20 820	11 044	32 913	
山　　东	130				4 871		
河　　南	72 413	7 600	189 820		91 820		
湖　　北	103 109	640 319	2 808 905	1 510 784	1 298 121	1 746 336	
湖　　南	2 356	81 996		11 963	1 160 553	4 112	4 702
广　　东		20 100	100 942	98 854		99 347	339 925
广　　西		121 177	928 254	777 833	150 421	966	643 894
海　　南		8 200				80	20 766
重　　庆			341 997	341 997			
四　　川							
贵　　州		970	19 820	19 820			
云　　南			12 600				55 486
陕　　西				1 527			
甘　　肃						52	
青　　海							
宁　　夏		13 880	29 537		29 537	12	
新疆（兵团）	402 653	238 233	3 309 797	1 040 069	2 104 543	716 729	181 734
新疆（农业）	79 660	29 200	1 355	220		300	
新疆（畜牧）	90	7 697	80 762				
热 科 院							
广　　州							
南　　京			3 200		3 200		

6－3 续表 3

地　　区	鲜、冷藏肉（吨）	冷冻水产品（吨）	糖果（吨）	速冻米面食品（吨）	方便面（吨）	乳制品（吨）		
							液体乳（吨）	＃奶粉（吨）
全国农垦	**606 386**	**17 293**	**112 700**	**20 625**	**190 001**	**4 031 352**	**3 670 774**	**162 939**
北　　京	9 824			10 284		587 208	441 691	17 408
天　　津	17 238					57 475	55 755	1 720
河　　北	8			60		464 635	392 980	71 655
山　　西	11 130					300	300	
内 蒙 古	5 824					2 061		2 061
辽　　宁			11 250			48 130	45 000	
吉　　林	5 900					6 500		6 300
黑 龙 江	213 201			7 578	423	291 453	244 197	43 143
上　　海	134 659	200	23 948		3 957	1 068 009	1 061 407	2 780
江　　苏								
浙　　江								
安　　徽						11 210		
福　　建		2 150	300		25	385	385	
江　　西		1 140		472				
山　　东						8 412	8 412	
河　　南					92 113	14 761	14 761	
湖　　北	123 038		74 760		72 253	615 734	574 007	
湖　　南			2 113			5 502	5 502	
广　　东						138 973	138 973	
广　　西		13 611				2 633	2 633	
海　　南								
重　　庆	1 025					234 349	233 609	740
四　　川						3 114	3 114	
贵　　州						61 240	61 240	
云　　南								
陕　　西						2 910	2 910	
甘　　肃								
青　　海								
宁　　夏	1 371					27 395	27 395	
新疆（兵团）	82 865	192	329	2 231	21 230	240 782	221 750	15 894
新疆（农业）						2 190		
新疆（畜牧）	303					67 673	66 435	1 238
热 科 院								
广　　州						68 318	68 318	
南　　京								

6-3续表4

地　区	罐头（吨）	番茄酱罐头（吨）	味精（吨）	酱油（吨）	冷冻饮品（吨）	食品添加剂（吨）	发酵酒精（折96度，商品量）（千升）	饮料酒（混合量）（吨）
全国农垦	**766 797**	**618 428**	**180 998**	**16 295**	**21 956**	**38 985**	**209 133**	**1 260 904**
北　京	3 242							
天　津				2 191		85		11 925
河　北								5 948
山　西								578
内蒙古								253
辽　宁								151 932
吉　林								
黑龙江	2 445			11 300				107 747
上　海	65 167		26 846	1 804	16 054	217	12 609	115 366
江　苏								
浙　江								
安　徽								4 106
福　建	8 120			200		3 055		8 992
江　西	4 504		470	468	1 660			154 763
山　东								
河　南							100 000	2 709
湖　北	37 616			2				280 800
湖　南	9 732							5 083
广　东	3 195							3 316
广　西						4 024	96 524	1 488
海　南					455			61
重　庆	10 970							
四　川								7 406
贵　州								
云　南								3 778
陕　西								
甘　肃								4 234
青　海								
宁　夏								188 283
新疆（兵团）	621 806	608 128	153 682	330	3 787	31 082		202 136
新疆（农业）		10 300						
新疆（畜牧）						522		
热科院								
广　州								
南　京								

6-3 续表 5

地　　区				软饮料（吨）				精制茶（吨）
	#白酒（吨）	啤酒（吨）	葡萄酒（吨）		碳酸饮料类（汽水）（吨）	包装饮用水类（吨）	果汁和蔬菜汁饮料类（吨）	
全国农垦	**180 877**	**813 570**	**73 226**	**4 259 387**	**688 124**	**1 481 819**	**511 910**	**29 251**
北　　京				2 951		2 951		
天　　津			11 925	4 455		4 455		
河　　北	5 948							
山　　西	578							
内 蒙 古	253			6 935		6 935		
辽　　宁	1 313	149 976	643	4 300			4 300	
吉　　林								
黑 龙 江	60 253			644 997		616 760	3 982	
上　　海	2 999			301 310	12 314	214 492	1 346	122
江　　苏								
浙　　江								1 900
安　　徽	1 930			1 500				4 150
福　　建	35							3 051
江　　西	2 513	151 350		142 188		113 876	28 312	1 194
山　　东								
河　　南	200		2 369					
湖　　北	19 886	246 110		2 496 823	634 334	51 100	347 594	485
湖　　南	5 083							4 832
广　　东	2 952							87
广　　西	1 146			128 563		113 737		2 169
海　　南	61			455		455		658
重　　庆								
四　　川	7 406							852
贵　　州								
云　　南	3 778							9 561
陕　　西								
甘　　肃	34		4 200					
青　　海								
宁　　夏	726	179 115	6 809					
新疆（兵团）	63 783	87 019	47 280	524 910	41 476	357 058	126 376	190
新疆（农业）								
新疆（畜牧）								
热 科 院								
广　　州								
南　　京								

6-3 续表 6

地区	纱（吨）	棉纱（吨）	棉混纺纱（吨）	化学纤维纱（吨）	精梳纱（吨）	气流纺纱（吨）	布（万米）	色织布（含牛仔布）（万米）
全国农垦	**990 275**	**841 671**	**69 136**	**33 664**	**118 826**	**39 726**	**64 296**	**1 538**
北京								
天津								
河北							10 471	
山西								
内蒙古								
辽宁							1 149	
吉林								
黑龙江								
上海								
江苏	26 002						3 800	
浙江							2 842	
安徽	14 500	14 500						
福建							1 480	
江西	41 218	31 231		9 987	9 987		275	275
山东								
河南	17 429	17 429						
湖北	362 588	303 951	39 092				28 951	913
湖南	39 778	14 712	22 556	2 253	2 245		350	350
广东								
广西								
海南								
重庆								
四川								
贵州								
云南								
陕西								
甘肃								
青海								
宁夏								
新疆（兵团）	488 760	459 848	7 488	21 424	106 594	39 726	14 977	
新疆（农业）								
新疆（畜牧）								
热科院								
广州								
南京								

6－3续表7

地　区	棉布（万米）	棉混纺布（万米）	化学纤维布（万米）	印染布（万米）	毛线（吨）	呢绒（万米）	蚕丝（吨）	无纺布（无纺织物）（吨）
全国农垦	**48 332**	**8 902**	**125**	**23 318**	**48**	**240**	**836**	**6 912**
北　京								
天　津								
河　北	10 346		125					
山　西								
内蒙古								
辽　宁		1 149			45			
吉　林								
黑龙江								
上　海								
江　苏								
浙　江				21 789				
安　徽								
福　建	1 480							
江　西	275			1 529			71	3 092
山　东								
河　南								
湖　北	21 971	7 036						
湖　南								
广　东								
广　西							765	
海　南								
重　庆								
四　川								
贵　州								
云　南								
陕　西								
甘　肃								
青　海								
宁　夏								
新疆（兵团）	14 260	717			3	240		3 820
新疆（农业）								
新疆（畜牧）								
热科院								
广　州								
南　京								

6－3 续表 8

地　区	服装（万件）	梭织服装（万件）	羽绒服装（万件）	西服套装（万件）	衬衫（万件）	针织服装（万件）		
							棉化纤针织衫裤（万件）	毛针织衫裤（万件）
全国农垦	**14 957**	**11 183**	**6 284**	**969**	**17**	**5 926**	**531**	**6**
北　京								
天　津								
河　北	216	184					17	
山　西								
内蒙古								
辽　宁	189					189		
吉　林	53		53					
黑龙江	7							
上　海								
江　苏	252		252			3 608		
浙　江								
安　徽	319	319						
福　建	94					1		
江　西	7 074	6 562	5 702			111		
山　东								
河　南								
湖　北	4 142	2 768	277	39	17	1 374	17	
湖　南	383							
广　东	907	907		907				
广　西	566	302				29		
海　南								
重　庆								
四　川								
贵　州								
云　南								
陕　西								
甘　肃								
青　海								
宁　夏								
新疆（兵团）	756	142		23		614	497	6
新疆（农业）								
新疆（畜牧）								
热科院								
广　州								
南　京								

6－3续表9

地　　区	鞣制皮革（折合牛皮）	皮革服装（万件）	鞣制毛皮（折羊毛皮）（张）	天然毛皮服装（件）	皮鞋（万双）	人造板（米³）	胶合板（米³）	纤维板（米³）	刨花板（米³）	人造板表面装饰板（米³）
全国农垦	**15 870**	**560**	**984 200**	**7 600**	**503**	**3 441 171**	**1 217 876**	**1 099 458**	**744 036**	**2 975 690**
北　　京										
天　　津										
河　　北			960 000		55	101 857	101 857			
山　　西										
内 蒙 古						20 000	20 000			
辽　　宁					9	32 213	32 213			
吉　　林										
黑 龙 江						177 252			177 252	
上　　海										
江　　苏										
浙　　江										
安　　徽					0					
福　　建	15 870	560			130	84 091	72 841	11 250		1
江　　西					296	248 648	42 694	20 960	115 150	6 000
山　　东										
河　　南										
湖　　北					13	390 665	48 944	57 406		2 969 689
湖　　南						21 213	5 660	17 443	4 175	
广　　东						25 004	23 342	1 662		
广　　西			24 200			2 053 140	762 805	849 530	440 805	
海　　南						37 463	21 061			
重　　庆										
四　　川										
贵　　州										
云　　南						37 061	37 061			
陕　　西										
甘　　肃										
青　　海										
宁　　夏										
新疆（兵团）				7 600		212 564	48 498	141 207	6 654	
新疆（农业）							900			
新疆（畜牧）										
热 科 院										
广　　州										
南　　京										

6－3 续表 10

地　　区	实木木地板（米²）	复合木地板（米²）	家具（件）				纸浆（原生浆及废纸浆）（吨）	机制纸及纸板（吨）		
				木质家具（件）	金属家具（件）	软体家具（件）			未涂布印刷书写用纸（吨）	新闻纸
全国农垦	**57 527**	**209 759**	**11 965 201**	**7 987 372**	**3 512 686**	**347 495**	**120 174**	**566 498**	**133 532**	**2 409**
北　　京										
天　　津										
河　　北			3 125 649	362	3 125 287			26 334	24	
山　　西			6 300	6 300						
内 蒙 古										
辽　　宁			823 600	823 600				65 621		
吉　　林								36 000	36 000	
黑 龙 江			39 509					2 929		
上　　海							44 540			
江　　苏										
浙　　江			320							
安　　徽										
福　　建	7 185		406 505	368 655	37 850		3 500	20		
江　　西	44 132	78 040	82 537	12 349			495	73 006		
山　　东										
河　　南										
湖　　北		130 909	1 313 664	641 003	340 190	332 471		88 399	88 399	
湖　　南			20 053	20 053				41 638		
广　　东			3 462 000	3 462 000				14 534		
广　　西			107 907	99 866	57	7 984	71 639	144 844		
海　　南			28 000	28 000						
重　　庆			2 200 000	2 200 000						
四　　川										
贵　　州										
云　　南										
陕　　西										
甘　　肃										
青　　海										
宁　　夏										
新疆（兵团）	6 210	810	349 157	325 184	9 302	7 040		73 173	9 109	2 409
新疆（农业）										
新疆（畜牧）										
热 科 院										
广　　州										
南　　京										

6－3 续表 11

地　　区	卫生用纸原纸（吨）	箱纸板（吨）	纸制品（吨）	瓦楞纸箱（吨）	单色印刷品（令）	多色印刷品（对开色令）	原油加工量（吨）	汽油（吨）	煤油（吨）
全国农垦	**84 893**	**53 372**	**1 591 251**	**484 914**	**568 799**	**2 996 622**	**3 070 090**	**494 127**	**340 600**
北　　京									
天　　津			16 222	14 616					
河　　北		20 352	23 980	96			3 070 090	492 037	340 600
山　　西									
内 蒙 古			547		547				
辽　　宁								2 090	
吉　　林			4 620	4 620					
黑 龙 江									
上　　海			10 764			5 812			
江　　苏									
浙　　江			965						
安　　徽					6 510				
福　　建			1 980	1 370	101				
江　　西			904 356	986		6			
山　　东									
河　　南			4 197		6 000				
湖　　北			376 096	308 877	483 632	2 261 040			
湖　　南			31 558	31 558					
广　　东		14 510							
广　　西	76 295	6 295	63 677	9 552					
海　　南									
重　　庆									
四　　川									
贵　　州									
云　　南									
陕　　西									
甘　　肃									
青　　海									
宁　　夏									
新疆（兵团）	8 598	12 215	149 939	113 239	72 009	729 764			
新疆（农业）									
新疆（畜牧）			2 350						
热 科 院									
广　　州									
南　　京									

6-3续表12

地　区	柴油（吨）	润滑油（吨）	燃料油（吨）	石脑油（吨）	溶剂油（吨）	润滑脂（吨）	液化石油气（吨）	石油沥青（吨）	石油焦（吨）	焦炭（吨）	机焦（吨）
全国农垦	**259 937**	**156 614**	**328 811**	**163 567**	**130 546**	**150 250**	**1 327 753**	**73 745**	**55 535**	**6 203 716**	**6 200 340**
北　京											
天　津											
河　北	258 072	156 614	328 811	163 567	130 138	150 250	1 327 753	73 745			
山　西											
内蒙古											
辽　宁	1 865								55 535		
吉　林											
黑龙江										2 126	
上　海											
江　苏											
浙　江											
安　徽											
福　建											
江　西					408					1 250	
山　东											
河　南											
湖　北											
湖　南											
广　东											
广　西											
海　南											
重　庆											
四　川											
贵　州											
云　南											
陕　西											
甘　肃											
青　海											
宁　夏											
新疆（兵团）										6 200 340	6 200 340
新疆（农业）											
新疆（畜牧）											
热科院											
广　州											
南　京											

6－3 续表 13

地区	硫酸（吨）	盐酸（氯化氢，含量31%）（吨）	氢氧化钠（烧碱）（吨）	离子膜法烧碱(折100%)（吨）	碳化钙（电石，折300升/千克）（吨）	合成氨（吨）	农用氮、磷、钾化学肥料总计（折纯量）（吨）	氮肥（吨）
全国农垦	**21 838**	**225 405**	**922 136**	**922 056**	**2 244 302**	**518 430**	**791 299**	**571 248**
北京								
天津								
河北							832	158
山西							1 300	
内蒙古								
辽宁							34 025	
吉林								
黑龙江							16 230	7 911
上海								
江苏							950	130
浙江								
安徽								
福建			80					
江西	5 726						8 251	1 810
山东								
河南							3 720	
湖北	16 112						82 136	
湖南								
广东								
广西						59 000	121 303	94 522
海南								
重庆								
四川								
贵州								
云南							3 922	
陕西								
甘肃							23 501	
青海								
宁夏								
新疆（兵团）		225 405	922 056	922 056	2 244 302	459 430	495 129	466 717
新疆（农业）								
新疆（畜牧）								
热科院								
广州								
南京								

6-3 续表 14

地　　区					化学农药			
	尿素（折含氮 100%）（吨）	磷肥（吨）	钾肥（吨）	磷酸一铵（实物量）（吨）	（折有效成分 100%）（吨）	杀虫剂原药（吨）	杀菌剂原药（吨）	除草剂原药
全国农垦	**468 910**	**105 659**	**47 756**	**700**	**5 773**	**5 157**	**15**	**35**
北　　京								
天　　津								
河　　北		572	102					
山　　西					2 900	2 900		
内 蒙 古								
辽　　宁		2 761	3 126		35			35
吉　　林								
黑 龙 江		4 598	3 721					
上　　海								
江　　苏		650	170					
浙　　江								
安　　徽								
福　　建								
江　　西	40	5 440	124	700	95	80	15	
山　　东								
河　　南		3 720						
湖　　北		73 238			420			
湖　　南								
广　　东								
广　　西	2 153	10 698	16 083					
海　　南								
重　　庆								
四　　川								
贵　　州								
云　　南								
陕　　西								
甘　　肃								
青　　海								
宁　　夏								
新疆（兵团）	466 717	3 982	24 430		2 323	2 177		
新疆（农业）								
新疆（畜牧）								
热 科 院								
广　　州								
南　　京								

6-3续表15

地　　区	涂料（吨）	建筑涂料（吨）	初级形态的塑料（吨）	低密度聚乙烯树脂（LDPE）	聚氯乙烯树脂（吨）	合成橡胶（吨）	乙二醇（吨）	煤制乙二醇（吨）	化学试剂（吨）
全国农垦	**225 021**	**64 437**	**1 352 195**	**71**	**1 352 104**	**188 652**	**212 676**	**212 676**	**11 166**
北　　京	1 126								
天　　津									
河　　北									
山　　西									
内 蒙 古									
辽　　宁			71	71					
吉　　林									
黑 龙 江									
上　　海									
江　　苏									
浙　　江									
安　　徽									
福　　建	32 856	29 006	20			5 230			
江　　西						48			26
山　　东									
河　　南									
湖　　北	56 838	10							
湖　　南									
广　　东									
广　　西	108 129	12 523				183 374			
海　　南									
重　　庆									
四　　川									
贵　　州									
云　　南									
陕　　西									
甘　　肃									
青　　海									
宁　　夏									
新疆（兵团）	26 072	22 898	1 352 104		1 352 104		212 676	212 676	11 140
新疆（农业）									
新疆（畜牧）									
热 科 院									
广　　州									
南　　京									

6-3 续表 16

地　　区	多晶硅（千克）	合成洗涤剂（吨）		化学原料药（吨）	中成药（吨）	化学纤维用浆粕（吨）	化学纤维（吨）	人造纤维（纤维素纤维）（吨）	粘胶短纤维（吨）
			合成洗衣粉						
全国农垦	**21 066 520**	**615**	**615**	**47 636**	**62 336**	**60 702**	**108 529**	**106 603**	**103 058**
北　　京									
天　　津									
河　　北									
山　　西									
内 蒙 古									
辽　　宁									
吉　　林					1 500				
黑 龙 江				4 859	2 005				
上　　海									
江　　苏				13 256	398				
浙　　江									
安　　徽					403				
福　　建									
江　　西				10 080	16 407	1 550			
山　　东									
河　　南					2 125				
湖　　北				19 422	37 365				
湖　　南									
广　　东									
广　　西									
海　　南									
重　　庆									
四　　川									
贵　　州									
云　　南									
陕　　西									
甘　　肃					1 818				
青　　海									
宁　　夏									
新疆（兵团）	21 066 520	615	615	19	315	59 152	108 529	106 603	103 058
新疆（农业）									
新疆（畜牧）									
热 科 院									
广　　州									
南　　京									

6－3 续表 17

地　　区	合成纤维（吨）	轮胎外胎（吨）	塑料制品（吨）	塑料薄膜（吨）	农用地膜（吨）	塑料板、片（吨）	塑料管及其附件（吨）	滴灌管带（吨）
全国农垦	**136 871**	**19 380**	**1 617 027**	**125 871**	**99 200**	**226 702**	**746 744**	**414 466**
北　　京								
天　　津			862					
河　　北			2 371	1 964				
山　　西								
内 蒙 古								
辽　　宁			71	71	71			
吉　　林								
黑 龙 江								
上　　海			16 643	12 029				
江　　苏			2 108					
浙　　江	136 871		5 552					
安　　徽			980					
福　　建		5 880	28 403					
江　　西			32 940	4 870	970			
山　　东								
河　　南			1 458					
湖　　北			360 442	3 813			3 000	
湖　　南			211					
广　　东			4 776					
广　　西			275 450			189 260	189 260	
海　　南								
重　　庆								
四　　川								
贵　　州								
云　　南								
陕　　西								
甘　　肃								489
青　　海								
宁　　夏								
新疆（兵团）		13 500	883 202	103 124	98 159	37 442	554 448	413 978
新疆（农业）			1 558				36	
新疆（畜牧）								
热 科 院								
广　　州								
南　　京								

6－3 续表 18

地　　区	塑料条、棒、型材（吨）	塑料丝、绳及编织品（吨）	泡沫塑料（吨）	塑料包装箱及容器（吨）	日用塑料制品（吨）	硅酸盐水泥熟料（吨）	窑外分解窑水泥熟料（吨）
全国农垦	**20 321**	**116 396**	**40 048**	**45 242**	**117 111**	**10 788 286**	**9 564 467**
北　　京							
天　　津				862			
河　　北		32		216	4 746		
山　　西							
内 蒙 古						1 200 000	1 200 000
辽　　宁							
吉　　林		14 500					
黑 龙 江						37 638	
上　　海				2 571			
江　　苏							
浙　　江							
安　　徽							
福　　建	359	30	344		8 820	6	
江　　西	5 630	75			18 436	958 675	
山　　东							
河　　南							
湖　　北		5 624	11 254		5		
湖　　南							
广　　东		76					
广　　西		16 479			69 711		
海　　南		250					
重　　庆							
四　　川							
贵　　州							
云　　南							
陕　　西							
甘　　肃						227 500	
青　　海							
宁　　夏							
新疆（兵团）	14 332	79 330	28 450	41 593	15 393	8 364 467	8 364 467
新疆（农业）							
新疆（畜牧）							
热 科 院							
广　　州							
南　　京							

6－3 续表 19

地 区	水泥（万吨）	强度等级 42.5 水泥（含 R 型）（吨）	强度等级 52.5 水泥（含 R 型）（吨）	商品混凝土（米^3）	水泥混凝土排水管（千米）	水泥混凝土压力管（千米）	水泥混凝土电杆（根）	预应力混凝土桩（米）
全国农垦	**20 268 267**	**13 129 181**	**192 211**	**34 028 797**	**4 292**	**407**	**110 168**	**220 403**
北 京				334 539				
天 津								
河 北	243 274	243 274		978 000	208			79
山 西								
内 蒙 古	600 000	360 000	140 000					
辽 宁	394 623	394 623						
吉 林	678 345	678 345						
黑 龙 江	419 358	419 358						
上 海								
江 苏								
浙 江								
安 徽	28 100							
福 建	833 458	833 453		2 609 860	57			12 500
江 西	156 634	156 634		1 272 854	18			
山 东								
河 南								
湖 北	2 585 479	21 800		4 669 543		402		
湖 南								
广 东	250 807							
广 西	95 000	95 000		3 341 763	2 693		23 880	
海 南	657 000	657 000						
重 庆								
四 川								
贵 州								
云 南	285 036	285 036						
陕 西								
甘 肃	341 300							
青 海								
宁 夏								
新疆（兵团）	12 699 853	8 984 658	52 211	20 822 138	1 316	5	86 288	207 824
新疆（农业）								
新疆（畜牧）								
热 科 院								
广 州								
南 京								

6-3续表20

地区	石膏板（万米^2）	砖（万块）	瓦（万片）	瓷质砖（米^2）	炻瓷砖（米^2）	细炻砖（米^2）	陶质砖（米^2）	天然大理石建筑板材（米^2）	天然花岗石建筑板材（米^2）
全国农垦	**263**	**1 282 894**	**20 337**	**65 650**	**1 820**	**3 280**	**8 331 450**	**631 667**	**326 453**
北京									
天津									
河北		20							
山西								65 000	
内蒙古		35 138							
辽宁		7 777	455						
吉林									
黑龙江		75 450	8						
上海									
江苏		24 568							
浙江		750							
安徽		240							
福建		9 036	16	65 650	1 820		31 450	25 000	143 280
江西		67 855	2 033			3 280		15 288	90 500
山东		37							
河南		1 160							
湖北		278 224	15 386					421 221	22 500
湖南		21 552	2 253						
广东		57 628							
广西	121	173 089					8 300 000		
海南		11 394							18 420
重庆									
四川									
贵州									
云南		5 621							
陕西									
甘肃									
青海									
宁夏		25 328							
新疆（兵团）	142	488 026	186					105 158	51 753
新疆（农业）									
新疆（畜牧）									
热科院									
广州									
南京									

6－3续表 21

地　　区	沥青和改性沥青防水卷材（米²）	平板玻璃（重量箱）	钢化玻璃（米²）	夹层玻璃（米²）	中空玻璃（米²）	日用玻璃制品（吨）	玻璃保温容器（万个）
全国农垦	**2 067 984**	**15 846 729**	**602 113**	**120 765**	**30 223**	**23 617**	**1 012**
北　　京							
天　　津							
河　　北		2 512 111					
山　　西							
内 蒙 古							
辽　　宁							
吉　　林							
黑 龙 江							
上　　海							
江　　苏							
浙　　江							
安　　徽							
福　　建	47 200						
江　　西	27 224					23 617	1 012
山　　东							
河　　南							
湖　　北		12 530 210	1 058				
湖　　南		135 043	101 055	20 765	5 223		
广　　东							
广　　西							
海　　南							
重　　庆							
四　　川							
贵　　州							
云　　南							
陕　　西							
甘　　肃							
青　　海		535 492	400 000	80 000	20 000		
宁　　夏							
新疆（兵团）	1 993 560	133 873	100 000	20 000	5 000		
新疆（农业）							
新疆（畜牧）							
热 科 院							
广　　州							
南　　京							

6-3 续表 22

地区	卫生陶瓷制品（件）	耐火材料制品（吨）	石墨及碳素制品（吨）	生铁（吨）	钢（吨）	铸铁管（吨）	铸钢件（吨）	成品钢材（吨）
全国农垦	**1 708 394**	**7 924**	**64 121**	**2 230 000**	**2 254 108**	**20 580**	**375 207**	**1 811 197**
北京								
天津						955		
河北	732 000			2 230 000	2 253 000			1 392 225
山西								
内蒙古								
辽宁						2 893		600
吉林								
黑龙江								
上海								
江苏								
浙江								
安徽						7 672		
福建	88 650				1 108	517		248 700
江西	887 744					2 357		
山东								
河南								
湖北						3 509		
湖南								
广东								
广西		7 924	64 121			2 677	375 207	169 672
海南								
重庆								
四川								
贵州								
云南								
陕西								
甘肃								
青海								
宁夏								
新疆(兵团)								
新疆(农业)								
新疆(畜牧)								
热科院								
广州								
南京								

6－3续表23

地　　区	中小型型钢（吨）	特厚板（吨）	厚钢板（吨）	热轧窄钢带（吨）	电工钢板（带）（吨）	无缝钢管（吨）
全国农垦	**1 680**	**1 265 000**	**3 865**	**63 521**	**152**	**109 824**
北　　京						
天　　津						
河　　北		1 265 000		63 521		
山　　西						
内 蒙 古						
辽　　宁						
吉　　林						
黑 龙 江						
上　　海						
江　　苏						
浙　　江						
安　　徽						
福　　建			3 865			
江　　西					152	152
山　　东						
河　　南						
湖　　北						
湖　　南						
广　　东						
广　　西						109 672
海　　南						
重　　庆						
四　　川						
贵　　州						
云　　南						
陕　　西						
甘　　肃						
青　　海						
宁　　夏						
新疆（兵团）						
新疆（农业）						
新疆（畜牧）						
热 科 院						
广　　州						
南　　京	1 680					

6-3 续表 24

地　　区	焊接钢管（吨）	其他钢材（吨）	用外购国产钢材再加工生产的钢材（吨）	十种有色金属（吨）
全国农垦	**17 429**	**10 500**	**297 856**	**2 060**
北　　京				
天　　津				
河　　北	17 429		63 521	
山　　西				
内 蒙 古				
辽　　宁				
吉　　林				
黑 龙 江				
上　　海				
江　　苏				
浙　　江				
安　　徽				
福　　建		10 500	234 335	
江　　西				
山　　东				
河　　南				
湖　　北				
湖　　南				
广　　东				
广　　西				
海　　南				
重　　庆				
四　　川				
贵　　州				
云　　南				
陕　　西				
甘　　肃				
青　　海				
宁　　夏				
新疆（兵团）				
新疆（农业）				
新疆（畜牧）				
热 科 院				
广　　州				
南　　京				2 060

6－3续表25

地　　区	镁（吨）	黄金（千克）	铜材（吨）	铝材（吨）	金属切削工具（万件）	不锈钢日用制品（吨）	锻件（吨）
全国农垦	**26 084**	**161**	**33 746**	**1 000 994**	**1 417**	**12 483**	**1 035**
北　　京							
天　　津							
河　　北						348	1 035
山　　西							
内 蒙 古							
辽　　宁							
吉　　林							
黑 龙 江		161					
上　　海						3 535	
江　　苏							
浙　　江							
安　　徽							
福　　建							
江　　西					2		
山　　东							
河　　南							
湖　　北			7 319				
湖　　南							
广　　东				1 758			
广　　西			24 782	1 416		8 600	
海　　南							
重　　庆							
四　　川							
贵　　州							
云　　南							
陕　　西							
甘　　肃							
青　　海							
宁　　夏							
新疆（兵团）	26 084		1 645	997 820	1 415		
新疆（农业）							
新疆（畜牧）							
热 科 院							
广　　州							
南　　京							

6－3续表26

地　区	电站锅炉（蒸发量，吨）	工业锅炉（蒸发量，吨）	发动机（千瓦）	汽车用发动机（千瓦）	金属切削机床	数控金属切削机床	金属成形机床（台）	机床数控装置（台）	泵（包括工业泵和农用水泵）（万台）	真空泵（台）	阀门（个）
全国农垦	**1 393**	**220**	**1 299 160**	**1 039 328**	**30**	**30**	**200**	**1 025**	**18 664**	**7 000**	**40 183**
北　京											
天　津											
河　北								1 025	10 175		
山　西											
内蒙古											
辽　宁											
吉　林											
黑龙江											
上　海											
江　苏											
浙　江									1 129		
安　徽											
福　建											35 786
江　西											
山　东											
河　南											
湖　北							200				4 007
湖　南											
广　东											
广　西			1 299 160	1 039 328							
海　南											
重　庆											
四　川											
贵　州											
云　南											
陕　西											
甘　肃											
青　海											
宁　夏											
新疆（兵团）	1 393	220							7 360	7 000	
新疆（农业）											
新疆（畜牧）											
热科院											
广　州											
南　京					30	30					390

6-3 续表 27

地区	滚动轴承	齿轮	风机（台）	衡器（秤）（台）	数码照相机	金属密封件（万件）	金属紧固件	减速机	矿山专用设备（吨）	石油钻井设备（台、套）	混凝土机械
全国农垦	**656**	**395**	**12 483**	**544**	**1 025**	**1 025**	**21**	**19 059**	**1 609**	**18 138**	**1 200**
北京	4										
天津											
河北					1 025	1 025				17 000	
山西											
内蒙古											
辽宁											
吉林											
黑龙江											
上海	618							19 059			
江苏									1 609		
浙江											
安徽											
福建											
江西											
山东											
河南											
湖北			12 198								1 200
湖南											
广东											
广西	34	395									
海南											
重庆											
四川											
贵州											
云南											
陕西											
甘肃											
青海											
宁夏											
新疆（兵团）			285	544			21			1 138	
新疆（农业）											
新疆（畜牧）											
热科院											
广州											
南京											

6－3 续表 28

地　区	金属冶炼设备（吨）	金属轧制设备	塑料加工专用设备	模具（套）	农产品初加工机械（台）	饲料加工机械（台）	大型拖拉机	中型拖拉机	小型拖拉机	收获机械（台）
全国农垦	**945 630**	**3 167**	**50**	**357 369**	**1 665**	**11**	**2**	**4**	**43 224**	**4 204**
北　京										
天　津										
河　北				3 000						
山　西										
内 蒙 古										
辽　宁										
吉　林										
黑 龙 江										596
上　海										
江　苏										
浙　江	945 630	3 081								
安　徽										
福　建				353 635						
江　西										
山　东										
河　南										
湖　北		86	50	734	70	11			43 216	
湖　南										
广　东										
广　西					888					839
海　南										
重　庆										
四　川										
贵　州										
云　南					270					
陕　西										
甘　肃										
青　海							2	4	8	
宁　夏										
新疆（兵团）					437					2 769
新疆（农业）										
新疆（畜牧）										
热 科 院										
广　州										
南　京										

6－3 续表 29

地　区	谷物收获机械（台）	玉米收获机械（台）	棉花加工机械（台）	环境污染防治专用设备台（套）	固体废弃物处理设备（台）	载货汽车（辆）	改装汽车（辆）	电动自行车（辆）	发电机组（发电设备）（千瓦）	水轮发电机组（千瓦）
全国农垦	**596**	**1 289**	**437**	**397**	**95**	**545**	**416**	**7 550**	**38 690**	**5 380**
北　京										
天　津										
河　北										
山　西										
内 蒙 古										
辽　宁										
吉　林										
黑 龙 江	596									
上　海										
江　苏										
浙　江										
安　徽										
福　建				95	95			7 550	14 050	
江　西									5 380	5 380
山　东										
河　南										
湖　北										
湖　南										
广　东										
广　西						545				
海　南										
重　庆										
四　川										
贵　州										
云　南										
陕　西										
甘　肃										
青　海										
宁　夏										
新疆（兵团）		1 289	437	302			416	192 600		
新疆（农业）										
新疆（畜牧）										
热 科 院										
广　州										
南　京										

6-3续表30

地　区	变压器（千伏安）	通信及电子网络用电缆（对千米）	电力电缆（千米）	绝缘制品（吨）	锂离子电池（只）	铅酸蓄电池（千伏安时）	碱性蓄电池（台）	房间空气调节器（台）
全国农垦	**5 710 594**	**1 480 288**	**178 278**	**105 600**	**61 661 393**	**545 745**	**16 650**	**4 010 276**
北　京								
天　津								
河　北					1 029 000			
山　西								
内蒙古								
辽　宁								
吉　林								
黑龙江								
上　海								
江　苏								
浙　江								
安　徽								
福　建							16 650	
江　西			16 800	105 600				142 700
山　东								
河　南								
湖　北	4 685 065	1 480 288	50 494		60 184 713	545 745		3 867 576
湖　南								
广　东								
广　西	660 790		73 084		447 680			
海　南								
重　庆								
四　川								
贵　州								
云　南								
陕　西								
甘　肃								
青　海								
宁　夏								
新疆（兵团）	364 739		37 900					
新疆（农业）								
新疆（畜牧）								
热科院								
广　州								
南　京								

6－3续表31

地　　区	家用电热烘烤器具（台）	太阳能热水器（米²）	电光源	灯具及照明装置套(台、个)	移动通信手持机（手机）（台）	集成电路（万块）	光电子器件（万只）	发光二极管（LED）（万只）
全国农垦	**37 500**	**2 000 562**	**183 760**	**117 400**	**29 970 000**	**2 847**	**64 814**	**43 264**
北　　京								
天　　津								
河　　北				12 000				
山　　西								
内 蒙 古								
辽　　宁								
吉　　林							180	
黑 龙 江								
上　　海								
江　　苏		1 998 962						
浙　　江								
安　　徽								
福　　建			183 760	105 400			32	32
江　　西	37 500	1 600			29 970 000	330	21 370	
山　　东								
河　　南								
湖　　北								
湖　　南								
广　　东								
广　　西						2 517		
海　　南								
重　　庆								
四　　川								
贵　　州								
云　　南								
陕　　西								
甘　　肃								
青　　海								
宁　　夏								
新疆（兵团）							43 232	43 232
新疆（农业）								
新疆（畜牧）								
热 科 院								
广　　州								
南　　京								

6－3 续表 32

地　　区	电子元件（万只）	其中：射频元器件（万只）	电工仪器仪表	汽车仪器仪表	光学仪器台（个）	船舶修理（载重吨）
全国农垦	**59 499**	**11 600**	**4 050**	**37 189**	**40 183**	**429 927**
北　　京	3					
天　　津						
河　　北					10 025	
山　　西						
内 蒙 古						
辽　　宁						
吉　　林						
黑 龙 江						
上　　海						
江　　苏	46 289					
浙　　江						
安　　徽						
福　　建	2				30 158	
江　　西	12 392	11 600				
山　　东						
河　　南						
湖　　北	313					429 927
湖　　南						
广　　东						
广　　西	499			37 189		
海　　南						
重　　庆						
四　　川						
贵　　州						
云　　南						
陕　　西						
甘　　肃						
青　　海						
宁　　夏						
新疆（兵团）			4 050			
新疆（农业）						
新疆（畜牧）						
热 科 院						
广　　州						
南　　京						

6－3续表31

地　　区	发电量（万千瓦时）	#火电（万千瓦时）	水电（万千瓦时）	风力发电量（万千瓦时）	太阳能发电（万千瓦时）	生物质能发电（万千瓦时）	供热量（万吉焦）	煤气生产量（米^3）		自来水生产量（万米^3）
									煤制天然气	
全国农垦	**8 734 694**	**7 407 292**	**325 908**	**559 479**	**392 422**	**21 360**	**40 866**	**4 762**	**2 162**	**51 630**
北　　京										
天　　津										
河　　北	262 701			245 464	17 237					215
山　　西										
内 蒙 古	8 000			8 000			64			120
辽　　宁										
吉　　林	32 000			32 000				2 600		
黑 龙 江	136 275	69 552		29 590			30 256			5 649
上　　海										
江　　苏										
浙　　江	42 600	42 600								
安　　徽				8 900						247
福　　建	13 095		13 095							283
江　　西	74 087		74 087							415
山　　东										
河　　南										53
湖　　北	44 880	6 701	1 543		15 276	21 360				14 909
湖　　南	6 965		6 965							
广　　东	11 107	9 579	1 528							
广　　西	14 545	12 702	1 843							5 036
海　　南										
重　　庆										
四　　川										
贵　　州	120		120							
云　　南	44 193		44 193							
陕　　西										
甘　　肃	22 704		22 704							
青　　海										
宁　　夏										
新疆（兵团）	8 021 421	7 266 158	159 829	235 525	359 909		10 547	2 162	2 162	24 704
新疆（农业）										
新疆（畜牧）										
热 科 院										
广　　州										
南　　京										

6－4 农垦大中型工业

企业名称	行业类别	规模	增加值（现价）（万元）	排序
江苏正大天晴药业股份有限公司	医药	大型	592 345	1
上海农垦光明乳业股份有限公司	乳制品制造	龙头	476 248	2
新疆生产建设兵团农八师天山铝业有限公司	铝冶炼	大型	311 187	3
新疆农六师铝业有限公司	铝压延加工	大型	287 691	4
新疆农六师煤电有限公司	火力发电	中型	267 930	5
黑龙江九三粮油工业集团有限公司	植物油制造	大型	263 496	6
益海嘉里（武汉）粮油工业有限公司	粮食加工	中型	253 672	7
河北省中海石油中捷石化	石油制品	大型	199 673	8
新疆兵团天能化工有限公司	初级形态塑料及合成树脂制造	大型	188 455	9
新疆兵团天伟化工有限公司	初级形态塑料及合成树脂制造	大型	154 778	10
*广西农垦糖业集团股份有限公司	农副食品加工业	大型	147 226	11
新疆兵团天辰化工有限公司	初级形态塑料及合成树脂制造	大型	143 617	12
上海农垦光明乳业股份有限公司	乳制品制造	大型	138 321	13
武汉玛丽文化用品有限公司	文化用品	中型	131 512	14
新疆伊力特实业股份有限公司	白酒制造	大型	131 352	15
新疆天富能源股份有限公司	火力发电	大型	127 861	16
北京三元食品股份有限公司	食品加工	中型	121 046	17
TCL 空调器（武汉）有限公司	空调制造	大型	119 509	18
南京正大天晴制药有限公司	医药	中型	118 566	19
新疆梅花氨基酸有限责任公司	其他调味品、发酵制品制造	大型	118 156	20
上海良友（集团）有限公司	企业总部管理	龙头	115 624	21
新疆大全新能源股份有限公司	信息化学品制造	大型	113 098	22
湖北凌云科技集团有限责任公司	工业制造	大型	112 761	23
河北新启元能源开发有限公司	石油制品	大型	104 611	24
广西中国重汽集团柳州运力专用汽车有限公司	汽车制造业	中型	95 286	25
上海农垦特鲁瓦集团公司	乳制品制造	中型	82 639	26
广东广垦糖业集团有限公司	制糖业	大型	82 625	27
黑龙江省完达山乳业股份有限公司	生产奶粉	大型	81 761	28
湖北蒙牛乳制品武汉有限责任公司	乳制品业	中型	79 041	29
湖北武汉双汇食品有限公司	食品加工	大型	78 501	30
新疆西部天富合盛热电有限公司	火力发电	中型	77 921	31
上海农垦信联乳业有限公司（又名：新莱特）	乳制品制造	中型	77 686	32
上海农垦云南德宏英茂糖业有限公司	制糖业	大型	76 852	33
广西柳州市威鹏汽车配件制造有限公司	汽车制造业	中型	72 907	34
北京市华都峪口禽业有限责任公司	家禽饲养	中型	68 303	35
武汉中海粮油工业有限公司	粮食加工	中型	68 072	36

企业、龙头企业一览表

总产值（现价）（万元）	排序	销售产值（万元）	排序	年末资产总额（万元）	排序	所有者权益（净资产）（万元）	排序	固定资产原值年末数（万元）	排序	年平均从业人员（人）	排序	从业人员劳动报酬（万元）	排序
987 987	8	980 700	8	875 073	15	560 347	8	225 438	33	4 295	38	38 883	6
1 415 227	3	1 432 722	3	3 895 684	1	1 092 920	2	923 596	6	21 879	5	164 786	1
1 392 408	4	1 352 859	4	3 201 797	3	1 001 870	3	2 088 816	1	5 339	31	35 706	7
2 083 034	2	2 097 443	2	1 741 875	6	187 066	31	1 019 099	4	2 439	83	29 118	9
409 800	21	409 800	20	1 155 085	10	820 698	5	949 732	5	933	149	9 725	36
2 435 846	1	2 571 478	1	2 568 517	4	185 079	32	527 453	13	3 951	42	23 592	18
1 196 567	6	1 081 651	7	255 720	53	93 725	50	77 932	86	5 830	27	675	333
1 216 214	5	1 200 785	5	267 425	50	202 014	29	124 756	56	17 451	8	1 117	289
345 524	27	349 999	26	886 730	14	518 965	9	530 111	12	2 505	82	24 308	16
277 576	33	281 679	32	623 895	25	250 135	21	555 576	11	2 224	90	25 118	15
406 254	25	357 938	25	741 256	20	139 862	39	412 652	15	5 721	29	26 760	12
406 541	24	400 736	23	852 910	16	281 764	18	679 933	9	2 752	72	29 209	8
540 717	14	541 170	13	994 135	12	474 468	11	216 941	35	3 845	46	40 077	5
481 904	17	339 396	27	124 333	101	26 698	146	23 550	200	2 326	88	615	347
185 059	47	184 980	45	294 311	44	246 058	22	38 729	146	1 905	101	14 872	26
492 715	16	492 715	16	1 900 454	5	679 605	6	1 192 984	2	2 634	77	23 943	17
599 036	12	625 135	11	764 501	18	504 771	10	381 600	16	7 553	18	51 864	4
713 062	10	648 514	10	218 714	62	15 255	213	10 570	291	14 928	10	1 663	241
255 660	35	238 875	34	1 725 126	7	85 038	54	43 037	139	2 145	94	79 818	2
408 773	22	408 773	22	739 711	21	304 447	15	835 949	7	3 501	54	25 913	13
507 273	15	527 497	14	3 330 258	2	1 585 585	1	604 906	10	6 648	24	62 854	3
222 916	40	218 378	38	402 678	34	184 331	33	374 362	17	1 220	127	13 899	28
448 711	20	448 732	18	591 343	26	96 205	47	176 850	40	20 495	6	3 379	134
477 628	18	461 261	17	227 815	58	131 291	42	672	442	3 514	52	561	351
267 200	34	253 875	33	102 091	116	153 500	38	21 300	215	671	205	1 731	236
				1 326 389	9	622 718	7	1 048 327	3				
283 287	32	283 287	31	237 875	56	63 320	82	74 578	88	15 813	9	3 974	109
408 396	23	429 049	19	359 201	37	236 026	25	250 420	29	4 592	33	20 309	19
335 775	28	335 775	28	42 703	207	11 328	247	32 769	163	4 336	35	756	327
305 215	29	310 691	29	91 792	127	69 836	73	43 996	132	4 999	32	1 121	287
132 217	67	120 458	69	309 704	43	161 325	36	205 092	36	381	291	2 717	168
				377 087	35	182 645	34	269 099	27			28 334	10
241 110	37	237 359	35	178 790	77	83 071	58	127 401	55	2 759	71	11 144	34
202 220	44	192 109	43	50 492	190	62 500	84	19 400	228	714	194	1 842	227
291 328	31	305 296	30	279 768	47	37 912	113	193 198	38	7 159	20	27 796	11
303 099	30	218 118	39	312 947	42	93 103	51	114 018	59	327	334	2 195	206

6－4续表1

企业名称	行业类别	规模	增加值（现价）（万元）	排序
新疆西部合盛硅业有限公司	其他稀有金属冶炼	大型	65 498	37
武汉娃哈哈恒枫饮料有限公司	食品饮料	中型	62 900	38
广西柳州双飞电器汽车配件制造有限公司	通用设备制造业	中型	62 863	39
江西九江市鸭鸭股份公司	机织服装制造	中型	61 819	40
新疆天智辰业化工有限公司	合成纤维单（聚合）体制造	大型	61 671	41
上海蔬菜（集团）有限公司	企业总部管理	龙头	59 686	42
广东省华海糖业发展有限公司	制糖业	中型	58 064	43
湖北扬子江汽车集团有限公司	汽车零部件及配件制造	中型	53 498	44
新疆兵团石河子开发区天业化工有限责任公司	初级形态塑料及合成树脂制造	中型	53 294	45
广东省广前糖业发展有限公司	制糖业	大型	52 885	46
广西柳州市动力宝电源科技有限公司	通用设备制造业	中型	51 330	47
新疆农六师碳素有限公司	石墨及碳素制品制造	中型	48 942	48
湖北联塑科技发展（武汉）有限公司	塑料加工	中型	48 468	49
河北省蒙牛乳业（察北）有限公司	乳制品加工	中型	47 671	50
新疆兵团天康生物股份有限公司	生物药品制造	中型	45 824	51
湖北武汉统一企业食品有限公司	食品饮料	大型	44 806	52
武汉虹之彩包装印刷有限公司	包装印刷	中型	44 234	53
湖北武汉百事可乐饮料有限公司	食品饮料	大型	43 184	54
湖北东风（武汉）实业有限公司	汽车零部件及配件制造	中型	42 786	55
湖北周黑鸭食品工业园有限公司	食品加工	中型	42 549	56
新疆生产建设兵团第四师电力有限责任公司	电力供应	大型	42 099	57
河北鑫泉石油化工有限公司	石油制品	中型	41 965	58
广东省广垦橡胶集团有限公司	农业	大型	41 249	59
江苏正大丰海制药有限公司	医药	中型	41 200	60
广西康明斯工业运力有限公司	汽车制造业	中型	39 420	61
湖北伟福科技工业（武汉）有限公司	高新科技	中型	37 696	62
湖北全友家私潜江有限公司	家具制造	中型	37 436	63
广西农垦糖业集团防城精制糖有限公司	农副食品加工业	中型	37 286	64
上海农垦光明米业（集团）有限公司	米、面制品及食用油批发	龙头	37 286	65
江西上饶市新岗山异 VC 钠厂	化工	中型	36 270	66
河北省张家口察哈尔乳业有限公司	乳制品加工	中型	36 000	67
湖北潜江市金松纱业有限公司	纺织	中型	34 496	68
河北省现代牧业察北有限公司	畜牧养殖	中型	32 355	69
新疆兵团奎屯锦疆化工有限公司	氮肥制造	中型	32 088	70
上海农垦广西凤糖生化股份有限公司	制糖业	大型	31 705	71
广西柳州市双飞汽车电器配件制造有限公司	汽车制造业	大型	30 733	72
武汉航达航空科技发展有限公司	航空科技	中型	30 693	73

总产值（现价）（万元）	排序	销售产值（万元）	排序	年末资产总额（万元）	排序	所有者权益（净资产）（万元）	排序	固定资产原值年末数（万元）	排序	年平均从业人员（人）	排序	从业人员劳动报酬（万元）	排序
394 365	26	395 891	24	358 698	38	81 161	61	176 841	41	3 810	48	20 274	20
245 417	36	192 973	42	33 806	241	30 412	130	43 154	138	1 581	113	289	421
157 293	60	149 429	59	80 310	135	96 000	48	6 400	341	3 250	57	8 385	40
621 588	11	575 432	12	128 238	96	46 560	99	224 686	34	3 886	44	15 286	24
219 574	41	234 363	36	792 905	17	121 057	43	736 723	8	1 496	117	16 466	23
				280 153	46	156 827	37	158 404	47	2 144	95	25 781	14
113 186	76	15 323	330	281 097	45	245 317	23	239 620	26	3 000	64	934	312
212 799	42	77 472	109	223 230	60	16 828	200	30 942	168	4 318	36	915	313
149 586	62	151 090	57	61 768	168	−4 982	444	142 718	50	717	193	7 693	49
94 650	94	33 836	216	127 280	97	71 639	70	103 281	63	18 027	7	2 011	216
141 871	66	134 777	62	25 354	284	33 580	124	9 900	297	686	201	1 770	234
233 194	39	226 011	37	545 840	28	80 261	62	226 650	32	549	231	5 873	69
169 707	53	170 218	52	113 205	105	83 290	57	43 324	136	6 328	25	467	376
238 356	38	106 795	77	32 520	245	20 512	169	24 024	196	2 428	84	472	374
65 980	137	73 354	115	460 693	32	254 240	20	98 151	67	655	206	11 661	32
174 819	52	174 819	49	116 819	103	74 476	68	92 304	71	14 629	11	2 585	181
162 090	57	166 862	54	201 555	67	162 393	35	30 690	169	3 212	59	527	357
168 488	54	168 887	53	62 793	166	22 349	160	23 799	199	6 777	22	1 271	274
179 773	49	179 773	48	152 464	83	53 348	87	35 576	156	2 906	65	552	352
165 431	56	153 398	56	72 442	151	53 261	88	34 242	159	7 768	15	949	311
73 636	122	73 636	114	201 620	66	67 249	76	175 680	42	1 010	142	6 420	62
144 907	64	95 255	86	145 260	89	5 807	306	43 586	135	2 028	98	406	385
731 485	9	708 991	9	1 068 637	11	318 085	14	194 802	37	32 472	3	6 641	58
107 409	81	92 028	89	59 162	171	36 360	116	22 665	203	951	148	6 842	56
98 574	88	93 647	87	12 625	356	72 560	69	35 000	157	285	360	735	328
158 385	59	158 385	55	88 808	131	33 814	123	65 983	99	7 713	17	774	324
143 332	65	139 245	60	13 541	347	8 327	279	9 314	305	440	267	2 055	212
93 539	95	57 438	148	126 737	98	23 916	154	49 397	119	742	187	2 350	197
176 224	50	183 953	46	652 786	23	292 618	17	164 643	45	1 977	100	17 992	21
107 705	79	60 000	140	14 605	342	9 670	265	8 156	323	558	226	537	353
122 815	69	112 261	72	26 750	279	12 907	230	27 132	179	1 655	111	259	424
131 401	68	127 019	67	33 860	240	18 734	186	13 800	265	920	153	3 436	129
51 105	176	48 726	174	143 139	90	63 606	80	68 132	96	2 601	78	459	377
109 113	78	109 100	74	353 099	39	82 655	60	347 250	19	758	180	7 062	53
107 410	80	90 229	92	79 719	136	68 949	75	62 491	102	1 659	110	8 285	41
80 454	113	80 454	101	20 000	309	12 830	231	15 890	252	2 350	86	10 500	35
148 345	63	132 326	65	103 623	114	42 671	103	21 255	216	3 841	47	405	386

6-4续表2

企业名称	行业类别	规模	增加值（现价）（万元）	排序
新疆兵团库车县科兴煤炭实业有限责任公司	烟煤和无烟煤开采洗选	中型	30 101	74
广西柳州市永兴赛福机械制造有限公司	通用设备制造业	中型	30 072	75
新疆昆仑钢铁有限公司	钢压延加工	中型	29 423	76
江西回圆服饰有限公司	机织服装制造	中型	29 092	77
武汉森六汽车配件有限公司	汽车零配件	中型	28 022	78
广东燕塘乳业股份有限公司	食品制造业	中型	27 946	79
新疆天润生物科技股份有限公司	乳制品制造	中型	27 938	80
河北省建投风力发电有限公司	风力发电	大型	27 776	81
湖北友芝友乳业有限责任公司	乳制品业	中型	27 710	82
湖北际华三五零六纺织服装有限公司	纺织	中型	27 427	83
上海农垦广西上上糖业有限公司	制糖业	中型	26 907	84
新疆如意纺织服装有限公司	棉纺纱加工	大型	26 421	85
广西南宁市恒丰化肥有限责任公司	化学原料和化学制品制造业	中型	25 873	86
新疆元昊新能源有限公司	炼焦	中型	25 818	87
广西东正木业有限公司	木材加工和木、竹、藤、棕、草制品业	中型	25 788	88
*广西农垦明阳生化集团股份有限公司	农副食品加工业	大型	25 648	89
湖北武汉采之韵服饰有限公司	服装	大型	25 030	90
广西农垦糖业集团昌菱制糖有限公司	农副食品加工业	中型	23 610	91
江西上饶市一大茅山场一金山金矿	黄金采选业	中型	23 560	92
新疆叶河源果业股份有限公司	水果和坚果加工	大型	23 431	93
上海石库门酿酒有限公司	黄酒制造	中型	23 193	94
上海冠生园食品有限公司	糖果、巧克力制造	中型	23 098	95
湖北潜江市宝龙水产食品有限公司	水产品加工	中型	22 671	96
湖北本田制锁（武汉）有限公司	制造	中型	21 809	97
河北省唐山市蓝欣玻璃有限公司	非金属矿物制造业	中型	21 772	98
广东广垦畜牧集团股份有限公司	农业	中型	21 749	99
*广西农垦国有金光农场	农业	大型	21 523	100
新疆天山盈达碳素有限公司	石墨及碳素制品制造	中型	21 422	101
新疆兵团铁门关市新兴纺织有限公司	棉纺纱加工	中型	21 408	102
新疆锦龙电力有限责任公司	火力发电	中型	21 267	103
新疆呼图壁种牛场有限公司	养殖业	大型	21 109	104
武汉艾帕克汽车配件有限公司	汽车零配件	中型	21 100	105
新疆依耐特新能源有限公司	其他非金属矿物制品制造	中型	21 049	106
湖北福好医疗用品有限公司	医疗设备	中型	21 034	107
湖北建华建材（湖北）有限公司	建材	中型	20 796	108
江西深傲服装有限公司	机织服装制造	中型	20 731	109
北京丘比食品有限公司	食品加工	中型	20 679	110

总产值（现价）（万元）	排序	销售产值（万元）	排序	年末资产总额（万元）	排序	所有者权益（净资产）（万元）	排序	固定资产原值年末数（万元）	排序	年平均从业人员（人）	排序	从业人员劳动报酬（万元）	排序
33 248	226	33 248	220	228 434	57	83 679	55	87 709	76	351	313	2 734	167
79 714	115	75 729	112	57 744	174	10 250	256	8 408	319	387	287	998	305
209 977	43	214 443	40	261 241	51	36 667	115	83 235	80	956	147	7 253	50
588 428	13	505 453	15	128 541	95	49 110	95	94 889	69	3 405	55	14 552	27
117 739	72	117 739	70	63 708	165	48 808	96	55 982	109	3 514	52	497	366
105 946	82	133 742	64	119 292	102	92 565	52	22 107	208	9 240	14	789	323
117 192	74	107 982	76	57 375	176	26 738	145	33 618	162	827	162	8 245	44
38 820	207	38 820	198	246 749	55	89 079	53	245 469	31	412	277	20	466
117 714	73	117 714	71	37 171	230	15 001	215	33 673	161	2 566	79	651	342
100 391	84	77 581	107	65 805	161	36 097	117	18 120	232	3 953	41	1 155	282
186 737	46	81 700	98	58 970	172	50 928	92	59 763	105	925	151	4 874	81
196 716	45	181 344	47	750 458	19	188 007	30	284 751	24	4 241	40	17 061	22
71 630	124	71 630	117	4 714	434	8 150	283	5 514	356	460	260	1 250	276
105 272	83	101 272	79	45 358	201	19 400	182	27 464	178	370	299	2 907	154
68 448	132	64 738	128	9 820	385	4 245	331	8 937	314	317	343	1 727	238
161 246	58	208 843	41	533 272	29	40 314	109	132 513	52	1 051	135	4 921	80
91 617	97	91 617	90	111 036	106	63 584	81	11 724	285	2 867	66	992	308
59 300	150	76 758	111	145 960	87	45 888	101	87 206	77	775	175	3 257	140
87 594	101	60 000	140	39 460	223	23 680	156	16 807	245	752	183	2 280	202
90 111	99	54 067	158	82 235	134	7 266	293	48 503	121	1 081	134	8 277	42
83 170	105	81 826	97	149 033	86	132 655	41	100 258	65	473	255	4 274	102
61 857	142	54 994	153	151 762	85	137 635	40	3 671	384	534	236	5 323	73
81 691	109	79 522	103	15 697	334	6 234	302	5 589	354	522	242	1 643	243
83 081	106	80 206	102	37 344	228	5 665	308	16 573	246	4 314	37	659	339
67 827	134	65 871	123	64 993	163	10 553	250	45 552	124	6 957	21	1 462	258
94 855	93	65 386	124	134 500	93	76 147	67	62 201	103	7 725	16	909	314
33 995	223	34 318	215	163 776	79	111 064	44	21 375	213	2 654	75	5 638	70
96 347	92	102 030	78	200 397	63	79 071	63	66 960	98	480	254	3 668	120
87 111	102	87 037	94	26 576	280	8 815	276	20 084	224	725	190	5 249	75
62 707	141	62 707	133	498 016	30	203 862	28	361 945	18	836	157	7 024	54
61 322	143	72 272	116	155 121	82	58 283	85	113 170	61	1 518	116	11 495	33
88 657	100	88 657	93	66 499	158	28 502	139	83 394	79	3 881	45	511	362
73 741	121	63 066	131	32 198	248	949	410	24 809	190	343	320	4 644	85
75 795	119	70 091	118	17 892	321	6 984	295	9 257	308	555	227	1 312	268
77 887	117	77 887	106	28 727	267	15 058	214	15 621	254	3 241	58	491	368
468 188	19	409 571	21	46 239	200	17 666	191	34 134	160	854	156	3 245	141
52 268	171	52 140	163	30 099	257	24 296	152	20 676	219	627	214	6 104	65

6-4 续表 3

企业名称	行业类别	规模	增加值（现价）（万元）	排序
上海牛奶（集团）有限公司	企业总部管理	龙头	20 600	111
江西南昌济生制药厂	中成药制造	中型	20 500	112
上海农垦黑龙江省光明松鹤乳品有限责任公司	乳制品制造	中型	20 352	113
河北华岳化工有限公司	石油制品	大型	20 312	114
*广西农垦永新畜牧集团有限公司	畜牧业	大型	19 870	115
新疆生产建设兵团第三师电力有限责任公司	电力供应	中型	19 649	116
宁夏西夏嘉酿啤酒有限公司	精制茶加工	大型	19 346	117
新疆庆回归化肥有限公司	复混肥料制造	中型	19 244	118
武汉光明乳品有限公司	乳制品业	中型	19 083	119
湖北荷贝克电源系统（武汉）有限公司	电力制造	中型	19 016	120
湖北华润雪花啤酒（武汉）有限公司	食品饮料	大型	18 918	121
首农河北滦平华都食品有限公司	食品加工	大型	18 764	122
上海农垦广州光明乳品有限公司	乳制品制造	大型	18 583	123
新疆一和生物有限责任公司	淀粉及淀粉制品制造	中型	18 568	124
上海农垦天津光明梦得乳品有限公司	乳制品制造	中型	18 441	125
广西农垦糖业集团红河有限公司	农副食品加工业	中型	18 381	126
上海都市农商社有限公司	其他企业管理服务	龙头	18 339	127
广州风行乳业股份有限公司	液体乳及乳制品	中型	18 330	128
新疆兵团库尔勒金川矿业有限公司	烟煤和无烟煤开采洗选	中型	18 202	129
广西农垦糖业集团柳兴制糖有限公司	农副食品加工业	中型	18 184	130
新疆新越丝路有限公司	针织或钩针编织品制造	大型	18 109	131
广西送变电建设公司铁塔厂	电气机械和器材制造业	中型	18 102	132
新疆锦域纺织有限公司	棉纺纱加工	大型	18 032	133
上海农垦武汉光明乳品有限公司	乳制品制造	中型	18 028	134
新疆鑫立植物蛋白科技有限公司	饲料加工	中型	17 869	135
武汉长利玻璃（汉南）有限公司	玻璃制造	中型	17 760	136
*中粮建三江米业有限公司	谷物磨制	龙头	17 315	137
河南焦作市方便面厂	食品制造业	中型	17 176	138
河北省华润电力风能有限公司	风力发电	大型	16 985	139
武汉电信光电科技有限公司	电信	中型	16 960	140
新疆中硅科技有限公司	其他稀有金属冶炼	中型	16 942	141
上海农垦光明乳业（德州）有限公司	乳制品制造	中型	16 362	142
湖北潜江市乐水林纸股份有限公司	纸业	中型	16 320	143
上海农垦云南西双版纳英茂糖业有限公司	制糖业	中型	16 307	144
上海乳品四厂有限公司	乳制品制造	中型	16 196	145
江苏正大清江制药有限公司	医药	中型	16 094	146
武汉金鼎食品有限公司	食品	中型	15 870	147

总产值（现价）（万元）	排序	销售产值（万元）	排序	年末资产总额（万元）	排序	所有者权益（净资产）（万元）	排序	固定资产原值年末数（万元）	排序	年平均从业人员（人）	排序	从业人员劳动报酬（万元）	排序
12 482	365	12 138	367	438 147	33	244 240	24	266 274	28	632	213	8 135	45
50 482	179	49 852	170	23 977	294	10 088	259	10 858	288	1 124	132	5 300	74
80 737	111	96 221	83	113 684	104	53 208	89	36 973	154	820	165	2 913	153
114 758	75	112 037	73	53 124	186	5 200	317	3 219	389	2 809	69	213	432
44 154	195	44 112	182	55 779	182	41 272	107	22 123	207	472	257	2 650	173
68 660	131	64 985	127	217 410	64	46 396	100	152 588	48	566	225	4 855	82
46 812	184	13 818	345	1 608 686	8	942 979	4	331 672	20	451	263	3 566	124
98 114	90	98 150	82	28 925	263	12 860	232	13 643	266	595	219	4 366	97
81 068	110	81 068	100	52 892	187	32 414	127	19 078	230	2 851	67	493	367
79 999	114	78 765	104	43 085	205	29 165	136	22 832	202	5 562	30	488	370
55 041	164	53 705	159	124 338	100	66 173	79	59 095	106	9 845	13	2 380	193
118 293	71	134 194	63	86 452	132	−15 152	461	56 661	108	2 644	76	15 279	25
58 291	159	61 812	135	42 670	208	16 208	206	25 964	186	1 325	123	8 249	43
54 026	166	53 306	160	31 450	251	15 760	210	30 467	170	325	336	2 763	166
98 425	89	95 541	84	98 903	121	20 746	158	47 123	123	405	281	2 033	213
52 488	170	54 206	157	78 985	137	32 675	126	50 121	116	581	223	2 603	176
97 120	91	127 667	66	219 056	61	16 220	205	132 319	53	2 380	85	13 233	29
64 654	139	63 469	130	105 914	111	83 342	56	21 506	212	1 444	118	12 851	31
29 127	244	33 698	218	102 034	117	48 222	97	59 016	107	1 041	136	4 996	79
46 689	185	49 012	173	99 691	120	36 778	114	54 302	111	703	196	3 731	118
60 486	147	56 564	149	207 135	65	95 007	49	94 911	68	2 528	80	8 708	39
51 397	174	49 102	172	35 239	236	16 938	199	29 000	176	768	179	4 147	107
84 887	104	74 581	113	107 695	110	78 935	65	67 624	97	1 013	141	4 438	89
67 712	135	81 068	99	57 628	175	30 632	129	20 176	223	499	251	3 260	139
98 685	87	98 713	81	25 143	287	15 772	209	7 325	330	585	222	4 188	104
91 304	98	92 134	88	95 535	122	51 751	91	63 153	101	754	182	4 162	106
79 482	116	78 211	105	68 285	152	28 075	140	34 445	158	149	402	668	335
60 791	146	60 716	137	28 250	272	21 812	161	10 166	296	1 561	114	6 950	55
16 656	320	16 656	317	133 819	94	104 396	46	165 982	44	135	410	69	457
68 665	130	68 665	119	21 195	307	3 797	341	3 131	393	1 664	109	331	410
56 824	160	55 933	150	29 041	261	27 488	142	39 995	144	515	246	2 877	157
92 500	96	90 803	91	40 413	218	16 125	207	27 899	177	771	177	3 037	147
58 804	154	59 038	142	33 601	242	1 635	393	22 071	209	312	348	1 308	270
59 573	149	55 742	151	56 764	178	19 036	184	37 817	149	614	216	3 399	133
58 396	158	58 399	146	24 819	290	16 270	204	17 985	234	601	218	4 086	108
52 913	169	5 213	424	34 523	238	14 285	222	11 939	284	757	181	4 179	105
59 284	151	41 967	191	14 441	343	12 937	228	6 218	344	867	155	180	434

6-4 续表 4

企业名称	行业类别	规模	增加值（现价）（万元）	排序
新疆生产建设兵团第一师电力有限责任公司	电力供应	中型	15 523	148
湖北康地饲料（中国）有限公司	饲料加工	中型	15 371	149
江西九江市共青城金源服装有限公司	机织服装制造	中型	15 360	150
武汉径河化工有限公司	化工	中型	15 258	151
河北省华能承德风力发电有限公司	风力发电	大型	15 052	152
湖北潜江市茂昌纺织有阴公司	纺织	中型	14 794	153
广东广垦调丰糖业有限公司	制糖业	中型	14 037	154
武汉法比特电源有限公司	能源制造	中型	13 962	155
武汉富拉司特汽车零部件有限公司	汽车制造	中型	13 934	156
新疆青松建材化工（集团）股份有限公司	水泥制造	中型	13 739	157
云南农垦集团电力公司	水力发电	中型	13 704	158
湖北纽兰药业有限公司	药业	中型	13 444	159
江苏省农垦麦芽有限公司	加工	中型	12 980	160
广西农垦糖业集团良圻制糖有限公司	农副食品加工业	中型	12 801	161
新疆宇硅科技有限公司	其他稀有金属冶炼	中型	12 636	162
新疆兵团伊犁南岗化工有限责任公司	初级形态塑料及合成树脂制造	大型	12 501	163
辽宁大成农牧（铁岭）有限公司	农业生产加工	中型	12 234	164
北京光明饭店有限公司			12 214	165
黑龙江北大荒丰缘集团有限公司	面粉加工	中型	12 150	166
广东省丰收糖业发展有限公司	制糖业	中型	12 106	167
广西柳州市华侨紧固件厂	汽车制造业	中型	12 072	168
新疆大黄山鸿基焦化有限责任公司	炼焦	中型	12 045	169
广西南宁市横县君盈纸业公司	造纸和纸制品业	中型	11 928	170
河北省唐山市三元食品有限公司	食品制造业	中型	11 907	171
新疆天业节水灌溉股份有限公司	塑料板、管、型材制造	中型	11 667	172
上海梅林股份（绵阳）有限公司	肉、禽类罐头制造	中型	11 627	173
新疆天康饲料科技有限公司	饲料加工	中型	11 489	174
河北新河欣鑫原能源有限公司	石油制品	中型	11 478	175
广东湛江华资农垦糖业有限公司	制糖业	中型	11 450	176
上海联豪食品有限公司	牲畜屠宰	中型	11 261	177
上海黄海种业有限公司	种子批发	龙头	11 245	178
上海海丰米业有限公司	谷物磨制	龙头	11 039	179
河北省雪川农业发展股份有限公司	农业	中型	11 034	180
广西农垦糖业集团黔江制糖有限公司	农副食品加工业	中型	11 007	181
新疆兵团伊犁青松南岗建材有限责任公司	水泥制造	中型	10 988	182
新疆兵团石河子天富农电有限责任公司	电力供应	中型	10 893	183
广西扶绥县春江木材市场投资有限公司	木材加工和木、竹、藤、棕、草制品业	中型	10 815	184

总产值（现价）（万元）	排序	销售产值（万元）	排序	年末资产总额（万元）	排序	所有者权益（净资产）（万元）	排序	固定资产原值年末数（万元）	排序	年平均从业人员（人）	排序	从业人员劳动报酬（万元）	排序
68 018	133	68 018	121	275 176	48	42 367	104	284 597	25	826	163	7 938	48
58 600	155	58 600	144	47 472	196	41 642	105	6 055	348	2 300	89	344	404
157 064	61	121 539	68	16 521	324	12 153	236	2 622	402	188	387	674	334
69 262	128	66 789	122	29 201	259	19 148	183	5 682	352	1 217	128	341	406
20 032	293	20 032	293	138 992	91	45 705	102	159 400	46	812	166	38	463
53 308	167	49 400	171	44 798	203	6 080	303	12 613	275	822	164	2 616	174
52 969	168	38 960	197	27 941	274	2 186	375	24 598	191	2 716	74	694	331
59 245	152	57 647	147	35 870	234	18 311	189	23 898	198	720	192	6 457	61
58 548	156	61 336	136	45 036	202	16 273	203	20 613	220	2 731	73	515	360
32 186	229	32 794	221	988 492	13	469 464	12	102 202	64	933	149	7 992	47
29 770	242	29 770	235					47 269	122	545	233	3 782	115
50 467	180	44 499	181	9 660	389	694	417	4 617	371	1 266	126	324	415
67 165	136	65 326	125	90 208	129	17 251	197	49 710	117	163	396	2 278	203
36 560	211	39 926	194	40 400	219	18 063	190	20 494	221	553	228	2 662	172
46 635	186	44 918	180	19 784	311	18 541	187	20 450	222	314	345	1 880	225
70 020	127	65 205	126	145 925	88	−2 800	442	130 318	54	1 041	136	6 193	63
77 492	118	77 492	108	28 642	269	1 615	395	615	446	24 480	4	1 700	240
		16 457	320	32 353	247	24 030	153	39 743	145	368	302	3 312	137
121 627	70	150 715	58	471 280	31	−10 944	456	145 456	49	743	186	3 572	123
56 768	161	37 202	203	333 756	41	302 038	16	314 122	21	7 500	19	1 802	228
31 602	232	31 602	226	8 600	396	5 280	314	8 520	318	700	199	4 413	90
60 832	145	60 040	139	188 447	71	−19 644	465	167 022	43	989	143	6 031	68
44 020	196	43 594	184	9 755	386	2 389	368	4 800	367	375	296	1 120	288
45 376	191	44 941	178	10 986	375	5 110	319	18 099	233	3 054	62	621	346
48 530	183	52 560	162	102 784	115	66 971	77	43 594	134	786	173	7 100	52
44 817	193	40 679	192	28 894	265	14 848	217	11 975	283	493	252	3 762	117
86 270	103	82 877	96	56 507	179	36 026	118	12 781	273	414	275	6 109	64
68 895	129	68 501	120	187 146	73	33 215	125	16 461	248	3 612	50	427	383
44 650	194	24 872	258	41 060	215	7 988	286	26 311	184	2 067	96	507	364
51 052	177	58 626	143	16 213	327	8 084	284	2 077	415	380	292	3 126	144
14 231	340	13 692	348	34 133	239	16 639	201	26 965	180	425	273	3 556	126
13 436	351	14 688	337	100 474	118	20 477	171	40 135	141	139	406	1 357	264
20 880	289	20 445	289	73 768	148	38 959	112	14 646	257	3 191	60	650	343
28 966	246	24 650	261	37 661	226	4 927	324	17 918	236	456	262	1 782	233
28 014	249	28 033	245	125 617	99	5 539	311	89 087	74	604	217	5 047	78
64 242	140	64 242	129	73 322	149	69 706	74	71 731	94	590	220	6 091	67
30 901	235	28 986	242	8 987	395	3 882	340	8 266	321	1 035	139	5 512	71

6-4 续表 5

企业名称	行业类别	规模	增加值（现价）（万元）	排序
湖北三叶士林电机（武汉）有限公司	制造	中型	10 815	185
新疆大安特种钢有限责任公司	钢压延加工	中型	10 771	186
新疆六孚纺织工业园有限公司	棉纺纱加工	大型	10 623	187
新疆兵团奎屯锦孚纺织有限公司	棉纺纱加工	大型	10 521	188
上海农垦广西凤糖罗城制糖有限责任公司	制糖业	中型	10 490	189
江西九江市共青焕利实业有限公司	机织服装制造	中型	10 489	190
青海格尔木农垦（集团）有限公司	农业	中型	10 471	191
*广西农垦永新畜牧集团西江有限公司	畜牧业	中型	10 321	192
河北省唐山市腾龙畜禽养殖有限公司	畜牧业	中型	10 234	193
上海梅林食品有限公司	肉、禽类罐头制造	中型	10 211	194
广西柳州商泰机械零部件有限公司	通用设备制造业	中型	10 141	195
新疆东纯兴纺织有限公司	棉纺纱加工	大型	10 055	196
武汉市科达云石护理材料有限公司	石材	中型	9 979	197
武汉艾特纸塑包装有限公司	包装	中型	9 824	198
新疆兵团天能水泥有限公司	水泥制造	中型	9 814	199
武汉祥恒包装有限公司	包装	中型	9 805	200
*中法合营王朝葡萄酿酒有限公司	饮料制造业	中型	9 749	201
广西农垦糖业集团金光制糖有限公司	农副食品加工业	中型	9 610	202
北京金星鸭业有限公司	鸭的饲养	中型	9 544	203
上海农垦广西凤糖六塘制糖有限责任公司	制糖业	中型	9 517	204
江西南昌桑海制药厂	中成药制造	中型	9 489	205
新疆顶益食品有限公司	方便面及其他方便食品制造	中型	9 456	206
新疆天富天源燃气有限公司	燃气生产和供应业	中型	9 435	207
上海市海丰水产养殖有限公司	其他日用杂品制造	龙头	9 337	208
上海农垦银蕨农场有限公司	牲畜屠宰	中型	9 331	209
辽宁阜新鲁花浓香花生油有限公司	食品加工业	中型	9 261	210
新疆华世丹药业股份有限公司	化学药品制剂制造	中型	9 207	211
广东广垦华丰糖业有限公司	制糖业	中型	9 168	212
上海农垦南京光明乳品有限公司	乳制品制造	中型	9 028	213
新疆屯南煤业有限责任公司	烟煤和无烟煤开采洗选	中型	9 008	214
乌鲁木齐西城热力有限公司	热力生产和供应	中型	8 999	215
江西德成制药有限公司	医药	中型	8 986	216
新疆兵团农五师电力公司	电力供应	中型	8 888	217
新疆绿翔糖业有限责任公司	制糖业	中型	8 833	218
云南农垦陇川糖厂	制糖业	中型	8 528	219
河北省旗帜婴儿乳品股份有限公司	乳制品加工	中型	8 423	220
河北省北粮农业股份有限公司	畜牧业	中型	8 283	221

总产值（现价）（万元）	排序	销售产值（万元）	排序	年末资产总额（万元）	排序	所有者权益（净资产）（万元）	排序	固定资产原值年末数（万元）	排序	年平均从业人员（人）	排序	从业人员劳动报酬（万元）	排序
45 440	190	43 676	183	25 302	285	15 777	208	6 431	340	1 330	122	341	406
184 399	48	189 738	44	248 155	54	29 287	135	98 157	66	831	159	4 447	88
45 607	189	45 607	176	157 222	81	76 892	66	44 022	131	1 435	119	6 813	57
58 514	157	58 493	145	172 638	73	15 611	212	72 090	93	1 519	115	8 785	37
35 443	219	32 700	222	25 373	283	16 335	202	23 715	182	633	211	2 119	208
13 615	347	13 023	355	16 123	328	6 485	300	52 164	114	267	365	1 013	300
19 171	303	9 864	387	24 692	291	9 178	273	12 361	277	227	375	2 087	210
16 945	317	16 945	314	15 063	339	1 074	409	5 175	363	221	376	2 968	150
19 360	300	19 360	298	15 823	331	10 678	249	5 212	362	518	245	112	451
61 249	144	54 603	156	32 719	243	14 129	224	19 831	227	382	288	3 786	114
25 476	257	24 203	267	18 282	320	21 400	163	652	443	672	204	1 734	235
59 037	153	46 511	175	75 896	142	70 424	71	81 264	81	1 318	124	6 620	60
40 613	203	40 613	193	8 418	399	5 701	307	1 813	419	2 008	99	326	414
36 000	214	36 000	208	22 382	301	11 627	246	5 384	360	1 678	107	354	400
21 966	283	22 134	279	75 969	141	70 318	72	73 497	91	403	282	4 515	87
36 101	213	36 195	207	39 093	224	4 358	328	17 646	240	1 706	105	341	406
25 023	265	25 072	255	135 103	92	82 843	59	78 793	84		467	4 357	98
30 458	236	31 515	227	104 649	113	2 109	380	43 977	133	723	191	2 783	164
50 827	178	50 827	167	42 249	212	21 266	165	13 337	270	957	146	6 095	66
25 182	262	22 699	277	27 926	275	21 503	162	16 879	244	507	247	1 939	220
42 740	200	42 627	187	17 330	323	5 554	310	5 818	351	836	157	5 401	72
36 353	212	36 599	206	24 059	293	9 535	266	26 433	183	414	275	2 971	149
27 789	250	27 789	246	75 236	144	28 794	138	73 570	90	504	248	2 589	178
51 262	175	51 262	166	51 472	189	11 671	245	14 589	259	94	422	1 445	259
				349 913	40	225 811	26	299 211	22				
111 729	77	134 963	61	22 301	303	26 819	143	25 977	185	79 305	1	2 375	194
22 601	279	20 994	284	39 982	221	−656	438	13 830	264	549	231	2 792	163
35 765	216	29 875	234	29 875	258	853	414	29 398	173	2 045	97	456	378
37 784	209	37 784	201	18 454	318	10 025	260	14 333	260	394	285	2 497	184
13 332	353	17 242	311	66 291	160	26 793	144	53 339	112	749	184	4 411	91
17 234	313	17 234	312	85 975	133	47 306	98	62 197	104	330	330	2 792	162
8 840	398	3 898	434	3 898	444	3 898	339	630	445		467	150	440
23 551	273	23 551	272	74 441	146	4 040	334	69 985	95	685	202	3 087	146
39 600	205	27 104	248	75 128	145	11 931	242	44 203	130	522	242	4 373	95
31 527	233	30 747	230					13 507	268	349	318	1 523	249
51 993	172	53 071	161	225 512	59	66 677	78	113 786	60	6 694	23	1 059	297
12 800	359	12 800	358	42 356	211	34 186	122	30 973	167	828	160	160	438

6-4 续表 6

企 业 名 称	行 业 类 别	规模	增加值（现价）（万元）	排序
新疆兵团克拉玛依市润泰纺织有限公司	棉纺纱加工	中型	8 229	222
河南中亨纺织有限公司	纺织业	中型	8 213	223
上海农垦无锡市振太酒业有限公司	黄酒制造	中型	8 174	224
上海农垦广西凤糖鹿寨制糖有限责任公司	制糖业	中型	8 154	225
新疆兵团河南宏展实业有限公司	饲料加工	中型	8 035	226
广东雷州信通糖业有限公司	制糖业	中型	7 956	227
新疆兵团建工金石商品混凝土有限责任公司	水泥制品制造	中型	7 950	228
北京荷美尔食品有限公司	食品加工	中型	7 818	229
广东半岛糖业有限公司	制糖业	中型	7 805	230
江西九江市天祥科技有限公司	高新技术产品加工业	中型	7 745	231
上海农垦江苏淮安苏食肉品有限公司	牲畜屠宰	中型	7 642	232
新疆绿华糖业有限责任公司	制糖业	中型	7 622	233
广西农垦集团天成纸业有限公司	造纸和纸制品业	中型	7 595	234
广西农垦糖业集团西江制糖有限公司	农副食品加工业	中型	7 526	235
新疆利华绿原新能源有限责任公司	燃气生产和供应业	中型	7 449	236
天津市利民调料有限公司	食品制造业	中型	7 440	237
广西农垦集团华成纸业有限公司	造纸和纸制品业	中型	7 417	238
广泽精机（武汉）有限公司	汽车零配件	中型	7 356	239
广东省东方剑麻集团有限公司	农业	中型	7 242	240
广东湛江市金丰糖业有限公司	制糖业	中型	7 158	241
新疆兵团和布克赛尔县和什托洛盖一三七团煤矿	烟煤和无烟煤开采洗选	中型	7 096	242
湖北航达科技有限公司	科技能源	中型	7 042	243
辽宁辽宁振兴生态造纸有限公司	纸制造业	中型	7 009	244
新疆金松硅业有限责任公司	无机盐制造	中型	6 950	245
上海星辉蔬菜有限公司	食品制造业	龙头	6 933	246
辽宁营口建华建材有限公司	预应力混凝土	中型	6 925	247
上海思乐得不锈钢制品有限公司	金属制餐具和器皿制造	中型	6 919	248
新疆兵团天伟水泥有限公司	水泥制造	中型	6 912	249
河北省小山光伏发电有限公司	光伏发电	中型	6 893	250
*广西农垦国有立新农场	农业	中型	6 846	251
上海农垦萨洛夫公司	食用植物油加工	中型	6 835	252
新疆兵团华芳石河子纺织有限公司	棉纺纱加工	中型	6 760	253
上海正广和饮用水有限公司	瓶（罐）装饮用水制造	中型	6 735	254
江西九江市—芙蓉场—振兴纺织	纺织加工业	中型	6 707	255
新疆农六师大黄山豫新煤业有限公司	烟煤和无烟煤开采洗选	中型	6 651	256
武汉古河汽车系统有限公司	汽车零配件	中型	6 607	257
武汉市华宇泰新型墙体材料有限公司	墙体涂料	中型	6 548	258

总产值（现价）（万元）	排序	销售产值（万元）	排序	年末资产总额（万元）	排序	所有者权益（净资产）（万元）	排序	固定资产原值年末数（万元）	排序	年平均从业人员（人）	排序	从业人员劳动报酬（万元）	排序
42 996	199	42 652	185	37 178	229	29 445	133	21 907	211	535	235	3 347	136
43 198	198	42 334	189	32 000	250	23 010	158	12 040	282	350	314	1 311	269
15 500	329	15 859	325	12 796	355	9 411	268	6 300	343	335	325	2 308	200
25 807	255	24 673	260	32 647	244	26 003	147	24 531	192	645	208	2 351	196
82 363	108	84 165	95	64 145	164	25 636	148	22 908	201	642	209	5 189	76
30 022	239	24 000	270	4 375	439	4 375	327	4 375	374	896	154	328	413
28 989	245	28 989	241	40 656	217	9 500	267	20 037	225	433	269	2 588	179
34 691	221	34 720	214	28 952	262	22 426	159	17 905	237	406	280	4 347	99
30 022	239	24 532	264	15 715	353	12 670	234	7 612	326	1 837	103	490	369
39 226	206	39 226	195	7 612	406	1 664	392	5 000	365	78	427	379	393
175 347	51	173 905	50	42 015	213	13 458	225	16 540	247	702	197	4 229	103
27 152	252	27 064	249	34 866	237	7 861	287	15 802	253	524	241	3 421	130
23 063	277	23 063	274	94 501	124	－51 174	466	63 585	100	450	264	1 630	244
21 503	286	21 089	283	22 862	298	9 371	270	13 064	271	331	329	1 480	254
25 054	264	25 054	256	28 723	268	11 955	241	14 069	262	325	336	2 432	188
55 679	162	54 769	154	61 907	167	23 810	155	25 672	187	429	272	3 468	128
23 547	274	28 909	243	67 505	153	－9 006	453	72 538	92	333	328	1 086	294
32 935	227	29 724	237	9 618	390	14 906	216	6 139	346	352	311	2 294	201
21 430	287	12 555	360	61 324	169	21 140	167	30 015	171	4 423	34	1 785	232
27 013	253	20 880	286	22 381	302	－9 496	454	12 284	280	1 693	106	431	382
9 576	388	9 518	392	19 240	313	－8 374	452	18 205	231	360	308	3 349	135
34 037	222	29 523	238	32 450	246	6 499	299	9 348	303	2 824	68	375	394
44 949	192	44 929	179	11 900	360	911	411	795	441	41 566	2	1 960	219
23 866	272	23 866	271	11 562	366	3 561	346	9 861	298	369	300	2 904	155
37 868	208	37 868	199	42 967	206	31 357	128	44 384	129	361	307	2 160	207
24 731	268	35 419	212	29 195	260	2 521	365	2 521	407	2 200	93	1 516	250
30 073	238	29 504	240	15 337	337	6 043	305	5 420	358	440	267	3 237	142
23 486	275	24 508	265	92 008	126	7 632	289	94 418	70	417	274	4 395	93
9 500	391	8 065	400	9 500	391	34 896	121	37 471	152	137	408	10	468
10 069	385	9 565	391	58 175	173	50 865	93	5 247	361	586	221	2 710	169
				151 763	84	19 423	181	78 338	85				
65 428	138	62 630	134	89 750	130	24 729	150	75 857	87	978	144	4 677	84
22 526	280	22 134	280	15 925	330	12 052	238	10 445	293	352	311	2 888	156
35 829	215	35 829	209	30 327	255	2 117	379	8 261	322	150	400	570	348
13 684	346	13 684	349	75 297	143	－12 958	457	88 171	75	745	185	4 593	86
33 728	225	37 459	202	14 678	341	－428	436	3 907	380	355	310	2 383	191
23 227	276	23 227	273	10 309	380	8 705	277	5 586	355	774	176	225	429

6-4续表7

企业名称	行业类别	规模	增加值（现价）（万元）	排序
四川宜宾市叙府酒业股份有限公司	工业	中型	6 529	259
广西柳州市利威车业橡胶机械制造有限公司	通用设备制造业	中型	6 510	260
武汉新世界制冷工业有限公司	空调制造	中型	6 462	261
新疆华桉纺织有限公司	棉纺纱加工	中型	6 387	262
上海农垦云南文山英茂糖业有限公司	制糖业	中型	6 352	263
天津利金粮油股份有限公司	农副食品 加工业	中型	6 348	264
江苏新程（武汉）汽车零部件有限公司	汽车零配件	中型	6 342	265
新疆兵团阿拉尔市富丽达纤维有限公司	人造纤维（纤维素纤维）制造	大型	6 315	266
新疆蒙鑫水泥有限公司	水泥制造	中型	6 230	267
新疆兵团石河子泽众水务有限公司	自来水生产和供应	中型	6 220	268
河北省围场满、蒙自治县圣坤仁合光伏发电有限公司	光伏发电	大型	6 202	269
*黑龙江省建三江农垦汇丰源粮油工贸有限公司	稻米加工	龙头	6 148	270
*广西农垦国有源头农场	农业	中型	6 122	271
新疆兵团铁门关市新恒立纺织有限公司	棉纺纱加工	中型	6 065	272
武汉智迅创源科技发展股份有限公司	电池能源	中型	6 026	273
山东大地石化集团有限公司	石油化工	中型	5 976	274
北大荒马铃薯集团有限公司	马铃薯淀粉生产	中型	5 967	275
江西九江市德润油脂	油脂加工业	中型	5 917	276
上海农垦广西凤糖融水和睦制糖有限责任公司	制糖业	中型	5 896	277
新疆天宏新八棉产业有限公司	棉纺纱加工	中型	5 802	278
新疆兵团阿拉尔盛源热电有限责任公司	火力发电	中型	5 790	279
上海农垦卡洛斯·阿尔博的孩子们股份有限公司	水产品罐头制造	中型	5 756	280
新疆兵团图木舒克市前海棉纺织有限责任公司	棉纺纱加工	中型	5 733	281
武汉市东西湖自来水公司	公益事业	中型	5 628	282
新疆兵团五家渠恒信铝业有限公司	铝压延加工	中型	5 617	283
江西上饶市旭光造纸厂	造纸	中型	5 554	284
新疆仁和纺织科技有限公司	棉纺纱加工	中型	5 503	285
上海良友海狮油脂实业有限公司	食用植物油加工	中型	5 409	286
广西农垦糖业集团星星制糖有限公司	农副食品加工业	中型	5 402	287
新疆北屯电力工业有限公司	水力发电	中型	5 387	288
广西贵港市冠峰制药有限公司	医药制造业	中型	5 326	289
宁夏西夏王葡萄酒业有限公司	含乳饮料和植物蛋白饮料制造	中型	5 291	290
新疆睿盛纺织有限公司	棉纺纱加工	中型	5 244	291
新疆华茂阿拉尔纺织有限公司	棉纺纱加工	中型	5 204	292
*黑龙江省建三江农垦众成工贸有限责任公司	稻米加工	龙头	5 166	293
*安徽皖垦种业	种子批发	大型	5 132	294
广东廉江市华南糖业有限公司	制糖业	中型	5 127	295

总产值（现价）（万元）	排序	销售产值（万元）	排序	年末资产总额（万元）	排序	所有者权益（净资产）（万元）	排序	固定资产原值年末数（万元）	排序	年平均从业人员（人）	排序	从业人员劳动报酬（万元）	排序
21 719	285	20 924	285	52 522	188	21 301	164	6 875	335	503	249	1 877	226
16 275	323	15 461	328	8 034	404	14 320	220	300	440	430	270	1 109	291
22 776	278	24 566	263	57 210	177	12 843	233	25 339	188	3 671	49	537	353
30 129	237	29 978	233	12 015	358	3 621	345	9 050	310	545	233	3 283	138
13 193	355	17 469	309	47 022	197	663	419	37 520	151	334	327	1 591	245
51 549	173	50 704	168	77 324	139	35 190	120	14 613	258	340	323	2 827	160
31 948	230	31 948	224	30 145	256	1 120	406	22 011	210	965	145	2 965	151
82 769	107	77 266	110	256 961	52	41 322	106	90 518	73	1 398	121	7 228	51
28 249	248	28 249	244	93 850	125	18 996	185	19 241	229	400	283	2 325	199
9 849	386	9 849	389	108 757	109	40 606	108	83 588	78	350	314	2 605	175
6 463	417	6 463	419	47 648	195	18 442	188	33 332	147	80	426	9	469
24 590	270	24 590	262	8 363	401	1 129	405	595	450	41	444	167	435
10 821	380	10 970	382	32 172	249	29 121	137	6 877	334	828	160	3 564	125
20 072	292	20 062	292	49 800	193	24 815	149	10 903	287	462	259	2 382	192
19 737	295	21 135	282	23 467	295	20 292	174	12 621	274	3 906	43	564	350
60 157	148	60 157	138	109 673	108	17 582	192	10 843	289	680	203	1 927	221
49 638	182	35 576	210	186 669	74	78 955	64	139 267	51	708	195	3 621	122
31 672	231	31 672	225	10 784	377	5 131	318	3 641	385	130	411	370	397
19 521	297	18 091	306	28 757	266	14 311	221	16 331	249	530	238	1 650	242
28 955	247	29 509	239	46 312	199	20 443	173	16 214	250	702	197	3 523	127
42 645	201	42 645	186	218 380	63	50 075	94	248 068	30	326	335	4 367	96
80 464	112	45 106	177	36 132	233	29 417	134	13 511	267	237	371	627	345
29 301	243	24 862	259	66 421	159	38 996	111	49 674	118	780	174	3 420	131
13 001	358	13 001	356	198 984	69	106 153	45	45 201	125	3 339	56	363	398
18 264	308	18 264	304	37 629	227	5 377	312	7 507	327	379	294	3 665	121
18 538	306	17 572	307	7 300	409	5 600	309	24 500	193	300	353	330	412
27 729	251	27 313	247	22 425	300	11 964	240	17 951	235	459	261	2 674	170
50 037	181	50 037	169	38 846	225	13 132	227	10 665	290	239	370	2 545	183
25 249	260	24 189	268	27 675	277	−13 848	459	24 223	194	473	255	2 592	177
16 596	321	14 977	334	90 490	128	17 348	194	43 184	137	323	338	4 286	101
15 215	332	15 215	331	9 000	394	2 050	384	4 715	368	368	302	1 110	290
12 781	361	12 676	359	110 973	107	2 137	378	44 457	128	235	372	1 147	283
24 796	267	25 873	253	65 044	162	29 716	131	44 820	126	742	187	3 780	116
22 115	282	20 334	291	25 964	281	8 912	275	24 169	195	529	239	3 185	143
20 665	290	20 665	288	22 755	299	2 500	366			50	441	148	441
6 480	416	30 970	229	43 758	204	35 509	119	20 729	218	320	340	2 972	148
19 346	301	15 475	327	12 911	354	12 153	236	10 211	294	1 156	130	512	361

6-4续表8

企 业 名 称	行 业 类 别	规模	增加值（现价）（万元）	排序
新疆兵团天辰水泥有限责任公司	水泥制造	中型	5 074	296
武汉瀚兴日月电源有限公司	能源制造	中型	5 006	297
新疆嘉和毛纺织有限公司	毛织造加工	中型	4 964	298
新疆乌鲁木齐正大畜牧有限公司	饲料加工	中型	4 962	299
新疆农垦现代糖业有限公司	制糖业	中型	4 930	300
天津海河乳业有限公司	食品制造业	中型	4 918	301
辽宁华丰食品（阜新）有限公司	食品制造业	中型	4 906	302
广西扶绥县鑫源木业有限公司	木材加工和木、竹、藤、棕、草制品业	中型	4 884	303
*黑龙江省农垦华彬粮油经贸有限公司	水稻加工	龙头	4 866	304
*黑龙江省建三江农垦双盛米业有限责任公司	谷物磨制	龙头	4 855	305
上海向明轴承有限公司	轴承制造	中型	4 823	306
武汉源香食品有限公司	食品	中型	4 803	307
上海海丰米业有限公司	谷物磨制	中型	4 793	308
江西九江市顺昌熟料	食品加工业	中型	4 691	309
新疆汇祥农业发展有限公司	其他未列明农副食品加工	中型	4 632	310
湖北台玻武汉工程玻璃有限公司	化工玻璃	中型	4 584	311
新疆天富阳光生物科技有限公司	兽用药品制造	中型	4 556	312
江西九江市义鑫服饰	服装加工业	中型	4 526	313
辽宁阜新杰超煤矸石热电有限公司	火力发电	中型	4 521	314
新疆唐成棉业有限公司	棉纺纱加工	中型	4 502	315
*黑龙江农垦爱邦实业有限公司	谷物磨制	龙头	4 395	316
新疆兵团农五师新赛精纺有限公司	棉纺纱加工	中型	4 335	317
广西杨氏鲜果有限公司	农副食品加工业	中型	4 274	318
*广西杨氏鲜果有限公司	农副食品加工业	中型	4 274	318
武汉市江汉医疗制药设备有限公司	医疗设备	中型	4 256	320
上海农垦浙江汇诚通用印务有限公司	包装装潢及其他印刷	中型	4 166	321
河南孟州市华兴有限责任公司	食用酒精制造业	中型	4 100	322
辽宁阜新小东北食品有限公司	食品制造业	中型	4 061	323
武汉广佳汽车饰件有限公司	汽车装饰	中型	4 059	324
*黑龙江省农垦龙王食品有限责任公司	乳粉、豆粉生产	龙头	4 000	325
上海农垦广西凤糖鹿寨纸业有限公司	非木竹浆制造	中型	3 967	326
*黑龙江红兴隆农垦小清河米业有限公司	谷物磨制	龙头	3 920	327
*黑龙江红兴隆农垦小清河米业有限公司	谷物磨制	龙头	3 920	327
*黑龙江农垦卉菊海林甜菊糖有限公司	甜菊糖甙加工	龙头	3 915	329
广西黄浦江制衣（贵港）有限公司	纺织服装、服饰业	中型	3 838	330
*黑龙江省建三江农垦茂泰米业有限公司	稻谷加工	龙头	3 800	331
新疆汉帛纺织有限公司	棉纺纱加工	中型	3 758	332

总产值（现价）（万元）	排序	销售产值（万元）	排序	年末资产总额（万元）	排序	所有者权益（净资产）（万元）	排序	固定资产原值年末数（万元）	排序	年平均从业人员（人）	排序	从业人员劳动报酬（万元）	排序
19 206	302	19 023	301	56 450	180	51 833	90	80 927	82	397	284	4 392	94
25 701	256	22 875	275	15 985	329	3 933	338	3 215	390	652	207	835	320
24 690	269	22 454	278	28 394	270	14 744	219	5 078	364	693	200	2 066	211
33 744	224	33 744	217	18 944	315	8 300	280	9 343	304	335	325	3 108	145
15 444	330	13 674	350	24 626	292	7 420	292	13 479	269	375	296	2 256	204
43 982	197	38 964	196	31 180	252	−15 634	462	21 100	217	789	171	8 133	46
25 402	258	26 071	252	9 118	393	1 610	396	505	454	5 788	28	864	316
13 955	343	13 902	344	3 573	449	1 501	400	3 180	392	532	237	2 869	158
18 833	304	19 360	298	6 617	418	1 225	403	2 265	412	45	443	125	447
19 421	299	19 421	297	15 616	335	12 481	235	7 174	331	54	440	204	433
10 475	381	10 685	384	8 460	398	3 312	350	2 713	400	369	300	2 361	195
18 674	305	18 174	305	18 855	316	9 880	262	3 544	386	1 135	131	298	420
13 436	351	14 688	337	100 474	113	20 477	171	40 135	141	139	406	1 357	264
25 220	261	25 220	254	4 559	435	4 160	332	565	451	130	411	468	375
25 000	266	8 009	402	25 028	288	2 740	357	2 313	411	172	390	330	411
17 265	312	17 561	308	56 314	181	12 039	239	44 603	127	2 775	70	386	391
13 594	348	11 454	377	35 616	235	10 023	261	19 929	226	382	288	2 826	161
24 350	271	24 350	266	4 660	435	2 681	358	126	461	167	393	534	355
20 397	291	20 397	290	53 279	185	−5 669	447	−7 036	474	−2 915	472	1 791	230
34 820	220	35 223	213	37 169	231	9 727	264	31 557	164	923	152	4 816	83
15 868	324	15 900	324	10 680	378	6 297	301	2 784	398	150	400	248	426
11 995	366	14 488	341	25 620	282	17 292	196	25 219	189	343	320	1 344	266
11 556	372	11 556	372	6 900	413	3 795	342	4 140	375	363	304	1 471	255
11 556	372	11 556	372	6 900	413	3 795	342	4 140	375	363	304	1 471	255
14 066	342	14 066	342	17 791	322	8 242	281	9 292	307	1 036	138	350	401
17 126	315	16 920	315	18 795	317	10 404	252	12 402	276	339	324	1 486	252
99 954	85	99 666	80	95 521	123	53 726	86	55 894	110	320	340	960	310
14 563	336	14 563	339	6 766	415	500	422	500	455	5 997	26	1 031	298
18 153	310	21 595	281	28 912	264	14 170	223	22 342	206	551	230	3 415	132
18 252	309	19 422	296	30 941	253	9 383	269	9 103	309	200	381	890	315
16 573	322	16 549	318	13 021	352	7 026	294	14 107	261	487	253	2 331	198
11 717	367	11 717	370	3 352	454	3 352	348	897	434	195	383	387	390
11 717	367	11 717	370	3 352	454	3 352	348	897	434	195	383	3 870	113
13 053	357	12 185	365	10 523	379	908	412			100	420	475	372
10 965	379	10 965	383	5 340	429	2 100	381	1 158	428	798	170	2 110	209
13 224	354	13 224	354	15 313	338	1 086	408	2 550	406	56	439	159	439
16 972	316	16 097	322	2 594	459	−283	433	2	466	430	270	1 132	284

6－4 续表 9

企业名称	行业类别	规模	增加值（现价）（万元）	排序
＊广西农垦钦州企业总公司	渔业	中型	3 752	333
广西博白县新盈邦陶瓷有限公司	砖瓦、石材等建筑材料制造	中型	3 720	334
上海农垦光明乳业（泾阳）有限公司	乳制品制造	中型	3 682	335
武汉昊诚能源科技有限公司	电池能源	中型	3 666	336
吉林吉春制药股份有限公司	医药制造业	中型	3 650	337
江西抚州市一长红场一佰仕通	电子	中型	3 591	338
＊齐齐哈尔农垦学成米业有限责任公司	稻谷加工	龙头	3 532	339
上海东穗现代农业发展有限公司	开采辅助活动	龙头	3 531	340
上海农垦广西凤糖柳江制糖有限责任公司	制糖业	中型	3 506	341
河南焦作市博农乳业有限责任公司	乳制品制造业	中型	3 470	342
＊齐齐哈尔农垦大强米业有限责任公司	稻谷加工	龙头	3 424	343
武汉蓝盾门业有限公司	制造	中型	3 392	344
＊黑龙江省建三江农垦金三江粮油工贸有限公司	稻米加工	龙头	3 374	345
上海福新面粉有限公司	谷物磨制	中型	3 371	346
广西农垦糖业集团达华制糖有限公司	农副食品加工业	中型	3 309	347
新疆石河子花园乳业有限公司	乳制品制造	中型	3 289	348
＊黑龙江省建三江农垦荣氏粮油工贸有限公司	食品加工	龙头	3 206	349
上海农垦安徽光明槐祥工贸集团有限公司	谷物磨制	中型	3 185	350
江西九江市共青城兴龙实业有限公司	羽毛（绒）加工	中型	3 144	351
武汉五景药业有限公司	药业	中型	3 121	352
河南省淅川县制药集团	医药制造业	中型	3 002	353
广西柳州延龙汽车有限公司	汽车制造业	中型	2 926	354
新疆中基红色番茄产业有限公司	蔬菜、水果罐头制造	中型	2 923	355
上海鲜花港企业发展有限公司	蜜饯制作	龙头	2 905	356
广西博白县亿丰工艺制品有限公司	文教、工美、体育和娱乐用品制造业	中型	2 903	357
广东湛江碧丽华模压木制品有限公司	木材加工制造业	中型	2 874	358
首农承德三元金星鸭业有限责任公司	鸭的饲养	中型	2 868	359
云南农垦集团茶叶公司	精制茶加工业	中型	2 857	360
武汉顺威电器有限公司	工业制造	中型	2 851	361
＊齐齐哈尔农垦金星米业有限责任公司	稻谷加工	龙头	2 848	362
江西省天翌光电有限公司	光电子器件及其他电子器件制造	中型	2 678	363
广西富川富隆果业有限公司	农副食品加工业	中型	2 665	364
＊广西富川富隆果业有限公司	农副食品加工业	小型	2 665	364
江西九江市共青城雪狐服饰有限公司	机织服装制造	中型	2 652	366
新疆兵团图木舒克市天华纺织有限公司	棉纺纱加工	中型	2 616	367
江苏省金象传动设备股份有限公司	机械	中型	2 605	368
江西九江华达医用材料有限公司	卫生材料及医用品制造	中型	2 581	369

总产值（现价）（万元）	排序	销售产值（万元）	排序	年末资产总额（万元）	排序	所有者权益（净资产）（万元）	排序	固定资产原值年末数（万元）	排序	年平均从业人员（人）	排序	从业人员劳动报酬（万元）	排序
9 163	396	6 578	417	6 484	419	4 525	326	5 431	357	356	309	1 375	263
9 540	389	9 090	395	49 100	194	17 056	198	48 650	120	380	292	1 710	239
12 732	363	12 194	364	14 439	344	6 586	293	7 808	325	294	358	1 089	293
15 425	331	15 425	329	11 019	373	6 065	304	4 570	370	2 520	81	349	403
72 530	123	37 850	200	74 000	147	29 600	132	36 000	155	112	416	2 588	180
13 757	344	12 160	366	11 171	372			4 700	369	800	168	1 730	237
15 597	326	15 597	326	4 311	440	2 611	360	3 925	379	230	373	722	329
9 532	390	9 103	394	24 999	289	17 368	193	17 667	239				
10 333	383	11 512	376	21 723	305	20 508	170	14 054	263	527	240	1 893	224
9 487	392	8 885	396	6 396	420	5 082	320	4 808	366	185	388	1 010	302
16 848	318	16 848	316	9 442	392	8 242	231	9 533	301	210	380	652	341
13 498	349	13 498	353	11 568	365	1 664	391	537	453	2 206	92	339	409
13 494	350	13 600	352	11 226	371	6 805	296	2 167	414	62	437	162	436
35 486	217	37 183	204	42 646	209	10 401	253	12 301	278	149	402	1 218	278
11 502	375	9 862	388	54 046	184	14 810	218	29 862	172	342	322	342	405
40 418	204	32 500	223	22 287	304	13 214	226	11 129	286	309	349	2 427	189
15 620	325	15 978	323	20 244	308	19 708	179	5 106	347	20	461	66	458
25 110	263	26 781	251	41 056	216	20 076	175	14 717	256	200	381	839	319
13 097	356	12 528	361	11 592	363	4 625	325	2 500	408	161	397	667	336
9 466	393	11 157	379	23 143	297	19 873	177	8 723	316	2 219	91	518	359
14 271	339	13 921	343	41 392	214	10 094	258	17 236	242	1 423	120	3 927	111
7 330	405	6 967	412	10 966	376	2 420	367	320	458	297	356	766	325
75 623	120	35 480	211	180 249	76	−4 078	443	115 686	58	1 023	140	5 186	77
11 574	370			60 891	170	17 329	195	43 036	140	250	369	647	344
9 199	395	8 399	397	4 040	443	2 158	376	3 715	382	350	314	1 558	247
8 905	397	6 626	416	14 218	345	−14 096	460	22 478	205	1 602	112	314	419
15 588	327	13 655	351	16 451	325	−705	439	10 557	292	328	332	1 981	217
3 667	435	12 934	357					1 438	425	109	417	790	322
14 491	337	15 025	332	12 567	357	3 748	344	4 068	377	382	288	2 028	214
13 734	345	13 734	347	3 634	448	2 534	363	6 012	349	180	389	523	358
12 795	360	12 239	363	9 956	383	2 750	356	3 862	381	297	356	1 128	285
7 086	407	7 086	408	4 150	441	2 280	373	2 590	404	269	363	993	306
7 086	407	7 086	408	4 150	441	2 280	373	2 590	404	269	363	993	306
19 898	294	19 033	300	2 726	457	1 511	399	1 784	420	314	345	1 193	280
17 202	314	17 142	313	19 313	312	12 930	229	17 398	241	552	229	145	442
9 747	387	9 747	390	27 677	276	2 534	363	29 302	174	409	279	1 977	218
41 122	202	29 769	236	13 030	351	5 250	316	6 619	338	189	386	712	330

6-4 续表 10

企业名称	行业类别	规模	增加值（现价）（万元）	排序
广西剑麻集团山圩剑麻制品有限公司	纺织业	中型	2 575	370
＊黑龙江省建三江农垦富油商贸有限责任公司	谷物磨制	龙头	2 550	371
新疆兵团石河子市国能能源投资有限公司	火力发电	中型	2 536	372
北京市双桥农场有限公司	生态农业	中型	2 505	373
上海新三花薄膜有限公司	塑料薄膜制造	中型	2 483	374
云南农垦集团南湖橡胶厂	橡胶鞋制造业	中型	2 453	375
上海农垦广西凤糖白沙制糖有限责任公司	制糖业	中型	2 436	376
新疆兵团伊犁伊力特玻璃制品有限公司	玻璃包装容器制造	中型	2 426	377
新疆兵团第二师天泰电力有限责任公司	电力供应	中型	2 420	378
云南农垦沧江木业公司	胶合板制造业	中型	2 303	379
新疆兵团奎屯天北矿业投资有限责任公司	烟煤和无烟煤开采洗选	中型	2 298	380
上海农垦广西凤糖雒容制糖有限责任公司	制糖业	中型	2 278	381
辽宁北票电力电杆有限公司	水泥制造业	中型	2 270	382
江苏省勤奋药业有限公司	医药	中型	2 269	383
＊广西平乐宏源农业发展有限公司	农副食品加工业	中型	2 152	384
上海农垦广西凤糖融安制糖有限责任公司	制糖业	中型	2 146	385
武汉多美丽服饰有限公司	服装	中型	2 145	386
＊广东省农垦集团进出口有限公司	农业	龙头	2 130	387
北京三元种业科技股份有限公司饲料分公	饲料加工	中型	2 114	388
新疆天业股份有限公司（母公司）	无机碱制造	中型	2 107	389
＊黑龙江省建三江农垦雪那红米业有限责任公司	稻米加工	龙头	2 098	390
＊黑龙江省建三江农垦中航益华粮食收储有限公司	谷物磨制	龙头	2 073	391
上海大瀛食品有限公司	肉制品及副产品加工	龙头	2 057	392
上海市瑞华实业公司	酒、饮料和精制茶制造业	龙头	2 028	393
上海福新面粉有限公司	谷物磨制	龙头	1 997	394
江西金淞电器（九江）有限公司	家用空气调节器制造	中型	1 997	395
河北围场风阳光伏发电有限公司	光伏发电	大型	1 980	396
新疆兵团阿拉尔新农乳业有限责任公司	乳制品制造	中型	1 795	397
河北省唐山旺地种业有限公司	种植	中型	1 723	398
＊黑龙江省建三江农垦鑫三江粮油工贸有限公司	稻米加工	龙头	1 700	399
江西春蕾服饰有限公司	机织服装制造	中型	1 615	400
上海乐惠米业有限公司	谷物磨制	龙头	1 603	401
＊黑龙江省大兴农场龙兴米业	大米加工	龙头	1 591	402
辽宁东港市港珠食品有限公司	农副食品加工业	中型	1 576	403
云南农垦集团天使食品公司	其他方便食品制造	中型	1 571	404
河北省唐山市芦台永兴种植专业合作社	大米加工	中型	1 528	405
吉林四平慧良牧业有限公司	牲畜饲养	中型	1 500	406

总产值（现价）（万元）	排序	销售产值（万元）	排序	年末资产总额（万元）	排序	所有者权益（净资产）（万元）	排序	固定资产原值年末数（万元）	排序	年平均从业人员（人）	排序	从业人员劳动报酬（万元）	排序
7 344	404	7 690	403	13 212	350	4 099	333	9 313	306	302	352	1 289	273
10 198	384	10 198	385	9 704	387	6 786	297	3 109	395	34	450	135	445
31 306	234	31 306	228	365 129	36	－113 166	467	298 845	23	1 670	108	12 933	30
4 567	426	5 284	423	6 699	417	5 061	321	3 114	394	167	393	1 009	304
14 445	338	14 548	340	10 212	382	4 319	330	2 408	410	323	338	1 914	223
6 371	418	4 083	431					3 215	390	443	266	2 226	205
7 422	403	8 268	399	5 634	425	2 054	383	8 524	317	328	332	1 294	272
4 950	423	5 058	425	8 587	397	5 009	322	8 039	324	300	353	2 416	190
19 500	298	19 500	295	72 568	150	39 648	110	52 593	113	314	345	2 944	152
5 611	420	5 597	421					4 494	373	264	367	989	309
2 821	447	2 821	449	160 578	80	7 800	288	29 204	175	503	249	2 468	186
7 598	401	8 048	401	23 289	296	21 183	266	12 828	272	378	295	1 406	261
7 247	406	7 247	405	6 300	421	436	423	24	465	3 600	51	400	387
3 428	440	3 824	435	5 552	427	3 521	347	2 986	397	140	405	1 077	295
11 000	378	11 000	381	5 562	426	2 039	385	2 430	409	77	428	474	373
12 739	362	11 811	369	14 796	340	－9 774	455	21 341	214	448	265	1 485	253
7 852	400	7 645	404	11 912	359	4 034	335	6 374	342	1 291	125	372	396
2 130	457	109 000	75	46 916	198	863	413	497	456	615	215	62	460
55 341	163	55 341	152	28 128	273	－1 232	440	958	432	169	391	1 553	248
32 266	228	33 498	219	575 451	27	326 239	13	119 301	57	572	224	6 626	59
8 392	399	8 329	398	7 460	408	3 989	336	3 710	383	32	452	126	446
11 520	374	11 520	375	5 281	433	2 158	376			29	457	56	462
1 603	464	1 603	464	11 751	362	5 256	315	5 605	353	280	362	1 300	271
1 478	465	1 477	465	14 146	346	5 363	313	4 534	372	195	383	1 269	275
35 486	217	37 183	204	42 646	209	10 401	253	12 301	278	149	402	1 218	278
18 055	311	17 270	310	12 964	353	9 348	272	6 784	337	344	319	1 228	277
2 612	450	2 612	452	19 843	310	2 588	361	16 923	243			1	470
26 643	254	24 886	257	66 903	154	－7 146	451	31 247	165	520	244	2 495	185
2 875	446	2 875	447	1 468	464	628	420	858	437	69	432	23	465
6 800	413	6 800	414	9 682	388	2 000	386			30	454	1 060	296
19 720	296	18 863	302	5 283	432	2 332	370	9 045	311	123	414	511	362
46 174	187	52 041	164	50 130	191	11 763	243	1 345	426	69	432	659	337
7 025	409	7 025	411	7 281	411	2 878	354	3 338	387	32	452	84	454
6 700	414	6 700	415	2 240	460	120	430	120	462	1 800	104	850	318
4 373	429	4 409	428					1 963	417	229	374	1 021	299
14 824	333	14 824	336	5 828	423	3 215	352	1 766	421	48	442	16	467
11 570	371	27 027	250	11 570	364	8 558	278	6 205	345	11	464	315	418

6-4续表11

企业名称	行业类别	规模	增加值（现价）（万元）	排序
广东省广垦粮油有限公司	工业	中型	1 457	407
辽宁寨香生态股份有限公司	农副食品加工业		1 432	408
新疆兵团哈密市盛镁镁业有限公司	镁冶炼	中型	1 358	409
上海长江逸浩林业有限公司	其他日用杂品制造	龙头	1 341	410
江西鸿奕实业（九江）有限公司	皮鞋制造	中型	1 332	411
新疆美丰化工有限公司	氮肥制造	中型	1 329	412
*北大荒亲民有机食品有限公司	蔬菜加工	龙头	1 290	413
江西九江市新恒星抛光材料	无纺布加工业	中型	1 208	414
江西九江市中南（共青城）科技有限公司	家用美容、保健电器具制造	中型	1 202	415
*河南省黄泛区天鹰缸套公司	通用设备制造业	龙头	1 128	416
上海农垦瀛丰五斗生态农业发展有限公司	谷物磨制	中型	1 120	417
上海东辰粮油有限公司	食用植物油加工	中型	1 094	418
上海一只鼎食品有限公司	水产品罐头制造	龙头	1 084	419
辽宁阜新市驰宇石油机械有限公司	石油钻采专用设备制造	中型	1 073	420
江西九江市共青城欧唯诺太阳能科技股份有限公司	光伏设备及元器件制造	中型	1 070	421
上海农垦江苏东越生物科技股份有限公司	饼干及其他焙烤食品制造	龙头	1 057	422
新疆天富煤业有限公司	烟煤和无烟煤开采洗选	中型	1 039	423
广西浦北县东剑有限责任公司	纺织业	中型	1 032	424
*黑龙江省建三江农垦嘉良米业有限责任公司	大米加工	龙头	1 016	425
*黑龙江省宝泉岭农垦山林粮食加工有限责任公司	稻米加工	龙头	999	426
北京百年栗园生态农业有限公司	生态农业		988	427
广东广垦绿色农产品有限公司	农业	中型	957	428
*广西农垦茶业集团有限公司	酒、饮料和精制茶制造业	中型	910	429
*黑龙江省建三江农垦阿祥粮油工贸有限公司	谷物加工	龙头	873	430
上海光明森源生物科技有限公司	饼干及其他焙烤食品制造	龙头	872	431
新疆天康食品有限责任公司	牲畜屠宰	中型	872	432
吉林四平市种鹿场有限公司	牲畜饲养	中型	828	433
辽宁营口海宇农水产品有限公司	脱水蔬菜和海产品	中型	826	434
*安徽雁湖面粉厂	面粉加工	中型	760	435
江西九江市一芙蓉场一芳湖米业	粮食加工业	中型	737	436
*黑龙江省建三江农垦万顺米业有限责任公司	稻米加工	龙头	732	437
江西鹰潭市大地蔬菜制品有限公司	农业	中型	731	438
*黑龙江省建三江农垦北斗星粮油工贸有限责任公司	谷物磨制	龙头	721	439
宁夏贺兰山清真牛羊肉产业集团公司	牲畜屠宰	中型	714	440
上海农垦福新面粉（宜兴）有限公司	谷物磨制	中型	636	441
上海乐惠米业有限公司	谷物磨制	中型	610	442
*黑龙江省建三江农垦深彤鑫粮油工贸有限公司	粮食加工	龙头	610	443
*安徽省农业服务股份有限公司	农业服务业	中型	607	444
*黑龙江农垦雁窝岛集团酿酒有限公司	白酒制造	龙头	555	445

总产值（现价）（万元）	排序	销售产值（万元）	排序	年末资产总额（万元）	排序	所有者权益（净资产）（万元）	排序	固定资产原值年末数（万元）	排序	年平均从业人员（人）	排序	从业人员劳动报酬（万元）	排序
70 606	126	42 240	190	192 681	70	23 596	157	38 171	148	3 032	63	388	389
5 115	422	4 890	426	2 195	461	410	425	410	457	3 146	61	98	452
14 753	334	12 491	362	5 811	424	−398	435	320	458	410	278	2 578	182
100	468	99	468	7 166	412	2 067	382	3 224	388	102	419	686	332
25 262	259	24 164	269	8 197	402	7 593	290	3 989	378	1 094	133	4 339	100
18 464	307	18 464	303	66 757	156	11 087	248	73 730	89	306	351	1 563	246
4 482	427	4 482	427	11 449	367	2 375	369	12 176	281	253	368	501	365
6 886	411	6 886	413	6 260	422	1 600	397	6 000	350	38	446	136	444
21 807	284	20 859	287	11 873	361	2 310	372	23 932	197	394	285	1 403	262
3 381	441	2 837	448	7 554	407	3 122	353	7 136	332	220	379	569	349
6 830	412	7 234	406	13 325	349	1 878	338	823	439	95	421	813	321
167 789	55	173 808	51	55 215	183	4 981	323	8 896	315	168	392	1 921	222
4 885	424	4 331	429	5 528	428	−2 513	441	1 548	423	104	418	652	340
3 360	442	3 347	442	3 839	445	4 356	329	602	447	12 855	12	384	392
99 671	86	95 337	85	76 044	140	19 854	178	177 078	39	127	413	446	381
3 253	443	3 253	443	7 943	405	−530	437	9 041	312	114	415	758	326
3 568	438	3 568	440	39 511	222	738	416	51 586	115	287	359	2 669	171
2 586	451	2 626	451	956	463	413	424	596	449	165	395	451	380
4 420	428	3 699	436	4 494	437	3 977	337	832	438	18	462	81	455
14 101	341	14 985	333	27 348	278	8 009	285	6 799	336	90	425	222	430
9 233	394	9 233	393	16 250	326	−7 138	450	8 281	320	221	376	1 432	260
4 172	431	22 812	276	11 255	369	1 170	404	883	436	2 334	87	390	388
2 715	449	2 882	446	25 233	286	10 553	250	15 987	251	770	178	2 763	165
3 969	434	2 449	453	5 296	431	2 330	371	1 676	422	28	458	63	459
16 732	319	42 436	188	105 120	112	−5 377	446	37 604	150	633	211	3 689	119
54 382	165	54 670	155	11 254	370	9 143	274	7 490	328	307	350	2 455	187
12 545	364	3 580	439	6 700	416	2 680	359	2 612	403	32	451	1 123	286
2 950	444	2 950	444	3 762	446	−350	434	−350	473	1 850	102	452	379
15 569	328	16 492	319	7 295	410	307	426	2 642	401	160	398	479	371
4 037	433	4 037	433	763	469	64	432	600	448	30	454	144	443
3 661	436	3 661	437	3 678	447	2 787	355	1 084	430	10	465	36	464
2 407	453	120	467	1 143	466	603	421	1 122	429	93	423	273	423
3 605	437	3 605	438	10 230	381	9 879	263	2 767	399	30	454	92	453
				21 531	306	165	429	6 469	339	38	446	119	448
14 593	335	14 945	335	5 340	429	195	428	111	463	73	430	374	395
46 174	187	52 041	164	50 127	192	11 760	244	1 345	426	69	432	659	337
2 902	445	2 902	445	11 013	374	10 279	255	9 647	300	38	446	116	450
607	467	13 769	346	15 457	336	7 459	291	184	460	72	431	413	384
1 661	463	1 661	463	2 656	458	1 676	390	2 041	416	65	436	1 514	251

6-4 续表 12

企业名称	行业类别	规模	增加值（现价）（万元）	排序
江西羽博服饰有限公司	机织服装制造	中型	522	446
*河南省黄泛区农场绿原化工公司	化学原料制造业	龙头	516	447
*黑龙江省农垦胜利粮油食品有限责任公司	稻谷加工	龙头	493	448
*河南木之秀家具有限公司	家具制造业	龙头	486	449
*安徽省安禽禽业有限公司	家禽饲养	中型	470	450
新疆绿翔牧业有限责任公司	牲畜屠宰	中型	465	451
*黑龙江省建三江农垦鑫盛源粮油工贸有限规上	大米加工	龙头	459	452
*安徽青草湖酒业有限公司	酒的制造	中型	432	453
*开封市共创起重科技有限公司	通用设备制造业	龙头	371	454
*黑龙江省建三江农垦七星粮油工贸有限责任公司	谷物磨制	龙头	355	455
*黑龙江省建三江农垦稻福米业有限公司	谷物磨制	龙头	337	456
*黑龙江省农垦胜利东北黑蜂开发有限公司	蜂蜜加工	龙头	327	457
吉林嘉仁花生食品有限公司	水果和坚果加工	中型	325	458
*安徽绿魁茶业公司	精制茶加工	中型	257	459
辽宁东港市五四农场米业加工厂	农副食品加工业	中型	190	460
新疆兵团燕京啤酒（阿拉尔）有限公司	啤酒制造	中型	48	461
*安徽裸裸米业	稻谷种植	中型	28	462
上海农垦广西田林和平糖业有限公司	制糖业	中型	−197	463
新疆兵团阿拉尔天丰纺织有限责任公司	棉纺纱加工	中型	−456	464
内蒙古海拉尔麦福劳有限责任公司	加工业	中型	−741	465
新疆燕京啤酒有限公司	啤酒制造	中型	−1 048	466
新疆金川热电有限责任公司	火力发电	中型	−1 227	467
新疆新聚丰特种纱业有限公司	棉纺纱加工	中型	−1 365	468
新疆昌平矿业有限责任公司	烟煤和无烟煤开采洗选	中型	−2 200	469
新疆阿克苏地区红旗坡农场	农业	大型	−2 845	470
内蒙古呼伦贝尔合适佳食品有限公司	加工业	中型	−3 600	471
新疆新业能源化工有限责任公司	人造原油制造	中型	−8 659	472
新疆西牧乳业有限责任公司	乳制品制造	中型	−11 250	473
黑龙江省北大荒米业集团有限公司	大米加工	中型	−11 712	474
山东东营齐润化工有限公司	石油化工	中型	−105 388	475

总产值（现价）（万元）	排序	销售产值（万元）	排序	年末资产总额（万元）	排序	所有者权益（净资产）（万元）	排序	固定资产原值年末数（万元）	排序	年平均从业人员（人）	排序	从业人员劳动报酬（万元）	排序
10 417	382	9 964	386	3 421	452	1 580	398	15 000	255	267	365	1 011	301
2 245	456	2 221	455	9 864	384	−5 038	445	10 201	295	221	376	318	417
2 305	455	2 305	454	8 056	403	2 576	362	5 388	359	92	424	220	431
4 731	425	4 136	430	15 793	332	10 250	256	7 365	329	157	399	289	421
2 361	454	2 079	459	1 873	462	837	415	1 030	431	60	438	322	416
7 580	402	7 127	407	18 396	319	3 272	351	6 970	333	330	330	1 010	303
2 084	459	2 084	458	3 515	450	1 995	387			28	458	60	461
653	466	1 297	466	3 019	456	686	418	545	452	67	435	243	428
3 561	439	3 421	441	13 460	348	9 361	271	8 973	313	136	409	249	425
1 774	461	1 774	461	3 354	453	1 321	402			22	460	530	356
1 682	462	1 682	462	1 347	465	1 095	407	643	444	12	463	350	401
1 805	460	1 805	460	1 624	463	1 624	394	957	433	37	449	1 090	292
4 145	432	5 721	420	4 427	438	1 736	389	1 547	424	5	466	161	437
2 550	452	2 180	456	3 468	451	241	427	1 922	418	40	445	119	448
2 100	458	2 100	457	1 000	467	89	431	89	464	1 160	129	72	456
6 920	410	7 044	410	30 695	254	24 708	151	26 722	181	373	298	2 025	215
4 301	430	4 048	432	8 412	400	1 322	401	3 050	396	75	429	362	399
21 139	288	20 007	294	40 178	220	−17 884	464	37 248	153	472	257	1 786	231
11 020	377	11 019	380	11 268	338	−5 832	448	9 349	302	350	314	1 171	281
2 809	448	2 808	450	19 024	314	−6 166	449	17 690	238	285	360	858	317
11 598	369	11 551	374	66 798	155	62 544	83	40 111	143	801	167	3 962	110
11 453	376	11 453	378	180 892	75	20 000	176			320	340	1 322	267
37 765	210	30 491	231	28 368	271	15 704	211	9 705	299	362	306	1 468	257
5 615	419	5 431	422	188 424	72	27 617	141	105 865	62	634	210	2 863	159
6 496	415	6 496	418	78 841	138	19 552	180	2 173	413	4 246	39		
5 152	421	12 089	368	66 743	157	−17 356	463	22 587	204	298	355	1 801	229
29 997	241	29 997	232	653 103	22	207 995	27	527 013	14	787	172	8 749	38
22 516	281	16 327	321	36 164	232	−13 325	458	30 989	166	315	344	247	427
71 541	125	62 717	132	269 689	49	−129 955	468	79 174	83	740	189	4 409	92
1 175 942	7	1 175 942	6	627 542	24	261 111	19	90 568	72	800	168	3 900	112

建筑业、交通运输业、批发零售贸易、餐饮业

7－1 建筑业基本情况

（2017 年）

地区	年末单位个数（个）	国有（个）	有工作量的单位个数（个）	国有（个）	年末从业人员（人）	国有（人）	全年从业人员报酬（万元）	国有（万元）
全国农垦	4 010	493	3 241	290	432 679	95 317	3 398 215	776 150
北京	3	2	2	2	61	61	664	664
天津	1	1	1	1	68	68	1 163	1 163
河北	67	5	54	1	5 267	254	17 177	974
山西								
内蒙古	213	1	187	1	4 304	28	13 012	642
辽宁	367	6	367	1	15 302	400	79 899	542
吉林	23		20		997		2 836	
黑龙江	311	39	311	39	25 567	8 091	76 081	24 072
上海	8	8	8	8	1 166	1 166	11 103	11 103
江苏	66	5	66	5	2 467	117	32 767	1 068
浙江	1				27		183	
安徽	155	4	125	4	3 686	2 323	11 907	8 752
福建	203		201		2 573		6 438	
江西	84	16	58	11	6 078	727	15 513	1 966
山东	7	3	7	3	440	64	1 824	161
河南	10	1	9	1	860	360	3 387	2 201
湖北	796	19	678	18	157 113	65 604	1 002 539	572 971
湖南	231	56	231	56	9 600	2 321	18 752	7 523
广东	216	12	216	12	5 633	386	32 963	8 182
广西	397	30	397	30	31 653	3 403	137 903	14 371
海南	510	187			9 648	353	30 635	1 228
重庆								
四川								
贵州								
云南	37	3	33	3	479	38	1 451	156
陕西	1	1	1	1	9	9	1 300	1 300
甘肃	3	3	2	2	1 196	98	5 052	494
青海								
宁夏	18	2	12	2	1 612	386	3 789	2 084
新疆（兵团）	226	88	226	88	143 628	8 705	1 872 817	113 508
新疆（农业）	8	1	8	1	710	355	2 969	1 025
新疆（畜牧）	48		21		2 535		14 092	
热科院								
广州								
南京								

7－1续表1

地　区	年末固定资产原值（万元）	国有（万元）	年末拥有机械设备总台数（台）	国有（台）	全年施工房屋建筑面积（万米^2）	国有（万米^2）
全国农垦	**2 322 224**	**369 149**	**56 157**	**8 492**	**17 370**	**11 169**
北　京	268	268	1	1	4	4
天　津	410	410	20	20	8	8
河　北	30 304	4 242	3 053	682	89	
山　西						
内蒙古	28 507	10	896		22	
辽　宁	155 840	1 583	3 161	397	311	
吉　林	1 480		206		7	
黑龙江	357 337	81 572	5 382	2 373	407	248
上　海	4 967	4 967	63	63	258	258
江　苏	46 030	582	742	23	13	2
浙　江	66					
安　徽	2 327	650	211	46	78	72
福　建	1 041		321		46	
江　西	20 340	1 165	3 006	104	178	5
山　东	6 306	4	163	30	2	1
河　南	1 161	876	400	302	4	3
湖　北	567 388	113 401	22 187	756	9 946	6 524
湖　南	27 635	11 232	5 662	2 123	112	35
广　东	28 130	9 672	874	58	62	13
广　西	947 688	131 188	7 609	1 018	500	77
海　南	60 135	3 523	1 265	120	166	86
重　庆						
四　川						
贵　州						
云　南	980	123	109	15	6	2
陕　西	450	450				
甘　肃	3 570	311	86	86	10	10
青　海						
宁　夏	1 591	767	429	234	15	5
新疆（兵团）					5 086	3 814
新疆（农业）	5 778	2 153	90	41	12	4
新疆（畜牧）	22 496		221		29	
热科院						
广　州						
南　京						

7-1续表2

地　区	本年新开工面积（万米²）		单位工程竣工个数（个）		房屋建筑竣工面积（万米²）	
		国有（万米²）		国有（个）		国有（万米²）
全国农垦	**6 901**	**3 568**	**25 318**	**2 141**	**5 860**	**2 410**
北　京	1	1	1	1	3	3
天　津	8	8				
河　北	34		47		24	
山　西						
内蒙古	9		996	75	21	
辽　宁	137		307	1	185	
吉　林	4		363		7	
黑龙江			4 246	559	179	23
上　海	153	153	26	26	13	13
江　苏	7	1	269	78	16	6
浙　江						
安　徽	21	17	16	10	10	5
福　建	18		117		30	
江　西	21	3	12 095	23	127	5
山　东					2	
河　南	2	1	27	18	3	2
湖　北	3 505	1 692	2 378	350	2 958	1 148
湖　南	112	18			71	8
广　东	56	13	2 693	610	55	10
广　西	225	35	438	205	261	15
海　南	104	32	979	33	95	28
重　庆						
四　川						
贵　州						
云　南	4	2	154	88	5	2
陕　西						
甘　肃	6	6	56	56	3	3
青　海						
宁　夏	7	7				
新疆（兵团）	2 433	1 575			1 762	1 138
新疆（农业）	8	2	20	8	5	2
新疆（畜牧）	25		90		26	
热科院						
广　州						
南　京						

7－2 交通运输业基本情况

（2017年）

地区	年末单位个数（个）		年末从业人员（人）		全年从业人员报酬（万元）		年末固定资产原值（万元）	
		国有（个）		国有（人）		国有（万元）		国有（万元）
全国农垦	**33 682**	**491**	**225 222**	**27 930**	**1 391 685**	**135 632**	**3 087 473**	**671 755**
北京	3	3	2 133	2 133	6 058	6 058	21 441	21 441
天津								
河北	5 994	3	17 659	17	387 623	59	206 937	214
山西	46		107		280		663	
内蒙古	1 618		3 707		13 571		102 952	
辽宁	5 279		12 957		65 232		97 081	
吉林	374		3 297		10 377		9 808	
黑龙江	207	157	20 349	3 801	59 773	9 891	481 040	202 229
上海	50	50	17 654	17 654	95 044	95 044	414 766	414 766
江苏	32		2 051		21 185		21 913	
浙江								
安徽	567		902		3 948		7 655	
福建	1 111		1 791		6 610		6 763	
江西	279	3	1 762	220	4 865	525	11 321	828
山东	2		220		1 400		5 400	
河南								
湖北	11 658	4	34 513	260	163 590	780	1 264 723	2 829
湖南	565	13	4 135	653	10 112	1 022	18 326	3 056
广东	791	11	3 960	854	21 249	7 320	33 551	9 958
广西	15	5	11 295	87	57 430	442	100 431	3 172
海南	1 925	211	6 642	99	22 175	1 140	27 936	3 792
重庆	2	2	425	425	2 864	2 864	990	990
四川								
贵州								
云南	1 243	28	2 142	107	6 088	456	79 359	8 402
陕西								
甘肃	57	1	72	5	255	47	602	78
青海								
宁夏	716		1 223		4 050		6 427	
新疆（兵团）	66		73 739	1 615	417 180	9 983	149 510	
新疆（农业）	441		732		2 704		7 021	
新疆（畜牧）	640		1 739		7 979		10 716	
热科院								
广州								
南京	1		16		43		140	

7－2续表1

地区	年末拥有主要运输工具（台）	国有（台）	载货汽车（辆）	国有（辆）	载货汽车（吨位）	国有（吨位）
全国农垦	**441 612**	**16 902**	**133 032**	**2 210**	**769 064**	**13 704**
北京	1 770	1 770	111	111	247	247
天津						
河北	10 774	18	9 559	18	178 177	216
山西	42		26		267	
内蒙古	2 893		1 439		11 316	
辽宁	11 075		5 171		44 056	
吉林	3 308		3 105		42 095	
黑龙江	26 315	1 204	8 906	297	119 965	5 845
上海	11 175	11 175	806	806	2 839	2 839
江苏	982		726		10 002	
浙江						
安徽	639		502		3 278	
福建	1 210		888		3 895	
江西	1 023	75	929	10	4 643	60
山东	50		40		2 660	
河南						
湖北	30 544	213	28 978	19	260 678	765
湖南	2 231	652	1 661	560	7 132	2 988
广东	2 801	1 078	1 292	15	9 099	57
广西	8 757	44	4 749	19	47 131	480
海南			433	20	6 393	110
重庆	282	282	282	282		
四川						
贵州						
云南	8 283	391	1 335	53	7 880	97
陕西						
甘肃	55		36		182	
青海						
宁夏	839		339		3 519	
新疆（兵团）	314 860		60 894			
新疆（农业）	597		316		1 540	
新疆（畜牧）	1 091		501		2 030	
热科院						
广州						
南京	16		8		40	

7－2续表2

地　区	年末拥有主要运输工具			
	载客汽车（辆）	国有（辆）	载客汽车（客位）	国有（客位）
全国农垦	**261 785**	**14 357**	**309 286**	**87 300**
北　京	1 659	1 659	6 636	6 636
天　津				
河　北	1 215		8 492	
山　西	16		214	
内蒙古	586		1 923	
辽　宁	1 445		28 900	
吉　林	192		3 871	
黑龙江	14 607	842	120 806	6 617
上　海	10 369	10 369	62 816	62 816
江　苏	256		1 164	
浙　江				
安　徽	75		1 173	
福　建	68		688	
江　西	94	65	853	746
山　东	10		165	
河　南				
湖　北	1 566	194	20 669	2 072
湖　南	512	83	8 456	2 215
广　东	1 509	1 063	11 076	4 575
广　西	427	24	5 665	860
海　南	2 107	5	11 679	250
重　庆				
四　川				
贵　州				
云　南	566	53	6 311	513
陕　西				
甘　肃	19		286	
青　海				
宁　夏	500		4 535	
新疆（兵团）	223 232			
新疆（农业）	281		1 063	
新疆（畜牧）	466		1 819	
热科院				
广　州				
南　京	8		26	

7-2续表3

地区	年末货运量（吨）	国有（吨）	年末客运量（万人）	国有（万人）	年末营业	国有（万元）	营业网点个数（个）	国有（个）
全国农垦	**218 667**	**4 727**	**47 251**	**4 177**	**6 266 922**	**1 019 080**	**4 267 524**	**209 799**
北京	14	14	1 003	1 003	22 034	22 034	9 075	9 075
天津								
河北	76 580	820	854		240 047	36	197 090	36
山西	21		31		693		418	
内蒙古	1 575		369		68 023		38 245	
辽宁	27 331		3 121		129 059		74 872	
吉林	91		175		5 557		1 575	
黑龙江	17 760	1 025	8 767	2 131	1 086 730	294 898	465 504	25 164
上海	207	207			657 237	657 237	146 792	146 792
江苏	244		104		75 905		52 146	
浙江								
安徽	280		183		9 348		6 223	
福建	1 699		660		16 675		14 761	
江西	60	1	61	49	18 998	1 116	11 563	202
山东	130		1		12 018		12 018	
河南								
湖北	9 719	2 205	1 791	363	766 578	4 851	713 809	
湖南	3 856	296	381	91	21 335	5 789	14 021	2 636
广东	570	4	671	432	75 631	6 303	51 230	1 191
广西	5 147	64	1 265	104	369 371	3 423	309 090	1 598
海南	916	42	602	3	58 757	5 083	43 431	5 012
重庆	41	41			17 803	17 803	17 803	17 803
四川								
贵州								
云南	3 661	4	1 466	1	39 691	310	27 393	289
陕西								
甘肃	57	4	12		890	203	180	
青海								
宁夏	153		332		8 948		5 035	
新疆(兵团)	68 105		25 013		2 535 154		2 045 123	
新疆(农业)	174		150		18 220		7 080	
新疆(畜牧)	264		235		12 077		2 980	6
热科院								
广州								
南京	14		5		144		68	

7-3 批发零售业基本情况

（2017 年）

地区	年末单位个数（个）	国有（个）	年末从业人员（人）	国有（人）	全年从业人员报酬（万元）	国有（万元）	营业网点个数（个）	国有（个）
全国农垦	**110 273**	**1 391**	**647 990**	**68 995**	**2 622 953**	**459 565**	**225 979**	**6 817**
北京	14	14	784	784	8 642	8 642	116	116
天津	26	26	2 314	2 314	22 298	22 298	325	325
河北	5 957	11	21 988	193	71 893	173	7 961	15
山西	883	5	3 275	90	5 909	222	928	7
内蒙古	3 724	23	9 934	625	31 344	3 497	2 196	56
辽宁	9 376	66	35 320	805	84 567	1 245	8 539	215
吉林	3 891	2	26 872	3	78 843	81	3 755	
黑龙江	635	258	47 947	9 762	161 401	6 142	26 690	412
上海	279	279	41 941	41 941	328 860	328 860	4 539	4 539
江苏	4 144	3	12 478	548	77 173	2 748	2 702	3
浙江	30		122		322		28	
安徽	1 903	25	6 332	470	15 026	3 736	2 534	34
福建	2 212	24	5 158	102	7 960	376	1 914	53
江西	3 148	19	19 220	413	51 223	604	5 729	9
山东	72	9	662	29	1 189	172	217	14
河南	214	10	1 251	331	2 731	1 113	194	36
湖北	51 971	15	116 225	2 617	300 552	29 206	24 031	29
湖南	5 065	10	17 801	39	22 556	98	5 932	14
广东	2 762	85	8 070	838	43 992	6 971	2 180	62
广西	160	34	25 297	821	128 524	3 027	8 362	38
海南	2 333	11	23 598	181	62 068	7 002	11 789	9
重庆	2	2	35	35	433	433		
四川								
贵州								
云南	3 748	14	8 292	538	21 483	3 357	4 989	27
陕西	29	29	87	87	234	234	23	23
甘肃	247	5	444	117	1 820	785	176	8
青海	3		5		18			
宁夏	1 176	3	2 702	239	7 129	969	1 315	63
新疆(兵团)	4 154	205	206 369	3 788	1 062 798	25 447	97 166	702
新疆(农业)	740	200	1 590	1 230	5 020	1 466	719	2
新疆(畜牧)	1 333		1 736		15 974		886	
热科院	2		9		104		2	
广州	3	3	46	46	616	616		
南京	37	1	86	4	252	44	42	6

7-3续表

地区	年末固定资产原值（万元）	国有（万元）	年末营业用房面积（米²）	国有（米²）	销售总额或营业收入（万元）	国有（万元）
全国农垦	**5 270 878**	**2 519 137**	**19 169 073**	**2 436 027**	**79 491 342**	**25 470 229**
北京	50 777	50 777	83 353	83 353	687 038	687 038
天津	141 835	141 835	209 113	209 113	2 162 336	2 162 336
河北	133 667	54 187	203 314	25 154	2 087 217	120 038
山西	4 825	1 769	42 410	3 074	321 113	2 413
内蒙古	73 534	17 532	302 835	27 300	268 299	147 187
辽宁	254 968	2 897	759 157	4 568	618 419	1 678
吉林	35 317	45	992 390		277 262	
黑龙江	1 243 053	784 536	2 397 455	506 518	8 030 723	4 586 038
上海	831 386	831 386	856 187	856 187	8 364 569	8 364 569
江苏	104 061	15 000	374 161	6 830	732 493	40 328
浙江	253		1 428		1 456	
安徽	41 232	22 378	180 596	17 528	172 380	49 595
福建	14 639	646	104 479	1 450	117 203	27 279
江西	43 328	1 676	337 961	10 463	191 407	1 672
山东	1 829	102	13 175	2 230	10 796	1 175
河南	8 683	7 050	29 750	17 338	46 760	23 740
湖北	578 071	128 123	1 514 976	34 182	9 289 784	1 615 151
湖南	21 033	36	152 432	2 963	103 255	1 323
广东	159 490	122 038	191 753	12 236	1 746 256	1 269 447
广西	226 716	28 339	520 837	29 182	2 691 662	455 809
海南	80 029	28 998	441 154	49 989	1 288 316	1 037 723
重庆	5 760	5 760	6 700	6 700	17 865	17 865
四川						
贵州						
云南	55 036	17 917	296 144	119 936	1 757 928	1 649 171
陕西	388	388	2 750	2 750	409	409
甘肃	3 329	2 060	15 946	785	41 829	38 027
青海						
宁夏	11 466	3 040	47 488	3 271	33 068	11 398
新疆（兵团）	1 106 258	218 426	8 966 604	390 268	38 261 340	3 052 569
新疆（农业）	32 100	32 100	23 120	10 650	59 020	16 300
新疆（畜牧）	7 369		94 798		18 351	
热科院	35		1 598		788	
广州	91	91	739	739	89 722	89 722
南京	321	6	4 270	1 270	2 279	229

7－4 餐饮业基本情况

（2017 年）

地区	年末单位个数（个）		年末从业人员（人）		全年从业人员报酬（万元）		营业网点个数（个）	
		国有（个）		国有（人）		国有（万元）		国有（个）
全国农垦	**22 947**	**289**	**240 204**	**28 065**	**860 479**	**152 847**	**56 331**	**883**
北京	9	8	17 585	17 217	55 908	52 596	298	297
天津	4	4	302	302	1 125	1 125	5	5
河北	1 327	3	10 241	51	37 506	113	1 641	3
山西	170		402		813		175	
内蒙古	1 874	7	5 106	269	12 907	831	743	4
辽宁	2 221	28	18 250	345	45 563	543	2 045	26
吉林	723		3 229		7 243		692	
黑龙江	76	55	23 249	1 368	60 882	4 673	10 009	80
上海	19	19	2 710	2 710	15 121	15 121	211	211
江苏	457	2	2 227	150	15 059	621	266	1
浙江	24	6	60	2	201	22	34	16
安徽	482	7	2 140	357	6 756	1 775	685	8
福建	512	5	1 887	14	4 992	52	658	50
江西	973	3	8 205	30	17 708	61	815	2
山东	56		272		311		58	
河南	80		434		702		66	
湖北	9 202	4	30 699	47	80 879	131	5 137	4
湖南	902	8	4 423	32	11 321	58	1 456	10
广东	599	19	4 309	595	19 864	3 567	583	19
广西	21	5	7 048	156	32 758	529	1 315	5
海南	494	12	7 327	707	18 357	2 537	2 003	13
重庆	2	2	375	375	2 480	2 480	3	3
四川	1	1	17	17	77	77	1	1
贵州								
云南	1 181	28	4 962	556	12 233	2 123	1 562	29
陕西	22	22	206	206	249	249	21	21
甘肃	66	6	332	162	1 177	766	51	3
青海	3	1	57	24	231	59	2	1
宁夏	400	6	1 932	516	3 677	937	400	6
新疆(兵团)	129	22	80 400	1 487	331 243	7 781	24 742	50
新疆(农业)	97		422		660		56	
新疆(畜牧)	798	5	1 360	69	62 382	54 008	575	14
热科院								
广州								
南京	23	1	36	1	95	13	23	1

7-4 续表

地　区	年末固定资产原值（万元）		年末营业用房面积（米²）		销售总额或营业收入（万元）	
		国有（万元）		国有（米²）		国有（万元）
全国农垦	**2 010 453**	**732 349**	**6 736 141**	**930 009**	**4 585 925**	**595 248**
北　京	174 249	133 741	103 514	58 774	379 435	362 978
天　津	1 301	1 301	5 273	5 273	6 689	6 689
河　北	43 718	1 544	123 124	1 569	213 279	1 024
山　西	358		2 924		64 219	
内蒙古	30 536	1 915	250 745	25 609	30 962	2 545
辽　宁	83 891	2 698	282 610	3 489	141 004	980
吉　林	25 595		328 156		25 075	
黑龙江	296 315	100 876	1 292 219	222 803	585 851	19 709
上　海	64 017	64 017	193 220	193 220	79 949	79 949
江　苏	18 742	1 800	59 855	3 600	42 224	4 668
浙　江	1 007	372	7 134	5 124	716	68
安　徽	36 670	26 448	118 037	68 974	23 007	7 223
福　建	21 949		83 619		15 773	
江　西	25 469	360	128 272	8 505	113 046	236
山　东	624		5 684		1 785	
河　南	1 616		14 058		8 135	
湖　北	95 850	1 569	521 641	8 632	538 898	609
湖　南	13 558	43	58 566	503	25 632	450
广　东	38 593	18 456	162 327	68 431	93 184	9 016
广　西	66 326	3 043	300 760	12 955	305 114	4 609
海　南	156 016	100 246	280 426	64 284	54 660	9 219
重　庆	8 982	8 982	31 200	31 200	6 292	6 292
四　川	304	304	3 600	3 600	179	179
贵　州						
云　南	201 735	21 781	308 357	51 921	49 371	6 924
陕　西	1 721	1 721	40 185	40 185	1 115	1 115
甘　肃	9 913	9 254	14 449	6 993	4 059	2 765
青　海	3 857	357	18 406	1 406	318	125
宁　夏	18 652	14 783	50 825	14 583	9 495	2 711
新疆（兵团）	442 592	95 248	1 217 686	19 686	1 713 451	20 145
新疆（农业）	410		20 724		930	
新疆（畜牧）	124 301	120 063	701 435	3 590	51 192	45 020
热科院						
广　州						
南　京	1 587	1 427	7 110	5 100	886	

7－5 服务业基本情况

（2017年）

地区	年末单位个数（个）		年末从业人员（人）		全年从业人员报酬（万元）		营业网点个数（个）	
		国有（个）		国有（人）		国有（万元）		国有（个）
全国农垦	**29 994**	**817**	**213 627**	**54 091**	**791 699**	**279 253**	**77 242**	**996**
北京	77	77	3 267	3 267	36 174	36 174	43	43
天津	26	26	890	890	11 708	11 708	26	26
河北	6 295	3	18 783	74	79 350	247	6 317	
山西	52		432		1 035		104	
内蒙古	1 590	21	3 549	278	7 596	1 236	1 145	15
辽宁	3 425	17	21 627	243	46 308	475	3 660	17
吉林	686	2	2 478	68	5 922	256	671	2
黑龙江	115	89	6 821	5 806	26 120	19 092		
上海	80	80	2 690	2 690	31 720	31 720	19	19
江苏	1 980	6	9 586	3 024	77 814	4 010	1 010	3
浙江	18	1	58	8	210	62	17	
安徽	823	21	2 203	282	5 173	838	873	16
福建	656	2	1 768	11	4 925	63	779	2
江西	674	2	4 106	32	13 225	61	537	2
山东	17	1	335	1	934	10	96	
河南	50	1	504	14	858	11	44	
湖北	4 923	2	13 680	25	37 472	107	5 212	3
湖南	3 488	11	5 965	465	11 886	601	3 825	18
广东	1 563	61	7 566	2 343	42 704	17 640	1 544	53
广西	47	17	7 911	382	29 714	1 642	1 514	17
海南	752	23	8 474	1 531	20 295	5 660	2 962	15
重庆	2	2	215	215	2 002	2 002		
四川	2	2	48	48	85	85	2	2
贵州								
云南	667	69	7 876	235	26 323	1 111	3 507	70
陕西	18	18	168	168	800	800	45	45
甘肃	76	4	196	145	699	588	72	3
青海	3	3	82	41	1 210	1 003	567	273
宁夏	671	9	2 830	1 037	12 015	7 824	667	5
新疆（兵团）	490	232	75 909	30 591	250 217	132 258	41 250	330
新疆（农业）	283		1 610		3 147		310	
新疆（畜牧）	353		1 712		1 809		331	
热科院	1		3		32			
广州	13	13	69	69	1 305	1 305		
南京	78	2	216	108	912	664	93	17

7-5 续表

地　区	年末固定资产原值（万元）		年末营业用房面积（米²）		销售总额或营业收入（万元）	
		国有（万元）		国有（米²）		国有（万元）
全国农垦	**3 160 170**	**1 862 421**	**7 872 837**	**3 455 806**	**4 867 300**	**2 341 012**
北　京	198 222	198 222	284 715	284 715	485 391	485 391
天　津	67 535	67 535	279 982	279 982	126 753	126 753
河　北	151 319	180	216 412	160	611 999	252
山　西	606		3 651		16 306	
内蒙古	21 861	5 906	94 755	20 254	56 785	25 562
辽　宁	66 986	1 126	190 018	1 820	118 895	1 810
吉　林	9 308	5 610	42 836	6 500	19 661	3 161
黑龙江	974 524	650 905	1 852 707	1 026 417	1 530 102	1 016 815
上　海	454 502	454 502	13 636	13 636	402 062	402 062
江　苏	159 633	23 300	218 192	100 100	306 911	37 246
浙　江	465	137	785		479	104
安　徽	12 686	5 451	36 934	10 486	18 588	5 795
福　建	5 576	1 509	50 375	555	9 631	162
江　西	8 472	549	53 724	2 360	117 625	352
山　东	1 058	2	4 938	120	838	25
河　南	15 435	1 648	25 465	7 823	6 634	79
湖　北	45 238	4 333	257 456	50 800	90 966	930
湖　南	12 589	2 325	43 256	1 255	24 232	758
广　东	66 427	44 209	419 251	344 443	153 093	52 343
广　西	65 542	20 188	357 410	15 150	189 478	22 442
海　南	88 724	78 012	291 747	175 580	51 926	27 070
重　庆	14 727	14 727	65 900	65 900	5 834	5 834
四　川	121	121	2 200	2 200	175	175
贵　州						
云　南	359 517	47 202	600 459	45 735	196 283	4 087
陕　西	3 599	3 599	10 600	10 600	4 266	4 266
甘　肃	4 758	4 006	11 024	9 015	1 191	627
青　海	15 357	9 882	105 620	72 019	5 030	3 959
宁　夏	57 192	51 363	41 950	19 802	39 853	30 538
新疆（兵团）	236 500	132 000	2 095 500	759 000	242 000	57 200
新疆（农业）	2 180		17 110		4 863	
新疆（畜牧）	454		35 624		1 558	
热科院	4 884		17 326		473	
广　州	6 904	6 904	116 435	116 435	18 002	18 002
南　京	27 270	26 968	14 845	12 945	9 418	7 213

商品量、出口、物资

8－1 农业商品产值及商品量

（2017 年）

地　　区	农业商品产值（万元）	主要农产品商品量						
		粮豆合计（吨）		棉花（吨）	油料（吨）	肉类（吨）		肉猪（万头）
			大豆（吨）				猪肉（吨）	
全国农垦	**38 239 544**	**32 140 064**	**1 872 827**	**1 967 421**	**697 732**	**2 424 404**	**1 446 852**	**1 770.32**
北　　京	477 746	1 301			4	97 031	4 206	5.58
天　　津	113 398	12 916	10	147		3 181	1 818	2.30
河　　北	1 010 991	564 996	524	5 071	1 231	73 155	46 273	60.08
山　　西	33 211	27 250	232	10	127	3 619	1 244	1.23
内 蒙 古	1 244 442	1 494 313	203 626		204 213	79 132	18 423	19.20
辽　　宁	1 864 642	1 175 439	13 447		15 532	266 829	119 540	117.58
吉　　林	386 586	805 119	7 593		14 328	44 758	18 100	20.79
黑 龙 江	9 834 446	19 767 919	1 537 305		5 251	282 289	115 009	150.10
上　　海	870 198	245 354			1 164	84 463	83 139	109.00
江　　苏	411 555	867 584	46	48		42 850	18 141	21.99
浙　　江	48 493	5 558	956	15	73	16 252	15 666	2.90
安　　徽	210 619	308 741	27 289	342	1 131	13 039	6 246	7.13
福　　建	241 967	35 049	1 656		3 041	30 116	24 800	33.56
江　　西	551 618	623 890	4 810	2 976	16 633	86 380	78 011	85.36
山　　东	102 580	84 819	1 777	1 323	151	3 805	2 785	3.28
河　　南	270 184	242 002	16 220	428	20 700	50 972	48 873	65.54
湖　　北	2 379 825	776 150	19 231	11 071	75 521	167 906	139 465	174.33
湖　　南	581 372	646 031	2 772	13 822	63 180	164 840	151 332	186.00
广　　东	1 076 861	41 255	227		2 774	126 453	100 101	114.32
广　　西	1 023 607	12 854	432		3 036	168 411	153 783	219.69
海　　南	1 340 012	126 819	865		4 483	101 911	80 532	75.50
重　　庆	141 200					12 080	12 080	9.00
四　　川	17 057	1 678	1		17	1 697	209	0.26
贵　　州	54 645	4 850	8		520	300	114	0.10
云　　南	721 689	46 944				10 423	6 185	7.94
陕　　西	46 184	39 507	1 284	75	1 045	1 113	792	1.15
甘　　肃	252 449	272 854	74	7 657	20 275	4 311	1 356	1.56
青　　海	55 179	20 263			2 416	1 197	410	0.56
宁　　夏	298 453	339 690	163		2 056	8 129	3 182	4.63
新疆（兵团）	11 458 643	2 407 960	20 279	1 561 309	194 555	412 722	187 909	261.68
新疆（农业）	376 955	338 055	1 910	116 820	8 726	10 512	4 680	4.91
新疆（畜牧）	720 567	802 904	10 090	246 307	35 550	64 083	2 105	2.64
热 科 院	4 007					377	344	0.47
广　　州	16 755							
南　　京	1 408					68		

8－2 出口商品总金额

计量单位：万元

地 区	总金额				其中：工业品金额		
	2017年	2016年	2017年比2016年增长（%）	排序	2017年	2016年	2017年比2016年增长（%）
全国农垦	**6 945 759**	**6 654 251**	**4.4**		**6 376 050**	**6 246 624**	**2.1**
北 京	35 595	33 607	5.9	12	14 382	17 019	－15.5
天 津	20 875	13 856	50.7	14	20 875	13 856	50.7
河 北	194 995	170 126	14.6	5	192 361	161 934	18.8
山 西							
内 蒙 古	259	330	－21.5	23	259	330	－21.5
辽 宁	66 240	62 368	6.2	10	41 096	49 591	－17.1
吉 林	240	240		24			
黑 龙 江	71 502	55 600	28.6	9	39 271	35 152	11.7
上 海	75 149	66 888	12.4	8	64 400	64 480	－0.1
江 苏	20 024	20 228	－1.0	15	18 342	14 514	26.4
浙 江	130 320	106 165	22.8	6	120 420	92 837	29.7
安 徽							
福 建	48 750	47 982	1.6	11	29 387	26 607	10.4
江 西	379 286	367 814	3.1	4	377 095	366 782	2.8
山 东							
河 南	8 188	8 250	－0.8	16			
湖 北	483 198	448 392	7.8	3	394 694	363 748	8.5
湖 南	26 682	26 285	1.5	13	19 001	18 810	1.0
广 东	791 713	764 445	3.6	2	725 939	730 484	－0.6
广 西	98 246	106 344	－7.6	7	84 552	91 811	－7.9
海 南	763	2 378	－67.9	21		1 618	－100.0
重 庆	306	306	0.1	22	306	306	0.0
四 川							
贵 州							
云 南	1 466			19	1 466		
陕 西							
甘 肃	946	889	6.4	20		17	－100.0
青 海							
宁 夏	3 136	3 150	－0.4	17			
新疆（兵团）	4 485 181	4 345 509	3.2	1	4 232 205	4 196 728	0.8
新疆（农业）	2 700	3 100	－12.9	18			
新疆（畜牧）							
热 科 院							
广 州							
南 京							

8－3 外贸出口供货商品量

（2017 年）

种类和地区	计量单位	出口供货商品数量
大豆	**吨**	**4 199**
新疆兵团		4 199
玉米	**吨**	**2 428**
黑龙江		1 200
甘肃		1 228
白瓜籽	**吨**	**50**
黑龙江		50
食用油籽	**吨**	**154**
新疆兵团		154
莲子	**吨**	**265**
湖南		265
蔬菜	**吨**	**4 715 953**
黑龙江		1 296
上海		3 479
江苏		4 028
浙江		4 617 340
福建		43 848
湖北		11 469
湖南		6 521
宁夏		2 979
新疆兵团		24 993
新鲜蔬菜	**吨**	**35 340**
黑龙江		265
上海		3 479
福建		22 195
湖南		6 422
宁夏		2 979
速冻蔬菜	**吨**	**4 638 663**
黑龙江		836
浙江		4 617 340
福建		16 587
湖北		3 900
脱水蔬菜	**吨**	**9 289**
黑龙江		195
江苏		4 028
福建		5 066
干辣椒	**吨**	**758**
新疆兵团		758
水果	**吨**	**21 130**
辽宁		100
广西		21 030
柑橘	**吨**	**17 726**
湖南		5 321
广西		12 405
甜橙	**吨**	**8 947**
湖南		712
广西		8 235
苹果	**吨**	**748**
新疆农业		748
黄桃	**吨**	**100**
辽宁		100
食用干果	**吨**	**57 756**
新疆兵团		57 756
咖啡豆	**吨**	**678**
云南		678
调味产品	**吨**	**316**
天津		316
黑胡椒	**吨**	**201**
海南		201
猪	**头**	**174 461**
河南		43 100
湖北		51 558
湖南		22 832
广东		40 717
广西		16 254
瘦肉型猪	**头**	**174 461**
河南		43 100
湖北		51 558
湖南		22 832
广东		40 717
广西		16 254
鸭	**只**	**4 000**
河北		4 000
猪肉	**吨**	**4 495**

8-3续表1

种类和地区	计量单位	出口供货商品数量
广东		4 495
鲜猪肉	**吨**	**4 495**
广东		4 495
家禽肉	**吨**	**8 124**
北京		8 124
鸡肉	**吨**	**7 171**
北京		7 171
鸭肉	**吨**	**953**
北京		953
肠衣	**把**	**4 204 180**
黑龙江		4 204 180
猪肠衣	**把**	**4 204 180**
黑龙江		4 204 180
鱼类	**吨**	**15 698**
河北		755
辽宁		3 000
湖南		11 043
广东		900
海水鱼	**吨**	**10 409**
河北		755
辽宁		3 000
上海		6 654
淡水鱼	**吨**	**11 943**
湖南		11 043
广东		900
虾类	**吨**	**9 256**
广东		9 256
对虾	**吨**	**9 256**
广东		9 256
龙虾	**吨**	**1 140**
江西		1 140
原料药	**吨**	**72**
黑龙江		72
大米	**吨**	**17 983**
黑龙江		17 983
食用油类	**吨**	**391**
江西		391
味精	**吨**	**571**
上海		571
淀粉	**吨**	**6 664**
河北		133
广西		6 531
再制蛋	**吨**	**785**
湖北		785
咸蕨菜	**吨**	**298**
黑龙江		298
番茄	**吨**	**39 015**
天津		29 815
新疆农业		9 200
罐头	**吨**	**244 197**
上海		14 534
湖南		10 993
广东		86
重庆		187
青海		31 494
新疆农业		108 168
猪肉罐头	**吨**	**14 534**
上海		14 534
水果罐头	**吨**	**86**
广东		86
酒类	**吨**	**1 705**
天津		12
上海		1 693
葡萄酒	**吨**	**12**
天津		12
黄酒	**吨**	**1 536**
上海		1 536
茶叶	**吨**	**2 390**
浙江		1 900
福建		360
湖南		10
广西		120
绿茶	**吨**	**20**
福建		10

8－3续表2

种类和地区	计量单位	出口供货商品数量	种类和地区	计量单位	出口供货商品数量
湖南		10	辽宁		3
乌龙茶	**吨**	**350**	**地毯**	**平方米**	**46 000**
福建		350	广东		46 000
精制红茶	**吨**	**587**	**服装**	**万件**	**650**
广西		120	河北		120
云南		467	辽宁		25
豆饼	**吨**	**7 922**	江苏		28
黑龙江		7 922	浙江		174
饲料	**吨**	**9 091**	江西		208
黑龙江		9 091	湖北		8
松香	**吨**	**871**	广东		87
广东		871	**工艺品**	**万件**	**52**
柳编织品	**万件**	**44**	福建		52
黑龙江		44	**胶鞋**	**万双**	**94**
雕花家具	**件**	**800 000**	福建		94
辽宁		800 000	**活性炭**	**吨**	**10 430**
人造毛毯	**万条**	**3**	江西		10 430

8－4 主要物资消费

（2017年）

地区	钢材（吨）	木材（米³）	水泥（吨）	纯碱（吨）	烧碱（吨）	化肥（实物量）（吨）	聚乙烯、聚丙烯（吨）
全国农垦	**3 812 935**	**2 493 583**	**17 307 796**	**29 034**	**59 912**	**4 137 953**	**300 341**
北京	2 287	1 300	803			2 179	
天津	10 309		4 516		5	1 169	6 751
河北	45 970	45 974	273 371	7 724	1 788	23 363	3 492
山西	886	132	460			2 622	
内蒙古	20 262	21 399	198 175			207 488	994
辽宁	77 552	82 323	273 310	1 586	780	129 243	3 690
吉林	5 565	6 066	67 525	4 100	310	99 507	667
黑龙江							
上海	184 238	81 690	370 974			43 285	11 851
江苏	43 480	5 800	380 351	20	720	129 916	1 253
浙江	80	65	1 162	1		4 213	843
安徽	27 656	9 713	25 699			63 064	95
福建	17 605	9 967	72 257	910	5	25 536	511
江西	90 352	82 465	303 937	1 806	170	91 435	3 543
山东	27 612	5 283	128 046		240	11 136	17
河南	4 416	890	11 194	481	18	67 109	394
湖北	473 665	821 682	953 843	716	965	552 985	90 905
湖南	117 789	184 113	625 322	5 601	321	158 873	289
广东	52 936	49 760	202 620	7	176	241 735	198
广西	522 020	203 023	2 270 771		23 222	188 239	231
海南	51 981	32 265	954 367			184 402	
重庆	30 387		33 229				
四川	31		112			702	7
贵州	127	620	1 120			9 220	
云南	26 381	60 021	44 322	2	6	76 286	2
陕西	10 896	109	12 960		2	9 564	43
甘肃	129	41	741	3	447	94 367	2 464
青海	4		42			12 060	
宁夏	9 634	2 215	52 605	3	48	80 942	27
新疆（兵团）	1 933 915	760 346	9 947 911	5 924	26 910	1 553 960	171 704
新疆（农业）	1 780	7 520	9 728		2 320	24 946	70
新疆（畜牧）	20 267	18 501	78 593	150	1 459	47 018	300
热科院	1 104		7 630			1 388	
广州							
南京	1 620						

8-4 续表 1

地　　区	原煤（吨）	原煤（吨标准煤）	焦炭（吨）	焦炭（吨标准煤）	汽油（吨）	汽油（吨标准煤）
全国农垦	**67 099 403**	**47 306 355**	**2 879 088**	**2 793 767**	**1 190 262**	**1 724 245**
北　　京	32 755	23 397			8 308	12 224
天　　津	6 402	4 609			598	885
河　　北	563 362	407 054	921 841	895 477	39 930	35 301
山　　西	15 002	10 716	7 000	6 800	628	923
内 蒙 古	590 805	346 529			39 315	35 729
辽　　宁	861 471	615 349	16 127	15 666	140 124	206 179
吉　　林	25 487	18 894	1 183	1 065	38 511	54 585
黑 龙 江	3 896 169	2 688 972	78	75	161 244	237 102
上　　海	77 124	55 090			93 527	137 615
江　　苏	22 380	15 979			12 280	18 051
浙　　江	498 458				1 054	
安　　徽	15 289	10 921			1 521	2 238
福　　建	3 383	1 841	25	101	8 164	5 212
江　　西	154 445	32 023	2 072	406	25 006	17 414
山　　东	6 480	6 490			2 009	2 442
河　　南	92 682	66 203	54	52	4 335	6 378
湖　　北	323 437	230 934	12 497	12 140	137 714	202 632
湖　　南	373 225	269 677			31 233	44 667
广　　东	21 898	15 635			26 094	38 384
广　　西	292 375	173 315	6 881	5 785	27 218	40 049
海　　南					15 326	25 498
重　　庆	1 330	1 330			370	524
四　　川	421	287			73	107
贵　　州	460	460			580	755
云　　南	52 064	37 190			5 856	8 616
陕　　西	4 737	3 532	10	10	1 460	2 110
甘　　肃	73 007	52 149	851	827	801	1 179
青　　海	17 672	12 867			699	3 256
宁　　夏	81 245	58 033			2 206	3 248
新疆（兵团）	58 694 436	41 925 435	1 909 989	1 855 363	318 903	469 233
新疆（农业）	73 480	52 486	480		10 390	15 284
新疆（畜牧）	227 902	168 943			34 197	48 471
热 科 院					514	273
广　　州					64	47 665
南　　京	20	14			11	16

8－4 续表 2

地 区	柴油（吨）	柴油（吨标准煤）	电力（万千瓦时）	电力（吨标准煤）	其他燃料（吨标准煤）
全国农垦	**2 145 657**	**4 945 232**	**10 755 370**	**13 218 349**	**2 076 212**
北京	6 801	9 911	144 602	177 716	572 112
天津	960	1 402	50 925	62 587	1 787
河北	31 106	37 550	525 000	645 225	11 747
山西	953	1 388	16 662	20 478	130
内蒙古	82 048	99 571	25 638	31 509	
辽宁	121 992	177 754	171 448	210 710	11 545
吉林	37 858	55 163	47 787	58 730	1 603
黑龙江	467 451	681 121	310 431	381 520	1 019 610
上海	64 769	94 375	137 980	169 577	211 477
江苏	46 847	68 396	54 592	67 094	
浙江	3 953	5 760	36 039	44 292	
安徽	12 667	18 457	9 304	11 435	
福建	5 868	7 242	14 040	17 255	25
江西	27 974	18 771	105 301	129 415	2 316
山东	1 370	2 002	4 494	5 523	
河南	5 676	8 271	20 430	25 108	
湖北	91 698	133 613	470 898	578 734	30
湖南	21 889	31 232	78 056	95 931	
广东	38 722	56 418	72 325	88 887	59 889
广西	44 053	64 190	100 223	123 174	81 959
海南	13 526	21 634			
重庆	4 300	6 348	15 012	18 450	
四川	44	510	843	1 036	
贵州	2 630	3 215	24 550	30 172	
云南	4 261	6 209	52 715	64 787	
陕西	5 128	6 686	1 856	2 281	
甘肃	7 490	10 914	22 231	27 322	
青海	1 678	25 529	639	785	
宁夏	13 957	20 335	11 641	14 307	77
新疆（兵团）	941 662	1 372 096	8 036 447	9 876 793	29 755
新疆（农业）	13 120	15 294	91 244	112 139	72 150
新疆（畜牧）	21 572	31 432	95 209	117 012	
热科院	73	11	2 956	3 633	
广州	1 559	1 852 430	3 637	4 470	
南京	2	3	215	264	

8－4 续表 3

地　区	燃气消费（米³）	其中工业用气（米³）	# 天然气（米³）	其中农业用气（米³）	# 天然气 2（米³）
全国农垦	**866 437 960**	**419 697 755**	**422 350 921**	**11 753 109**	**11 556 371**
北　京	34 869 958	22 560 170	22 585 541	6 004 683	5 840 320
天　津	5 318 891	4 523 044	4 523 044	20 227	20 227
河　北	71 831 203	58 079 954	57 401 390	859 151	859 151
山　西					
内 蒙 古	4 874			470	170
辽　宁	22 334	22 334	22 000		
吉　林					
黑 龙 江	49 910 000	8 180 000	8 180 000	70 000	70 000
上　海	47 771 749	37 293 042	37 293 042	2 251 974	2 251 974
江　苏					
浙　江	54	54	1 827		
安　徽					
福　建	26 583	20 783	3	5 800	110
江　西	512 942	82 050	3 273		
山　东					
河　南					
湖　北	105 363 567	35 334 242	35 334 126	2 147	18 485
湖　南					
广　东	1 101 417	1 097 207	1 092 081	4 210	1 287
广　西	4 076				
海　南	561 648	561 648			
重　庆	20 662 585	19 673 325	19 673 325	993 597	993 597
四　川	948 313	946 153	946 153	2 160	2 160
贵　州	640 000	640 000			
云　南	320 022	320 022			
陕　西	182 790		182 790		
甘　肃		1 750 661	1 750 661	27 524	27 524
青　海	200 000				
宁　夏	4 899 266	4 899 266	4 899 266		
新疆（兵团）	516 232 174	223 513 800	223 513 800	1 406 251	1 406 251
新疆（农业）					55 200
新疆（畜牧）	295 015	200 000	200 000	95 015	15
热 科 院	9 900			9 900	9 900
广　州	4 748 599		4 748 599		
南　京					

8-4 续表 4

地　区	热力消费			
	供热耗热量（万千焦耳）	供热耗热量 2（吨标准煤）	供冷耗冷量（万千焦耳）	供冷耗冷量 2（吨标准煤）
全国农垦	**803 055 909**	**4 772 448**		
北　京	19 169 379	5 304		
天　津				
河　北	319 110 831	118 808		
山　西				
内蒙古	298 039 584	3 286 863		
辽　宁	41 467 672	14 140		
吉　林				
黑龙江	37 435 529	1 276 562		
上　海	1 273 527	43 453		
江　苏				
浙　江	1 189 173			
安　徽				
福　建				
江　西				
山　东	708 724			
河　南				
湖　北				
湖　南				
广　东				
广　西				
海　南				
重　庆				
四　川				
贵　州				
云　南				
陕　西				
甘　肃				
青　海				
宁　夏	475	25 052		
新疆（兵团）	84 660 352			
新疆（农业）				
新疆（畜牧）	664	2 266		
热科院				
广　州				
南　京				

8－4 续表 5

地　区	水消费（米³）				
	工业用水总量	#地表水源用水量	地下水源用水量	其他水源用水量	工业废水排放量
全国农垦	**599 769 601**	**423 542 019**	**62 258 698**	**56 551 076**	**192 858 832**
北　京	5 445 436	2 177 493	3 192 075	89 757	3 380 241
天　津	1 360 776	230 865	955 523	174 388	312 973
河　北	33 943 169	10 968	20 294 912	13 637 289	4 442 306
山　西	56 110		56 111		14 000
内蒙古	588 296	167 848	453 490		75 794
辽　宁	204 786 419	202 876 567	349 903	1 559 949	770 169
吉　林	35 105	1 200	33 905		680
黑龙江	38 033 148				
上　海	25 898 919	12 423 430	2 771 819	10 703 670	18 679 434
江　苏	2 098 481	1 190 230	908 245	706 248	110 251 658
浙　江	6 560 510	1 782 839	18 650	4 758 986	2 773 161
安　徽	380 156	54 700	325 456		2 441
福　建	559 741	228 519	90 654	240 568	90 996
江　西	4 449 279	3 254 837	468 363	503 657	983 099
山　东	95 000		95 000		
河　南	2 081 217	760 000	1 031 217	290 000	1 008 515
湖　北	95 274 939	55 312 911	1 314 085	18 714 576	20 521 179
湖　南	164 887	162 877			141 898
广　东	33 318 543	29 938 908	2 608 804	770 831	2 972 207
广　西	36 797 925	30 867 796	2 613 539	3 316 590	20 101 539
海　南	4 520 994	2 857 889	1 623 656	39 449	350 688
重　庆	5 734 621	5 734 621			2 007 117
四　川	214 791	214 791			101 236
贵　州	140 000	140 000			
云　南	15 862 870	15 009 714	4 229	848 927	979 409
陕　西	589	194	395		
甘　肃	27 925 909	20 616 307	7 162 500	147 102	1 576 325
青　海			20 000		
宁　夏	1 231 419		1 231 419		620 811
新疆（兵团）	28 483	12 739	11 656	4 088	
新疆（农业）	14 556 550	86 550	14 470 000		
新疆（畜牧）	36 710 112	36 512 020	153 092	45 000	
热科院	851	851			
广　州	914 355	914 355			700 956
南　京					

8－4续表6

地区	水消费（米³）			
	农业用水总量	#地表水源用水量	地下水源用水量	其他水源用水量
全国农垦	**10 744 832 606**	**3 012 299 684**	**751 783 785**	**196 101 217**
北京	1 745 460	245 676	1 467 831	96 554
天津	2 464 012	2 213 620	250 392	
河北	122 092 365	51 633 474	70 458 891	
山西	3 397 288	522 500	2 859 788	15 000
内蒙古	476 253 174	318 738 374	93 609 411	500 000
辽宁	605 550 038	456 091 386	51 871 822	97 586 830
吉林	748 199 596	605 210 000	142 989 596	
黑龙江	6 474 708 243			
上海	84 838 150	76 996 280	2 424 304	5 417 566
江苏	110 039 624	212 034		
浙江	9 764 550	164 530	20	9 600 000
安徽	62 911 657	17 779 907	45 131 750	
福建	1 605 147	1 046 574	244 553	314 020
江西	11 612 193	7 827 002	421 648	200 600
山东	40 900 000	37 870 000	3 030 000	
河南	52 117 819	8 645 978	43 439 828	32 013
湖北	427 437 422	287 838 703	1 518 841	2 197 855
湖南	375 989	369 656		
广东	12 448 811	7 658 590	4 706 996	83 225
广西	48 058 284	38 140 541	8 059 347	1 858 396
海南	34 980 320	16 573 067	4 552 841	13 854 412
重庆	1 749 138	1 543 601	205 537	
四川	184 749	174 499	4 000	6 250
贵州				
云南	19 915 530	19 893 820	21 710	
陕西	34 662	24 267	7 521	2 874
甘肃	317 027 122	133 299 594	129 889 829	56 837 699
青海	50 130 783	48 630 783	780 000	
宁夏	563 100 631	547 482 802	15 617 829	
新疆（兵团）				
新疆（农业）	85 607 083	47 845 226	37 761 857	
新疆（畜牧）	372 556 065	276 510 410	88 547 732	7 497 923
热科院	2 269 467	480 007	1 789 461	
广州	757 234	636 784	120 450	
南京				

8-4续表7

地　　区	附　　记			
	供暖面积（万米²）	集中供暖面积（万米²）	供冷面积（万米²）	集中供冷面积（万米²）
全国农垦	**5 059 141**	**4 393 592**	**21**	**4**
北　　京	2 039	216	18	2
天　　津				
河　　北	625 089	624 974	2	1
山　　西	30	29		
内 蒙 古	240	182		
辽　　宁	4 404 187	3 744 300		
吉　　林	55	2		
黑 龙 江	7 774	6 478		
上　　海				
江　　苏				
浙　　江				
安　　徽				
福　　建				
江　　西				
山　　东				
河　　南				
湖　　北				
湖　　南				
广　　东				
广　　西				
海　　南				
重　　庆				
四　　川				
贵　　州				
云　　南				
陕　　西				
甘　　肃	85	60		
青　　海	18 835	17 034		
宁　　夏	245	283	1	1
新疆（兵团）				
新疆（农业）	10	10		
新疆（畜牧）	552	25		
热 科 院				
广　　州				
南　　京				

科研、教育、卫生

9－1　农垦科研基本情况

（2017 年）

地　区	个数（个）	从业人员（人）			科技经费（万元）				实验地面积（公顷）
			科技人员（人）	其他人员（人）		国家拨款（万元）	省地局自筹（万元）	企业自筹（万元）	
全国农垦	**291**	**13 577**	**6 962**	**6 204**	**362 212**	**72 350**	**42 684**	**247 159**	**13 355**
北　京	6	245	228	17	22 140	943	832	20 365	1
天　津	2	109	55	54	2 512		2 512		
河　北	4	88	60	28	2 448	2 357	63	28	109
山　西	1	10	2	8	38			38	20
内蒙古	7	90	31	59	177			177	425
辽　宁	20	304	167	137	214		17	197	8
吉　林	1	7	5	2	7			7	
黑龙江	19	610	497	113	13 049	12 390	22	637	603
上　海	1	1	1						
江　苏	24	1 072	785	287	209 344	417		208 927	514
浙　江									
安　徽	7	70	46	24	286	5		281	80
福　建	1	26		26					
江　西	7	696	399	179	3 418		20	3 398	26
山　东	5	49	19	30	5 407	75	2 471	2 861	859
河　南	12	445	176	253	900		288	612	1 300
湖　北	30	1 074	393	525	2 084	700	146	1 238	434
湖　南	22	773	356	334	878	189	67	622	1 908
广　东	49	345	209	136	2 297	1 355	16	926	581
广　西	3	610	348	262	6 366	5 023	243	1 100	335
海　南	5	91	38	53	1 108	806	40	262	2 357
重　庆	3	84	74	10	3 171	556	2 000	615	15
四　川	1	84	73	11	204	6		198	
贵　州									
云　南	5	714	435	241	8 202	4 214	125	3 863	1 221
陕　西									
甘　肃	12	202	78	124	448	53	4	391	59
青　海	2	51	27	24	104			84	1 200
宁　夏	1	11	6	5					
新疆（兵团）	18	1 166	948	218	43 003	11 679	31 324		1 051
新疆（农业）	6	575	25	550	140	100		40	250
新疆（畜牧）	2	89	31	58	50	50			
热科院	15	3 886	1 450	2 436	34 218	31 432	2 495	292	
广　州									
南　京									

9-2 部、省、地属科研单位基本情况

（2017年）

地区	个数（个）	从业人员（人）			科技经费（万元）				实验地面积（公顷）
			科技人员（人）	其他人员（人）		国家拨款（万元）	省地局自筹（万元）	企业自筹（万元）	
全国农垦	**88**	**7 780**	**4 069**	**3 673**	**116 685**	**70 870**	**39 362**	**6 452**	**6 016**
北京	2	42	35	7	1 027	728	196	103	
天津	2	109	55	54	2 512		2 512		
河北	1	54	40	14	2 420	2 357	63		93
山西									
内蒙古									
辽宁									
吉林									
黑龙江	19	610	497	113	13 049	12 390	22	637	603
上海									
江苏									
浙江									
安徽									
福建									
江西									
山东									
河南	2	207	57	150	381		283	98	8
湖北	10	159	61	98	1 080	560	60	460	217
湖南									
广东	6	135	99	36	1 863	1 126		737	120
广西	2	587	336	251	5 266	5 023	243		331
海南	5	91	38	53	1 108	806	40	262	2 357
重庆	1	20	18	2	2 556	556	2 000		15
四川									
贵州									
云南	5	714	435	241	8 202	4 214	125	3 863	1 221
陕西									
甘肃									
青海									
宁夏									
新疆（兵团）	18	1 166	948	218	43 003	11 679	31 324		1 051
新疆（农业）									
新疆（畜牧）									
热科院	15	3 886	1 450	2 436	34 218	31 432	2 495	292	
广州									
南京									

9－3 场属科研单位基本情况

（2017 年）

地　区	个数（个）	从业人员（人）			科技经费（万元）				实验地面积（公顷）
			科技人员（人）	其他人员（人）		国家拨款（万元）	省地局自筹（万元）	企业自筹（万元）	
全国农垦	**203**	**5 797**	**2 893**	**2 531**	**245 527**	**1 479**	**3 322**	**240 706**	**7 339**
北　京	4	203	193	10	21 113	215	636	20 262	1
天　津									
河　北	3	34	20	14	28			28	16
山　西	1	10	2	8	38			38	20
内蒙古	7	90	31	59	177			177	425
辽　宁	20	304	167	137	214		17	197	8
吉　林	1	7	5	2	7			7	
黑龙江									
上　海	1	1	1						
江　苏	24	1 072	785	287	209 344	417		208 927	514
浙　江									
安　徽	7	70	46	24	286	5		281	80
福　建	1	26		26					
江　西	7	696	399	179	3 418		20	3 398	26
山　东	5	49	19	30	5 407	75	2 471	2 861	859
河　南	10	238	119	103	519		5	514	1 292
湖　北	20	915	332	427	1 004	140	86	778	217
湖　南	22	773	356	334	878	189	67	622	1 908
广　东	43	210	110	100	434	229	16	189	461
广　西	1	23	12	11	1 100			1 100	4
海　南									
重　庆	2	64	56	8	615			615	
四　川	1	84	73	11	204	6		198	
贵　州									
云　南									
陕　西									
甘　肃	12	202	78	124	448	53	4	391	59
青　海	2	51	27	24	104			84	1 200
宁　夏	1	11	6	5					
新疆（兵团）									
新疆（农业）	6	575	25	550	140	100		40	250
新疆（畜牧）	2	89	31	58	50	50			
热科院									
广　州									
南　京									

9－4 农垦各类学校基本情况

（2017年）

地 区	学校数（所）	教职工（人）		在校学生合计（人）		当年毕业生人数（人）
			教师（人）		新招生（人）	
全国农垦	**1 216**	**87 995**	**70 764**	**964 846**	**254 123**	**246 879**
北 京	1	4				
天 津	2	325	246	6 536	2 363	1 707
河 北	87	4 075	3 723	43 429	13 487	12 000
山 西						
内 蒙 古	6	308	224	2 836	961	595
辽 宁						
吉 林						
黑 龙 江	163	20 417	15 195	161 482	41 392	45 131
上 海	2	286	286	4 020	1 041	1 859
江 苏						
浙 江						
安 徽						
福 建						
江 西	52	1 051	903	13 234	3 474	2 548
山 东						
河 南	29	494	433	5 265	1 123	1 026
湖 北	254	11 618	9 909	133 233	32 925	29 128
湖 南	143	6 388	4 782	65 614	11 475	10 895
广 东	139	4 518	3 468	73 861	19 153	18 800
广 西	4	1 516	1 274	32 071	12 213	9 571
海 南						
重 庆	1	316	246	4 372	1 528	1 330
四 川						
贵 州						
云 南						
陕 西	1	25	25	1 943	540	271
甘 肃	2	139	127	11 080	4 505	4 114
青 海	7	148	131	860	164	176
宁 夏						
新疆（兵团）	320	36 254	29 707	403 282	107 377	107 377
新疆（农业）						
新疆（畜牧）						
热 科 院	3	113	85	1 728	402	351
广 州						
南 京						

9-5 普通高等学校基本情况

（2017 年）

地 区	学校数（所）	教职工（人）		在校学生合计（人）		当年毕业生人数（人）
			教师（人）		新招生（人）	
全国农垦	**13**	**8 906**	**6 161**	**126 183**	**39 627**	**36 538**
北 京						
天 津						
河 北						
山 西						
内 蒙 古						
辽 宁						
吉 林						
黑 龙 江	3	2 359	1 569	28 892	8 255	8 577
上 海						
江 苏						
浙 江						
安 徽						
福 建						
江 西						
山 东						
河 南						
湖 北						
湖 南						
广 东	1	807	398	19 312	6 765	5 906
广 西	3	1 113	899	24 221	9 593	7 041
海 南						
重 庆						
四 川						
贵 州						
云 南						
陕 西						
甘 肃						
青 海						
宁 夏						
新疆（兵团）	6	4 627	3 295	53 758	15 014	15 014
新疆（农业）						
新疆（畜牧）						
热 科 院						
广 州						
南 京						

9-6 成人高等学校基本情况

（2017 年）

地区	学校数（所）	教职工（人）		在校学生合计（人）		当年毕业生人数（人）
			教师（人）		新招生（人）	
全国农垦	**7**	**1 310**	**950**	**33 502**	**13 012**	**12 554**
北京	1	4				
天津						
河北	1	37	34			
山西						
内蒙古						
辽宁						
吉林						
黑龙江	1	140	90	300	173	159
上海						
江苏						
浙江						
安徽						
福建						
江西						
山东						
河南						
湖北	1	95	73	1 623	792	814
湖南						
广东						
广西						
海南						
重庆						
四川						
贵州						
云南						
陕西						
甘肃	1	110	102	10 342	4 103	3 637
青海						
宁夏						
新疆(兵团)	2	924	651	21 237	7 944	7 944
新疆(农业)						
新疆(畜牧)						
热科院						
广州						
南京						

9－7　普通中等专业学校基本情况

（2017 年）

地　　区	学校数（所）	教职工（人）		在校学生合计（人）		当年毕业生人数（人）
			教师（人）		新招生（人）	
全国农垦	**32**	**2 823**	**2 128**	**51 994**	**17 676**	**17 840**
北　　京						
天　　津	2	325	246	6 536	2 363	1 707
河　　北	2	51	43	1 964	831	511
山　　西						
内 蒙 古						
辽　　宁						
吉　　林						
黑 龙 江	2	361	226	4 058	1 229	1 195
上　　海	2	286	286	4 020	1 041	1 859
江　　苏						
浙　　江						
安　　徽						
福　　建						
江　　西	1	89	72	2 789	948	756
山　　东						
河　　南						
湖　　北	3	232	182	6 829	2 325	2 066
湖　　南						
广　　东	1	158	114	4 872	1 363	2 170
广　　西						
海　　南						
重　　庆						
四　　川						
贵　　州						
云　　南						
陕　　西						
甘　　肃						
青　　海						
宁　　夏						
新疆（兵团）	19	1 321	959	20 926	7 576	7 576
新疆（农业）						
新疆（畜牧）						
热 科 院						
广　　州						
南　　京						

9－8　成人中等专业学校基本情况

（2017 年）

地　　区	学校数（所）	教职工（人）		在校学生合计（人）		当年毕业生人数（人）
			教师（人）		新招生（人）	
全国农垦	**7**	**772**	**445**	**12 653**	**3 899**	**4 060**
北　　京						
天　　津						
河　　北	1	6	5	80	8	25
山　　西						
内 蒙 古	1	88	26	436	362	24
辽　　宁						
吉　　林						
黑 龙 江	1	371	214	3 614	1 014	1 459
上　　海						
江　　苏						
浙　　江						
安　　徽						
福　　建						
江　　西						
山　　东						
河　　南						
湖　　北						
湖　　南						
广　　东	2	127	105	1 542	377	339
广　　西						
海　　南						
重　　庆						
四　　川						
贵　　州						
云　　南						
陕　　西						
甘　　肃	1	29	25	738	402	477
青　　海						
宁　　夏						
新疆（兵团）	1	151	70	6 243	1 736	1 736
新疆（农业）						
新疆（畜牧）						
热 科 院						
广　　州						
南　　京						

9－9　普通中学基本情况

（2017 年）

地　区	学校数（所）	教职工（人）		在校学生合计（人）		当年毕业生人数（人）
			教师（人）		新招生（人）	
全国农垦	**540**	**42 614**	**34 327**	**324 034**	**103 998**	**103 262**
北　京						
天　津						
河　北	16	1 611	1 448	14 537	5 272	5 059
山　西						
内 蒙 古	2	102	90	861	323	306
辽　宁						
吉　林						
黑 龙 江	124	15 014	11 408	68 532	21 567	22 186
上　海						
江　苏						
浙　江						
安　徽						
福　建						
江　西	4	236	226	1 714	467	305
山　东						
河　南	4	171	145	1 234	379	435
湖　北	76	5 724	4 797	44 759	14 854	14 023
湖　南	31	1 568	1 132	25 201	4 332	4 356
广　东	42	1 391	1 114	15 295	4 755	4 863
广　西	1	403	375	7 850	2 620	2 530
海　南						
重　庆	1	316	246	4 372	1 528	1 330
四　川						
贵　州						
云　南						
陕　西						
甘　肃						
青　海	1	31	31	140	42	28
宁　夏						
新疆（兵团）	237	15 979	13 274	138 890	47 631	47 631
新疆（农业）						
新疆（畜牧）						
热 科 院	1	68	41	649	228	210
广　州						
南　京						

9－10 职业中学基本情况

（2017年）

地区	学校数（所）	教职工（人）		在校学生合计（人）		当年毕业生人数（人）
			教师（人）		新招生（人）	
全国农垦	**13**	**701**	**545**	**9 118**	**2 738**	**2 923**
北京						
天津						
河北	2	320	251	3 943	1 457	1 887
山西						
内蒙古						
辽宁						
吉林						
黑龙江	6	136	104	836	179	283
上海						
江苏						
浙江						
安徽						
福建						
江西	1	62	45	595	208	175
山东						
河南						
湖北	1	43	35	369	98	89
湖南	2	115	85	1 432	256	218
广东						
广西						
海南						
重庆						
四川						
贵州						
云南						
陕西	1	25	25	1 943	540	271
甘肃						
青海						
宁夏						
新疆（兵团）						
新疆（农业）						
新疆（畜牧）						
热科院						
广州						
南京						

9－11 小学基本情况

（2017 年）

地　区	学校数（所）	教职工（人）		在校学生合计（人）		当年毕业生人数（人）
			教师（人）		新招生（人）	
全国农垦	**604**	**30 869**	**26 208**	**407 362**	**73 173**	**69 702**
北　京						
天　津						
河　北	65	2 050	1 942	22 905	5 919	4 518
山　西						
内蒙古	3	118	108	1 539	276	265
辽　宁						
吉　林						
黑龙江	26	2 036	1 584	55 250	8 975	11 272
上　海						
江　苏						
浙　江						
安　徽						
福　建						
江　西	46	664	560	8 136	1 851	1 312
山　东						
河　南	25	323	288	4 031	744	591
湖　北	173	5 524	4 822	79 653	14 856	12 136
湖　南	110	4 705	3 565	38 981	6 887	6 321
广　东	93	2 035	1 737	32 840	5 893	5 522
广　西						
海　南						
重　庆						
四　川						
贵　州						
云　南						
陕　西						
甘　肃						
青　海	6	117	100	720	122	148
宁　夏						
新疆（兵团）	55	13 252	11 458	162 228	27 476	27 476
新疆（农业）						
新疆（畜牧）						
热科院	2	45	44	1 079	174	141
广　州						
南　京						

9－12　农垦卫生事业基本情况

（2017 年）

地　　区	医疗单位个数（个）			病床（张）	职工合计（人）		
		医院（个）	疗养院（个）			医务人员（人）	
							医生（人）
全国农垦	**4 527**	**980**	**10**	**67 246**	**77 080**	**63 777**	**25 718**
北　　京							
天　　津							
河　　北	121	36		1 694	1 985	1 555	798
山　　西	14	4		127	117	72	34
内 蒙 古	279	69	1	1 692	2 049	1 513	879
辽　　宁	291	55		2 065	1 806	1 179	627
吉　　林	71	30		652	636	526	287
黑 龙 江	1 087	124	1	10 955	16 190	13 589	6 003
上　　海	2	2		1 870	629	533	87
江　　苏	17	17		1 123	1 004	567	437
浙　　江							
安　　徽	73	18		1 103	669	553	298
福　　建	85	13		150	216	195	78
江　　西	34	24		266	247	211	128
山　　东	1	1		5	8	5	3
河　　南	67	28		534	512	443	242
湖　　北	664	101	8	9 320	9 350	8 068	3 125
湖　　南	103	47		1 681	2 663	1 832	712
广　　东	59	48		6 502	4 838	3 999	1 462
广　　西	12	12		587	448	373	156
海　　南	358	63		3 295	2 897	2 272	899
重　　庆							
四　　川							
贵　　州							
云　　南							
陕　　西	11	11		253	158	108	50
甘　　肃	36	26		541	321	244	101
青　　海	5	5		51	40	28	15
宁　　夏							
新疆（兵团）	1 097	211		22 183	29 860	25 540	9 130
新疆（农业）	13	13		380	184	184	96
新疆（畜牧）	26	21		212	244	182	68
热 科 院	1	1			9	6	3
广　　州							
南　　京							

9-13 省局、地区属卫生事业基本情况

（2017 年）

地　区	医疗单位个数（个）			病床（张）	职工合计（人）		
		医院（个）	疗养院（个）			医务人员（人）	
							医生（人）
全国农垦	**121**	**71**	**2**	**25 406**	**29 752**	**24 237**	**7 898**
北　京							
天　津							
河　北							
山　西							
内蒙古	2	2		700	825	500	317
辽　宁							
吉　林							
黑龙江	10	9	1	5 514	7 002	5 129	1 873
上　海							
江　苏							
浙　江							
安　徽							
福　建							
江　西							
山　东							
河　南							
湖　北	34	33	1	4 362	3 975	3 530	1 028
湖　南							
广　东	4	4		2 574	2 580	2 150	715
广　西							
海　南							
重　庆							
四　川							
贵　州							
云　南							
陕　西	1	1		100	51	35	16
甘　肃							
青　海							
宁　夏							
新疆(兵团)	68	20		12 111	15 283	12 857	3 929
新疆(农业)	2	2		45	36	36	20
新疆(畜牧)							
热科院							
广　州							
南　京							

9－14 场（厂）属卫生事业基本情况

（2017 年）

地区	医疗单位个数（个）	医院（个）	疗养院（个）	病末（张）	职工合计（人）	医务人员（人）	医生（人）
全国农垦	**2 963**	**777**	**8**	**38 270**	**42 939**	**36 138**	**15 846**
北京							
天津							
河北	25	18		1 212	1 442	1 120	508
山西	10	3		123	100	61	29
内蒙古	98	56	1	912	1 067	858	430
辽宁	60	55		1 371	1 204	891	429
吉林	16	13		570	555	452	230
黑龙江	1 077	115		5 441	9 188	8 460	4 130
上海	2	2		1 870	629	533	87
江苏	17	17		1 123	1 004	567	437
浙江							
安徽	10	9		347	169	145	81
福建	41	13		116	150	133	68
江西	15	11		243	209	179	108
山东	1	1		5	8	5	3
河南	20	17		391	387	322	169
湖北	171	62	7	4 218	3 958	3 362	1 397
湖南	48	26		1 336	2 112	1 456	580
广东	53	44		3 928	2 248	1 843	741
广西	12	12		587	448	373	156
海南	204	62		3 295	2 762	2 137	811
重庆							
四川							
贵州							
云南							
陕西	8	8		139	98	67	31
甘肃	21	20		496	296	223	92
青海	4	4		35	34	25	12
宁夏							
新疆（兵团）	1 029	191		10 072	14 577	12 683	5 201
新疆（农业）	7	7		300	110	110	76
新疆（畜牧）	13	10		140	175	127	37
热科院	1	1			9	6	3
广州							
南京							

9－15 分场属卫生事业基本情况

（2017 年）

地 区	医疗单位个数（个）	医院（个）	疗养院（个）	病床（张）	职工合计（人）	医务人员（人）	医生（人）
全国农垦	**1 282**	**125**		**2 879**	**3 560**	**2 890**	**1 695**
北 京							
天 津							
河 北	96	18		482	543	435	290
山 西	4	1		4	17	11	5
内 蒙 古	179	11		80	157	155	132
辽 宁	231			694	370	288	198
吉 林	55	17		82	81	74	57
黑 龙 江							
上 海							
江 苏							
浙 江							
安 徽	7	3		74	40	34	26
福 建	44			34	66	62	10
江 西	19	13		23	38	32	20
山 东							
河 南	47	11		143	125	121	73
湖 北	459	6		740	1 417	1 176	700
湖 南	55	21		345	551	376	132
广 东	2				10	6	6
广 西							
海 南	50						
重 庆							
四 川							
贵 州							
云 南							
陕 西	2	2		14	8	4	4
甘 肃	14	6		41	24	20	8
青 海	1	1		16	6	3	3
宁 夏							
新疆（兵团）							
新疆（农业）	4	4		35	38	38	
新疆（畜牧）	13	11		72	69	55	31
热 科 院							
广 州							
南 京							

附　录

附录一 中华人民共和国2017年国民经济和社会发展统计公报

中华人民共和国2017年 国民经济和社会发展统计公报[1]

中华人民共和国国家统计局

2018年2月28日

2017年，各地区各部门在以习近平同志为核心的党中央坚强领导下，不断增强政治意识、大局意识、核心意识、看齐意识，深入贯彻落实党的十八大和十八届三中、四中、五中、六中、七中全会精神，认真学习贯彻党的十九大精神，以习近平新时代中国特色社会主义思想为指导，按照中央经济工作会议和《政府工作报告》部署，坚持稳中求进工作总基调，坚定不移贯彻新发展理念，坚持以提高发展质量和效益为中心，统筹推进“五位一体”总体布局和协调推进“四个全面”战略布局，以供给侧结构性改革为主线，统筹推进稳增长、促改革、调结构、惠民生、防风险各项工作，经济运行稳中有进、稳中向好、好于预期，经济社会保持平稳健康发展。

一、综合

初步核算，全年国内生产总值[2]827 122亿元，比上年增长6.9%（图1）。其中，第一产业增加值65 468亿元，增长3.9%；第二产业增加值334 623亿元，增长6.1%；第三产业增加值427 032亿元，增长8.0%。第一产业增加值占国内生产总值的比重为7.9%，第二产业增加值比重为40.5%，第三产业增加值比重为51.6%（图2）。全年最终消费支出对国内生产总值增长的贡献率为58.8%，资本形成总额贡献率为32.1%，货物和服务净出口贡献率为9.1%。全年人均国内生产总值59 660元，比上年增长6.3%。全年国民总收入[3]825 016亿元，比上年增长7.0%。

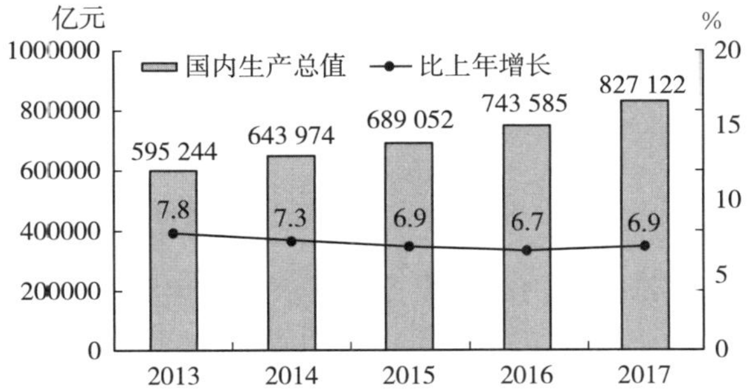

图1 2013—2017年国内生产总值及其增长速度

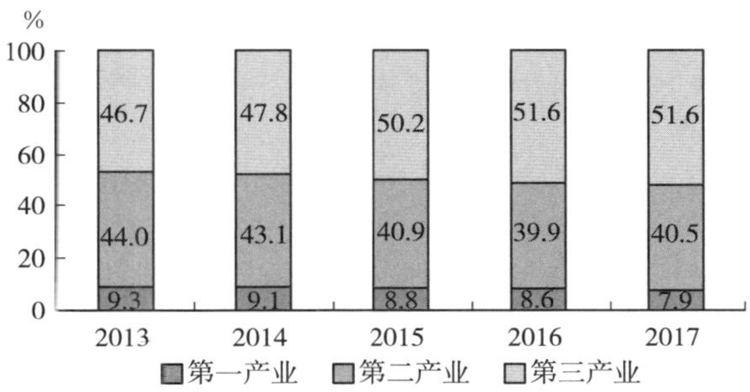

图2 2013—2017年三次产业增加值占国内生产总值比重

年末全国大陆总人口139 008万人，比上年末增加737万人，其中城镇常住人口81 347万人，占总人口比重（常住人口城镇化率）为58.52%，比上年末提高1.17个百分点（表1）。户籍人口城镇化率为42.35%，比上年末提高1.15个百分点。全年出生人口1 723万人，出生率为12.43‰；死亡人口986万人，死亡率为7.11‰；自然增长率为5.32‰。全国人户分离的人口[4]2.91亿人，其中流动人口[5]2.44亿人。

表1 2017年年末人口数及其构成

指 标	年末数（万人）	比重（%）
全国总人口	139 008	100.0
其中：城镇	81 347	58.52
乡村	57 661	41.48

（续）

指　标	年末数（万人）	比重（%）
其中：男性	71 137	51.2
女性	67 871	48.8
其中：0～15 岁（含不满 16 周岁）[6]	24 719	17.8
16～59 岁（含不满 60 周岁）	90 199	64.9
60 周岁及以上	24 090	17.3
其中：65 周岁及以上	15 831	11.4

年末全国就业人员 77 640 万人，其中城镇就业人员 42 462 万人。全年城镇新增就业 1 351 万人，比上年增加 37 万人（图 3）。年末城镇登记失业率为 3.90%，比上年末下降 0.12 个百分点。全国农民工[7]总量 28 652 万人，比上年增长 1.7%。其中，外出农民工 17 185 万人，增长 1.5%；本地农民工 11 467 万人，增长 2.0%。

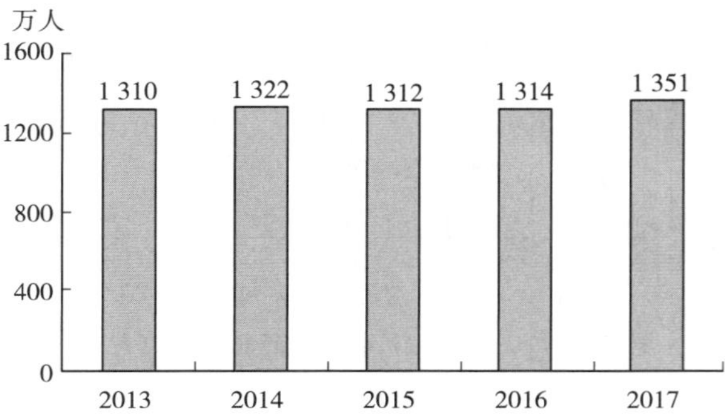

图 3　2013—2017 年城镇新增就业人数

全年居民消费价格比上年上涨 1.6%（图 4、表 2）。工业生产者出厂价格上涨 6.3%。工业生产者购进价格上涨 8.1%。固定资产投资价格上涨 5.8%。农产品生产者价格[8]下降 3.5%。

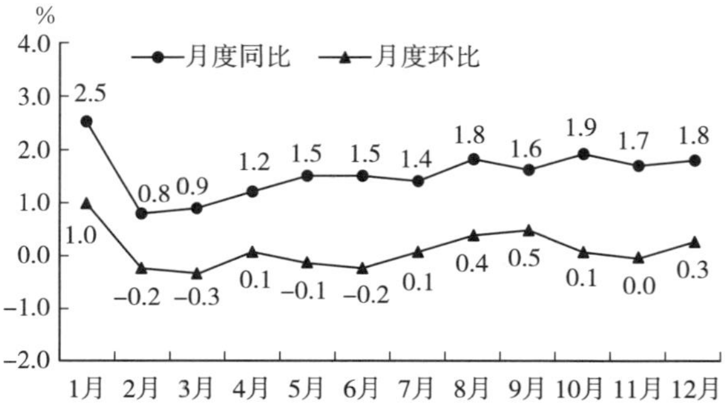

图 4　2017 年居民消费价格月度涨跌幅度

表 2　2017 年居民消费价格比上年涨跌幅度

单位：%

指　标	全　国	城市	农村
居民消费价格	1.6	1.7	1.3
其中：食品烟酒	−0.4	−0.2	−1.1
衣着	1.3	1.2	1.3
居住[9]	2.6	2.5	2.7
生活用品及服务	1.1	1.0	1.2
交通和通信	1.1	1.0	1.4
教育文化和娱乐	2.4	2.4	2.3
医疗保健	6.0	6.8	4.2
其他用品和服务	2.4	2.5	2.4

12 月份 70 个大中城市新建商品住宅销售价格月同比上涨的城市个数为 61 个，比 1 月份减少 5 个；下降的为 9 个，增加 5 个（图 5）。

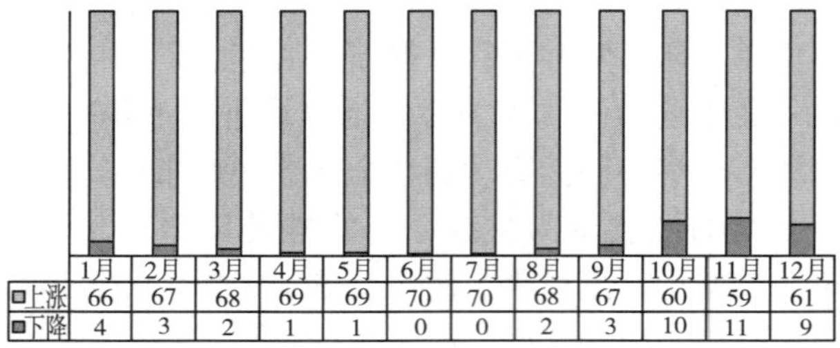

图 5　2017 年新建商品住宅销售价格月同比上涨、下降城市个数变化情况

年末国家外汇储备 31 399 亿美元，比上年末增加 1 294 亿美元（图 6）。全年人民币平均汇率为 1 美元兑 6.7 518 元人民币，比上年贬值 1.6%。

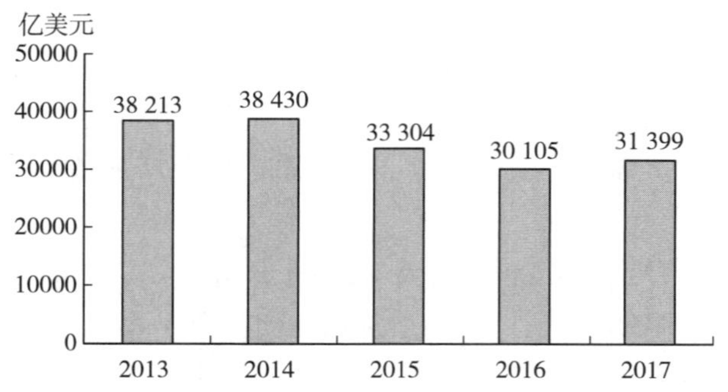

图 6　2013—2017 年年末国家外汇储备

供给侧结构性改革扎实推进。全年全国工业产能利用率[10]为 77.0%，比上年提高 3.7 个百分点。其中，煤炭开采和洗选业产能利用率为 68.2%，比上年提高 8.7 个百分点；黑色金属冶炼和压延加

工业产能利用率为75.8%，提高4.1个百分点。年末商品房待售面积58 923万米²，比上年末减少10 616万米²。其中，商品住宅待售面积30 163万米²，减少10 094万米²。年末规模以上工业企业资产负债率为55.5%，比上年末下降0.6个百分点。全年规模以上工业企业每百元主营业务收入中的成本为84.92元，比上年下降0.25元；每百元主营业务收入中的费用为7.77元，下降0.2元。全年生态保护和环境治理业、公共设施管理业、农业固定资产投资（不含农户）分别比上年增长23.9%、21.8%和16.4%。

新动能新产业新业态加快成长。全年规模以上工业战略性新兴产业[11]增加值比上年增长11.0%。高技术制造业[12]增加值增长13.4%，占规模以上工业增加值的比重为12.7%。装备制造业[13]增加值增长11.3%，占规模以上工业增加值的比重为32.7%。全年新能源汽车产量69万辆，比上年增长51.2%；智能电视产量9 666万台，增长3.8%；工业机器人产量13万台（套），增长81.0%；民用无人机产量290万架，增长67.0%。全年规模以上服务业[14]中，战略性新兴服务业[15]营业收入41 235亿元，比上年增长17.3%；实现营业利润7 446亿元，增长30.2%。全年高技术产业投资[16]42 912亿元，比上年增长15.9%，占固定资产投资（不含农户）的比重为6.8%；工业技术改造投资[17]105 912亿元，增长16.3%，占固定资产投资（不含农户）的比重为16.8%。全年网上零售额[18]71 751亿元，比上年增长32.2%。其中网上商品零售额54 806亿元，增长28.0%，占社会消费品零售总额的比重为15.0%。在网上商品零售额中，吃类商品增长28.6%，穿类商品增长20.3%，用类商品增长30.8%。2016年年末全国25.1%的村有电子商务配送站点。

发展质量效益改善。全年全国一般公共预算收入172 567亿元，比上年增长7.4%[19]（图7）。其中税收收入144 360亿元，比上年增加13 999亿元，增长10.7%。全年规模以上工业企业实现利润75 187亿元，比上年增长21.0%。分经济类型看，国有控股企业实现利润16 651亿元，比上年增长45.1%；集体企业400亿元，下降8.5%，股份制企业52 404亿元，增长23.5%，外商及港澳台商投资企业18 753亿元，增长15.8%；私营企业23 753亿元，增长11.7%。分门类看，采矿业实现利润4 587亿元，比上年增长2.6倍；制造业66 511亿元，增长18.2%；电力、热力、燃气及水生产和供应业4 089亿元，下降10.7%。全年规模以上服务业企业实现营业利润23 645亿元，比上年增长24.5%。全年全员劳动生产率[20]为101 231元/人，比上年提高6.7%（图8）。全年制造业产品质量合格率[21]为93.71%。

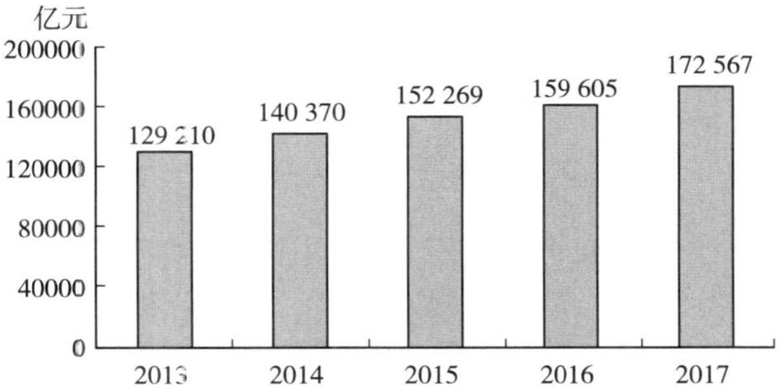

图7 2013—2017年全国一般公共预算收入

注：图中2013—2016年数据为全国一般公共预算收入决算数，2017年为执行数。

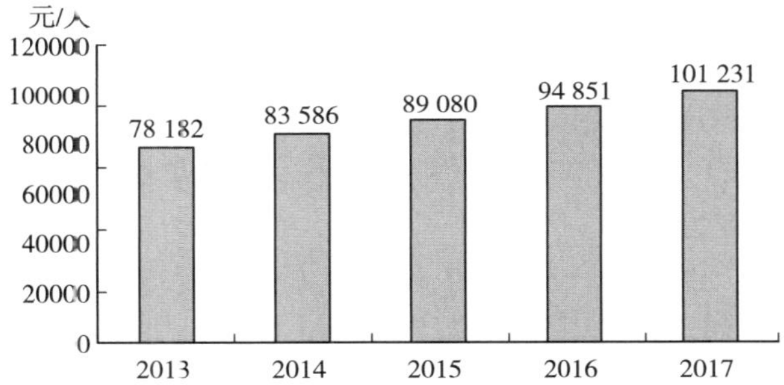

图8 2013—2017年全员劳动生产率

二、农业

全年粮食种植面积11 222万公顷，比上年减少81万公顷。其中，小麦种植面积2 399万公顷，减少20万公顷；稻谷种植面积3 018万公顷，减少0.2万公顷；玉米种植面积3 545万公顷，减少132万公顷。棉花种植面积323万公顷，减少12万公顷。油料种植面积1 420万公顷，增加7万公顷。糖料种植面积168万公顷，减少1万公顷。

全年粮食产量61 791万吨，比上年增加166万吨，增产0.3%（图9）。其中，夏粮产量14 031万吨，增产0.8%；早稻产量3 174万吨，减产3.2%；秋粮产量44 585万吨，增产0.4%。全年谷物产量56 455万吨，比上年减产0.1%。其中，稻谷产量20 856万吨，增产0.7%；小麦产量

12 977万吨，增产 0.7%；玉米产量 21 589 万吨，减产 1.7%。

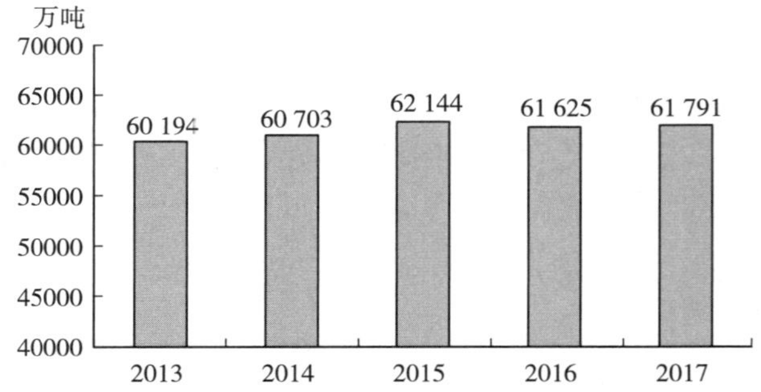

图 9　2013—2017 年粮食产量

全年棉花产量 549 万吨，比上年增产 3.5%。油料产量 3 732 万吨，增产 2.8%。糖料产量 12 556万吨，增产 1.7%。茶叶产量 255 万吨，增产 6.0%。

全年猪牛羊禽肉产量 8 431 万吨，比上年增长 0.8%。其中，猪肉产量 5 340 万吨，增长 0.8%；牛肉产量 726 万吨，增长 1.3%；羊肉产量 468 万吨，增长 1.8%；禽肉产量 1 897 万吨，增长 0.5%。禽蛋产量 3 070 万吨，下降 0.8%。牛奶产量 3 545 万吨，下降 1.6%。年末生猪存栏 43 325 万头，下降 0.4%；生猪出栏 68 861 万头，增长 0.5%。

全年水产品产量 6 938 万吨，比上年增长 0.5%。其中，养殖水产品产量 5 281 万吨，增长 2.7%；捕捞水产品产量 1 656 万吨，下降 5.8%。

全年木材产量 7 682 万米^3，比上年下降 1.2%。

全年新增耕地灌溉面积 109 万公顷，新增高效节水灌溉面积 144 万公顷。

三、工业和建筑业

全年全部工业增加值 279 997 亿元，比上年增长 6.4%（图 10）。规模以上工业增加值增长 6.6%。在规模以上工业中，分经济类型看，国有控股企业增长 6.5%；集体企业增长 0.6%，股份制企业增长 6.6%，外商及港澳台商投资企业增长 6.9%；私营企业增长 5.9%。分门类看，采矿业下降 1.5%，制造业增长 7.2%，电力、热力、燃气及水生产和供应业增长 8.1%。

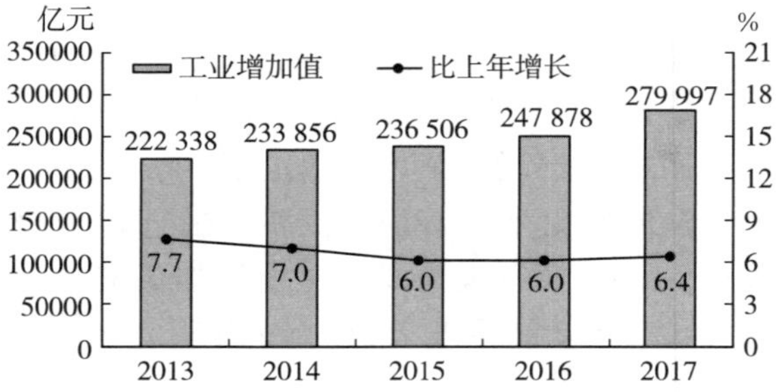

图 10　2013—2017 年全部工业增加值及其增长速度

全年规模以上工业中，农副食品加工业增加值比上年增长 6.8%，纺织业增长 4.0%，化学原料和化学制品制造业增长 3.8%，非金属矿物制品业增长 3.7%，黑色金属冶炼和压延加工业增长 0.3%，通用设备制造业增长 10.5%，专用设备制造业增长 11.8%，汽车制造业增长 12.2%，电气机械和器材制造业增长 10.6%，计算机、通信和其他电子设备制造业增长 13.8%，电力、热力生产和供应业增长 7.8%。六大高耗能行业[22]增加值增长 3.0%，占规模以上工业增加值的比重为 29.7%（表 3）。

表 3　2017 年主要工业产品产量及其增长速度

产品名称	单位	产量	比上年增长（%）
纱	万吨	4 050.0	8.5
布	亿米	868.1	−4.3
化学纤维	万吨	4 919.6	0.7
成品糖	万吨	1 470.6	1.9
卷烟	亿支	23 448.3	−1.6
彩色电视机	万台	15 932.6	1.0
其中：液晶电视机	万台	15 755.9	0.3
家用电冰箱	万台	8 548.4	0.8
房间空气调节器	万台	17 861.5	24.5

（续）

产品名称	单位	产量	比上年增长（%）
一次能源生产总量	亿吨标准煤	35.9	3.6
原煤	亿吨	35.2	3.3
原油	万吨	19 150.6	−4.1
天然气	亿米^3	1 480.3	8.2
发电量	亿千瓦时	64 951.4	5.9
其中：火电[23]	亿千瓦时	46 627.4	5.1
水电	亿千瓦时	11 898.4	0.5
核电	亿千瓦时	2 480.7	16.3
粗钢	万吨	83 172.8	3.0
钢材[24]	万吨	104 958.8	0.1
十种有色金属	万吨	5 501.0	2.9
其中：精炼铜（电解铜）	万吨	897.0	6.3
原铝（电解铝）	万吨	3 329.0	2.0
水泥	亿吨	23.4	−3.1
硫酸（折100%）	万吨	9 212.9	0.9
烧碱（折100%）	万吨	3 365.2	5.1
乙烯	万吨	1 821.8	2.3
化肥（折100%）	万吨	6 184.3	−6.7
发电机组（发电设备）	万千瓦	11 830.4	−9.8
汽车	万辆	2 901.8	3.2
其中：基本型乘用车（轿车）	万辆	1 194.5	−1.4
运动型多用途乘用车（SUV）	万辆	1 004.7	9.9
大中型拖拉机	万台	41.8	−32.4
集成电路	亿块	1 564.6	18.7
程控交换机	万线	1 240.8	−14.9
移动通信手持机[25]	万台	188 982.4	2.2
微型计算机设备	万台	30 678.4	5.8

年末全国发电装机容量177 703万千瓦，比上年末增长7.6%。其中[26]，火电装机容量110 604万千瓦，增长4.3%；水电装机容量34 119万千瓦，增长2.7%；核电装机容量3 582万千瓦，增长6.5%；并网风电装机容量16 367万千瓦，增长10.5%；并网太阳能发电装机容量13 025万千瓦，增长68.7%。

全年全社会建筑业增加值55 689亿元，比上年增长4.3%（图11）。全国具有资质等级的总承包和专业承包建筑业企业实现利润7 661亿元，增长9.7%。其中国有控股企业2 313亿元，增长15.1%。

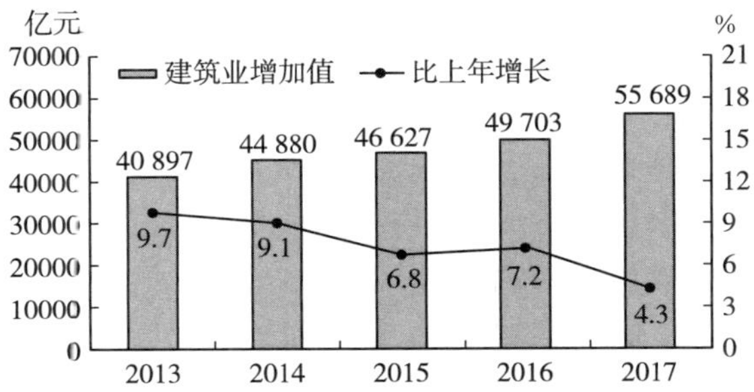

图11　2013—2017年建筑业增加值及其增长速度

四、固定资产投资

全年全社会固定资产投资 641 238 亿元，比上年增长 7.0%[27]。其中固定资产投资（不含农户）631 684 亿元，增长 7.2%。分区域看[28]，东部地区投资 265 837 亿元，比上年增长 8.3%；中部地区投资 163 400 亿元，增长 6.9%；西部地区投资 166 571 亿元，增长 8.5%；东北地区投资 30 655 亿元，增长 2.8%。

在固定资产投资（不含农户）中，第一产业投资 20 892 亿元，比上年增长 11.8%；第二产业投资 235 751 亿元，增长 3.2%；第三产业投资 375 040 亿元，增长 9.5%。基础设施投资[29] 140 005亿元，增长 19.0%，占固定资产投资（不含农户）的比重为 22.2%。民间固定资产投资[30] 381 510 亿元，增长 6.0%，占固定资产投资（不含农户）的比重为 60.4%。六大高耗能行业投资 64 430 亿元，下降 1.8%，占固定资产投资（不含农户）的比重为 10.2%（图 12、图 13、表 4）。

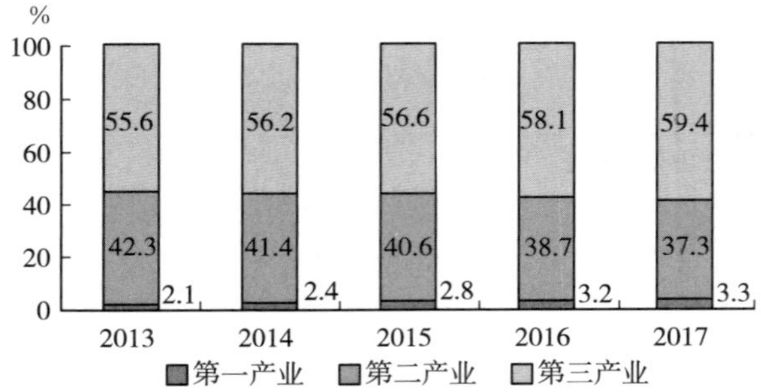

图 12　2013—2017 年三次产业投资占固定资产投资（不含农户）比重

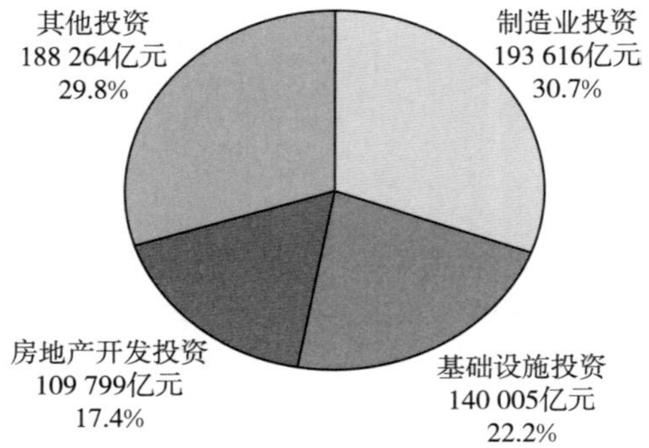

图 13　2017 年按领域分固定资产投资（不含农户）及其占比

表 4　2017 年分行业固定资产投资（不含农户）及其增长速度

行　业	投资额（亿元）	比上年增长（%）
总计	631 684	7.2
农、林、牧、渔业	24 638	9.1
采矿业	9 209	−10.0
制造业	193 616	4.8
电力、热力、燃气及水生产和供应业	29 794	0.8
建筑业	3 648	−19.0
批发和零售业	16 542	−6.3
交通运输、仓储和邮政业	61 186	14.8
住宿和餐饮业	6 107	3.9
信息传输、软件和信息技术服务业	6 987	12.8
金融业	1 121	−13.3
房地产业[31]	139 734	3.6
租赁和商务服务业	13 304	14.4
科学研究和技术服务业	5 932	9.4
水利、环境和公共设施管理业	82 105	21.2
居民服务、修理和其他服务业	2 686	2.4
教育	11 084	20.2
卫生和社会工作	7 327	18.1

表 5　2017 年固定资产投资新增主要生产与运营能力

指　　标	单位	绝对数
文化、体育和娱乐业	8 732	12.9
公共管理、社会保障和社会组织	7 931	-2.0
新增 220 千伏及以上变电设备	万千伏安	24 263
新建铁路投产里程	千米	3 038
其中：高速铁路[32]	千米	2 182
增、新建铁路复线投产里程	千米	3 223
电气化铁路投产里程	千米	4 583
新改建公路里程	千米	313 607
其中：高速公路	千米	6 796
港口万吨级码头泊位新增通过能力	万吨/年	24 858
新增民用运输机场	个	11
新增光缆线路长度	万千米	705

全年房地产开发投资 109 799 亿元，比上年增长 7.0%。其中住宅投资 75 148 亿元，增长 9.4%；办公楼投资 6 761 亿元，增长 3.5%；商业营业用房投资 15 640 亿元，下降 1.2%（表 6）。

全年全国城镇棚户区住房改造开工 609 万套，棚户区改造基本建成 604 万套，公租房基本建成 82 万套。全年全国农村地区建档立卡贫困户危房改造 152.5 万户[33]。

表 6　2017 年房地产开发和销售三要指标及其增长速度

指　　标	单位	绝对数	比上年增长（%）
投资额	亿元	109 799	7.0
其中：住宅	亿元	75 148	9.4
其中：90 米^2 及以下	亿元	22 367	-9.7
房屋施工面积	万米^2	781 484	3.0
其中：住宅	万米^2	536 444	2.9
房屋新开工面积	万米^2	178 654	7.0
其中：住宅	万米^2	128 098	10.5
房屋竣工面积	万米^2	101 486	-4.4
其中：住宅	万米^2	71 815	-7.0
商品房销售面积	万米^2	169 408	7.7
其中：住宅	万米^2	144 789	5.3
本年到位资金	亿元	156 053	8.2
其中：国内贷款	亿元	25 242	17.3
个人按揭贷款	亿元	23 906	-2.0

五、国内贸易

全年社会消费品零售总额 366 262 亿元，比上年增长 10.2%（图 14）。按经营地统计，城镇消费品零售额 314 290 亿元，增长 10.0%；乡村消费品零售额 51 972 亿元，增长 11.8%。按消费类型统计，商品零售额 326 618 亿元，增长 10.2%；餐饮收入额 39 644 亿元，增长 10.7%。

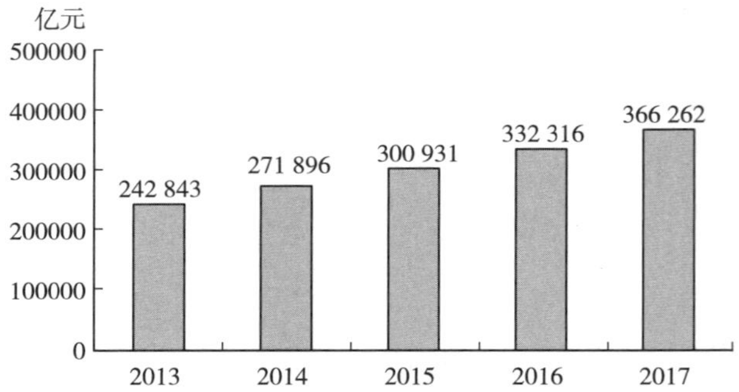

图 14　2013—2017 年社会消费品零售总额

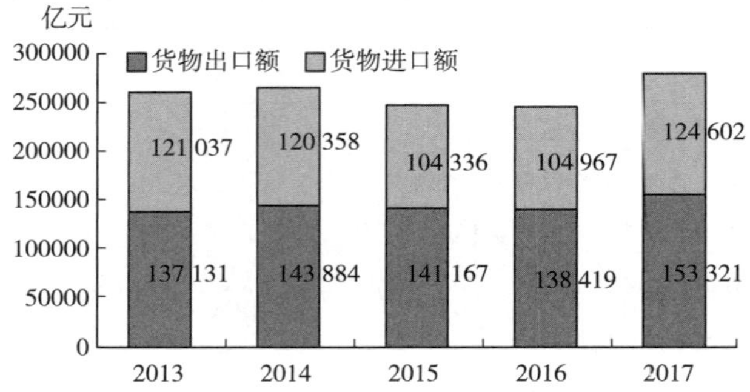

图 15　2013—2017 年货物进出口总额

在限额以上企业商品零售额中，粮油、食品、饮料、烟酒类零售额比上年增长 9.7%，服装、鞋帽、针纺织品类增长 7.8%，化妆品类增长 13.5%，金银珠宝类增长 5.6%，日用品类增长 8.0%，家用电器和音像器材类增长 9.3%，中西药品类增长 12.4%，文化办公用品类增长 9.8%，家具类增长 12.8%，通讯器材类增长 11.7%，建筑及装潢材料类增长 10.3%，汽车类增长 5.6%，石油及制品类增长 9.2%。

六、对外经济[34]

全年货物进出口总额 277 923 亿元，比上年增长 14.2%。其中，出口 153 321 亿元，增长 10.8%；进口 124 602 亿元，增长 18.7%（图 15）。货物进出口差额（出口减进口）28 718 亿元，比上年减少 4 734 亿元。对"一带一路"[35]沿线国家进出口总额 73 745 亿元，比上年增长 17.8%。其中，出口 43 045 亿元，增长 12.1%；进口 30 700 亿元，增长 26.8%（表 7 至表 10）。

表 7　2017 年货物进出口总额及其增长速度

指标	金额（亿元）	比上年增长（%）
货物进出口总额	277 923	14.2
货物出口额	153 321	10.8
其中：一般贸易	83 325	11.7
加工贸易	51 381	8.8
其中：机电产品	89 465	12.1
高新技术产品	45 150	13.3
货物进口额	124 602	18.7
其中：一般贸易	73 299	23.2
加工贸易	29 180	11.3
其中：机电产品	57 785	13.3
高新技术产品	39 501	14.1
货物进出口差额（出口减进口）	28 718	—

表 8　2017 年主要商品出口数量、金额及其增长速度

商品名称	单位	数量	比上年增长（%）	金额（亿元）	比上年增长（%）
煤（包括褐煤）	万吨	817	−7.0	75	64.7
钢材	万吨	7 541	−30.5	3 700	3.1
纺织纱线、织物及制品	—	—	—	7 441	7.4
服装及衣着附件	—	—	—	10 656	2.3
鞋类	万吨	450	6.5	3 269	5.0
家具及其零件	—	—	—	3 385	7.4
自动数据处理设备及其部件	万台	154 208	−3.1	10 710	18.1
手持或车载无线电话	万台	121 087	−4.8	8 503	11.3
集装箱	万个	300	50.6	567	103.2
液晶显示板	万个	193 367	1.6	1 737	2.3
汽车	万辆	104	43.1	898	27.2

表 9 2017 年主要商品进口数量、金额及其增长速度

商品名称	单位	数量	比上年增长（%）	金额（亿元）	比上年增长（%）
谷物及谷物粉	万吨	2 559	16.4	440	17.2
大豆	万吨	9 553	13.8	2 688	19.6
食用植物油	万吨	577	4.4	307	11.3
铁矿砂及其精矿	万吨	107 474	5.0	5 175	35.0
氧化铝	万吨	287	−5.3	75	29.5
煤（包括褐煤）	万吨	27 090	6.1	1 536	63.7
原油	万吨	41 957	10.1	11 003	42.7
成品油	万吨	2 964	6.4	982	33.3
初级形状的塑料	万吨	2 868	11.5	3 284	20.1
纸浆	万吨	2 372	12.6	1 039	28.5
钢材	万吨	1 330	0.6	1 027	18.2
未锻轧铜及铜材	万吨	469	−5.2	2 115	21.3
集成电路	亿个	3 770	10.1	17 592	17.3
汽车	万辆	124	15.7	3 422	16.3

表 10 2017 年对主要国家和地区货物进出口额及其增长速度

国家和地区	出口额（亿元）	比上年增长（%）	占全部出口比重（%）	进口额（亿元）	比上年增长（%）	占全部进口比重（%）
欧盟	25 199	12.6	16.4	16 543	20.2	13.3
美国	29 103	14.5	19.0	10 430	17.3	8.4
东盟	18 902	11.9	12.3	15 942	22.8	12.8
日本	9 301	8.9	6.1	11 204	16.3	9.0
中国香港	18 899	−0.4	12.3	495	−54.9	0.4
韩国	6 965	12.6	4.5	12 013	14.4	9.6
中国台湾	2 979	12.2	1.9	10 512	14.5	8.4
巴西	1 962	35.2	1.3	3 974	31.4	3.2
印度	4 615	19.8	3.0	1 107	42.4	0.9
俄罗斯	2 906	17.8	1.9	2 790	31.0	2.2
南非	1 004	18.4	0.7	1 649	12.1	1.3

全年服务进出口[36]总额 46 991 亿元，比上年增长 6.8%。其中，服务出口 15 407 亿元，增长 10.6%；服务进口 31 584 亿元，增长 5.1%。服务进出口逆差 16 177 亿元。

全年吸收外商直接投资（不含银行、证券、保险）新设立企业 35 652 家，比上年增长 27.8%。实际使用外商直接投资金额 8 776 亿元（折 1 310 亿美元），增长 7.9%，增速比上年加快 3.8 个百分点。其中“一带一路”沿线国家对华直接投资新设立企业 3 857 家，增长 32.8%；对华直接投资金

额 374 亿元（折 56 亿美元）。全年高技术制造业实际使用外资 666 亿元，增长 11.3%（表 11）。

表 11　2017 年外商直接投资（不含银行、证券、保险）**及其增长速度**

行　业	企业数（家）	比上年增长（%）	实际使用金额（亿元）	比上年增长（%）
总　计	35 652	27.8	8 776	7.9
其中：农、林、牧、渔业	706	26.5	72	−41.6
制造业	4 986	24.3	2 259	−1.9
电力、燃气及水生产和供应业	372	19.6	235	68.1
交通运输、仓储和邮政业	517	21.7	374	13.6
信息传输、计算机服务和软件业	3 169	116.6	1 389	157.1
批发和零售业	12 283	30.7	770	−23.9
房地产业	737	95.0	1 133	−10.4
租赁和商务服务业	5 087	9.9	1 125	7.5
居民服务和其他服务业	349	42.5	38	16.0

全年对外直接投资额（不含银行、证券、保险）8 108 亿元，按美元计价为 1 201 亿美元，比上年下降 29.4%。其中，对“一带一路”沿线国家直接投资额 144 亿美元（表 12）。

表 12　2017 年对外直接投资额（不含银行、证券、保险）**及其增长速度**

行　业	对外直接投资金额（亿美元）	比上年增长（%）
总　计	1 201	−29.4
其中：农、林、牧、渔业	22	−25.3
采矿业	83	−4.4
制造业	191	−38.4
电力、热力、燃气及水生产和供应业	32	26.5
建筑业	73	37.5
批发和零售业	249	−9.6
交通运输、仓储和邮政业	30	−16.9
信息传输、软件和信息技术服务业	103	−49.3
房地产业	22	−79.6
租赁和商务服务业	349	−17.3

全年对外承包工程业务完成营业额 11 383 亿元，按美元计价为 1 686 亿美元，比上年增长 5.8%。其中，对“一带一路”沿线国家完成营业额 855 亿美元，增长 12.6%，占对外承包工程业务完成营业额比重为 50.7%。对外劳务合作派出各类劳务人员 52 万人，增长 5.7%。

七、交通、邮电和旅游

全年货物运输总量 479 亿吨，比上年增长 9.3%。货物运输周转量 196 130 亿吨公里，增长 5.1%。全年规模以上港口完成货物吞吐量 126 亿吨，比上年增长 6.4%，其中外贸货物吞吐量 40 亿吨，增长 5.7%。规模以上港口集装箱吞吐量

23 680万标准箱，增长8.3%（表13）。

表13 2017年各种运输方式完成货物运输量及其增长速度

指 标	单位	绝对数	比上年增长（%）
货物运输总量	亿 吨	479.4	9.3
铁路	亿 吨	36.9	10.7
公路	亿 吨	368.0	10.1
水运	亿 吨	66.6	4.3
民航	万 吨	705.8	5.7
管道	亿 吨	7.9	7.3
货物运输周转量	亿吨公里	196 130.4	5.1
铁路	亿吨公里	26 962.2	13.3
公路	亿吨公里	66 712.5	9.2
水运	亿吨公里	97 455.0	0.1
民航	亿吨公里	243.5	9.5
管道	亿吨公里	4 757.2	13.4

全年旅客运输总量185亿人次，比上年下降2.6%。旅客运输周转量32 813亿人公里，增长5.0%（表14）。

表14 2017年各种运输方式完成旅客运输量及其增长速度

指 标	单位	绝对数	比上年增长（%）
旅客运输总量	亿人次	185.1	−2.6
铁路	亿人次	30.8	9.6
公路	亿人次	145.9	−5.4
水运	亿人次	2.8	4.1
民航	亿人次	5.5	13.0
旅客运输周转量	亿人公里	32 812.7	5.0
铁路	亿人公里	13 456.9	7.0
公路	亿人公里	9 765.1	−4.5
水运	亿人公里	77.9	7.7
民航	亿人公里	9 512.8	13.5

年末全国民用汽车保有量21 743万辆（包括三轮汽车和低速货车820万辆），比上年末增长11.8%，其中私人汽车保有量18 695万辆，增长12.9%。民用轿车保有量12 185万辆，增长12.0%，其中私人轿车11 416万辆，增长12.5%。

全年完成邮政行业业务总量[37]9 764亿元，比上年增长32.0%。邮政业全年完成邮政函件业务31.5亿件，包裹业务0.3亿件，快递业务量400.6亿件；快递业务收入4 957亿元（图16）。全年完成电信业务总量[38]27 557亿元，比上年增长76.4%。电信业全年新增移动电话交换机容量[39]23 646万户，达到242 186万户。年末全国电话用户总数161 125万户，其中移动电话用户141 749万户。移动电话普及率上升至102.5部/百人。固定互联网宽带接入用户[40]34 854万户，比上年增加5 133万户，其中固定互联网光纤宽带接入用户[41]29 392万户，比上年增加6 627万户；移动宽带用户[42]113 152万户，增加19 077万户（图17）。移动互联网接入流量246亿G，比上年增长162.7%。互联网上网人数7.72亿人，增加4 074

万人，其中手机上网人数[43] 7.53 亿人，增加 5 734 万人。互联网普及率达到 55.8%，其中农村地区互联网普及率达到 35.4%。软件和信息技术服务业[44]完成软件业务收入 55 037 亿元，比上年增长 13.9%。

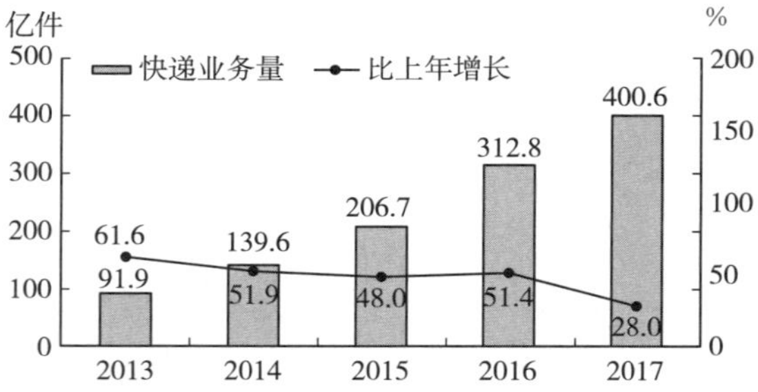

图 16　2013—2017 年快递业务量及其增长速度

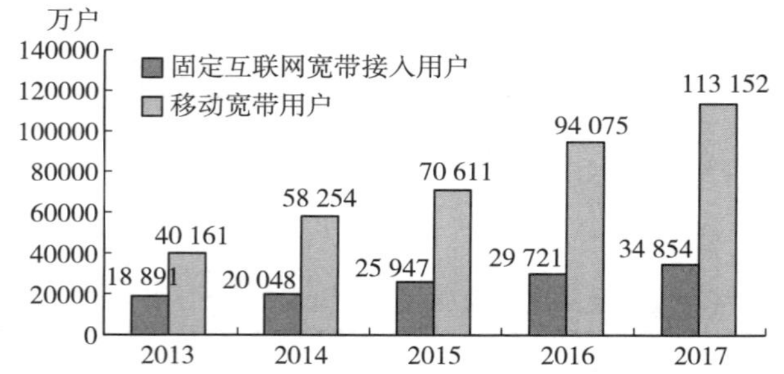

图 17　2013—2017 年年末固定互联网宽接入用户和移动宽带用户数

全年国内游客 50 亿人次，比上年增长 12.8%；国内旅游收入 45 661 亿元，增长 15.9%。入境游客 13 948 万人次，增长 0.8%。其中，外国人 2 917 万人次，增长 3.6%；香港、澳门和台湾同胞 11 032 万人次，与上年持平。在入境游客中，过夜游客 6 074 万人次，增长 2.5%。国际旅游收入 1 234 亿美元，增长 2.9%。国内居民出境 14 273万人次，增长 5.6%。其中因私出境 13 582 万人次，增长5.7%；赴港澳台出境 8 698 万人次，增长 3.6%。

八、金融

年末广义货币供应量（M_2）余额 167.7 万亿元，比上年末增长 8.2%；狭义货币供应量（M_1）余额 54.4 万亿元，增长 11.8%；流通中货币（M_0）余额 7.1 万亿元，增长 3.4%。

全年社会融资规模增量[45] 19.4 万亿元，按可比口径计算比上年多 1.6 万亿元；年末社会融资规模存量[46] 174.6 万亿元，比上年末增长 12.0%。年末全部金融机构本外币各项存款余额 169.3 万亿元，比年初增加 13.7 万亿元，其中人民币各项存款余额 164.1 万亿元，增加 13.5 万亿元。全部金融机构本外币各项贷款余额 125.6 万亿元，增加 13.6 万亿元，其中人民币各项贷款余额 120.1 万亿元，增加 13.5 万亿元（表 15）。

表 15　2017 年年末全部金融机构本外币存贷款余额及其增长速度

指　　标	年末数（亿元）	比上年末增长（%）
各项存款	1 692 727	8.8
其中：境内住户存款	651 983	7.5
其中：人民币	643 768	7.7
境内非金融企业存款	571 641	7.7
各项贷款	1 256 074	12.1
其中：境内短期贷款	411 153	8.2
境内中长期贷款	750 894	18.2

年末主要农村金融机构（农村信用社、农村合作银行、农村商业银行）人民币贷款余额 149 820 亿元，比年初增加 15 602 亿元。全部金融机构人民币消费贷款余额 315 194 亿元，增加 64 717 亿元。其中，个人短期消费贷款余额 68 041 亿元，增加 18 724 亿元；个人中长期消费贷款余额 247 154亿元，增加 45 993 亿元。

全年上市公司通过境内市场累计筹资 40 836 亿元，比上年减少 12 244 亿元。其中，首次公开发行 A 股完成申购 419 只，筹资 2 186 亿元；A 股现金再融资（包括公开增发、定向增发、配股、优先股）9 209 亿元，减少 4 178 亿元；上市公司通过沪深交易所发行债券（包括公司债、可转债、可交换债和企业资产支持证券）筹资 28 105 亿元，减少 8 563 亿元。全年全国中小企业股份转让系统[47]新增挂牌公司 2 176 家，筹资 1 336 亿元，减少 3.95%。

全年发行公司信用类债券[48] 5.64 万亿元，比上年减少 2.59 万亿元。

全年保险公司原保险保费收入[49] 36 581 亿元，比上年增长 18.2%。其中，寿险业务原保险保费收入 21 456 亿元，健康险和意外伤害险业务原保险保费收入 5 291 亿元，财产险业务原保险保费收入 9 835 亿元。支付各类赔款及给付 11 181 亿元。

其中，寿险业务给付 4 575 亿元，健康险和意外伤害险赔款及给付 1 518 亿元，财产险业务赔款 5 087亿元。

九、居民收入消费和社会保障

全年全国居民人均可支配收入[50] 25 974 元，比上年增长 9.0%，扣除价格因素，实际增长 7.3%（图 18）。全国居民人均可支配收入中位数[51] 22 408 元，增长 7.3%。按常住地分，城镇居民人均可支配收入 36 396 元，比上年增长 8.3%，扣除价格因素，实际增长 6.5%。城镇居民人均可支配收入中位数 33 834 元，增长 7.2%。农村居民人均可支配收入 13 432 元，比上年增长 8.6%，扣除价格因素，实际增长 7.3%。农村居民人均可支配收入中位数 11 969 元，增长 7.4%。按全国居民五等份收入分组[52]，低收入组人均可支配收入 5 958元，中等偏下收入组人均可支配收入 13 843 元，中等收入组人均可支配收入 22 495 元，中等偏上收入组人均可支配收入 34 547 元，高收入组人均可支配收入 64 934 元。全国农民工人均月收入 3 485 元，比上年增长 6.4%。

全国居民人均消费支出 18 322 元，比上年增长 7.1%，扣除价格因素，实际增长 5.4%。按常住地分，城镇居民人均消费支出 24 445 元，增长 5.9%，扣除价格因素，实际增长 4.1%；农村居民人均消费支出 10 955 元，增长 8.1%，扣除价格因素，实际增长 6.8%。恩格尔系数为 29.3%，比上年下降 0.8 个百分点，其中城镇为 28.6%，农村为 31.2%（图 19）。

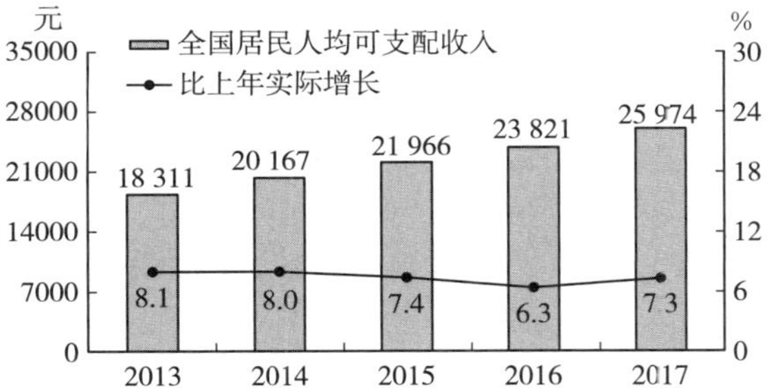

图 18 2013—2017 年全国居民人均可支配收入及其增长速度

按照每人每年 2 300 元（2010 年不变价）的农村贫困标准计算，2017 年，年末农村贫困人口 3 046万人，比上年末减少 1 289 万人[53]（图 20）；贫困发生率[54] 3.1%，比上年下降 1.4 个百分点。

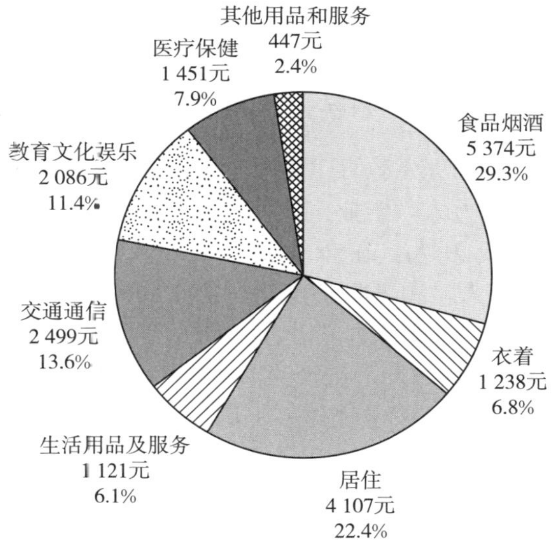

图 19 2017 年全国居民人均消费支出及其构成

贫困地区[55]农村居民人均可支配收入 9 377 元，比上年增长 10.5%，扣除价格因素，实际增长 9.1%。

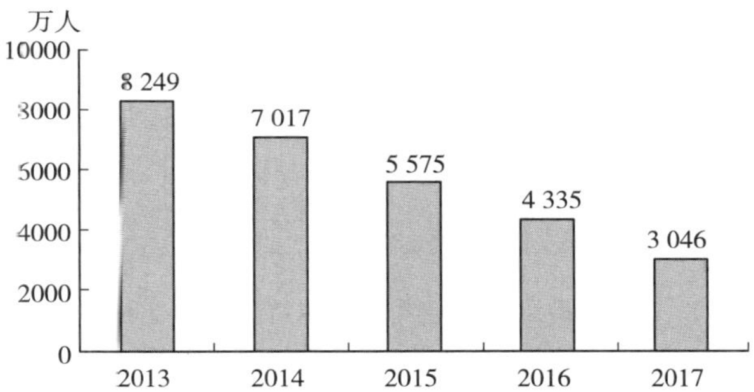

图 20 2013—2017 年年末全国农村贫困人口

年末全国参加城镇职工基本养老保险人数 40 199万人，比上年末增加 2 269 万人。参加城乡居民基本养老保险人数 51 255 万人，增加 408 万人。参加基本医疗保险人数 117 664 万人，增加 43 272万人。其中，参加职工基本医疗保险人数 30 320 万人，增加 789 万人；参加城乡居民基本医疗保险人数 87 343 万人[56]，增加 42 483 万人。参加失业保险人数 18 784 万人，增加 695 万人。年末全国领取失业保险金人数 220 万人。参加工伤保险人数 22 726 万人，增加 836 万人，其中参加工伤保险的农民工 7 807 万人，增加 297 万人。参加生育保险人数 19 240 万人，增加 789 万人。年末全国共有 1 264 万人享受城市居民最低生活保障，4 047 万人享受农村居民最低生活保障，467 万人享受农村特困人员[57]救助供养。全年资助 5 203 万人参加基本医疗保险，医疗救助 3 536 万人次。国家抚恤、补助各类优抚对象 859 万人。

十、教育、科学技术和文化体育

全年研究生教育[58]招生 80.5 万人，在学研究生 263.9 万人，毕业生 57.8 万人。普通本专科招生 761.5 万人，在校生 2 753.6 万人，毕业生 735.8 万人。中等职业教育[59]招生 582.4 万人，在校生 1 592.5 万人，毕业生 496.9 万人。普通高中招生 800.1 万人，在校生 2 374.5 万人，毕业生 775.7 万人。初中招生 1 547.2 万人，在校生 4 442.1万人，毕业生 1 397.5 万人。普通小学招生 1 766.6 万人，在校生 10 093.7 万人，毕业生 1 565.9万人。特殊教育招生 11.1 万人，在校生 57.9 万人，毕业生 6.9 万人。学前教育在园幼儿 4 600.1万人。九年义务教育巩固率为 93.8%，高中阶段毛入学率为 88.3%（图 21）。

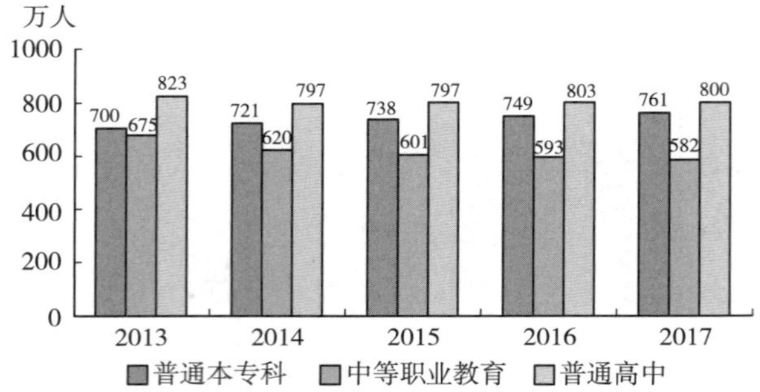

图 21 2013—2017 年普通本专科、中等职业教育及普通高中招生人数

全年研究与试验发展（R&D）经费支出 17 500亿元，比上年增长 11.6%，与国内生产总值之比为 2.12%，其中基础研究经费 920 亿元（图 22）。全年国家重点研发计划共安排 42 个重点专项 1 115 个科技项目，国家科技重大专项共安排 454 个课题，国家自然科学基金共资助 43 935 个项目。截至年底，累计建设国家重点实验室 503 个，国家工程研究中心 131 个，国家工程实验室 217 个，国家企业技术中心 1 276 家。国家科技成果转化引导基金累计设立 5 支子基金，资金总规模 247.2 亿元。全年境内外专利申请 369.8 万件，授予专利权 183.6 万件；PCT 专利申请受理量[60]为 5.1 万件。截至年底，有效专利 714.8 万件，其中境内有效发明专利 135.6 万件，每万人口发明专利拥有量 9.8 件。全年共签订技术合同 36.8 万项，技术合同成交金额 13 424 亿元，比上年增长 17.7%（表 16）。

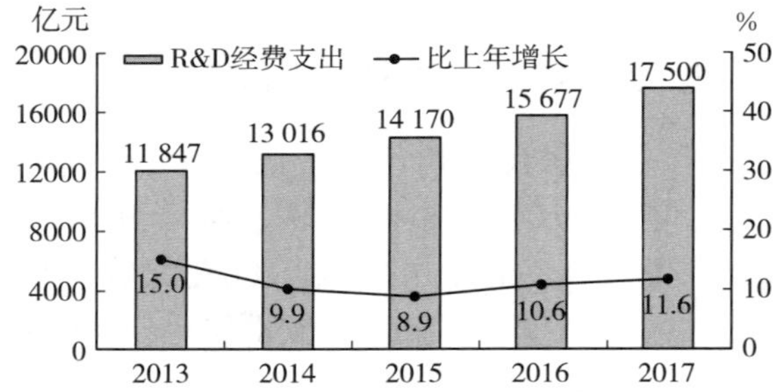

图 22 2013—2017 年研究与试验发展（R&D）经费支出及其增长速度

表 16 2017 年专利申请、授权和有效专利情况

指 标	专利数（万件）
专利申请数	369.8
其中：境内专利申请	351.3
其中：发明专利申请	138.2
其中：境内发明专利	123.4
专利授权数	183.6
其中：境内专利授权	170.5
其中：发明专利授权	42.0
其中：境内发明专利	32.0
年末有效专利数	714.8
其中：境内有效专利	620.4
其中：有效发明专利	208.5
其中：境内有效发明专利	135.6

全年成功完成 17 次宇航发射。首颗高轨道高通量通信卫星实践十三号、首颗大型硬 X 射线空间探测卫星"慧眼"卫星成功发射；北斗导航全球卫星系统组网首发双星成功发射；天舟一号货运飞船成功发射，完成与天宫二号交会对接。"墨子号"量子卫星成功实现预定科学目标，暗物质粒子探测卫星"悟空"发现反常电子信号，C919 大型客机、"鲲龙" AG600 水陆两栖飞机首飞成功。

年末全国共有产品检测实验室 35 000 个，其中国家检测中心 739 个。全国现有产品质量、体系认证机构 401 个，已累计完成对 140 250 个企业的产品认证。全国共有法定计量技术机构 4 037 个，全年强制检定计量器具 8 326 万台（件）。全年制定、修订国家标准 3 811 项，其中新制定 2 684 项。

年末全国文化系统共有艺术表演团体 2 054 个，博物馆 3 217 个。全国共有公共图书馆 3 162 个，总流通[61] 72 641 万人次；文化馆 3 327 个。有线电视实际用户 2.20 亿户，其中有线数字电视实际用户 1.98 亿户。年末广播节目综合人口覆盖率为 98.7%，电视节目综合人口覆盖率为 99.1%。全年生产电视剧 310 部 13 310 集，电视动画片 83 599分钟。全年生产故事影片 798 部，科教、纪录、动画和特种影片[62] 172 部。出版各类报纸 368 亿份，各类期刊 26 亿册，图书 90 亿册（张），人均图书拥有量[63] 6.49 册（张）。年末全国共有档案馆 4 237 个，已开放各类档案 13 806 万卷（件）。2016 年，文化及相关产业增加值 30 785 亿元，比上年增长 13.0%；占国内生产总值的比重为 4.14%，比上年提高 0.19 个百分点。

全年我国运动员在 24 个运动大项中获得 106 个世界冠军，共创 6 项世界纪录。全年我国残疾人运动员在 11 项国际赛事中获得 160 个世界冠军。2016 年，体育产业增加值 6 475 亿元，比上年增长 17.8%；占国内生产总值的比重为 0.9%，比上年提高 0.1 个百分点。

十一、卫生和社会服务

年末全国共有医疗卫生机构 99.5 万个，其中医院 3.0 万个，在医院中有公立医院 1.2 万个，民营医院 1.8 万个；基层医疗卫生机构 94.0 万个，其中乡镇卫生院 3.7 万个，社区卫生服务中心（站）3.5 万个，门诊部（所）23.0 万个，村卫生室 63.8 万个；专业公共卫生机构 2.2 万个，其中疾病预防控制中心 3 482 个，卫生监督所（中心）3 133 个。年末卫生技术人员 891 万人，其中执业医师和执业助理医师 335 万人，注册护士 379 万人（图 23）。医疗卫生机构床位 785 万张，其中医院 609 万张，乡镇卫生院 125 万张。全年总诊疗人次[64] 81.0 亿人次，出院人数[65] 2.4 亿人。

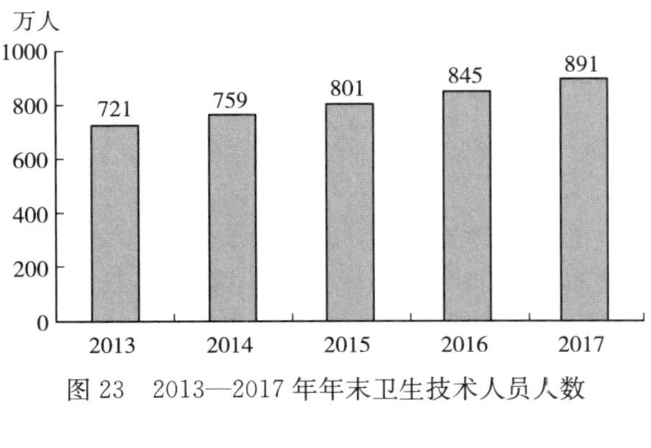

图 23　2013—2017 年年末卫生技术人员人数

年末全国共有各类提供住宿的社会服务机构 3.2 万个，其中养老服务机构 2.9 万个，儿童服务机构 656 个。社会服务床位[66] 749.5 万张，其中养老服务床位 714.2 万张，儿童服务床位 9.6 万张。年末共有社区服务中心 2.5 万个，社区服务站 13.9 万个。

十二、资源、环境和安全生产

全年全国国有建设用地供应总量[67] 60 万公顷，比上年增长 16.4%。其中，工矿仓储用地 12 万公顷，增长 1.6%；房地产用地[68] 11.5 万公顷，增长 7.2%；基础设施等用地 36.5 万公顷，增长 26.1%。

全年水资源总量 28 675 亿米^3。全年平均降水量 640 毫米。年末全国监测的 604 座大型水库蓄水总量 3 513 亿米^3，比上年末蓄水量有所增加。全年总用水量 6 090 亿米^3，比上年增长 0.8%。其中，生活用水增长 2.8%，工业用水增长 0.2%，农业用水增长 0.6%，生态补水增长 1.7%。万元国内生产总值用水量[69] 78 米^3，比上年下降 5.6%。万元工业增加值用水量 49 米^3，下降 5.9%。人均用水量 439 米^3，比上年增长 0.3%。

全年完成造林面积 736 万公顷，其中人工造林面积 390 万公顷，占全部造林面积的 53.0%。森林抚育面积 830 万公顷。截至年底，自然保护区达到 2 750 个，其中国家级自然保护区 463 个。新增水土流失治理面积 5.6 万千米^2。

初步核算，全年能源消费总量 44.9 亿吨标准煤，比上年增长 2.9%。煤炭消费量增长 0.4%，原油消费量增长 5.2%，天然气消费量增长 14.8%，电力消费量增长 6.6%。煤炭消费量占能源消费总量的 60.4%，比上年下降 1.6 个百分点；天然气、水电、核电、风电等清洁能源消费量占能源消费总量的 20.8%，上升 1.3 个百分点（图 24）。全国万元国内生产总值能耗下降 3.7%。重点耗能工业企业单位烧碱综合能耗下降 0.3%，吨水泥综合能耗下降 0.1%，吨钢综合能耗下降 0.9%，吨粗铜综合能耗下降 4.8%，每千瓦时火力发电标准煤耗下降 0.8%。全国万元国内生产总值二氧化碳排放下降 5.1%。

近岸海域 417 个海水水质监测点中，达到国家

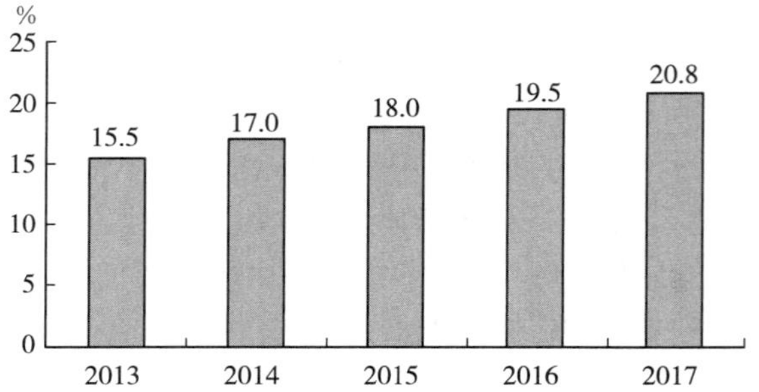

图 24　2013—2017 年清洁能源消费量占能源消费总量的比重

一、二类海水水质标准的监测点占 67.8%，三类海水占 10.1%，四类、劣四类海水占 22.1%。

在监测的 338 个地级及以上城市中，城市空气质量达标的城市占 29.3%，未达标的城市占 70.7%。细颗粒物（PM2.5）未达标城市（基于 2015 年 PM2.5 年平均浓度未达标的 262 个城市）年平均浓度 48 微克/米^3，比上年下降 5.9%。

在监测的 323 个城市中，城市区域声环境质量好的城市占 5.9%，较好的占 65.0%，一般的占 27.9%，较差的占 0.9%，差的占 0.3%。

全年平均气温为 10.39℃，比上年上升 0.03℃。共有 8 个台风登陆。

全年农作物受灾面积 1 848 万公顷，其中绝收 183 万公顷。全年因洪涝和地质灾害造成直接经济损失 1 910 亿元，因旱灾造成直接经济损失 375 亿元，因低温冷冻和雪灾造成直接经济损失 19 亿元，因海洋灾害造成直接经济损失 58 亿元。全年大陆地区共发生 5.0 级以上地震 13 次，成灾 11 次，造成直接经济损失 148 亿元。全年共发生森林火灾 3 223起，森林火灾受害森林面积 2.5 万公顷。

全年各类生产安全事故共死亡 37 852 人。工矿商贸企业就业人员 10 万人生产安全事故死亡人数 1.639 人，比上年下降 3.7%；道路交通事故万车死亡人数 2.06 人，下降 3.7%；煤矿百万吨死亡人数 0.106 人，下降 32.1%。

注释：

[1] 本公报中数据均为初步统计数。各项统计数据均未包括香港特别行政区、澳门特别行政区和台湾省。部分数据因四舍五入的原因，存在着与分项合计不等的情况。

[2] 国内生产总值、各产业增加值和人均国内生产总值绝对数按现价计算，增长速度按不变价格计算。

[3] 国民总收入，原称国民生产总值，是指一个国家或地区所有常住单位在一定时期内所获得的初次分配收入总额。它等于国内生产总值加上来自国外的初次分配收入净额。

[4] 人户分离的人口是指居住地与户口登记地所在的乡镇街道不一致且离开户口登记地半年及以上的人口。

[5] 流动人口是指人户分离人口中扣除市辖区内人户分离的人口。市辖区内人户分离的人口是指一个直辖市或地级市所辖区内和区与区之间，居住地和户口登记地不在同一乡镇街道的人口。

[6] 2017 年年末，0～14 岁（含不满 15 周岁）人口为 23 348 万人，15～59 岁（含不满 60 周岁）人口为 91 570 万人。

[7] 年度农民工数量包括年内在本乡镇以外从业 6 个月及以上的外出农民工和在本乡镇内从事非农产业 6 个月及以上的本地农民工两部分。

[8] 农产品生产者价格是指农产品生产者直接出售其产品时的价格。

[9] 居住类价格包括租赁房房租、住房保养维修及管理、水电燃料等价格。

[10] 产能利用率是指实际产出与生产能力（均以价值量计量）的比率。企业的实际产出是指企业报告期内的工业总产值；企业的生产能力是指报告期内，在劳动力、原材料、燃料、运输等保证供给的情况下，生产设备（机械）保持正常运行，企业可实现的、并能长期维持的产品产出。

[11] 工业战略性新兴产业包括节能环保产业，新一代信息技术产业，生物产业，高端装备制造产业，新能源产业，新材料产业，新能源汽车产业等七大产业中的工业相关行业。

[12] 高技术制造业包括医药制造业，航空、航天器及设备制造业，电子及通信设备制造业，计算机及办公设备制造业，医疗仪器设备及仪器仪表制造业，信息化学品制造业。

[13] 装备制造业包括金属制品业，通用设备制造业，专用设备制造业，汽车制造业，铁路、船舶、航空航天和其他运输设备制造业，电气机械和器材制造业，计算机、通信和其他电子设备制造业，仪器仪表制造业。

[14] 规模以上服务业包括年营业收入 1 000 万元及以上，或年末从业人员 50 人及以上的交通运输、仓储和邮政业，信息传输、软件和信息技术服务业，房地产业（不含房地产开发经营），租赁和商务服务业，科学研究和技术服务业，水利、环境和公共设施管理业，教育，卫生和社会工作；年营业收入 500 万元及以上，或年末从业人员

50人及以上的居民服务、修理和其他服务业，文化、体育和娱乐业法人单位。

[15] 战略性新兴服务业包括节能环保产业，新一代信息技术产业，生物产业，高端装备制造产业，新能源产业，新材料产业，新能源汽车产业等七大产业中的服务业相关行业。

[16] 高技术产业投资包括医药制造、航空航天器及设备制造等六大类高技术制造业投资和信息服务、电子商务服务等九大类高技术服务业投资。

[17] 工业技术改造投资是指工业企业利用新技术、新工艺、新设备、新材料对现有设施、工艺条件及生产服务等进行改造提升，实现内涵式发展的投资活动。

[18] 网上零售额是指通过公共网络交易平台（主要从事实物商品交易的网上平台，包括自建网站和第三方平台）实现的商品和服务零售额。其中，网上零售额包括的服务，以及少部分用于生产经营或被转卖的商品不统计在社会消费品零售总额中。

[19] 为推进财政资金统筹使用，2017年1月1日起将新增建设用地土地有偿使用费、南水北调工程基金、烟草企业上缴专项收入3项政府性基金调整转列一般公共预算。为此，在2016年基数中考虑3项政府性基金转列一般公共预算的影响，并以此为基础计算同口径同比增减额和增减幅。

[20] 全员劳动生产率为国内生产总值（以2015年价格计算）与全部就业人员的比率。

[21] 制造业产品质量合格率是指以产品质量检验为手段，按照规定的方法、程序和标准实施质量抽样检测，判定为质量合格的样品数占全部抽样样品数的百分比，统计调查样本覆盖制造业的29个行业。

[22] 六大高耗能行业包括石油加工、炼焦和核燃料加工业，化学原料和化学制品制造业，非金属矿物制品业，黑色金属冶炼和压延加工业，有色金属冶炼和压延加工业，电力、热力生产和供应业。

[23] 火电包括燃煤发电量，燃油发电量，燃气发电量，余热、余压、余气发电量，垃圾焚烧发电量，生物质发电量。

[24] 钢材产量数据中含企业之间重复加工钢材约24 000万吨。

[25] 移动通信手持机、钢材2016年产量根据有关专项调查进行了调整，2017年产量增速均按可比口径计算。

[26] 少量发电装机容量（如地热等）公报中未列出。

[27] 根据第三次农业普查结果对2016年固定资产投资基数进行调整，2017年增速按可比口径计算。

[28] 固定资产投资（不含农户）按东部、中部、西部和东北地区计算的合计数据小于全国数据，是因为有部分跨地区的投资未计算在地区数据中。其中，东部地区是指北京、天津、河北、上海、江苏、浙江、福建、山东、广东和海南10省（直辖市）；中部地区是指山西、安徽、江西、河南、湖北和湖南6省；西部地区是指内蒙古、广西、重庆、四川、贵州、云南、西藏、陕西、甘肃、青海、宁夏和新疆12省（自治区、直辖市）；东北地区是指辽宁、吉林和黑龙江3省。

[29] 基础设施投资是指建造或购置为社会生产和生活提供基础性、大众性服务的工程和设施的支出。公报中的基础设施投资包括交通运输、邮政业，电信、广播电视和卫星传输服务业，互联网和相关服务业，水利、环境和公共设施管理业投资。

[30] 民间固定资产投资是指具有集体、私营、个人性质的内资企事业单位以及由其控股（包括绝对控股和相对控股）的企业单位建造或购置固定资产的投资。

[31] 房地产业投资除房地产开发投资外，还包括建设单位自建房屋以及物业管理、中介服务和其他房地产投资。

[32] 高速铁路是指线路最大速度200千米/小时及以上的铁路和200千米/小时以下仅运行动车组列车的铁路。

[33] 各省（自治区、直辖市）汇总上报截至2017年12月底建档立卡贫困户农村危房改造实际竣工数。

[34] 货物进出口、服务进出口、吸收外资采用人民币计价。对外投资和对外承包工程由于技术原因仍主要沿用美元计价。

[35] “一带一路”是指“丝绸之路经济带”和“21世纪海上丝绸之路”。

[36] 服务进出口按照《国际收支手册（第六版）》标准统计，增速按可比口径计算。

[37] 邮政行业业务总量按2010年价格计算。

[38] 电信业务总量按2015年价格计算。

[39] 移动电话交换机容量是指移动电话交换机根据一定话务模型和交换机处理能力计算出来的最大同时服务用户的数量。

[40] 固定互联网宽带接入用户是指报告期末在电信企业登记注册，通过xDSL、FTTx+LAN、FTTH/O以及其他宽带接入方式和普通专线接入公众互联网的用户。

[41] 固定互联网光纤宽带接入用户是指报告期末在电信企业登记注册，通过FTTH或FTTO方式接入公众互联网的

用户。

[42] 移动宽带用户是指报告期末在计费系统拥有使用信息，占用3G或4G网络资源的在网用户。

[43] 手机上网人数是指过去半年通过手机接入并使用互联网的6周岁及以上中国居民数量。

[44] 软件和信息技术服务业包括软件开发，信息系统集成服务，信息技术咨询服务，数据处理和存储服务，集成电路设计和其他信息技术服务等行业。

[45] 社会融资规模增量是指一定时期内实体经济（境内非金融企业和个人）从金融体系获得的资金总额。

[46] 社会融资规模存量是指一定时期末（月末、季末或年末）实体经济（境内非金融企业和个人）从金融体系获得的资金余额。

[47] 全国中小企业股份转让系统又称“新三板”，是2012年经国务院批准设立的全国性证券交易场所。

[48] 公司信用类债券包括非金融企业债务融资工具、企业债券以及公司债、可转债等。

[49] 原保险保费收入是指保险企业确认的原保险合同保费收入。

[50] 全国居民收入名义增速快于分城乡居民收入增速的原因是：在城镇化过程中，一部分在农村收入较高的人口进入城镇地区，但在城镇属于较低收入人群，他们的迁移对城乡居民收入均有拉低作用。但无论在城镇还是农村，其收入增长效应都会体现在全体居民收入增长中。

[51] 人均收入中位数是指将所有调查户按人均收入水平从低到高（或从高到低）顺序排列，处于最中间位置调查户的人均收入。

[52] 全国居民五等份收入分组是指将所有调查户按人均收入水平从高到低顺序排列，平均分为五个等份，处于最高20%的收入群体为高收入组，依此类推依次为中等偏上收入组、中等收入组、中等偏下收入组、低收入组。

[53] 减贫人口等于当年贫困人口减去上年贫困人口，也相当于当年脱贫人口减去当年返贫人口。

[54] 贫困发生率是指贫困人口占目标调查人口的比重。

[55] 贫困地区包括集中连片特困地区和片区外的国家扶贫开发工作重点县，原共有832个县。2017年开始将新疆阿克苏地区纳入贫困监测范围。

[56] 参加城乡居民基本医疗保险人数增加较多，一是原参加新型农村合作医疗人员并入城乡居民基本医疗保险参保人员统计；二是开展全民参保登记，基本医疗保险覆盖面进一步扩大。

[57] 农村特困人员是指无劳动能力，无生活来源，无法定赡养、抚养、扶养义务人或者其法定义务人无履行义务能力的农村老年人、残疾人以及未满16周岁的未成年人。

[58] 2017年研究生招生、在学研究生指标口径发生变化（增加非全日制研究生）。

[59] 中等职业教育包括普通中专、成人中专、职业高中和技工学校。

[60] PCT专利申请受理量是指国家知识产权局作为PCT专利申请受理局受理的PCT专利申请数量。PCT（Patent Cooperation Treaty）即专利合作条约，是专利领域的一项国际合作条约。

[61] 总流通人次是指本年度内到图书馆场馆接受图书馆服务的总人次，包括借阅书刊、咨询问题以及参加各类读者活动等。

[62] 特种影片是指那些采用与常规影院放映在技术、设备、节目方面不同的电影展示方式，如巨幕电影、立体电影、立体特效（4D）电影、动感电影、球幕电影等。

[63] 人均图书拥有量是指在一年内全国平均每人能拥有的当年出版图书册数。

[64] 总诊疗人次指所有诊疗工作的总人次数，包括门诊、急诊、出诊、预约诊疗、单项健康检查、健康咨询指导（不含健康讲座）人次。

[65] 出院人数指报告期内所有住院后出院的人数，包括医嘱离院、医嘱转其他医疗机构、非医嘱离院、死亡及其他人数，不含家庭病床撤床人数。

[66] 社会服务床位数除收养性机构外，还包括救助类机构、社区类机构以及军休所、军供站等机构的床位。

[67] 国有建设用地供应总量是指报告期内市、县人民政府根据年度土地供应计划依法以出让、划拨、租赁等方式将土地使用权提供给单位或个人使用的国有建设用地总量。

[68] 房地产用地是指商服用地和住宅用地的总和。

[69] 万元国内生产总值用水量、万元工业增加值用水量和万元国内生产总值能耗按2015年价格计算。

资料来源：

本公报中户籍人口城镇化率、民用汽车、交通事故数据来自公安部；城镇新增就业、登记失业率、社会保障、技工学校数据来自人力资源社会保障部；外汇储备、汇率数据来自外汇局；财政数据来自财政部；制造业产品质量合格率、质量检验、国家标准制定修订等数据来自质检总局；水产品产量数据来自农业部；木材产量、林业、森林火灾数据来自林业局；灌溉面积、水资源、水土流失治理数据来自水利部；发电装机容量、新增220千伏及以上变电设备数据来自中电联；新建铁路投产里程、增新建铁路复线投产里程、电气化铁路投产里程、铁路运输数据来自铁路总公司；新改建公路里程、港口万吨级码头泊位新增通过能力、公路运输、水运、港口货物吞吐量数据来自交通运输部；新增民用运输机场、民航数据来自民航局；新增光缆线路长度、电信业务总量、电话交换机容量、电话用户、宽带用户、移动互联网接入流量、上网人数、互联网普及率、软件业务收入等数据来自工业和信息化部；棚户区住房改造、公租房、农村地区建档立卡贫困户危房改造数据来自住房城乡建设部；货物进出口数据来自海关总署；服务进出口、外商直接投资、对外直接投资、对外承包工程、对外劳务合作等数据来自商务部；管道数据来自中石油、中石化、中海油；邮政业务数据来自邮政局；农村地区互联网普及率数据来自中国互联网络信息中心；旅游数据来自旅游局、公安部；货币金融、公司信用类债券数据来自人民银行；上市公司数据来自证监会；保险业数据来自保监会；城乡低保、农村特困人员救助供养、社会服务、农作物受灾面积、洪涝地质灾害造成直接经济损失、旱灾造成直接经济损失、低温冷冻和雪灾造成直接经济损失来自民政部；教育数据来自教育部；重点研发计划、科技重大专项、国家重点实验室、科技成果转化引导基金、技术合同等数据来自科技部；自然科学基金项目数据来自自然基金委；国家工程研究中心、国家工程实验室、企业技术中心、万元国内生产总值二氧化碳排放等数据来自发展改革委；专利数据来自知识产权局；宇航发射数据来自国防科工局；艺术表演团体、博物馆、公共图书馆、文化馆数据来自文化部；广播电视、电影、报纸、期刊、图书数据来自新闻出版广电总局；档案数据来自档案局；体育数据来自体育总局；残疾人运动员数据来自中国残联；卫生数据来自卫生计生委；国有建设用地供应数据来自国土资源部；自然保护区、环境监测数据来自环境保护部；平均气温、登陆台风数据来自气象局；海洋灾害造成直接经济损失数据来自海洋局；地震次数、地震灾害直接经济损失数据来自地震局；安全生产数据来自安全监管总局；其他数据均来自国家统计局。

附录二 全国农垦系统实施无公害食品发展情况

绿色、有机食品、无公害农产品生产情况（一）

（2017 年）

项　目	认证个数（个）	带动农户数量（户）	已认证绿色食品				已认证有机食品		已认证无公害农产品	
			A 级		AA 级					
			面积（公顷）	产量（吨）	面积（公顷）	产量（吨）	面积（公顷）	产量（吨）	面积（公顷）	产量（吨）
一、种植业										
（一）主要农作物	1 172	387 012	1 608 708	9 034 772	50 685	39 461	131 047	622 681	2 414 169	14 623 906
1. 水稻	274	117 003	927 935	5 738 882	3 907	3 907	49 694	222 939	1 239 749	10 122 464
2. 小麦	55	32 079	65 793	295 532	5 333	5 333	9 236	36 370	76 074	214 349
3. 玉米	106	50 773	267 401	1 842 660			27 489	192 762	334 300	2 495 592
4. 大豆	102	49 747	253 212	469 919			35 116	67 935	211 394	416 175
5. 油料	18	23 780	23 707	42 000	16 814	7 334	876	1 281	15 460	11 701
6. 糖料	16	22 482	23 526	208 000	17 333	17 333	922	48 405	134 670	110 042
7. 药材	9	1 068	735	29 446					329	1 235
8. 蔬菜	478	73 104	21 179	292 292	7 298	5 554	326	6 020	341 953	1 031 115
9. 其他	114	16 976	25 220	116 042			7 388	46 969	60 238	221 233
（二）茶叶	72	48 151	5 962	2 744	14	22	2 128	1 031	3 590	19 989
（三）水果	211	57 926	22 532	285 017	46 965	123 495	2 671	107 912	573 558	577 587
1. 香蕉	3	1 315	67	1 709					667	27 500
2. 苹果	29	2 560	5 751	48 318	5 035	5 035	253	2 506	66 189	13 960
3. 柑橘、橙、柚	31	7 991	1 216	18 446	1 425	68 800	272	300	1 638	61 083
4. 梨	12	15 377	2 020	54 271	6 529	5 929			80 466	13 665
5. 桃	12	1 126	943	10 135	1 543	2 210	46	1	21 908	7 918
6. 葡萄	37	8 884	5 046	16 936	17 153	18 774	1 821	94 948	308 685	47 286
7. 菠萝	8	3 600	1 100	8 600					1 300	30 000
8. 荔枝	2	885	487	6 000					706	7 000
9. 龙眼	3	899							469	2 001
10. 芒果	6	5 349			533	8 000			8 991	90 454
11. 西瓜	18	7 351	3 310	43 647	33	33			7 584	210 026
12. 其他水果	50	2 589	2 593	76 954	14 714	14 714	278	10 157	74 956	66 694
（四）食用菌	23	242	137	68 830	2 402	2 402	333	7 500	12 039	657
二、渔业										
1. 淡水鱼	11 574	17 762	3 048	37 391		1 587	129 340	12 160	13 017	75 347
2. 海水鱼	1	85							450	462
3. 虾	2 340	966					5 850	20 328	1 237	6 882
4. 蟹	1 428	512	660	440			2 000	1 418	525	663
5. 甲鱼	1	500							240	154
6. 贝										
7. 其他水产品	18	2 208	1 146	7 726	4	60	2	30	24	180

绿色、有机食品、无公害农产品生产情况（二）

（2017年）

项　目	认证个数（个）	带动农户数量（户）	已认证绿色食品				已认证有机食品		已认证无公害农产品	
			A级		AA级					
			数量（万头、万只）	产量（吨）	数量（万头、万只）	产量（吨）	数量（万头、万只）	产量（吨）	数量（万头、万只）	产量（吨）
三、畜牧业										
（一）家畜类	99	23 843	11	559 437	4	660	4 081	1 421 368	98 808	899 644
1. 生猪	82	19 788	6 361	1 495		1	4 072	1 540	98 818	258 057
2. 肉牛	6		1	895			1	813 960	2	3 388
3. 奶牛	27	3 393	10	558 642			3	228 814	11	674 207
4. 羊	9	755	5	750	4	659	7	386 206	15	13 873
5. 其他家畜	1								3	69
（二）禽类	27	1 760	30	5 200	2 520	28 562	14 035	218	6 366	115 764
1. 肉鸡	8	898				1	10 022	119	3 316	65 105
2. 蛋鸡	19	241	230	15 200		1	17	81	308	39 339
3. 鸭	6	651	200 000	300	2 520	28 560			3 178	35 120
4. 其他禽类	6	5	0	2			4 000	18	42	1 900
四、加工品										
1. 面粉加工类	43	26		16 160				4 995		
2. 蔬菜加工类	5		5 385	64 200						
3. 饮品类	119	235	2 333	8 900		107 078		1 055		
4. 乳制品	20	100 172	10	121 550						7 000
5. 果脯类										
6. 酒类	54	6 170	1 345	9 191				447		

附录三　西藏国有农场基本情况

西藏国有农场基本情况统计表（一）

（2017 年）

项　　目	计量单位	合计	八一农场	察隅农场	米林农场	易贡茶场
农场总数	个	4	1	1	1	1
一、人口情况						
农场总户数	户	1 159	361	113	156	529
农场总人口数	人	3 340	786	416	623	1 515
其中：在职职工人数	人	491	86	39	76	290
离、退休职工人数	人	1 053	204	130	259	460
年末从业人员数	人	605	116	39	150	300
二、土地总面积	亩	59 801	13 148	4 425	8 203	34 025
其中：耕地面积	亩	16 970	5 300	1 500	3 900	6 270
牧草面积	亩	1 400	1 100		300	
林地面积	亩	17 205	3 550	425		13 230
果园面积	亩	4 980	100	500	3 640	740
茶园面积	亩	5 660		30		5 630
橡胶园面积	亩					
水面面积	亩					
其他土地面积	亩	13 586	3 098	1 970	363	8 155
三、生产总值	万元	15 606	86	2 620	11 100	1 800
其中：第一产业增加值	万元	5 534	86	970	3 078	1 400
所占比重	%	40.7	100	37.02	27.73	77.78
第二产业增加值	万元	5 715	0	340	5 075	300
所占比重	%	36.6	0	13	46	17
第三产业增加值	万元	4 357	0	1 310	2 947	100
所占比重	%	27.9	0	50	27	6
四、收入情况			—	—	—	—
职均年收入	元	43 231	73 586	52 000	35 790	35 000
年人均纯收入	元	12 814	6 471	31 000	8 948	12 700
从业人员年均收入	元	39 984	73 586	26 400	27 500	35 000
五、主要财务指标情况			—	—	—	—
年末资产总额	万元	61 733	34 443	8 500	11 341	7 449
年末负债总额	万元	23 101	10 483	2 900	4 339	5 379
年末所有者权益	万元	38 632	23 960	5 600	7 002	2 070
营业总收入	万元	5 625	4 655	210	466	294
营业总支出	万元	5 041	4 250	190	441	160
利润总额（+、-）	万元	-272	405	20	25	-722
农场办社会职能支出总额	万元					
其中：财政补助	万元					
企业自筹	万元					
六、生产、生活情况			—	—	—	—
农机总动力	千瓦	12 940	65	800	275	11 800
高标准农田面积	亩	4 694	844	0	1 200	2 650
有效灌溉面积	亩	14 190	3 300	400	7 840	2 650
场内道路里程	千米	124	56	3	15	50
其中：硬化里程	千米	120	54	1	15	50
符合生活饮用水卫生标准人数	人	3 328	786	404	623	1 515
年末实有住房面积	米^2	106 870	42 330	6 000	12 540	46 000
人均占有面积	米^2	119	53.85	14.42	20.13	30.36
七、贫困户数、人口情况			—	—	—	—
年人均纯收入低于 3 000 元户数	户	38	23	13		2
其中：纳入地方建档立卡户数	户	28	23	3		2
年人均纯收入低于 3 000 元人数	人	73	39	32		2
其中：纳入地方建档立卡人数	人	49	39	8		2

西藏国有农场主要农产品生产情况表（二）

（2017 年）

项目	计量单位	合计	八一农场	察隅农场	米林农场	易贡茶场
一、种植业						
（一）农作物播种面积	亩	10 940		2 040	3 900	5 000
1. 粮豆作物播种面积	亩	7 700		1 100	3 600	3 000
总产量	吨	3 105		825	1 260	1 020
亩产量	千克	1 440		750	350	340
2. 棉花播种面积	亩					
总产量	吨					
亩产量	千克					
3. 油料作物播种面积	亩	1 700			300	1 400
总产量	吨	264			54	210
亩产量	千克	330			180	150
4. 糖料作物播种面积	亩					
总产量	吨					
亩产量	千克					
5. 蔬菜种植面积	亩	640		40		600
总产量	吨	307		67		240
亩产量	千克	2 075		1 675		400
6. 其他农作物播种面积	亩	900		900		
其他农作物总产量	吨	32		32		
（二）干胶总产量	吨					
（三）水果总产量	吨	2 212		200	2 012	
（四）茶叶总产量	吨	57				57
二、养殖业			—	—	—	—
当年出栏畜禽数	头（只）	57 089	90	4 020	51 770	1 209
年末存栏畜禽数	头（只）	72 646	700	6 300	61 440	4 206
肉类总产量	吨	2 085	3	402	1 630	50
禽蛋总产量	吨	1 055		5	1 050	
水产品总产量	吨					
牛奶总产量	吨	97			3	94

西藏国有农场当年新增生产能力情况表（三）

（2017 年）

项　　目		计量单位	西藏	西藏拉萨市八一农场	西藏林芝地区察隅农场	西藏林芝地区米林农场	西藏林芝地区易贡茶场
中低产田改造	亩						
新增灌溉面积	亩	1 000				1 000	
改善灌溉面积	亩	400			400		
农机具购置	台（套）						
水泥晒场	米^3						
机耕路	千米	12				12	
植树造林	亩	4			4		
机电井（灌溉用）	眼						
输电线路	千米						
仓储设施	米^2						
排灌渠系	千米						
饮水井	眼						
供水管线（饮水用）	千米						
供水设施	台（套）						
公路	千米						
桥涵、闸	座						
草原建设（含草场改良）	亩						
危旧房改造	米^2						
设施农业面积	亩						
种植业技术推广	亩	1 400			400	1 000	
实用技能培训	人次	275			55	220	
畜禽养殖标准用房	米^2	19 420		1 800	17 620		
农副产品加工、生产线	条						

附录四　内蒙古海拉尔农牧场管理局2017年基本情况

内蒙古海拉尔农牧场管理局2017年主要经济指标表

指标名称	计量单位	数　量	指标名称	计量单位	数　量
一、基本情况			小麦播种面积	公顷	109 900
单位个数	个	22	公顷产量	千克	1 874
其中：国有农场	个	16	小麦总产量	吨	205 951
总人口	人	84 984	**四、畜牧业生产指标**		
职工人数	人	11 151	牧业年度牲畜总头数	头（匹、只）	1 012 510
土地总面积	公顷	1 424 591	其中：大畜存栏	头、匹	158 790
其中：耕地面积	公顷	311 157	小畜存栏	只	806 935
草原面积	公顷	649 771	生猪存栏	只	46 785
农业机械总动力	千瓦	630 211	梅花鹿存栏	只	
大中型农用拖拉机	台	5 189	年末牲畜总头数	头（匹、只）	849 523
小型农用拖拉机	台	9 728	其中：大畜存栏	头、匹	97 955
联合收割机	台	875	小畜存栏	只	731 882
二、综合指标			生猪存栏	只	19 686
生产总值	万元	237 269	梅花鹿存栏	只	
其中：第一产业增加值	万元	171 355	**五、特色养殖**		
第二产业增加值	万元	19 113	年末实有獭兔	只	3 019
其中：工业增加值	万元	7 691	年末实有貂	只	
第三产业增加值	万元	46 801	年末实有貉	只	
自营经济增加值	万元	101 744	**六、畜产品产量**		
农垦人均纯收入	元/人	27 363	肉类总产量	吨	15 859
农牧场人均收入	元/人	27 048	牛奶总产量	吨	107 640
人均生产总值	元/人	28 300	绵羊毛产量	吨	1 357
职均收入	元/人	53 019	山羊绒产量	吨	
利润总额	万元		禽蛋总产量	吨	1 153
固定资产投资	万元	95 737	蜂蜜总产量	吨	1 015
其中：国有投资	万元	82 977	**七、工业产品产量**		
工农业总产值（现行价）	万元	393 342	马铃薯雪花全粉	吨	
其中：农业总产值	万元	369 756	面粉	吨	525
工业总产值	万元	23 586	植物油	吨	
三、农作物总播种面积	公顷	299 826	干酪素	吨	
粮食大豆播种面积	公顷	180 315	奶粉	吨	2 061
公顷产量	千克	2 861	奶油	吨	
粮豆总产量	吨	515 853	混合饲料	吨	8 000
油菜播种面积	公顷	86 854	石灰	吨	
公顷产量	千克	1 383	红砖	万块	3 217
油菜总产量	吨	120 133			

内蒙古海拉尔农牧场管理局 2017 年经济和社会发展统计公报

2017 年，海拉尔农牧场管理局认真贯彻中央决策部署，严格贯彻全国和内蒙古自治区农业工作会议、农垦专业会议精神，贯彻落实党的十八大、六中全会精神，以科学发展观统揽全局，真抓实干、创新发展，战胜了诸多自然灾害，较好地完成各项经济指标，为垦区经济稳定发展、社会和谐稳定做出了重大贡献。

一、综合

2017 年垦区实现各业总产值 556 505 万元，同比下降 10.67%。其中：第一产业总产值 369 756万元，同比下降 7.36%；第二产业总产值 64 602 万元，同比下降 37.82%；第三产业总产值 122 147 万元，同比增长 1.28%。实现国内生产总值 237 269 万元，同比下降 3.75%。其中：第一产业增加值 171 355 万元，同比下降 3.36%；第二产业增加值 19 113 万元，同比下降 24.70%；第三产业增加值 46 801 万元，同比增长 6.81%。实现人均生产总值 28 300 元，同比下降 1.52%。人均收入 27 363 元，同比增长 4.21%。职均收入 53 019 元，同比下降 8.31%。

二、农牧业

2017 年，海拉尔农牧场管理局认真贯彻落实中央 1 号文件精神及中央支持农业特别是粮食生产的政策措施，极大地调动了广大职工群众的积极性，面对各种不利因素的影响，特别是百年不遇的旱灾，垦区上下采取诸多创新措施，积极应对，将不利影响降到了最低，为垦区今年的经济发展奠定了坚实的基础。

2017 年垦区实现农业总产值（现行价）369 756万元，同比下降 7.36%。其中：种植业产值 213 767 万元，同比增长 2.36%；牧业产值 155 361万元，同比下降 15.00%。

农业坚持以防灾减灾为中心，进一步提升现代农业发展水平，加大结构调整力度，引进试验推广先进的科学技术，为发展现代农业提供了强大的技术支撑。2017 年耕地总面积 31.12 万公顷，保持不变。2017 年总播种面积 29.98 万公顷，同比增长 1.61%，粮豆油总产量 63.66 万吨，同比增长 13.36%。其中：粮豆总产量 51.59 万吨，同比增长 13.43%；油料总产量 12.08 万吨，同比增长 10.77%。其中小麦播种面积 10.99 万公顷，同比增长 6.00%。2017 年垦区主要农产品产量见表 1。

表 1　2017 年垦区主要农产品产量

产品名称	计量单位	2017 年实际	同比增长（%）
粮豆油合计	万吨	63.66	13.36
1. 粮豆合计	万吨	51.59	13.43
其中：小麦	万吨	20.60	−34.17
大麦	万吨	0.74	−73.92
玉米	万吨	20.54	192.54
大豆	万吨	3.93	106.54
2. 油料	万吨	12.08	10.77

海拉尔农牧场管理局农业生产从育种到粮食销售实现全程机械化，农业机械化装备程度不断提高，进一步改善了垦区农业生产条件，以满足农业生产的需要。2017 年机械总动力 63.02 万千瓦，同比下降 5.13%；拥有大中型拖拉机 5 189 台；联合收割机 875 台，全年化肥施用量（折纯量）6.10 万吨。

2017 年垦区进一步加大对畜牧业的政策扶持和项目带动力度，已经初步形成畜牧业稳步发展的基础和机制。年内各类牲畜存栏 84.95 万头（匹、只），同比增长 4.60%，各类牲畜出栏率 49%，同比下降 5.77%。2017 年牲畜存栏头数及主要畜产品产量见表 2。

表 2　2017 年牲畜存栏头数及主要畜产品产量

产品名称	计量单位	2017 年实际	同比增长（%）
年末牲畜存栏	头（匹、只）	849 523	4.60
其中：牛	头	80 576	－17.32
羊	只	731 882	6.79
猪	头	19 686	39.46
各类牲畜出栏	头（匹、只）	394 582	－16.62
出栏率	%	49	－5.77
肉类总产量	吨	15 859	－12.09
牛奶总产量	吨	107 640	－21.50
羊毛总产量	吨	1 357	－3.62

三、工业、商贸

工业生产态势下降。2017 年垦区实现工业增加值（现价）7 691 万元，同比下降 23.52%，完成工业总产值（现价）23 586 万元，同比下降 29.18%。2017 年主要工业产品产量见表 3。

表 3　2017 年主要工业产品产量

产品名称	计量单位	2017 年实际	同比增长（%）
红砖	万块	3 217	－28.69
奶粉	吨	2 061	－35.99

四、固定资产投资

2017 年垦区固定资产投资正常有序增长。垦区全年完成固定资产投资 95 737 万元，同比增长 14.08%；当年新增固定资产 40 625 万元，同比下降 37.49%。其中：用于第一产业的投资 88 886 万元，占总投资的 92.84%；用于第二产业的投资 2 870万元，占总投资的 3.00%；用于第三产业的投资 3 981 万元，占总投资的 4.16%。

2017 年垦区自主投资进一步增强，在固定资产投资中，自筹资金 50 677 万元，占总投资的 52.93%，占投资比重最大。

五、非国有经济

随着垦区企业改制的进一步深入，非国有经济经营范围不断扩展，一、二、三产业中的非国有经济成分逐步扩大，垦区经济结构进一步优化。2017 年完成非国有经济生产总值 101 744 万元，占垦区经济总量的 42.88%。

附录五　内蒙古大兴安岭农场管理局 2017 年基本情况

内蒙古大兴安岭农场管理局 2017 年主要经济指标表

指标名称	计量单位	数　量	指标名称	计量单位	数　量
一、基本情况	×	×	①小麦播种面积	公顷	9 299
1. 单位个数	个	19	公顷产量	千克	4 035
其中：国有农场	个	18	总产量	吨	37 525
2. 总人口	人	62 314	②玉米	公顷	6 873
3. 在岗职工人数	人	7 525	公顷产量	千克	6 464
4. 耕地面积	公顷	83 545	总产量	吨	44 425
5. 农业机械总动力	千瓦	215 266	③大豆	公顷	104 825
6. 大中型拖拉机	台	1 942	公顷产量	千克	1 904
7. 小型拖拉机	台	2 650	总产量	吨	199 559
8. 联合收割机	台	374	2. 经济作物播种面积	公顷	1 233
二、综合指标	×	×	3. 杂类作物播种面积	公顷	259
1. 生产总值	万元	121 532	四、畜牧业生产指标	×	×
其中：第一产业增加值	万元	93 210	1. 牧业年度牲畜存栏	头（匹、只）	150 142
第二产业增加值	万元	8 159	其中：大畜存栏	头	5 653
第三产业增加值	万元	20 163	小畜存栏	只	140 069
2. 人均纯收入	元/（人·年）	18 729	生猪存栏	口	4 420
3. 职均收入	元/（人·年）	60 338	2. 年末牲畜存栏	头（匹、只）	113 826
4. 人均生产总值	元/（人·年）	19 503	其中：大畜存栏	头	4 847
5. 利润总额	万元	1 138	小畜存栏	只	104 653
6. 固定资产投资	万元	20 471	生猪存栏	口	4 326
7. 工农业总产值	万元	199 366	五、畜产品产量	×	×
三、农业生产指标	×	×	1. 肉类总产量	吨	4 200
总播种面积	公顷	124 921	2. 绵羊毛产量	吨	928
1. 粮食作物播种面积	公顷	123 429	3. 禽蛋产量	吨	627
公顷产量	千克	2 327	4. 鹿茸产量	公斤	80
粮食总产量	吨	287 280	5. 蜂蜜产量	吨	88

内蒙古大兴安岭农场管理局2017年经济和社会发展统计公报

2017年，大兴安岭垦区深入贯彻党的十九大精神，高举习近平新时代中国特色社会主义伟大旗帜，认真落实中央农业农村工作会议精神，面对复杂的改革发展稳定任务，面对经济发展新常态，坚持经济社会稳中有进的工作总基调，统筹做好稳增长、促改革、调结构、惠民生等各项工作，经济和社会发展稳中有进，垦区全年经营收入、粮食产量、生产总值、人均收入、职均收入等主要经济指标较好地完成了预期目标。垦区党政领导团结带领各族党员干部和职工群众，不忘初心，牢记使命，为垦区决胜全面建成小康社会不懈奋斗，垦区经济社会发展呈现出良性发展的态势。

一、综合

2017年垦区经济健康发展，产业结构调整进一步优化，经济运行质量进一步提高，实现工农业总产值20亿元，同比增长15.5%；生产总值12.2亿元，同比增长15.6%；各业总收入26.8亿元，同比增长29%；人均纯收入18 729元/人，同比增长12.8%；职均收入60 338元/人，同比增长8.4%；播种面积124 921公顷（外部流转耕地38 873公顷），与上年基本持平；粮食总产量28.7万吨，同比增长9.5%；年末牲畜存栏15万头（只）。

二、农牧业

全年实现农业总产值18.8亿元，比上年增长14.2%；完成农林牧渔业增加值9.3万元，增长10.2%。

2017年垦区播种面积124 921公顷，与上年持平，粮食产量实现了28.7万吨，同比增长9.5%。可供商品粮23.1万吨，商品率为80.4%。

1. 生态高效农业实现可持续发展

以市场为导向，按照“减玉、增豆、稳麦、扩经饲”的思路，玉米种植面积较上年下降70%，大豆增长23%，经济作物增长20%，调优、调高、调特力度加大。通过种植结构调整，有效地规避了风险。积极有力地与知名企业海天酱油开展合作，建立高蛋白大豆直供基地1.33万公顷。以赤芍、黄芪、防风、白鲜皮等为重点的中草药种植面积突破670公顷，古里农场的中草药种植、东方红农场的人参种植带动效果好。农业社会化服务体系不断完善，进一步优化了农机服务360和农技服务360两个平台，竞标挂网机车达到342台，实现了有机户良性竞争，达到了节本增效、提质达标的目的。嫩江—甘河大型扬水灌区项目前期经费已经得到落实，农业部生态循环农业和可持续发展试验示范区项目落户垦区，甘河农场部分种植的大豆“期货+保险”模式初试成功，巴彦农场国家现代农业庄园经过农业部和国家旅游局初审。垦区科技试验推广项目稳步推进，五项核心技术精准实施。有机认证转换持续发力，6.67万公顷耕地通过了绿色食品认证，覆盖到了8个农场，为下一步申报农产品质量追溯项目、创优品牌和打造大健康产业奠定了坚实基础。

全面落实各项惠农政策，垦区职工群众得到了实惠。2017年垦区享受各项惠农政策补贴总计26 841万元，其中：良种补贴、粮食直补、农资综合三项补贴25 160万元、农机补贴500万元、农业保险理赔1 181万元。通过惠农政策补贴的实施，极大地提高了职工种粮的积极性；全面参加农业保险，解除了职工的后顾之忧，降低了农业生产的风险，为职工增收致富提供了保障。

2. 生态草牧业经济稳步推进

按照“清洁、循环、优质、高效”发展思路，积极发展生态草牧业，突出抓产业、抓科技、抓市场，建立了以巴彦种羊园和欧肯河安格斯肉牛养殖场为核心的肉羊肉牛养殖体系。肉羊品种改良示范户建设扎实推进，组建了肉羊品种改良技术团队，完成3 192只基础母羊的繁殖改良。首次将中国科学院自动称重系统引入巴彦种羊园进行试验使用，完成中国科学院牧草种植试验项目130公顷，加快构建粮经饲三元供给结构，打造农牧结合、循环发展的新型种植结构。全年防疫畜禽 49 万头（只、羽），注射 142 万针次，防疫密度达到 100%，没发生重大动物疫情。与牧业加工企业合作，积极培育和打造可复制的畜牧业生产经营模式，实现了产业优势互补。

2017 年，垦区牲畜存栏量达到 15 万头（匹、只），特色养殖 3 万只，禽类存栏 49 万羽，全年肉类总产量 4 200 吨，同比增长 8.2%。

3. 农垦旅游业实现创新发展

为响应国务院大力发展休闲农业和乡村旅游的号召，垦区积极践行“绿水青山生态黑土地，田园乡愁农垦大兴安”理念，成立了旅游发展部，借助呼伦贝尔市旅游发展大会东风，积极开展各项旅游赛事及节庆活动。其中，诺敏河农场深入贯彻习近平总书记“冰天雪地也是金山银山”的指示精神，把雪莲打造得已初具影响力。垦区首届扎兰河农场蜂蜜节开启了蜂产业发展的新征程。宜里农场的风尚人物展厅、知青记忆馆、民俗文化驿站亮点纷呈，巴彦农场的美食文化节及苹果采摘活动开展得有声有色，巴彦大兴安岭植物园开展的“栽爱植德、增寿纳福”公益活动得到上级领导和社会各界的积极参与和广泛赞誉。还成立了夏日小镇美食文化协会。双亭山游乐园、夏日小镇冰上乐园、七彩夏日水世界开张迎客。甘河水库冬钓活动已经萌动，各农场精美的冰雕雪雕作品成为冬季冰雪旅游的一道亮丽风景线。垦区全年共接待游客 10 多万人次，大大增加了从业人员收入，尝到了发展旅游业的甜头，增强了信心。巴彦农场国家现代农业庄园“农旅结合”项目申报工作稳步推进，诺敏河三连游客接待中心建设不断完善，农牧小镇、杜鹃小镇、蜂蜜小镇完成了商标注册。与政府、企业无缝对接，开展多领域旅游项目合作，旅游业正成为政府支持、企业认可、百姓增收的热门行业。

三、工商贸产业基础逐步夯实

2017 年完成项目总投资 10 834 万元，其中：财政资金 5 255 万元，企业自筹资金 5 457 万元，其他资金 122 万元。与黑龙江八一农垦大学合作的杂粮加工项目，已获得中央财政扶贫资金 1 931 万元，待项目园区完成土地转用后即可开工建设。由垦区、茅台集团及自然人合作的白酒加工项目，已完成注册登记地迁移、营业执照变更、税务登记等工作。与此同时，借助垦区两条专用铁路线和 35 万吨粮食仓储优势，积极与多家粮油贸易加工企业合作，在大豆、小麦、高粱、玉米、杂粮等农产品上开展购销贸易，与北京二商集团合作将垦区褐麦面粉打入首都市场，回收海天基地优质大豆 2 万吨。立足企业实际，瞄准市场，积极捕捉信息，加快推进粮食流通企业转型，已收购贸易小麦 5 000 吨、贸易大豆 2.7 万吨。甘河农场、宜里农场在融入市场流通、参与市场竞争方面起到了良好示范作用。通过实施粮贸流通，不仅缓解了卖粮难问题，促进了企业增效、职工增收，也使垦区自身潜在优势充分激发，为站稳本地区粮食流通市场争得了主动权。

四、运输业、批发零售贸易业、服务业

年末运输业 617 个，从业人员 828 人，从业人员劳动报酬 2 910 万元，全年完成货运周转量 221 万吨，客运周转量 84 万人次，实现营业总收入 7 857万元。

批发零售贸易业、餐饮业、服务业共有营业单位总数 1 199 个，拥有固定资产原值 20 266 万元，营业用房面积 8.6 万米^2，从业人员 3 572 人，从业人员报酬 8 047 万元，完成商品销售额和营业收入 32 534 万元，完成商业、餐饮业和服务业增加值 10 515 万元。

五、固定资产投资

2017 年垦区完成固定资产投资 20 471 万元，其中：第一产业投资 19 263 万元，占总投资的 94.1%；第三产业投资 1 208 万元，占总投资的 5.9%。国有固定资产投资 16 001 万元，占总投资的 78.2%。

六、精准扶贫精准脱贫工作持续深化

垦区党委高度关注民生，以创新工作室和青创会为引领，多部门联合举办了电焊、电工、烹饪、面点、保健按摩和月嫂培训班 4 期，完成岗位技能培训人数 2 400 人，帮助职工提升职业技术等级 1 689人次，组织专业职业技能比赛 19 次，增强了从业人员的创业热情和致富本领。为 1 224 名困难职工发放慰问金 200 万元，筹集 60 万元资金救助了 41 名困难学生，为 28 名患者免费做了白内障手术，筹集善款 15 万元纳入地方红十字会，为职工

大病救助提供保障。完成垦区低保户 2 969 户 4 088人 2 300 万元的低保金发放。全年累计办理一次性缴费 1 040 人，补缴中断缴费 621 人，为下岗失业人员解决了实际困难。局址地区及巴彦农场互联网实现提速降价，《垦区新闻》全覆盖、数字电视光网改造工程积极推进。在产业帮扶上，积极引领职工群众发展中草药、蜂蜜、杂粮、面粉、笨榨油、庭院经济等特种特养项目以及各类特色旅游产品生产加工。通过积极帮扶带动，职工群众创业的主动性明显增强。主题农场、主题连队、品色小镇建设日益完善，完成 20 个主题连队打造任务，农垦新城展现出发展新活力。

七、社会保障和卫生全面发展

（1）社会保障全面发展。深化人事、劳动用工管理制度改革，依法履行合同。劳动用工行为更加规范，截至 2017 年年末，垦区现有在职员工 7 543 人，离退休人员 9 074 人，遗属人员 452 人，参加“五七工”“集体工”退休人员 5 846 人，全年共缴纳各项社会保险费 13 985 万元。顺利完成了企业承担的 83 名遗属移交属地工作。加强企业离退休人员社会化管理服务，垦区劳动和社会保障工作实现法制化、信息化、规范化管理，按政策落实好员工工资及各项福利待遇。在职职工养老保险、医疗保险、工伤保险、计划生育保险、失业保险全面启动，覆盖面达 100%。

（2）社会事业全面发展。进一步加强社会治安管理，建立打防控立体化体系，推进“平安和谐垦区”建设，社会治安综合治理取得明显成效，职工群众安全感持续增强。安全生产保持了平稳发展态势。积极稳妥地落实离退休人员政策待遇，在老年节到来之际，垦区投入 170 万元，为 2 000 多名 70 岁以上老人发放了米面油等生活物资，充分体现了老有所养的社会保障制度。

（3）垦区卫生事业得到加强。医疗卫生条件进一步改善，初步建立起了疫情等突发公共卫生应急机制。垦区现有卫生医疗机构 40 个，其中：医院 9 所，生产队卫生室 31 所。垦区医疗卫生单位拥有病床 324 张。年末拥有职工 384 人，其中：卫生技术人员 329 人。垦区十分重视卫生工作，加大资金投入，提高了整体医疗水平，引进 64 排 128 层 CT 大型医疗设备，加大内引外联，开通了医疗技术协作绿色通道，为垦区职工就医创造良好的医疗环境。垦区中心医院被呼伦贝尔市确定为出血热治疗的定点医院，几年来，出血热治愈率达到 100%。

八、人口、人民生活和社会保障

人口自然增长率继续在较低水平。2017 年垦区人口出生率为 4.76‰，人口死亡率为 3.98‰，人口自然增长率为 0.77‰。年末垦区总人口达 62 961人。

垦区居民生活水平明显提高，由于各项增资措施的出台，加之社会保障资金的落实到位，使职工工资和福利提高。2017 年职均收入 60 338 元/人，人均纯收入 18 729 元/人。居民住房条件进一步改善，人均住房 20.8 米^2。

2017 年，在农业部农垦局和呼伦贝尔市委、市政府的正确领导下，以党的十九大精神为指导，以“优农牧、立旅游、兴工业、强流通，全力发展大健康产业”为主导，以实施乡村振兴战略为总抓手，以供给侧结构性改革为主线，以培育大健康产业为主攻方向，以富民强企为根本，以创新驱动、转型升级、科学发展为动力，深入践行新发展理念，全面推动高质量发展，紧紧依靠广大干部职工，战胜了阶段性大风、持续高温、阶段性降雨过多、雹灾等自然灾害，赢得了垦区经济发展、社会进步、政治稳定的良好局面，取得显著的经济效益和社会效益。

附录六　全国农垦 2017 年大事记

全国农垦 2017 年大事记

1　月

4 日　海南省深化海南农垦管理体制改革领导小组召开全体会议，省委副书记、领导小组组长李军出席会议。

5 日　河北省农业厅、河北省财政厅、河北省教育厅、河北省卫计委、河北省民政厅和中国人民银行石家庄中心支行等 6 单位联合印发了《河北省农垦国有农场办社会职能改革实施方案》（冀农业垦发〔2017〕1 号）。

6 日　海南省委书记罗保铭在海口会见赴琼调研农垦改革工作的农业部部长韩长赋一行。

7 日至 8 日　农业部部长韩长赋赴海南调研农垦改革工作。

8 日　中国辣木产业联盟在广州举办成立一周年研讨交流活动。

8 日　中共河北省委办公厅 河北省人民政府办公厅印发《贯彻落实〈中共河北省委河北省人民政府关于进一步推进农垦改革发展的实施意见〉重点举措分工方案》。

10 日　国务院副总理汪洋专题听取农垦改革情况汇报，对推进农垦改革取得的成绩给予了肯定，要求继续坚定改革方向，加大督察力度，进一步发挥基层改革创新的积极性，稳扎稳打推进改革。

11 日　江西省政协副主席孙菊生到国有农垦企业长城集团公司走访慰问。

12 日　中共广东省委组织部发文：同意支光南同志任省农垦集团公司（农垦总局）董事、党组副书记，蔡亦农同志任省农垦集团公司（农垦总局）董事、党组成员。

12 日　上海市总工会党组副书记、副主席肖堃涛赴上海农场、海丰社区走访慰问困难职工。

13 日　《河北省人民政府办公厅关于成立河北省农垦改革发展工作领导小组的通知》（冀政办字〔2017〕2 号）印发。

13 日　黑龙江垦区公共资源交易中心正式挂牌试运行。

17 日　农业部农垦局在北京举办农垦国有农场办社会职能改革政策培训班，解读农业部等六部委出台的《农垦国有农场办社会职能改革实施方案》。农业部党组成员杨绍品出席并讲话。

18 日　海南橡胶通过中国证监会发行审核委员会非公开发行股票申请的审核。

23 日　海南省委副书记、省深化海南农垦管理体制改革领导小组组长李军率省委慰问团慰问农垦离退休干部。

1 月　《中共中央 国务院关于新疆生产建设兵团深化改革的若干意见》印发，新疆生产建设兵团结合实际，坚持试点先行、以点带面，在六师五家渠市推进团场综合配套改革试点，取得积极成效。

2　月

3 日　广西壮族自治区党委、自治区人民政府发布《关于进一步推进广西农垦改革发展的实施意见》。

6 日　广西壮族自治区副主席张秀隆到广西农垦看望慰问广大干部职工。

13 日　三元食品公司牵头发起的“国家乳业科技创新联盟”在京成立。

13 日　山西省农业厅召开全省推进农垦改革发展工作会议。

14 日　北大荒粮食集团有限公司增资扩股后

第一次股东会召开，审议有关议案，选举公司董事和监事。

20日　广东省人力资源和社会保障厅发文：经省人民政府批准，任命支光南为省农垦集团公司（农垦总局）总经理（副局长），蔡亦农为省农垦集团公司（农垦总局）副总经理（副局长）。

21日　广西壮族自治区副主席张秀隆主持召开推进农垦改革工作专题会议，学习贯彻中央领导同志和自治区党政主要领导同志重要批示精神。

22日　新疆维吾尔自治区党委办公厅和自治区人民政府办公厅印发《新疆维吾尔自治区深化国有农牧渔场改革试点指导意见》（新党办发〔2017〕8号）。

22日　广东省副省长郑为文到南英垦殖场考察大型沼气集中供气项目，调研农业生态环保工作。

27日　中央政治局委员、上海市委书记韩正到光明食品集团所属光明乳业华东中心工厂，调研国资国企深化改革进展情况。

28日　国务院食品安全委员会办公室主任、国家食品药品监督管理总局局长毕井泉一行到完达山乳业股份有限公司，调研食品质量安全管理工作。

28日　最高人民法院党组成员、副院长张述元到完达山乳业股份有限公司调研。

27日至3月3日　农业部、财政部、国土资源部、民政部、人力资源社会保障部等五部组成的联合督导调研组，对海南农垦改革发展情况进行督导调研。

3　月

4日　海南省委副书记、省深化海南农垦管理体制改革领导小组组长李军主持召开专题会议，督促推进农垦改革有关事项，研究部署近期重点工作。

6日至9日　农业部、财政部、中央编办联合督导调研组赴广东农垦开展农垦改革发展督导调研。

7日　广东省副省长邓海光在省农垦总局报送的《关于参加农垦国有农场办社会职能改革政策培训班情况的报告》上批示："请省农垦总局将我省农场办社会职能改革的具体事项列出清单，分轻重缓急做好实施方案。《实施意见》按要求近期草拟报省政府，土地确权登记颁证工作列入督查范围，尽快制定改革分工方案，参照中央层面明确部门职责，各司其职，各负其责，形成合力。"

8日至10日　海南省委副书记李军到三亚市垦区和农业企业，就推进"我在海南有农庄"行动和农垦改革发展情况进行调研。

17日　湖北省委副秘书长（省委农村工作部主任）刘兆麟、农垦局局长朱汉桥率湖北省农垦改革调研组到安徽农垦调研垦区集团化建设经验。

18日　上海市副市长陈寅赴西郊国际农产品交易中心检查食品安全工作。

18日　海南省委常委、海口市委书记张琦率队到海垦东昌农场公司调研东昌居工作开展情况。

21日　黑龙江省委副书记黄建盛到垦区调研。

21日　天津食品集团有限公司与大北农集团签订年出栏100万头生猪一体化合作项目协议。

21日　海垦、正大、海航合作现代农业全产业链项目在中坤农场公司正式启动。

24日　广东省国土资源厅、省财政厅、省农垦总局联合印发《转发国土资源部 财政部 农业部关于加快推进农垦国有土地使用权确权登记发证工作的通知》（粤国资登记发〔2017〕52号）。

24日　北大荒丰缘集团子公司北大荒丰润生物科技股份有限公司通过全国中小企业股权转让系统审核，正式在新三板挂牌。

26日　农业部在海口召开全国深化农垦改革现场推进会，农业部部长韩长赋、海南省委书记罗保铭出席会议并讲话。黑龙江省委副书记黄建盛、海南省委副书记李军、广东省副省长邓海光作经验交流发言。农业部副部长屈冬玉主持会议。

27日　农业部副部长屈冬玉到海南农垦西联农场有限公司、海胶集团西联分公司、蓝洋农场有限公司调研。

28日　商务部党组成员、部长助理王炳南赴上海光明集团西郊国际调研。

28日　原河北省委书记、省专咨委组长叶连松率省专咨委调研组到中捷友谊农场渤海新区大学科技园考察。

28日至29日　黑龙江省委书记王宪魁到铁力农场和绥化市庆安县实地调研备春耕生产和调结构促增收工作。

29日　中央统战部副部长、国家民委主任巴特尔到海垦实业集团与内蒙古方合作的青少年足球基地进行调研。

31 日 海南省委副书记、省深化海南农垦管理体制改革领导小组组长李军到海垦广场调研。

3 月 农业部党组成员杨绍品一行到东昌农场公司、蓝洋农场公司等地调研。

3 月 重庆农业投资集团下属天友乳业“天友”（奶滴商标）评为中国驰名商标。

3 月至 4 月 新疆生产建设兵团在一师阿拉尔市、八师石河子市植棉团场对现有农田耕层残膜回收机具进行测试评价，起草制定《兵团农田残膜污染治理三年行动攻坚计划》。

4 月

2 日 捷克华商联合会会长汪万明率商务代表团到中捷友谊农场访问。

5 日至 7 日 海南省政协副主席、民革省委主委陈莉一行到海垦茶业集团茶叶生产基地进行专题调研。

6 日 西藏自治区党委副书记，区人大常委会主任、党组书记洛桑江村到察隅农场调研指导工作。

11 日 农业部标准化生产示范园联盟在广州召开成立大会，表决通过联盟章程和第一批 33 家联盟成员名单，选举第一届联盟理事会成员。

14 日 农业部印发《关于〈中共中央国务院关于进一步推进农垦改革发展的意见〉贯彻落实情况的通报》。

14 日 陕西省委深化改革领导小组召开第二十四次会议，原则通过《关于进一步推进农垦改革发展的实施意见》。

17 日 国务院副总理汪洋在中央改革办《关于农垦改革发展情况督察报告》上做出批示：“加大督察力度，推动各地改革工作。”

17 日 全国政协人口资源环境委员会副主任、海南省政协原主席、海南省对外经济发展促进会会长钟文到海胶集团下属林产集团及其宝海分公司调研。

17 日 广东省副省长邓海光专题听取广东农垦改革发展进展情况汇报。

19 日 乌兹别克斯坦共和国副总理兼农业水利部部长米尔扎耶夫一行到三元食品公司参观访问。

19 日 福建省国土资源厅、福建省财政厅、福建省农业厅共同印发《福建省加快推进农垦国有土地使用权确权登记发证工作实施方案》（闽国土资综〔2017〕146 号）。

21 日 农业部副部长、九三学社中央副主席张桃林一行到完达山阳光乳业调研。

21 日 天津食品集团有限公司与河北省承德市政府、奥群牧业共同签订《百万只优质肉羊产业化工程建设项目合作框架协议》。

23 日 广西壮族自治区副主席方春明在《农业部关于〈中共中央国务院关于进一步推进农垦改革发展的意见〉贯彻落实情况的通报》（农垦发〔2017〕1 号）做出批示：“请卫东、方启同志阅处。应按通报要求落实、完善。”

23 日 斯洛伐克方向党主席团成员，前议长帕沃尔·帕什卡率执政联盟干部考察团访问中捷友谊农场。

28 日 第四届中国品牌口碑年会在京召开，现场发布 2016 年中国婴幼儿奶粉口碑报告，三元奶粉第七次蝉联榜首。

4 月 安徽农垦雁湖面粉有限公司面粉车间生产一班被中华全国总工会命名为“全国工人先锋号”。

4 月 中粮建三江米业有限公司成功开辟香港市场，第一季度销售量 500 多吨。

4 月 黑龙江农垦科学院“沙化盐渍化土地燕麦有机种植技术研究与示范”项目通过专家组鉴定。

4 月 重庆农业投资集团下属企业中垦乳业旗下华山牧场获得农业部“全国首批 8 个休闲观光牧场”称号。

4 月至 9 月 天津食品集团有限公司向第十三届全运会全程供应米、面、油、肉、蛋、糕点、调料、鱼类、水果等 13 大类、300 多个品种食材，实现了食品服务保障的“零事故、零差错、零延误”。

5 月

4 日 农业部办公厅印发《贯彻落实中央农垦改革发展文件 2017 年专项督察督导工作方案》。

4 日 辽宁省省长陈求发专题调研辽宁农垦改

革发展情况，并主持召开农垦改革发展工作座谈会。

8日 贝宁总统府农业开发署长科西·卡斯通·多苏乌依一行就农业产业化项目发展潜力和优势有关情况到河北省芦台农场参观考察。

8日 农业部部长韩长赋主持召开部深化农村改革工作领导小组会议，专题研究深化农垦改革任务落实有关工作，对下一步工作做出部署安排。

9日 海南省委副书记、省深化海南农垦管理体制改革领导小组组长李军主持召开海南农垦改革领导小组全体会议，贯彻学习全国深化农垦改革现场推进会精神。

14日 黑龙江省委常委、省农垦总局党委书记王兆力，中国机械工业集团总裁徐建一行，到阿城农场黑龙江省农垦科学院水田试验基地调研。

15日 吉林省国土资源厅、吉林省财政厅、吉林省农业委员会联合下发《关于印发〈吉林省农垦国有土地使用权确权登记发证工作方案〉的通知》(吉国土资发〔2017〕56号)。

17日 黑龙江省委常委、省农垦总局党委书记王兆力到齐齐哈尔管理局调研。

18日 光明食品集团与上海水产集团实施联合重组。

18日 山西省政府组织召开山西省推进农垦改革发展领导小组第一次会议，研究进一步推进山西农垦改革发展工作。

19日 黑龙江省委书记张庆伟到共青农场调研，参观中国青年志愿垦荒纪念馆，看望老垦荒队员代表。

19日至20日 国土资源部、农业部联合在江西鹰潭召开全国农垦国有土地使用权确权登记发证现场推进会暨培训班。国土资源部王广华副部长、农业部屈冬玉副部长出席并讲话。

20日 安徽省委书记李锦斌在《农业部关于〈中共中央国务院关于进一步推进农垦改革发展的意见〉贯彻落实情况的通报》报送省委主要领导的通知（农垦政〔2017〕39号）上做出批示："要认真贯彻落实《意见》精神，严格按照《通报》要求，坚持问题导向，深入查找不足，加快推进农垦改革各项政策尽快落地生根。垦区基本医疗和公共卫生机构改革不到位的问题，要予以重视，加大工作力度，强化责任落实，确保按期完成。抄春明同志。"

22日 农业部向中央改革办报送《关于报送落实中央改革办督察报告要求推进农垦改革发展任务落实有关情况的函》。

23日 西藏自治区党委常委、组织部长曾万明到易贡茶场调研产业发展情况并慰问茶场干部职工。

23日 辽宁省委书记李希在辽宁省农垦局"关于报送《农业部关于〈中共中央国务院关于进一步推进农垦改革发展的意见〉贯彻落实情况的通报》的报告"上做出批示，要求省农垦局等有关单位，按照中央关于推进农垦改革发展的决策部署及省委、省政府具体安排，坚定改革方向，狠抓责任落实，深入推进农垦改革发展，做强做优做大国有农业企业，确保中央关于农垦改革发展决策部署在辽宁落地生效。

25日 西藏自治区党委副书记、政府主席齐扎拉到易贡茶场调研茶产业发展状况。

25日 安徽省省长李国英到寿西湖农场调研午收夏种工作。

26日 河北省国土资源厅、河北省财政厅、河北省农业厅联合印发《关于加快推进农垦国有土地使用权确权登记发证工作方案》（冀国土资办字〔2017〕36号）。

26日 西藏自治区副主席甲热洛桑旦增到易贡茶场调研。

26日 西藏自治区党委副书记、政府主席齐扎拉到米林农场嘎玛养殖厂调研发展情况。

27日 广西壮族自治区政协副主席温卡华带队到大明山农场万古茶园景区调研。

31日 中共四川省委、四川省人民政府联合印发《关于推进农垦（农场）改革发展的实施意见》（川委发〔2017〕15号）。

6 月

1日 海垦控股集团召开干部大会，听取海南省委宣布关于海垦控股集团主要领导的决定：杨思涛任海垦控股集团党委委员、书记，提名杨思涛为海垦控股集团董事长人选。

2日 广西壮族自治区党委组织部常务副部长宋晓天宣读自治区党委关于广西农垦主要领导职务调整决定：甘承会同志任自治区农垦工委书记、农垦局局长、农垦集团董事长，刘刚同志任自治区农垦局巡视员，免去刘刚同志自治区农垦工委书记、农垦局局长、农垦集团董事长职务。

2 日　首农集团与中国农业发展银行北京分行签订战略合作协议。

2 日　由北京奶协发起，天津、河北奶协共同参加的“京津冀奶业协同发展论坛”成功在京举办。

2 日　吉林省农业委员会、吉林省财政厅、吉林省教育厅、吉林省卫生和计划生育委员会、吉林省民政厅、中国人民银行长春中心支行联合下发了《关于印发吉林省农垦国有农场办社会职能改革实施方案的通知》。

5 日　黑龙江省人大常委会党组成员、副主任朱清文率省人大调研组一行到香坊实验农场开展专题调研。

5 日　山西省政府成立了以郭迎光副省长任组长的省推进农垦改革发展领导小组，领导小组办公室设在省农业厅。

6 日　辽宁省省长陈求发在《省农垦局赴江西农垦学习考察调研报告》上批示：“要在垦区集团化、农场企业化、盘活 784 万亩土地上加大改革力度，使之成为省现代农业的排头兵”。副省长赵化明批示：“农垦局，借鉴江西经验，结合辽宁实际，落实好求发省长盘锦农垦改革现场会的讲话精神，扎实推进。”

7 日　广东省省长马兴瑞、副省长邓海光会见农业部副部长屈冬玉一行，共商推动广东农垦改革发展。

7 日　农业部副部长屈冬玉一行调研广东燕塘乳业股份有限公司广州开发区新工厂建设情况。

8 日　江西省召开农垦改革专项领导小组第一次全体会议，审议并通过了《江西省农垦改革专项领导小组工作规则》《江西省农垦改革专项领导小组办公室工作细则》《江西省国有农垦场办社会职能改革实施方案》。

9 日　欧盟中国经济文化委员会执行主席谢建中一行到海南农垦考察调研。

10 日　福建省农业厅、福建省财政厅、福建省教育厅、福建省卫生和计划生育委员会、福建省民政厅、中国人民银行福州中心支行联合印发《福建省农垦国有农场办社会职能改革实施方案》（闽农垦〔2017〕119 号）。

11 日　北京市政府办公厅印发《北京市进一步推进农垦改革发展的实施方案》。

13 日至 14 日　农业部副部长屈冬玉一行到黑龙江垦区调研。

14 日　国务院农村综合改革办公室主任、财政部农业司司长吴奇修率队到广东农垦调研指导。

15 日　上海市副市长许昆林一行调研西郊国际、蔬菜集团。

16 日　广东省副省长邓海光听取省农垦总局关于国有农场办社会职能改革等工作进展情况，研究部署下一阶段工作。

16 日　中央政治局委员、上海市委书记韩正率领中国共产党代表团，视察光明食品（集团）有限公司收购的意大利 Salov 橄榄油公司并听取情况汇报。

17 日　印度农业与农民福利部拉达·莫汉·辛格一行到三元食品工业园考察。

17 日　中共福建省委、福建省人民政府印发《关于进一步推进农垦改革发展的实施意见》（闽委发〔2017〕11 号）。

19 日　陕西省国土厅、财政厅、农业厅联合印发《陕西省农垦国有土地使用权确权登记发证工作实施方案》（陕国土资发〔2017〕81 号）。

19 日　辽宁省国土资源厅、财政厅、农垦局联合印发《加快推进农垦国有土地使用权确权登记发证工作方案》（辽国土资发〔2017〕129 号）。

21 日　黑龙江省委书记张庆伟就农垦改革发展情况到黑龙江省农垦总局调研。

21 日　辽宁省农垦局、财政厅、教育厅、卫计委、民政厅、中国人民银行沈阳分行联合印发《辽宁省农垦国有农场办社会职能改革实施方案》（辽垦发〔2017〕53 号）。

22 日　世界品牌实验室连续第 14 年发布的“中国 500 最具价值品牌排行榜”揭晓，北大荒、完达山、九三分别位列 58 位、132 位、167 位。

22 日　农业部农垦局在京举办中国农垦公共品牌授权签约活动，军委后勤保障部、天猫超市、京东商城、中国供销社等单位参加了本次活动。

23 日　海南省深化海南农垦管理体制改革领导小组召开全体会议，传达省委书记刘赐贵关于推动农垦改革发展的指示精神，研究部署当前农垦改革工作。

24 日　广东省召开第十二届 104 次省政府常务会议，审议并原则通过省农垦总局起草的《关于进一步推进广东农垦深化改革加快发展的实施意见》。

26日　农业部部长韩长赋在《关于进一步推进广东农垦深化改革加快发展的实施意见》（代拟稿）呈报件上批示："请广东农垦带头。"

26日　中央政治局委员、广东省委书记胡春华主持省委全面深化改革领导小组第26次会议，审议并原则通过《关于进一步推进广东农垦深化改革加快发展的实施意见》。

26日至27日　中国科学院副院长、院士张亚平一行到呼伦贝尔农垦谢尔塔拉农牧场、特泥河农牧场、中国科学院草牧业实验站暨院士专家工作站，调研生态草牧业示范区建设工作。

27日　河北省省委书记赵克志到河北三元工业园视察工作。

27日　黑龙江省委常委、宣传部部长张效廉到共青农场，就传承发扬青年志愿垦荒精神进行调研。

27日　中央政治局委员、广东省委书记胡春华主持召开省委常委会议，审议并原则通过《关于进一步推进广东农垦深化改革加快发展的实施意见》。

27日　海南农垦举行2017年招商推介会暨签约仪式，省委副书记、省深化海南农垦管理体制改革领导小组组长李军出席签约仪式并讲话。

28日　新疆维吾尔自治区国土资源厅、财政厅、农业厅、畜牧厅四部门联合印发《关于印发〈自治区地方农垦国有农牧场土地使用权确权登记发证工作方案〉的通知》（新国土资发〔2017〕156号）。

28日至30日　中国国际荔枝产业大会暨创新发展论坛在广西玉林举办。

29日　《中共广东省委　广东省人民政府关于进一步推进广东农垦深化改革加快发展的实施意见》（粤发〔2017〕13号）印发。

29日　西藏自治区副主席坚参一行调研米林农场千亩苹果园种植基地、嘎玛养殖厂发展情况。

30日　山西省人民政府第154次常务会议审议通过《关于进一步推进山西农垦改革发展的实施意见（送审稿）》。

7　月

3日　广东省国土资源厅印发《关于做好我省国有农用地基准地价制订发布加强农用地价格评估管理工作的通知》（粤国资利用发〔2017〕99号）。

3日　西藏自治区副主席坚参一行调研米林农场千亩苹果园水肥一体化项目建设情况。

4日　安徽省政府副省长方春明在《小岗村改革迈上第二个飞跃之路—安徽省农垦农业服务公司进驻小岗村引起的重大变化及启示》调研报告上做出批示："这件事我比较清楚，并具体推动的，但能否持续，实际效果如何，还需要时间检验。希望省农垦公司高度重视，与凤阳密切合作，扎实努力，积极探索，争取好的成效。"

5日　全国人大常委会副委员长、民盟中央主席张宝文一行到陕西农垦大华种业公司视察调研《种子法》实施及现代种业发展工作。

6日　中共陕西省委　陕西省人民政府印发《关于进一步推进农垦改革发展的实施意见》。

6日　上海市人大常委会党组副书记、副主任钟燕群考察黄山茶林场社区文化、旅游设施建设情况和练江生态牧场乳品七厂。

7日　农业部党组成员、人事劳动司司长毕美家率领的农业部调研组一行到建三江管理局调研农业供给侧结构性改革和现代农业建设等工作。

17日　新疆维吾尔自治区印发《关于加快推进自治区地方农垦国有农牧场土地使用权确权登记发证工作的通知》（新国土资发〔2017〕172号）。

18日　辽宁省人民政府办公厅印发《2017—2019年辽宁省农垦改革发展重点工作分工方案》（辽政办〔2017〕39号）。19日至20日黑龙江省人大常委会副主任胡世英率省全国人大和省人大代表旅游产业视察组，到黑龙江省农垦总局兴凯湖、八五二、八五三农场考察垦区旅游产业发展情况。

21日　黑龙江省政协主席杜宇新率领省政协百人考察团到建三江管理局青龙山灌区、七星农场，红兴隆管理局红旗岭农场调研。

21日　广东省副省长邓海光在省农垦总局报送的《广东农垦关于农业供给侧结构性改革情况的汇报》上批示："很好！请认真抓好落实，加快我省农垦改革的步伐！"

22日　北京市委常委、副市长阴和俊一行到首农集团华都峪口禽业公司调研科技创新工作。

25日　农业部农垦局在北京召开垦区集团化改革推进会。

26日　中科院副院长张亚平偕院属专家团队

一行，到安徽农垦龙亢农场调研推进“第二粮仓”示范区建设。

26 日　黑龙江省政协主席杜宇新到北大荒垦丰种业股份有限公司调研。

27 日　农业部党组成员、人事劳动司司长毕美家率队考察安徽农垦皖津项目。

27 日　甘肃省委常委、副省长宋亮代表省委省政府宣布省委省政府关于农垦集团公司主要领导干部职务调整的决定：谢天德同志任甘肃省农垦集团有限责任公司党委书记、董事长、甘肃省农垦事业办公室主任。

29 日　陕西农垦集团召开干部大会宣布干部任免决定：郭剑同志担任农垦集团董事长，马青奇同志为农垦集团总经理，贾克强同志为农垦集团副总经理。

30 日　山西省委、山西省人民政府印发《关于进一步推进山西农垦改革发展的实施意见》（晋发〔2017〕42 号）。

31 日　全国人大农业与农村委员会副主任委员郭庚茂一行，到黑龙江农垦建三江管理局调研现代化大农业发展等情况。

7 月　皖垦种业首个国审水稻新品种“皖垦粳 3 号”通过评审（国审稻 20170071）。

8　月

1 日　广东省国土资源厅、广东省农垦总局联合印发《转发国土资源部办公厅等 3 部门关于印发〈加快推进农垦国有土地使用权确权登记发证工作方案〉的通知》（粤国资登记发〔2017〕117 号）。

3 日　中国民用航空局局长冯正霖、副局长王志清等一行北大荒通用航空有限公司调研。

4 日　河北省省委书记、省人大常委会主任赵克志到海兴农场考察调研海兴现代农业园区发展情况。

4 日　河北省委副书记、省长许勤，省委常委、省政府副省长、党组副书记袁桐利带领省重点项目观摩组到河北光明九道菇生物科技有限公司调研。

6 日　甘肃省委常委、副省长宋亮赴甘肃农垦黑土洼农场调研。

8 日　三元食品公司调集超过 50 万元的蓝标爱力优奶粉及其它食品物品运往川阿坝州九寨沟地震灾区。

9 日　黑龙江省政协主席杜宇新到宝泉岭管理局调研经济发展、民生建设等工作。

9 日　国家体育总局公布首批 96 个运动休闲特色小镇试点项目名单，江西珍珠山乡（垦殖场）成为试点之一。

10 日　福建省农业厅正式去函福州市人民政府商请明确农垦管理机构。8 月 28 日，福州市人民政府明确由市农业局承担全市农垦行业管理职能，结束了 20 年来福州市承担农垦管理职能的机构和人员缺位的问题。

10 日至 11 日　上海市委常委、政法委书记陈寅赴光明食品集团调研农场建设。

11 日　福建省人民政府办公厅建立省政府副秘书长刘琳、省农业厅厅长黄华康任召集人，省委编办等 14 个省直部门共同组成的福建省深化农垦改革发展联席协调会议制度。

11 日至 12 日　全国人大常委会副委员长、民盟中央主席张宝文到黑龙江农垦建三江管理局，调研垦区现代化大农业发展等情况。

12 日　农业部部长韩长赋一行到绥化管理局铁力农场，就推进农垦改革等方面情况进行调研，并召开座谈会。

15 日　广东燕塘乳业股份有限公司荣膺“金牛投资价值 150 强”“中国中小板上市公司价值 50 强”。

16 日　上海市委副书记、市长应勇率队赴光明食品集团旗下西郊国际农产品交易中心调研。

16 日至 18 日　中国农林水利气象工会主席蔡毅德、农业工作部部长王秀生一行，就工会工作开展、工会在农垦改革中发挥的作用等情况进行调研。

17 日　上海市人大常委会副主任沙海林等一行赴光明乳业华东中心工厂实地调研。

17 日　黑龙江省农垦总局领导干部大会宣布省委常委会议决定，任命王守聪同志为黑龙江省农垦总局党委书记。

17 日　辽宁省委办公厅、辽宁省人民政府办公厅印发《辽宁省深化农垦改革专项试点实施方案》（辽委办发〔2017〕56 号）。

18 日　海南省委副书记李军深入海胶集团金鸡岭分公司，调研海胶集团经营、基地分公司改革和重点项目推进等情况。

18 日 河北省委常委、唐山市委书记焦彦龙到芦台农场调研并举行处级领导干部学习大会。

21 日 首农集团取得中粮资本入资证明，成为中粮资本第四大股东，集团参与中粮资本增资混改项目全面完成。

30 日 中央农办主任韩俊及中央农办、保监会、财政部等相关部门领导到北大荒垦丰种业股份有限公司调研。

30 日 河北省副省长李谦一行到三元食品河北工业园参观调研。

31 日 上海市委副书记、市长应勇，副市长彭沉雷一行实地察看光明田园综合体项目建设现场。

31 日 江西省委书记鹿心社对农垦工作做出批示：近年来，全省农垦系统发扬“艰苦奋斗、勇于开拓”农垦精神，大力推进农垦改革发展，加快农业现代化、新型城镇化建设，取得了阶段性成效。

31 日 联合国 IG0 组织健康大使王凤麟一行到黑龙江垦区建三江管理局考察“量子生态水稻”试验示范田种植情况。

8 月 海垦控股集团出资 1.37 亿美元，完成了对印度尼西亚最大的天然橡胶加工贸易企业 KM 公司 45%股权以及新加坡 ART 橡胶贸易公司 62.5%股权的收购。

9 月

1 日 海南省省长沈晓明到海垦茶业集团白沙茶业公司调研。

1 日 新疆生产建设兵团印发《关于〈中共第六师五家渠市委员会关于落实兵团党委部署发挥主体作用整师推进团场综合配套改革试点实施方案〉的批复》（兵党团改发〔2017〕4 号）。

4 日 《中共黑龙江省委黑龙江省人民政府关于进一步推进黑龙江农垦改革发展的实施意见》全文发布。

5 日至 7 日 新疆生产建设兵团农垦科学院成立中国农垦节水产业技术联盟，并举办了“一带一路”节水农业高峰论坛和“一带一路”节水农业技术材料设备对接会。

5 日至 7 日 黑龙江省军区政委杨俊兴一行到宝泉岭、红兴隆管理局，就人民武装工作进行调研。

6 日至 7 日 国土资源部地籍司巡视员兼副司长杨璐、农业部农垦局副局长彭剑良带队的农垦国有土地确权登记发证工作联合督导组深入呼伦贝尔农垦集团实地调研督导土地确权相关工作。

6 日至 9 日 中国农林水利气象工会副主席原成刚、农业工作部部长王秀生一行到广东农垦调研。

9 日 安徽省委副书记信长星视察农垦小岗项目区。

10 日 北大荒农垦集团总公司位居 2017 年中国企业 500 强榜单第 133 位，连续第 16 年上榜。

10 日 广西农垦集团位居 2017 中国企业 500 强、中国制造业企业 500 强、中国服务业企业 500 强第 270 位。

11 日 首农股份与中信农业宣布以 1.83 亿美元的价格联合收购英国樱桃谷农场有限公司 100%股权。

12 日 海南省副省长王路率领省直机关工委、建设厅、发改委、财政厅等相关部门主要负责同志到母瑞山农场公司调研。

13 日 江西省总工会党组书记、常务副主席饶剑明，吉安市总工会常务副书记廖佳成到金坪华侨农场督查指导工会工作。

13 日 广西壮族自治区人大常委会副主任危朝安、自治区政府副主席张秀隆，到第 14 届中国—东盟博览会农业展农垦展馆巡视，详细了解广西农垦参展参会情况。

13 日 印尼投资协调会副主席谭巴·胡达贝亚，中国银行（香港）雅加达分行行长张朝阳到访广西农垦。

13 日 海南省委副书记、省深化海南农垦管理体制改革领导小组组长李军主持召开专题会议，研究海南农垦“八八”战略桂林洋国家热带农业公园项目推进工作。

14 日 乌兹别克斯坦副总理兼农业水利部部长米尔扎耶夫赴上海西郊国际农产品交易中心考察国际贸易及进出口检验检疫情况。

14 日 全国政协常委、副秘书长，致公党中央常务副主席蒋作君一行到完达山乳业和闫家岗农场进行专题调研。

15 日至 17 日 黑龙江省委书记、省人大常委会主任张庆伟到黑龙江农垦建三江管理局调研现代农业发展、产业建设、沿边开发开放等工作。

18 日 贵州省副省长刘远坤率贵州省考察团赴上海西郊国际农产品交易有限公司考察调研。

18 日 屈冬玉副部长在农业部农垦局呈报的关于西藏林芝热作产业开发情况调研报告上批示："对报告中提到西藏热区的科研等工作要从战略和大局的高度研究，有序地支持。"

19 日 黑龙江农垦举行纪念垦区开发建设 70 周年座谈会。

20 日 甘肃省政协副主席栗震亚赴甘肃农垦敦煌农场实地调研。

21 日 北京市委常委、副市长阴和俊到三元食品调研集团改革发展情况。

21 日 农业部农垦局在京举办中国农垦公共品牌发布会，屈冬玉副部长出席并致辞。

21 日 第十五届中国国际农产品交易会在北京开幕。农业部农垦局组织 18 个垦区 180 多家企业组成中国农垦参展团参展。

22 日 农业部党组决定：任命邓庆海同志为农业部农垦局局长。

22 日 国务院国资委直属机关工会主席王晓华率队到光明食品集团旗下光明乳业华东中心工厂调研，并与光明食品集团团干部和青年代表开展座谈交流。

22 日至 10 月 31 日 农业部会同国家发展改革委等五部委组成 5 个联合督察组，对河北等 10 个农垦改革任务较重或困难问题较多的省份开展实地督察，并对其余 21 个省份开展了书面督察。农业部部长韩长赋专题听取农垦改革各督察组情况汇报。

23 日 北京市委副书记景俊海到承德三元御道口奶牛示范场调研生态涵养区保护、京津冀生态协同发展情况。

24 日至 25 日 农业部副部长屈冬玉带领部委联合督察组到吉林督查落实农垦改革进展情况。

26 日 农业部农垦局在海口召开天然橡胶生产保护区划定工作推进会。

30 日 新疆维吾尔自治区副主席张春林同志主持召开会议，安排部署自治区国有农牧渔场改革督察工作。

9 月 海南省委常委、三亚市市委书记严朝君到立才居"全成果菜农民专业合作社"就生态农业种植、扶贫电商农产品销售、冷链运输等问题展开调研。

9 月 中央全面深化改革领导小组办公室主任王沪宁在中央改革办《关于天津、河北等 20 个省（自治区、直辖市）农垦改革进展情况报告》上做出批示，要求加大督促力度，推进改革落地。

10 月

9 日 海南省委副书记、省深化海南农垦管理体制改革领导小组组长李军主持召开桂林洋国家热带农业公园项目推进会，研究解决项目建设中遇到的困难和问题。

9 日 陕西省政府办公厅印发《关于成立省农垦改革发展领导小组的通知》（陕政办函〔2017〕251 号）。

10 日 新疆生产建设兵团下发《关于印发〈中共新疆生产建设兵团委员会关于推进团场综合配套改革的实施方案〉的通知》（新兵党发〔2017〕39 号）。

10 日至 13 日 农业部党组成员、人事劳动司司长毕美家率农业部联合督察组到陕西省督察农垦改革工作。

11 日 江西省深化农垦改革现场推进会在上饶市广丰区召开，江西省副省长吴晓军出席会议并讲话。

11 日至 15 日 农业部党组成员宋建朝带领中央六部委联合督察组第二督察组，到广东督察农垦改革工作。邓海光副省长出席督察工作汇报会并作工作汇报。

12 日 河南省漯河市人民政府与黑龙江省农垦总局举行项目投资框架协议签约仪式。

12 日 中国农业发展银行与海垦控股集团在海口召开座谈会，海南省委副书记李军，中国农业发展银行党委委员、副行长殷久勇出席座谈会。

12 日 四川省政府在成都召开四川省推进农垦（农场）改革发展电视电话会议。

10 日至 13 日 农业部总农艺师孙中华率中央六部委联合组成的农垦改革第四督察组到河北省督察农垦改革工作。

16 日 黑龙江农垦召开领导干部大会宣布省委常委会决定：刘君同志任省农垦总局局长。

16 日 陕西省农业厅、民政厅、财政厅、卫计委、国资委、中国人民银行西安分行联合印发

《陕西省农垦集团国有农场办社会职能改革实施方案》(陕农业发〔2017〕98号)。

17日　新疆维吾尔自治区副主席张春林主持召开会议，听取自治区国有农牧渔场改革督察组专题汇报。

17日　广东省国土资源厅印发《关于印发〈关于扩大国有土地有偿使用范围的意见重点任务分工方案〉的通知》(粤国资利用发〔2017〕170号)。

17日至19日　农业部副部长屈冬玉率领农垦改革督察组到红兴隆、建三江管理局，调研、督察黑龙江农垦改革落实情况。

18日　甘肃省政协副主席德哇仓一行到黑龙江农垦香坊农场、完达山乳业、九三粮油工业集团惠康公司参观考察。

19日　新疆维吾尔自治区副主席张春林同志主持召开会议，研究审议《自治区国有农牧渔场改革督察自查报告（送审稿)》，安排部署下一步工作。

19日　上海市副市长许昆林赴光明乳业华东中心重点考察光明食品集团全过程全覆盖的食品安全管理体系。

19日　天津食品集团有限公司与内蒙古敖汉旗人民政府签署《种植优质牧草和发展畜牧业项目投资合作框架协议》。

20日　全国农林水利气象工会主席蔡毅德率队到首农集团华都峪口禽业党支部调研交流。

23日　江西省副省长吴晓军到江西农垦南英垦区瑞旺综合农业产业园、南英垦殖场沼气发电项目、渝水南英农垦集团股份有限公司进行调研。

24日　重庆农业投资集团下属企业天友乳业成为全国农垦第1家、中国奶业第7家通过“中国优质乳工程”验收企业，荣获“全国乳制品行业质量领军企业”和“全国质量诚信标杆典型企业”称号。

27日　安徽农垦集团永续票据通过中国银行间市场交易商协会审议，取得注册通知书。

31日　天津食品集团有限公司与和田地区行署、天津市援疆工作前方指挥部签署《关于天津食品集团在和田地区发展农牧产业项目框架协议书》。

10月　龙亢农场安徽农垦小镇获批国家3A级旅游景区。

11　月

1日　上海市委副书记、市长应勇一行赴光明食品集团听取集团工作汇报。

2日　中国糖业协会、广西壮族自治区糖业发展办公室主办的首届中国糖业博览会开幕式暨广西泛糖产品交易平台启动仪式在南宁国际会展中心举行。

6日　海南省委副书记李军到海南农垦神泉集团和南田居宣讲党的十九大精神。

7日　黑龙江省委书记、省人大常委会主任张庆伟到黑龙江农垦在哈企业调研，宣讲中共十九大精神，推进农垦改革。

9日至10日　国家粮食局局长张务锋一行到访天津食品集团有限公司所属企业利达粮油公司。

9日至11日　斯洛伐克共和国农业和农村发展部部长加布列拉·玛特奇娜一行到中捷友谊农场参观。

11日　北京市副市长卢彦到三元食品工业园调研，部署全国“双安双创”工作三元现场会。

11日　中央政治局委员、北京市委书记蔡奇视察北京首农集团双桥塞隆国际文化创意园。

11日　重庆农业投资集团建成院士专家工作站，与中科院水生生物研究所桂建芳院士团队开展战略合作，成为重庆市批准建立院士专家工作站的15家单位之一。

14日　“深化屯垦历史研究 建设农业领域航母”研讨会暨黑龙江屯垦史系列成果发布会在北京举行。

14日至16日　上海市人大常委会副主任沙海林赴光明食品集团苏北农场、练江牧场调研。

15日　广西壮族自治区副主席张秀隆到红河农场广西红河红现代特色农业（核心）示范区就精准扶贫工作展开调研。

15日　爱沙尼亚农业联合会考察团到中捷友谊农场访问。

16日　民进中央“一带一路”企业投资与经营情况课题调研组到广西农垦调研。

16日　中国食品工业协会主办、光明食品(集团)有限公司承办的“2017中国国际食品博览会”在上海展览中心隆重举行。

16日　上海市副市长许昆林等视察光明食品

集团收购的新西兰银蕨农场有限公司。

17 日 农业部农垦局在京召开全国深化农垦改革专项试点工作交流推进会。

17 日 北京市委副书记、代市长陈吉宁到三元食品工业园调研食品安全工作。

18 日 北京市委常委、宣传部长杜飞进到北京首农集团双桥塞隆国际文化创意园区调研。

18 日 海胶集团与世界橡胶研究组织、中国天然橡胶协会、泰国橡胶局、合盛农业集团公司共同签署战略文件。

20 日 北大荒集团与招商局集团在香港签署战略合作框架协议。

22 日 国务院关税税则委员会办公室发布《关于 2017 年关税调整方案通知》，其中涉及热作产品中的澳洲坚果，税率由 19%调低至 12%。

25 日 安徽省委常委、副省长邓向阳赴上海市黄山茶林场，考察并现场调研茶林场光明特色小镇建设工作。

27 日 安徽省委组织部、省国资委召开安徽农垦中层以上干部大会，传达省委关于安徽农垦集团主要负责人调整的决定：詹先豪同志任农垦集团党委书记、董事长。

27 日 中央政治局常委、中央全面深化改革领导小组办公室主任王沪宁在农业部呈报的《农业部关于各地农垦改革进展情况的报告》上做出批示："要求坚定不移抓好农垦改革任务落实。"

30 日 海南省委副书记、省深化海南农垦管理体制改革领导小组组长李军主持召开领导小组第十五次全体会议，传达省委七届三次全会关于农垦改革有关精神和省委书记刘赐贵、省长沈晓明关于农垦改革讲话精神，研究部署农垦改革工作。

30 日 河北省委书记王东峰同志在《关于农垦改革进展情况的报告》上批示："农垦改革是党中央、国务院部署重大改革任务。要加快推进的步伐，针对问题研究创新之举，确保队伍稳定和企业发展。"

30 日 上海市委常委、市政法委书记陈寅同志到光明食品集团调研本市绿色现代精品农业并参观光明乳业华东中心工厂。

12 月

1 日 韩长赋部长主持召开专题会议，检查回顾全国农垦改革工作进展情况，研究部署落实中央领导同志重要批示精神，推进农垦改革相关工作。

3 日 香港华润集团董事长傅育宁、总经理罗熹率考察团参观黑龙江农垦完达山阳光乳业。

5 日 广西壮族自治区党委书记彭清华听取自治区农垦工委书记、农垦局局长、农垦集团董事长甘承会关于农垦改革发展专题汇报并批示："要进一步增强紧迫感，全力以赴，扎实推进，确保农垦改革富有成效。"

6 日 广西壮族自治区党委副书记、自治区农垦改革领导小组组长孙大伟主持召开自治区农垦改革领导小组部分成员会议，传达学习自治区党委书记彭清华对推进农垦改革发展的批示精神，部署下一步改革工作。

6 日 北大荒农垦集团总公司新体制开始模拟运行，垦区集团化和农场企业化改革进入实质性操作阶段。

7 日 黑龙江省人大常委会副主任、省总工会主席朱清文率领省总工会相关部门负责同志到黑龙江垦区考察调研工会工作。

8 日 原中央政治局常委、全国政协主席贾庆林到北京首农集团双桥塞隆国际文化创意园视察。

9 日 河北省委书记王东峰同志在《农业部办公厅关于反馈农垦改革督察意见的函》（农办垦函〔2017〕9 号）上批示："此事是党中央、国务院部署的一项重大改革，取得阶段性成效。各市县党委政府主要负责同志要亲自抓，认真抓好督查整改，领导小组及办公室要切实履行检查推动和落实责任。省委省政府专题听取改革进展汇报。请许勤同志阅示。"

11 日 河北省省长许勤同志在《农业部办公厅关于反馈农垦改革督察意见的函》（农办垦函〔2017〕9 号）上批示："请小平同志及省农业厅、省编办认真落实东峰书记批示，即准备农垦改革汇报材料并按督察意见整改，按期上报。"

11 日 中非发展基金、国家开发银行、海南天然橡胶产业集团三方签署《关于在非洲和葡语国家开展橡胶产业项目投资合作之战略合作备忘录》。

12 日 贵州省代省长谌贻琴率贵州东西部扶贫协作考察团到上海西郊国际农产品交易中心，考察沪黔农产品扶贫对接工作情况。

12 日 财政部在海口召开农垦改革发展工作座谈会。

13日至22日 福建省深化农垦改革发展联席协调会议对全省农垦改革发展情况进行督察。

14日 广东省副省长邓海光到湛江垦区调研督导乡村振兴发展和农垦改革工作。

14日 上海市人大常委会副主任薛潮一行赴上海农场调研。

14日 河北省政协主席付志方到光明食品集团五四有限公司所属河北光明九道菇生物科技有限公司调研。

15日 首农集团、京粮集团、二商集团领导干部会议召开，宣布三家企业联合重组决定。

15日 云南省委副书记李秀领、副省长何金平率队赴上海西郊国际农产品交易中心，考察云南农产品扶贫对接工作情况。

18日 海垦控股集团与新华社中国经济信息社在北京举行“新华·海南农垦系列价格指数”签约仪式。

19日至20日 中国天然橡胶协会第三次会员代表大会在广州召开。

22日 农业部牵头在北京召开深化农垦改革部门协调推进会，学习贯彻中央领导同志重要指示、批示精神，研究2018年各部门协同推进农垦改革重点工作。农业部部长韩长赋出席并讲话。

25日至29日 农业部、国土资源部、发展改革委联合开展“两区”划定工作专项督导。

25日 天津食品集团有限公司与天津市西青区人民政府就华庄村和杨伍庄村移交工作签订了协议，并将两村资产清单和党组织关系移交西青区政府，完成代管的两个自然村管理职能向属地政府的移交工作。

27日 海南省省长沈晓明到海南农垦调研。

29日 安徽垦区完成了所有20个国有农场公司制改制批复，推进国有农场公司化改革迈出了实质性步伐。

30日 农业部在北京召开深化农垦改革任务对接会，学习传达中央领导同志关于农垦改革重要指示批示精神，对接各垦区2018年重点改革任务。农业部副部长屈冬玉出席并讲话。

图书在版编目（CIP）数据

2017中国农垦统计年鉴 / 中华人民共和国农业农村部农垦局，中国农垦经济发展中心编 .—北京：中国农业出版社，2018. 11

ISBN 978-7-109-24806-9

Ⅰ.①2… Ⅱ.①中… ②中… Ⅲ.①农垦地区—统计资料—中国—2017—年鉴 Ⅳ.①C832-54

中国版本图书馆CIP数据核字（2018）第244065号

中国农业出版社出版

（北京市朝阳区麦子店街18号楼）

（邮政编码 100125）

责任编辑 郑 君

北京通州皇家印刷厂印刷 新华书店北京发行所发行

2018年11月第1版 2018年11月北京第1次印刷

开本：889mm×1194mm 1/16 印张：29.75 插页：12

字数：918千字

定价：300.00元